Jugendstrafvollzug für das 21. Jahrhundert?

Europäische Hochschulschriften

Publications Universitaires Européennes
European University Studies

Reihe II
Rechtswissenschaft

Série II Series II
Droit
Law

Bd./Vol. 4624

PETER LANG
Frankfurt am Main · Berlin · Bern · Bruxelles · New York · Oxford · Wien

Stephan Schwirzer

Jugendstrafvollzug für das 21. Jahrhundert?

Der Entwurf eines Gesetzes zur Regelung des Jugendstrafvollzuges (GJVollz)
Stand: 7. Juni 2006

PETER LANG
Internationaler Verlag der Wissenschaften

Bibliografische Information der Deutschen Nationalbibliothek
Die Deutsche Nationalbibliothek verzeichnet diese Publikation in der Deutschen Nationalbibliografie; detaillierte bibliografische Daten sind im Internet über <http://www.d-nb.de> abrufbar.

Zugl.: Passau, Univ., Diss., 2007

D 739
ISSN 0531-7312
ISBN 978-3-631-57323-5

www.peterlang.de

Meinen Eltern

Vorwort

Der Jugendstrafvollzug befand sich über einen Zeitraum von drei Jahrzehnten hinweg in einem Zustand der Verfassungswidrigkeit. Über dreißig Jahre nach der sog. Strafgefangenen-Entscheidung des Bundesverfassungsgerichts (BVerfGE 33, S.1 ff.) wurde mit dem Entwurf eines Gesetzes zur Regelung des Jugendstrafvollzuges (GJVollz) nach mehreren gescheiterten Entwürfen erneut der Versuch unternommen, den Jugendstrafvollzug auf eine gesetzliche Grundlage zu stellen.

Die vorliegende Arbeit, die im Sommersemester 2007 von der Juristischen Fakultät der Universität Passau als Dissertation angenommen wurde, setzt sich ausführlich mit dem vorgenannten Entwurf auseinander. Zusätzlich wird ausführlich die Entscheidung des Bundesverfassungsgerichts zur Verfassungswidrigkeit des Jugendstrafvollzugs behandelt und die Verlagerung der Gesetzgebungskompetenz zur Regelung des Strafvollzugs auf die Bundesländer im Zuge der sog. Föderalismusreform ausführlich und kritisch nachgezeichnet.

Bei der Entstehung dieser Arbeit haben mir zahlreiche Menschen geholfen, bei denen ich mich an dieser Stelle ausdrücklich bedanken möchte.

Besonders bedanken möchte ich mich bei meinem Doktorvater, Herrn Prof. Dr. Werner Beulke, dessen Betreuung während des gesamten Dissertationszeitraums besser nicht hätte sein können. Besonders bedanken möchte ich mich für die Unterstützung während des Zeitraums, in dem die Auswirkungen der Föderalismusreform eine Umstrukturierung meiner Arbeit in weiten Teilen notwendig machte. Mein Dank gilt auch Herrn Prof. Dr. Bernhard Haffke für die zügige Erstellung des Zweitgutachtens.

Zu danken habe ich auch meinen Eltern für ihre Unterstützung während der gesamten Ausbildung. Mein größter Dank gilt jedoch meiner Lebensgefährtin, Frau Anne Dyckmans, ohne deren Liebe und Unterstützung diese Arbeit nicht möglich gewesen wäre.

Passau, im Juni 2007

Stephan Schwirzer

Inhaltsverzeichnis

Kapitel 1:
Einführung

Kapitel 2:
Bisherige Versuche einer gesetzlichen Regelung des Jugendstrafvollzuges

Kapitel 3:
Die Verfassungswidrigkeit des Jugendstrafvollzugs

Kapitel 4:
Rahmenbedingungen des derzeitigen Jugendstrafvollzuges in Deutschland

Kapitel 5:
Der Entwurf eines Gesetzes zur Regelung des Jugendstrafvollzuges (GJVollz) vom 28.April.2004, Stand 7.Juni 2006

Abschnitt 1:
Eckpunkte des Entwurfs eines Gesetzes zur Regelung des Jugendstrafvollzuges (GJVollz)

Abschnitt 2:
Allgemeine Regelungen (§§ 1 bis 7 GJVollz)

Abschnitt 4:
Offener Vollzug, Lockerungen, Entlassungen (§§ 13 bis 18 GJVollz)

Abschnitt 5:
Unterbringung im Jugendstrafvollzug

Abschnitt 6:
Das Leben im Vollzug (§§ 20 bis 30 GJVollz)

Abschnitt 7:
Sicherheit und Ordnung, Unmittelbarer Zwang, Disziplinarmaßnahmen
(§§ 31 bis 34 GJVollz)

Abschnitt 8:
Rechtsschutz (§ 35 GJVollz)

Abschnitt 9:
Sonstige Vorschriften (§§ 36 bis 39 GJVollz)

Abschnitt 10:
Jugendstrafanstalten, Bedienstete im Vollzug
(§§ 40 bis 43 GJVollz)

Kapitel 6:
Die Föderalismusreform und ihre Auswirkungen auf den Jugendstrafvollzug

Kapitel 7:
Die Gesetzentwürfe der Bundesländer und sonstiger Stellen, insbesondere die Entwürfe der Länder Bayern und Baden-Württemberg

Kapitel 8:
Zusammenfassung und Ausblick

Abkürzungsverzeichnis

Abschn.	Abschnitt
a.A.	anderer Ansicht
aaO	am angegebenen Ort
abl.	ablehnend
Abs.	Absatz
AIDS	Acquired Immune Deficiency Syndrome
Az	Aktenzeichen
a.E.	am Ende
AcP	Archiv civilistischer Praxis
Alt.	Alternative
Anm.	Anmerkung
Art.	Artikel
Az.	Aktenzeichen
BAG	Bundesarbeitsgemeinschaft der Lehrerinnen und Lehrer im Justizvollzug
BBiG	Berufsbildungsgesetz
BDSG	Bundesdatenschutzgesetz
Beschl.	Beschluss
BewHi	Bewährungshilfe (Zeitschrift)
BGB	Bürgerliches Gesetzbuch
BGBl.	Bundesgesetzblatt
BGHSt	Entscheidungen des Bundesgerichtshofs in Strafsachen
BT-Drucks.	Bundestags-Drucksache
BVerfG	Bundesverfassungsgericht
BVerfGE	Entscheidungen des Bundesverfassungsgerichts
bzw.	beziehungsweise
CDU	Christlich-demokratische Union
CSU	Christlich-soziale Union
DBH	Fachverband für Soziale Arbeit, Strafrecht und Kriminalpolitik
ders.	derselbe
dies.	dieselben
DVJJ	Deutsche Vereinigung für Jugendgerichte und Jugendgerichtshilfen
DVJJ-J	DVJJ-Journal
E 1984	Arbeitsentwurf eines Jugendstrafvollzugsgesetzes, vorgelegt vom Bundesministerium der Justiz, Stand: 1. Juni 1984

E 1985	Entwurf eines Jugendstrafvollzugs, vorgelegt von Jürgen Baumann, 1985
E 1988	Entwurf eines Jugendstrafvollzugsgesetzes, bearbeitet von Gerhard Bulczak, Johannes Fleck, Klaus-Dieter Jöcks, Johannes Kreutzner und Wolfgang Scheschonka, hrsg. v. der Deutschen Vereinigung für Jugendgerichte und Jugendgerichtshilfen e.V., 1988
E 1991	Referentenentwurf eines Jugendstrafvollzugsgesetzes, vorgelegt vom Bundesministerium der Justiz am 24. September 1991, zuletzt: 19. April 1993
E 1993	Entwurf eines Jugendstrafvollzugsgesetzes, vorgelegt von Thomas Kreideweiß, 1993
E 2006	Jugendstrafvollzugsgesetz (Entwurf, Stand 8.11.2206) der sog. 10-Länder-Gruppe (Berlin, Brandenburg, Bremen, Mecklenburg-Vorpommern, Rheinland-Pfalz, Saarland, Sachsen, Sachsen-Anhalt, Schleswig-Holstein und Thüringen)
EBayStVollzG	Entwurfs eines Bayerischen Strafvollzugsgesetzes
E BW 2006	Entwurf eines Jugendstrafvollzugsgesetzes des Landes Baden-Württemberg (Stand: Oktober 2006)
E BW 2007	Referentenentwurf für ein Gesetz über den Vollzug der Jugendstrafe in Baden-Württemberg (Stand: Januar 2007)
EGGVG	Einführungsgesetz zum Gerichtsverfassungsgesetz
EL	Ergänzungslieferung
EMRK	Europäische Konvention zum Schutze der Menschenrechte und Grundfreiheiten
etc.	et cetera
e.V.	eingetragener Verein
Fn.	Fußnote
FS	Festschrift
ggf.	gegebenenfalls
GA	Goldtdammer's Archiv für Strafrecht
GG	Grundgesetz
GJVollz	Entwurf eines Gesetzes zur Regelung des Jugendstrafvollzuges, Stand 7. Juni 2006

Grdl.	Grundlagen
H.	Heft
HandwO	Handwerksordnung
HansOLG	Hanseatisches Oberlandesgericht
hM	herrschende Meinung
HIV	Human immunodeficiency virus
Hrsg.	Herausgeber
hrsg. v.	herausgegeben von
Hs.	Halbsatz
i.d.F.	in der Fassung
i.e.S.	im engeren Sinn
i.S.d.	im Sinne des
insb.	insbesondere
i.Ü.	im Übrigen
i.V.m.	in Verbindung mit
JAVollzO	Jugendarrestvollzugsordnung
jew.	jeweils
Jg.	Jahrgang
JGG	Jugendgerichtsgesetz
JuS	Juristische Schulung
JuSchG	Jugendschutzgesetz
JVA	Justizvollzugsanstalt
JWG	Jugendwohlfahrtsgesetz
Kap.	Kapitel
KG	Kammergericht
KJHG	Kinder- und Jugendhilfegesetz
KrimJ	Kriminologisches Journal
KrimPäd	Kriminalpädagogische Praxis
krit.	kritisch
LG	Landgericht
lit.	litera (Buchstabe)
Losebl.	Loseblattsammlung
m. Anm.	mit Anmerkung
MSchrKrim	Monatsschrift für Kriminologie und Strafrechtsreform
m. Bespr.	mit Besprechung
m.w.N.	mit weiteren Nachweisen
MMR	Multimedia und Recht
Nachw.	Nachweise
n.F.	neuer Fassung
NJW	Neue Juristische Wochenschrift
NK	Neue Kriminalpolitik
NStZ	Neue Zeitschrift für Strafrecht

NStZ-RR	Neue Zeitschrift für Strafrecht, Rechtsprechungsreport
Nr.	Nummer
Nrn.	Nummern
o.g.	oben genannt
OLG	Oberlandesgericht
PersonenstandsrechtsreformG	Personenstandsrechtsreformgesetz
re. Sp.	rechte Spalte
Rn.	Randnummer
RdJB	Recht der Jugend und des Bildungswesens
S.	Seite
s.	siehe
s.o.	siehe oben
sog.	so genannt
s.u.	siehe unten
SGB	Sozialgesetzbuch
SPD	Sozialdemokratische Partei Deutschlands
StA	Staatsanwaltschaft
StGB	Strafgesetzbuch
StPO	Strafprozessordnung
StV	Strafverteidiger
StVollzÄndG	Strafvollzugsänderungsgesetz
StVollzG	Strafvollzugsgesetz
StVollzVergO	Strafvollzugsvergütungsordnung
Tab.	Tabelle
taz	die tageszeitung
TOA	Täter-Opfer-Ausgleich
u.a.	unter anderem
UJ	Unsere Jugend
unveröff.	unveröffentlicht
USK	Unterhaltungssoftware Selbstkontrolle
v.	vom
v.a.	vor allem
Var.	Variante
Verf.	Verfasser
vgl.	vergleiche
VwVfG	Verwaltungsverfahrensgesetz
VV	Verwaltungsvorschrift
VVJug	Bundeseinheitliche Verwaltungsvorschriften zum Jugendstrafvollzug
VVStVollzG	Verwaltungsvorschriften zum Strafvollzugsgesetz
WHO	World Health Organisation
WRV	Weimarer Reichsverfassung

zahlr.	zahlreich
z.B.	zum Beispiel
ZfStrVo	Zeitschrift für Strafvollzug und Straffälligenhilfe
ZfJ	Zentralblatt für Jugendrecht
ZJJ	Zeitschrift für Jugendkriminalrecht und Jugendhilfe
ZRP	Zeitschrift für Rechtspolitik
Ziff.	Ziffer
zit. n.	zitiert nach
ZStW	Zeitschrift für die gesamte Strafrechtswissenschaft

Kapitel 1:
Einleitung

Der Jugendstrafvollzug befindet sich derzeit im tiefgreifendsten Wandel seit dem Ende des Zweiten Weltkrieges. Dies hat zwei Gründe: Zum einen ist die Frage der Verfassungswidrigkeit des Jugendstrafvollzuges, die die Wissenschaft seit Jahrzehnten beschäftigte, durch das Urteil des Bundesverfassungsgerichts vom 31.Mai 2006[1] nunmehr geklärt. *„Für Maßnahmen, die in Grundrechte des Gefangenen eingreifen, ist auch im Jugendstrafvollzug eine gesetzliche Grundlage erforderlich."*[2] Mit diesen Worten stellte das Bundesverfassungsgericht die Verfassungswidrigkeit der derzeitigen Rechtslage fest und mahnte die Schaffung gesetzlicher Regelungen bis Ende des Jahres 2007 an.[3]
Zum anderen erfolgte mit der sog. Föderalismusreform die größte Neuverteilung und -ordnung grundgesetzlicher Gesetzgebungskompetenzen seit Bestehen der Bundesrepublik Deutschland.[4] Strafvollzug ist nunmehr Ländersache, mit dem Ergebnis, dass es nun an den Ländern ist, die Forderung des Bundesverfassungsgerichts nach einer gesetzlichen Grundlage für den Jugendstrafvollzug umzusetzen.

A. Gegenstand und Ziel der Arbeit

Gegenstand der Arbeit sind die bislang vorgelegten Entwürfe einer gesetzlichen Regelung des Jugendstrafvollzuges. Die Arbeit konzentriert sich dabei auf den Entwurf eines Gesetzes zur Regelung des Jugendstrafvollzuges (GJVollz), Stand 7.Juni 2006, des Bundesministeriums der Justiz. Untersucht werden soll, inwieweit dieser Gesetzentwurf, der letztlich das Endprodukt von über dreißig Jahren Reformdiskussion darstellt, die Anforderungen umsetzt, die an eine gesetzliche Regelung des Jugendstrafvollzuges im Jahr 2006 zu stellen sind, inwieweit die Umsetzung des dort Geregelten in die Praxis die Anforderungen verwirklicht, die an den Jugendstrafvollzug im 21. Jahrhundert zu stellen sind.

Hierzu soll der genannte Entwurf in folgender Reihenfolge erörtert werden.

- Als Erstes erfolgt eine kurze Darstellung, welchen Inhalt die zu untersuchende Regelung hat.

- Anschließend wird die bislang für den Vollzug der Jugendstrafe gültige Rechtslage näher dargestellt.
  Neben den rudimentären, den Jugendstrafvollzug betreffenden Regelungen im StVollzG und im JGG wird hierbei das Augenmerk insbesondere auf die praktisch bedeutsamen Bundeseinheitlichen Verwaltungsvorschriften zum Jugendstrafvollzug (VVJug)[5] gelegt, die letztlich, obwohl unstreitig keine ge-

[1] BVerfG, 2 BvR 1673/04 vom 31.5.2006.
[2] BVerfG, 2 BvR 1673/04 vom 31.5.2006, Abs.34.
[3] BVerfG, 2 BvR 1673/04 vom 31.5.2006, Abs.70.
[4] Dazu ausführlich unten Kapitel 6.
[5] Abgedruckt bei Eisenberg (2006), Anlage 6.

setzlichen Regelungen, in den letzten Jahrzehnten die Rechtsgrundlagen für die Praxis des Jugendstrafvollzuges darstellten.[6] Gleichzeitig werden in diesem Teil der Untersuchung Parallelen zu dem (noch) für den Vollzug der Freiheitsstrafe geltenden StVollzG[7] und den bislang durch Politik, Wissenschaft und Praxis vorgelegten Alternativentwürfen einer gesetzlichen Regelung des Jugendstrafvollzugs gezogen. Hinsichtlich der früher vorgelegten Alternativentwürfe wird maßgeblich auf die am gleichen Lehrstuhl entstandene Arbeit von *Thomas Kreideweiß* zurückgegriffen, die aus einer synoptischen Gegenüberstellung der bis 1992 veröffentlichten Alternativentwürfe einen eigenen Entwurf zur gesetzlichen Regelung des Jugendstrafvollzuges entwickelt.[8]

- Danach folgt eine Analyse der einzelnen Regelungen und Regelungskomplexe des GJVollz. Diese Untersuchung gliedert sich wie folgt:

  - Zunächst wird das Ziel, welches mit der entsprechenden Vorschrift verfolgt wird, unter besonderer Berücksichtigung der zum GJVollz vorgelegten Begründung[9], erörtert.

  - Anschließend wird der Inhalt der einzelnen Regelungen des GJVollz erläutert. Schwerpunkt der Arbeit ist in diesem Bereich die Aufbereitung des Diskussionsstands in Wissenschaft und Praxis zu dem entsprechenden Bereich. Weiterhin soll hier untersucht werden, inwieweit der Entwurf tatsächlich neue Impulse und Ideen einführt, oder ob lediglich die bislang maßgebenden Regelungen der VVJug oder gar des StVollzG übernommen werden sollen.

  - Daraufhin werden problematische Punkte des Entwurfs herausgearbeitet, und zwar sowohl was den Entwurf als solchen als auch was die Handhabung der bisherigen Vorschriften durch die Praxis angeht.

  - Zum Schluss erfolgt eine zusammenfassende Bewertung.

B. Gang der Untersuchung

Kapitel 2 behandelt die bisherigen Versuche, den Jugendstrafvollzug auf eine gesetzliche Grundlage zu stellen. Kapitel 3 stellt die Verfassungswidrigkeit des Jugendstrafvollzuges nach bisheriger Rechtslage dar und befasst sich mit dem Urteil des Bundesverfassungsgerichts vom 31.5.2006 zur Verfassungswidrigkeit

[6] Vgl. hierzu Pollähne (2004), S.45, 57 ff.

[7] Gesetz über den Vollzug der Freiheitsstrafe und der freiheitsentziehenden Maßregeln der Besserung und Sicherung (StVollzG) vom 16.März 1976, zuletzt geändert durch Art. 2 Abs. 11 PersonenstandsrechtsreformG vom 19. 2. 2007 (BGBl. I S. 122) (BGBl. I S. 581, ber. S. 2088 und 1977 S. 436).

[8] Kreideweiß, Die Reform des Jugendstrafvollzuges: ein analytischer Vergleich bisheriger Gesetzesentwürfe sowie die Konzipierung eines eigenen Alternativentwurfes (1993).

[9] Begründung zum GJVollz, Stand: 28. April 2004.

des bisherigen Jugendstrafvollzuges.[10] Anschließend werden in Kapitel 4 die Rahmenbedingungen des Jugendstrafvollzugs in Deutschland anhand ausgewählter statistischer Daten sowie dessen kriminalpolitische Situation erörtert, bevor in Kapitel 5 die Eckpunkte des GJVollz und anschließend die einzelnen Regelungen in der oben dargestellten Art beleuchtet werden. Kapitel 6 befasst sich mit der Föderalismusreform und ihren Auswirkungen auf den Jugendstrafvollzug, Kapitel 7 stellt die Gesetzentwürfe der Länder Bayern und Baden-Württemberg zum Jugendstrafvollzug vor. Kapitel 8 fasst die in der Arbeit gewonnenen Erkenntnisse zusammen und entwickelt unter Zugrundelegung dieser Erkenntnisse einen Ausblick auf die zukünftige Situation des Jugendstrafvollzugs.

C. Thesen

Der Arbeit liegen folgende Thesen zugrunde:

These 1:

Das GJVollz stellt trotz vorhandener Mängel einen soliden Kompromiss aus kriminalpolitisch Wünschenswertem und finanziell Machbarem dar. An diesem sollten sich die Länder bei der gesetzlichen Regelung des Jugendstrafvollzuges orientieren.

These 2:

Im Bereich des Jugendstrafvollzugs ist aufgrund der Verlagerung der Gesetzgebungskompetenz auf die Länder eine Rechtszersplitterung im Gange. Die Zangenbewegung im Jugendstrafvollzug in rechtlicher und tatsächlicher Hinsicht wird sich weiter fortsetzen.

[10] BVerfG, 2 BvR 1673/04 vom 31.5.2006.

Kapitel 2: Bisherige Versuche einer gesetzlichen Regelung des Jugendstrafvollzuges

Mit den bisherigen Versuchen, den Jugendstrafvollzug auf eine gesetzliche Grundlage zu stellen, haben sich bereits mehrere Arbeiten befasst.[1] Daher erfolgt hier nur eine knappe Darstellung.

A. Die Entwicklung bis zum Jahr 2004

Erste Initiativen, den Jugendstrafvollzug auf eine gesetzliche Grundlage zu stellen, starteten in den Siebziger Jahren des letzten Jahrhunderts. Im Zuge der Nachwirkungen der viel beachteten Strafgefangenen-Entscheidung des Bundesverfassungsgerichts[2] beschloss der Deutsche Bundestag am 5. Juni 1976 einstimmig die Einsetzung einer *Jugendstrafvollzugskommission*. Diese nahm im Jahr 1976 ihre Arbeit auf und verfasste in zehn einwöchigen Sitzungen Vorschläge für die Ausgestaltung des Jugendstrafvollzugs.[3] Ergebnis dieser Arbeit ist der Schlußbericht der Jugendstrafvollzugskommission aus dem Jahr 1980[4]. Die Erkenntnisse dieses Berichts bilden noch heute die Grundlage der Überlegungen hinsichtlich einer gesetzlichen Regelung des Jugendstrafvollzugs.[5]
Noch während der Arbeiten der Kommission bereitete das Bundesministerium der Justiz Entwürfe eines das JGG ändernden bzw. ergänzenden Gesetzes zur Fortentwicklung des Jugendstrafvollzugs und zur Eingliederung junger Straffälliger sowie eine auf § 115 JGG basierende Rechtsverordnung über den Vollzug der Jugendstrafe und die Eingliederung junger Straftäter vor.[6] Die Konzeption dieses Arbeitsentwurfs stieß bei den Landesjustizverwaltungen und Landesjungendverwaltungen, aber auch bei den Fachverbänden der Jugendhilfe überwiegend auf Ablehnung. Die Gründe hierfür waren neben Kostengründen insbesondere rechtsdogmatische Bedenken wegen der beabsichtigten Aufspaltung der Materie in Gesetz und Rechtsverordnung.[7] Die überwiegende Mehrheit forderte eine gesetzliche Regelung des Jugendstrafvollzugs sowie eine Ausrichtung an bewährten Strukturen.[8]
Dieser Forderung kam der im Jahr 1984 vom *Bundesministerium der Justiz* erstellte Arbeitsentwurf eines Jugendstrafvollzugsgesetzes nach. Allerdings zeichnete sich schon anhand der zu diesem Entwurf eingegangenen Stellungnahmen

---

[1] Kreideweiß (1993), S.6 ff.; Fleck (2004), S.20 ff.; Lehmann (2002), S.79 ff.; Laubenthal/Baier (2005), Rn.870; vgl. auch die Begründung zum GJVollz (2004), S.2 f.
[2] BVerfGE 33, S.1 ff.
[3] Begründung zum GJVollz (2004), S.2.
[4] Bundesministerium der Justiz (Hrsg.), Schlußbericht der Jugendstrafvollzugskommission (1980).
[5] Vgl. Begründung zum GJVollz (2004), S.2; Lehmann (2002), S.79, 80.
[6] Arbeitsentwurf eines Gesetzes zur Fortentwicklung des Jugendstrafvollzuges und zur Eingliederung junger Straffälliger, Stand: 30.Juni 1980, zit. n. Fleck (2004), S.21; zu den Zielvorstellungen dieser Arbeitsentwürfe Lehmann (2002), S.79, 80; Böhm, in: Schneider-FS (1998), S.1013, 1016 m.w.N.
[7] Begründung zum GJVollz (2004), S.2; Lehmann (2002), S.79, 82.
[8] Vgl. Lehmann (2002), S.79, 82.

eine starke Polarisierung ab, und zwar in hochgespannte Reformerwartungen einerseits[9] und energischen Widerstand aus fiskalischen Gründen andererseits.[10] Parallel hierzu wurden zwei Entwürfe aus Wissenschaft und Praxis veröffentlicht. Den Anfang bildete ein Entwurf von *Baumann* aus dem Jahre 1985[11], ihm folgte ein Entwurf der *Arbeitsgemeinschaft der Leiter der Jugendstrafanstalten und der besonderen Vollstreckungsleiterin der Deutschen Vereinigung für Jugendgerichte und Jugendgerichtshilfen e. V.* aus dem Jahr 1988.[12]
Die bis zum Jahr 2004 letzte Gesetzesinitiative startete das *Bundesministerium der Justiz* im Jahre 1991.[13] Der aufgrund dieser Initiative vorgelegte Entwurf basierte auf dem Entwurf aus dem Jahr 1984 und wurde bereits unter der Grundannahme vorgelegt, dass sich viele in der bisherigen Reformdiskussion entwickelten, vollzugspolitisch überzeugenden Vorstellungen mit Blick auf die beengte Finanzlage wohl nicht verwirklichen lassen würden.[14] Dennoch scheiterte auch diese Initiative im Jahr 1993 *„in letzter Minute"*[15] am Widerstand letztlich zweier Bundesländer aufgrund anderer rechtspolitischer Grundsatzpositionen hinsichtlich Ziel und Aufgabe des Jugendstrafvollzugs.[16]
Im Jahr 1993 legte *Thomas Kreideweiß* seine Arbeit *„Die Reform des Jugendstrafvollzuges"*[17] vor. Darin setzt sich der Autor detailliert mit den bis dato veröffentlichten Entwürfen aus Politik und Wissenschaft auseinander und entwickelt, ausgehend von einer Analyse der jeweiligen Vorschriften, einen eigenen Alternativentwurf einer gesetzlichen Regelung des Jugendstrafvollzugs.

B. Der Entwurf eines Gesetzes zur Regelung des Jugendstrafvollzuges (GJVollz) vom 28.4.2004

Die rot-grüne Bundesregierung legte in ihren Koalitionsvereinbarungen vom 20.10.1998 fest, sich um die Schaffung einer gesetzlichen Regelung des Jugendstrafvollzuges zu bemühen.[18] Im Sommer 2001 wurde dazu eine Expertengruppe von der Bundesministerin für Justiz mit Vorarbeiten zur Erstellung einer neuen Konzeption für die Regelung des Jugendstrafvollzuges beauftragt.[19] Diese Gruppe tagte an verschiedenen Standorten von Jugendstrafanstalten, um so einen Einblick in die aktuelle Situation des Jugendstrafvollzugs zu gewinnen. Neben den Ergebnissen dieser Expertengruppe flossen auch die Erkenntnisse der 2. Jugendstrafrechtsreform-Kommission der DVJJ und die Überlegungen und Beschlüsse des 64. Deutschen Juristentages, der sich zeitgleich mit dem Thema

---

[9] Kritisch insb. Ayass, BewHi 1984, S.351; Busch, UJ 1985, S.126; Eisenberg, ZRP 1985, S.41.
[10] Begründung zum GJVollz (2004), S.2.
[11] Baumann, Entwurf eines Jugendstrafvollzugsgesetzes (1985).
[12] Bulczak u.a. (Hrsg.), Jugendstrafvollzugsgesetz. Entwurf (1988).
[13] E 1991, Stand: 24. September 1991, zuletzt: 19.April 1993.
[14] Begründung zum GJVollz (2004), S.2.
[15] Lehmann(2002), S.79, 84.
[16] Lehmann (2002), S.79, 84; Begründung zum GJVollz (2004), S.2.
[17] Kreideweiß, Die Reform des Jugendstrafvollzuges: ein analytischer Vergleich bisheriger Gesetzesentwürfe sowie die Konzipierung eines eigenen Alternativentwurfes.
[18] Fleck (2004), S.22.
[19] Begründung zum GJVollz (2004), S. 2; vgl. auch BT-Drucks. 14/5412.

„Ist das deutsche Jugendstrafrecht noch zeitgemäß?" befasste[20], in die Konzeption des Entwurfs ein.
Unter Zugrundelegung dieser Erkenntnisse erarbeitete das Bundesministerium der Justiz den *Entwurf eines Gesetzes zur Regelung des Jugendstrafvollzuges (GJVollz)* mit Stand 28.4.2004. Dieser Entwurf wurde ab Mai 2004 den Fachverbänden und Landesjustizministerien zur Stellungnahme zugeleitet.[21]
Wohl auch durch die Tatsache begründet, dass im September 2005 Neuwahlen zum Deutschen Bundestag stattfanden, geriet jedoch das Ziel einer gesetzlichen Regelung des Jugendstrafvollzuges in der Folgezeit aus dem Blickfeld. Zwar spricht auch der Koalitionsvertrag der großen Koalition vom 11.11.2005 davon, den Jugendstrafvollzug *„...auf eine verlässliche gesetzliche Grundlage"*[22] zu stellen. Entsprechende Aktivitäten auf Bundesebene fanden in der Folgezeit jedoch nicht statt.

C. Neuere Gesetzentwürfe

Im Jahr 2006 zeichneten sich mit der Föderalismusreform und der Entscheidung des Bundesverfassungsgerichtes zur Verfassungswidrigkeit des Jugendstrafvollzugs dessen größte Veränderungen seit dem Ende des Zweiten Weltkrieges ab. Nachdem das Bundesverfassungsgericht am 31.Mai 2006 die bisherige Rechtslage für verfassungswidrig erklärt und eine gesetzliche Regelung des Jugendstrafvollzuges angemahnt hatte[23], wurden wenige Tage darauf drei Entwürfe einer gesetzlichen Regelung des Jugendstrafvollzugs der Öffentlichkeit vorgestellt.
Das Bundesministerium der Justiz legte am 7. Juni 2006 eine überarbeitete Fassung des GJVollz vor. Am selben Tag präsentierten auch die Länder Bayern und Baden-Württemberg – ohne nach der grundgesetzlichen Kompetenzverteilung schon zuständig zu sein – jeweils einen Entwurf für eine gesetzliche Regelung des Jugendstrafvollzugs auf Länderebene vor.[24]
Im August 2006 schließlich machte *Günter Tondorf* einen eigenen Musterentwurf zu einem Jugendstrafvollzugsgesetz der Länder, basierend auf dem GJVollz und unter Berücksichtigung der Gesetzentwürfe der Länder Bayern und

---

[20] Begründung zum GJVollz (2004), S.3.

[21] Vgl. Stellungnahme der Arbeitsgemeinschaft für Jugendhilfe; Stellungnahme der BAG; Stellungnahme des DBH (2004); Stellungnahme der DVJJ zum GJVollz (2004); Stellungnahme des Deutschen Richterbundes; Stellungnahme ver.di.

[22] Koalitionsvertrag zwischen CDU, CSU und SPD vom 11.11.2005, Rn.5962 f., abrufbar unter http://www.bundesregierung.de/nsc_true/Content/DE/__Anlagen/koalitionsvertrag,templateId=raw,property=publicationFile.pdf/koalitionsvertrag, zuletzt abgerufen am 1.2. 2007.

[23] BVerfG, 2 BvR 1673/04 vom 31.5.2006, dazu ausführlich unten Kap.3, C.

[24] Entwurf eines Bayerischen Strafvollzugsgesetzes – BayStVollzG, Stand: 30.Juni 2006 (im Folgenden zitiert als EBayStVollzG), dort Abschnitt 3; Entwurf eines Jugendstrafvollzugsgesetzes des Landes Baden-Württemberg (JStVollzG, E-BW), Stand: 7.Juni 2006, im Folgenden zitiert als E BW 2006; vgl. auch die Pressemitteilung Nr. 43/06 des Bayerischen Staatsministeriums der Justiz vom 7. Juni 2006, abrufbar unter http://www.justiz.bayern.de/ministerium/presse/archiv/2006/detail/43.php, zuletzt abgerufen am 9.11.2006.

Baden-Württemberg, der Fachöffentlichkeit zugänglich.[25] Ein weiterer Entwurf eines Jugendstrafvollzugsgesetzes wurde im Oktober 2006 von *Klaus Rehbein* publiziert.[26] Das Bundesland Baden-Württemberg stellte im Januar 2007 einen überarbeiteten Referentenentwurf für ein Jugendstrafvollzugsgesetz vor.[27] Die Bundesländer Berlin, Brandenburg, Bremen, Mecklenburg-Vorpommern, Rheinland-Pfalz, Saarland, Sachsen, Sachsen-Anhalt und Schleswig-Holstein arbeiteten Ende 2006 einen gemeinsamen Entwurf für ein Jugendstrafvollzugsgesetz aus. Eine überarbeitete Version dieses Entwurfs legte die sog. 9-er Gruppe im Januar 2007 vor. Das Bundesland Sachsen publizierte dagegen im Januar 2007 einen eigenen Entwurf. Weitere Entwürfe liegen mittlerweile aus den Ländern Hamburg, Hessen und Niedersachsen vor. Sämtliche vorgenannten Entwürfe sind auf einer zentralen Internetseite der DVJJ gesammelt und dort teilweise mit Begründungen abrufbar.[28]

[25] Tondorf, Musterentwurf zu einem Jugendstrafvollzugsgesetz der Länder (2006), Stand: November 2006.
[26] Rehbein, Jugendstrafvollzugsgesetz. Entwurf (2006).
[27] Referentenentwurf für ein Gesetz über den Vollzug der Jugendstrafe in Baden-Württemberg (Jugendstrafvollzugsgesetz Baden-Württemberg – JStVollzG-BW), im Folgenden zitiert als E BW 2007.
[28] http://www.dvjj.de/artikel.php?artikel=741, zuletzt abgerufen am 1.2.2007.

Kapitel 3: Die Verfassungswidrigkeit des Jugendstrafvollzugs

A. Die Verfassungswidrigkeit der bisherigen Rechtslage

Es gibt bislang in Deutschland keine einheitliche gesetzliche Grundlage, die den Vollzug der Jugendstrafe regelt. Es finden sich lediglich einige Vorschriften in verschiedenen Gesetzen. In diesen ist die Problematik aber nur ansatzweise erfasst. So enthält das JGG mit den §§ 91, 92 und 115 JGG insgesamt drei Vorschriften, die sich mit dem Vollzug der Jugendstrafe befassen. § 91 JGG beschreibt dabei Aufgaben und Grundlagen des Jugendstrafvollzuges, § 92 JGG trifft Aussagen hinsichtlich der Jugendstrafanstalten und § 115 JGG ermächtigt die Bundesregierung, für den Vollzug der Jugendstrafe eine Rechtsverordnung zu erlassen – eine Ermächtigung, von der der Gesetzgeber bislang aber noch keinen Gebrauch gemacht hat.[1] Das StVollzG enthält in § 176 i.V.m. § 198 Abs.3 und § 199 Abs.1 Nr.5 StVollzG sowie in § 178 i.V.m. §§ 94 bis 101 StVollzG Regelungen hinsichtlich der Gewährung von Arbeitsentgelt und die Anwendung unmittelbaren Zwangs. Hinsichtlich der Gewährung von Rechtsschutz gelten die §§ 23 ff. EGGVG, wonach der Gefangene gerichtliche Entscheidung durch den Strafsenat beim zuständigen Oberlandesgericht beantragen kann[2].
Schon die Aufzählung dieser Rechtsvorschriften macht deutlich, dass mit ihnen allenfalls die Rahmenbedingungen des Jugendstrafvollzuges gesetzlich erfasst werden[3]. Eine konkrete gesetzliche Festschreibung der Pflichten, aber auch der Rechte der Gefangenen im Jugendstrafvollzug fehlt dagegen bisher gänzlich.
So gibt es bisher weder gesetzliche Aussagen zu so grundlegenden Bereichen wie dem Vollzugsziel und der Stellung des Gefangenen im Jugendstrafvollzug (sieht man von den Aussagen in § 91 Abs.1 JGG ab), noch zu praxis- und grundrechtsrelevanten Regelungsbereichen wie der Erstellung eines Vollzugsplanes, der Verlegung in den offenen bzw. den geschlossenen Vollzug, der Gewährung von Lockerungen oder von Urlaub, der Art und Weise der Unterbringung in der Jugendstrafanstalt, dem Verkehr mit der Außenwelt, der Aus- und Weiterbildung sowie der Arbeitspflicht im Vollzug, des Besitzes von Gegenständen im Vollzug sowie des Erlasses von Disziplinarmaßnahmen. In all diesen nur beispielhaft und nicht abschließend aufgezählten Bereichen wird während des Vollzugs der Freiheitsstrafe (und damit auch der Jugendstrafe) in mannigfaltiger Weise in die Grundrechte eines Gefangenen eingegriffen[4].
Aussagen zu den genannten Einzelfragen enthalten lediglich die Bundeseinheitlichen Verwaltungsvorschriften zum Jugendstrafvollzug vom 1. 1. 1977 (VVJug), die in der Folgezeit von allen Bundesländern als landeseigene Verwal-

---

[1] Vgl. Begründung zum GJVollz (2004), S.2; Kreideweiß (1993), S.1; kritisch zum Vollzug der Jugendstrafe, gestützt auf eine solche Rechtsverordnung im Hinblick auf Art.80 GG und darauf, dass dann ohne förmliches Gesetz in die Freiheitsrechte gefangener Bürger eingegriffen werde Ostendorf (2003), § 115, Rn.1 m.w.N.; vgl. auch Schüler-Springorum, in: Würtenberger-FS (1977), S.425 f., insb. Fn.5.
[2] Eisenberg (2006), § 91, Rn.39.
[3] Mertin, ZRP 2002, S.18.
[4] Wölfl (2004), S.77, 78.

tungsvorschriften umgesetzt worden sind[5]. Ihrem Charakter nach waren die VVJug von Anfang an lediglich als Übergangsvorschriften angelegt, was auch in der Präambel zu den VVJug deutlich wird, wo es unter anderem heißt: *„Ihre Geltungsdauer ist zeitlich begrenzt; sie sollen lediglich die Übergangszeit bis zum Erlaß umfassender gesetzlicher Regelungen überbrücken."*[6].

Von Anfang an wurde dabei die Nähe der VVJug zu den Vorschriften des StVollzG kritisiert[7], die so weit ging, dass teilweise die entsprechenden Vorschriften des StVollzG wortwörtlich in die VVJug übernommen wurden.[8] Trotz dieser inhaltlichen Nähe der VVJug zum StVollzG handelt es sich bei den VVJug jedenfalls nicht um gesetzliche Vorschriften im Sinne des verfassungsrechtlichen Gesetzesvorbehalts.[9] Mangels Gesetzesqualität sind die VVJug auch keine hinreichende Rechtsgrundlage für Eingriffe in die Rechte der Gefangenen im Jugendstrafvollzug[10], obwohl, wie *Wapler* zu Recht konstatiert, *„nahezu alles, was in den VVJug geregelt ist, ... den Schutzbereich eines Grundrechts"*[11] berührt. Aufgrund mangelnder Gesetzesqualität entfalten die VVJug im Übrigen auch keine Bindungswirkung für den Richter, der, beispielsweise aufgrund der oben genannten §§ 23 ff. EGGVG, über einen Sachverhalt aus dem Bereich des Jugendstrafvollzugs zu entscheiden hat[12].

In seiner Entscheidung vom 14.03.1972[13] hatte sich das Bundesverfassungsgericht explizit mit der Grundrechtssituation von Strafgefangenen zu befassen. Dabei führte es zunächst aus, dass auch die Grundrechte Strafgefangener nur durch oder aufgrund eines Gesetzes eingeschränkt werden könnten[14] und erteilte damit der bis dato weitläufig vertretenen Lehre vom *„besonderen Gewaltverhältnis"*[15] eine deutliche Absage. Weiter führte es aus: *„Das Grundgesetz ist eine wertgebundene Ordnung, die den Schutz von Freiheit und Menschenwürde als den obersten Zweck allen Rechts erkennt; sein Menschenbild ist allerdings nicht das des selbstherrlichen Individuums, sondern das der in der Gemeinschaft stehenden und ihr vielfältig verpflichteten Persönlichkeit ... In Art.1 Abs.3 GG werden die Grundrechte für Gesetzgebung, vollziehende Gewalt und Rechtsprechung für unmittelbar verbindlich erklärt. Dieser umfassenden Bindung der staatlichen Gewalt widerspräche es, wenn im Strafvollzug die Grundrechte beliebig oder nach Ermessen eingeschränkt werden könnten. Eine Einschränkung kommt nur dann in Betracht, wenn sie zur Erreichung eines von der Wertord-*

---

[5] Mertin, ZRP 2002, S.18.

[6] Präambel zu den VVJug, abgedruckt bei Eisenberg (2006), Anlage 6; vgl. auch Walter/Neubacher, ZfJ 2003, S.1, 4, wonach das gesetzliche Vakuum durch die VVJug *„faktisch überbrückt"* werde.

[7] Zusammenfassend Pollähne (2004), S.45, 46 m.w.N.

[8] Vgl. dazu im Einzelnen die Ausführungen unten zum GJVollz, wo jeweils auf die bislang geltenden Vorschriften in den VVJug sowie auf eventuelle Ähnlichkeiten mit Normen des StVollzG verwiesen wird.

[9] Pollähne (2004), S.45, 53.

[10] Pollähne (2004), S.45, 53.

[11] Wapler (2002), S.193, 195.

[12] Pollähne (2004), S.45, 53; Kreideweiß (1993), S.2; dies erklärt i.Ü. auch, warum die VVJug in der bisherigen Rechtsprechung zum Jugendstrafvollzug kaum eine Rolle spielten.

[13] BVerfGE 33, S.1 ff.

[14] BVerfGE 33, S.1, 9.

[15] Vgl. dazu Wölfl (2004), S.77, 81.

nung des Grundgesetzes gedeckten gemeinschaftsbezogenen Zweckes unerlässlich ist und in den ***dafür verfassungsrechtlich vorgesehenen Formen geschieht.*** (Hervorhebung durch den Verf.) *Die Grundrechte von Strafgefangenen können also nur durch oder aufgrund eines Gesetzes eingeschränkt werden, das allerdings auf – möglichst eng begrenzte – Generalklauseln nicht wird verzichten können.*"[16]

Insgesamt erfüllen die derzeitigen Rechtsgrundlagen, aufgrund derer in Deutschland Jugendstrafvollzug betrieben wird, damit nicht die Anforderungen, die das Bundesverfassungsgericht in der genannten Entscheidung an den Gesetzgeber gestellt hat. Aus diesen Gründen herrscht über die Verfassungswidrigkeit des Jugendstrafvollzuges nach der bisherigen Rechtslage im Schrifttum weitestgehende Einigkeit.[17]

B. Der Umgang mit der Verfassungswidrigkeit des Jugendstrafvollzugs in der Rechtsprechung

Trotz dieser eindeutigen Meinung nahezu der gesamten Wissenschaft spielte die Verfassungswidrigkeit des Jugendstrafvollzugs in der überwiegenden Rechtsprechung der Obergerichte kaum eine Rolle. Vielmehr wurde die Verfassungswidrigkeit des Jugendstrafvollzugs – von wenigen, früheren, zweifelnden Entscheidungen abgesehen[18] – stets relativ unproblematisch verneint.[19]

Lediglich von Seiten der Amtsgerichte Herford und Rinteln wurde versucht, mittels Richtervorlage nach Art.100 Abs.1 GG eine Entscheidung des Bundesverfassungsgerichts über die Verfassungsmäßigkeit der Rechtslage im Jugendstrafvollzug herbeizuführen.[20] Diese Vorlagen scheiterten jedoch stets bereits an der Zulässigkeit.[21]

---

[16] BVerfGE 33, S.1, 10.

[17] Grundlegend Pollähne/Bammann/Feest (Hrsg.), Wege aus der Gesetzlosigkeit. Rechtslage und Regelungsbedürftigkeit des Jugendstrafvollzugs (2004); J. Walter, ZJJ 2003, S.397; Walter/Neubacher, ZfJ 2003, S.1; Bammann, RdJB 2001, S.24; ders., UJ 2002, S.30; Bammann/Feest, in: AK-StVollzG (2006), § 176, Rn.15 f.; Kreideweiß (1993), S.4; Schaffstein/Beulke (2002), S.293: „*unbefriedigend*"; Ostendorf (2003), §§ 91-92, Rn.3; Baumann (1985), S.1; Dünkel (1990), S.140; ders., in: Böhm-FS (1999), S.99, 129; Eisenberg (2006), § 91, Rn.5: „*zumindest... bedenklich*"; Wölfl, ZRP 2000, S.511; Mertin, ZRP 2002, S.18; Binder, StV 2002, S.452; J. Walter, DVJJ-J. 2002, S.127; ders., DVJJ-J. 2002, S.349; zweifelnd Meier/Rössner/Schöch, (2003), § 14, Rn.14 f.; a.A. auch M. Walter (1999), Rn.349.

[18] OLG Stuttgart, ZfStrVo 1980, S.60; OLG Schleswig, NStZ 1985, S.475 m. Anm. Schüler-Springorum.

[19] Vgl. OLG Koblenz, ZfStrVo 1980, S.61, 62; OLG Stuttgart, ZfStrVo 1980, S.60, 61; OLG Hamm, ZfStrVo 1985, S.128 und ZfStrVo 1986, S.120, 121; OLG Celle, NStZ 2000, S.167; OLG Zweibrücken, ZfStrVo 2003, S.250; OLG Jena, ZfStrVo 2003, S.242; zuletzt OLG Hamm, ZJJ 2005, S.77 m. abl. Anm. Pollähne; vgl. auch Rzepka (2004), S.27, 32 f.; Callies/Müller-Dietz (2005), § 1, Rn.8 m.w.N.

[20] AG Herford, DVJJ-J. 1991, S.72 = NStZ 1991, S.255 m. Anm. Scheschonka; AG Herford, DVJJ-J. S.438; AG Herford, DVJJ-J. 2001, S.427 m. Anm. Ostendorf; AG Rinteln, DVJJ-J. 2002, S.342 m. Anm. J. Walter.

[21] BVerfG NJW 1994, S.2750; BVerfG DVJJ-J. 2002, S.90; zuletzt wurden am 1.6.2006 drei noch anhängige Vorlageverfahren (Az.: 2 BvL 1/02; 2 BvL 4/02; 2 BvL 5/02) der Amtsge-

C. Das Urteil des Bundesverfassungsgerichts vom 31. Mai 2006

I. Die mündliche Verhandlung

Am 1. März 2006 fand in Karlsruhe zum ersten Mal eine mündliche Verhandlung in Sachen „Verfassungsmäßigkeit des Jugendstrafvollzuges" statt. An dieser Verhandlung nahm der Verfasser als Zuhörer teil. Anlass der Verhandlung waren die Verfassungsbeschwerden eines derzeit in der JVA Siegburg inhaftierten Gefangenen, der sich vor dem OLG Hamm vergeblich u.a. gegen die Kontrolle seiner Post (durch die JVA Herford) namentlich mit dem Argument gewehrt hatte, der darin liegende Eingriff in sein Grundrecht aus Art.10 GG geschehe ohne gesetzliche Grundlage.[22] Auf den genauen Gang der mündlichen Verhandlung soll hier nicht näher eingegangen werden, verwiesen sei in diesem Zusammenhang auf die einschlägige instruktive Darstellung von *Pollähne*[23]. Bestätigt werden kann allerdings der Eindruck von *Rath*, der feststellte: *„Selten war der Ausgang eines Verfahrens in Karlsruhe schon bei der mündlichen Verhandlung so absehbar."*[24]

II. Die Entscheidung des Bundesverfassungsgerichts

1. Das Ergebnis

Die Entscheidung des Bundesverfassungsgerichts am 31.5.2006 kam somit auch nicht überraschend: *„Für Maßnahmen, die in Grundrechte des Gefangenen eingreifen, ist auch im Jugendstrafvollzug eine gesetzliche Grundlage erforderlich. Diese besteht bislang weder für die Kontrolle der Gefangenenpost noch für die Anordnung von Disziplinarmaßnahmen."*[25] Das Bundesverfassungsgericht räumte dem Gesetzgeber jedoch erneut eine Übergangsfrist zur Schaffung entsprechender gesetzlicher Regelungen ein, und zwar bis zum Ablauf des Jahres 2007[26]: *„Für eine begrenzte Übergangszeit bis zum Inkrafttreten der erforderlichen gesetzlichen Regelungen müssen jedoch eingreifende Maßnahmen hingenommen werden, soweit sie zur Aufrechterhaltung eines geordneten Jugendstrafvollzuges unerlässlich sind."*[27]. Die Übergangsfrist begründet das Bundesverfassungsgericht damit, dass nur so ein Zustand vermieden werden könne, der der verfassungsmäßigen Ordnung noch ferner stünde als die vorübergehende Hinnahme materiell rechtfertigungsfähiger, gesetzlich aber nicht ausreichend

---

richte Herford und Rinteln durch Beschluss als unzulässig abgewiesen, vgl. Pressemitteilung Nr.44/2006 des Bundesverfassungsgerichts vom 1.6.2006, abrufbar unter http://www.bundesverfassungsgericht.de/pressemitteilungen/bvg06-044.html, zuletzt abgerufen am 1.2.2007; vgl. auch Knöner (2004), S.109 ff.

[22] Beschlüsse des OLG Hamm v. 01.07.2004 (1 VAs 17/04), ZJJ 2005, S.77 ff. m. Anm. Pollähne (Az. vor dem BVerfG: 2 BvR 1673/04) und v. 02.11.2004 (1 VAs 58/04, unveröff.; Az. vor dem BVerfG: 2BvR 2402/04).

[23] Pollähne, ZJJ 2006, S.67.

[24] Rath, in: taz vom 02.03.2006, zit. nach Pollähne, ZJJ 2006, S.67.

[25] BVerfG, 2 BvR 1673/04 vom 31.5.2006, Abs.34.

[26] BVerfG, 2 BvR 1673/04 vom 31.5.2006, Abs.70.

[27] BVerfG, 2 BvR 1673/04 vom 31.5.2006, Abs.34.

legitimierter Eingriffe.[28] Die Aufrechterhaltung und verfassungskonforme Durchführung des Jugendstrafvollzugs sei ohne Eingriffsbefugnisse nicht möglich. Allerdings bedeute dies nicht, dass übergangsweise die bisherigen unzureichenden Regelungen ohne weiteres so anwendbar blieben, als seien sie verfassungsrechtlich unbedenklich; bis zur Herstellung eines verfassungsmäßigen Zustandes durch den Gesetzgeber reduzierten sich vielmehr die Befugnisse der Behörden und Gerichte zu Eingriffen in verfassungsrechtlich geschützte Positionen auf das, was zur Aufrechterhaltung eines ansonsten verfassungsgemäß geordneten Vollzuges unerlässlich sei.[29] Insgesamt seien daher die Eingriffe in die Grundrechte des Beschwerdeführers im konkreten Fall zu rechtfertigen. Im Ergebnis hatten daher die Verfassungsbeschwerden keinen Erfolg.[30]

2. Die Begründung der Verfassungswidrigkeit des Jugendstrafvollzuges durch das Bundesverfassungsgericht

Das Gericht stellt zunächst fest, dass auch Eingriffe in Grundrechte Strafgefangener einer gesetzlichen Grundlage bedürfen, dies sei seit dem Jahr 1972 geklärt. Insofern gelte für Gefangene im Jugendstrafvollzug nichts anderes.[31] Entsprechende gesetzliche Grundlagen gäbe es für den Jugendstrafvollzug bislang nicht, vielmehr existierten spezifische gesetzliche Regelungen nur in wenigen Einzelnormen des JGG und des StVollzG.[32] Diese seien aber als Rechtsgrundlage ebenso wenig geeignet wie die zur Überbrückung der Übergangszeit bis zum Inkrafttreten einer ausreichenden gesetzlichen Grundlage vereinbarten VVJug, die schon aufgrund ihrer Rechtsnatur nicht dem für Grundrechtseingriffe geltenden Vorbehalt des Gesetzes genügten.[33] Auch ein Rückgriff auf Rechtsgedanken des StVollzG scheide aus. Dies folge, soweit es um Disziplinarstrafen gehe, schon aus Art.103 Abs.2 GG[34], im Übrigen bestehe keine für einen Analogieschluss erforderliche planwidrige Lücke[35]. Aber auch die Gleichartigkeit der zu regelnden Sachverhalte als Voraussetzung für eine analoge Gesetzesanwendung sei zu verneinen, denn bei Erwachsenen- und Jugendstrafvollzug handele es sich um zwei vollkommen unterschiedliche Sachverhalte.[36] Daher bedürfe es insgesamt für den Jugendstrafvollzug gesetzlicher Grundlagen, die auf die besonderen Anforderungen des Vollzuges von Strafen an Jugendlichen und ihnen gleichstehenden Heranwachsenden zugeschnitten seien.[37]

3. Eckpunkte eines verfassungsgemäßen Jugendstrafvollzuges

Anschließend äußert sich das Urteil zur Zielrichtung der Jugendstrafe und benennt relativ detailliert einige wesentliche Eckpunkte zur Ausgestaltung eines

[28] BVerfG, 2 BvR 1673/04 vom 31.5.2006, Abs.67.
[29] BVerfG, 2 BvR 1673/04 vom 31.5.2006, Abs.69.
[30] BVerfG, 2 BvR 1673/04 vom 31.5.2006, Abs.66, 72 ff.
[31] BVerfG, 2 BvR 1673/04 vom 31.5.2006, Abs.36.
[32] BVerfG, 2 BvR 1673/04 vom 31.5.2006, Abs.37 f.
[33] BVerfG, 2 BvR 1673/04 vom 31.5.2006, Abs.42.
[34] BVerfG, 2 BvR 1673/04 vom 31.5.2006, Abs.44.
[35] BVerfG, 2 BvR 1673/04 vom 31.5.2006, Abs.46.
[36] BVerfG, 2 BvR 1673/04 vom 31.5.2006, Abs.49.
[37] BVerfG, 2 BvR 1673/04 vom 31.5.2006, Abs.49.

verfassungsgemäßen und am Menschenbild des Grundgesetzes orientierten Jugendstrafvollzuges.

- *„Der Vollzug der Freiheitsstrafe muss auf das Ziel ausgerichtet sein, dem Inhaftierten ein künftiges straffreies Leben in Freiheit zu ermöglichen."*[38] Damit legt das Bundesverfassungsgericht das Vollzugsziel des zukünftigen Jugendstrafvollzuges fest, dem insoweit sogar Verfassungsrang zukommt.[39]

- Freiheitsstrafen wirken sich auf junge Gefangene aus verschiedenen Gründen in besonderes einschneidender Art und Weise aus. Der Staat hat daher eine besondere Verpflichtung, negative Auswirkungen der Jugendstrafe auf die Lebenstüchtigkeit der Gefangenen so weit wie möglich zu mindern.[40] Es wird besonders die Bedeutung der Grundsätze von Angleichung und Gegensteuerung und deren praktische Umsetzung im Vollzugsalltag hervorgehoben.

- Hingewiesen wird weiterhin auf die gesteigerte Relevanz der Familienbeziehungen und auf die Bedeutung des Elternrechts bei noch nicht volljährigen Gefangenen.[41]

- Besonderer Regelungsbedarf besteht nach Ansicht des Bundesverfassungsgerichts ferner bezüglich der Kontakte zur Außenwelt und der Art der Sanktionierung von Pflichtverstößen. Schon im Hinblick auf Art.6 Abs.2 GG müssten die Besuchsmöglichkeiten für familiäre Kontakte *„um ein Mehrfaches über denen im Erwachsenenstrafvollzug (vgl. § 24 Abs.1 Satz 2 StVollzG) angesetzt werden."*[42]

- Weiterhin spricht sich das Bundesverfassungsgericht für die Unterbringung der Gefangenen in kleineren Wohngruppen, differenziert nach Alter, Strafzeit und Straftaten aus. Eine solche Unterbringung biete nach derzeitigem Erkenntnisstand gute Möglichkeiten zu dem positiven sozialen Lernen dienenden Kontakten, andererseits könnten so die Gefangenen auch effektiv vor wechselseitigen Übergriffen geschützt werden.[43] Auch die Bedeutung körperlicher Bewegung wird ausdrücklich betont.[44]

- Der bisherige Rechtsschutz im Jugendstrafvollzug nach §§ 23 ff. EGGVG genügt nach dem BVerfG nicht den Anforderungen eines effektiven Rechtsschutzes (Art.19 Abs.4 GG).[45] Daher bestehe in diesem Bereich besonderer Regelungsbedarf; insbesondere sei bei der Ausgestaltung auf jugendtypische Besonderheiten wie die Ungeübtheit im Umgang mit Institutionen sowie mit der Schriftsprache Rücksicht zu nehmen.[46]

---

[38] BVerfG, 2 BvR 1673/04 vom 31.5.2006, Abs.51.
[39] BVerfG, 2 BvR 1673/04 vom 31.5.2006, Abs.51.
[40] BVerfG, 2 BvR 1673/04 vom 31.5.2006, Abs.52 ff.
[41] BVerfG, 2 BvR 1673/04 vom 31.5.2006, Abs.55.
[42] BVerfG, 2 BvR 1673/04 vom 31.5.2006, Abs.57.
[43] BVerfG, 2 BvR 1673/04 vom 31.5.2006, Abs.57.
[44] BVerfG, 2 BvR 1673/04 vom 31.5.2006, Abs.57.
[45] BVerfG, 2 BvR 1673/04 vom 31.5.2006, Abs.58.
[46] BVerfG, 2 BvR 1673/04 vom 31.5.2006, Abs.58.

- Aufgrund des Verfassungsranges des Vollzugsziels der Resozialisierung kommen dem Staat nach dem Bundesverfassungsgericht besondere positive Verpflichtungen zu. So müsse er durch hinreichend konkrete gesetzliche Vorgaben sicherstellen, dass der Vollzug in personeller und finanzieller Hinsicht mit dem Erforderlichen ausgestattet sei. *„Der Staat muss den Strafvollzug so ausstatten, wie es zur Realisierung des Vollzugsziels erforderlich ist."*[47]

- Die gesetzlichen Vorgaben für die Ausgestaltung des Vollzuges müssten zudem auf sorgfältig ermittelten Annahmen und Prognosen über die Wirksamkeit unterschiedlicher Vollzugsgestaltungen und Behandlungsmethoden beruhen; vorhandene Erkenntnisquellen, zu denen auch die Vollzugspraxis gehöre, müssten ausgeschöpft werden und es müsse eine Orientierung am Stand der wissenschaftlichen Erkenntnisse stattfinden.[48]

- Der Staat habe weiterhin völkerrechtliche Vorgaben oder internationale Standards mit Menschenrechtsbezug zu berücksichtigen. Eine Nichtbeachtung oder Unterschreitung könne auf eine den grundrechtlichen Anforderungen nicht genügende Berücksichtigung vorhandener Erkenntnisse oder auf eine den grundrechtlichen Anforderungen nicht entsprechende Gewichtung der Belange der Inhaftierten hindeuten.[49]

- Der Gesetzgeber sei wegen des besonders hohen Gewichts der grundrechtlichen Belange, die durch den Jugendstrafvollzug berührt werden, zu einer kontinuierlichen Beobachtung und Weiterentwicklung des Jugendstrafvollzugs verpflichtet.[50]

4. Bewertung des Urteils

Das Bundesverfassungsgericht hat mit seinem Urteil vom 31.Mai 2006 *„endlich und endgültig"*[51] dem Vollzug der Jugendstrafe ohne gesetzliche Grundlage eine Absage erteilt. Gleichzeitig hat es mit der Formulierung, bis zur Einführung einer gesetzlichen Grundlage reduzierten sich die Befugnisse der Behörden und Gerichte zu Eingriffen in verfassungsrechtlich geschützte Positionen auf das, was zur Aufrechterhaltung eines ansonsten verfassungsgemäß geordneten Vollzuges unerlässlich sei[52], deutlich gemacht, dass schon mit Verkündung des Urteils im Jugendstrafvollzug ein Umdenken stattzufinden habe und keinesfalls so weiter verfahren werden dürfe wie bisher[53]. Mit seinen Eckpunkten zu einer verfassungsrechtlich haltbaren Ausgestaltung des Jugendstrafvollzuges macht das Bundesverfassungsgericht dem künftigen Gesetzgeber zudem relativ detaillierte Vorgaben. An diesen Eckpunkten einer gesetzlichen Regelung des Jugendstrafvollzuges werden sich die Entwürfe zur gesetzlichen Regelung des Jugendstraf-

[47] BVerfG, 2 BvR 1673/04 vom 31.5.2006, Abs.61 m.w.N.
[48] BVerfG, 2 BvR 1673/04 vom 31.5.2006, Abs.62.
[49] BVerfG, 2 BvR 1673/04 vom 31.5.2006, Abs.63.
[50] BVerfG, 2 BvR 1673/04 vom 31.5.2006, Abs.64.
[51] Ostendorf, NJW 2006, S.2073, 2074.
[52] BVerfG, 2 BvR 1673/04 vom 31.5.2006, Abs.69.
[53] Vgl. Ostendorf, NJW 2006, S.2073, 2074.

vollzuges sowohl auf Bundes- als auch jetzt auf Landesebene in Zukunft messen lassen müssen.
Insgesamt bestätigt das Urteil all die Stimmen aus Wissenschaft und Praxis, die teilweise seit Jahrzehnten auf den verfassungswidrigen Zustand des Jugendstrafvollzugs hingewiesen haben und dabei *„gegen eine Wand der Hinhaltetaktik angerannt sind“*[54]. Allerdings bleibt abzuwarten, wie eine gesetzliche Regelung des Jugendstrafvollzuges zukünftig aussehen wird. Denn kurz nach Verkündung des Urteils gewann das Problem „Gesetzliche Regelung des Jugendstrafvollzuges“ dadurch erneut an Brisanz, dass im Rahmen der sog. Föderalismusreform eine Übertragung der Gesetzgebungskompetenz zur Regelung des Strafvollzuges auf die Länder stattfand. Auf diese Problematik und die im Zuge dieser Kompetenzverlagerung vorgelegten Gesetzentwürfe auf Länderebene soll unten in Kapitel 6 und 7 eingegangen werden.

[54] Ostendorf, NJW 2006, S.2073, 2074.

Kapitel 4: Rahmenbedingungen des derzeitigen Jugendstrafvollzugs in Deutschland

A. Vorbemerkung

Eine Arbeit, die sich mit einer gesetzlichen Regelung des Jugendstrafvollzugs befasst, kommt nicht ohne eine Darstellung der Rahmenbedingungen aus, unter denen in Deutschland derzeit der Vollzug an jugendlichen und heranwachsenden Gefangenen stattfindet. Dies gilt vor allem deshalb, weil sich erstens eine solche gesetzliche Regelung in der Praxis als tauglich erweisen muss und diese deshalb immer im Blick haben muss und zweitens ein Blick auf die praktischen Bedingungen und Probleme des derzeitigen Jugendstrafvollzugs eine Abschätzung dahingehend ermöglicht, wo möglicherweise im Besonderen gesetzgeberischer Handlungsbedarf besteht. Daher sollen im Folgenden drei Aspekte des derzeitigen Jugendstrafvollzugs näher beleuchtet werden: anhand ausgewählter statistischer Daten – auf die auch im Rahmen der Erörterung des GJVollz zurückzugreifen sein wird – sollen zunächst tatsächliche Aspekte des Jugendstrafvollzuges dargestellt werden, sodann erfolgt eine Erörterung der sozialen und der kriminalpolitischen Rahmenbedingungen.

B. Statistische Daten zum Jugendstrafvollzug

I. Bestand der Gefangenen

Zum Stichtag 31.März 2006 betrug der Bestand der Gefangenen im Jugendstrafvollzug (männlich und weiblich zusammen) insgesamt 6680.[1] Darunter befanden sich 62 Fälle, in denen der Vollzug wegen § 114 JGG in einer Jugendstrafanstalt stattfand.[2] Der absolut höchste Gefangenenbestand findet sich mit 1417 Jugendstrafgefangenen in Nordrhein-Westfalen, gefolgt von Bayern mit 719 und Sachsen mit 543 Gefangenen[3], der absolut niedrigste Gefangenbestand findet sich in Bremen (55), Hamburg (83) und dem Saarland (96)[4].

II. Belegung und Belegungsentwicklung

Die Gefangenenraten im Jugendstrafvollzug sind je nach Bundesland unterschiedlich, ein Blick auf die derzeit aktuellen statistischen Daten offenbart jedoch gravierende Probleme vor allem der neuen Bundesländer.[5]

---

[1] Statistisches Bundesamt (2006), S.3.
[2] Statistisches Bundesamt (2006), S.3.
[3] Statistisches Bundesamt (2006), S.3.
[4] Statistisches Bundesamt (2006), S.3.
[5] Dünkel, in: Schwind-FS (2006), S.549, 550.

Im Bundesdurchschnitt beträgt die Gefangenenrate pro 100 000 der 15- bis 25-jährigen Bevölkerung 94,5.[6] Die niedrigsten Gefangenenraten weisen Schleswig-Holstein mit 63,5, Baden-Württemberg mit 70,8 und Hessen mit 71,1 auf. Die höchsten Gefangenenraten finden sich in Mecklenburg-Vorpommern mit 124,1, in Sachsen mit 132,0 und in Sachsen-Anhalt mit 162,0 pro 100 000 Einwohner. Ein Vergleich zwischen den Gefangenenraten im Jugendstrafvollzug in den Jahren 2000 und 2005 zeigt für Deutschland insgesamt einen Zuwachs der Gefangenenrate von 0,2, wobei die Tendenzen in den einzelnen Bundesländern wiederum uneinheitlich sind: sie reichen von extremen Schwankungen in den Stadtstaaten (Bremen: - 43,2 Prozent, Hamburg: + 51,0 Prozent) über nahezu gleich bleibende Gefangenraten (Baden-Württemberg; + 2,0 Prozent, Nordrhein-Westfalen: - 2,8 Prozent) bis hin zu deutlichen Schwankungen in größeren Bundesländern (Bayern: + 15,7 Prozent, Hessen: - 15,7 Prozent).[7] Allerdings ist von 1994 bis 1999 die Gefangenenziffer bei Heranwachsenden um mehr als das Doppelte, bei Jugendlichen sogar um das Dreifache gestiegen.[8]
Auf die Ursachen für die unterschiedlichen Jugendstrafgefangenenraten soll hier nicht näher eingegangen werden.[9]

III. Alters- und Deliktsstruktur im Jugendstrafvollzug

Der Jugendstrafvollzug in Deutschland ist heute im Wesentlichen ein Strafvollzug an Heranwachsenden. Dies verdeutlicht ein Blick auf die Statistik. So betrug am 31.3.2001 die Quote der 14-bis 17-jährigen im Jugendstrafvollzug nur 11,2 Prozent, während die Quote der 18- bis 21-jährigen 49,2 Prozent und die der Insassen über 21 Jahren 39,5 Prozent betrug.[10] Eine absolute Randerscheinung bilden insofern die 14- bis 15-jährigen Gefangenen; im Jahr 2000 befanden sich gerade einmal drei Gefangene dieses Alters im Jugendstrafvollzug.[11] Allerdings steigt die Zahl der jüngsten Gefangenen im Jugendstrafvollzug derzeit wieder an.[12] Auffällig ist hierbei, dass auch bei dieser Gruppe regelmäßig nicht ein Kapital- oder ein besonders schweres Delikt, sondern vielmehr eine gehäufte Anzahl kleinerer Delikte Ursache für die Verhängung von Jugendstrafe ist.[13]
Die Deliktsstruktur im Jugendstrafvollzug ist deutlich von Gewaltdelikten geprägt. Der Anteil an Gewalttätern im Jugendstrafvollzug betrug zum Stichtag 31.03.2002 bundesweit 45 Prozent gegenüber 30 Prozent im Erwachsenenstraf-

---

[6] Dünkel, in: Schwind-FS (2006), S.549, 551, Abb.1; dass die Gefangenenraten lediglich auf die 15- bis 25-jährige Bevölkerung berechnet werden, obwohl bereits 14-jährige zu Jugendstrafe verurteilt werden können, hat statistische Gründe, vgl. Dünkel, in: Schwind-FS (2006), S.549, 550, Fn.10.
[7] Dünkel, in: Schwind-FS (2006), S.549, 553, Tabelle 1.
[8] J. Walter (2004a), S.3, 4 f. m.w.N.
[9] Hierzu näher Dünkel, in: Schwind-FS (2006), S.549, 554 ff.; ders., Gutachten für das BVerfG (2006), S.1, wo als Begründung auf unterschiedliche regionale Sanktionsstile der Jugendrichter hingewiesen wird.
[10] Ostendorf (2003), Grdl. zu §§ 91-92, Rn.4.
[11] Schaffstein/Beulke (2002), S.299; näher zu der Problematik sehr junger Gefangener im Jugendstrafvollzug Albrecht/Schüler-Springorum (1983).
[12] J. Walter, DVJJ-J 2000, S.251, 252.
[13] J. Walter, DVJJ-J 2000, S.251, 252.

vollzug.[14] Eigentums- und Vermögensdelikte nehmen mit 36 Prozent ebenfalls einen relativ breiten Raum ein, während der Anteil an verurteilten Sexualstraftätern lediglich drei Prozent, der der wegen Drogendelikten Inhaftierten neun Prozent beträgt.[15] Eine völlig untergeordnete Rolle spielt die Verurteilung wegen Straßenverkehrsdelikten mit 2,7 Prozent.[16]

IV. Offener Vollzug

Der offene Vollzug spielt im Jugendstrafvollzug eine noch geringere Rolle als im Erwachsenenstrafvollzug. Der Anteil von Jugendstrafgefangenen im offenen Vollzug ist mit stichtagsbezogen durchschnittlich zehn Prozent nur etwa halb so groß wie der der Erwachsenen mit ca. 20 Prozent.[17] Am 31.3.2006 befanden sich von 6150 Gefangenen im Jugendstrafvollzug 530 im offenen Vollzug, was einer Quote von 8,6 Prozent entspricht.[18] Demgegenüber befinden sich im Erwachsenenstrafvollzug 8693 Gefangene von 46 006 Gefangenen im offenen Vollzug; dies entspricht einer Quote von 18,9 Prozent.[19] Hier bestehen regional erhebliche Unterschiede; während es in einigen Ländern überhaupt keine Gefangenen im offenen Jugendstrafvollzug gibt, sind in anderen Bundesländern bis zu 17 Prozent der Insassen im Jugendstrafvollzug im offenen Vollzug untergebracht.[20] Grund hierfür scheint vor allem die Vollzugspolitik der einzelnen Bundesländer zu sein.[21]

V. Das Problem der Überbelegung im Jugendstrafvollzug

Eine im Mai/Juni 2001 durch den Lehrstuhl für Kriminologie der Universität Greifswald durchgeführte Studie dokumentiert, dass im Jugendstrafvollzug das Problem einer deutlichen Überbelegung der vorhandenen Anstalten vor allem in den neuen Bundesländern besteht.[22] Diese Situation hat sich allerdings im Januar 2006 deutlich entspannt. So sank die Belegungsauslastung von bundesweit durchschnittlich 104,5 Prozent auf derzeit 93,9 Prozent.[23] Allerdings sind einige Anstalten in Baden-Württemberg, Bayern, Brandenburg, Sachsen, Nordrhein-Westfalen und Hessen dennoch als tatsächlich oder strukturell überbelegt anzusehen. Denn schon ab einer Auslastung von 90 Prozent ist bei Vollzugsanstalten eine Vollbelegung anzunehmen mit der Folge, dass ein angebotsorientierter und differenzierter Behandlungsvollzug nur schwer möglich ist.[24] Dies gilt aber nur für den geschlossenen Jugendstrafvollzug, im offenen Vollzug sieht die Situati-

[14] Dünkel, Gutachten für das BVerfG (2006), S.2 f., der in Abb. 2 ebenfalls eine Aufschlüsselung der Deliktsverteilung nach Bundesländern vornimmt.
[15] Dünkel, Gutachten für das BVerfG (2006), S.3.
[16] Dünkel, Gutachten für das BVerfG (2006), S.3.
[17] Dünkel, Gutachten für das BVerfG (2006), S.4.
[18] Vgl. Statistisches Bundesamt (2006), S.3.
[19] Vgl. Statistisches Bundesamt (2006), S.3; vgl. auch Dünkel/Schüler-Springorum, ZfStrVo 2006, S.145, 146, Abb.1.
[20] Vgl. Dünkel, Gutachten für das BVerfG (2006), S.4 f.
[21] Dünkel, Gutachten für das BVerfG (2006), S.5 m.w.N.
[22] Dünkel, ZfStrVo 2002, S.67, 69 f.; Dünkel/Lang, (2002), S.20, 28 ff.
[23] Dünkel, Gutachten für das BVerfG (2006), S.6.
[24] Dünkel, Gutachten für das BVerfG (2006), S.6.

on mit einer Auslastung von deutlich 76,9 Prozent hingegen deutlich besser aus.[25] Jedoch ist hier zu berücksichtigen, dass der offene Vollzug im Jugendstrafvollzug, wie oben ausgeführt, eine relativ geringe Rolle spielt.

VI. Vollzugslockerungen und Hafturlaub

Im Bereich Vollzugslockerungen und Hafturlaub zeigen sich von Anstalt zu Anstalt höchst unterschiedliche Praktiken. Die aktuellen Zahlen schwanken hier im offenen Vollzug zwischen Lockerungsgewährung für 34 Prozent der Gefangenen einerseits und weniger als zehn Prozent bis maximal 15 Prozent andererseits.[26] Freigang findet im geschlossenen Vollzug so gut wie nicht statt.[27] Im offenen Vollzug erhielten dagegen 63 Prozent der Gefangenen Ausgang, 68 Prozent Hafturlaub, 42 Prozent waren zum Freigang zugelassen. Dies verdeutlicht die zunehmende Diskrepanz zwischen offenem und geschlossenem Vollzug: während im offenen Vollzug Lockerungen durchaus eine Rolle spielen, ist der geschlossene Vollzug mittlerweile im Hinblick auf Lockerungen wirklich *„geschlossen“*[28].

VII. Strafvollzug an jungen Frauen

Junge Frauen sind im Jugendstrafvollzug unterrepräsentiert. Zum Stichtag 31.März 2006 waren 276 weibliche Gefangene im Jugendstrafvollzug inhaftiert, darunter befand sich nur ein Fall der Hereinnahme in den Jugendstrafvollzug nach § 114 JGG.[29] Bezogen auf die Bundesländer befinden sich die meisten weiblichen Jugendstrafgefangenen im nordrhein-westfälischen Jugendstrafvollzug (62), gefolgt von Sachsen (55) und Bayern (38).[30]

VIII. Rückfälligkeit

Die Legalbewährung junger Straftäter nach ihrer Entlassung aus dem Jugendstrafvollzug ist in vielfältiger Weise untersucht worden.[31] Auf die genauen Zahlen und die methodischen Probleme, die sich in diesem Zusammenhang stellen, soll hier nicht näher eingegangen werden.[32] Hingewiesen sei nur darauf, dass die ermittelten Rückfallquoten erhebliche Schwankungen von 49 Prozent bis 92,2 Prozent ausweisen.[33] Insgesamt erscheint es realistisch, von einer durchschnittlichen Rückfallquote von etwa 80 Prozent auszugehen.[34]

---

[25] Dünkel, Gutachten für das BVerfG (2006), S.7 f.
[26] Dünkel, Gutachten für das BVerfG (2006), S.12.
[27] Dünkel, Gutachten für das BVerfG (2006), S.12.
[28] Dünkel, Gutachten für das BVerfG (2006), S.13.
[29] Statistisches Bundesamt (2006), S.3.
[30] Statistisches Bundesamt (2006), S.3.
[31] Vgl. nur die umfangreichen Nachweise bei Schaffstein/Beulke (2002), S.167, Fn.21.
[32] Näher Schaffstein/Beulke (2002), S.167 f.; Eisenberg (2006), § 17, Rn.12 jew. m.w.N.
[33] Schaffstein/Beulke (2002), S.167 m.w.N.
[34] So Dünkel/Schüler-Springorum, ZfStrVo 2006, S.145, 146.

IX. Personalausstattung

Die Personalsituation stellt sich letztlich von Anstalt zu Anstalt höchst unterschiedlich dar. Hierauf soll an dieser Stelle nicht näher eingegangen werden.[35] Insgesamt kann aber gesagt werden, dass der Jugendstrafvollzug im Vergleich zum Erwachsenenstrafvollzug schon heute erheblich besser mit Behandlungspersonal ausgestattet ist.[36]

X. Ergebnis

Die vorgestellten statistischen Daten zeigen deutlich die regional bestehenden, teilweise erheblichen Unterschiede in der Belegung der Jugendstrafanstalten sowie in der Vollzugspraxis, ganz abgesehen von den länderspezifischen Unterschieden bei der Sanktionspraxis. Diese regionalen Unterschiede lassen vor allem auf einen erheblichen Einfluss politischer Entscheidungen auf den Jugendstrafvollzug schließen.[37] Diese Sachlage wird durch unterschiedliche Gesetze voraussichtlich noch verfestigt werden.

C. Kriminalpolitische Situation des derzeitigen Jugendstrafvollzuges

Der Jugendstrafvollzug des beginnenden 21. Jahrhunderts hat sich vielfältigen Problemen zu stellen. Um den Rahmen nicht zu sprengen, sollen die kriminalpolitischen Bedingungen des Jugendstrafvollzugs nur kurz umrissen werden.
Ein Problemfeld stellen neue Problemgruppen im Jugendstrafvollzug dar. Hierzu gehören auch, aber nicht nur, Angehörige von Minoritäten, Migranten[38] und junge Ausländer.[39] Problematisch ist auch die steigende Anzahl drogenabhängiger junger Gefangener.[40] Neuerdings stellt auch das Vorhandensein von an AIDS erkrankten bzw. mit HIV infizierten jungen Gefangenen ein Problem dar, welches oft mit illegalem Drogenkonsum (Stichwort: „Spritzentausch") einhergeht.[41]
Ein für einen ernsthaften Behandlungsvollzug virulentes Problem stellt auch der zunehmende Personalmangel dar, und zwar nicht nur im Sinne eines sich ständig verschlechternden Zahlenverhältnisses von Personal zu Gefangenen. Vielfach fehlt den Mitarbeitern auch die Fachkompetenz, insbesondere zur interkulturellen Kommunikation mit Migranten.[42] Wie die Personalsituation im Einzelnen beschaffen ist, hängt aber in hohem Maße von der einzelnen Anstalt ab; hier

35 Ausführlich Dünkel, Gutachten für das BVerfG (2006), S.8-11 m.w.N.
36 Dünkel, Gutachten für das BVerfG (2006), S.11.
37 Vgl. Dünkel, Gutachten für das BVerfG (2006), S.5.
38 Speziell zur Gruppe der sog. Spätaussiedler Fleck (2004), S.32.
39 J. Walter (2004a), S.3, 14; vgl. auch S.8, Abb.4, die die deutliche Überrepräsentation ausländischer Gefangener im baden-württembergischen Vollzug unterstreicht; vgl. auch Fleck (2004), S.30 f. m.w.N.; Bammann (2004), S.17, 21; J. Walter, DVJJ-J 2000, S.251, 252 f.
40 J. Walter (2004a), S.3, 14; Bammann (2004), S.17, 20; Schaffstein/Beulke (2002), S.304 f. m.w.N.; zur Behandlung drogenabhängiger Gefangener im Jugendstrafvollzug Eisenberg (2006), § 91, Rn. 28 ff. m.w.N.
41 Vgl. Eisenberg (2006), § 91, Rn.28 c m.w.N.
42 J. Walter (2004a), S.3, 14; vgl. auch Schaffstein/Beulke (2002), S.304.

zeigen sich teilweise erhebliche Unterschiede.[43] Insgesamt ist aber festzustellen, dass der Jugendstrafvollzug im Bezug auf Behandlungspersonal erheblich besser als der Erwachsenenstrafvollzug ausgestattet ist.[44] Ein faktisches Problem stellt auch die andauernde Überbelegung dar[45], wenngleich sich die Situation aktuell etwas entspannt hat.[46]
In kriminalpolitischer Hinsicht wirken Massenmedien[47] und politischer Druck gleichermaßen auf den Jugendstrafvollzug ein.[48] Dies führt dazu, dass die Arbeitsmethoden des Jugendstrafvollzuges immer wieder zugunsten „neuer" Vorschläge und Modelle (Einstiegsarrest, Glen Mills Schools, Boot Camps) in Frage gestellt werden.[49] Weiterhin tritt der Sicherheitsgedanke auch im Jugendstrafvollzug immer stärker in den Vordergrund[50]; daneben tritt eine sich aufheizende Diskussion über Verschärfungen des Jugendstrafrechts bis hin zu seiner – jüngst von *Kusch* geforderten – Abschaffung.[51] In diesem Zusammenhang werden unter anderem diskutiert: die Herabsetzung des Strafbarkeitsalters von 14 auf 12 Jahre[52], die Herausnahme der Heranwachsenden aus dem Jugendstrafrecht[53], die Anhebung der Höchststrafe im Jugendstrafrecht von 10 auf 15 Jahre, die Einführung eines sog. *„Einstiegsarrestes"*[54] sowie die Einführung der Sicherungsverwahrung auch im Jugendstrafrecht.[55] Dass das vollzugspolitische Klima rauer wird, zeigen auch die Attribute, mit denen die Behandlungsmethoden des Jugendstrafvollzuges betitelt werden: Bezeichnungen wie *„Gummibärchenvollzug"* oder *„Legoland"*[56] zeigen deutlich, dass vielen Politikern, aber auch der Gesellschaft als solcher der Jugendstrafvollzug offenbar nicht „hart" genug ist.

---

[43] Dünkel, Gutachten für das BVerfG (2006), S.8-11 m.w.N.
[44] Dünkel, Gutachten für das BVerfG (2006), S.11 m.w.N.
[45] J. Walter (2004a), S.3, 14.
[46] S.o. Kap.4, A. V.
[47] Hierzu J. Walter, DVJJ-J 2000, S.251, 253 f.; Pfeiffer/Windzio/Kleimann, MSchrKrim 2004, S.415 ff. m.w.N.
[48] J. Walter (2004a), S.3, 14; Beulke, in: Schwind-FS (2006), S.225 f.; Rehn (2004a), S.523, 528 f.; zum Zusammenhang zwischen Massenmedien und Politik als sog. politisch-publizistischer Verstärkerkreislauf J. Walter, DVJJ-J 2000, S.251, 254 m.w.N. insb. in Fn.47.
[49] J. Walter (2004a), S.3, 14; zu den sog. Glen Mills Schools vgl. Guder (2003), S.595 m.w.N.; Mamier, DVJJ-J. 2002, S.66 f.
[50] Vgl. Beulke, in: Schwind-FS (2006), S.225, 226.
[51] Vgl. insb. Kusch, NStZ 2006, S.65; hiergegen Ostendorf, NStZ 2006, S.320; vgl. auch Beulke, in: Schwind-FS (2006), S.225, 227.
[52] Hierzu Beulke, in: Schwind-FS (2006), S.225, 228 ff.
[53] Hierzu Beulke, in: Schwind-FS (2006), S.225, 231 ff. m.w.N.
[54] Hierzu umfassend Vietze (2004).
[55] Ostendorf, NStZ 2006, S.320.
[56] J. Walter (2004a), S.3, 14; vgl. auch die Aussagen der niedersächsischen Justizministerin *Heister-Neumann*, die die Abschaffung bzw. Zurückführung des Wohngruppenvollzuges in Niedersachsen wenige Wochen nach dem Urteil des Bundesverfassungsgerichts zur Verfassungswidrigkeit des Jugendstrafvollzuges mit den Worten ankündigte: *„Wir wollen das Kuschelige nicht mehr."* (zit. nach Goerdeler/Pollähne, ZJJ 2006, S.250, 254, Fn.43).

D. Ergebnis

Als Ergebnis kann festgehalten werden, dass sowohl die tatsächlichen Rahmenbedingungen, die der Jugendstrafvollzug selbst bietet, als auch die kriminalpolitischen Rahmenbedingungen im Moment für einen behandlungsorientierten Jugendstrafvollzug nicht günstig stehen. Dies führt dazu, dass die Perspektiven des Behandlungsvollzugs derzeit auch in der Wissenschaft eher pessimistisch gesehen werden. So fasst *Beulke* die Situation des Behandlungsvollzugs in Deutschland wie folgt zusammen: *„Von Resozialisierung reden nur noch ein paar Professionelle, die sich berufsmäßig mit Straftätern befassen. In der Kriminalpolitik scheint der Begriff dagegen weitgehend aus dem Vokabular verschwunden zu sein. Wer dort glänzen möchte, verweist auf die von Straftätern auch für die Zukunft ausgehenden Risiken und ist sich damit des öffentlichen Beifalls gewiss.“*[57] Dennoch sprechen sich gerade diejenigen, die die derzeitige Situation des behandlungsorientierten Jugendstrafvollzuges kritisch sehen, im Ergebnis dagegen aus, die Situation des Jugendstrafvollzuges vorschnell schlecht zu reden.[58]
Zwar haben sich Klientel und die gesellschaftlichen Rahmenbedingungen des Jugendstrafvollzuges in der Tat verändert; dies bedeutet jedoch nicht, dass der Jugendstrafvollzug im Zuge dieser Veränderungen kapitulieren muss.[59] *„Es bedeutet vielmehr, dass die Voraussetzungen des Vollzuges den neuen Gegebenheiten angepasst werden müssen. Dies ist vorrangige Aufgabe des „neuen“ Jugendstrafvollzuges und zugleich eine Chance, entsprechende Vorhaben in ein Jugendstrafvollzugsgesetz einzubringen. So kann auch dieses eine Art „Vorreiterfunktion“ für den Strafvollzug unter geänderten gesellschaftlichen Rahmenbedingungen erfüllen.“*[60]

[57] Beulke, in: Schwind-FS (2006), S.225, 226.
[58] Bammann (2004), S.17, 22.
[59] Bammann (2004), S.17, 23.
[60] Bammann (2004), S.17, 23.

Kapitel 5: Der Entwurf eines Gesetzes zur Regelung des Jugendstrafvollzuges (GJVollz) vom 28.April.2004, Stand 7.Juni 2006

Abschnitt 1: Eckpunkte des Entwurfs eines Gesetzes zur Regelung des Jugendstrafvollzuges (GJVollz)

Im Vorgriff auf die Erörterung der einzelnen Paragraphen des GJVollz werden im Folgenden die Eckpunkte des Entwurfs und sein formaler Aufbau erläutert. Anschließend wird das Problem erörtert, ob der Jugendstrafvollzug künftig in einem eigenen Gesetz zu regeln ist oder ob insofern eine Regelung in einheitlichen Strafvollzugsgesetzen vorzugswürdig ist.

A. Eckpunkte des GJVollz

Die Begründung zum GJVollz umreißt die Eckpunkte des Entwurfs wie folgt:[1]

- Vollzugsziel ist eine künftige Lebensführung ohne Straftaten.
- Der Vollzug ist mit jugendspezifischen Inhalten auszugestalten. Hierzu gehören insbesondere die Förderung der schulischen Bildung, des Arbeits- und Sozialverhaltens, der beruflichen Qualifikation und arbeitspädagogische Angebote
- Für mindestens zwei Drittel der Haftplätze sind Schul- und Ausbildungsplätze vorzusehen.
- Es sind unter sachlichen, personellen und organisatorischen Gesichtspunkten qualitative Mindeststandards für die Förderung der Gefangenen festzulegen.
- Es wird eine verstärkte Zusammenarbeit und Vernetzung mit fachbezogenen Stellen außerhalb des Vollzuges angestrebt.
- Die Sozialtherapie im Jugendstrafvollzug wird auf eine gesetzliche Grundlage gestellt.
- Die Unterbringung in Wohngruppen wird gesetzlich geregelt.
- Es werden besondere Wohngruppen für 14- bis 15-jährige Gefangene geschaffen.
- Die unterschiedlichen Lebenslagen und Bedürfnisse weiblicher Gefangener finden Berücksichtigung.
- Disziplinarmaßnahmen sind hinter dem Institut der ausgleichenden Konfliktlösung nachrangig.
- Die Bewährungshilfe wird bereits während des Vollzuges bestellt.
- Die Möglichkeit der Gewährung von Langzeiturlaub zur Vorbereitung der Entlassung wird gesetzlich festgeschrieben.
- Es werden Übergangshäuser als Schnittstelle zwischen Vollzug und Freiheit geschaffen.
- Während des Vollzuges findet eine Auseinandersetzung mit und ein Ausgleich der Tatfolgen statt.
- Die begleitende kriminologische Forschung wird gesetzlich festgeschrieben.

[1] Begründung zum GJVollz (2004), S.5.

Weiterhin löst sich der Entwurf von dem umstrittenen Begriff der Erziehung.[2] Stattdessen soll der Begriff der Förderung gesetzlich festgeschrieben werden.[3] Zudem findet eine völlige Neuordnung des gerichtlichen Rechtsschutzes hin zu einer Regelung statt, die sich im Wesentlichen an die §§ 109 ff. StVollzG anlehnt.[4]

B. Aufbau des Entwurfs

In seinem Aufbau orientiert sich der Entwurf weitgehend an der Struktur des StVollzG.[5] Auf dieses wird auch in weiten Bereichen Bezug genommen. Allerdings ist der Entwurf selbst ein eigenständiges Regelungswerk mit jugendspezifischen Inhalten.[6] Es wird daher nur an den Stellen durch Verweisung auf Regelungen des StVollzG zurückgegriffen, an denen diese für den Strafvollzug allgemeingültige Grundsätze beinhalten.[7]

C. Die Regelung des Jugendstrafvollzugs in einem eigenen Gesetz

Die gesetzliche Regelung des Jugendstrafvollzugs soll nach der Vorstellung der Entwurfsbegründung durch ein eigenes Gesetz erfolgen. Dies stehe in Übereinstimmung mit der im Jahr 1998 geäußerten Vorstellung der Konferenz der Justizministerinnen und -minister der Länder.[8]
Die gesetzliche Regelung des Jugendstrafvollzuges in einem eigenen Gesetz bringt deutlich zum Ausdruck, dass Zielsetzung und Methoden des Jugendstrafvollzuges von denen des Erwachsenenstrafvollzuges abweichen. Daher ist eine eigenständige gesetzliche Regelung vorzugswürdig.[9]

---

[2] Begründung zum GJVollz (2004), S.15.
[3] Dazu unten Kap.5, Abschn.2, C. III. 1.
[4] Laubenthal/Baier (2005), Rn.872.
[5] Begründung zum GJVollz (2004), S.6.
[6] Begründung zum GJVollz (2004), S.6.
[7] Begründung zum GJVollz (2004), S.6.
[8] Begründung zum GJVollz (2004), S.3.
[9] Für eine eigenständige gesetzliche Regelung des Jugendstrafvollzuges auch Dünkel, in: Schwind-FS (2006), S.549, 562; ders., in: Böhm-FS (1999), S.99, 129 ff.

Abschnitt 2:
Allgemeine Regelungen (§§ 1 bis 7 GJVollz)

A. § 1 Anwendungsbereich

I. Allgemeines

§ 1 GJVollz legt den intendierten Anwendungsbereich des Entwurfs dahingehend fest, dass das GJVollz den Vollzug der Jugendstrafe in Jugendstrafanstalten regelt.

II. Bisherige Rechtslage und Alternativentwürfe

Formulierungstechnisch lehnt sich § 1 GJVollz eng an § 1 1.Hs StVollzG an und wiederholt gleichzeitig den schon bisher in § 92 Abs.1 JGG niedergelegten Grundsatz, dass die Jugendstrafe in Jugendstrafanstalten vollzogen wird. Ein Vergleich mit den in der Vergangenheit vorgelegten Entwürfen zeigt allerdings, dass dort teilweise andere Vorstellungen darüber vorherrschten, wie der Anwendungsbereich eines Jugendstrafvollzugsgesetzes beschaffen sein sollte.[1] Namentlich sind dabei die Vorschläge *Baumanns*[2] sowie der *Vollzugsleiter*[3] zu nennen, zusätzlich die freiheitsentziehenden Maßregeln der Besserung und Sicherung mit einzubeziehen, sowie der Vorschlag, im Rahmen des Jugendstrafvollzugsgesetzes auch die Untersuchungshaft an Jugendlichen und Heranwachsenden zu regeln.[4]

III. Ziel und Reichweite der Vorschrift

§ 1 GJVollz liegt der Grundgedanke zugrunde, dass in einer Jugendstrafanstalt für alle Gefangenen dieselben Regelungen gelten sollen.[5] Allerdings ergibt sich aus der Entwurfsbegründung auch, dass § 1 GJVollz nicht abschließend sein soll. Vielmehr kann die sachliche Anwendbarkeit des GJVollz auch aus weiteren Vorschriften folgen.[6] Wie weit der Anwendungsbereich des GJVollz damit tatsächlich reicht, ist somit im Folgenden zu untersuchen.

1. Dem Anwendungsbereich des GJVollz unterfallende Bereiche

Kraft ausdrücklicher Regelung in § 1 GJVollz findet dieses Anwendung auf den Vollzug von Jugendstrafe in Jugendstrafanstalten. Gemeint sind damit die Fälle, in denen Jugendliche sowie Heranwachsende (wegen § 105 JGG) zu Jugendstrafe verurteilt wurden. Dies stellt zugleich den Regelfall dar.[7]

---

[1] Vgl. Kreideweiß (1993), S.12 ff.
[2] § 1 E 1985.
[3] § 1 Abs. 1 E 1988.
[4] Vgl. § 1 E 1991.
[5] Begründung zum GJVollz (2004), S.12.
[6] Vgl. Begründung zum GJVollz (2004), S.12.
[7] Begründung zum GJVollz (2004), S. 12.

Weiterhin findet das GJVollz gemäß § 114 JGG auch für die Fälle des § 114 S.1, 2 JGG und somit dann Anwendung, wenn es zwar um den Vollzug von nach allgemeinem Strafrecht verhängter Freiheitsstrafe geht, der Verurteilte allerdings jünger als 24 Jahre ist und sich für den Jugendstrafvollzug eignet.[8]
Zudem gilt das GJVollz gemäß § 40 Abs.1 S.4 GJVollz auch für die in § 40 Abs.1 S.2 und 3 GJVollz genannten Ausnahmefälle, in denen ausnahmsweise vom Grundsatz des Vollzugs der Jugendstrafe in einer Jugendstrafanstalt zugunsten des Vollzugs in einer Erwachsenenstrafanstalt abgewichen wird.
Weiterhin soll in geeigneten Fällen der Vollzug der Jugendstrafe in weitgehend freien Formen durchgeführt werden. Eine entsprechende Öffnungsklausel findet sich in § 5 Abs. 1 S.2 GJVollz, welcher sich insoweit an die Formulierung des § 91 Abs. 3 JGG anlehnt. Angestrebt werden soll danach ein Vollzug der Jugendstrafe nicht mehr in einer Jugendstrafanstalt, sondern vielmehr in organisatorisch selbständigen, sich durch innovative Konzepte auszeichnenden Einrichtungen.[9]
In den genannten vier Fällen findet somit das GJVollz Anwendung, auch wenn es zum Teil nicht um den Vollzug von Jugendstrafe und zum Teil nicht um den Vollzug in einer Jugendstrafanstalt geht.

2. Dem Anwendungsbereich des GJVollz nicht unterfallende Bereiche

Zu untersuchen bleibt, welche Bereiche nicht unter den sachlichen Anwendungsbereich des GJVollz fallen.
Nicht unter das GJVollz fällt zunächst der Jugendarrestvollzug. Daher richtet der Vollzug des Arrests sich weiterhin im Wesentlichen nach § 115 Abs.1, 2 JGG i.V.m. der JAVollzO.[10] Auch darf – wie bisher – der Jugendarrest nicht in Jugendstrafanstalten vollzogen werden.[11] Ebenfalls aus dem Anwendungsbereich des GJVollz herausgenommen ist der Bereich der Unterbringung von Jugendlichen und Heranwachsenden in psychiatrischen Krankenhäusern (§ 7 JGG i.V.m. § 63 StGB) sowie Entziehungsanstalten (§7 JGG i.V.m. § 64 StGB). Dies bedeutet, dass sich weder im GJVollz besondere Vorschriften diesbezüglich finden noch Vorschriften bzw. Grundsätze des GJVollz, wie beispielsweise der in § 3 Abs.1 GJVollz enthaltene Fördergrundsatz, auf den genannten Bereich des Maßregelvollzugs anwendbar sind. Nach der Entwurfsbegründung[12] sollen hier vielmehr die bundesgesetzlichen Vorschriften der §§ 136-138 StVollzG in Verbindung insbesondere mit den entsprechenden landesrechtlichen Unterbringungsgesetzen Anwendung finden. Mit der Verlagerung der Gesetzgebungskompetenz zur Regelung des Strafvollzuges auf die Länder[13] ist dieser Bereich damit vollständig Sache der Länder. Des Weiteren braucht gemäß § 92 Abs.2 S.1 JGG die Jugendstrafe an einem Verurteilten, der das achtzehnte Lebensjahr

[8] § 114 S.3 JGG i.d.F. des Art.2 Nr.6 GJVollz, Stand 28.4.2004, sah noch eine entsprechende Klarstellung in § 114 JGG vor.
[9] Vgl. Begründung zum GJVollz (2004), S. 13, vgl. auch Kap.5, Abschn.2, E.III.2.
[10] Krit. zu diesen gesetzlichen Regelungen Ostendorf (2003), § 90, Rn. 2 m.w.N.
[11] Vgl. § 90 Abs. 2 S.1 JGG sowie § 1 Abs. 2 S. 1, 2 JAVollzO; vgl. auch die Begründung zum GJVollz (2004), S.13.
[12] Vgl. Begründung zum GJVollz (2004), S.13.
[13] Dazu unten Kap.6.

vollendet hat und sich nicht für den Jugendstrafvollzug eignet[14] nicht in einer Jugendstrafanstalt vollzogen zu werden. Für diesen Fall bestimmt § 92 Abs.2 S.2 JGG, dass die Vorschriften des Strafvollzugs für Erwachsene – also vor allem das StVollzG und zukünftig die entsprechenden Strafvollzugsgesetze der Länder – und nicht das GJVollz, obwohl an sich bei Verurteilung eines Heranwachsenden zu Jugendstrafe einschlägig, Anwendung finden. Die genannten drei Fallgruppen – Jugendarrestvollzug, Maßregelvollzug sowie die Herausnahme gemäß § 92 Abs.2 JGG – unterfallen damit nicht dem sachlichen Anwendungsbereich des GJVollz.

IV. Kritik

1. Allgemeine Kritik

Betrachtet man die obige Analyse des sachlichen Anwendungsbereichs des GJVollz, so ist festzustellen, dass die Norm sehr zersplittert ist. Welche Ausnahmen für die sachliche Anwendbarkeit des GJVollz alles gelten, ergibt sich nämlich erst aus einer Zusammenschau von Normen des GJVollz, des JGG, der JAVollzO sowie des StVollzG bzw. der von den Bundesländern zu schaffenden Regelungen.

2. Kritik im Einzelnen

a. Die Erweiterungen des Anwendungsbereichs des GJVollz

Die systematische Stellung des § 5 Abs.1 S.2 GJVollz ist im Ergebnis nicht zu beanstanden. Denn obwohl diese Vorschrift insgesamt zu einer Erweiterung des sachlichen Anwendungsbereichs des GJVollz, nämlich auf die genannten freien Formen des Vollzugs, führt, gehört sie systematisch zu dem in § 5 GJVollz umschriebenen Regelungskomplex, den Leitlinien der Förderung.
Auch die Vorschriften des § 40 Abs.1 S.2 und 3 GJVollz, die lediglich aus organisatorischen Gründen Ausnahmen vom Vollzug von Jugendstrafe in einer Jugendstrafanstalt vorsehen, sind systematisch bei § 40 GJVollz, welcher die Jugendstrafanstalten zum Inhalt hat, richtig platziert.

b. Die Ausnahmen vom Anwendungsbereich des GJVollz, insbesondere die fehlende gesetzliche Regelung des Maßregelvollzuges

Nicht zu beanstanden ist die strikte Trennung von Jugendstraf- und Jugendarrestvollzug. Sie trägt nur der unterschiedlichen Zielsetzung der beiden Sanktionsarten Rechnung.[15] Auch erscheint es einleuchtend, die Vorschrift des § 92 Abs.2 JGG – die Herausnahme aus dem Jugendstrafvollzug – an ihrem bislang bewährten Ort im JGG zu belassen. Dies gilt umso mehr, als dass diese Entscheidung keine vollzugsrechtliche Entscheidung ist und somit die Länder auch nach der Föderalismusreform hierfür nicht zuständig sind, so dass eine Regelung in einem zukünftigen Jugendstrafvollzugsgesetz von vornherein ausscheidet.

---

[14] Zur Auslegung dieses Begriffs vgl. Eisenberg (2004), § 92, Rn.13.

[15] Krit. Ostendorf (2003), § 16, Rn.1 mit dem Hinweis, dass der repressiv-strafende Charakter des Arrestvollzuges nicht bestreitbar sei.

Auch der Herausnahme des Untersuchungshaftvollzugs an Jugendlichen aus dem Anwendungsbereich des GJVollz ist zuzustimmen. Dafür spricht schon die unterschiedliche Zielsetzung von Straf- und Untersuchungshaft, insbesondere die zugunsten des Untersuchungshäftlings geltende Unschuldsvermutung (Art.6 Abs.2 EMRK)[16]. Schon aus Klarstellungsgründen dahingehend, dass dieser Vermutung hinreichend Rechnung getragen wird, ist auf eine gemeinsame Regelung von Untersuchungshaftvollzug und Strafvollzug an Jugendlichen zu verzichten. Auf einem anderen Blatt steht jedoch die Tatsache, dass auch die derzeitige Rechtslage im Bereich des Jugenduntersuchungshaftvollzugs, sowie des Untersuchungshaftvollzugs als solchem nur als unbefriedigend bezeichnet werden kann.[17] Angesprochen ist damit namentlich das Fehlen eines Untersuchungshaftvollzugsgesetzes. Dass hier dringender gesetzgeberischer Handlungsbedarf besteht, steht außer Zweifel, kann aber an dieser Stelle nicht weiter erörtert werden.[18]
Zu kritisieren ist aber, dass das GJVollz nicht auf gegen Jugendliche und Heranwachsende verhängte Maßregeln zur Anwendung kommen soll und sich auch keine entsprechenden Vorschriften dazu finden. Vielmehr sollen hier weiterhin vor allem die jeweiligen landesrechtlichen Unterbringungsvorschriften zur Anwendung kommen. Dies ist insbesondere aufgrund des Zustandes, in dem sich der Maßregelvollzug heute befindet, höchst bedenklich.[19]
Ansatzpunkte für Kritik bestehen dabei in vielfältiger Hinsicht. Zum einen ist hervorzuheben, dass die genannten Rechtsgrundlagen für eine Unterbringung im psychiatrischen Krankenhaus bzw. in einer Entziehungsanstalt für den Bereich der Jugendlichen bzw. Heranwachsenden sehr lückenhaft sind.[20] Die Tatsache, dass die Unterbringung nach geltendem Recht gemäß § 138 Abs.1 S.1 StVollzG im Wesentlichen durch Landesrecht geregelt wird, führt geradezu zwangsläufig dazu, dass die entsprechenden Ländergesetze uneinheitlich sind, zudem setzt sich auch dort die Tendenz zur Lückenhaftigkeit der gesetzlichen Regelungen fort.[21] Darüber hinaus hat eine von *Tessenow* im Jahr 2002 durchgeführte Untersuchung[22] über die Praxis des Maßregelvollzugs bei Jugendlichen und Heranwachsenden ergeben, dass in der Realität des Maßregelvollzugs jugendspezifische Belange kaum zur Geltung kommen.[23] Offensichtlich werden in der Praxis zudem noch nicht einmal die – wenigen – gesetzlichen Anforderungen umge-

[16] Hierzu Meyer-Goßner (2005), vor § 112, Rn.2.
[17] Vgl. Dünkel (1990), S. 401 ff.
[18] Nach der Föderalismusreform liegt die Gesetzgebungskompetenz für den Bereich des Untersuchungshaftvollzuges nunmehr ebenfalls bei den Ländern, vgl. Art.1 Nr.7 Gesetz zur Änderung des Grundgesetzes vom 28. August 2006, BGBl. I, S.2034, 2035.
[19] Ostendorf (2003), § 7, Rn. 9 m.w.N.; vgl. zur Überlastung des Maßregelvollzuges jüngst Dessecker, NK 2005, S.23.
[20] Tessenow, (2002), S.141.
[21] Vgl. Tessenow (2002), S. 63 ff., 101 ff. mit einem guten Überblick über die in den jeweiligen Bundesländern geltende Rechtslage.
[22] Tessenow (2002), S.145 ff.; vgl. auch Tessenow/Ostendorf, NK 2003, S.59.
[23] Tessenow (2002) S. 205.

setzt.[24] Insgesamt ergibt sich aus der genannten Studie, dass im Jugendmaßregelvollzug jugendspezifische Schutzgedanken kaum Eingang gefunden haben.[25] Dies erscheint umso bedenklicher, als schon für den normalen Maßregelvollzug bei Erwachsenen zum Teil menschenunwürdige Zustände festgestellt wurden, wobei die Schäden der Hospitalisierung häufig größer waren als die Einweisungsschäden.[26] Berücksichtigt man schließlich, dass bei Jugendlichen und Heranwachsenden die Unterbringung im Maßregelvollzug aufgrund der Länge der Unterbringungsdauer und der Schädigung, wenn nicht gar Zerstörung der sozialen Kontakte eine geradezu zukunftszerstörende Dimension haben kann, so ist klar, warum die geltende Rechtslage, auf die die Begründung zum GJVollz u.a. verweist[27], in keiner Weise als ausreichend zu bezeichnen ist.
Auch hier müsste der Gesetzgeber umgehend tätig werden. Bislang war hierfür der Bund nach Art.74 Nr.1 GG im Rahmen der konkurrierenden Gesetzgebung zuständig.[28] Mit dem Übergang der Gesetzgebungskompetenz zum Strafvollzug auf die Länder werden diese in Zukunft auch für den Bereich des Maßregelvollzuges zuständig, da der Begriff des Strafvollzugs i.S.d. Art.74 Nr.1 GG umfassend im Sinne von „Straf- und Maßregelvollzug" zu verstehen ist.[29] Hier sollten jedenfalls Mindeststandards etabliert werden, die den Bedürfnissen der Jugendlichen im Maßregelvollzug hinreichend Rechnung tragen. Auf Dauer jedenfalls dürfte eine Ungleichbehandlung der Jugendlichen im Maßregelvollzug im Vergleich zu denen im Strafvollzug[30] auch im Lichte der Verfassung kaum haltbar sein.

V. Ergebnis

Insgesamt ist die durch § 1 GJVollz vorgeschlagene Regelung des Anwendungsbereichs eines Jugendstrafvollzugsgesetzes sehr unübersichtlich ausgefallen. Zudem besteht im Bereich des Untersuchungshaftvollzuges und insbesondere des Maßregelvollzuges an jungen Menschen dringend weiterer gesetzgeberischer Handlungsbedarf.

---

24 Tessenow (2002) S.205, die beispielhaft die getrennte Unterbringung von Erwachsenen und Jugendlichen nennt, deren Notwendigkeit i.Ü. lebhaft umstritten ist, vgl. nur Tessenow, aaO, S.116 f. m.w.N. insb. in Fn.81.
25 Tessenow (2002), S.205.
26 Vgl. Bericht über die Lage der Psychiatrie, BT-Drucks. 7/4200 S.281, 282; Ostendorf (2003), § 7, Rn.9 m.w.N.
27 Begründung zum GJVollz (2004), S.13.
28 BVerfGE 85, S.134, 142.
29 BVerfGE 85, S.134, 142.
30 Tessenow (2002), S.205 nennt hier v.a. die fehlenden Regelungen hinsichtlich bezahlter Berufsausbildung und Arbeit sowie fehlende Schutzbestimmungen hinsichtlich der Vollzugskosten.

B. § 2 Ziel des Vollzuges

I. Inhalt der Vorschrift

Das Vollzugsziel legt § 2 GJVollz dahingehend fest, dass Ziel des Vollzugs der Jugendstrafe eine Lebensführung des Gefangenen ohne Straftaten sei. Diese Formulierung lehnt sich an die Formulierung des Vollzugsziels für den Erwachsenenstrafvollzug in § 2 S.1 StVollzG an, wenn auch im GJVollz die Wendung *„in sozialer Verantwortung"* fehlt. Zudem ist auffällig, dass § 2 GJVollz als zwingende Vorschrift ausgestaltet wurde, wohingegen es sich bei § 2 S.1 StVollzG um eine Soll-Vorschrift handelt.[31] Bewusst[32] verzichtet der Entwurf aber dabei darauf, Aufgaben des Vollzugs festzulegen. Vielmehr sollen die Festlegung des Vollzugsziels sowie die Grundsätze für die Gestaltung des Vollzugs (festgelegt in § 3 GJVollz) nach der Vorstellung des Gesetzgebers eine hinreichend präzise Richtschnur dafür bilden, was der Jugendstrafvollzug während des Vollzuges der Jugendstrafe leisten soll und welche Wirkungen er entfalten soll.[33] Konsequent ist vor diesem Hintergrund auch die gewählte amtliche Überschrift *„Ziel des Vollzuges"*, die sich von der des § 2 StVollzG, nämlich *„Aufgaben des Vollzuges"*, unterscheidet.

II. Bisherige Rechtslage und Alternativentwürfe

Einigermaßen überraschend kommt diese Akzentuierung des Gesetzgebers aber, wenn man die bisherigen Reformvorschläge betrachtet. Nahezu einhellig ist in den dem jetzigen § 2 GJVollz entsprechenden Entwurfsvorschriften[34] davon die Rede, der junge Gefangene solle erzogen werden.[35] Demgegenüber ist in § 2 GJVollz von *„Erziehung"* gar keine Rede. Vielmehr scheint das Ziel des Jugendstrafvollzugs – auch im Gegensatz zum bisher maßgeblichen § 91 Abs.1 JGG, der als Ziel des Jugendstrafvollzugs die Erziehung des Verurteilten zu einem rechtschaffenen und verantwortungsbewussten Lebenswandel festlegte – zukünftig nicht mehr und nicht weniger als künftige Legalbewährung zu sein. Dies ergibt sich so auch aus der Begründung zum GJVollz[36]: Danach habe sich die Zielbestimmung des Jugendstrafvollzugs zwar am Leitprinzip des Erziehungsgedankens zu orientieren. Allerdings sei Erziehung in diesem Sinne nicht zu verstehen als Erziehung zu einem vorgegebenen Persönlichkeitsbild, vielmehr solle es um eine Förderung der Persönlichkeitsentwicklung gehen, gerich-

[31] Vgl. Callies/Müller-Dietz (2005), § 2, Rn.33: danach ist Sinn der Sollvorschrift die Rücksichtnahme darauf, dass es zum Wesen sozialer Lernprozesse gehört, dass die aufgetragene Problemlösung nicht herbeigezwungen werden kann.

[32] Begründung zum GJVollz (2004), S.14.

[33] Begründung zum GJVollz (2004), S.14.

[34] Vgl. § 2 Abs.1 E 1984; § 2 Abs.1 E 1985; § 3 Abs.1 S.1 E 1988; § 2 E 1991.

[35] Eine Ausnahme bildet lediglich § 3 E 1993 von *Kreideweiß*, der sein Vollzugsziel, den jungen Gefangenen zu einem eigenverantwortlichen Leben in der Gemeinschaft unter der Achtung der Rechte anderer zu befähigen, weit angelegt verstanden haben will, vgl. Kreideweiß (1993), S.41.

[36] Vgl. Begründung zum GJVollz (2004), S.14.

tet auf die Befähigung zu einem Leben ohne Straftaten.[37] Das Ziel des Jugendstrafvollzugs ist somit nach dem Verständnis des Entwurfs, sowohl eine innere Einstellungs- als auch eine äußere Verhaltensänderung des Gefangenen im Hinblick auf künftiges Legalverhalten zu erreichen.[38] Auf einen Nenner gebracht ist also Vollzugsziel im Sinne des GJVollz nur die zukünftige Legalbewährung, Mittel zur Erreichung dieses Ziels ist allerdings die Erziehung des jungen Gefangenen.[39]

Allerdings wirft diese Vollzugszielbestimmung durch den Gesetzgeber auch mehrer Fragen auf. Zunächst stellt sich die Frage, ob das Vollzugsziel alleinige Legalbewährung nicht zu kurz greift; ob nicht vielmehr ein anderes Erziehungsziel zugrunde zu legen ist. Des Weiteren muss man sich fragen, ob das Vollzugsziel Legalbewährung nicht deshalb abzulehnen ist, weil es in der Praxis nicht zu verwirklichen ist. Diesen Fragen soll im Folgenden nachgegangen werden.

III. Erziehung als Vollzugsziel im Jugendstrafvollzug ?

1. Vorbemerkung

Die Frage, welches Vollzugsziel dem Jugendstrafvollzug zugrunde zu legen ist, ist nicht bloß rein akademischer Natur. Vielmehr bestimmt das Vollzugsziel letztlich die gesamte praktische Konzeption und Ausgestaltung des Jugendstrafvollzugs, die Auslegung der einzelnen jugendstrafvollzugsrechtlichen Normen und legt auch fest, in welchem Umfang und mit welcher Zielsetzung die Gefangenen im Jugendstrafvollzug zu behandeln sind. Unter der Bezeichnung Vollzugsziel formuliert nämlich der Gesetzgeber verbindlich das Problem, das es vorrangig im Verlauf des Vollzugs zu lösen gilt.[40] Zugleich ist das Vollzugsziel aber auch Gestaltungsmaxime für die Institution des Jugendstrafvollzugs als solchem.[41]

Das Vollzugsziel steckt damit die Rahmenbedingungen ab, in denen sich der gesamte Jugendstrafvollzug zu bewegen hat. Überspitzt kann man formulieren, dass das Vollzugsziel letztlich den Unterschied dahingehend macht, ob in Deutschland Jugendstrafvollzug als Behandlungs- oder als reiner Verwahrvollzug betrieben wird.

2. Das Vollzugsziel „Erziehung“ in der bisherigen Diskussion

Der Begriff der Erziehung ist bis heute in der Erziehungswissenschaft nicht abschließend geklärt[42], auch befriedigen die dort gegebenen Antworten nicht. Allerdings spielt das für den hier interessierenden Bereich des Jugendstrafvollzugs auch keine Rolle, da die Frage nach dem Inhalt des Begriffs Erziehung nur juristisch beantwortet werden kann.[43] Dabei sind zwei Problemkreise zu unterschei-

[37] Begründung zum GJVollz (2004), S.14.
[38] Begründung zum GJVollz (2004), S.14.
[39] Vgl. J. Walter, ZJJ 2003, S.397, 398.
[40] Callies/Müller-Dietz (2005), § 2, Rn.1.
[41] BVerfGE 98, S.169, 200.
[42] Beulke, in : Meyer-Gedächtnisschrift (1990), S.677, 680.
[43] So auch Beulke, in : Meyer-Gedächtnisschrift (1990), S.677, 680.

den, nämlich der verfassungsrechtliche und der jugendstrafrechtliche.[44] Hier interessiert lediglich der letztgenannte Aspekt, der daher im Folgenden näher beleuchtet werden soll. Insbesondere ist dabei die Frage zu untersuchen, ob Erziehung tatsächlich als Vollzugsziel im Jugendstrafrecht in Frage kommt.
Schon bisher war dies lebhaft umstritten. In der aktuellen Diskussion werden neben einer Auffassung, die die Abschaffung des Erziehungsauftrages fordert[45], im Wesentlichen zwei Ansatzpunkte vertreten.[46] Überwiegend wurde als Vollzugsziel allein auf die künftige Legalbewährung abgestellt[47], obwohl der bisher für diesen Problemkreis maßgebliche § 91 Abs.1 JGG von der Erziehung zu einem *„rechtschaffenen und verantwortungsbewussten Lebenswandel"* sprach, was eher auf ein über bloße Legalbewährung herausgehendes Erziehungsziel hindeutete.[48] Dabei erkennen auch die Vertreter dieser wohl herrschenden Ansicht an, dass im Jugendstrafvollzug Erziehung stattzufinden hat, wollen diese aber auf das Maß beschränken, das unerlässlich ist, um ein zukünftiges Leben des Verurteilten ohne Straftaten zu erreichen.[49] In diesem Sinne ist wohl auch die Formulierung der Begründung zum GJVollz zu verstehen, Ziel des Jugendstrafvollzugs sei eine auf die Befähigung zu einem Leben ohne Straftaten gerichtete Förderung der Persönlichkeitsentwicklung[50]. Eine andere, im Schrifttum vertretene Auffassung[51], will demgegenüber über das Kriterium der bloßen Legalbewährung – zumindest für den hier interessierenden Bereich des Vollzugs der Jugendstrafe[52] – hinausgehen. Ausgehend von dem Ansatz, dass sich künftige Legalbewährung oftmals nur über eine positive Veränderung der Persönlichkeit des Straftäters erreichen lässt[53], soll nach dieser Ansicht das Ziel des Jugendstrafvollzugs vielmehr sein, dem Gefangenen die für das Zusammenleben in der Gesellschaft wesentlichen Grundwerte beizubringen[54] und so die angesprochene positive Persönlichkeitsveränderung zu erreichen. Angestrebt wird also ein „mehr" im Vergleich zur bloßen Legalbewährung, die man somit letztlich als *„Minimalziel"*[55] des Jugendstrafvollzugs bezeichnen kann. An dieser Stelle soll noch keine Bewertung erfolgen, welchem der beiden Ansätze der Vorzug gebührt. Denn eine Entscheidung kann dann dahinstehen, wenn Erziehung im Jugendstrafvollzug schon nicht zulässig ist (dazu unten IV.1) oder in der Praxis nicht durchführbar ist, weil schon das Minimalziel künftiger Legalbewährung kaum erreichbar erscheint (dazu unten IV.2).

---

[44] Beulke, in : Meyer-Gedächtnisschrift (1990), S.677, 680.
[45] So jüngst Plewig (2003), S.49.
[46] Zu einer dritten (älteren) Ansicht, die über bloße Legalbewährung hinaus erreichen will, dass der straffällig Gewordene zumindest die Grundwerte, die das Zusammenleben der Rechtsgemeinschaft ermöglichen, anerkenne vgl. Beulke (1989), S.65, 70.
[47] Dünkel, (1990), S.131; J. Walter, ZJJ 2003, S.397, 398; Streng, GA 1984, S.149, 152.
[48] Vgl. Beulke, in : Meyer-Gedächtnisschrift (1990), S.677, 680.
[49] Dünkel (1990), S.131; Eisenberg (2006), § 5, Rn.5.
[50] Begründung zum GJVollz (2004), S.14.
[51] Beulke, in: Meyer-Gedächtnisschrift (1990), S.677, 681.
[52] Zum Bereich der Sanktions*verhängung* vgl. Beulke, in : Meyer-Gedächtnisschrift (1990), S.677, 681.
[53] Beulke, in : Meyer-Gedächtnisschrift (1990), S.677, 681; Schlüchter, GA 1988, S.106, 125.
[54] Beulke, in : Meyer-Gedächtnisschrift (1990), S.677, 681.
[55] So Kreideweiß (1993), S.41.

IV. Der Erziehungsgedanke im Spannungsfeld zwischen Dogmatik und Praxis

1. Zur Zulässigkeit staatlicher Erziehung

Der Ansatzpunkt, den jungen Gefangenen im Jugendstrafvollzug erziehen zu wollen, wirft geradezu zwangsläufig die Frage auf, ob es dem Staat überhaupt gestattet ist, im Jugendstrafvollzug erzieherisch tätig zu werden. Diese Frage spielt im Übrigen auch dann eine Rolle, wenn man bloße Legalbewährung als das Vollzugsziel des Jugendstrafvollzugs ansieht. Denn auch hier findet – freilich begrenzt auf eine Förderung der Persönlichkeitsentwicklung hin zu einem Leben ohne Straftaten, s.o. – Erziehung statt[56].
Dabei ist zunächst zwischen den beiden originären Altersgruppen im Jugendstrafvollzug, Jugendlichen und Heranwachsenden, zu differenzieren. Weiterhin ist zu problematisieren, wie es um die Zulässigkeit staatlicher Erziehung bei der Gruppe junger Erwachsener bestellt ist, die wegen § 114 JGG ihre Jugendstrafe in einer Jugendstrafanstalt verbüßen und damit ebenfalls gesetzlichen Regelungen zum Jugendstrafvollzug nebst dem dort nach der Begründung zum GJVollz auch zukünftig herrschenden *„Leitprinzip des Erziehungsgedankens“*[57] unterworfen sind.

a. Zulässigkeit staatlicher Erziehung bei Jugendlichen

Die grundsätzliche (subsidiäre) Zulässigkeit staatlicher Erziehung bei Jugendlichen darf seit der Entscheidung BVerfGE 74, S.102[58] als gesichert gelten. Danach darf der Staat bei jugendlichen Straftätern subsidiär gemäß Art.6 Abs.2 S.2, Abs.3 GG nur dann erzieherisch tätig werden, wenn die Eltern nicht mehr in der Lage sind, ihr ihnen gemäß Art.6 Abs.2 S.1 GG zustehendes primäres Erziehungsrecht hinreichend auszuüben. Ein solcher Fall liegt nach dem Bundesverfassungsgericht jedoch in den Fällen immer vor, in denen die Erziehungsdefizite des Jugendlichen ihren Ausdruck in einer Straftat gefunden haben.[59]
Damit ist allerdings noch nichts darüber ausgesagt, welches Erziehungsziel der Staat im Rahmen seines subsidiären Erziehungsrechts verfolgen darf. Das Bundesverfassungsgericht hat diese Frage in der genannten Entscheidung unter Rückgriff auf die Wertentscheidungen des Grundgesetzes beantwortet. Danach stelle das Grundgesetz keine wertneutrale Ordnung dar[60], sondern sei vielmehr am Leitbild der sich innerhalb der Gemeinschaft entfaltenden menschlichen Persönlichkeit und ihrer Würde ausgerichtet.[61] Daraus sei als Ziel der Erziehung von Jugendlichen zu folgern, dass diese als selbstverantwortliche Personen innerhalb der menschlichen Gemeinschaft ihr Leben führen können.[62] Ist aber dieses Erziehungsziel von Verfassung wegen vorgegeben, so bedeutet dies, dass der

---

[56] Vgl. dazu J. Walter, ZJJ 2003, S.397, 398: *„Das Mittel zur Erreichung dieses Zieles im Jugendvollzug* (Anm. des Verf.: gemeint ist künftige Legalbewährung) *ist Erziehung.“*.
[57] Begründung zum GJVollz (2004), S.14.
[58] BVerfGE 74, S.102 = NStZ 1987, S.275 m. Anm. Schaffstein, NStZ 1987, S.502.
[59] BVerfGE 74, S.102, 124 f.; vgl. auch Schaffstein, NStZ 1987, S.502, 503.
[60] So schon BVerfGE 7, S. 198, S.205 – Lüth.
[61] BVerfGE 52, S.132, 168 f.
[62] BVerfGE 74, S.102, 122.

Staat bei Ausübung seines subsidiären Erziehungsrechts durchaus auch „höhere" Ziele als künftige Legalbewährung verfolgen darf.[63] Denn das Ziel eines selbst bestimmten Lebens innerhalb der menschlichen Gemeinschaft geht sicher weit über das künftiger Legalbewährung hinaus.
Demnach steht fest, dass und mit welcher Zielsetzung der Staat im Rahmen der Einwirkung auf straffällige Jugendliche erzieherisch tätig werden darf. Somit bestehen nicht einmal gegen die Ansicht, die die Erziehung des Jugendlichen als Vollzugsziel des Jugendstrafvollzugs ansieht, unter diesem Gesichtspunkt Bedenken.

b. Zulässigkeit staatlicher Erziehung bei Heranwachsenden

Als weniger eindeutig und somit problematisch stellt sich die Situation jedoch bei Heranwachsenden dar. Da diese über 18-jährigen nicht mehr unter den Begriff des Kindes i.S.d. Art.6 Abs.2, 3 GG fallen, unterfallen sie auch nicht mehr dem oben angesprochenen elterlichen Erziehungsrecht. Besteht aber schon dieses primäre Erziehungsrecht nicht mehr, so könnte man durchaus konsequent auf den Gedanken kommen, damit entfalle – quasi akzessorisch – auch das sekundäre Erziehungsrecht des Staates.[64] Denn der Heranwachsende ist, da über 18-jährig, seit dem Neuregelungsgesetz vom 31. Juli 1974[65] volljähriger Erwachsener. Auch für ihn gilt daher an sich der inzwischen als absolut herrschend anzusehende Grundsatz, dass der Staat nicht die Aufgabe hat, ihn als erwachsenen Bürger zu „bessern", so dass diesem auch nicht das Recht zusteht, ihm zu diesem Zweck die Freiheit zu entziehen.[66] Angesichts dieser Grundsätze muss man sich fragen, wie es verfassungsrechtlich zu rechtfertigen und zu begründen ist, dass dem Staat bei den nach Jugendstrafrecht verurteilten Heranwachsenden das Recht zusteht, im Rahmen des Jugendstrafvollzugs auf diese – in welchem Umfang und mit welcher Zielsetzung (Legalbewährung oder darüber hinaus) auch immer (s.o.) – erzieherisch einzuwirken.

aa. Gegenständlich begrenztes Fortwirken des staatlichen Erziehungsrechts

Überzeugend erscheint es, hier ein zeitlich und gegenständlich begrenztes Fortwirken des staatlichen Erziehungsrechts als Begründung heranzuziehen, so wie es das Bundesverfassungsgericht in seinem Beschluss zur verfassungsrechtlichen Zulässigkeit von Arbeitsweisungen[67] getan hat.[68] Gegenständlich ist das staatliche Erziehungsrecht damit durch die Anwendbarkeit des Jugendstrafrechts auf den Heranwachsenden, §§ 1 Abs.2 Var.2, 105 JGG, begrenzt.

---

[63] Beulke (1989), S.65, 68.
[64] Beulke (1989), S.65, 68; Ostendorf (2003), Grdl. zu §§ 1-2, Rn.4.
[65] BGBl. I, S.1713.
[66] Grundlegend BVerfGE 22, S.180, 219 f.; BVerfGE 30, S.47, 53; vgl. auch Beulke, in: Meyer-Gedächtnisschrift (1990), S.677, 679; Ostendorf (2003), Grdl. zu §§ 1-2, Rn.4; Dünkel (2000), S. 379, 385 zum Erwachsenenstrafvollzug: *„Dabei besteht Einigkeit, dass der Gefangene nicht zum Objekt der Resozialisierung gemacht werden darf, sondern ihm auch das Recht zusteht, sich insbesondere intentionalen und in Grundrechte weitergehend eingreifenden Behandlungsprogrammen zu verweigern."*.
[67] BVerfGE 74, S.102 ff.
[68] BVerfGE 74, S.102, 125; zustimmend Beulke (1989), S.65, 68.

Die gegenständliche Begrenzung des Erziehungsrechts auf die Heranwachsenden, bei denen Jugendstrafrecht zur Anwendung kommt und somit wegen §§ 105 Abs.1 i.V.m. § 17 JGG auch Jugendstrafe verhängt werden kann, lässt sich argumentativ durch die Erwägung untermauern, dass nach allgemeiner Lebenserfahrung der Reifegrad Jugendlicher bzw. junger Erwachsener unter strafrechtlichen Gesichtspunkten unterschiedlich sein kann[69] – eine Tatsache, der gerade auch durch § 105 JGG, der erst die Verurteilung des Heranwachsenden nach Jugendstrafrecht ermöglicht, Rechnung getragen wurde. Danach ist nämlich Voraussetzung für die Anwendung von Jugendstrafrecht und somit letztlich für die Verhängung von Jugendstrafe, dass der Heranwachsende entweder zur Zeit der Tat nach seiner sittlichen und geistigen Entwicklung noch einem Jugendlichen gleichstand (§ 105 Abs.1 Nr.1 JGG) oder es sich bei der Tat um eine Jugendverfehlung handelt (vgl. § 105 Abs.1 Nr.2 JGG); es kommt also im Kern darauf an, dass der Heranwachsende in gegenständlicher Hinsicht – nämlich im Bezug auf seinen Reifegrad – einem Jugendlichen, hier zu verstehen im Sinne eines noch unfertigen, noch in der Reifeentwicklung stehenden jungen Menschen[70], gleichzustellen ist. Steht der Heranwachsende aber in diesem Sinne einem Jugendlichen gleich, ist es auch sachlich gerechtfertigt, an ihm das subsidiäre staatliche Erziehungsrecht auszuüben, wenn und weil er durch die Begehung entsprechender Straftaten gezeigt hat, dass bei ihm entsprechende Erziehungsdefizite vorliegen. Nachdem die Verhängung von Jugendstrafe als ultima ratio der jugendstrafrechtlichen Sanktionen[71] auch bei Heranwachsenden in aller Regel das vorläufige Ende einer kriminellen „Karriere" darstellt, die oft schon im Kindesalter begonnen hat, stellt die erzieherische Einwirkung auf den dem Jugendlichen gleichstehenden Heranwachsenden im Ergebnis nur die Nachholung einer Erziehung dar, die schon früher hätte erfolgen müssen, aber nicht erfolgt ist, die nun aber wegen des Gleichstehens mit einem Jugendlichen noch erfolgen darf.

bb. Zeitliche Grenze des staatlichen Erziehungsrechts

Damit bleibt zu fragen, wo die zeitliche Grenze für das Fortwirken des staatlichen Erziehungsrechts zu ziehen ist. Der Gesetzgeber erachtet den Heranwachsenden bis zur Vollendung des 21. Lebensjahres unter bestimmten, in § 105 JGG niedergelegten Voraussetzungen, als noch erziehungsfähig und -bedürftig. Diese, sich am früheren Volljährigkeitsalter orientierende Einschätzung ist aber deshalb nicht zu beanstanden, weil die Entwicklung eines Jugendlichen zum Erwachsenen fließend verläuft. Es liegt noch im Rahmen der Einschätzungsprärogative des Gesetzgebers, die Erziehungsbedürftigkeit einer bestimmten Altersgruppe wie hier unter bestimmten gegenständlich begrenzten Umständen (s.o.) durch Gesetz festzulegen.[72] Diese Altersgrenze muss auch nicht an die rein rechtlich bedeutsame und letztlich willkürlich gezogene Grenze der Volljährigkeit gekoppelt sein, denn bei der Reifung des Jugendlichen zum Erwachsenen handelt es sich um einen fließenden Prozess, dessen Abschluss nicht mess- oder nachweisbar ist, sondern letztlich (für den Bereich des § 105 JGG) der juristischen Bewertung zugänglich und bedürftig ist. Mit anderen Worten: Nur weil

---

[69] BVerfGE 74, S.102, 125.
[70] Vgl. statt aller Schaffstein/Beulke (2002), S.72 .
[71] Statt aller Schaffstein/Beulke (2002), S.150; Streng (2003), S.203.
[72] BVerfGE 74, S.102, 125.

der Gesetzgeber das Volljährigkeitsalter senkt, heißt dies nicht, dass die jungen Erwachsenen deshalb früher „erwachsen werden“ – sprich, dass ihre Erziehungsfähigkeit und -bedürftigkeit plötzlich entfällt.[73]

cc. Ergebnis

Als Ergebnis bleibt daher festzuhalten, dass gegen die Erziehung Heranwachsender im Rahmen des Jugendstrafvollzugs von Verfassung wegen keine durchgreifenden Bedenken bestehen.

c. Zulässigkeit staatlicher Erziehung bei jungen Erwachsenen[74]

Auch an jungen Erwachsenen wird unter Umständen auch nach Inkrafttreten einer gesetzlichen Regelung zum Jugendstrafvollzug Jugendstrafe in Jugendstrafanstalten vollzogen werden, so dass diese dort neben den originär im Jugendvollzug einsitzenden Jugendlichen bzw. Heranwachsenden ebenfalls dem *„Leitprinzip des Erziehungsgedankens“*[75] unterworfen sein werden. Die entsprechende Rechtsgrundlage dafür findet sich in § 114 JGG. Danach darf in einer Jugendstrafanstalt auch an einem Verurteilten, der nach allgemeinem Strafrecht verurteilt wurde, die verhängte Freiheitsstrafe vollzogen werden, sofern er das 24. Lebensjahr noch nicht vollendet hat.
Ob diese Norm unter den oben genannten Gesichtspunkten verfassungsgemäß ist, ist jedenfalls fraglich. Denn es ist problematisch, ob die zeitliche Grenze für das Fortwirken des staatlichen Erziehungsrechts, mit der sich, wie oben angesprochen, die Erziehung Heranwachsender im Jugendvollzug unter bestimmten Umständen verfassungsrechtlich rechtfertigen lässt, so weit ausdehnbar ist. Das Bundesverfassungsgericht hat sich in seiner genannten Entscheidung[76] lediglich zur Grenze der Vollendung des 21.Lebensjahrs geäußert. Offen ist damit aber immer noch die Frage, ob und wie sich eine Ausdehnung der zeitlichen Grenze staatlicher Erziehung bis auf die Vollendung des 24. Lebensjahres und unter Umständen noch darüber hinaus[77] rechtfertigen lässt. Dieses Problem stellt sich sowohl bei den nach Jugendstrafrecht zu Jugendstrafe Verurteilten als auch bei dem Kreis der nach allgemeinem Strafrecht zu Freiheitsstrafe Verurteilten, die sich im Sinne des § 114 JGG für den Jugendstrafvollzug eignen. Bei der letztgenannten Gruppe tritt ein weiterer verfassungsrechtlicher Aspekt hinzu: Hier stellt sich nämlich in verschärfter Form das schon oben erwähnte Problem, dass der Staat an sich seine erwachsenen Bürger nicht erziehen darf; diese Art der staatlichen „Besserung“ ist als unzulässiger Eingriff in das Persönlichkeitsrecht des Gefangenen aus Art.1 Abs.1 i.V.m. Art.2 Abs.1 GG nicht erlaubt; ein Freiheitsentzug aus diesem Grund darf nicht erfolgen.[78] Wird nun eine Person nach Vollendung des 18. Lebensjahres nach allgemeinem Strafrecht verurteilt, so hat

[73] So auch Beulke (1989), S.65, 68.
[74] Diese Frage ist bisher kaum Gegenstand wissenschaftlicher Diskussion gewesen. Eine entsprechende Passage findet sich lediglich bei Beulke (1989), S.65, 69.
[75] Begründung zum GJVollz (2004), S.14.
[76] BVerfGE 74, S.102 ff.
[77] Vgl. nur Eisenberg, (2006), § 92, Rn.14, wonach in den Jahren 1999 und 2002 115 bzw. 114 Gefangene im Jugendstrafvollzug über 25 Jahre alt waren.
[78] BVerfGE 22, S.180, 219 f.; BVerfGE 30, S.47, 53.

sie grundsätzlich einen Anspruch darauf, von staatlicher Erziehung verschont zu bleiben; dies hat umso mehr zu gelten, wenn es sich bei dem Verurteilten nicht einmal mehr um einen Heranwachsenden handelt, bei dem Erziehung ja unter Umständen zulässig ist (s.o.). Ob die Anwendung von auf junge Gefangene zugeschnittenen Regelungen auf die beiden genannten Personengruppen verfassungsrechtlich zulässig ist, ist daher erörterungsbedürftig. Hervorzuheben ist insoweit noch, dass es hierbei nicht darum geht, ob die Hereinnahme in den Jugendvollzug und die Erziehung des entsprechenden Personenkreises wünschenswert wäre, sondern ob dies von Verfassung wegen zulässig ist.

aa. Zu Jugendstrafe verurteilte Erwachsene

Begonnen werden soll zunächst mit der erstgenannten Gruppe der Verurteilten, die zu Jugendstrafe verurteilt wurden, aber keine Heranwachsenden mehr sind. Die Gründe, weswegen es zu dieser Konstellation kommen kann, sind vielfältig. Genannt sei hier der häufige Fall, dass die Tat als Jugendlicher oder Heranwachsender begangen wird, allerdings erst zu einem späteren Zeitpunkt eine Verurteilung erfolgt. Da § 1 Abs.2 JGG insoweit auf den Zeitpunkt der Begehung der Tat abstellt, kann es folglich zu einer Verurteilung zu Jugendstrafe – ggf. über § 105 Abs.1 JGG – kommen, obwohl der Verurteilte nicht einmal mehr Heranwachsender i.S.d. § 1 Abs.2 Var.2 JGG ist. Weiterhin kann es zu dieser Konstellation im nicht sehr häufigen Fall[79] der Verurteilung zu einer langjährigen Jugendstrafe kommen. In diesen Fällen ist es geradezu typisch, dass der Gefangene während der Verbüßung der Jugendstrafe das 21. Lebensjahr vollendet.
In diesen Fällen ist das Herausschieben der zeitlichen Grenze staatlicher Erziehungsmacht als zulässig zu erachten. Denn da – wie angesprochen – die Entwicklung vom Jugendlichen zum Erwachsenen ein fließender Prozess ist, erscheint die Hereinnahme dieses Personenkreises in den Jugendstrafvollzug und ihre Erziehung – in welcher Form auch immer – als noch von der Einschätzungsprärogative des Gesetzgebers gedeckt. Dies gilt umso mehr, als dass bei Verurteilung zu einer Jugendstrafe, egal ob als Jugendlicher oder als Heranwachsender, die Annahme nahe liegt, dass die tiefere Ursache dafür in Erziehungsmängeln zu suchen ist, denen durch erzieherische Einwirkung im Jugendvollzug möglicherweise noch – zumindest partiell – entgegengewirkt werden kann. Zudem kann es nicht als sinnvoll angesehen werden, den Vollzug in einer Jugendstrafanstalt zu beginnen, nur um den Verurteilten nach Beginn der Behandlung wegen Verlassens der Altersstufe eines Heranwachsenden gezwungenermaßen in eine Anstalt des allgemeinen Strafvollzugs zu verlegen. Dies wäre in der Tat vor allem deshalb kontraproduktiv, weil der Verurteilte so aus seiner vertrauten Vollzugsumgebung herausgerissen würde und sich so erst recht – noch wesentlich mehr als bei Ausübung von Erziehung – als Objekt staatlicher Machtausübung fühlen müsste. Auch eine erfolgreich begonnene Ausbildung oder Therapie müsste abgebrochen werden und könnte möglicherweise im allgemeinen Strafvollzug – so – nicht mehr fortgesetzt werden. Dies wäre auch unter dem Gesichtspunkt der Resozialisierung, auf die der junge Gefangene einen

[79] Verurteilungen zu Jugendstrafe von mehr als einem Jahr machen durchschnittlich etwas mehr als ein Drittel der gesamten Verurteilungen aus, Verurteilungen von mehr als zwei Jahren dagegen nur knapp über zehn Prozent, vgl. Streng (2003), S.204.

Anspruch hat[80], kontraproduktiv. Zu beachten ist auch, dass der Jugendstrafvollzug seiner Konzeption nach gerade auf junge Gefangene ausgerichtet ist und die ganze Gestaltung des dortigen Vollzugs dem Entwicklungsstand und Alter des jungen Erwachsenen im Strafvollzug jedenfalls wesentlich näher kommt als der Erwachsenenstrafvollzug.
Aus den genannten Gründen ist daher die Hereinnahme solcher Gefangener in den Jugendvollzug, die zwar keine Heranwachsenden mehr sind, aber das 24. Lebensjahr noch nicht vollendet haben, zu Jugendstrafe verurteilt wurden und sich für den Jugendstrafvollzug eignen, als verhältnismäßiger und gerechtfertigter Eingriff in das Persönlichkeitsrecht zu werten, der von Verfassung wegen nicht zu beanstanden ist.

bb. Zu Freiheitsstrafe verurteilte Erwachsene

Allerdings ist fraglich, ob dies auch bei der Gruppe von Gefangenen gelten kann, die zu Freiheitsstrafe nach allgemeinem Strafrecht verurteilt worden sind und trotzdem wegen § 114 JGG in den Jugendvollzug hinein genommen werden. Problematisch ist hier namentlich, dass es sich bei diesen jungen Erwachsenen nicht mehr um Heranwachsende handelt und sie zudem noch nach allgemeinem Strafrecht zu Freiheitsstrafe verurteilt wurden. An sich gehört diese Personengruppe damit in den allgemeinen Strafvollzug. Die entscheidende Frage besteht nun darin, ob allein das Kriterium der Eignung für den Jugendstrafvollzug, welches § 114 JGG zur Bedingung für die Hereinnahme dieses Personenkreises in den Jugendvollzug erhebt, es rechtfertigen kann, an diesen Personen Vollzug unter dem Primat des Erziehungsgedankens zu betreiben, obwohl sie an sich ja gerade einen Anspruch haben, von derartiger Erziehung verschont zu bleiben.
Obwohl die geschilderten Bedenken nicht leicht zu nehmen sind, ist die Verfassungsmäßigkeit dieser Regelungen im Ergebnis noch zu bejahen.
Als durchschlagend ist insofern das Argument zu sehen, dass auch in der Altersgruppe, die Ziel dieser Norm ist, mitunter noch in erheblichem Maße Prozesse der Persönlichkeitsentwicklung ablaufen, die im allgemeinen Strafvollzug eher beeinträchtigt werden als im am Erziehungsgedanken orientierten Jugendstrafvollzug.[81] Zudem dürfte auch das spezielle Angebot einer Jugendstrafanstalt der Behandlung dieser Altersgruppe eher gerecht werden als das Angebot im allgemeinen Strafvollzug. Man muss in diesem Zusammenhang nämlich auch beachten, dass junge Erwachsene der angesprochenen Altersgruppe von ihrer Alters- und Persönlichkeitsstruktur immerhin den originär im Jugendvollzug Inhaftierten wesentlich näher stehen als den Insassen des allgemeinen Strafvollzugs. Nicht von der Hand zu weisen ist zudem der auf die Praxis gemünzte Hinweis

---

[80] Die verfassungsrechtlichen Grundlagen des Resozialisierungsprinzips sind zum einen ein Ausfluss der Menschenwürde aus Sicht des Gefangenen (Art.1 i.V.m. 2 Abs.1 GG) und des Sozialstaatsprinzips (Art.20 Abs.1, 28 Abs.1 GG) aus Sicht der Gesellschaft, vgl. Callies/Müller-Dietz (2005), Einl., Rn.30; ein Anspruch des Gefangenen auf Resozialisierung besteht nach BVerfGE 45, S.187, 239, wonach i.Ü. der Resozialisierungsgrundsatz verfassungsrechtlich nicht zur Disposition steht; vgl. zusammenfassend auch Dünkel (2000), S.381, 383 f.

[81] DVJJ (1977), S.59; vgl. Eisenberg (2006), § 114, Rn.2; Brunner/Dölling (2004), § 114, Rn.7.

von *Eisenberg*[82], mit Hilfe des § 114 JGG könnten im Einzelfall rechtskräftig gewordene Fehlentscheidungen zu § 105 Abs.1 JGG – also namentlich solche, in denen zu Unrecht Erwachsenenstrafrecht angewendet wurde – korrigiert werden.

Das Kriterium der Eignung für den Jugendstrafvollzug, welches § 114 JGG zur Bedingung für die Hereinnahme des Erwachsenen in den Jugendstrafvollzug macht, erscheint zudem in der herrschenden Auslegung – danach müssen für den jeweiligen individuellen Verurteilten die erzieherischen Bemühungen im Jugendstrafvollzug für seine zukünftige Sozial- und Legalbewährung eher dienlich sein als die Gegebenheiten im allgemeinen Strafvollzug[83] – hinreichend trennscharf, um eine Hereinnahme nur derjenigen jungen Erwachsenen in den Jugendvollzug zu gewährleisten, bei denen wirklich noch mit den erzieherischen Mitteln und der Ausgestaltung des Jugendstrafvollzugs etwas erreicht werden kann.

Die Zugrundelegung dieses Kriteriums rechtfertigt letztlich die Erziehung von bis zu 24-Jährigen und den damit verbundenen Eingriff in ihr Persönlichkeitsrecht aus Art.1 Abs.1 S.1 i.V.m. Art.2 Abs.1 GG. Denn wenn diese Gruppe von ihrer Entwicklung her noch eher den Jugendlichen und Heranwachsenden nahe steht, dann ist es auch sachlich gerechtfertigt, an ihnen speziell auf die Bedürfnisse junger Gefangener ausgerichteten Vollzug zu betreiben.

Dabei ist der Jugendstrafvollzug nicht isoliert, sondern im Gesamtkontext der für junge Menschen bedeutsamen Regelungen, vor allem dem JGG und § 1 Abs.1 SGB VIII zu sehen.[84] Nach der letztgenannten Vorschrift hat jeder junge Mensch (d.h. jeder Mensch bis zur Vollendung des 27. Lebensjahres, § 7 Abs.1 Nr.4 SGB VIII) Anspruch auf Förderung seiner Entwicklung und auf Erziehung zu einer eigenverantwortlichen und gemeinschaftsfähigen Persönlichkeit. Das aus dem Menschenbild des Grundgesetzes abgeleitete Ziel, das von der Kinder- und Jugendhilfe verfolgt wird, gilt gleichermaßen für den Jugendstrafvollzug, der, auch wenn Justizbehörden keine Einrichtungen der Kinder- und Jugendhilfe sind, im Rahmen dessen, was angesichts des Zwangscharakters des Aufenthalts in der Jugendstrafanstalt leistbar ist, die Arbeit dieser Einrichtungen für seinen Bereich fortzusetzen und zu ergänzen hat.[85] Insgesamt ist daher unter Zugrundelegung dieser Erwägungen ein pädagogisch ausgerichteter Jugendstrafvollzug auch für diese Gefangenengruppe zu befürworten.

cc. Ergebnis

Insgesamt ist auch die Behandlung junger Erwachsener im Jugendstrafvollzug von Verfassung wegen zulässig.

---

[82] Eisenberg (2006), § 114, Rn.2.
[83] Eisenberg (2006), § 114, Rn.5.
[84] Begründung zum GJVollz (2004), S.5.
[85] Begründung zum GJVollz (2004), S.5.

2. Scheitern des Vollzugsziels in der Praxis ?

Angesichts hoher Rückfallquoten junger Straftäter[86] und mangelnder Effizienz von Behandlungsmaßnahmen[87] stellt sich die Frage, inwieweit ein Vollzugsziel, das sich der Erziehung dieser Straftäter verschreibt, überhaupt praxistauglich ist. Denn offensichtlich scheint selbst das Minimalziel künftiger Legalbewährung kaum erreichbar zu sein. Resignierend wurde dieser Zustand in der Vergangenheit umschrieben mit den Stichworten „*nothing works*“[88] bzw. „*Abkehr von der Behandlungsideologie*“[89]. In diesem Zusammenhang wurde sogar die Frage aufgeworfen, ob nicht sogar die Verhängung von Jugendstrafe als solche verfassungswidrig sei, wenn und weil die Diskrepanz zwischen Zielvorstellung und tatsächlicher Zielerreichung zu groß sei und der „*mit der gesetzgeberischen Idee vorgegebene Sinn und Zweck einer Norm... auf Dauer schlechthin nicht in die Tat umgesetzt werden kann, also als utopischer Programmsatz realitätsfeindlich gleichsam im luftleeren Raum stehen bleibt.*“[90]
Angesichts der Veränderungen in der Insassenstruktur[91] mit mehr Gewalttätern, mehr ausländischen Gefangenen und deutschen Gefangenen mit Migrationshintergrund und einer steigenden Anzahl an Drogenabhängigen wird heute teilweise auch die Geltung des Vollzugsziels für bestimmte Insassengruppen in Frage gestellt.[92] Teilweise wird auch ein Spannungsverhältnis zwischen Menschenwürde und Vollzugsziel gesehen.[93]
Insgesamt gibt es aber keine Veranlassung, aus den genannten Gründen völlig Abstand vom Vollzugsziel der Resozialisierung zu nehmen. Abgesehen davon, dass das Resozialisierungsprinzip dergestalt grundgesetzlich verankert ist, dass der Gefangene hierauf einen Anspruch hat[94], sprechen hiergegen auch weitere Argumente. Eine Abkehr vom Vollzugsziel, selbst wenn sie auf bestimmte Tätergruppen beschränkt wäre, hieße, die Vollzugswirklichkeit zum Maßstab für die gesetzlichen Grundlagen des Vollzuges zu erheben, anstatt die Wirklichkeit den Zielsetzungen des Gesetzes anzugleichen.[95] Zudem würde so die Bedeutung des Vollzugsziels nur auf den Aspekt der Behandlung reduziert, wobei aber verkannt würde, dass das Vollzugsziel gleichermaßen – quasi als Richtschnur – für die Gestaltung der Organisation des Vollzuges als Institution gilt.[96] Speziell für die Gefangenen des Jugendstrafvollzuges gilt zudem, dass diese häufig aus einem sozialen Umfeld stammen, in dem es bei der Sozialisation grundlegende Defizite gegeben hat. Dies stellt aber gleichzeitig eine Verpflichtung an den Vollzug dar, diesen Defiziten entgegen zu treten und so Rückfälligkeit und damit erneuten Aufenthalten im Vollzug entgegenzuwirken. „*Sich auf den Standpunkt zu stellen, der Betroffene könne nicht resozialisiert werden, hieße diesen*

[86] Vgl. oben Kap.4 B.VIII.
[87] Vgl. Dünkel (2000), S.388 ff., ders. , (1990), S.413 ff.
[88] Grundlegend Martinson (1974), S.22 ff.
[89] Vgl. Dünkel (2000) S.379, 391.
[90] OLG Schleswig, NStZ 1985, S.475; vgl. auch Sonnen (2003), S.61 f.
[91] Vgl. hierzu oben Kap.4 C.; vgl. auch Bammann (2004), S.20 f.
[92] Vgl. Dünkel (2000), S.385 m.w.N.; Callies/Müller-Dietz (2005), § 2, Rn.28.
[93] Hoffmann, ZfStrVo 2003, S.207.
[94] BVerfGE 98, S.169.
[95] Callies/Müller-Dietz (2005), § 2, Rn.28.
[96] Callies/Müller-Dietz (2005), § 2, Rn.28; vgl. auch Begründung zum GJVollz (2004), S.14.

Betroffenen aufzugeben."[97] Daher ist das Vollzugsziel Resozialisierung nicht als gescheitert anzusehen, sondern vielmehr als Richtschnur und Kompass für die gesamte Vollzugsgestaltung beizubehalten.

3. Ergebnis zum Erziehungsgedanken im Jugendstrafvollzug

Insgesamt ist weder von der Unzulässigkeit staatlicher Erziehung der von jugendstrafvollzugsrechtlichen Vorschriften betroffenen Gefangenen noch von einem Scheitern des Konzepts des Vollzugsziels Resozialisierung in der Praxis auszugehen. Damit ist im Folgenden die oben noch offen gelassene Frage zu klären, welchen Inhalt das Vollzugsziel im Jugendstrafvollzug haben sollte.

V. Das Vollzugsziel des Jugendstrafvollzugs

Fraglich ist, ob Vollzugsziel im Jugendstrafvollzug lediglich künftige Legalbewährung ist – wobei dieses Ziel womöglich unter Einsatz erzieherischer Mittel zu erreichen ist – oder ob man über dieses Minimalziel herausgehen und darüber auch eine Beeinflussung der Persönlichkeit fordern soll. Der Entwurf geht ersichtlich von ersterem aus, womit aber keine Abkehr von der erzieherischen Ausrichtung des Jugendstrafvollzuges beabsichtigt ist: „*Die Zielbestimmung des Jugendstrafvollzuges hat sich, unabhängig von den möglicherweise mit der Verhängung der Jugendstrafe verfolgten Strafzwecken ... am Leitprinzip des Erziehungsgedankens zu orientieren. Dabei geht es ... nicht um eine Erziehung zu einem vorgegebenen Persönlichkeitsbild, sondern um eine auf Befähigung zu einem Leben ohne Straftaten gerichtete Förderung der Persönlichkeitsentwicklung.*"[98] Angemerkt sei allerdings vor der folgenden Darstellung, dass im hier zur Verfügung stehenden Rahmen der Problemkreis des Erziehungsgedankens im Jugendstrafvollzug letztlich nur angeschnitten werden kann.

1. Argumente für bloße Legalbewährung

Die Anhänger dieser Auffassung argumentieren vor allem mit einem Vergleich zum Strafvollzug an Erwachsenen. Die Zugrundelegung erzieherischer Grundsätze im Jugendstrafvollzug würde im Jugendstrafvollzug Eingriffe in grundrechtlich geschützte Rechtspositionen ermöglichen, die im Erwachsenenstrafvollzug ausgeschlossen seien. Eine solche Schlechterstellung sei aber als Verstoß gegen das Verbot der Benachteiligung Jugendlicher und Heranwachsender gegenüber Erwachsenen in vergleichbarer Verfahrenslage[99] anzusehen[100]. Ein Vollzugsziel, das über bloße Legalbewährung hinausgehe, biete zudem einen vergleichsweise breiten Spielraum zur Durchsetzung solcher, von der Mehrheit der Erwachsenengesellschaft erwünschten Ziele, die mit Bedürfnissen und Interessen von Verurteilten nichts gemeinsam haben müssten.[101] Außerdem mangele

[97] Bammann (2004), S.21.
[98] Begründung zum GJVollz (2004), S.14.
[99] Hierzu Nothacker (1985), S.306 ff.; Burscheidt (2000), insb. S.23 ff.
[100] Dünkel (1990), S.131.
[101] Eisenberg (2006), § 5, Rn.4.

es dem zugrunde liegenden Begriff der Erziehung an hinreichender Bestimmtheit.[102]

2. Argumente für eine über bloße Legalbewährung herausgehende Ausrichtung des Jugendstrafvollzuges

Das Argument, mittels des Erziehungsbegriffs ließen sich über das im Erwachsenenstrafvollzug zulässige Maß hinaus Eingriffe in Grundrechte junger Gefangener rechtfertigen, überzeugt nicht. Denn über das Vollzugsziel allein lassen sich unzweifelhaft nie einzelne Grundrechtseingriffe rechtfertigen; dies würde eine Rückkehr zur überkommenen Lehre vom besonderen Gewaltverhältnis[103] bedeuten. Vielmehr spielt diese Problematik im Rahmen einzelner Rechtsnormen eine Rolle, wo sich die Frage stellt, ob aus erzieherischen Gründen eine weitergehende Einschränkung von Rechtspositionen, beispielsweise bei der Gewährung von Lockerungen, zulässig ist. Im Übrigen begrenzt die Ausgestaltung des Vollzugsziels gerade auch die Möglichkeiten, in Grundrechte der Gefangenen einzugreifen, denn Eingriffe in konkret geschützte Rechtspositionen sind nur zulässig, soweit sie sich in Übereinstimmung mit dieser Zielvorgabe befinden.[104]
Dass die Einwirkung auf Jugendliche, Heranwachsende und junge Erwachsene mit erzieherischen und pädagogischen Mitteln grundsätzlich zulässig ist, ist oben nachgewiesen worden. Vor diesem Hintergrund greift auch die Argumentation nicht durch, dies sei eine Schlechterstellung junger Gefangener in vergleichbarer Verfahrenslage. Denn dieses Prinzip ist kein Selbstzweck, sondern leitet sich letztlich aus der Verfassung, insbesondere aus dem Gleichbehandlungsgrundsatz des Art.3 Abs.1 GG ab.[105] Die Gruppe der jungen Gefangenen stellt aber aufgrund der bei ihnen regelmäßig vorhandenen Sozialisationsdefizite und der oft noch in erheblichem Maße ablaufenden Persönlichkeitsentwicklungsprozesse kein taugliches Vergleichspaar[106] zu der Gruppe der Erwachsenen dar. Jedenfalls ist eine Ungleichbehandlung aber aufgrund der dargestellten Besonderheiten junger Gefangener sachlich gerechtfertigt[107].
Weiterhin lässt sich gegen die Ansicht, die zur Erreichung des Vollzugsziels Legalbewährung doch wieder – freilich begrenzte – erzieherische Einwirkungen auf den Gefangenen gestatten will, anführen, dass es widersprüchlich wäre, einerseits die zukünftige Legalbewährung des jungen Gefangenen zum alleinigen Vollzugsziel zu erheben, dann allerdings zur Erreichung desselben doch wieder zu Mitteln der Erziehung zu greifen. Der Begriff der Einwirkung nur in dem jeweils *„unerlässlichen Maß“*[108] weist zudem den gleichen Makel der fehlenden Trennschärfe auf, wie ihn die Anhänger dieser Ansicht gerade dem Erziehungsgedanken vorwerfen[109], zumal das Maß der erzieherischen Einwirkung, welches

[102] Eisenberg (2006), § 5, Rn.3.
[103] Hiergegen grundlegend BVerfGE 33, S.1 ff.
[104] Stellungnahme der DVJJ zum GJVollz (2004), S.314, 315.
[105] Nothacker (1985), S.306 ff.
[106] Art.3 Abs.1 GG setzt eine unterschiedliche Behandlung zweier vergleichbarer Sachverhalte voraus, vgl. Jarass/Pieroth (2006), Art.3, Rn.4.
[107] Vgl. hierzu Jarass/Pieroth (2006), Art.3, Rn. 9 ff.
[108] Eisenberg (2006), § 5, Rn.5; Westphal (1995), S. 75; Dünkel (1990), S.131.
[109] So insbesondere Eisenberg (2006), § 5, Rn.4.

im Vollzugsalltag angewendet wird, nicht messbar oder sonst empirisch nachweisbar ist. *„Insgesamt erscheint ... der Erziehungsgedanke des Jugendstrafrechts nach wie vor den rein punitiven Lösungen des Erwachsenenstrafrechts überlegen."*[110].

3. Stellungnahme

Eine völlige Abschaffung des Erziehungsgedankens im Jugendstrafvollzug ist abzulehnen. Diese Anpassung an den Erwachsenenvollzug würde letztlich dazu führen, dass der Jugendstrafvollzug nicht mehr als eigenständiger Regelungsbereich mit einem eigenständigen Auftrag, nämlich dem Erziehungsauftrag, wahrgenommen wird.[111] In diesem Zusammenhang stellt der Erziehungsgedanke letztlich ein *„Bollwerk"*[112] dar, das weiteren Einschränkungen des Behandlungsvollzuges entgegensteht.
Damit ist entschieden, dass jedenfalls erzieherische Methoden im Jugendstrafvollzug zur Anwendung kommen, fraglich bleibt allerdings deren Ausmaß. Soll die erzieherische Einwirkung auf ein unabdingbares Maß beschränkt bleiben oder soll eine darüber hinausgehende Erziehung stattfinden?
Es spricht viel dafür, sich konsequenterweise für letzteres zu entscheiden. Entscheidend dafür ist folgende Erwägung: Ein gewisses Maß an erzieherischer Einwirkung auf den jungen Gefangenen ist auch nach der Auffassung, die im Übrigen nur auf künftige Legalbewährung abstellt, für die Ausgestaltung des Vollzuges erforderlich. Denn egal welche Art von Behandlungsprogramm man wählt, man wird, will man nicht, dass lediglich oberflächliche Anpassungsstrategien vermittelt werden, nicht umhin kommen, den Gefangenen auch ein gewisses Maß an Grundwerten zu vermitteln, die für das Zusammenleben in der Gesellschaft wesentlich sind.[113] Da aber das Maß an Erziehung, das erforderlich ist, um zukünftige Straffreiheit zu erreichen, generell und erst recht nicht für jeden einzelnen Gefangenen ermittelbar ist, ist es konsequent, durch konsequenten Einsatz pädagogischer und erzieherischer Methoden neben zukünftiger Legalbewährung im Idealfall auch eine Persönlichkeitsveränderung des Gefangenen erreichen zu wollen. Oft wird sich das Ziel künftiger Straffreiheit ohnehin nur über eine positive Veränderung der Persönlichkeit des Straftäters erreichen lassen.[114]

4. Ergebnis zum Vollzugsziel im Jugendstrafvollzug

Es geht damit zusammenfassend bei der erzieherischen Einwirkung auf den Gefangenen nicht darum, ihn mittels pädagogisch verbrämter „Quälereien" nur zu gängeln. Vielmehr geht es ganz pragmatisch darum, in der regelmäßig kurzen Strafzeit dem Gefangenen das Rüstzeug mitzugeben, um zukünftig im Leben in Freiheit straffrei bestehen zu können. Nicht gemeint ist damit die Erzwingung

---

[110] Beulke, in: Schwind-FS (2006), S.225, 234.
[111] Beulke, in: Meyer-Gedächtnisschrift (1990), S.677, 684; auf die unterschiedliche Zielsetzung von Jugend- und Erwachsenenstrafvollzug weist auch das BVerfG, 2 BvR 1673/04 vom 31.5.2006, Abs.49 hin.
[112] Beulke, in: Meyer-Gedächtnisschrift (1990), S.677, 684.
[113] Beulke, in: Meyer-Gedächtnisschrift (1990), S.677, 681.
[114] Beulke, in: Meyer-Gedächtnisschrift (1990), S.677, 681.

einer inneren Umkehr.[115] Eine solche wäre ohnehin im Vollzug regelmäßig nicht zu erreichen: Erfahrungsgemäß wird Erziehung im Jugendstrafvollzug „... *schon dann erfolgreich zu nennen sein, wenn dank partieller Verhaltenskorrekturen irgendein positiver Knick in der bisherigen Karriere eintritt.*"[116]. In diesem Sinne ist das Maß an Erziehung nicht zu begrenzen. Denn Erziehung ist hier nur Mittel zur Erreichung eines Zwecks, der Legalbewährung. In diesem Sinne sind die genannten Auffassungen daher nicht so weit voneinander entfernt, wie es zunächst den Anschein hatte. Dennoch ist im Ergebnis einem Vollzugsziel der Vorrang zu geben, das nicht nur auf künftige Legalbewährung, sondern auch auf eine Persönlichkeitsveränderung abzielt, wenngleich der Ansatz, dass in der Praxis nur im Rahmen freiwilliger erzieherischer Angebote über das Ziel der Legalbewährung hinausgegangen wird, in dem Pflichtprogramm, wie Arbeits-, Schul-, und Gehorsamspflicht jedoch nicht[117], für die Praxis als vertretbarer Kompromiss eingestuft werden kann.

VI. Gesamtergebnis zu § 2 GJVollz

Vor diesem Hintergrund kann eine Bewertung des § 2 GJVollz vorgenommen werden. Lobenswert ist, dass sich die Entwurfsbegründung jedenfalls für eine Beibehaltung des Erziehungsgedankens ausspricht[118], wenn man auch über die konkrete Ausgestaltung im Vollzug anderer Ansicht sein kann, s.o.
Unglücklich ist jedoch die Streichung des Zusatzes „in sozialer Verantwortung", der sich in der Parallelvorschrift des § 2 S.1 StVollzG findet. Dies könnte man dahingehend (miss-) verstehen, dass die Verbesserung der sozialen Kompetenz des Straftäters bei Gefangenen im Jugendstrafvollzug nicht anzustreben ist oder ihr kein entsprechend hoher Stellenwert einzuräumen ist.[119] Soziale Verantwortung in diesem Sinne meint jedoch nicht das Ziel selbst, sondern nur die Art und Weise, in der das Leben ohne Straftaten künftig möglich werden soll.[120] Gleichzeitig soll diese Formulierung sicherstellen, dass der Gefangene nicht zum Objekt einer sozialautoritären Leistungsverwaltung gemacht wird.[121] Gerade vor dem Hintergrund der Befürchtungen, dass der Erziehungsgedanke letztlich nur ein Einfallstor für weitergehende Einschränkungen der Rechte des Gefangenen darstellt, ist dieser Zusatz nicht überflüssig, sondern im Gegenteil dringend erforderlich.[122] Positiv zu bewerten ist aber, dass neben dem Vollzugsziel des § 2 GJVollz keine weiteren Ziele oder Aufgaben mehr aufgeführt sind. Damit lässt die Entwurfsvorschrift von ihrer Systematik her keinen Raum für weitere Vollzugsziele.[123]

---

[115] Vgl. Stellungnahme der DVJJ (2004), S.314, 315 m.w.N.
[116] Schüler-Springorum, in: Würtenberger-FS (1977), S.425, 438.
[117] Walter/Waschek (2002), S.191, die freilich aaO selbst die *„etwas unscharfe Grenzziehung"* ihres Ansatzes einräumen.
[118] Begründung zum GJVollz (2004), S.14.
[119] J. Walter, ZfJ 2004, S.397, 399.
[120] Callies/Müller-Dietz (2005), § 2, Rn.39.
[121] Callies/Müller-Dietz (2005), § 2, Rn.39.
[122] So auch die Stellungnahme des BAG zum GJVollz (2004), S.2.
[123] Stellungnahme der DVJJ (2004), S.315; zustimmend auch die Stellungnahme der BAG (2004), S.2.

Insgesamt ist § 2 GJVollz, von den genannten Kritikpunkten abgesehen, eine praxistaugliche und gelungene Vorschrift.

C. § 3 Gestaltung des Vollzuges

I. Allgemeines

§ 3 des Entwurfs regelt die Gestaltung des Jugendstrafvollzugs. Grundidee der Norm ist es, Inhalte festzulegen, mit denen der Vollzug der Jugendstrafe zu füllen ist sowie die Gestaltungsgrundsätze festzulegen, die für den Jugendstrafvollzug gelten sollen.[124] Die Norm stellt damit ihrem Inhalt nach eine Anweisung an die Vollzugsbehörden dar.[125] Ihre grundlegende Bedeutung besteht darin, dass die in ihr enthaltenen Grundsätze letztlich Konkretisierungen des Vollzugsziels darstellen; sie sind deshalb namentlich bei der Auslegung von Einzelbestimmungen und unbestimmten Rechtbegriffen sowie im Bereich des Ermessensgebrauchs von zentraler Bedeutung.[126]

II. Aufbau der Vorschrift

§ 3 Abs.1 GJVollz normiert den Förderungsgrundsatz. Danach ist es Pflicht des Jugendstrafvollzugs, die Gefangenen in zweierlei Hinsicht zu fördern: zum einen ist die Entwicklung von Fähigkeiten und Fertigkeiten zu unterstützen (also eine eher praktische Komponente), zum anderen hat eine Förderung aber auch im Bereich der Persönlichkeitsentwicklung zu erfolgen, und zwar dahingehend, dass die Bereitschaft des jungen Gefangenen zu einer eigenverantwortlichen und gemeinschaftsfähigen Lebensführung unter Beachtung der Rechte anderer zu fördern ist.
§ 3 Abs.2 GJVollz enthält vier Sätze, die jeweils einen zentralen Grundsatz des Jugendstrafvollzugs normieren. § 3 S.1 GJVollz enthält den aus § 3 S.1 StVollzG bekannten Angleichungsgrundsatz. § 3 S.2 GJVollz legt fest, dass die Belange der Sicherheit und Ordnung der Anstalt sowie der Allgemeinheit zu beachten sind. Nach § 3 S.3 GJVollz wird schädlichen Folgen des Freiheitsentzugs entgegengewirkt (Gegensteuerungsgrundsatz). § 3 S.4 GJVollz trifft eine Aussage über die Ausrichtung des Jugendvollzugs dahingehend, dass dieser von Anfang an darauf ausgerichtet wird, dass er dem Gefangenen hilft, sich in das Leben in Freiheit ohne Straftaten einzugliedern (Integrationsgrundsatz). Diese Grundsätze finden sich zum größten Teil schon im StVollzG. Der Entwurf will diese jedoch bewusst übernehmen, da sie sich bereits im Erwachsenenstrafvollzug bewährt haben.[127]

---

[124] Vgl. Begründung zum GJVollz (2004), S.14.
[125] Vgl. Callies/Müller-Dietz (2005), § 3, Rn.2.
[126] Vgl. Callies/Müller-Dietz (2005), § 3, Rn.2 m.w.N.
[127] Vgl. Begründung zum GJVollz (2004), S.16 unten.

Nach § 3 Abs.3 GJVollz werden die sachlichen Mittel, die personelle Ausstattung und Organisation der Einrichtungen des Jugendstrafvollzugs an dessen Zielsetzung, den Inhalten sowie den methodischen Vorgaben ausgerichtet.

III. Inhalt der Vorschrift

1. § 3 Abs.1 GJVollz – Förderungsgrundsatz

a. Bisherige Rechtslage und Alternativentwürfe

Weder im StVollzG noch in den bisher geltenden VVJug findet sich eine mit § 3 Abs.1 GJVollz vergleichbare Regelung. Zentrale Neuerung der neuen Vorschrift ist der neue Begriff der Förderung und die Pflicht des Jugendstrafvollzugs zur Förderung aller Gefangenen in den aufgeführten Feldern.
In den bisherigen Entwürfen taucht der Begriff der Förderung jedoch noch nicht auf. Stattdessen orientierten sich die Alternativentwürfe weitgehend an den aus dem StVollzG bekannten Gestaltungsgrundsätzen.[128]

b. Der neue Begriff der Förderung

Ein Novum stellt wie ausgeführt (s.o.) die Formulierung dar, die jungen Gefangenen seien im Jugendstrafvollzug zu *„fördern"*. Im Folgenden soll geklärt werden, warum dieser Begriff in das neue GJVollz eingeführt wurde und wie er genau auszulegen und zu verstehen ist.

c. Warum ein neuer Begriff ?

Zunächst soll die Frage geklärt werden, warum die Einführung des bislang im (Jugend-) Strafvollzug unbekannten Begriffs der Förderung für notwendig erachtet wurde. Bisher dominierte der gesetzlich nicht definierte Begriff der Erziehung die wissenschaftliche Diskussion und die Praxis des Jugendstrafvollzugs. Doch um den Inhalt dieses Begriffs haben sich zwischenzeitlich eine Fülle von Auffassungen herausgebildet.[129]
Deshalb und wegen seiner scheinbaren Beliebigkeit[130] war der Begriff zudem heftiger Kritik ausgesetzt. Vor dem Hintergrund dieser Situation hat sich das GJVollz zur Wahl eines neuen Begriffs, dem der Förderung entschieden.[131] Dieser soll präziser und positiver als der ideologisch aufgeladene Erziehungsbegriff zum Ausdruck bringen, dass der Gefangene im Jugendstrafvollzug aktiv an dem

---

128 Vgl. die Synopse bei Kreideweiß (1993), S.364 ff.

129 Die Weite dieses Begriffs sowohl aus erziehungswissenschaftlicher als auch aus juristischer Sicht hat v.a. Beulke (1989), S.65 ff. sowie ders., in: Meyer-Gedächtnisschrift, S.677, 679 ff. deutlich herausgearbeitet.

130 Moniert wurde vor allem, der Erziehungsgedanke begünstige eine (verkappte) Strafinflation, weil eben keine Einigkeit über das Erziehungsziel bestehe, vgl. Beulke, in: Meyer-Gedächtnisschrift (1990), S.677, 679; des weiteren Ostendorf (2003), Grdl. zu §§ 1-2, Rn.4 m.w.N.: der Erziehungsgedanke werde v.a. dann bemüht, wenn eine hohe Jugendstrafe verhängt werde.

131 Vgl. Begründung zum GJVollz (2004), S.15; im GJVollz tauchen nunmehr die Worte *„Erziehung"* sowie *„erzieherisch"* so gut wie nicht mehr auf.

Prozess der persönlichen Weiterentwicklung mit dem Ziel der Übernahme von Eigenverantwortung unter Beachtung der Rechtsordnung mitarbeiten soll und Maßnahmen des Vollzugs nicht lediglich passiv hinzunehmen hat. Ein weiteres Ziel der Verwendung dieses neuen Begriffs ist, eine größere Akzeptanz für die Ausgestaltung des Jugendstrafvollzugs bei der betroffenen Gefangenen – welche mittlerweile mehrheitlich volljährig ist[132] – zu erzeugen, da diese dem positiven Begriff der Förderung aufgeschlossener gegenüber stehen dürfte als dem aus Sicht der Betroffenen eher negativ besetzten Begriff der Erziehung.
Zudem will der Gesetzgeber durch den Begriff der Förderung den Auftrag des Jugendstrafvollzugs hervorheben, welcher nämlich in der Herbeiführung einer dauerhaften positiven Einstellungs- und Verhaltensänderung und nicht lediglich in einer äußeren Anpassung des Gefangenen an die Anstaltsordnung besteht.[133]

d. Die Bedeutung des neuen Begriffs

Anknüpfungspunkt für den Begriff der Förderung ist § 1 Abs.1 SGB VIII.[134] Vor der Auseinandersetzung mit dem Begriff der Förderung im neuen GJVollz soll daher erst der Förderungsbegriff im Sinne des § 1 Abs.1 SGB VIII näher betrachtet werden.

aa. Exkurs : Der Begriff der Förderung im Sinne des § 1 Abs.1 SGB VIII

§ 1 Abs.1 SGB VIII, eine Zentralnorm des Kinder- und Jugendhilferechts, lautet:
„Jeder junge Mensch hat ein Recht auf Förderung seiner Entwicklung und auf Erziehung zu einer eigenverantwortlichen und gemeinschaftsfähigen Persönlichkeit.“ Er normiert – wie früher bereits § 1 JWG – ein Recht auf Erziehung.[135] Dieses Recht wird wegen der stärkeren Einbeziehung junger Volljähriger in den Geltungsbereich des SGB VIII[136] und im Hinblick auf das heutige Aufgabenverständnis der Jugendhilfe zu einem Recht auf Förderung erweitert.[137] Förderung meint dabei die Einwirkung auf die Persönlichkeitsentwicklung junger Volljähriger, welche unter Beachtung des üblichen Sprachgebrauchs nicht mehr als Erziehung bezeichnet wird.[138]
Diese ausdrückliche Erweiterung des Rechts auf Erziehung auf den Kreis der jungen Volljährigen trägt der Tatsache Rechnung, dass die Sozialisation von Kindern und Jugendlichen über Erziehung i.e.S. hinausreicht und auch andere Aspekte, z.B. Betreuung, Bildung etc. erfasst.[139] Das Recht des jungen Menschen – gemeint ist damit jeder, der das 27. Lebensjahr noch nicht vollendet hat

---

[132] Vgl. oben Kap.4 B.III.
[133] Vgl. Begründung zum GJVollz (2004), S.15; diese Formulierung spricht ebenfalls für die Zugrundelegung des oben dargelegten Erziehungsbegriffs im Jugendstrafvollzug.
[134] Begründung zum GJVollz (2004), S.15.
[135] Krug/Grüner/Dalichau (Hrsg.), SGB VIII, § 1, S.6; Schellhorn, in: ders. (Hrsg.), SGB VIII, § 1, Rn.4.
[136] Wiesner, in: Wiesner (Hrsg.), SGB VIII, § 1, Rn.5.
[137] Krug/Grüner/Dalichau (Hrsg.), SGB VIII, § 1, S.6; Schellhorn, in: ders. (Hrsg.), SGB VIII, § 1, Rn.7.
[138] Wiesner, in : Wiesner (Hrsg.), SGB VIII, § 1, Rn.5.
[139] Wiesner, in : Wiesner (Hrsg.), SGB VIII, § 1, Rn.5.

(§ 7 Abs.1 Nr.4 SGB VIII) – auf Erziehung leitet sich aus dem allgemeinen Persönlichkeitsrecht des Art.1 Abs.1 i.V.m. Art.2 Abs.1 GG her.[140]
Durch die Verwendung dieses Begriffs wird vor allem deutlich, dass sich das SGB VIII als Leistungsgesetz versteht, das dem Wohl junger Menschen durch präventiv orientierte Leistungsangebote dienen will.[141] Allerdings gewährt die Norm keinen als subjektiv-öffentliches Recht zu qualifizierenden unmittelbaren Anspruch auf Erziehung und Förderung gegen den Träger der Jugendhilfe.[142] Als Gründe hierfür werden namentlich angeführt, dass das Verfassungsrecht in Art.6 GG das Erziehungsrecht der Eltern als natürliche und ihnen zuvörderst zustehende Aufgabe anerkenne und es ihnen zuweise, des Weiteren wird auf die fehlende Konkretheit des § 1 Abs.1 SGB VIII hingewiesen, welche ein Rechtssatz aber haben müsse, um aus ihm einen materiell und prozessual praktikablen Anspruch herleiten zu können.[143] Unbestimmte Rechtsbegriffe seien nur dann juristisch ausfüllungsfähig, wenn und solange sie im Rahmen eines Gefüges relativ inhaltsstabiler Rechtsnormen verwendet würden. Diese Ausfüllung müsse bei Begriffen misslingen, deren sprachlicher, sozialer und juristischer Kontext völlig offen sei.[144] Auch unter dem neuen KJHG sei Erziehung danach kein Rechtsbegriff, der juristisch so eindeutig zu fassen sei, dass ein klagbarer Anspruch auf Erziehung ohne Verletzung der unbedingt einzuhaltenden Prinzipien der Rechtsbestimmtheit und Rechtssicherheit in einer Rechtsnorm zum Ausdruck gebracht werden könne.[145] Allerdings gilt die Norm schon ausweislich des (klarstellend geänderten) Wortlauts jetzt ausdrücklich für alle jungen Menschen, d.h. ausdrücklich erfasst sind auch ausländische junge Menschen, die im Geltungsbereich des SGB VIII ihren tatsächlichen Aufenthalt haben.[146]

bb. Zwischenergebnis

Förderung im Sinne des SGB VIII ist damit zunächst die Einwirkung auf die Persönlichkeitsentwicklung Jugendlicher und junger Volljähriger. Förderung ist also letztlich altersgerechte Erziehung. Der Begriff macht zudem deutlich, dass das Normengefüge des SGB VIII ein staatliches Leistungsangebot zur Verfügung stellt, welches sich in den beiden Zweigen der Leistungen i.S.d. § 2 Abs.2 SGB VIII sowie den anderen Aufgaben i.S.d. § 2 Abs.3 SGB VIII konkretisiert. Aus dieser Einteilung wird allerdings auch deutlich, dass Förderung im Sinne des SGB VIII nicht lediglich das Zurverfügungstellen sozialpädagogischer Hilfe im Sinne eines bloßen Angebots meint, sondern von dem Begriff durchaus auch staatliche Eingriffe – kraft staatlicher Schutzpflicht zugunsten des Kindes, ggf. auch gegen den Willen der Sorgeberechtigten[147] – umfasst sein können. Ein

[140] Krug/Grüner/Dalichau (Hrsg.), SGB VIII, § 1, S.12; BVerfGE 7, S.320, 323 ff.
[141] Krug/Grüner/Dalichau (Hrsg.), SGB VIII, § 1, S.12.
[142] hM, vgl. Krug/Grüner/Dalichau (Hrsg.), SGB VIII, § 1, S.15 m.w.N. ; Schellhorn, in: ders. (Hrsg.), SGB VIII, § 1 Rn.4; Wiesner, in : Wiesner (Hrsg.), SGB VIII, § 1, Rn.12.
[143] Krug/Grüner/Dalichau (Hrsg.), SGB VIII, § 1, S.15 f.
[144] Diederichsen, AcP 198, S. 171, 220 ff.
[145] Vgl. Krug/Grüner/Dalichau (Hrsg.), SGB VIII, § 1, S.16.
[146] Krug/Grüner/Dalichau (Hrsg.), SGB VIII, § 1, S.6.
[147] Vgl. nur § 2 Abs.3 Nr.1-3 SGB VIII; zu dem strukturell ungelösten und hier angerissenen Dilemma der Jugendhilfe zwischen sozialpädagogischer Hilfe einerseits und dem Eingriff kraft staatlicher Schutzpflicht andererseits vgl. Müller-Alten, ZfJ 2003, S.405 ff. m.w.N.

Rechtsanspruch auf Erziehung (gegen den Träger der Jugendhilfe) ist in § 1 Abs.1 SGB VIII nach hM jedoch nicht verankert, vielmehr hat die Vorschrift die Funktion einer Generalklausel und einer Leitnorm, an der sich – zusammen mit § 1 Abs.3 SGB VIII – die Auslegung von Einzelnormen zu orientieren hat, vor allem wenn die Einzelnormen in ihrer Auslegung und Anwendung zweifelhaft sind bzw. Lücken im Gesetz zu füllen sind.[148] Zudem betont der Begriff, dass der junge Mensch eben nicht bloßes Objekt der Erziehung, sondern Subjekt im Erziehungsprozess ist.[149]

cc. Der Begriff der Förderung im GJVollz

Im GJVollz soll der Begriff der Förderung – im Gegensatz zum SGB VIII – jedoch vor allem im Sinne eines Forderns vom bzw. einer Forderung an den Gefangenen verstanden werden, und zwar in dreierlei Hinsicht:[150]
Gefordert wird von ihm erstens eine aktive Auseinandersetzung mit dem eigenen sozialschädlichen Verhalten und mit straftatrelevanten individuellen Problem- und Konfliktlagen. Zweitens wird vom Gefangenen die Annahme der durch die Vollzugsbehörde bereitgestellten Lerngelegenheiten sowie der Hilfen zur Verhütung künftigen Fehlverhaltens gefordert. Drittens soll der junge Gefangene die angebotenen Hilfestellungen zur sozialverträglichen Verarbeitung individueller Konfliktlagen wahrnehmen.
Schon daran wird deutlich, dass Förderung im Jugendstrafvollzug nach dem GJVollz nicht zu verstehen sein soll als die *„Gewährung von Wohltaten“*[151], sondern als Herausforderung durch Konfrontation, Unbequemlichkeit durch Abverlangen von Aktivitäten sowie Anstrengung durch körperliche, geistige und seelische Inanspruchnahme. Anhand des oben Gesagten wird aber auch deutlich, dass im künftigen Jugendstrafvollzug „fördern“ durchaus auch im Sinne einer Einwirkung auf die Persönlichkeitsentwicklung – d.h. letztlich als Erziehung – zu verstehen ist. Gewollt ist ja schließlich eine dauerhafte, auch innere Einstellungs- und Verhaltensänderung des Gefangenen.[152] Dabei soll aber keine repressive Veränderung der Persönlichkeit stattfinden, sondern die erwünschte Einstellungs- und Verhaltensänderung soll dadurch erreicht werden, dass bisher nicht vorhandene Fähigkeiten und Fertigkeiten des jungen Gefangenen aufgebaut und eingeübt werden, um ihm so zu ermöglichen, die für ein Leben ohne Straftaten erforderlichen Kompetenzen zu erwerben.[153] Auch nach dem Förderbegriff des GJVollz steht somit der junge Gefangene als Subjekt im Mittelpunkt der Behandlungsbemühungen; er ist nicht lediglich Objekt staatlicher Zwangserziehung. Idealerweise soll sich dann nach den Vorstellungen des Gesetzgebers die bei den mehrheitlich volljährigen Insassen im Jugendstrafvollzug vorherrschende Verweigerung und Ablehnung staatlicher Autorität bei fortschreitender Be-

[148] Schellhorn, in: Schellhorn (Hrsg.), SGB VIII, § 1, Rn.1, 9; Krug/Grüner/Dalichau (Hrsg.), SGB VIII, § 1, S.6.
[149] Krug/Grüner/Dalichau (Hrsg.), SGB VIII, § 1, S.17; Schellhorn, in: Schellhorn (Hrsg.), SGB VIII, § 1, Rn.10.
[150] Begründung zum GJVollz (2004), S.15.
[151] So ausdrücklich die Begründung zum GJVollz (2004), S.16.
[152] Begründung zum GJVollz (2004), S.15.
[153] Vgl. Begründung zum GJVollz (2004), S.15.

handlung zu konstruktiver Mitarbeitsbereitschaft und Einsichtsfähigkeit entwickeln.[154]

dd. Zusammenfassung

Zusammenfassend ist der Begriff der Förderung im Sinne des § 3 Abs.1 GJVollz als Dualismus zu sehen: Auf der einen Seite steht eine Angebotsorientiertheit[155] des GJVollz in dem Sinne, dass dem jungen Gefangenen eine Vielzahl von Angeboten – als Beispiel sei hier nur § 22 GJVollz genannt, welcher Angebote hinsichtlich schulischer und beruflicher Aus- und Weiterbildung sowie Arbeitsangebote enthält – zur Verfügung gestellt werden, die ihm helfen sollen, das gesetzlich festgelegte Vollzugsziel – ein künftiges Leben ohne Straftaten – zu erreichen. Auf der anderen Seite steht – durch § 4 GJVollz gesetzlich normiert und quasi als Korrelat zum Leistungsangebot in der Jugendstrafanstalt – die Pflicht des Gefangenen, an der Erreichung des Vollzugsziel dergestalt mitzuarbeiten, dass er die ihm zur Verfügung gestellten Angebote nicht nur passiv duldet, sondern vielmehr aktiv annimmt. Der Staat steht damit dem Gefangenen im Jugendstrafvollzug in einer nicht unproblematischen Doppelrolle gegenüber: auf der einen Seite als Bereitsteller verschiedener im Idealfall individuell ausgerichteter Angebote, auf der anderen Seite als unbequemer Anbieter, der den Adressaten zur Annahme seiner Angebote gesetzlich verpflichtet, um nicht zu sagen zwingt.[156] Auf dieses sich geradezu zwingend aus der gesetzgeberischen Konzeption des Förderbegriffes ergebende Problemfeld wird noch zurückzukommen sein.[157]
Insbesondere aus der Begründung zum GJVollz[158] wird aber auch deutlich, dass „fördern" keine repressive Indoktrination meint, sondern – trotz der besonderen Situation des Vollzugs als hoheitlicher Grundrechtseingriff – der junge Gefangene als Subjekt im Mittelpunkt der Behandlungsbemühungen steht und stehen muss. Wörtlich führt die Entwurfsbegründung hierzu aus: *„Der am Fördergedanken ausgerichtete Vollzug der Jugendstrafe als staatliche Reaktion auf Straftaten basiert trotz der verbindlich festgelegten und auch unabdingbar erforderlichen Pflicht des Gefangenen zur Mitarbeit nicht auf einer Ideologie der „Umerziehung" durch Veränderung der Persönlichkeit im repressiven Sinne... ".*[159]
Wie oben schon angedeutet, ist der ideale Gefangene im Sinne der gesetzgeberischen Vorstellung vielmehr derjenige, der im Verlaufe der Behandlung eine Haltung konstruktiver Mitarbeitsbereitschaft und Einsichtsfähigkeit einnimmt.[160] Dies schließt aber Forderungen an den Gefangenen – zumindest nach der Konzeption des GJVollz – nicht schlechthin aus.
Wollte man den Begriff des Förderns im Sinne des GJVollz somit schlagwortartig zusammenfassen, ließe sich dies wohl am besten mit der auch in der Begrün-

---

[154] Begründung zum GJVollz (2004), S.15.
[155] Wie auch im SGB VIII, vgl. nur § 2 Abs.1 1.Alt, Abs.2 SGB VIII.
[156] Ein ähnliches Spannungsverhältnis zwischen sozialpädagogischer Hilfe einerseits und Eingriff kraft staatlicher Schutzpflicht andererseits existiert auch im Bereich der Jugendhilfe, vgl. Müller-Alten, ZfJ 2003, S.405 ff.
[157] Vgl. unten Kap.5, Abschn.2, D.
[158] Vgl. Begründung zum GJVollz (2004), S.15.
[159] Begründung zum GJVollz (2004), S.15.
[160] Vgl. oben Kap.5 Abschn.2, C.III.d.cc. sowie die Begründung zum GJVollz (2004), S.15.

dung zum GJVollz gebrauchten Formulierung *„fördern durch fordern“* [161] erreichen.

e. Reichweite des Förderbegriffs

§ 3 Abs.1 GJVollz spricht von einer Förderpflicht hinsichtlich aller Gefangener. Auch die Begründung zum GJVollz[162] unterstreicht noch einmal deutlich, dass das Gebot der Förderung (durch Fordern) unterschiedslos und unabhängig von Merkmalen wie Alter, Geschlecht, ethnischer Zugehörigkeit, eventuellen körperlichen Behinderungen oder der Anzahl an Inhaftierten gilt. Dieser Grundsatz gilt so auch im KJHG, wo der Wortlaut des § 1 Abs.1 SGB VIII n.F. extra angepasst wurde, um dieser Tatsache Rechnung zu tragen. Allerdings findet dort im § 6 Abs.2 SGB VIII eine Begrenzung des Geltungsbereichs hinsichtlich der Gewährung von Leistungen an Ausländer statt.
Die in § 3 Abs.1 GJVollz ausgesprochene Pflicht zur Förderung aller Gefangener lässt sich damit als Aufforderung an die Vollzugsrealität begreifen, solche Verhältnisse zu schaffen, dass ein Fördern durch Fordern im Sinne der gesetzgeberischen Zielsetzung auch tatsächlich stattfinden kann. Denn so wie von den Gefangenen im Jugendstrafvollzug die Mitarbeit am Erreichen des Vollzugsziels verlangt wird[163], so wird und muss quasi als Korrelat dazu von der Vollzugspraxis gefordert werden, dass eine entsprechende Infrastruktur bereitgestellt wird, nämlich das Angebot, zu dessen Annahme der Gefangene verpflichtet ist.
Damit stellt diese Klausel auch eine Aufforderung an die Vollzugsrealität dar, sich in besonderem Maße den entsprechenden (Problem-) Gruppen in der Jugendstrafanstalt zu widmen, beispielsweise jungen Ausländern[164] oder jungen Frauen. Nachdem eine Förderung aller Gefangenen gleichermaßen qua Gesetz gefordert ist, muss dies für die Praxis letztlich auch bedeuten, dass für die genannten Gruppen sogar höhere Anstrengungen aufzuwenden sind als für eine vergleichbare Gruppe „Durchschnittsgefangener“. Denn nur bei erhöhtem Aufwand, sowohl personell als auch hinsichtlich der Infrastruktur, lässt es sich erreichen, dass die Schwierigkeiten, mit denen diese Gruppen zu kämpfen haben, beispielsweise fehlende Sprachkenntnisse etc., aufgefangen und eine vergleichbare Förderung wie bei Deutschen erreicht wird.
Allerdings könnte man möglicherweise die Klausel „alle Gefangenen gleichermaßen“ so verstehen, dass eine bestimmte Gruppe nur nicht schlechter behandelt werden darf, wenn ansonsten ihr nur das gleiche Maß an Förderung angediehen lassen wird. Dies würde aber verkennen, dass Ziel des Gesetzes eben eine bestmögliche Förderung im Hinblick auf das Vollzugsziel ist. Sind aber entsprechende Defizite vom „Normalfall“ bei einer Gruppe vorhanden, wie z.B. fehlende Sprachkenntnisse oder mangelnde Schulbildung, so kann es auch mit einem „Normalmaß“ an Förderung nicht getan sein. Dies würde nämlich dem Geist des § 3 Abs.1 GJVollz widersprechen. Klar ist, dass nicht immer das Optimum für jeden Gefangenen zu erreichen ist, das bringt auch die besondere Situation des Jugendstrafvollzugs mit sich. Dies bedeutet aber nicht, dass man nicht wenigstens die Herstellung jeweils optimaler Förderbedingungen fordern

[161] Vgl. die ähnliche Formulierung auf S.16 der Begründung zum GJVollz (2004).
[162] Vgl. Begründung zum GJVollz (2004), S.16.
[163] Vgl. dazu § 4 GJVollz und unten Kap.5, Abschn.2, D.
[164] Vgl. zur steigenden Anzahl junger Ausländer und Migranten im Vollzug oben Kap.4 C.

und anstreben kann. Für eine solche Auslegung spricht auch die Formulierung *„sind... zu fördern"*, welche wie bei § 1 SGB VIII[165] in dem Sinne zu verstehen ist, dass dem jungen Gefangenen ein Recht auf Förderung zusteht. Zudem würde eine solche Auslegung der Angebotsorientiertheit des GJVollz bestmöglich Rechnung tragen.

f. Klagbarkeit des Rechts auf Förderung

Wie schon dargestellt ist § 3 Abs.1 GJVollz richtigerweise in dem Sinne auszulegen, dass dem Gefangenen im Jugendstrafvollzug ein Recht auf Förderung zusteht. Allerdings stellt sich die Frage, ob ihm dieses Recht auch im Sinne eines subjektiv-öffentlichen Rechts zusteht, d.h. ob er aus § 3 Abs.1 GJVollz einen klagbaren Anspruch herleiten könnte.
Die Frage ist analog der Parallelproblematik bei § 1 Abs.1 SGB VIII[166] mit nein zu beantworten. Als durchschlagend erweist sich hier das schon oben bei der Erläuterung des Inhalts des § 1 Abs.1 SGB VIII erwähnte Argument, dass auch dem § 3 Abs.1 GJVollz genauso wie § 1 Abs.1 SGB VIII die juristisch zu fordernde Konkretheit fehlt, um daraus einen materiell und prozessual praktikablen Anspruch herleiten zu können. Denn wie oben gezeigt ist schon der Begriff der Förderung als solcher ausfüllungs- und interpretationsbedürftig und -fähig. Ein solcher Begriff ist aber nur dann juristisch ausfüllungsfähig, wenn und solange er im Rahmen eines Gefüges relativ inhaltsstabiler Rechtsnormen verwendet wird. Auch unter Zugrundelegung der oben dargestellten Interpretation des Förderbegriffs bleibt es trotzdem so, dass dieser Begriff juristisch gesehen nicht so eindeutig und trennscharf ist, als dass die ihn enthaltende Rechtsnorm unter Berücksichtigung der Gesichtspunkte der Rechtsbestimmtheit und Rechtssicherheit als klagbarer Anspruch aufgefasst werden könnte. Insbesondere bleibt unklar, welchen Inhalt denn genau eine Klage, gerichtet auf *„Förderung"*, haben sollte. Hinzu kommt, dass schon die amtliche Überschrift des § 3 GJVollz und dessen systematische Stellung – nämlich sozusagen im Allgemeinen Teil des GJVollz – deutlich macht, dass es in diesem Paragraphen um die Darstellung von Gestaltungsgrundsätzen des Jugendstrafvollzugs und nicht um die Kodifizierung einzelner subjektiv-öffentlicher Ansprüche geht. Dem Entwurf ging es danach offensichtlich in diesem Bereich gerade nicht darum, einen allumfassenden Anspruch auf Förderung festzuschreiben, sondern vielmehr das Förderprinzip zu einem neuen Leitprinzip des Jugendstrafvollzugs zu erheben. [167]
Daher gibt es im Jugendstrafvollzug keinen klagbaren Anspruch auf Förderung. Vielmehr müsste der junge Gefangene hinsichtlich konkret unterlassener Maßnahmen klagen; Anspruchsgrundlage ist dann nicht § 3 Abs.1 GJVollz sondern die jeweilige konkrete anspruchsbegründende Norm des GJVollz, gegebenenfalls in Verbindung mit einer Ermessensreduzierung auf Null.

g. Ausprägungen des Förderbegriffs im GJVollz

Der Förderbegriff findet sich nicht lediglich in § 3 Abs.1 GJVollz, vielmehr durchzieht er den Entwurf wie ein Leitgedanke.

---

[165] Vgl. statt aller Krug/Grüner/Dalichau (Hrsg.), SGB VIII, § 1, S.11 ff.
[166] Dazu Krug/Grüner/Dalichau (Hrsg.), SGB VIII, § 1, Rn.15 m.w.N.
[167] In diesem Sinne auch die Begründung zum GJVollz (2004), S.14.

Am augenscheinlichsten ist die Umbenennung des Vollzugsplans (vgl. noch Nr.3 VVJug sowie § 7 StVollzG) in Förderplan (vgl. v.a. § 10 GJVollz). Außerdem wurde das Institut der besonderen Fördermaßnahme installiert, vgl. § 22 Abs.1 GJVollz. Zudem wurden Begriffe wie *„Erziehungsbedarf"* sowie *„erzieherisch notwendig"* durch die Begriffe *„Förderbedarf"* und *„zur Förderung notwendig"* ersetzt.

h. Kritik und Ergebnis

Das GJVollz will sich bewusst von dem Begriff der Erziehung im Jugendstrafvollzug verabschieden, ohne dass damit aber eine Abkehr vom Erziehungsgedanken im Jugendstrafvollzug beabsichtigt ist. Vielmehr wird die pädagogische Arbeit im Jugendstrafvollzug unter einen bescheideneren und nüchterneren Begriff gestellt.[168] Von besonderem Vorteil dürfte sein, dass dem neuen, unbelasteten Begriff der Förderung die ideologische Aufgeladenheit fehlt, die mit dem Erziehungsbegriff nach jahrzehntelanger wissenschaftlicher Diskussion nahezu zwangsläufig einhergeht.[169] Kritikern, die in dem Erziehungsgedanken vor allem ein *„trojanisches Pferd"* sehen[170], können so möglicherweise viele der Bedenken genommen werden. Vor diesem Hintergrund ist die Einführung eines völlig neuen Begriffs zu begrüßen. Dies gilt insbesondere im Hinblick auf die Realität im Vollzug: *„In der alltäglichen Praxis ... hat es sich ohnehin als vorteilhaft, ja geradezu als geboten erwiesen, gegenüber den Jugendstrafgefangenen darauf zu verzichten, das Banner der „Gesamterziehung" weithin sichtbar vor sich herzutragen."*[171]
Problematisch ist allerdings der Zusammenhang mit der neuerdings in § 4 GJVollz verankerten Mitwirkungspflicht.[172] Hierauf wird im Zusammenhang mit § 4 GJVollz noch zurückzukommen sein.

2. § 3 Abs.2 GJVollz

a. Bedeutung der Regelung

§ 3 Abs.2 GJVollz enthält weitere wichtige Grundsätze des Jugendstrafvollzugs. Bei diesen handelt es sich – wie im Erwachsenenstrafvollzug – um Gestaltungsprinzipien des Vollzugs, also um die Angabe von strukturellen und interaktiven Minimalbedingungen, die für die Realisierung des Vollzuges unerlässlich sind.[173] Der Vollzug muss mindestens diesen Grundsätzen entsprechen, will er den Anspruch erheben, etwas zu Verwirklichung von Ziel und Aufgaben des Vollzugs beizutragen.[174] § 3 Abs.2 GJVollz normiert erstmals für den Jugendstrafvollzug in Generalklauselform allgemeine Vollzugsgrundsätze in gesetzlicher Form. Letztlich handelt es sich bei diesen Gestaltungsgrundsätzen des Ju-

---

[168] Vgl. J. Walter, ZfJ 2004, S.397, 400.
[169] Vgl. J. Walter, ZfJ 2004, S.397, 400.
[170] So insbesondere Gerken/Schumann (1988).
[171] J. Walter, ZfJ 2004, S.397, 400.
[172] Kritisch zu diesem Zusammenhang auch Laubenthal (2005), S.79.
[173] Callies/Müller-Dietz (2005), § 3, Rn.1.
[174] Callies/Müller-Dietz (2005), § 3, Rn.1.

gendstrafvollzugs um Konkretisierungen des Vollzugsziels.[175] Praktische Bedeutung erlangen sie vor allem für die Auslegung unbestimmter Rechtsbegriffe sowie für den Ermessensgebrauch.[176] Ziel dieser Grundsätze ist es im Kern, den mit der Inhaftierung geradezu zwangsläufig und typischerweise verbundenen negativen Auswirkungen auf die jungen Gefangenen entgegenzuwirken.[177] Negative Auswirkungen in diesem Sinne sind namentlich die Isolierung von gesellschaftlichen Kontakten, die Deprivationen sowie der sog. Prisonisierungsprozess, also Anpassung an das Anstaltsleben, verbunden mit einer Akkulturation an deviante Normen einer Subkultur[178].
Der letztgenannte Aspekt spielt zwar im Jugendstrafvollzug tendenziell in geringerem Umfange als im Erwachsenenstrafvollzug eine Rolle, da das Phänomen der Prisonisierung besonders bei sehr lange einsitzender Gefangenen auftritt[179], welche im Jugendstrafvollzug eher eine Ausnahme darstellen.[180] Allerdings ist zu berücksichtigen, dass Jugendliche und junge Volljährige aber auch noch in höherem Maße durch negative Einflüsse des Strafvollzugs beeinflussbar sind und daher auch eine im Verhältnis zum Erwachsenenstrafvollzug kürzere Aufenthaltsdauer im Jugendstrafvollzug entsprechend negative Spuren hinterlassen kann.[181]

b. Der Angleichungsgrundsatz, § 3 Abs.2 S.1 GJVollz

aa. Bisherige Rechtslage und Alternativentwürfe

Eine Regelung dieses Grundsatzes in gesetzlicher Form fehlte bislang; auch in den VVJug fand sich diesbezüglich keine Vorschrift. Der Angleichungsgrundsatz des GJVollz entspricht allerdings nahezu wörtlich § 3 Abs.1 StVollzG. Der Begründung zum GJVollz zufolge hat sich dieser Grundsatz schon im Erwachsenenstrafvollzug bewährt, so dass eine unveränderte Übernahme der Regelung in das neue Jugendstrafvollzugsgesetz angezeigt sei.[182]
Auch die bisherigen Alternativentwürfe eines Jugendstrafvollzugsgesetzes enthalten ohne Ausnahme den Angleichungsgrundsatz, teilweise in der im StVollzG enthaltenen Formulierung, teilweise mit anderen Akzentuierungen in der Formulierung, immer aber mit letztlich gleichem Inhalt.[183] Man kann daraus schließen, dass von jeher darüber Einigkeit bestand, dass der von Beginn an im Erwachsenenstrafvollzug gesetzlich fixierte Angleichungsgrundsatz auch für den Jugendstrafvollzug eine gesetzliche Grundlage finden müsse.

---

[175] Kaiser/Schöch (2002), § 6, Rn.60.
[176] Vgl. Kaiser/Schöch (2002), § 6, Rn.60; Böhm, in : Schwind/Böhm/Jehle (2005), § 3, Rn.1.
[177] Vgl. Callies/Müller-Dietz (2005), § 3, Rn.1.
[178] Laubenthal (2003), Rn.224 m.w.N.
[179] Zumindest ist die Haftdauer ein wesentlicher Faktor für den Grad der Prisonisierung, vgl. Laubenthal (2003), Rn.224 m.w.N., v. a. in Fn.203: danach wurde durch Erhebungen auch im deutschsprachigen Raum ein entsprechender Zusammenhang zwischen Grad der Prisonisierung und Dauer des Anstaltsaufenthalts nachgewiesen.
[180] Vgl. Streng (2003), S.204.
[181] In diesem Sinne auch das BVerfG, 2 BvR 1673/04 vom 31.5.2006, Abs.54.
[182] Begründung zum GJVollz (2004), S.16.
[183] Vgl. § 5 Abs.1 S.1 E 1984; § 5 Abs.2 S.1 E 1985; § 6 Abs.1 E 1988; § 5 Abs.1 S.1 E 1991; § 4 Abs.2 S.1 E 1993; zusammenfassend Kreideweiß (1993), S.365.

bb. Bedeutung des Angleichungsgrundsatzes

Der Angleichungsgrundsatz verpflichtet die Vollzugsbehörden, „*...Besonderheiten des Anstaltslebens, die den Gefangenen lebensuntüchtig machen können, möglichst zurückzudrängen, so dass der Unterschied zwischen dem Leben in der Anstalt und dem Leben draußen nicht stärker als unvermeidbar ist.*“[184].
Er richtet sich also ausschließlich an die entsprechenden Vollzugsbehörden. Der Gefangene selbst kann – wie auch im Erwachsenenstrafvollzug – aus ihm keine Rechte herleiten. Dafür spricht neben der Formulierung „*...soll...soweit wie möglich...*“ auch Sinn und Zweck der Gestaltungsgrundsätze im (Jugend-) Strafvollzug. Diese sollen quasi nur die allgemeine Gestaltung des Jugendstrafvollzugs vorgeben, für die Regelung konkreter Rechte sind spezialgesetzliche Regelungen gedacht.[185]
Unklar bleibt allerdings, an welche konkreten Verhältnisse des Lebens in Freiheit die Vollzugsrealität anzupassen ist. Die Verhältnisse außerhalb des Vollzugs divergieren nämlich in unserer pluralistischen Gesellschaft zu sehr, als dass daraus feste Richtgrößen für die Vollzugsgestaltung herzuleiten wären.[186] Zudem birgt eine Angleichung an eine bestimmte Vorstellung von Lebensbedingungen immer auch die Gefahr einer Zwangsnivellierung in sich, was wiederum den unterschiedlichen Gegebenheiten in der freien Gesellschaft widersprechen würde.[187] Betrachtet man darüber hinaus die durchschnittlichen Lebensverhältnisse, aus denen die in der Jugendstrafanstalt einsitzenden Gefangenen regelmäßig stammen, so ist klar, dass eine Angleichung an deren frühere Lebensverhältnisse regelmäßig gerade nicht erwünscht sein kann, oft sogar – im Hinblick auf das zu erreichende Vollzugsziel – kontraproduktiv wäre.[188]
Deshalb enthält § 3 Abs.2 S.1 GJVollz richtigerweise auch im Bereich des Jugendstrafvollzugs keine Verpflichtung, diesen an eine letztlich doch nebulös bleibende Vergleichsgröße anzupassen.[189] Vielmehr meint der Grundsatz der Angleichung, wie es Nr.65 der Europäischen Grundsätze für den Strafvollzug treffend ausdrückt, „*...dass die Lebensbedingungen mit der Menschenwürde vereinbar und mit den allgemein anerkannten Normen der Gesellschaft vergleichbar sind...*“ und „*...die schädlichen Wirkungen des Vollzugs und die Unterschiede zwischen dem Leben im Vollzug und in der Freiheit, welche die Selbstachtung und die Eigenverantwortung des Gefangenen beeinträchtigen können, auf ein Mindestmaß herabgesetzt werden...*“[190]. Auch wenn diese Formulierung selbst ebenfalls noch relativ vage bleibt, so bietet sie doch eine brauchbare Hilfestellung, um diesen Grundsatz für die Praxis auszufüllen.

---

184 BT-Drucks. 7/918, S.46
185 Böhm, in: Schwind/Böhm/Jehle (2005), § 3, Rn.2
186 Laubenthal (2003), Rn.205
187 Laubenthal (2003), Rn.205
188 Vgl. die Äußerungen von befragten Vollzugsleitern bei Kreideweiß (1993), S.50
189 So für den Erwachsenenstrafvollzug auch Laubenthal (2003), Rn.206 m.w.N.
190 Nr.65 S.1 lit. a), b), abgedruckt in: Internationale Menschenrechtsstandards und das Jugendkriminalrecht (2001), S.245.

cc. Die Ausfüllung des Angleichungsgrundsatzes im Jugendstrafvollzug

Erörterungsbedürftig bleibt die Frage, welche Leitlinien für die Anwendung des Angleichungsgrundsatzes in der Praxis des Jugendstrafvollzugs zu beachten sind.
Dabei ist zunächst klar, dass, auch wenn sich der Angleichungsgrundsatz nach Ansicht des Gesetzgebers in seiner derzeitigen Ausprägung in der Praxis des Erwachsenenstrafvollzugs bewährt hat[191], es für die Praxis nicht damit getan sein kann, die Ausprägungen des Angleichungsgrundsatzes für Erwachsene, wie sie sich in Wissenschaft, Praxis und Rechtsprechung herausgebildet haben[192], unreflektiert auf den Jugendstrafvollzug zu übernehmen. Jugendliche und auch die im Jugendstrafvollzug einsitzenden jungen Volljährigen unterscheiden sich nun einmal zu sehr von erwachsenen Strafgefangenen, als dass die für Erwachsene entwickelten Grundsätze ohne am Erziehungs- bzw. am Förderungsgedanken und am Geist des Jugendstrafvollzugs orientierte Anpassungen zu übernehmen wären. Der Wortsinn der Regelung reicht im Übrigen weit genug, um für eine jugendgerechte Interpretation hinreichend offen zu sein.
Eine solche jugendgerechte Interpretation des Angleichungsgrundsatzes bedeutet namentlich eine Anpassung des Vollzuges an die Bedürfnisse der Jugendlichen und jungen Volljährigen. Dies meint vor allem speziell auf die Bedürfnisse der betreffenden Gefangenen zugeschnittene Behandlungsangebote, Unterbringungsmöglichkeiten sowie speziell geschultes Personal. Weiterhin schließt eine jugendgerechte Interpretation des Angleichungsgrundsatzes auch die Berücksichtigung der Forderung des Bundesverfassungsgerichtes mit ein, einerseits innerhalb der Anstalt Kontakte, die positivem sozialen Lernen dienen können, aufzubauen und nicht unnötig zu beschränken, andererseits die Gefangenen auch vor wechselseitigen Übergriffen aufeinander zu schützen.[193]

c. Die Sicherungsaufgabe, § 3 Abs.2 S.2 GJVollz

Nach § 3 Abs.2 S.2 GJVollz sind die Belange der Sicherheit der Anstalt sowie der Allgemeinheit zu beachten.

aa. Bisherige Rechtslage und Alternativentwürfe

Die entsprechende Parallelvorschrift im Erwachsenenstrafvollzug findet sich in § 2 S.2 StVollzG.

bb. Inhalt der Regelung

§ 3 Abs.2 S.2 GJVollz legt generalklauselartig fest, dass bei der Umsetzung des Angleichungsgrundsatzes die Belange der Sicherheit der Anstalt sowie der Allgemeinheit, also äußere und innere Sicherheitsbelange[194] zu beachten sind. Die

---

[191] Vgl. Begründung zum GJVollz (2004), S.16.
[192] Vgl. nur die umfangreiche Kasuistik bei Böhm, in : Schwind/Böhm/Jehle (2005), § 3, Rn.4 ff. sowie bei Callies/Müller-Dietz (2005), § 3, Rn.3.
[193] BVerfG, 2 BvR 1673/04 vom 31.5.2006, Abs.57; zustimmend Eisenberg, MSchrKrim 2004, S.353, 354; Tondorf (2006), Fn.20.
[194] Vgl. Begründung zum GJVollz (2004), S.17.

Vorschrift stellt damit letztlich ein natürliches Korrektiv des Angleichungsgrundsatzes dar, welches aus den auch dem Jugendstrafvollzug immanenten Aufgaben resultiert, die Allgemeinheit sowie das Personal der Jugendstrafanstalten während der Dauer des Freiheitsentzugs vor der Begehung weiterer Straftaten durch den Inhaftierten zu bewahren.[195]
Wie genau diese Sicherheitsbelange in der Praxis zu beachten sind, führt die Norm nicht aus; vielmehr findet eine Konkretisierung in den Vorschriften über die einzelnen vollzugsgestaltenden Maßnahmen statt, beispielsweise im Bereich der Gewährung von Lockerungen und Urlaub aus der Haft.[196] Dies ist konsequent, handelt es sich bei § 3 Abs.2 GJVollz doch um eine reine Generalklausel.

cc. Bedeutung des § 3 Abs.2 S.2 GJVollz

Der besondere Verdienst des § 3 Abs.2 S.2 GJVollz liegt nicht darin festzustellen, dass es Aufgabe des Jugendstrafvollzugs ist, dafür zu sorgen, dass der junge Gefangene während der Zeit des Vollzugs keine Straftaten begeht; diese auch dem Freiheitsentzug an jungen Gefangenen immanente Verpflichtung des Jugendstrafvollzugs ist vielmehr als Basis- oder Minimalaufgabe des Jugendstrafvollzugs anzusehen, also als das absolute Minimum, welches der Jugendstrafvollzug schon aus seinem Wesen heraus leisten muss.[197] Da es aber geradezu im Wesen des Strafvollzugs als solchem liegt, die äußere sowie die innere Sicherheit zu gewährleisten, hätte es nur der Klarstellung dieses Grundsatzes halber an sich keiner ausdrücklichen Festschreibung dieses Grundsatzes im GJVollz bedurft.[198]
Die Bedeutung des § 3 Abs.2 S.2 GJVollz liegt vielmehr darin, dass nunmehr auch für den Bereich des Jugendstrafvollzugs eine deutliche – schon äußerlich sichtbare – Trennung zwischen Vollzugsziel und den Aufgaben des Vollzugs etabliert wurde. Zwar war schon bisher die Auffassung herrschend, die Vollzugsaufgaben wie die in § 3 Abs.2 S.2 GJVollz niedergelegte Sicherungsaufgabe als dem alleinigen Vollzugsziel nachgeordnet ansah[199], allerdings gab es durchaus auch Bestrebungen, die Vollzugsaufgabe Sicherung daneben zum gleichrangigen Vollzugsziel zu erheben.[200] Im GJVollz kommt dagegen deutlich der Wille zum Ausdruck, zwischen dem alleinigen Vollzugsziel des § 2 GJVollz und den Gestaltungsgrundsätzen bzw. Vollzugsaufgaben des § 3 Abs.2 GJVollz im Sinne eines Vorrangs des Vollzugsziels zu unterscheiden.[201] Dies ist zu begrüßen, verdeutlicht dies doch den Vorrang der Bemühungen um soziale Integration des jungen Gefangenen vor anderen Aufgabenstellungen. Daraus folgt allerdings auch, dass es, um eine Lebensführung des jungen Gefangenen ohne Straftaten i.S.d. § 2 GJVollz zu erreichen, erforderlich ist, vertretbare Risiken

---

195 Vgl. Begründung zum GJVollz (2004), S.17.
196 Vgl. Begründung zum GJVollz (2004), S.17.
197 Vgl. Callies/Müller-Dietz, § 2, Rn.5 f; Laubenthal (2003), Rn.174.
198 Teilweise wird die Festschreibung dieses Grundsatzes daher auch als überflüssig betrachtet, vgl. Feest/Lesting, in: AK-StVollzG (2006), § 2, Rn.14 m.w.N.
199 Vgl. aus dem Bereich des Erwachsenenstrafvollzugs statt vieler BT-Drucks. 7/3998, S.5 f., Feest/Lesting, in: AK-StVollzG (2006), § 2, Rn.13; Laubenthal (2003), Rn.177; Callies/Müller-Dietz (2005), § 2, Rn.1 m.w.N.
200 Kritisch zu diesen Bestrebungen Stolle/Brandt, ZfStrVo 2004, S.67.
201 Vgl. dazu auch die Begründung zum GJVollz (2004), S.14, 17.

bei der Behandlung einzugehen.[202] Dieser Leitgedanke muss in noch größerem Maße für Gefangene im Jugendstrafvollzug gelten. Tendenzen der Vollzugspraxis, die Sicherungsaufgabe gegenüber dem Vollzugsziel in den Vordergrund zu stellen[203] und demzufolge die Gewährung von Lockerungen und ähnlichen Maßnahmen tendenziell eher restriktiv zu handhaben[204], sollte entschieden entgegengetreten werden. Mit Hinblick auf die grundrechtliche Verankerung des Resozialisierungsgebots[205] ist dieses vielmehr in der Vollzugspraxis als dem Sicherungsinteresse vorrangig anzusehen. Dass dies nicht zu einer Vernachlässigung berechtigter Sicherungsmechanismen führen darf, versteht sich von selbst. Allerdings ist es auch notwendig, den Vorrang des Vollzugsziels wieder stärker in den Vordergrund zu stellen. Die systematische Stellung der Sicherungsaufgabe hinter dem Vollzugsziel im neuen GJVollz könnte dazu beitragen.

dd. Ergebnis und Ausblick

Die Systematik des Entwurfs deutet auf die Nachrangigkeit der Sicherungsaufgabe gegenüber dem Vollzugsziel des § 2 GJVollz hin. Andererseits deuten die tatsächlichen Verhältnisse eher auf eine gestiegene Bedeutung der Belange von Sicherheit und Ordnung im Jugendstrafvollzug hin.[206] Die vorliegenden Gesetzesentwürfe der Länder Bayern und Baden-Württemberg stellen den Schutz der Allgemeinheit ebenfalls gleichrangig neben oder sogar noch vor das Ziel der Resozialisierung des Gefangenen[207] und unterstreichen damit deutlich die gestiegene Bedeutung des Sicherheitsaspekts gegenüber dem Vollzugsziel. Es ist zu befürchten, dass dies insgesamt zu einer restriktiveren Vollzugspolitik, möglicherweise bis hin zu einem Verwahrvollzug alter Prägung führt.[208] Aus diesen Gründen und weil die Belange der Sicherheit der Allgemeinheit dem Vollzug ohnehin immanent sind, ist dagegen eher eine Streichung der Sicherheitsaufgabe aus dem Gesetz zu erwägen.[209]

d. Der Gegensteuerungsgrundsatz, § 3 Abs.2 S.3 GJVollz

aa. Bisherige Rechtslage und Alternativentwürfe

§ 3 Abs.2 S.3 GJVollz statuiert die Pflicht der Vollzugsbehörden, schädlichen Folgen des Freiheitsentzugs entgegenzuwirken, nahezu wortgleich mit § 3 Abs.2 StVollzG.[210] Dieser so genannte Gegensteuerungsgrundsatz findet sich auch in

---

[202] Vgl. Laubenthal (2003), Rn.177 für den Erwachsenenstrafvollzug; Ostendorf (2003), §§ 91-92, Rn.12.
[203] Vgl. Laubenthal (2003), Rn.177.
[204] Vgl. oben Kap.4 B.IV., VI.
[205] Dazu BVerfGE 35, S.202; Ostendorf (2003), §§ 91-92, Rn.12.
[206] Eisenberg, MSchrKrim 2004, S.353, 356.
[207] Vgl. Art. 119 S.2 EBayStVollzG; § 2 E BW 2006, wobei hier insbesondere die systematische Stellung vor § 3 E BW 2006 (Erziehungsziel) auffällig ist; ausführlich dazu unten Kap.7 B.II.
[208] Dies befürchten auch Stolle/Brandt, ZfStrVo 2004, S.67, 69.
[209] Ebenso Tondorf (2006), Fn.19.
[210] Vgl. Begründung zum GJVollz (2004), S.16.

sämtlichen bisher vorgelegten Alternativentwürfen eines Jugendstrafvollzugsgesetzes.[211]

bb. Bedeutung des Gegensteuerungsgrundsatzes

Der durch den Angleichungsgrundsatz des § 3 Abs.2 S.1 GJVollz geforderten weitmöglichsten Angleichung der Verhältnisse in der Anstalt an die Verhältnisse außerhalb der Anstalt sind naturgemäß Grenzen gesetzt. Soweit sich eine Angleichung daher nicht erreichen lässt, sind zumindest schädliche Nebenfolgen des Freiheitsentzugs soweit wie möglich zu vermeiden.[212] Hierin liegt die Bedeutung des Gegensteuerungsgrundsatzes.
Inwieweit allerdings eine Grundsatzvorschrift wie § 3 Abs.2 S.3 GJVollz es vermag, entscheidenden Einfluss auf die Vollzugsrealität zu nehmen, erscheint zweifelhaft. Denn es ist klar, dass immer ein Konflikt bestehen wird zwischen der Situation des Gefangenen als Eingesperrtem und dem Anspruch, ihn vor schädlichen Auswirkungen gerade dieses Eingesperrtseins bewahren zu wollen und ihn quasi in Unfreiheit zur Freiheit erziehen zu wollen.[213] Zudem muss man sich vergegenwärtigen, dass letztlich nicht die gesetzliche Fixierung eines Grundsatzes wie des Gegensteuerungsgrundsatzes allein darüber entscheidet, ob in concreto, das heißt in der konkreten Haftsituation des einzelnen Gefangenen, dieser durch die vielfältigen Nebenfolgen des Freiheitsentzugs geschädigt wird oder nicht. Vielmehr kommt es zur Vermeidung schädlicher Folgen des Freiheitsentzugs entscheidend auf die Ausgestaltung der Regelungen an, die sich konkret auf das tägliche Leben der Gefangenen auswirken. Mit anderen Worten: Entscheidend für die Verwirklichung des Gegensteuerungsgrundsatzes sind die gesetzlich getroffenen Detailregelungen sowie ihre Auslegung und Anwendung durch die Vollzugsbehörden.[214]
Dies bedeutet aber nicht, dass deshalb im Umkehrschluss auf eine gesetzliche Fixierung des Gegensteuerungsgrundsatzes zu verzichten wäre. Denn die Bedeutung von Grundsatznormen wie dem Gegensteuerungsgrundsatz ist darin zu sehen, dass er sich direkt an die für die Rechtsanwendung verantwortlichen Vollzugsbehörden wendet und ihnen quasi schwarz auf weiß vorgibt, welche Gestaltungsgrundsätze im Jugendstrafvollzug Beachtung finden sollen.[215]
Für die Praxis wird es aber entscheidend darauf ankommen, den Gegensteuerungsgrundsatz in den vielfältigen Regelungskomplexen des Vollzugsalltags zu beachten und ihm Geltung zu verschaffen.[216]

[211] Vgl. § 5 ABs.1 S.2 E 1984; § 5 Abs.2 S.2 E 1985; § 6 Abs.2 E 1988; § 5 Abs.1 S.2 E 1991; § 4 Abs.3 S.2 AE 1993.
[212] Zu den einzelnen schädlichen Nebenfolgen des Freiheitsentzugs ausführlich Laubenthal (2003), Rn.208 ff.
[213] Vgl. Kreideweiß (1993), S.50.
[214] Kreideweiß (1993), S.51.
[215] Vgl. Begründung zum GJVollz (2004), S.14.
[216] Nach einer Erhebung von *Kreideweiß* (1993), S.50 nahmen die durch ihn befragten Jugendstrafanstaltsleiter den Gegensteuerungsgrundsatz zwar sehr ernst, andererseits war eine gewisse Desillusionierung dahingehend zu erkennen, dass als Ziel primär verfolgt wurde, wenigstens weitere, zusätzliche Schädigungen des Gefangenen zu verhindern.

Als Regelungskomplexe dieser Art seien beispielhaft die Bereiche Arbeit, Wohnen, Freizeit sowie Vollzugslockerungen, Kontakte zur Außenwelt und Urlaub genannt.

cc. Ergebnis

Insgesamt ist die gesetzliche Fixierung des aus dem Erwachsenenstrafvollzug bekannten Gegensteuerungsgrundsatzes zu begrüßen. Die Bedeutung des Gegensteuerungsgrundsatzes für den Jugendstrafvollzug hat auch das Bundesverfassungsgericht in seiner Entscheidung zur Verfassungswidrigkeit des Jugendstrafvollzugs ausdrücklich hervorgehoben.[217]

e. Der Integrationsgrundsatz, § 3 Abs.2 S.4 GJVollz

aa. Bisherige Rechtslage und Alternativentwürfe

Der sog. Eingliederungsgrundsatz findet sich mit ähnlicher Formulierung schon in § 3 Abs.3 StVollzG. In ähnlicher Formulierung findet er sich auch in nahezu allen Alternativentwürfen.[218]

bb. Inhalt der Regelung

§ 3 Abs.2 S.4 GJVollz betont im Gegensatz zu § 3 Abs.3 StVollzG, dass der Vollzug von Beginn an auf ein zukünftiges Leben in Freiheit ohne Straftaten auszurichten ist. Dass dem so ist, war ausgehend vom Wortlaut des § 3 Abs.3 StVollzG nicht als selbstverständlich anzusehen; allerdings wurde durch Rechtsprechung und Schrifttum schon seit langem übereinstimmend diese Auslegung vertreten.[219] Im GJVollz soll diese Auslegung, die schon im Erwachsenenstrafvollzug dem Willen des Gesetzgebers entsprach[220], nunmehr gesetzlich festgeschrieben werden.

§ 3 Abs.2 S.4 GJVollz betont erneut das zukünftige Leben ohne Straftaten als Ziel des Vollzugs, auf welches sich die Behandlung auszurichten habe. Damit wird nochmals hervorgehoben, dass der Entwurf künftige Straffreiheit als Vollzugsziel ansieht. Somit ist klar, dass im Jugendstrafvollzug die Behandlung des jugendlichen Straftäters ab dem ersten Tag stattzufinden hat. Dies hat im Jugendstrafvollzug vor allem deshalb zu gelten, weil die Verbüßungszeit jugendlicher Straftäter oft verhältnismäßig kurz ist und daher für Behandlungsmaßnahmen im Vergleich zum Erwachsenenstrafvollzug ohnehin wenig Zeit zur Verfügung steht.[221] Aus § 3 Abs.2 S.4 GJVollz lässt sich daher eine Verpflichtung der Vollzugsbehörde ableiten, den Jugendstrafvollzug möglichst effektiv und durchaus auch straff zu organisieren, kommt es hier doch darauf an, die – meist kurze – Verbüßungszeit junger Strafgefangener möglichst effektiv zu nutzen.

[217] BVerfG, 2 BvR 1673/04 vom 31.5.2006, Abs.54.

[218] Vgl. § 2 Abs.3 E 1984; § 3 Abs.2 E 1988; § 5 Abs.1 S.3 E 1991; § 4 Abs.3 S.1 E 1993; näher Kreideweiß (1993), S.49 ff.

[219] Vgl. Feest/Lesting, in: AK-StVollzG (2006), § 3, Rn.21; OLG Hamm NStZ 1985, S.573; Laubenthal (2003), Rn.234; Böhm, in: Schwind/ Böhm /Jehle (2005), § 3, Rn.13.

[220] Vgl. BT-Drucks. 7/918, S.46.

[221] Begründung zum GJVollz (2004), S.16.

Zudem sind danach auch die zu langjährigen Haftstrafen Verurteilten von Anfang an auf eine spätere Wiedereingliederung in die Freiheit vorzubereiten.[222] Dies gebietet schon der Resozialisierungsanspruch des Gefangenen als Ausfluss der unantastbaren Menschenwürde, Art.1 Abs.1 GG.[223] Denn der Gefangene darf auch bei längerer zeitiger bzw. selbst bei lebenslanger Freiheitsstrafe nicht stärker isoliert werden, als es für den Vollzug der Freiheitsstrafe und seine Behandlung erforderlich ist. Er, der Gefangene, soll so lebenstüchtig bleiben, dass er sich im Falle einer Entlassung aus der Haft im normalen Leben wieder zurechtfindet.[224]

cc. Ergebnis

Der Eingliederungsgrundsatz leitet sich letztlich aus der Verfassung ab[225]. Daher ist es nur folgerichtig, diesen einfachgesetzlich bisher nur im StVollzG implementierten Grundsatz nun auch für den Jugendstrafvollzug festzuschreiben, da der Eingliederungsgrundsatz für alle Straftäter und somit auch für die Gefangenen im Jugendstrafvollzug gilt.
Zu begrüßen ist auch die sprachliche Schärfung des Eingliederungsgrundsatzes dahingehend, dass nunmehr klargestellt worden ist, dass von Anfang an auf die Wiedereingliederung hinzuarbeiten ist, was im Jugendstrafvollzug, wie oben dargestellt, von besonderer Wichtigkeit ist. Auch die erneute Betonung des Vollzugsziels künftige Legalbewährung ist durchaus positiv zu sehen. Zu betonen ist jedoch, dass Eingliederung im Bereich des Jugendstrafvollzugs nicht heißen kann, unreflektiert entsprechende Konzepte des Erwachsenenstrafvollzugs zu übernehmen.
Will man vielmehr den von Verfassung wegen vorgegebenen Auftrag zur (Wieder-) Eingliederung ernst nehmen, muss dies bedeuten, die gesamte Behandlung auf den betroffenen Kreis von Gefangenen und ihre spezifischen Probleme, die ihnen bei einem zukünftigen Leben ohne Straftaten im Wege stehen könnten, auszurichten.
Die Palette an Behandlungsangeboten muss daher vor allem das Alter der einsitzenden Gefangenen berücksichtigen. Weiterhin hat das Arbeiten an Problemen, mit denen junge Gefangene erfahrungsgemäß häufig zu kämpfen haben, im Vordergrund zu stehen.[226] Dabei ist wichtig, dass nicht alle Gefangenen bildlich gesprochen quasi über einen Kamm geschoren werden, sondern der jeweilige Gefangene mit seinen individuellen Problemen ernst genommen wird.
Dies setzt eine individuelle und sorgfältig durchgeführte Förderplanung schon im Rahmen des Aufnahmeverfahrens (§§ 8 ff. GJVollz) voraus. Letztlich hat sich das gesamte Behandlungsangebot im Jugendstrafvollzug am Eingliederungsgrundsatz (als Ausfluss des Vollzugsziels) zu orientieren. Allerdings gilt

---

[222] Laubenthal (2003), Rn. 234; BVerfGE 45, S.238 ff. (Lebenslange Freiheitsstrafe).
[223] Vgl. BVerfGE 45, S.238: „*Dabei* (bei der Verpflichtung, auf die Resozialisierung... hinzuwirken, Anm. des Verf.) *handelt es sich um verfassungsrechtlich fundierte Vollzugsaufgaben, die sich aus der in Art.1 Abs.1 GG garantierten Unantastbarkeit der Menschenwürde herleiten.*".
[224] BVerfGE 45, S.238, 240; BT-Drucks. 7/918, S.53 (zu § 13 StVollzG).
[225] BVerfGE 45, S.238, 239 .
[226] Z.B. das Erlernen von Schlüsselqualifikationen, vgl. Begründung zum GJVollz (2004), S.16.

auch hier, dass von einer Generalklausel kaum Auswirkungen auf den konkreten Vollzug zu erwarten sind. Vielmehr kommt es darauf an, dass die Normen, die den konkreten Behandlungsablauf bzw. seine Durchführung regeln, an dem Ziel der Eingliederung ausgerichtet bzw. im Lichte dieses Grundsatzes ausgelegt und angewendet werden.

f. Ergebnis zu § 3 Abs.2 GJVollz

Die in § 3 Abs.2 GJVollz niedergelegten Gestaltungsgrundsätze und Aufgaben des Strafvollzugs sind weitgehend wortgleich mit den aus dem StVollzG bekannten Grundsätzen.
Positiv ist zunächst zu bemerken, dass überhaupt einmal Gestaltungsgrundsätze des Jugendstrafvollzugs in Gesetzesform gegossen wurden, ließen doch die bisher geltenden bundeseinheitlichen Verwaltungsvorschriften zum Jugendstrafvollzug derartige Grundsatzvorschriften vermissen.
Allerdings bleibt anzumerken, dass die genannten Grundsätze zur Erreichung eines erfolgreichen Behandlungsvollzugs zwar notwendig, keinesfalls aber ausreichend sind. Ein in so hohem Maße von der Person des einzelnen Strafgefangenen abhängiger Prozess wie die Behandlung im Jugendstrafvollzug weist eine zu hohe Komplexität auf, als dass er nur mit generalklauselartigen Grundsätzen wie Angleichung, Gegensteuerung und Integration zu bestreiten wäre. Zudem muss gerade bei der Angleichung an die allgemeinen Lebensverhältnisse Umsicht und Zurückhaltung geübt werden, will man nicht dem Interesse der Erreichung des (vorrangigen, s.o.) Vollzugsziels zuwiderhandeln.[227]
Insgesamt gesehen hängt es daher von der Anwendung der Gestaltungsgrundsätze des § 3 Abs.2 GJVollz auf Tatbestands- und Rechtsfolgenseite der verschiedenen Einzelnormen des GJVollz ab, ob den ihnen innewohnenden positiven Ansätzen in der Praxis Geltung verschafft werden wird.

3. § 3 Abs. 3 GJVollz

a. Allgemeines

§ 3 Abs.3 GJVollz stellt eine weitere Grundsatzvorschrift dar. Inhaltlich geht es darum, in welchem Verhältnis personelle und sachliche Ausstattung des Jugendstrafvollzugs zu seiner Zielsetzung, den Inhalten und den methodischen Vorgehensweisen stehen. Eine ähnliche Regelung findet sich weder im StVollzG oder in den VVJug, noch in den bislang vorgelegten Alternativentwürfen.

b. Inhalt der Regelung

Kernaussage des § 3 Abs.3 GJVollz ist, dass sich die Ausstattung des Jugendstrafvollzugs mit Mitteln, gleich ob finanzieller oder personeller Art, an seiner Zielsetzung und seiner Konzeption zu orientieren hat und nicht umgekehrt.
Dies bedeutet also, dass sämtlichen Einrichtungen des Jugendstrafvollzugs genügend Mittel zur Verfügung gestellt werden müssen, damit diese die gesetzlichen Vorgaben – die ja im Übrigen größtenteils Ausfluss des Grundgesetzes

[227] Vgl. Böhm, in : Schwind/Böhm/Jehle (2005), § 3, Rn.2.

sind[228] – auch entsprechend umsetzen können. § 3 Abs.3 GJVollz enthält daher ein grundsätzliches Bekenntnis dahingehend, sich die materielle Ausstattung des Jugendstrafvollzugs nicht von der jeweiligen Haushaltslage diktieren zu lassen, sondern sicherzustellen, dass die Erreichung des gesetzten Vollzugsziels nicht schon daran scheitert, dass nicht genügend Mittel zur Verfügung stehen.
Eine genauere Ausdifferenzierung dieses Grundsatzes erfolgt in den Vorschriften über die Jugendstrafanstalten und die Vollzugsbediensteten (§§ 40, 41 GJVollz).

c. Ergebnis zu § 3 Abs.3 GJVollz

„Der Staat muss den Strafvollzug so ausstatten, wie es zur Realisierung des Vollzugsziels erforderlich ist."[229] Daher ist die Einführung dieser Vorschrift zu begrüßen. Allerdings bleibt § 3 Abs.3 GJVollz auch nebulös. Es steht zu befürchten, dass die Norm in Zeiten knapper Kassen wenig Beachtung findet, insbesondere da sich in den §§ 40 und 41 GJVollz, welche Konkretisierungen des § 3 Abs.3 GJVollz enthalten[230], schon erste Einschränkungen dieses Grundsatzes finden. Zu befürchten ist daher, dass die nunmehr mit einer gesetzlichen Regelung des Jugendstrafvollzuges beauftragten Länder angesichts notorischer Haushaltsprobleme eine vergleichbare Vorschrift kaum in ihre Gesetze aufnehmen werden.[231] Allerdings wäre eine solche Vorschrift angesichts der Aussagen des Bundesverfassungsgerichts zur finanziellen Ausstattung des Jugendstrafvollzugs dringend geboten: *„Aus dem besonderen verfassungsrechtlichen Gewicht, das dem Ziel der Vorbereitung auf eine künftige straffreie Lebensführung im Jugendstrafvollzug zukommt, erwachsen dem Staat jedoch auch besondere positive Verpflichtungen. So hat er durch gesetzliche Festlegung hinreichend konkretisierter Vorgaben Sorge dafür zu tragen, dass für allgemein als erfolgsnotwendig anerkannte Vollzugsbedingungen und Maßnahmen die erforderliche Ausstattung mit den personellen und finanziellen Mitteln kontinuierlich gesichert ist."*[232].

IV. Gesamtergebnis zu § 3 GJVollz

Insgesamt enthält § 3 GJVollz begrüßenswerte Ansatzpunkte hinsichtlich der Ausgestaltung des Jugendstrafvollzuges und ist daher – mit den genannten Einschränkungen – positiv zu bewerten.[233]

[228] Vgl. zum Anspruch auf Resozialisierung aus Art.2 Abs.1 i.V.m. Art.1 Abs.1 GG schon BVerfGE 45, S.238, 239; vgl. auch BVerfGE 98, 169, 200, wonach das Vollzugsziel Gestaltungsmaxime für die Institution des Strafvollzugs an sich ist.
[229] BVerfG, 2 BvR 1673/04 vom 31.5.2006, Abs.61.
[230] Vgl. Begründung zum GJVollz (2004), S.17.
[231] Allerdings findet sich eine entsprechende Vorschrift in dem Gesetzentwurf der sog. 10-Länder-Gruppe, vgl. § 3 Abs.3 E 2006.
[232] BVerfG, 2 BvR 1673/04 vom 31.5.2006, Abs.61; vgl. auch Tondorf (2006), Fn.21, der die Vorgaben des BVerfG nahezu wörtlich in seinen Musterentwurf eines Jugendstrafvollzugsgesetzes der Länder übernehmen möchte.
[233] Zustimmend auch die Stellungnahme der BAG, S.2; Stellungnahme des Deutschen Richterbundes, zu § 4.

D. § 4 Pflicht zur Mitwirkung

I. Allgemeines

Bei § 4 GJVollz handelt es sich um die Vorschrift, die in der bisherigen Diskussion über den vorliegenden Entwurf als die problematischste angesehen und gegen die am meisten Kritik geäußert wurde.[234]

II. Inhalt und Ziel der Vorschrift

§ 4 GJVollz verpflichtet die jungen Gefangenen, an der Erreichung des Vollzugsziels, niedergelegt in § 2 GJVollz, mitzuwirken.
Die Vorschrift baut letztlich auf dem Förderungsgrundsatz auf, welcher sich mit dem Schlagwort *„Fördern durch Fordern"* relativ gut zusammenfassen lässt.[235] Diese Ausrichtung des Jugendstrafvollzugs verlangt danach von dem Gefangenen eine umfassende aktive Mitarbeit.[236] Allerdings wird von den Vätern des Entwurfs auch gesehen, dass eine aktive, auf Freiwilligkeit und Einsicht beruhende Mitarbeit gerade im Anfangsstadium des Vollzugs selten zu erreichen sein wird.[237] Aus diesem Grund könne auch keine Beschränkung auf Behandlungsmaßnahmen mit reinem Angebotscharakter stattfinden.[238] Daher soll nach § 4 GJVollz der Gefangene zur Mitwirkung am Vollzugsziel verpflichtet werden. Mitwirkung in diesem Sinne bedeutet nach der Begründung zum GJVollz die Annahme der Behandlungsangebote.[239] Wichtigste Folge dieser Mitwirkungspflicht ist, dass der Gefangene sich für Fördermaßnahmen zu entscheiden hat (näher geregelt in § 10 Abs.2 GJVollz) und an den im Förderplan festgeschriebenen Fördermaßnahmen aktiv teilzunehmen hat.[240] Hier kommt erneut der Dualismus des Förderbegriffs nach § 3 Abs.1 GJVollz zum Ausdruck: auf der einen Seite die Verpflichtung des Vollzugs zur Bereitstellung entsprechender Angebote, andererseits aber die Pflicht seitens des Gefangenen, diese Angebote auch anzunehmen.[241]
Zusammenfassend statuiert § 4 GJVollz somit unabhängig von durch oder aufgrund des GJVollz bestehenden Pflichten[242] eine *allgemeine* Mitwirkungspflicht des Gefangenen am in § 2 GJVollz niedergelegten Vollzugsziel, nämlich künftiger Legalbewährung.[243] Mitwirkung heißt im Kern aktive Annahme der Vollzugsangebote.

---

[234] Tondorf (2006), Fn.23; J. Walter, NK 2005, S.17; ders., ZfJ 2004, S.397, 400; Eisenberg, MSchrKrim 2004, S.353, 357 f.; Laubenthal (2005), S.79 f.
[235] Vgl. schon oben Kap.5, Abschn.2, C.III.1.d.dd.
[236] Vgl. Begründung zum GJVollz (2004), S.17.
[237] Begründung zum GJVollz (2004), S.17.
[238] Begründung zum GJVollz (2004), S.17.
[239] Begründung zum GJVollz (2004), S.17.
[240] Vgl. Begründung zum GJVollz (2004), S.18.
[241] Vgl. schon oben Kap.5, Abschn.2, C.III.1.d.dd.
[242] Dazu Begründung zum GJVollz (2004), S.18 f.
[243] Dazu oben Kap.5, Abschn.2 B.I.

III. Exkurs : Mitwirkungspflicht im Strafvollzug – ein Novum

Betrachtet man die früher vorgelegten Alternativentwürfe zur gesetzlichen Regelung des Jugendstrafvollzugs[244], so wird deutlich, dass die Statuierung einer Mitwirkungspflicht des Gefangenen an der Erreichung des Vollzugsziels ein Novum darstellt. Die früheren Entwürfe beschränkten sich nämlich darauf – mit unterschiedlichen Formulierungen – festzulegen, dass der Gefangene an der Erreichung des Vollzugsziels *„mitwirkt"*. Sowohl der Formulierung als auch dem Inhalt nach lehnen sich diese Alternativentwürfe somit an die geltende Rechtslage im Erwachsenenstrafvollzug, niedergelegt in § 4 Abs.1 S.1 StVollzG, an. Eine explizite Pflicht zur Mitwirkung an der Erreichung des Vollzugsziels ist danach jedoch gerade nicht gesetzlich festgeschrieben. Vielmehr geht das StVollzG von einer sog. *Mitwirkungsnotwendigkeit* auf Seiten des Gefangenen aus.[245] Die Gründe für diese gesetzgeberische Entscheidung sind vor allem verfassungsrechtlicher Art: Grundlage des StVollzG ist nämlich die Annahme, dass der Verurteilte auch als Gefangener ein Bürger mit Grundrechten bleibt. Dieser darf keinesfalls bloß Objekt von Vollzugsmaßnahmen werden.[246] Zudem weisen *Callies/Müller-Dietz* [247] zu Recht darauf hin, dass gerade in einem behandlungsorientierten Vollzug die Gefahr bestehe, dass die notwendige Betreuung des Gefangenen Züge einer sozialautoritären Leistungsverwaltung annehme, auch wenn dies aus den besten Absichten heraus geschehen mag. Eine bloß äußere Anpassung an die Erwartungen der Betreuer oder an das anstaltsinterne Normgefüge zu erreichen, ist jedoch gerade nicht das Ziel des StVollzG. Vielmehr formuliert der Grundsatz von der Mitwirkungsnotwendigkeit des Gefangenen eine Grenze für die Aktivitäten des Vollzugspersonals, die für das Gelingen der Behandlung stets zu beachten ist.[248] Dieses ist jedoch durch das Gesetz dazu aufgerufen, die anfangs erfahrungsgemäß oft nicht vorhandene Bereitschaft des Gefangenen zur Mitarbeit zu wecken und anschließend, so sie erst einmal in Ansätzen vorhanden ist, ständig zu fördern, § 4 Abs.1 S.2 StVollzG.[249] Allerdings bestehen auch im Erwachsenenstrafvollzug durchaus Mitwirkungspflichten, nämlich in dem Umfang, der durch das StVollzG in Einzelbestimmungen gezogen wird.[250]

IV. Mitwirkungspflicht im Jugendstrafvollzug

Aufbauend auf die soeben erörterte Rechtslage im Erwachsenenstrafvollzug ist nun zu untersuchen, inwieweit eine Mitwirkungspflicht im Jugendstrafvollzug

[244] Vgl. § 4 E 1984; § 4 Abs.1 S.1 E 1985; § 5 Abs.1 S.1 E 1988; § 4 Abs.1 S.1 E 1991; § 6 Abs.1 E 1993; Kreideweiß (1993), S.65 sieht offensichtlich auch eine allgemeine Pflicht des Gefangenen, an der Gestaltung seiner Erziehung und an der Erreichung des Vollzugsziels mitzuwirken.

[245] Callies/Müller-Dietz (2005), § 4, Rn.3; BT-Drucks. 7/3998, S.6 f.; Böhm, in: Schwind/ Böhm/Jehle (2005), § 4, Rn.4, der davon spricht, dass Mitwirkung des Gefangenen ein Wunsch des Gesetzgebers sei.

[246] Callies/Müller-Dietz (2005), § 4, Rn.3.

[247] Callies/Müller-Dietz (2005), § 4, Rn.3.

[248] Callies/Müller-Dietz (2005), § 4, Rn.3.

[249] Vgl. auch Feest/Lesting, in: AK-StVollzG (2006), § 4, Rn.6.

[250] Böhm, in: Schwind/Böhm/Jehle (2005), § 4, Rn.3.

zulässig und zweckmäßig ist. War es richtig, eine Mitwirkungspflicht in das GJVollz aufzunehmen, oder wäre es nicht vielmehr geboten gewesen, beim – im Erwachsenenstrafvollzug nahezu einhellig anerkannten – Konzept der Mitwirkungsnotwendigkeit zu bleiben?

1. Argumente für eine Beibehaltung des Konzepts der Mitwirkungsnotwendigkeit

Gegen das Konzept der generellen Mitwirkungspflicht im Jugendstrafvollzug lässt sich zunächst das auch dem GJVollz zugrunde liegende Bild von dem Verurteilten anführen. Er ist – wie oben schon ausgeführt – eben auch als Gefangener ein Bürger mit Grundrechten, der keinesfalls bloß Objekt von Vollzugsmaßnahmen werden darf.[251]

Zudem besteht gerade in einem behandlungsorientierten Vollzug, wie er im Bereich des Jugendstrafvollzugs ja nach der Zielsetzung des Entwurfs praktiziert wird, die Gefahr, dass die notwendige Betreuung des Gefangenen Züge einer sozialautoritären Leistungsverwaltung annimmt, auch wenn dies aus den besten Absichten heraus geschehen mag.[252] Auf diesem Wege könnte es also dazu kommen, dass wieder ein auf äußerer Anpassung basierendes Vergünstigungssystem eingeführt wird.[253] Im Extremfall könnte es dazu kommen, dass die neue, umfassende Pflicht zur aktiven Mitarbeit die Behandlung zu einer Art Dressur pervertiert, in der sich die vom Gesetzgeber geforderte *„umfassende aktive Mitarbeit“*[254] im Wesentlichen äußerlich dadurch manifestiert, dass der Gefangene das erwartete Verhalten zeigt. Hinzu kommt, dass eine Unterwerfungsmentalität, die Folgsamkeit mit Heilungserwartungen verknüpft, denkbar schlecht auf ein zukünftiges Leben in Freiheit vorbereitet.[255]

Man könnte im Übrigen überlegen, ob § 4 GJVollz nicht schon deshalb zumindest teilweise leer läuft, weil einerseits eine Mitwirkungspflicht statuiert wird, andererseits dem Gesetzgeber aber offensichtlich sehr wohl bewusst ist, dass eine Mitwirkungsbereitschaft im Regelfall zumindest am Anfang der Behandlung regelmäßig noch nicht vorhanden sein wird.[256] Es ist daher durchaus fraglich, welchen Sinn es hat, eine Mitwirkungspflicht zu statuieren, die von ihren Normadressaten, den Gefangenen im Jugendstrafvollzug, größtenteils nicht eingehalten werden wird.

Weiterhin muss sich die Neuregelung die Frage gefallen lassen, ob der ihr zugrunde liegende Ansatz, die Verpflichtung des Gefangenen, nicht schon deshalb von vornherein verfehlt ist, weil eine Behandlung im Strafvollzug generell nur dann Erfolg haben kann, wenn sie freiwillig, d.h. unter freiwilliger Mitwirkung des Gefangenen erfolgt. Im Schrifttum findet sich hierzu vielerorts die

[251] Callies/Müller-Dietz (2005), § 4, Rn.3; nach Kunz, ZStW 101 (1989), S.75, 92 verstößt eine Behandlung gegen den Willen des Gefangenen im Übrigen gegen die Idee des Schuldstrafrechts.

[252] Callies/Müller-Dietz (2005), § 4, Rn.3.

[253] Callies/Müller-Dietz (2005), § 4, Rn.4.

[254] So die Begründung zum GJVollz (2004), S.17.

[255] Kunz, ZStW 101 (1989), S. 75, 90.

[256] Vgl. Begründung zum GJVollz (2004), S.19; diese Einschätzung steht durchaus im Einklang mit Beobachtungen aus dem Vollzugsalltag, vgl. Böhm, in: Schwind/Böhm/Jehle (2005), § 4, Rn.4 zum Erwachsenenstrafvollzug.

Aussage, kein Gefangener könne gegen seinen Willen resozialisiert werden[257], Normgehorsam müsse kraft eigener Überzeugung verinnerlicht werden.[258] Dieser Ansatz wird oft verbunden mit der Begründung, eine Entwicklung setze Leidensdruck voraus, der dem Gefangenen wegen der Zwangssituation der Haft fehle[259] oder der erst nachträglich, beispielsweise durch Einzelhaft, erzeugt werden müsse.[260]
Speziell auf die Vorschrift des § 4 GJVollz gemünzt wird vorgebracht, eine allgemeine Mitwirkungspflicht für Gefangene im Jugendstrafvollzug stelle im Lichte des Verbots der Schlechterstellung Jugendlicher bzw. Heranwachsender gegenüber Erwachsenen in vergleichbarer Verfahrenslage eine unzulässige Schlechterstellung dieser Gruppe dar.[261]

2. Argumente für das Konzept einer Mitwirkungspflicht am Vollzugsziel

Für eine allgemeine Mitwirkungspflicht im Jugendstrafvollzug sprechen jedoch ebenfalls Argumente.
Zunächst könnte die Mitwirkungspflicht als Ausfluss des Förderungsgrundsatzes (§ 3 Abs.1 GJVollz) zu sehen und aufgrund dieses speziell im Jugendstrafvollzug geltenden Grundsatzes angebracht sein.
Die Normierung einer Mitwirkungspflicht könnte weiterhin dazu führen, dass die Rolle des Gefangenen als Subjekt – nicht Objekt – seiner Behandlung gestärkt wird. Die Betonung der Mitwirkungspflicht weist ihm, dem Gefangenen, eine aktive Rolle zu und verdeutlicht zugleich, dass er selbst und seine Leistungen im Mittelpunkt des gesamten Vorganges der Resozialisierung stehen. Die aktive Rolle ist jedoch nicht nur Berechtigung, sondern eben auch Verpflichtung: Der Gefangene kann sich nicht – wie es erfahrungsgemäß oft der Fall ist[262] – auf eine rein passive Rolle zurückziehen. Widerstand und Unlust auch junger Gefangener beruhen oft auf eingeschliffenen Verhaltenstechniken, die der Lebensbewältigung dienen, und auf – angesichts zuvor gemachter, vielfältiger negativer Erfahrungen durchaus nachzuvollziehendem – Misstrauen gegenüber der Vollzugsbehörde.[263] Diese Verhaltensmuster sollen bei allen, auch bei den unwilligen Gefangenen durchbrochen werden und der Gefangene soll gerade im Sinne des neuen Förderungsgedankens durch „fordern gefördert“ werden (s.o.).
Für diese Art der Förderung ist richtigerweise absolute Freiwilligkeit nicht erforderlich, im Übrigen wäre es auch illusionär, diese schon zu Beginn an bei jedem jungen Gefangenen vorauszusetzen.[264]

---

[257] Müller-Dietz (1994), S.29.
[258] Kunz, ZStW 101 (1989), S. 75, 90.
[259] Vgl. Callies/Müller-Dietz (2005), § 4, Rn.5 m.w.N.
[260] Vgl. Mauch/Mauch (1971), S.9 ff., 17 ff.
[261] Walter, NK 2005, S.17; Laubenthal (2005), S.80; Eisenberg, MSchrKrim 2004, S.353, 356 m.w.N.; kritisch auch die Stellungnahme der DVJJ zum GJVollz (2004), S.314, 316; allgemein zum Verbot der Schlechterstellung Jugendlicher und Heranwachsender gegenüber Erwachsenen in vergleichbarer Verfahrenslage Burscheidt (2000), S.23 ff. m.w.N.
[262] Böhm, in : Lüderssen-FS (2002), S.807, 809.
[263] Böhm, in : Böhm/Schwind/Jehle (2005), § 4, Rn.5.
[264] Böhm, in: Böhm/Schwind/Jehle (2005), § 4, Rn.5; vgl. auch die Begründung zum GJVollz (2004), S.17.

Leitgedanke des Jugendstrafvollzuges nach dem GJVollz ist es, dem Gefangenen eine aktivere Rolle in der gesamten Planung und Durchführung der Behandlung zuzuweisen.[265] In diesem Sinne ist die Festschreibung einer umfassenden Mitwirkungspflicht zu verstehen. Hingegen soll aber, wie schon ein Blick auf § 34 Abs.1 GJVollz zeigt, keine neue „Generalpflicht“ des jungen Gefangenen etabliert werden, deren Verletzung durch Disziplinarmaßnahmen geahndet werden könnte. Vielmehr ist § 4 GJVollz als Appell und Aufruf an den Gefangenen im Jugendstrafvollzug gedacht, an seiner Behandlung aktiv mitzuwirken. Dies bestätigt auch die Begründung zum GJVollz, die deutlich macht, dass auch die Väter des Entwurfs nicht davon ausgehen, dass allein aufgrund der Festschreibung einer allgemeinen Mitwirkungspflicht sämtliche Gefangene von Anfang an umfassend kooperationsbereit sein werden[266]. Dasselbe ergibt sich aus § 5 Abs.4 GJVollz, wonach die Bereitschaft des Gefangenen zur Mitwirkung zu wecken und zu fördern ist. Dies zeigt, dass die Inpflichtnahme des Gefangenen keine Einbahnstraße ist, sondern er im Verlauf seiner Behandlung – im Idealfall – zu immer mehr aktiver Mitarbeit und Freiwilligkeit schrittweise hingeführt werden soll.[267] Letztlich verdeutlicht die Mitwirkungspflicht aber auch das Prinzip der Freiwilligkeit. Denn die Forderung nach aktiver Mitarbeit enthält ja gleichzeitig das Bekenntnis, dass ohne eine solche grundsätzlich kein Behandlungserfolg zu realisieren ist.[268]
Der Problemkreis der Inpflichtnahme des Gefangenen und der daraus folgenden Ernstnahme von ihm und seiner Person ist im Übrigen strikt zu trennen von der Frage, *wozu* der Gefangene nach § 4 GJVollz verpflichtet werden soll, nämlich zur Mitwirkung am Vollzugsziel zukünftiger Legalbewährung. Es geht hier letztlich – und dies ist das schlagende Argument für die Zulässigkeit einer generellen Inpflichtnahme des jungen Gefangenen – nicht um *„Bevormundung und Entmündigung“*, eine *„Vergewaltigung der Persönlichkeit des Gefangenen“* oder *„Ausübung von Zwang“*[269], sondern lediglich um eine Pflicht zur Annahme der Vollzugsangebote[270] und somit quasi um einen ersten Anstoß, überhaupt erst einmal diese Angebote und die sich mit ihnen eröffnenden Chancen zu sehen und sich mit ihnen auseinanderzusetzen. Denn Resozialisierung in diesem Sinne heißt ja nicht, dass dem Gefangenen ein „Standardprogramm“ von Angeboten quasi aufgezwungen wird und er dieses dann über sich ergehen zu lassen hat. Ein solches Vorgehen würde tatsächlich in bedenkliche Nähe zu einem reinen Verwahrvollzug führen. Vielmehr soll sich nach dem Entwurf die Pflicht des jungen Gefangenen zur Annahme der bereitgestellten Vollzugsangebote namentlich dadurch äußern, dass er sich nach Maßgabe des § 10 Abs. 2 S.1 und 2 GJVollz für Fördermaßnahmen zu entscheiden und an den im Förderplan festgeschriebenen Fördermaßnahmen sodann aktiv teilzunehmen habe.[271] Es geht also um eine aktive Teilnahme an einem speziell auf den Gefangenen abgestimmten Förderprogramm. Gerade dadurch, dass der Staat in seiner Rolle als subsidiärer

---

[265] Vgl. Begründung zum GJVollz (2004), S.17.
[266] Vgl. Begründung zum GJVollz (2004), S.17.
[267] Vgl. Callies/Müller-Dietz (2005), § 4, Rn.4 zum Wesen der „Behandlung als *„Prozess“*.
[268] Vgl. hierzu die plastische Formulierung von J. Walter, NK 2005, S.17, wonach man nicht *„...den Hund zum Jagen .. tragen“* könne.
[269] So P.-A. Albrecht, ZStW 97 (1985), S. 847 ff.; ähnlich Hassemer, KrimJ 1982, 161 ff.
[270] Begründung zum GJVollz (2004), S.17 f.
[271] Begründung zum GJVollz (2004), S.18.

Erzieher[272] den jungen Gefangenen dazu anstößt, ihm angebotene Chancen aktiv wahrzunehmen, zeigt sich der Jugendstrafvollzug nicht als Verwahrvollzug, sondern als der viel zitierte *„Chancenvollzug"*[273]. Es geht damit um eine pragmatisch orientierte Chancenverbesserung, um eine Hilfestellung zur Selbsthilfe bei der Bewältigung und Meisterung der persönlichen, sozialen sowie beruflichen Probleme.[274] Dieser Pragmatismus des Entwurfs schlägt sich auch darin nieder, dass schon in der Begründung zum GJVollz festgestellt wird, dass die Mitwirkungsbereitschaft des Gefangenen zu Beginn des Vollzugs regelmäßig kaum bis gar nicht vorhanden sein wird.[275] Das Argument, die Mitwirkungspflicht am Vollzugsziel könne quasi zu einer Dressur des Gefangenen führen, wäre somit allenfalls dann haltbar, wenn der Gefangene zur Erfüllung dieser allgemeinen Mitwirkungspflicht formellen oder informellen Disziplinarmaßnahmen unterworfen werden könnte. Die Nähe zur reinen Konditionierung wäre in diesem Falle in der Tat schwer zu leugnen. Diese Frage soll näher gesondert untersucht werden und ist von der Frage, ob grundsätzlich eine (allgemeine) Mitwirkungspflicht am Vollzugsziel statuiert werden kann, zu trennen.

a. Auseinandersetzung mit den Argumenten der Gegenansicht

Dem Argument, es läge ein nicht gerechtfertigter Verstoß gegen Art.3 GG vor, da Jugendliche bzw. Heranwachsende im Vergleich zu Erwachsenen durch die Mitwirkungspflicht schlechter gestellt würden, lässt sich entgegenhalten, dass Jugendliche bzw. Heranwachsende und Erwachsene schon kein taugliches Vergleichspaar i.S.d. Art.3 Abs.1 GG darstellen bzw. eine Ungleichbehandlung jedenfalls ihren sachlichen Grund im Erziehungsgedanken des Jugendstrafrechts bzw. im neuen Förderungsgrundsatz des GJVollz findet. Im Ergebnis ist damit jedenfalls ein Verstoß gegen Art.3 Abs.1 GG zu verneinen.[276]
Dem Argument, die Pflicht zur Mitwirkung an der Behandlung liefe schon deshalb leer, weil eine solche stets zwingend Freiwilligkeit für ihr Gelingen voraussetze, lässt sich entgegnen, dass dies für den Strafvollzug eben nicht festgestellt wurde. Vielmehr liegt das Behandlungsproblem bei der ganz überwiegenden Zahl der Straftäter nicht im fehlenden Leidensdruck, sondern in fest eingeschliffenen Verhaltens- und Misstrauenstechniken begründet, die der Lebensbewältigung dienen.[277] Primäre Aufgabe der Behandlung im Strafvollzug muss es daher sein, die Einsicht in die eigene Problematik zu fördern und ggf. zu wecken sowie Hilfsmittel für deren Bewältigung zur Verfügung zu stellen. Gerade dies geschieht aber im Jugendstrafvollzug durch den Prozess der Förderplanung sowie durch den gesamten Prozess der Förderung während der Dauer der Inhaftierung. Sieht man aber das Fördern im Jugendstrafvollzug als ein *„fördern durch fordern"* (s.o.) in dem Sinne an, dass der junge Gefangene *„herausgefordert"*

---

[272] S.o. Kap.5, Abschn.2, B.IV.1.
[273] Vgl. statt vieler Bemmann (1996), S.331.
[274] Vgl. Callies/Müller-Dietz (2005), § 4, Rn.6.
[275] Begründung zum GJVollz (2004), S.19; vgl. auch § 5 Abs.4 GJVollz.
[276] Zu Recht generell gegen die Anerkennung eines Verbots der Schlechterstellung von Jugendlichen und Heranwachsenden in vergleichbarer Verfahrenslage Schaffstein/Beulke (2002), S.194 f. m.w.N.
[277] Vgl. Callies/Müller-Dietz (2005), § 4, Rn.5; Böhm, in: Schwind/Böhm/Jehle (2005), § 4, Rn.5; Göppinger (1985), S.104 f.

und *„in Anspruch genommen"* werden soll[278], so ist es nur konsequent und praktisch auch nicht unsinnig, dies durch die Statuierung einer allgemeinen Mitwirkungspflicht auch nach außen sichtbar zum Ausdruck zu bringen. Gerade durch eine intensive Inanspruchnahme des jungen Gefangenen, die durch die allgemeine Mitwirkungspflicht letztlich erreicht werden soll, lassen sich die eingefahrenen Verhaltens- und Misstrauensmuster schrittweise abbauen und bewältigen. Dies gilt umso mehr, als bei jungen Straftätern im Regelfall solche Verhaltensmuster noch nicht so ausgeprägt sein werden wie bei erwachsenen Straftätern.
Als zumindest fragwürdig (wenn nicht sogar absurd) muss zudem der Einwand verstanden werden, der Leidensdruck zur Teilnahme an der Behandlung fehle in der Zwangssituation der Haft. Denn welche Situation wäre denn besser geeignet, Leidensdruck hervorzurufen, als der zwangsweise Entzug der Freiheit, wie ihn der Jugendstrafvollzug nun einmal darstellt? Vielmehr dürfte gerade die besondere Situation des Jugendstrafvollzugs eher die Bereitschaft steigern, dargebotene Vollzugsangebote überhaupt erst einmal zu sehen und anzunehmen als sie von vornherein – und meist aus alter Gewohnheit heraus[279] – abzulehnen.

b. Zwischenergebnis

Insgesamt sprechen die besseren Argumente dafür, eine allgemeine Mitwirkungspflicht des Gefangenen im Jugendstrafvollzug für zulässig zu halten.

3. Umfang der allgemeinen Mitwirkungspflicht

Mit der Beantwortung der Frage, dass die Festschreibung einer allgemeinen Mitwirkungspflicht zulässig ist, sind aber noch keine Aussagen über ihren zulässigen Umfang getroffen.

a. Der Begriff der Mitwirkung

Mitwirkung an der Erreichung des Vollzugsziels heißt nach der Entwurfsbegründung namentlich Annahme der Vollzugsangebote.[280] Welche dies im konkreten Einzelfall sind, wird durch die vorbereitende Untersuchung (§ 9 GJVollz) sowie den aufgrund dessen entwickelten Förderplan (§ 10 GJVollz) näher festgeschrieben. Der Gefangene hat sich danach für Fördermaßnahmen zu entscheiden und an den gewählten Fördermaßnahmen sodann aktiv teilzunehmen.[281]

b. Umfang der Pflicht zur aktiven Teilnahme

Wie aktiv muss die Mitwirkung des Gefangenen beschaffen sein? Die Entwurfsbegründung äußert sich hierzu dahingehend, dass Ausmaß und Umfang der Mitwirkungspflicht sich im Einzelfall an der Aufgabe des Vollzuges, die Gefange-

---

[278] Vgl. Begründung zum GJVollz (2004), S.16.
[279] Vgl. oben Kap.5, Abschn.2, D.IV.2.; Callies/Müller-Dietz (2005), § 4, Rn.5 sprechen von *„...fest eingeschliffenen Verhaltens- und Misstrauenstechniken"* .
[280] Begründung zum GJVollz (2004), S.17 f.
[281] Vgl. Begründung zum GJVollz (2004), S.18.

nen zur Entwicklung von Eigenverantwortung zu befähigen, orientieren.[282] Schon vom Wortsinn her ist aber klar, dass „Mit"-Wirkung mehr ist als eine bloß passive Beteiligung oder gar ein völliges Sich-Entziehen aus dem Prozess der Behandlung bzw. Förderung. Dass diese Verhaltensformen als für den Gefangenen nicht zulässig eingestuft werden, ist deshalb vor dem Hintergrund des Konzepts des Deutschen Strafvollzugs als Resozialisierungsvollzug nur legitim. *Müller-Dietz* ist zuzustimmen, wenn er diesbezüglich schreibt, der Gefangene habe kein Recht darauf, sich den resozialisierenden Maßnahmen im Vollzug zu entziehen; ein Recht, im Tausch gegen das Absitzen der Strafzeit ein Verbrecher bleiben zu dürfen, in Ruhe gelassen zu werden, möglicherweise gar neue Kräfte für einen antisozialen Lebenswandel zu schöpfen, bestehe nicht.[283]
Andererseits kann die Mitwirkungspflicht nicht so weit gehen, dass von ihr auch der Bereich der Eigeninitiative des jungen Gefangenen erfasst wird. Engagement und Initiative mag zwar bedeutsam und wichtig sein im Hinblick auf die Entwicklung des Gefangenen hin zu einer eigenverantwortlichen und gemeinschaftsfähigen Lebensführung, wie sie § 3 Abs.1 GJVollz postuliert.[284] Andererseits kann der Umfang der Mitwirkungspflicht schon im Hinblick auf die Vollzugsrealität – gerade zu Beginn des Vollzugs – nicht so weit gehen, ein hohes Maß an eigenem Engagement zu verlangen, wenn es oft schon an der grundsätzlichen Mitwirkungsbereitschaft oder -fähigkeit zu Beginn des Vollzuges fehlen wird.[285]
In diesem Sinne ist denn auch die Entwurfsbegründung zu verstehen, wenn sie davon spricht, dass Ausmaß und Umfang der Mitwirkungspflicht sich im Einzelfall an der Aufgabe des Vollzuges, die Gefangenen zur Entwicklung von Eigenverantwortung zu befähigen, orientieren.[286] Die Entwicklung von Eigenverantwortung ist wünschens- und erstrebenswertes Ziel, nicht aber eine schon bei jedem Gefangenen vorhandene und daher als gegeben anzusehende Eigenschaft. Eine solche Auslegung wird auch dem Wesen der Behandlung bzw. Förderung im Jugendstrafvollzug als einem Prozess gerecht, in der sich die Bereitschaft zur Entwicklung von Eigenverantwortung als (Ideal-) Ergebnis erst nach und nach bildet und festigt.[287]

c. Ergebnis

Die Mitwirkung des jungen Gefangenen muss schon wegen des Wesens der Förderung im Jugendstrafvollzug über ein bloßes Dulden, ein bloßes über-sich-ergehen-lassen hinausgehen.
Allerdings sollte man sich tunlichst davor hüten, die Anforderungen und Erwartungen an den Gefangenen, die durch das Festschreiben einer Pflicht zutage treten, zu überspannen. Ansonsten besteht die Gefahr, dass nur sehr wenige Gefangene im Verlauf des Vollzugs der an sie gestellten Pflicht gerecht werden können. Zudem ist zu berücksichtigen, dass die Norm sehr allgemein und unbestimmt gehalten ist. Eine solche Vorschrift kann gar nicht dieselbe strikte Wirk-

[282] Begründung zum GJVollz (2004), S.19.
[283] Müller-Dietz (1979), S.149, 155.
[284] Vgl. Callies/Müller-Dietz (2005), § 4, Rn.2.
[285] Vgl. Begründung zum GJVollz (2004), S.19.
[286] Begründung zum GJVollz (2004), S.19.
[287] Vgl. Callies/Müller-Dietz (2005), § 4, Rn.4.

samkeit wie andere im Gesetz geregelte, an fest umschriebene Tatbestände gebundene Pflichten entfalten.[288]
Daher ist der Umfang der Mitwirkungspflicht dahingehend festzulegen, dass jedenfalls ein Recht auf Nichtbeteiligung nicht existiert. Viel weitergehende Anforderungen können hingegen aus einer so allgemein gehaltenen Pflicht nicht abgeleitet werden. Vielmehr wird die tatsächliche Mitwirkungspflicht des jungen Gefangenen in der Praxis weiterhin namentlich von den ihm durch oder aufgrund des GJVollz, z.B. durch Hausordnung oder Einzelweisung, auferlegten Pflichten bestimmt werden[289] und letztlich somit eine Frage des Einzelfalls bleiben.

V. Sanktionierung fehlender Mitwirkungsbereitschaft ?

Von entscheidender praktischer Bedeutung wird zukünftig namentlich die Frage sein, ob ein Verstoß gegen die allgemeine Mitwirkungspflicht des § 4 GJVollz mittels formeller oder informeller Sanktionierung geahndet werden darf.
In dieser Frage ist zugleich die eigentliche Problematik einer allgemeinen Mitwirkungspflicht zu sehen.
Im Erwachsenenstrafvollzug hat der ausdrückliche Verzicht auf eine Mitwirkungspflicht des Gefangenen in rechtlicher Hinsicht klargestellt, dass eine Mitwirkung weder durch formelle, noch durch informelle Sanktionen erzwungen werden darf.[290] Im Jugendstrafvollzug stellt sich aufgrund des § 4 GJVollz die Frage, ob fehlende Mitwirkungsbereitschaft, welche sich nun als Verstoß gegen die allgemeine Pflicht zur Mitwirkung an der Erreichung des Vollzugsziels darstellt, informell oder formell sanktionierbar ist.

1. Sanktionierung durch formelle Disziplinierung

Ob ein Verstoß gegen die allgemeine Mitwirkungspflicht künftig formell[291], d.h. namentlich durch Disziplinarmaßnahmen sanktionierbar ist, ist durch Auslegung der diesbezüglichen neuen Entwurfsvorschriften, namentlich der §§ 33, 34 GJVollz zu ermitteln. In diesem Kontext mit erörtert werden soll § 33 GJVollz, denn auch bei den dort geregelten Maßnahmen zur Konfliktregelung handelt es sich um Maßnahmen, die disziplinierende Wirkung entfalten können und in ihrer Wirkung ähnlich einschneidend wie förmliche Disziplinarmaßnahmen sein können.[292]

---

[288] Vgl. die Auflistung der Grundpflichten des jungen Gefangenen in der Begründung zum GJVollz (2004), S.18 f.
[289] Vgl. Begründung zum GJVollz (2004), S.18 f.
[290] Dies ist insoweit unstreitig, vgl. statt aller Callies/Müller-Dietz (2005), § 4, Rn.5; Böhm, in: Schwind/Böhm/Jehle (2005), § 4, Rn.8.
[291] Der Begriff der formellen Disziplinierung im Jugendstrafvollzug wurde namentlich geprägt durch die gleichnamige Arbeit von *J. Walter* (1998), S.7 und denselben, MSchrKrim 1993, S.273.
[292] Ausführlich hierzu unten Kap.5, Abschn.7, B.III.2.

a. Sanktionierung nach § 33 GJVollz

Ein Verstoß gegen die allgemeine Mitwirkungspflicht des § 4 GJVollz ist ein Pflichtverstoß im Sinne des § 33 S.1 GJVollz. Daher kommt eine Aufarbeitung im Wege erzieherischer Gespräche sowie in schwerwiegenden Fällen im Wege ausgleichender Konfliktregelung in Betracht. Gerade ersteres scheint ein guter Weg zu sein, die (anfangs oft kaum bis gar nicht vorhandene) Bereitschaft zur Mitwirkung, wie in § 5 Abs.4 GJVollz auch gefordert, zu wecken bzw. zu fördern. Aber auch das neu eingeführte Instrument der ausgleichenden Konfliktregelung bietet sich durchaus an, um auf hartnäckige Mitarbeitsverweigerungen angemessen und vor allem einzelfall- sowie jugendgerecht zu reagieren – ein Instrument, das auch im Bereich des Erwachsenenstrafvollzugs als durchaus erstrebenswert angesehen wird.[293]

b. Sanktionierung nach § 34 GJVollz[294]

Voraussetzung für die Anordnung einer Disziplinarmaßnahme im Sinne des § 34 GJVollz ist ein rechtswidriger und schuldhafter Verstoß gegen einen der abschließend aufgezählten[295] Tatbestände des § 34 Abs.1 Nr.1-8 GJVollz. Bei einem Verstoß gegen die allgemeine Mitwirkungspflicht kommt nur der Auffangtatbestand[296] des § 34 Abs.1 Nr.8 GJVollz in Betracht, der eine wiederholte oder nachhaltige Störung der Anstaltsordnung oder des Zusammenlebens in der Jugendstrafanstalt *„in sonstiger Weise"* sanktioniert. Verweigert ein junger Gefangener die aktive Mitarbeit an der Erreichung des Vollzugsziels, so kann dies eine Störung der Anstaltsordnung bzw. des Zusammenlebens in der Jugendstrafanstalt *„in sonstiger Weise"* sein. Allerdings ist hier Zurückhaltung geboten. So kann schon nach dem Wortlaut des § 34 Abs.1 Nr.8 GJVollz nur eine *„wiederholte"* oder *„nachhaltige"* Störung sanktioniert werden. Dies macht deutlich, dass eine disziplinare Ahndung nach dieser Auffangnorm nur für die Fälle in Betracht kommen soll, in denen entweder eine besonders schwere oder eine ständige Störung vorliegt, die namentlich auch nicht mit den Instrumenten des § 33 GJVollz aus der Welt geschafft werden kann.[297] Zudem müssen in diesem Fall die Begriffe *„wiederholt"* und *„nachhaltig"* unter Beachtung der oben entwickelten Grundsätze zum Umfang der allgemeinen Mitwirkungspflicht ausgelegt werden. Es kann nur nachdrücklich davor gewarnt werden, die Anforderungen an den Gefangenen zu überspannen und die so quasi hausgemachten Pflichtverstöße dann auch noch mit Mitteln des Disziplinarrechts zu ahnden. Dies würde genau das Gegenteil dessen bewirken, was durch die Einführung der allgemeinen Mitwirkungspflicht gerade erreicht werden soll, nämlich eine schrittweise Persönlichkeitsentwicklung des Gefangenen hin zum Handeln aus Einsicht und in Eigenverantwortlichkeit bzw. sozialer Verantwortung. Vielmehr besteht

---

[293] Vgl. Böhm, in: Schwind/Böhm/Jehle (2005), § 4, Rn.3.

[294] Näher zu dieser Vorschrift unten Kap.5, Abschn.7, B.III.3.

[295] Begründung zum GJVollz (2004), S.64.

[296] Begründung zum GJVollz (2004), S.64.

[297] Dies folgt auch aus § 34 Abs.3 1.Alt. GJVollz, wonach eine Disziplinarmaßnahme nur dann angeordnet werden darf, wenn eine Konfliktregelung nach § 33 GJVollz nicht ausreicht, um dem Gefangenen das Unrecht seiner Handlungen zu verdeutlichen.

die Gefahr, bestehende Probleme durch das Hervorrufen jugendlicher Trotzreaktionen eher noch zu verschlimmern.
Daher kommt bei Vorliegen der übrigen Voraussetzungen eine formelle Disziplinierung des jungen Gefangenen durch Disziplinarmaßnahmen im Sinne des § 34 GJVollz zwar durchaus in Betracht. Im Sinne einer insofern vorzugswürdigen restriktiven Auslegung sind jedoch nur schwerwiegendste Verstöße gegen die allgemeine Mitwirkungspflicht sanktionierbar. Dies können dann an sich nur die Fälle sein, in denen das Verhalten des Gefangenen nicht einmal mehr als passives Dulden der Fördermaßnahmen und des Vollzugs als solchem, sondern nur noch als beharrliche und hartnäckige aktive Verweigerung der Mitarbeit zu sehen ist. In diesen Fällen ist es sogar geboten, gegen den Störer entsprechend vorzugehen, um eine Gefährdung der Vollzugszielerreichung bei anderen Gefangenen zu unterbinden. Das entspricht auch Sinn und Zweck der §§ 4 und 34 GJVollz. Denn ebenso wenig wie § 4 GJVollz eine bloße äußerliche Anpassung des jungen Gefangenen bezweckt, zielt § 34 GJVollz gerade nicht darauf ab, über Repression scheinbar geordnete Verhältnisse aufrecht zu erhalten, während subkulturelle Strukturen daneben weiter bestehen bleiben.[298] Mit dieser Zielsetzung wäre es unvereinbar, schon leichtere Verstöße gegen § 4 GJVollz formell zu sanktionieren.

c. Ergebnis

Unter bestimmten Umständen kann ein Verstoß gegen die allgemeine Mitwirkungspflicht durch Maßnahmen im Sinne der §§ 33, 34 GJVollz sanktioniert werden. Allerdings darf eine Sanktionierung nur bei beharrlicher und hartnäckiger Verweigerung der Mitarbeit erfolgen.

2. Sanktionierung durch informelle Disziplinierung?

a. Definition

Unter informeller Disziplinierung sind nach *Joachim Walter* all diejenigen Maßnahmen zu verstehen, die offiziell nicht als Disziplinarmaßnahme oder (Haus-) Strafe deklariert werden, häufig auch nicht Disziplinierung beabsichtigen, sondern primär oder zumindest vorgeblich zu anderen Zwecken ergriffen werden, aber trotzdem (auch) disziplinierende Wirkung entfalten.[299] Informelle Disziplinierung ist im Jugendstrafvollzug in mannigfaltiger Hinsicht denkbar.[300] Unter diesem Stichwort soll namentlich auch das Versagen von Vollzugslockerung wegen Mitarbeitsverweigerung thematisiert werden.[301]

---

[298] Vgl. Begründung zum GJVollz (2004), S.63.
[299] J. Walter (1998), S.3; vgl. auch ders., NK 2005, S.130.
[300] Beispiele bei J. Walter (1998), S. 4 ff.
[301] Diese fällt aber auch unter den Begriff der informellen Disziplinierung, vgl. J. Walter (1998), S.5; ders., MSchrKrim 1993, S.273.

b. Rechtslage nach dem StVollzG

Nachdem im Geltungsbereich des StVollzG eine allgemeine Mitwirkungspflicht des Gefangenen nach allgemeiner Auffassung nicht existiert[302], ist auch eine informelle Disziplinierung de lege lata nicht zulässig.[303] Umstritten ist dort allerdings die Frage, ob die Mitwirkung an der Erreichung des Vollzugsziels bei anderen Vollzugsentscheidungen wie der Gewährung von Urlaub eine Rolle spielen darf.[304]

c. Rechtslage nach dem GJVollz

aa. Die allgemeine Problematik informeller Disziplinierung

Informelle Disziplinierung darf bei mangelhafter Erfüllung der allgemeinen Mitwirkungspflicht, wenn überhaupt, nur in sehr begrenztem Umfang als zulässig erachtet werden. Wenngleich informelle Disziplinierungen das Verhalten des Gefangenen aufgrund ihrer Vielfalt und Bandbreite vermutlich stärker beeinflussen als offizielle Reaktionen auf Ordnungsverstöße[305], so muss doch für den Regelungsbereich des GJVollz berücksichtigt werden, dass mit dem Institut der ausgleichenden Konfliktregelung in § 33 S.2 und 3 GJVollz der Bereich der informellen Disziplinierung größtenteils gesetzlich geregelt wurde. Abgedeckt wird damit auch – ohne der Erörterung des § 33 GJVollz im Einzelnen vorgreifen zu wollen[306] – der Bereich der sofortigen Maßnahmen des Nr.86 Abs.1 VVJug, dem schon seit jeher der Vorwurf der Verfassungswidrigkeit anhaftete[307].
Aus diesem Grunde wird – soviel kann hier schon festgestellt werden – der Großteil der im Jugendstrafvollzug in der Praxis offensichtlich häufig angewendeten informellen Disziplinarmaßnahmen[308] in Zukunft nach § 33 GJVollz zu behandeln sein. Für eine informelle Disziplinierung ohne gesetzliche Grundlage dürfte daher in Zukunft kaum mehr Raum sein.

bb. Insbesondere die Gewährung von Lockerungen

Problematisch bleibt aber auch in Zukunft der Bereich der Vollzugslockerungen. Denn die Frage, ob die Mitwirkung des jungen Gefangenen an der Erreichung des Vollzugsziels bei der Entscheidung über die Gewährung, die Rücknahme etc. von Lockerungen berücksichtigt werden darf, ist nicht leicht zu beantworten. Jedenfalls ist die praktische Bedeutung dieser Frage groß, denn der Gewährung namentlich von außengerichteten Lockerungen kommt in der Praxis die

---

[302] Vgl. oben Kap.5, Abschn.2, D.III.

[303] Vgl. Callies/Müller-Dietz (2005), § 4, Rn.4.

[304] Vgl. Callies/Müller-Dietz (2005), § 4, Rn.4 einerseits sowie Böhm, in: Schwind/ Böhm/Jehle (2005), § 4, Rn. 8 f. andererseits.

[305] So J. Walter (1998), S.6 f., leider ohne empirische Nachweise.

[306] Zu dem im Einzelnen ebenfalls nicht unproblematischen § 33 GJVollz unten Kap.5, Abschn.7, B.III.2.

[307] Ostendorf, (2003), §§ 91-92, Rn.25; J. Walter, MSchrKrim 1993, S.273, 275.

[308] Vgl. J. Walter (1998), S.6 f.

Funktion eines zentralen Disziplinierungsmittels für anstaltskonformes Verhalten zu.[309]
Der Wille des Gesetzgebers kann jedenfalls nicht mehr wie im Bereich des StVollzG dafür herangezogen werden, die Berücksichtigung der Mitwirkung des Gefangenen abzulehnen.[310] Denn tragendes Argument dieser Auffassung war, dass den Gefangenen ja schließlich keine allgemeine Mitwirkungspflicht treffe. Daher dürfe mangelnde aktive Mitwirkung auch nicht zu seinen Lasten gewertet werden. Durch § 4 GJVollz ist diesem Argument allerdings der Boden entzogen, denn hierdurch existiert eine, wie gezeigt, zumindest in Grenzen auch disziplinarbewehrte allgemeine Pflicht zur Mitwirkung an der Erreichung des Vollzugsziels.
Daher muss untersucht werden, ob zwingende Gründe dagegen stehen, einen derartigen Pflichtverstoß auch bei Entscheidungen im Bereich der Lockerungsgewährung zu berücksichtigen.
Gegen eine Berücksichtigung der allgemeinen Mitwirkung an der Vollzugszielerreichung spricht zunächst die Funktion von Lockerungen im Gesamtkonzept des Jugendstrafvollzugs. Diese stellen keine gnadenhalber gewährten Wohltaten dar, sondern sind integrale Bestandteile der Behandlung sowie der Vorbereitung auf ein späteres Leben in Freiheit.[311] Dies stellt § 14 Abs.1 GJVollz auch ausdrücklich so klar.[312] Es erscheint unter diesem Gesichtspunkt mindestens zweifelhaft, ob diese ausdrückliche Entscheidung durch die Berücksichtigung so wenig trennscharf abgrenzbarer Gesichtspunkte wie der allgemeinen aktiven Mitwirkung verwässert und dadurch möglicherweise entwertet werden darf.
Problematisch ist zudem, dass die Erreichung des Vollzugsziels bzw. die Bereitschaft, daran mitzuwirken, in § 14 Abs.3 GJVollz eben nicht als Kriterium für die Versagung aufgeführt ist. Daher darf die Bereitschaft zur Mitarbeit an der Erreichung des Vollzugsziels an sich auch nicht berücksichtigt werden, weil sie nicht Bestandteil des gesetzlichen Tatbestands ist.
Andererseits stellt die Bereitschaft, an der Erreichung des Vollzugsziels mitzuarbeiten, einen Gesichtspunkt dar, der sich zumindest rein faktisch unzweifelhaft in der Entscheidung der Anstaltsleitung über die Gewährung solcher Lockerungen niederschlagen wird.[313]
Um diesen Konflikt aufzulösen, erscheint eine auf die Gegebenheiten des Einzelfalles abstellende Lösung der einzig gangbare Weg zu sein.[314] Dies bedeutet, dass eine permanente und beharrliche Verweigerung der Mitarbeit sich dergestalt auswirken kann, dass sie das Tatbestandsmerkmal des Missbrauchsrisiko i.S.d. § 14 Abs.3 GJVollz erhöht. Dafür muss die Verweigerungshaltung allerdings ein solches Ausmaß annehmen, dass sie nach den oben dargelegten Grundsätzen auch mit Disziplinarmaßnahmen belegt werden könnte. Eine Berücksichtigung der Befolgung der allgemeinen Mitwirkungspflicht ist damit also nur in eng begrenzten Ausnahmefällen möglich. Aus Gründen der Transparenz

309 Eisenberg (2006), § 91, Rn.34; J. Walter (1998), S.5; Grosch (1995), S.22, 358 ff.
310 So Callies/Müller-Dietz (2005), § 4, Rn.4.
311 Vgl. für den Bereich des Urlaubs explizit § 15 Abs.1 GJVollz („*Zur Förderung der Wiedereingliederung in das Leben in Freiheit...*") sowie die Begründung zum GJVollz (2004), S.38 f.
312 Vgl. Begründung zum GJVollz (2004), S.37.
313 Vgl. Laubenthal (2003), Rn.240.
314 Ebenso Laubenthal (2003), Rn.240.

sollte in diesen Fällen durch die Anstaltsleitung zum Ausdruck gebracht werden, dass wegen Verstößen gegen die Mitwirkungspflicht Vollzugslockerungen versagt wurden.

d. Ergebnis

Zusammenfassend ist daher die Sanktionierung eines Verstoßes gegen die allgemeine Mitwirkungspflicht nur dann möglich, wenn wegen dieses Verstoßes auch formelle Disziplinarmaßnahmen verhängt werden dürfen. Der Anwendungsbereich für diesbezügliche Sanktionen ist also sehr gering.

VI. Gesamtergebnis zu § 4 GJVollz

Eine allgemeine Mitwirkungspflicht des Gefangenen im Jugendstrafvollzug wird voraussichtlich in fast alle künftigen gesetzlichen Regelungen Einzug halten.[315] Ein abschließendes Urteil über dieses erstmals in § 4 GJVollz niedergelegte Konzept zu fällen, ist nicht leicht. Denn einerseits ist das Ziel der Regelung, durch die Festschreibung einer allgemeinen Mitwirkungspflicht den Gefangenen von Anfang an zur Mitwirkung und damit zur Nutzung der ohnehin begrenzten Zeit im Vollzug anzuhalten, grundsätzlich gutzuheißen, weswegen nach der hier vertretenen Auffassung auch gegen die prinzipielle Festschreibung einer allgemeinen Mitwirkungspflicht keine durchgreifenden Bedenken bestehen.

Dies gilt allerdings nur dann, wenn man die praktisch relevante Frage der Sanktionierung eines Verstoßes gegen die allgemeine Mitwirkungspflicht sehr zurückhaltend beantwortet. Nach der hier vertretenen Auffassung soll der Vorschrift schon aufgrund ihrer allgemeinen Formulierung eher Appellcharakter zukommen, nur ganz ausnahmsweise soll eine – formelle oder informelle – Disziplinierung in Frage kommen.

Wenn die Vorschrift jedoch dazu verwendet wird, die Verantwortung, das Vollzugsziel zu erreichen, künftig völlig einseitig auf den Gefangenen zu überwälzen und sie damit zum Einfallstor wird, künftig jedes Fehlverhalten mit Sanktionen verschiedenster Art zu belegen, sollte sie nicht in eine künftige gesetzliche Regelung des Jugendstrafvollzuges übernommen werden. Eine solche schon reaktionär zu nennende Auslegung würde nämlich dem Grundkonzept des Jugendstrafvollzugs sowie auch dem neuen Fördergedanken nicht gerecht.

Vorzugswürdig erscheint dann eine Umformulierung der Vorschrift in der von *Tondorf* vorgeschlagenen Weise, nämlich dahingehend, dass die Gefangenen *berechtigt* sind, an der Erreichung des Vollzugsziels mitzuwirken.[316] Dies würde von vornherein verhindern, dass die Vorschrift künftig als Einfallstor für vielerlei Arten von Sanktionen dient.

Denkbar wäre es auch, die allgemeine Mitwirkungspflicht durch eine Vielzahl konkreter Einzelpflichten zu ersetzen.[317]

---

[315] Vgl. § 5 E BW 2006; § 23 Abs.1 E BW 2007; Art.121 Abs.2 EBayStVollzG; § 4 E 2006; vgl. auch die Begründung zum E 2006, S.8 f. sowie unten Kap.7 B.III.

[316] Vgl. Tondorf (2006), Fn.23 sowie § 4 S.1 des dortigen Musterentwurfs zu einem Jugendstrafvollzugsgesetz der Länder.

[317] Stellungnahme der DVJJ zum GJVollz (2004), S.314, 316.

E. § 5 Leitlinien der Förderung

I. Aufbau der Vorschrift

§ 5 GJVollz ist eine weitere Grundsatznorm, die für den Bereich des Jugendstrafvollzugs ein Novum darstellt. Eine Norm, die in dieser Form geradezu thesenartig den grundsätzlichen Ablauf und Inhalt der Förderung im Jugendstrafvollzug umreißt, findet sich in den bisherigen Regelungen zum Jugendstrafvollzug jedenfalls nicht.
Nur vereinzelt klingen Gedanken des § 5 GJVollz schon in § 91 Abs.2 und Abs.3 JGG sowie in § 4 Abs.1 S.2 StVollzG an.[318]
§ 5 Abs.1 GJVollz beschäftigt sich mit den Grundlagen der Förderung im Vollzug und dem Vollzug in freien Formen. § 5 Abs.2 GJVollz trifft Aussagen zur Individualität der einzelnen Fördermaßnahmen und in S.2 insbesondere zum Konzept des so genannten gender mainstreaming. § 5 Abs.3 GJVollz befasst sich mit den wesentlichen Inhaltsbereichen der Förderung, während Absatz 4 Aussagen zu den Methoden der Förderung trifft.

II. Bisherige Alternativentwürfe

Da § 5 GJVollz eine völlig neu konzeptionierte Vorschrift darstellt, enthalten die bislang vorgelegten Alternativentwürfe auch keine entsprechenden Regelungen.[319]

III. Inhalt der Vorschrift

1. § 5 Abs.1 S.1 GJVollz

a. Inhalt

§ 3 Abs.1 GJVollz führte den neuen Begriff der Förderung für den Bereich des Jugendstrafvollzugs ein. § 5 Abs.1 S.1 GJVollz umreißt sodann grundsätzlich, was Grundlage der Förderung im Jugendstrafvollzug ist.[320] Die Vorschrift ist daher in engem Zusammenhang mit § 3 Abs.1 GJVollz zu sehen. Sie legt fest, dass Grundlage der Förderung im Jugendstrafvollzug all die Maßnahmen und Programme sind, die die Fähigkeiten und Fertigkeiten des Gefangenen im Hinblick auf die Erreichung des Vollzugsziels (§ 2 GJVollz) entwickeln und stärken.
Herauszugreifen sind hier namentlich zwei Gesichtspunkte:

- § 5 Abs.1 S.1 GJVollz spricht von *„entwickeln und stärken“* der Fähigkeiten und Fertigkeiten des jungen Gefangenen. Diese Formulierung knüpft inhaltlich an die durch § 3 Abs.1 GJVollz hervorgehobenen Aspekte der Eigenverantwortlichkeit und der Gemeinschaftsfähigkeit des jungen Gefangenen

---

[318] Vgl. dazu im Einzelnen die Synopse zu § 5 GJVollz.
[319] Eine Ausnahme bildet lediglich § 5 des Entwurfs von Tondorf (2006), der hierfür § 5 GJVollz abwandelt und ergänzt.
[320] Vgl. Begründung zum GJVollz (2004), S.19.

an.[321] Es wird damit zum Ausdruck gebracht, dass es sich bei dem Gefangenen im Jugendstrafvollzug um eine autonome und sozial eingebundene Persönlichkeit handelt, die sich in der speziellen Phase der Jugend als Entwicklungsprozess hin zu einer eigenständigen Persönlichkeit befindet und in diesem Prozess gefördert werden soll.[322] Gleichzeitig wird mit dieser Formulierung auch betont, dass der junge Gefangene unterschiedslos als entwicklungsfähig und förderungswürdig angesehen wird. Die darin zum Ausdruck kommende Abkehr von einer rein defizitären Betrachtungsweise des jungen Gefangenen ist ausdrücklich zu begrüßen.[323]

- Zum anderen wird in § 5 Abs.1 S.1 GJVollz die grundsätzliche Ausgestaltung der Förderprogramme noch einmal umrissen. Nach der Entwurfsbegründung haben damit Maßnahmen und Programme, die der Förderung der Eigenverantwortlichkeit des Gefangenen dienen Vorrang vor einem reinen Verwahrvollzug ohne therapeutische, schulische, pädagogische oder berufsfördernde Angebote.[324]
  Grund hierfür ist das Vollzugsziel künftiger Legalbewährung, das in § 2 GJVollz zum Ausdruck kommt und Gestaltungsmaxime des gesamten Jugendstrafvollzugs ist.[325] Kriminologische Forschungsergebnisse zeigen nämlich, dass die Gefahr erneuter Straffälligkeit nach der Entlassung aus dem Jugendstrafvollzug umso geringer ist, je besser die Gefangenen im Jugendstrafvollzug auf ein Leben nach dem Vollzug vorbereitet werden.[326] Und Vorbereitung in diesem Sinne kann vor dem Hintergrund des § 2 GJVollz nur heißen, dass die zur Verfügung gestellten Resozialisierungsangebote im Sinne des Vollzugsziels wirksam sein müssen. Dabei haben zwei Teilbereiche besondere Bedeutung. Zum einen muss ein besonderes Augenmerk auf Bildung, d.h. auf Schule und/oder Berufsabschluss gelegt werden. Zum anderen gilt es, gezielt die sog. „soft skills" der jungen Gefangenen zu entwickeln und zu fördern, das heißt, dass systematisch Wahrnehmungs- und Verhaltenskompetenzen aufzubauen sind und der Gefangene auch die Möglichkeit haben muss, sich selbst zu entwickeln.[327] Verfolgt werden damit zweierlei Ziele: Zum einen soll kurz- bis mittelfristig eine soziale Einbindung der jungen Gefangenen in das Anstaltsgefüge erfolgen, zum anderen sollen sie nach ihrer Entlassung aus dem Jugendstrafvollzug in der Lage sein, künftig ein Leben ohne Straftaten zu leben.[328]

b. Ergebnis

Im Ergebnis ist es zu begrüßen, dass § 5 Abs.1 S.1 GJVollz deutlich beschreibt, was Grundlage der Förderung im Jugendstrafvollzug sein soll. Dies verleiht dem neuen Begriff der Förderung im Sinne des § 3 Abs.1 GJVollz zusätzliche Kontu-

---

321 Vgl. Stellungnahme des DVJJ zum GJVollz (2004), S.314, 317.
322 Vgl. Stellungnahme des DVJJ zum GJVollz (2004), S.314, 317.
323 So auch die Stellungnahme der DVJJ zum GJVollz (2004), S.314, 417.
324 vgl. Begründung zum GJVollz (2004), S.19.
325 Vgl. Kap.5, Abschn.2, B.I.
326 vgl. Begründung zum GJVollz (2004), S.19.
327 Vgl. Begründung zum GJVollz (2004), S.19.
328 Vgl. Begründung zum GJVollz (2004), S.19.

ren und beugt von vornherein eventuellen Ansätzen vor, eine „Förderung" dadurch erreichen zu wollen, dass an den jungen Gefangenen ein reiner Verwahrvollzug betrieben wird. Auch ist es zu begrüßen, dass die Entwicklung und Stärkung der Fähigkeiten und Fertigkeiten des Gefangenen im Mittelpunkt steht. Diese positiven Formulierungen verdeutlichen, dass von einer rein defizitären Betrachtungsweise des Gefangenen endgültig Abschied genommen werden soll.[329]

Es muss aber hervorgehoben werden, dass es sich auch bei § 5 Abs.1 S.1 GJVollz wie bei den zuvor erörterten Vorschriften nur um eine Generalklausel bzw. einen Programmsatz handelt. Inwieweit dieser im alltäglichen Anstaltsbetrieb Beachtung finden wird, hängt letztlich nicht von ihm, sondern den auf ihm aufbauenden Einzelbestimmungen ab. Dennoch wird durch solche weit gefassten Normen jedenfalls das Profil von unbestimmten und noch weitgehend ungeklärten Rechtsbegriffen wie dem der „Förderung" geschärft und ein positiv zu bewertender Schritt hin zu einem einheitlichen Verständnis dieser Begrifflichkeiten getan.

2. § 5 Abs.1 S.2 GJVollz – Jugendstrafvollzug in freien Formen

§ 5 Abs.1 S.2 GJVollz entspricht dem bisher geltenden § 91 Abs.3 JGG. Danach konnte schon früher der Vollzug aufgelockert und in geeigneten Fällen weitgehend in freien Formen durchgeführt werden, um so das angestrebte Erziehungsziel – nach neuer Gesetzesfassung das Vollzugsziel durch Förderung – zu erreichen.

a. Bedeutung des § 5 Abs.1 S.2 GJVollz

Die Hauptbedeutung des § 5 Abs.1 S.2 GJVollz liegt daher wie bei § 91 Abs.3 JGG darin, dass er letztlich eine Öffnungsklausel für die Vollzugsbehörde darstellt, neue und alternative Vollzugsformen im Jugendstrafvollzug neben den bisher im GJVollz vorgesehenen Vollzugsformen des offenen und des geschlossenen Vollzugs einzuführen oder vorzuhalten.[330] Die Gestaltungsmöglichkeiten sind hier prinzipiell fast unbegrenzt, denn außer der Feststellung, der Vollzug könne *„weitgehend"* in freien Formen erfolgen, trifft § 5 Abs.1 S.2 GJVollz bewusst[331] keine Festlegungen. Vielmehr ist es das ausdrückliche Ziel des Entwurfs, neuen, auch experimentellen Weiterentwicklungen der gegenwärtigen Vollzugsformen aufgrund sich ändernder Problemstellungen und Behandlungsmethoden nicht im Weg zu stehen und den Vollzugsbehörden weiterhin die notwendigen Freiräume zu erhalten, weiterführende und experimentelle Modelle des Jugendstrafvollzugs zu entwerfen.[332] Hierin kann eine ausdrückliche Aufforderung und Klarstellung dahingehend gesehen werden, dass diese – zu § 91 Abs.3 JGG nahezu wortgleiche – Vorschrift tatsächlich, wie in der Literatur schon länger vertreten[333], eine Experimentierklausel für neue Arten des Jugend-

[329] So auch die Stellungnahme der DVJJ zum GJVollz (2004), S.314, 317.
[330] Vgl. Begründung zum GJVollz (2004), S.20.
[331] Vgl. Begründung zum GJVollz (2004), S.20.
[332] Vgl. Begründung zum GJVollz (2004), S.20.
[333] Grundlegend hierzu Rössner (1993), S.46, 55, der schon damals von einer *„...bisher nicht erkannten Experimentierklausel ersten Ranges..."* sprach.

strafvollzugs in freien Formen sein soll, die von den zuständigen Stellen auch intensiv genutzt werden soll. Keinesfalls soll diese Norm wie in ihrer bisherigen Fassung im JGG ein von Wissenschaft und Praxis weitgehend unbeachtetes Dasein als totes Recht führen.[334]

b. Exkurs : Das Projekt Chance als Modellprojekt im Sinne des § 5 Abs.1 S.2 GJVollz[335]

Obwohl § 91 Abs.3 JGG schon seit 1953 im JGG verankert ist, fristete diese Vorschrift bisher in der jugendstrafrechtlichen Literatur ein Schattendasein und wurde – erstaunlicherweise – niemals praktisch umgesetzt.[336]
Seit 2001 hat sich allerdings der in Baden-Württemberg ansässige Verein Projekt Chance e.V. erstmals zum Ziel gesetzt, ein umfassendes Projekt für einen Jugendstrafvollzug in freien Formen, basierend auf § 91 Abs.3 JGG, zu realisieren. Heute existieren zwei Standorte des Projekts Chance mit insgesamt 30 Plätzen.
Dieses Modellprojekt soll im Folgenden umrissen werden, auch um zu zeigen, welche Möglichkeiten der bislang stiefmütterlich behandelte § 91 Abs.3 JGG – zukünftig möglicherweise auf Länderebene eine mit § 5 Abs.1 S.2 GJVollz vergleichbare Vorschrift[337] – bietet.

aa. Was ist das Projekt Chance?

Das Projekt Chance ist ein von dem gleichnamigen gemeinnützigen Verein im Jahre 2001 ins Leben gerufenes Modellprojekt zur Verwirklichung eines Jugendstrafvollzugs in freien Formen (vgl. § 91 Abs.3 JGG). Seit 2003 haben zwei Einrichtungen mit je 15 Plätzen ihre Arbeit aufgenommen: das vom Christlichen Jugenddorfwerk Deutschlands e.V. (CJD) betriebene Kloster Frauental in Creglingen sowie der von Prisma e.V. betriebene Standort Seehaus bei Leonberg.[338]

bb. Gesetzliche Grundlagen

Die für die Realisierung des Projekts Chance herangezogene gesetzliche Konstruktion basiert auf einem Vorschlag *Rössners* aus dem Jahr 1990[339]. Darin wurde als mögliches Modell zur Organisation eines Jugendstrafvollzugs in freien Formen vorgeschlagen, es solle eine Lockerungsweisung des Leiters der Jugendstrafvollzugsanstalt an den Jugendlichen ergehen, sich in ein Heim der Jugendhilfe zu begeben und dort am Erziehungsprogramm teilzunehmen. Nach diesem Modell wird beim Projekt Chance nach bisheriger Rechtslage auch ver-

---

[334] Vgl. Goll/Wulf, ZfJ 2003, S.219, 220.
[335] Allgemein zum Projekt Chance Biendl (2005), insb. S.40 ff.; Zwischenbericht der wissenschaftlichen Begleitung des Projekts Chance (2006).
[336] Goll/Wulf, ZfJ 2003, S.219.
[337] Vgl. § 6 Abs.1 S.2 E BW 2006; § 27 Abs.1 E BW 2007.
[338] Vgl. Goll/Wulf, ZfJ 2003, S.219, 220, 223; auch wenn nur die Einrichtung in Creglingen-Frauental an sich "Projekt Chance" heißt, sollen beide Einrichtungen hier unter einem Oberbegriff behandelt werden.
[339] Rössner, in: Göppinger-FS (1990), S.523; ders., (1993), S.46, 53 ff.

fahren.[340] In diesem Zusammenhang ist klarzustellen, dass es sich bei den Einrichtungen des Projekts Chance nicht um Jugendstrafanstalten und auch nicht um Außenstellen von Jugendstrafvollzugsanstalten handelt. Vielmehr bleiben die Bewohner der entsprechenden Einrichtungen weiterhin Jugendstrafgefangene einer Jugendstrafvollzugsanstalt, hier der JVA Adelsheim. Durch eine landesrechtliche Verwaltungsvorschrift des Justizministeriums Baden-Württemberg wird die organisatorische Grundlage für den Jugendstrafvollzug in freier Form geschaffen.[341]

cc. Ziel des Projekts Chance

Ziel des Projekts Chance ist es, einen möglichst modernen Jugendstrafvollzug in freien Formen zu erproben. Zielgruppe des Projekts sind männliche Mehrfach- und Intensivtäter im Alter zwischen 14 und 17 Jahren, in Ausnahmefällen bis 21 Jahren, die erstmalig zu einer Haftstrafe (bis zu zwei Jahren) verurteilt wurden. Weiterhin müssen die Jugendlichen von der kognitiven Leistungsfähigkeit sowie ihren physischen und psychischen Voraussetzungen die Anforderungen der Trainingsmaßnahme erfolgreich bewältigen können.[342] Wesentliche Eckpunkte der Projektkonzeption sind die Beteiligung freier gesellschaftlicher Kräfte als Projektträger und in der beruflichen Eingliederung sowie ein intensiver Realitätsbezug des Erziehungsprogramms.[343] Neben der Erreichung des Erziehungsziels mit dem einzelnen Jugendlichen soll das Projekt Chance kriminalpolitische Impulse im Umgang mit jungen Straffälligen setzen und damit letztlich ein Motor für Innovation und Reform im Jugendstrafvollzug sein.

dd. Eckpunkte der Gestaltung des Jugendstrafvollzugs in freien Formen

Das Zusammenleben in den Einrichtungen findet in Wohngruppen zu je sieben bis acht Personen statt, wobei die Zuweisung nach pädagogischen Gesichtspunkten erfolgt.[344] Besonderer Wert wird auf die positive Verstärkung der Erziehung durch Gleichaltrige (sog. *„Peers“* oder *„Buddies“*) gelegt.[345] Aber auch externe Paten können und sollen in den Erziehungsprozess mit einbezogen werden.[346] Im Bereich der inneren Organisation werden bewährte Elemente des „Just-Community-Programms“, welches namentlich in der JVA Adelsheim praktiziert wird[347], übernommen.[348]

---

340 Vgl. Goll/Wulf, ZfJ 2003, S.219, 220 f.

341 Goll/Wulf, ZfJ 2003, S.219, 221; vgl. auch die Verwaltungsvorschrift des baden-württembergischen Justizministeriums vom 30. Juni 2003 (4412/0283), Die Justiz 2003, S.322 f. : *„Für den Jugendstrafvollzug in freien Formen sind vorrangig jugendliche Jugendstrafgefangene geeignet, wenn sie den besonderen Anforderungen dieser Vollzugsform genügen und eine Erprobung verantwortet werden kann.“* (zit. n. J. Walter (2004), S.63, 72).

342 Trapper (2004), S.81, 85.

343 Goll/Wulf, ZfJ 2003, S.219, 220 f.

344 Goll/Wulf, ZfJ 2003, S.219, 222.

345 Näher Trapper (2004), S.81, 86 ff.

346 Vgl. Goll/Wulf, ZfJ 2003, S.219, 222.

347 Hierzu Walter/Waschek (2002), S.191; J. Walter, NK 2003, S.138 jeweils m.w.N.

348 Goll/Wulf, ZfJ 2003, S.219, 222.

Nahziel des Projekts Chance sind die Aufarbeitung von Entwicklungsstörungen und Bildungslücken, das Training sozialer Kompetenzen, die Übernahme von Verantwortung für Opfer und Tat sowie die Berufsfindung und Berufsvorbereitung. Zudem soll dem Jugendlichen ein Leben in sicherer, sauberer, gepflegter und freundlicher Umgebung und außerhalb von subkulturellen Übergriffen und Machtstrukturen ermöglicht werden.[349] Das Fernziel des Projekts Chance ist ein Leben in sozialer Verantwortung ohne Straftaten.[350] Dieses im Jahr 2003 formulierte Ziel entspricht damit dem in § 2 Abs.1 StVollzG formulierten Vollzugsziel des Erwachsenenstrafvollzugs und dürfte auch mit dem Vollzugsziel des § 2 GJVollz nahezu identisch sein. Die Aufenthaltsdauer in einer Einrichtung des Projekts Chance soll nach der Konzeption nicht wesentlich über zwölf Monaten liegen. An diese Phase schließt sich eine weitere sog. Nachbetreuungsphase mit Integrationsmanagement an, die nochmals drei Monate dauern soll.[351]

ee. Sicherheitsaspekte

Im Vorfeld der Realisierung des Projekts Chance kam es an den (potenziellen) Standorten zu zum Teil heftigen Protesten von Bürgerinitiativen, die namentlich die Sicherheitsinteressen der Bürgerinnen und Bürger vor Ort gefährdet sahen.[352] Dem soll durch ein vielschichtiges Sicherheitskonzept entgegengewirkt werden.[353] Dies beginnt bei der Auswahl der Bewohner für die Häuser nach festgelegten Eignungskriterien und der Belassung der Auswahlkompetenz im Verantwortungsbereich des Anstaltsleiters (der dann gegenüber dem Gefangenen auch die Lockerungsweisung ausspricht, s.o.). Zudem wird die Motivation des Jugendlichen in Form einer Bewerbung für diese Art des Vollzugs geprüft.[354] Im Vollzug sollen überschaubare Gruppengrößen, eine hohe Personaldichte, vielfältige personelle Bindungen in allen Phasen des Projekts sowie ein Tagesablauf mit dichtem Erziehungsprogramm die Sicherheitsinteressen der Allgemeinheit wahren. Demgegenüber beschränken sich die baulichen Sicherheitsvorkehrungen im Wesentlichen auf eine Nachtwache sowie den Nachtverschluss.[355]

ff. Kosten

Projektträger des Projekts Chance ist der gleichnamige Verein, der damit insbesondere die Verantwortung für Konzeption und Finanzmanagement trägt. In der Anfangsphase finanzierte sich der Verein im Wesentlichen aus Mitteln der Landesstiftung Baden-Württemberg (Zukunftsoffensive III). Dabei wurden für die Einrichtung in Creglingen acht Millionen Euro, für den Jugendhof Seehaus in Leonberg 3,5 Millionen Euro zur Verfügung gestellt. Weitere 1,2 Millionen sind

[349] Goll/Wulf, ZfJ 2003, S.219, 222.
[350] Goll/Wulf, ZfJ 2003, S.219, 222.
[351] Goll/Wulf, ZfJ 2003, S.219, 222; näher zur Konzeption der Nachsorge bei jungen Strafgefangenen in Baden-Württemberg Goll/Wulf, ZRP 2006, S.91 m.w.N.
[352] Vgl. Goll/Wulf, ZfJ 2003, S.219, 222.
[353] Näher Goll/Wulf, ZfJ 2003, S.219, 222.
[354] Zum Aufnahme- und Bewerbungsverfahren näher Trapper (2004), S.81, 89.
[355] Vgl. Goll/Wulf, ZfJ 2003, S.219, 223.

für das eng mit dem Projekt Chance verbundene Nachsorgenetzwerk für junge Strafentlassene vorgesehen.[356]

gg.Die bisherigen Erfahrungen

Einen ersten kurzen Erfahrungsbericht zum Projekt Chance enthält eine Pressemitteilung des Justizministeriums Baden-Württemberg vom 28.11.2005: *„Seit dem 1. September 2003 haben in Creglingen insgesamt zwölf Jugendliche das Erziehungsprogramm absolviert, in Leonberg schlossen seit November 2003 bislang fünf Jugendliche das Projekt erfolgreich ab, fast alle fanden auch einen Ausbildungsplatz. Von den „Creglingern" erlangten neun Jugendliche eine Schul- oder Berufsausbildung oder fanden eine Arbeitsstelle. In Leonberg konnten sich alle fünf bisherigen Absolventen über einen Ausbildungsplatz freuen. Vom Einzelhandelskaufmann über Forstwirt, Zimmermann, Industriemechaniker, Lackierer, Bodenleger oder Maler bis hin zum IT-Elektroniker sind die verschiedensten Berufsfelder vertreten. In diesem Sommer haben zehn Jugendliche ihr Berufsvorbereitungsjahr und den Hauptschulabschluss in einem geschafft, der beste mit der Note 1,2, der schlechteste mit 2,4."*[357] Allerdings zeigte sich nicht jeder junge Gefangene den Anforderungen des Projekts Chance gewachsen: *„So äußerten zwei Jugendliche nach nur wenigen Tagen die Bitte, wieder zurück ins Jugendgefängnis verlegt zu werden. Ihnen war der Alltag im Projekt Chance einfach zu stressig. Sieben Jugendlichen hätten sich seit Bestehen des Projekts nicht an die Regeln gehalten und zurück in den geschlossenen Vollzug gemusst. „Aber die weit überwiegende Zahl hat durchgehalten. Das lässt uns optimistisch in die Zukunft blicken. Wir reichen den Jugendlichen die Hand und zeigen ihnen klare Regeln und Grenzen auf. Umgekehrt lassen die Jugendlichen sich auch darauf ein und sitzen ihre Strafe nicht einfach ab. Bei diesem schlüssigen Konzept besteht eine große Chance, dass die jungen Leute nicht mehr rückfällig werden." "*.

Am 13.Juli 2006 wurde von den Instituten für Kriminologie der Universitäten Heidelberg und Tübingen ein Zwischenbericht der wissenschaftlichen Begleitung des Projekts Chance vorgelegt.[358] Er bestätigt im Wesentlichen viele der oben zitierten positiven Entwicklungen, die die Insassen des Projekts Chance im Verlauf ihrer Zeit dort durchmachen. Einige Ergebnisse der Studie erscheinen jedoch weniger ermutigend, beispielsweise die rückläufige Entwicklung der Normakzeptanz im Verlauf des Aufenthalts im Projekt Chance.[359]

hh. Zusammenfassung

Die ersten Resultate nach etwas mehr als zwei Jahren Betriebsdauer des Projekts Chance klingen damit durchaus ermutigend.

---

[356] Pressemitteilung des Justizministeriums Baden-Württemberg vom 28.11.2005, abrufbar unter http://www.jum.baden-wuerttemberg.de/servlet/PB/menu/1191860/, zuletzt abgerufen am 9.11.2006.

[357] Pressemitteilung des Justizministeriums Baden-Württemberg vom 28.11.2005, abrufbar unter http://www.jum.baden-wuerttemberg.de/servlet/PB/menu/1191860/, zuletzt abgerufen am 9.11.2006.

[358] Zwischenbericht der wissenschaftlichen Begleitung des Projekts Chance (2006).

[359] Zwischenbericht der wissenschaftlichen Begleitung des Projekts Chance (2006), S.90.

Allerdings darf man auch nicht die Nachteile einer solchen Einrichtung aus dem Blickfeld verlieren. So existiert mit jeweils 15 Plätzen nur ein sehr begrenztes Platzangebot in den beiden Häusern. Hinzu kommt, dass ein Großteil der in Jugendstrafanstalten einsitzenden jungen Gefangenen aufgrund verschiedener Gesichtspunkte nicht für eine Therapie in einer Einrichtung wie Projekt Chance in Frage kommt. Dies macht schon ein Blick auf die Kriterien deutlich, nach denen die Eignung für das Projekt Chance bestimmt wird:[360] Danach schließen namentlich Fluchtgefahr, eine Verurteilung wegen eines Sexualdelikts, Drogenabhängigkeit, akute körperliche oder seelische Krankheit, vor allem Suizidgefährdung, sowie erhebliche Schwierigkeiten im Verständnis der deutschen Sprache die Eignung für den Vollzug in freien Formen und damit für eine Einrichtung des Projekts Chance aus. Dies verdeutlicht das Problem, dass ein Großteil der einsitzenden jungen Gefangenen von vornherein schon nicht für eine Einrichtung mit der Konzeption und Zielsetzung des Projekts Chance in Frage kommt. Die Zielgruppe des Projekts Chance ist vielmehr relativ überschaubar. Die scheinbar relativ hohe Erfolgsquote ergibt sich daraus schon mehr oder weniger zwangsläufig, denn schließlich findet eine positive Vorauswahl statt und nur wer sich prinzipiell überhaupt für das Projekt Chance eignet, hat Aussicht auf einen Platz in der Einrichtung. Ein weiteres Problem stellt sich im Hinblick auf die Kosten eines derartigen Projekts. So war für die beiden beschriebenen Einrichtungen eine Anschubfinanzierung von 11,5 Millionen Euro erforderlich.[361] Geht man weiterhin davon aus, dass pro Haftplatz ein kostendeckender Tagessatz von circa 200 Euro anfällt[362], so ergeben sich pro Jahr Haftplatzkosten in einer Größenordnung von 73 000 Euro pro Haftplatz. Demgegenüber schlägt ein Haftplatz in einer Jugendstrafvollzugsanstalt mit lediglich 65 bis 75 Euro pro Tag zu Buche. Allerdings passt ein rein wirtschaftlicher Vergleich ohnehin nicht, denn es geht hier zum einen um einen Modellversuch, der unzweifelhaft deutlich verbesserte Therapiebedingungen im Vergleich zum normalen Jugendstrafvollzug bietet, zum anderen kann es nicht hoch genug bewertet werden, wenn im Gegenzug jungen Mehrfach- und Intensivtätern eine dauerhafte Lebensperspektive ohne Straftaten inklusive Schulabschluss und/oder Ausbildungsplatz aufgezeigt wird.

Auch die (derzeit noch) relativ kleine Anzahl von lediglich 30 Plätzen ist nicht so problematisch wie es auf den ersten Blick scheint. Denn man darf nicht vergessen, dass der Anteil der 14- bis 17-jährigen, die ja primäre Zielgruppe solcher Projekte sein sollen, mit lediglich acht Prozent einen nur geringen Anteil der im Jugendvollzug einsitzenden Gefangenen ausmacht.[363] Nach einer Schätzung von Rössner[364] benötigen die großen Bundesländer für einen besonderen Vollzug an jugendlichen Strafgefangenen eine Kapazität von etwa 50 Plätzen – eine Zahl

[360] Goll/Wulf, ZfJ 2003, S.219, 221 f.

[361] Pressemitteilung des Justizministeriums Baden-Württemberg vom 28.11.2005, abrufbar unter http://www.jum.baden-wuerttemberg.de/servlet/PB/menu/1191860/, zuletzt abgerufen am 9.11.2006.

[362] Goll/Wulf, ZfJ 2003, S.219, 223.

[363] Vgl. oben Kap.4, B.III.

[364] Rössner (1993), S.46, 53.

die aufgrund der angestrebten Erweiterung und des Ausbaus des Projekts Chance[365] durchaus im Bereich des Erreichbaren liegt.

ii. Bewertung des „Projekts Chance“

Insgesamt gesehen überwiegen die Vorteile eines solchen Projekts. Seine Durchführung ist daher zu begrüßen und es ist zu hoffen, dass von den Möglichkeiten des neuen § 5 Abs.1 S.2 GJVollz auch in Zukunft rege Gebrauch gemacht wird. Allerdings ist davor zu warnen, mit dieser Art von Einrichtungen in Zukunft eine Art „Zweiklassenstrafvollzug“ zu betreiben. Es besteht nämlich die durchaus realistische Gefahr, dass aus Gründen der optimalen Nutzung vorhandener Finanzmittel eine Differenzierung zwischen mitwirkungsbereiten und unwilligen Gefangenen bzw. zwischen förderungswürdigen und weniger förderungswürdigen Gefangenen stattfindet. Nun ist solch eine Differenzierung einem Konzept wie dem von Projekt Chance, welches sich unter anderem auf bestimmte Zulassungskriterien stützt, schon von vornherein immanent. Dies darf aber nicht dazu führen, dass damit ein „Chancenvollzug“ in dem Sinne betrieben wird, dass nur wenigen, ausgesuchten Jugendlichen eine optimale Förderung zuteil wird. Dies widerspräche dem letztlich von Verfassung wegen gebotenen Grundsatz des § 3 Abs.1 GJVollz, wonach „...alle Gefangenen **gleichermaßen** (Hervorhebung durch den Verf.) ... zu fördern“ sind.[366]
Die Gefahr eines solchen „Chancenvollzugs“ besteht vor allem dann, wenn nicht – wie beim Projekt Chance – die Finanzierung aus einer Stiftung erfolgt, sondern mit Haushaltsmitteln und daher möglicherweise Musterprojekte einerseits mit Jugendstrafanstalten normalen Zuschnitts andererseits um die knappen Haushaltsmittel konkurrieren. Gerade das Bundesland Baden-Württemberg nimmt im Übrigen im Bereich des offenen Jugendstrafvollzugs keine Vorreiterrolle ein. Dort sind lediglich 0,8 Prozent der Haftplätze solche des freien Vollzugs.[367] Damit drängt sich die Frage auf, ob Einrichtungen wie das Projekt Chance nicht teilweise auch Feigenblatt-Charakter haben bzw. ob insgesamt der schon in § 91 Abs.3 JGG favorisierte „Vollzug weitgehend in freien Formen“ als Behandlungsauftrag wirklich ernst genommen wird.[368]

c. Ergebnis zu § 5 Abs.1 S.2 GJVollz

Projekte wie das oben vorgestellte Projekt Chance sind zu begrüßen. Allerdings wäre ein klarstellender Hinweis im Gesetz dienlich, dass für den Jugendstrafvollzug in freien Formen auch Einrichtungen freier Träger genutzt werden können.[369]

[365] Vgl. zur geplanten Ausweitung des Projekts Chance an anderen Standorten Goll/Wulf, ZfJ 2003, S.219, 223.
[366] Vgl. Walter, ZfJ 2004, S.397, 400.
[367] Dünkel, RdJB 2003, S.335, 342.
[368] Dünkel, RdJB 2003, S.335, 343.
[369] Vgl. Walter, ZfJ 2004, S.397, 399.

3. § 5 Abs.2 GJVollz

a. § 5 Abs.2 S.1 GJVollz

aa. Inhalt

Die Vorschrift legt fest, dass durch differenzierte Angebote soweit wie möglich auf den jeweiligen Entwicklungsstand und den unterschiedlichen Förderbedarf eingegangen wird. Die gesamte Behandlung des Gefangenen ist damit von Anfang an möglichst individuell zu planen und durchzuführen. Dieses Prinzip bezeichnet die Entwurfsbegründung als *„Grundsatz der vollzuglichen Differenzierung“*[370].

Ziel dieser Vorschrift ist es, so den unterschiedlichen Defiziten der jungen Gefangenen, vor allem im emotionalen und sozialen Bereich gerecht zu werden.[371] Sie ist in engem Zusammenhang mit nachfolgenden Normen wie den §§ 9 und 10 GJVollz (Vorbereitende Untersuchungen, Förderplan) zu sehen. Denn erst durch eine individuelle, differenzierte Förderplanung, durch die der genaue Ablauf der Behandlung im Jugendvollzug festgelegt wird, ist es möglich, so weit wie möglich auf den einzelnen Gefangenen einzugehen.

bb. Ergebnis

Es ist grundsätzlich zu begrüßen, wenn per Gesetz eine möglichst individuelle und auf die Bedürfnisse des einzelnen Gefangenen abgestimmte Förderung angemahnt wird. Damit handelt es sich letztlich um einen Grundsatz, der sich unmittelbar aus dem verfassungsrechtlichen Resozialisierungsauftrag herleitet. Genau genommen handelt es sich bei § 5 Abs.2 S.1 GJVollz letztlich nur um einen Programmsatz, der seine Umsetzung im praktischen Vollzugsalltag vor allem durch die §§ 9 und 10 GJVollz sowie durch die Handhabung der Einzelvorschriften im Einzelfall findet. Ihre Auslegung und Anwendung muss sich am einzelnen Gefangenen orientieren, so wie es § 5 Abs.1 S.2 GJVollz letztlich verlangt.

b. § 5 Abs.2 S.2 GJVollz – sog. „Gender-mainstreaming“-Grundsatz

aa. Inhalt

§ 5 Abs. 2 S.2 GJVollz konkretisiert den vorhergehenden Satz 1 und damit das sog. Prinzip der vollzuglichen Differenzierung dahingehend, dass die unterschiedlichen Lebenslagen und Bedürfnisse von männlichen und weiblichen jungen Gefangenen sowohl bei der Konzeption des Vollzugs als auch bei allen Einzelmaßnahmen Beachtung zu finden haben. Damit wird in der Vorschrift erstmalig für den Bereich des Justizvollzugs das Konzept des sog. *„gender mainstreaming“* gesetzlich festgeschrieben.[372]

---

[370] Begründung zum GJVollz (2004), S.20.
[371] Vgl. Begründung zum GJVollz (2004), S.20.
[372] Begründung zum GJVollz (2004), S.20.

bb. Begriff des „gender mainstreaming"

„Gender mainstreaming bedeutet, bei allen gesellschaftlichen Vorhaben die unterschiedlichen Lebenssituationen und Interessen von Frauen und Männern von vornherein und regelmäßig zu berücksichtigen, da es keine geschlechtsneutrale Wirklichkeit gibt. ... Gender Mainstreaming ist damit ein Auftrag an die Spitze einer Verwaltung, einer Organisation, eines Unternehmens und an alle Beschäftigten, die unterschiedlichen Interessen und Lebenssituationen von Frauen und Männern in der Struktur, in der Gestaltung von Prozessen und Arbeitsabläufen, in den Ergebnissen und Produkten, in der Kommunikation und Öffentlichkeitsarbeit, in der Steuerung (Controlling) von vornherein zu berücksichtigen, um das Ziel der Gleichstellung von Frauen und Männern effektiv verwirklichen zu können." [373]

cc. Hintergrund und Ziel der Vorschrift

Schon seit langem ist die problematische Situation des Jugendstrafvollzugs an jungen Frauen bekannt, ohne dass sich deshalb in der Praxis viel geändert hätte[374]. Auch aus der Tatsache heraus begründet, dass Frauen im Jugendstrafvollzug eine Minderheit darstellen[375], findet der Vollzug an ihnen nicht in eigenen Einrichtungen, sondern derzeit hauptsächlich in Abteilungen des Frauenstrafvollzugs für Erwachsene[376] statt. Daraus ergab sich bisher eine erhebliche Schlechterstellung dieser Gefangenengruppe, was die Umsetzung des Erziehungsauftrags sowie konkrete Maßnahmen wie Bildung, Beratung, Therapie oder auch nur eine differenzierte Unterbringung betrifft[377].
Zudem bedürfen weibliche Gefangene anderer Konzepte hinsichtlich ihrer Unterbringung und Förderung. Dafür gibt es nach Ansicht der Verfasser des Entwurfs zwei Gründe. Zum einen stellten junge weibliche Inhaftierte danach ein geringeres Bedrohungs- und Sicherheitspotential dar als ihre männlichen Altersgenossen, zum anderen seien sie häufig nicht nur Täter, sondern auch Opfer männlicher Gewalt. Zudem unterscheide sich ihre Inhaftierungs- und Entlassungssituation kriminologisch gesehen immer noch erheblich von der der Männer. Grund dafür sei die den Frauen generell – noch immer – zugeschriebene gesellschaftliche Rolle.[378] Ziel des Entwurfs ist es daher, stärker als bisher eben diese spezifischen Unterschiede von männlichen und weiblichen Gefangenen bei Planung und Durchführung des Jugendstrafvollzugs zu berücksichtigen. Daher ist in Zukunft bei der Konzeption des Vollzugs sowie bei allen Einzelmaßnahmen zu prüfen, ob sachliche Gründe bestehen, diese undifferenziert – d.h. unterschiedslos – auf beide Geschlechter anzuwenden oder ob dies zu Benachteili-

---

[373] Definition des Bundesministeriums für Familie, Senioren, Frauen und Jugend, abrufbar unter http://www.gender-mainstreaming.net/gm/definition.html, zuletzt abgerufen am 13.1.2007.

[374] Vgl. zusammenfassend zum Frauenstrafvollzug die Internationale Studie zum Frauenstrafvollzug (2006); vgl. ferner Franze (2001), insb. S.49 ff.

[375] Derzeit sind ca. 95 Prozent der jungen Gefangenen männlichen Geschlechts, vgl. Begründung zum GJVollz (2004), S.20; vgl. auch oben Kap.4, B.VII.

[376] Begründung zum GJVollz (2004), S.20.

[377] DVJJ, Eckpunktepapier (2004), S.209, 210.

[378] Begründung zum GJVollz (2004), S.20.

gungen insbesondere der jungen Frauen führt.[379] Sollten sich nachteilige Auswirkungen aufgrund besonderer Umstände nicht vermeiden lassen, will der Gesetzgeber zur Kompensation Ausgleichsangebote bereitstellen.[380]

dd. Die Sicht der Praxis zu § 5 Abs.2 S.2 GJVollz

Die bisherigen Stellungnahmen zum GJVollz begrüßen die hinter § 5 Abs.2 S.2 GJVollz stehende Konzeption.[381] Allerdings ist die Regelung auch vereinzelter Kritik ausgesetzt. Diese Kritik wird vor allem von Seiten der DVJJ geäußert.[382] Danach weise der Gesetzesentwurf in Fragen eines geschlechtergerecht gestalteten Jugendstrafvollzugs einen erheblichen Veränderungs- und Präzisierungsbedarf auf. In § 5 Abs. 2 S. 2 GJVollz werde zwar auf den Gender-mainstreaming-Grundsatz der Berücksichtigung von unterschiedlichen Lebenslagen der Geschlechter Bezug genommen, diese Perspektive sei aber nicht systematisch in den gesamten Entwurf eingearbeitet.[383] Aus dieser Feststellung hinaus spricht die DVJJ die dringende Empfehlung aus, den Entwurf unter Gender-mainstreaming-Gesichtspunkten prüfen und überarbeiten zu lassen. Auch *Joachim Walter* vermisst neben § 5 Abs.2 S.2 GJVollz weitergehende Einzelregelungen zum gender mainstreaming.[384] Äußerst kritisch steht die DVJJ zudem dem in der Begründung zum GJVollz[385] propagierten Vorschlag gegenüber, der eine Bereitstellung von Augleichsangeboten vorsieht, wenn sich nachteilige Auswirkungen allgemeiner Regelungen aufgrund besonderer Umstände nicht oder nicht ganz vermeiden lassen. Werde dieser Weg eines kompensatorischen Umgangs mit der unstrittigen Benachteiligung von Mädchen und jungen Frauen eingeschlagen, so laufe dies – so die DVJJ – auf eine Festschreibung der Schlechterstellung von weiblichen Jugendlichen und Heranwachsenden im Jugendstrafvollzug hinaus. Denn eine Unterbringung in eigenen Einheiten von vornherein auszuschließen und stattdessen von Ausgleichsangeboten innerhalb des existierenden Frauen- oder Jugendstrafvollzugs zu sprechen, zementiere nur die schon bisher bestehende Ungleichheitslage von Mädchen und jungen Frauen. Hinzu komme, dass damit eine Chance verschenkt werde, zukünftig den Jugendstrafvollzug an weiblichen Jugendlichen und Heranwachsenden in kleinen, aber eigenständigen Einheiten durchzuführen – ein Modell, das für den gesamten Jugendstrafvollzugs wegweisend sein könnte.

---

379 Begründung zum GJVollz (2004), S.20 f.
380 Begründung zum GJVollz (2004), S.21.
381 Vgl. Stellungnahme der Arbeitsgemeinschaft für Jugendhilfe, S.3 sowie die Stellungnahme des Deutschen Richterbundes, zu § 5.
382 Stellungnahme der DVJJ zum GJVollz (2004), S.314, 317; vgl. auch DVJJ, Eckpunktepapier (2004), S.209, 210.
383 Zu einer durchgängigen Reflexion eines neuen GJVollz auf Geschlechterfragen hin vgl. das Eckpunktepapier der DVJJ (2004), S.209, 210.
384 Walter, ZfJ 2004, S.397, 398.
385 Vgl. Begründung zum GJVollz (2004), S.20.

ee. Ergebnis

Durch diese im Justizvollzug einzigartige Vorschrift könnte der Jugendstrafvollzug in diesem Bereich wieder seine viel beschworene Vorreiterrolle[386] einnehmen.

Allerdings gilt auch für diese Norm, die im Wesentlichen einen Programmsatz enthält, dass sich ihr wirklicher Wert erst in der Praxis erweisen wird. Daher ist es von hoher Bedeutung, dass der in § 5 Abs.2 S.2 GJVollz zum Ausdruck kommende Grundsatz umgehend seine Umsetzung in die Praxis des Jugendstrafvollzugs findet. Aufgrund der immer knapper werdenden Mittel sind für die immer wieder Kritik ausgesetzten Bereiche der Unterbringung und der Bildung beim Vollzug an jungen Frauen innovative, zukunftsweisende Lösungen anzustreben. Hier böte sich die Schaffung von Modellprojekten an. Es ist aber auch von Bedeutung, dass eine zügige Umsetzung des Gender-mainstreaming-Grundsatzes durch eine konsequente Ausrichtung des GJVollz an diesem Grundsatz gefördert wird.[387] Im Übrigen bedarf es der Berücksichtigung dieses Grundsatzes bei der Auslegung und Anwendung des GJVollz. Eine Berücksichtigung bei *„allen Einzelmaßnahmen"* fordert ja auch schon der Wortlaut. Zuzustimmen ist der Kritik an den im Rahmen der Begründung zum GJVollz propagierten Kompensationsangeboten. Solche Angebote bewirken lediglich, dass ungleiche Lebenslagen von jugendlichen und heranwachsenden Frauen weiter festgeschrieben werden. Da aber gerade diesen ungleichen Lebenslagen entgegengesteuert werden soll, kommt ein solcher Vorschlag einer Relativierung bzw. gar einer Aushebelung des Gender-mainstreaming-Grundsatzes durch die Hintertür gleich.

4. § 5 Abs.3 GJVollz

a. Inhalt der Vorschrift

In § 5 Abs.3 GJVollz wird der Begriff der Förderung nochmals näher umrissen. Die Inhaltsbereiche der Förderung werden dort im Einzelnen dargestellt und so präzisiert.[388] Auch diese Norm ist ein Novum, vergleichbare Vorschriften finden sich weder im StVollzG noch in den VVJug. Auch in den bisher vorgelegten Alternativvorschlägen eines Jugendstrafvollzugsgesetzes findet sich keine entsprechende Vorschrift.

b. Ziel der Vorschrift

§ 5 Abs.3 GJVollz listet die Inhaltsbereiche der Förderung nicht abschließend auf.[389] Vielmehr werden die wesentlichsten Komplexe der Förderung beispielhaft (*„insbesondere"*) aufgezählt, zu denen im Förderplan durch die Festschreibung konkreter Fördermaßnahmen Stellung zu nehmen ist. Sie finden sich auch

---

[386] Zur Vorreiterrolle des Jugendstrafvollzugs vgl. Pollähne (2004), S.45, 67, Fn.113 m.w.N.; Ostendorf (2003), Grdl. zu §§ 91-92, Rn.7; Lehmann (2002), S.79; Dünkel (1990), S.502, Fn.30.

[387] In diese Richtung geht auch die Forderung von Walter, ZfJ 2004, S.397, 398.

[388] Vgl. Begründung zum GJVollz (2004), S.21.

[389] Vgl. Begründung zum GJVollz (2004), S.21.

in der Aufzählung des § 10 Abs.3 GJVollz (Inhalt des Förderplans) wieder. Die bewusst offene Aufzählung der Inhaltsbereiche der Förderung soll Raum für eine kontinuierliche, weitere Fortentwicklung bieten. Diese will der Entwurf fördern.[390]

c. Stellungnahme

Es ist zu begrüßen, dass der zentrale Begriff der Förderung (§ 3 Abs.1 GJVollz) durch beispielhafte Benennung der wesentlichen Inhaltsbereiche klarere Konturen erhält. Dass die Vorschrift Raum für weitere Fortentwicklungen bietet und damit quasi „zukunftssicher" ist, ist ebenfalls gutzuheißen.

5. § 5 Abs.4 GJVollz

a. Inhalt und Ziel der Vorschrift

§ 4 GJVollz statuiert eine allgemeine Mitwirkungspflicht des Gefangenen an seiner Behandlung (s.o.). Gleichzeitig sind sich aber auch die Autoren des GJVollz bewusst, dass eine umfassende Kooperation gerade zu Anfang des Vollzugs oft nicht zu erreichen sein wird und der Prozess der Behandlung im Strafvollzug ein kontinuierlicher Prozess ist, der sich in vielen Etappen – auch mit Rückschlägen – vollzieht.[391] Aus diesem Grunde ist es erforderlich, die Bereitschaft des Gefangenen zur Mitwirkung immer wieder erneut zu wecken und aufrechtzuerhalten. In § 5 Abs.4 GJVollz finden sich deshalb zentrale Aussagen darüber, wie die von dem jungen Gefangenen verlangte umfassende Mitarbeit an der Erreichung des Vollzugsziels erreicht werden kann. Die Norm umschreibt die vom Gesetzgeber dafür vorgesehenen Methoden der Förderung selbst.[392]
Es werden insgesamt drei Methoden der Förderung genannt: erstens eine auf Ermutigung zur aktiven Mitwirkung abstellende Förderplanung, zweitens die Bereitstellung motivierender Lerngelegenheiten und verbindlicher Entwicklungshilfen sowie drittens unterstützende und normverdeutlichende Maßnahmen.
Dass an erster Stelle die Methoden Ermutigung und motivierende Lerngelegenheiten genannt werden, spricht dafür, dass der Entwurf einen ersten Schritt hin zu einem von Seiten der Wissenschaft seit längerem geforderten umfassenden Belohnungssystem[393] geht. Dies geht so auch aus der Entwurfsbegründung hervor.[394]

b. Probleme der Vorschrift

Allerdings bleibt unklar, was genau *„verbindliche Entwicklungshilfen"* sein sollen.[395] Es wäre besser gewesen, diesen Begriff ausführlicher zu erklären oder

---

[390] Vgl. Begründung zum GJVollz (2004), S.21 f.
[391] Vgl. Begründung zum GJVollz (2004), S.17,19.
[392] Begründung zum GJVollz (2004), S.22.
[393] Vgl. nur die Stellungnahme der DVJJ zum GJVollz (2004), S.314, 319; zustimmend Tondorf (2006), Fn.28.
[394] Begründung zum GJVollz (2004), S.22.
[395] J. Walter, ZfJ 2004, S.397, 400.

Beispiele in die Vorschrift einzufügen. Als problematisch anzusehen ist zudem der Begriff der *„normverdeutlichenden Maßnahmen"*, und zwar unter drei Gesichtspunkten. Erstens dürften solche Maßnahmen kaum geeignet sein, die Bereitschaft des Gefangenen zur Mitarbeit zu wecken und zu fördern.[396] Zweitens ist dieser Begriff für den Bereich des (Jugend-) Strafvollzugs zumindest missverständlich, da er generalpräventiv besetzt ist.[397] Er wird nämlich bisher für Sanktionen negativer Art als Antwort auf delinquentes Verhalten verwendet, oftmals synonym zum Begriff der positiven Generalprävention. Drittens besteht in der Praxis die Gefahr, dass der Begriff der normverdeutlichenden Maßnahmen – der sich im Übrigen nur an dieser einen Stelle im GJVollz findet – zum Einfallstor für repressive Tendenzen wird. Zu leicht ließe sich dieser Begriff nämlich definieren als die Maßnahmen, die dem Gefangenen deutlich machen, *„...wer in der Anstalt das Sagen hat."*[398]. Vor dem Hintergrund der Entwurfsbegründung, die sich dazu bekennt, dass es Auftrag des Jugendstrafvollzugs ist, die Gefangenen nicht primär mit disziplinarrechtlichem Druck für eine Mitwirkung zu interessieren und der zielgerichtete Einsatz von Disziplinarmaßnahmen nur bei einem schwerwiegenden Verstoß gegen die bestehenden Normen in Frage kommt[399], verbietet sich aber eine Interpretation des Begriffs in diesem Sinne. Aus diesen Gründen ist eine Streichung dieses missglückten Begriffs aus § 5 Abs.4 GJVollz zu empfehlen.[400]
Die Begründung zum GJVollz spricht zudem davon, als Maßnahmen der Förderung auch positive Anreizsysteme als Teil einer Gesamtkonzeption einzusetzen, um Umdenkungsprozesse einzuleiten sowie Anstöße zur Verhaltensänderung zu geben.[401] In diesem Sinne wird also auch von Seiten der Politik ein die Motivation weckendes, umfassendes Belohnungssystem als Maßnahme der Förderung angeregt, wie es von Seiten der Wissenschaft seit längerem gefordert wird.[402] Die in § 5 Abs.4 GJVollz in diese Richtung zum Ausdruck kommenden Ansätze (s.o.) sind daher grundsätzlich zu begrüßen. Allerdings wäre es wünschenswert, dass noch deutlicher und verbindlicher zum Ausdruck gebracht würde, dass die gesamte Vollzugs- und Förder- (bzw. Erziehungs-) Planung primär auf einem System der Motivation und Belohnung beruhen soll. Dies bedeutet nicht, dass es im Vollzug keine sanktionsbewehrten Verbote mehr geben darf, denn diese bleiben auch weiterhin zur Regelung der Anstaltsordnung unerlässlich. Allerdings sollte allgemein der Belohnungsaspekt weiter in den Vordergrund rücken, soweit es um die Entwicklung des einzelnen jungen Gefangenen geht.[403]

IV. Gesamtergebnis zu § 5 GJVollz

Insgesamt präzisiert § 5 GJVollz den Begriff der Förderung i.S.d. § 3 Abs.1 GJVollz weiter. Er ist in engem Zusammenhang mit der Förderplanung und damit mit § 10 GJVollz zu sehen. Zudem bildet er eine Richtschnur für die Aus-

---

[396] J. Walter, ZfJ 2004, S.397, 401.
[397] J. Walter, ZfJ 2004, S.397, 401.
[398] Vgl. dazu J. Walter, ZfJ 2004, S.397, 401.
[399] Begründung zum GJVollz (2004), S.22.
[400] So auch Tondorf (2006), Fn.23.
[401] Vgl. Begründung zum GJVollz (2004), S.22.
[402] Stellungnahme der DVJJ zum GJVollz (2004), S.314, 319; Tondorf (2006), Fn.28
[403] DVJJ, Eckpunktepapier (2004), S.209, 211.

richtung des gesamten Jugendvollzugs, von der Planung bis zur Durchführung. Insgesamt ist die Vorschrift zu begrüßen.

F. § 6 Stellung der Gefangenen

I. Inhalt der Vorschrift

1. § 6 Abs.1 GJVollz

a. Bedeutung der Vorschrift

Zweck des Absatzes 1 ist es, eine allgemeine, rechtsstaatlich eingegrenzte Grundlage für Eingriffsbefugnisse der Vollzugsbehörde zu geben, wenn spezielle Regelungen nicht vorhanden sind.[404] Rechte des Gefangenen, die nicht ausdrücklich im GJVollz eingeschränkt werden, bleiben somit unangetastet. Dies ist gerade im Hinblick auf historisch überkommene Ansichten zur Rechtsstellung des Gefangenen – namentlich die noch in jüngerer Vergangenheit vertretene Lehre vom besonderen Gewaltverhältnis – bedeutsam.[405] Somit dienen die Beschränkungen des § 6 Abs.1 GJVollz auch dem Schutz des Gefangenen.[406]

b. Bisherige Rechtslage und Alternativentwürfe

Absatz 1 ist nahezu wortgleich mit der für den Erwachsenenstrafvollzug geltenden Regelung des § 4 Abs.2 GJVollz. Eine damit vergleichbare Regelung für den Bereich des Jugendstrafvollzugs fehlte bisher, insbesondere enthielten die VVJug keine entsprechende Vorschrift. Allerdings enthielten die Vorschläge zur Kodifizierung des Jugendstrafvollzugs aus der Wissenschaft jeweils in ihren Grundsatznormen am Anfang des Gesetzestextes vergleichbare Vorschriften[407], die allerdings zum Teil andere Schwerpunkte setzten[408].

c. Inhalt und Probleme der Vorschrift

Aus § 6 Abs.1 S.1 GJVollz ergibt sich zunächst, dass die Gefangenen nur den Beschränkungen unterliegen, die ihnen durch das GJVollz auferlegt werden. Diese Formulierung hat eine doppelte Bedeutung. Einerseits verdeutlicht sie, dass der junge Gefangene in Haft mannigfaltigen Beschränkungen seiner Rechte durch das GJVollz unterworfen ist. Andererseits ergibt sich aus dieser Formulierung nochmals, dass zwischen Staat und Gefangenem kein wie auch immer ge-

[404] Begründung zum GJVollz (2004), S.23.
[405] Vgl. hierzu insbesondere BVerfGE 33, S.1 ff.
[406] Vgl. Begründung zum GJVollz (2004), S.23.
[407] Vgl. zusammenfassend Kreideweiß (1993), S.57 ff. sowie die Synopse, aaO, S.369.
[408] Im Einzelnen Kreideweiß (1993), S.57 ff.

artetes sog. besonderes Gewaltverhältnis existiert[409], welches unbegrenzt Eingriffe in Rechtspositionen des Gefangenen zuließe. Daraus lässt sich die Schlussfolgerung ziehen, dass grundsätzlich keine Eingriffe in Rechtspositionen zulässig sind, die nicht im GJVollz selbst geregelt sind. Dies gilt sowohl für Eingriffe durch Einzelmaßnahmen, als auch durch (zukünftige) konkretisierende Verwaltungsvorschriften.[410]

§ 6 Abs.1 S.2 GJVollz entspricht in seiner Formulierung nahezu vollständig § 4 Abs.2 S.2 StVollzG. Daher handelt es sich bei dieser Vorschrift wie im Erwachsenenstrafvollzug um eine Art Vorrats- oder *„Angstklausel"*[411], mit der vor allem künftigen, heute möglicherweise noch nicht vorhersehbaren Situationen begegnet werden soll[412].

aa. Auslegungsgrundsätze

Aufgrund der nahezu wortgleichen Formulierungen in GJVollz und StVollzG bietet es sich insofern an, die für den Erwachsenenstrafvollzug entwickelten Grundsätze zu übernehmen. Dies bedeutet im Einzelnen Folgendes:

Der Begriff der Aufrechterhaltung der Sicherheit ist in dem Sinne zu verstehen, dass diese durch eine konkrete Gefährdung beeinträchtigt sein muss.[413] Es muss eine gegenwärtige, unmittelbare Gefahr vorliegen, die den Sicherheitsstand wenigstens verringert. Die Befürchtung zukünftiger Störung reicht für sich gesehen nicht. Der Begriff der Sicherheit gilt aber in zweierlei Richtung und umfasst einerseits die äußere Sicherung – als Gewährleistung des durch die Freiheitsstrafe begründeten Gewahrsams (Schutz vor Entweichung bzw. Befreiung) – andererseits aber auch die innere Sicherheit, also die Abwehr konkreter, erheblicher Gefahren für Personen oder Sachen in der Anstalt[414].

Eine schwerwiegende Störung der Ordnung i.S.d. § 6 Abs.1 S.2 GJVollz ist zu definieren als ein besonders gravierender Fall der Beeinträchtigung des geordneten und menschenwürdigen Zusammenlebens in der Anstalt.[415] Von besonderer Bedeutung ist hierbei das Merkmal *„schwerwiegend"*; es reicht also nicht jede Störung der Ordnung aus, vielmehr muss diese so gewichtig sein, dass das Funktionieren des Anstaltsbetriebs insgesamt elementar bedroht ist.[416]

Eine Begrenzung auf bestimmte Rechtsbeeinträchtigungen enthält § 6 Abs.1 S.2 genau wie § 4 Abs.2 S.2 StVollzG nicht. Dem Gesetzeswortlaut zufolge muss die Maßnahme aber zur Aufrechterhaltung der Sicherheit oder zur Abwendung der schwerwiegenden Störung der Ordnung der Anstalt *„unerlässlich"* sein. Die auf § 6 Abs.1 S.2 GJVollz gestützte Maßnahme muss also ultima ratio sein,

---

409 Grundlegend BVerfGE 33, S.1 ff.

410 BVerfG, 2 BvR 1673/04 vom 31.5.2006, Abs.42; vgl. auch Böhm, in: Schwind/Böhm/Jehle (2005), § 4, Rn.13 f.

411 So Callies/Müller-Dietz (2005), § 4, Rn.20.

412 Vgl. BT-Drucks. 7/3998, S.6 f.; Callies/Müller-Dietz (2005), § 4, Rn.20; Feest/Lesting, in: AK-StVollzG (2006), § 4, Rn.9.

413 Laubenthal (2003), Rn.246.

414 Callies/Müller-Dietz (2005) § 4, Rn.18; Laubenthal (2003), Rn.246.

415 Feest/Lesting, in: AK-StVollzG (2006), § 4, Rn.15; Laubenthal (2003), Rn.248.

416 Vgl. Laubenthal (2003), Rn.248.

sämtliche sonstigen Maßnahmen bis hin zur Disziplinarmaßnahme sind vorrangig einzusetzen.[417]

bb. Insbesondere die Reichweite des § 6 Abs.1 S.2 GJVollz

Bei Vorliegen eines der Merkmale ist eine Freiheitsbeschränkungsmaßnahme im Sinne des § 6 Abs.1 S.2 GJVollz trotzdem nicht per se, sondern nur zulässig, soweit das GJVollz eine besondere Regelung nach S.1 nicht enthält. Ob ein solcher Fall vorliegt, kann im Einzelfall schwierig zu ermitteln und deshalb strittig sein.[418]
Problematisch könnte aber in Zukunft die Handhabung des § 6 Abs.1 GJVollz deshalb sein, weil gerade Satz 2 in seiner Ausprägung im Erwachsenenstrafvollzug vor allem durch die Praxis eine signifikante Erweiterung seines ursprünglich eng begrenzten Anwendungsbereichs erfuhr.[419] Diese im Erwachsenenstrafvollzug zu beobachtende Tendenz könnte sich auch auf § 6 Abs.1 GJVollz auswirken, denn die Versuchung könnte groß sein, (scheinbar) nicht vom GJVollz erfasste Regelungskomplexe über § 6 Abs.1 S.2 GJVollz zu lösen. Da allerdings schon die Systematik des Gesetzes, welche die Eingriffsbefugnisse der Vollzugsbehörde grundsätzlich auf die im GJVollz ausdrücklich genannten beschränkt, eine zurückhaltende Anwendung des Satzes 2 gebietet, sollte diese Ausnahmeregelung auch nur restriktiv angewendet werden.
Hier Auslegungsrichtlinien zu entwickeln, ist aufgrund der Vielzahl der denkbaren Anwendungsfälle nicht einfach. Dennoch bieten sich folgende Leitlinien an[420]:

- Normzweck des § 6 Abs.1 S.2 GJVollz ist es, die zentralen Funktionszusammenhänge der Jugendstrafanstalt aufrecht zu erhalten.[421] Nur in den Fällen, in denen diese unmittelbar bedroht sind, darf daher – sofern keine Norm des GJVollz diesen Komplex regelt – auf § 6 Abs.1 S.2 GJVollz zurückgegriffen werden.

- Das in § 6 Abs.1 S.1 GJVollz enthaltene Enumerationsprinzip begründet eine Vermutung für die Vollständigkeit und Richtigkeit der gesetzlichen Regelungen.[422] Daher ist im Zweifel anzunehmen, dass der Gesetzgeber es bei den entsprechenden Einzelregelungen belassen wollte. Dies hat insbesondere für die Fälle zu gelten, in denen entsprechende Problematiken aus dem Erwachsenenstrafvollzug bekannt waren, aber keine Regelung im GJVollz erfolgte. Gerade bei einem aktuellen Entwurf wie hier ist im Zweifel kein Versehen zu unterstellen.

- Richtschnur für die Auslegung des § 6 Abs.1 S.2 GJVollz bilden neben dem oben erörterten Normzweck die §§ 2 und 3 GJVollz und die dort enthaltenen

417 Vgl. Callies/Müller-Dietz (2005), § 4, Rn.24.
418 Callies/Müller-Dietz (2005), § 4, Rn.20.
419 Einen umfangreichen Überblick über die Judikatur geben Callies/Müller-Dietz (2005), § 4, Rn.21 ff.
420 Vgl. Callies/Müller-Dietz (2005), § 4, Rn.20.
421 Vgl. Callies/Müller-Dietz (2005), § 4, Rn.24.
422 Vgl. Callies/Müller-Dietz (2005), § 4, Rn.20.

Grundsätze und Wertentscheidungen.[423] Zu beachten sind für den Sonderbereich des Jugendstrafvollzugs neben im Erwachsenenstrafvollzug ebenfalls verbrieften Grundsätzen wie dem Angleichungs- und dem Gegensteuerungsgrundsatz insbesondere das Vollzugsziel des § 2 GJVollz sowie der Förderungsgrundsatz des § 3 Abs.1 GJVollz. Gerade im Lichte des Förderungsgrundsatzes betrachtet wird klar, dass § 6 Abs.1 S.2 GJVollz keine Generalklausel sein darf, die den Weg zu immer weiteren Freiheitsbeschränkungen – letztlich bis zum Verwahrvollzug – ebnet. Vielmehr muss gerade im Blick auf die Insassen des Jugendstrafvollzugs umso mehr der rechtsstaatliche Grundsatz in dubio pro libertate gelten.[424]

d. Ergebnis zu § 6 Abs.1 GJVollz

§ 6 Abs.1 GJVollz umreißt in Satz 1, was der Staat unter welchen Umständen grundsätzlich mit seinen jungen Gefangenen machen darf und was nicht. Für § 6 Abs. 1 S.2 GJVollz muss in noch wesentlich stärkerem Maße als bisher im Bereich des Erwachsenenstrafvollzugs gelten, dass diese generalklauselartige Eingriffermächtigung grundsätzlich eine ultima-ratio-Klausel ist.[425]

2. § 6 Abs.2 GJVollz

Gemäß § 6 Abs.2 GJVollz sollen dem Gefangenen vollzugliche Maßnahmen auf Verlangen erläutert werden.

a. Ziel der Vorschrift

Erziehung lebt von Kommunikation. Daher ist es wichtig, dass mit dem Gefangenen geredet wird. Dies gilt umso mehr, als er sich zum einen nicht als reines Vollzugsobjekt fühlen soll und zum anderen verhindert werden soll, dass Informationen über bestimmte Maßnahmen einseitig nur von – subkulturell möglicherweise erfahrenen – Mitgefangenen kommen. Durch die Soll-Vorschrift des § 6 Abs.2 GJVollz soll also erreicht werden, dass die Hintergründe, die die Vollzugsbehörde bewogen haben, die Maßnahme anzuordnen, für den Gefangenen erkennbar werden und – im Idealfall – nachvollziehbar sind.[426] Allerdings berührt Absatz 2 nicht die Verpflichtung des Gefangenen, den Anordnungen der Strafvollzugsbediensteten Folge zu leisten, § 31 Abs.2 GJVollz i.V.m. § 82 Abs.2 S.1 StVollzG.
Dadurch, dass die Vollzugsgestaltung des Jugendstrafvollzugs für den jungen Gefangenen nachvollziehbar gemacht wird, wird auch eine Forderung erfüllt, die durch die Regeln der Vereinten Nationen zum Schutze von Jugendlichen unter Freiheitsentzug in den Nrn. 24 und 25 aufgestellt wird.[427]

---

[423] Vgl. Kaiser/Schöch (2002), § 5, Rn.68; Callies/Müller-Dietz (2002), § 4, Rn.20.
[424] Vgl. Callies/Müller-Dietz (2002), § 4, Rn.20.
[425] Vgl. Callies/Müller-Dietz (2002), § 4, Rn.20.
[426] Vgl. Begründung zum GJVollz (2004), S.23.
[427] Abgedruckt in: Internationale Menschenrechtsstandards und das Jugendkriminalrecht (2001), S.97 f.; Stellungnahme der DVJJ zum GJVollz (2004), S.314, 318.

b. Bisherige Rechtslage und Alternativentwürfe

Eine vergleichbare Vorschrift findet sich weder im StVollzG noch in den VVJug. Auch die bislang vorgelegten Alternativentwürfe enthalten keine vergleichbare Regelung.

c. Probleme der Vorschrift

aa. Erörterung statt Begründung

Dem jungen Gefangenen soll die vollzugliche Maßnahme ausweislich des Gesetzestextes nur *„erörtert"*, nicht jedoch begründet werden. Der Sinn dieser Differenzierung ist nicht ganz einleuchtend[428] und es lassen sich mehrere Gesichtspunkte gegen den gewählten Begriff ins Feld führen. Zum einen sprechen pädagogische Gesichtspunkte dafür, erzieherisches Handeln (um das es hier i.d.R. geht) zu begründen.[429] Dies stärkt bei dem Gefangenen das Gefühl, nicht lediglich Objekt, sondern Subjekt des Jugendstrafvollzugs zu sein. Zum anderen kann die Notwendigkeit, Begründungen abzugeben, auch der professionellen Selbstkontrolle und der kritischen Reflexion der getroffenen Vollzugsmaßnahmen dienen.[430] Zudem dürfte es in der Praxis schwer sein, eine fundierte Erörterung der Vollzugsmaßnahme abzugeben, ohne diese zugleich wenigstens ansatzweise zu begründen. Denn meist wird die Frage nach dem „Warum" einer Maßnahme ohnehin die sein, die den jungen Gefangenen hauptsächlich interessiert.
Aus oben genannten Gründen überzeugt die Terminologie des Entwurfs nicht restlos. Daher sollte § 6 Abs.2 GJVollz in dem Sinne abgeändert werden, dass das Wort *„erörtert"* durch *„begründet"* ersetzt wird.[431]

bb. Ausgestaltung als Sollvorschrift

§ 6 Abs.2 GJVollz ist lediglich als Soll-Vorschrift ausgestaltet worden, d.h. es besteht keine Verpflichtung seitens der Vollzugsbehörde, die Vollzugsmaßnahme zu erörtern. Denkbar wäre aber auch, dem jungen Gefangenen einen Anspruch auf Erörterung der Vollzugsmaßnahme zu geben.[432] Für eine Pflicht der Vollzugsbehörde, die getroffene Maßnahme auf Verlangen zu erörtern, sprechen vor allem pädagogische Gründe und Gesichtspunkte der Selbstkontrolle der Vollzugsbehörde.[433] Andererseits besteht die Gefahr, dass es bei der Vielzahl der tagtäglich zu treffenden Vollzugsmaßnahmen zu einer Überlastung der Vollzugsbehörde kommt, wenn gehäuft Anfragen gestellt werden. Auch ist ein Missbrauch dieser Möglichkeit durch Gefangene, die die Vollzugsbehörde mit Erörterungswünschen sozusagen bombardieren, nicht auszuschließen. Vor diesem Hintergrund erscheint die Fassung als Sollvorschrift als sachgerecht. Trotz-

---

[428] So auch J. Walter, ZfJ 2004, S.397, 401.
[429] J. Walter, ZfJ 2004, S.397, 400.
[430] J. Walter, ZfJ 2004, S.397, 400.
[431] In diesem Sinne auch die Stellungnahme der DVJJ zum GJVollz (2004), S.314, 318; Tondorf (2006), Fn.29.
[432] So Tondorf (2006), Fn.29; Gemeinsame Erklärung der Seelsorgerverbände zum GJVollz, S.3.
[433] Vgl. J. Walter, ZfJ 2004, S.397, 400.

dem muss klar sein, dass von einer Begründung, die ein Gefangener verlangt, nur in eng begrenzten Ausnahmefällen abgesehen werden kann.[434]

cc. Zeitlicher Abstand zwischen Erörterung und Begründung

Die Begründung muss auch nicht in unmittelbarem zeitlichem Abstand mit der Maßnahme erfolgen.[435] Dies leuchtet für solche Maßnahmen ein, bei denen schnell gehandelt werden muss, weil beispielsweise Gefahr im Verzug ist. Für den normalen Alltagsbetrieb wäre es allerdings wünschenswert, wenn die Erörterung in angemessenem zeitlichem Abstand auf die getroffene Vollzugsmaßnahme folgen würde. Hierfür lassen sich im Wesentlichen die gleichen Argumente wie oben anführen. Insbesondere sprechen jedoch erzieherische Gründe dafür. Denn durch die Erörterung der Vollzugsmaßnahme sollen für den Gefangenen ja die Hintergründe, die die Vollzugsbehörde veranlasst haben, die (i.d.R. belastende) Maßnahme anzuordnen, erkennbar und nachvollziehbar werden.[436] Diesem Ziel wird jedoch am besten eine möglichst zeitnahe Erörterung der Vollzugsmaßnahme gerecht.
Einen angemessenen Kompromiss aus den Interessen der Vollzugsbehörde und den Interessen des jungen Gefangenen an möglichst zeitnaher Information würde daher folgende Formulierung darstellen, die als § 6 Abs.2 S.2 GJVollz den bisherigen Absatz 2 ergänzen könnte: *„Die Erörterung soll innerhalb eines angemessenen Zeitraums erfolgen.“* Diese Formulierung stellt sicher, dass die Erörterung bzw. Begründung der Vollzugsmaßnahme zeitlich tatsächlich noch im Zusammenhang mit der getroffenen Maßnahme steht. Andererseits lässt die Fassung der Norm als Soll-Vorschrift noch genügend Raum für eine flexible, auf den Einzelfall bezogene Handhabung der Norm im Vollzugsalltag.

dd. Erörterndes Personal und Form der Erörterung

Es sollte eigentlich selbstverständlich sein, dass der Beamte, der die Vollzugsmaßnahme getroffen hat, an der Erörterung derselben mit dem jungen Gefangenen beteiligt ist. Dies schließt aber nicht aus, dass gleichzeitig Anstaltspersonal an der Erörterung teilnimmt, welches hierfür speziell geschult ist, z.B. Psychologen und Sozialarbeiter.
Schon der Wortsinn des Wortes *„erörtern“*, welches der Entwurf gewählt hat, lässt an sich nur Raum für eine Erörterung der Vollzugsmaßnahme in Form einer persönlichen Unterredung. Gegen die Schriftform als Form der Erörterung spricht aber auch Sinn und Zweck der Vorschrift, nämlich dem jungen Gefangenen die Hintergründe, die die Vollzugsbehörde veranlasst haben, die (i.d.R. belastende) Maßnahme anzuordnen, erkennbar und auch nachvollziehbar werden zu lassen.[437] Diesem Normzweck wird eine persönliche Unterredung regelmäßig besser gerecht als eine schriftliche Stellungnahme, die dem jungen Gefangenen unpersönlich und bürokratisch erscheinen muss. Zudem zwingt ein persönliches Gespräch dazu, sich nochmals direkt mit dem Gefangenen auseinanderzusetzen,

---

[434] So auch die Stellungnahme der DVJJ zum GJVollz (2004), S.314, 318.
[435] Vgl. Begründung zum GJVollz (2004), S.23.
[436] Begründung zum GJVollz (2004), S.23.
[437] Begründung zum GJVollz (2004), S.23.

was auch pädagogisch sinnvoll sein dürfte und zudem der professionellen Selbstkontrolle des Vollzugspersonals dient.[438]

d. Ergebnis zu § 6 Abs.2 GJVollz

Bei § 6 Abs.2 GJVollz handelt es sich um eine Vorschrift, die von ihrem Grundgedanken her sehr zu begrüßen ist. Sie sollte aber unter Zugrundelegung der oben genannten Gesichtspunkte ergänzt bzw. überarbeitet werden, auch um Vorwürfe auszuräumen, die Vorschrift sei zu unverbindlich[439].

II. Gesamtergebnis zu § 6 GJVollz

Insgesamt ist § 6 GJVollz weitgehend sachgerecht[440].

G. § 7 Beteiligung Dritter

I. Aufbau der Vorschrift

§ 7 GJVollz regelt Grundsätzliches zur Zusammenarbeit mit Stellen außerhalb des Vollzugs. § 7 Abs.1 GJVollz verankert das Gebot der engen Zusammenarbeit der Vollzugsbehörden mit Stellen außerhalb des Jugendstrafvollzugs. § 7 Abs.2 GJVollz sieht eine enge Zusammenarbeit mit offenen Einrichtungen freier Träger vor. § 7 Abs.3 GJVollz regelt die Zusammenarbeit der Vollzugsbehörde mit Jugendämtern und Personensorgeberechtigten dergestalt, dass diese zwingend in angemessener Weise in Planung sowie Gestaltung des Vollzugs mit einzubeziehen sind.

II. Inhalt der Vorschrift

1. § 7 Abs.1 GJVollz

a. Ziel der Vorschrift

Grundlage des § 7 Abs.1 GJVollz ist die Erkenntnis, dass es zur Erreichung des Vollzugsziels nicht ausreicht, dass die vor, während sowie nach der Inhaftierung mit den Gefangenen befassten Personen, Einrichtungen und Behörden isoliert handeln. Vielmehr müssen die einzelnen Beiträge durch ein sinnvolles Gesamtkonzept miteinander verknüpft sein.[441] Absatz 1 soll die gesetzliche Grundlage für eine enge Zusammenarbeit zwischen Vollzugsbehörde und fachbezogenen Einrichtungen und Organisationen außerhalb des Vollzugs darstellen. Ange-

---

438 J. Walter, ZfJ 2004, S.397, 401.
439 Vgl. Stellungnahme der BAG, S.2.
440 So auch die Stellungnahme des Deutschen Richterbundes, zu § 6.
441 Begründung zum GJVollz (2004), S.23.

strebt wird dabei von Seiten des Entwurfs eine umfassende, enge Zusammenarbeit. Diese soll sich nicht nur auf die Erfüllung der gesetzlichen Aufgaben beschränken, sondern sich auch auf andere Bereiche erstrecken. Die Begründung zum GJVollz nennt dazu ausdrücklich die Bereiche Nachsorge, Aus- und Fortbildung, Informations- Erfahrungs- und Meinungsaustausch sowie Forschung, Evaluation und Dokumentation.[442] Die gezielte Einbeziehung der Öffentlichkeit in die Erfahrungen und Probleme des Vollzugs soll zudem Problemkenntnis und -verständnis bei der Bevölkerung wecken. Langfristig sollen so bei der Bevölkerung Reformbewusstsein und Akzeptanz für strukturelle Verbesserungen geschaffen werden.[443]

b. Bisherige Rechtslage und Alternativentwürfe

Bisher galt für den Bereich des Jugendstrafvollzugs Nr.101 VVJug. Dessen Absätze 1 und 2 entsprechen nahezu wortwörtlich dem im Erwachsenenstrafvollzug geltenden § 154 StVollzG. Unterschiede ergeben sich nur dahingehend, als in Nr. 101 Abs.2 VVJug der Vollstreckungsleiter sowie die Jugendämter als außervollzugliche Stellen genannt sind, mit denen die im Vollzug Tätigen eng zusammen zu arbeiten haben.
Die bislang vorgelegten Alternativentwürfe regeln die Zusammenarbeit mit Institutionen außerhalb des Vollzugs in nahezu identischen Formulierungen.[444]

c. Neuerungen

Nr.101 Abs.2 VVJug sowie § 154 Abs.2 StVollzG für den Erwachsenenstrafvollzug differenzieren zwischen verschiedenen Ebenen der Zusammenarbeit.[445] § 7 Abs.1 GJVollz gibt diese bisherige Differenzierung weitgehend auf. Nr.101 Abs.1 VVJug, der zwingend die Zusammenarbeit aller im Vollzug Tätigen anordnete, wurde sogar ersatzlos gestrichen. Vielmehr wird jetzt zwischen fachbezogenenen Einrichtungen und Organisationen außerhalb des Vollzuges in Absatz 1 sowie offenen Einrichtungen freier Träger in Absatz 2 unterschieden. Auch die Aufzählung der außervollzuglichen Organisationen ist im Gegensatz zu Nr. 101 Abs.2 VVJug nicht abschließend, sondern lässt bewusst *(„namentlich“)* Raum für die Zusammenarbeit mit anderen Organisationen außerhalb des Jugendstrafvollzugs. Die beispielhafte Aufzählung außervollzuglicher Anstalten wurde im Vergleich zu den VVJug erweitert und mit den spezifischen Zielsetzungen des GJVollz abgestimmt. Im Einklang mit der Zielsetzung, die schulische Bildung sowie das Arbeits- und Sozialverhalten und die berufliche Qualifikation zu fördern[446], sind nun ausdrücklich Schulen und Schulbehörden, Einrichtungen für berufliche Bildung sowie Arbeitsämter in § 7 Abs.1 GJVollz erwähnt. Auch die enge Zusammenarbeit mit der Jugendgerichtshilfe, die schon in § 38 Abs.2 S.9 JGG Erwähnung findet, ist nunmehr in einer Vollzugsvorschrift verbindlich festgeschrieben – dies ist schon deshalb bedeutsam, weil der

[442] Begründung zum GJVollz (2004), S.23 f.
[443] Begründung zum GJVollz (2004), S.24.
[444] Kreideweiß (1993), S.269; vgl. § 124 E 1984; § 124 E 1985; § 106 E 1988; § 136 E 1991; § 115 Abs.2 E 1993.
[445] Statt aller Rotthaus/Wydra, in: Schwind/Böhm/Jehle (2005), § 154, Rn.1.
[446] Begründung zum GJVollz (2004), S.5.

Jugendgerichtshelfer in der Vollzugsrealität nicht selten die einzige Kontaktperson nach draußen darstellt.[447] Dem zunehmenden Anteil junger Ausländer im Jugendstrafvollzug[448] wird dadurch Rechnung getragen, dass ausdrücklich Ausländerbehörden sowie Ausländer- und Integrationsbeauftragte als Partner außervollzuglicher Zusammenarbeit Erwähnung finden. Nach der Entwurfsbegründung ist auch eine enge Zusammenarbeit mit Polizei und Justiz sowie mit Fachhochschulen und Universitäten zum Zwecke der Konzeptentwicklung und Qualitätssicherung geboten.[449]
Ausweislich des Wortlauts ist die Zusammenarbeit im Sinne des § 7 Abs.2 GJVollz – zumindest mit den ausdrücklich genannten Organisationen – zwingend. Diese haben demzufolge auch einen – gegebenenfalls auch einklagbaren – Anspruch auf Zusammenarbeit[450], was aber nicht bedeutet, dass alle Vertreter dieser Verbände ohne weiteres in der Vollzugsanstalt tätig werden können.[451] Zu der Frage, wie die Zusammenarbeit im konkreten Fall auszusehen hat, trifft das Gesetz keine Aussage. Angeordnet wird lediglich, dass die Zusammenarbeit *„eng"* zu sein hat, § 7 Abs.1 GJVollz a.E.

d. Probleme der Vorschrift

Problematisch ist die mangelnde rechtliche Verbindlichkeit und die schwammige Formulierung der Norm, was auch darin begründet ist, dass sie sich von ihrem Wortlaut her sehr an § 154 Abs.2 StVollzG bzw. an Nr. 101 Abs.2 VVJug anlehnt.
Insbesondere bleibt unklar, wie die Zusammenarbeit konkret auszusehen hat. Einziger Anhaltspunkt im Gesetz ist die Formulierung, dass die Zusammenarbeit *„eng"* zu sein hat – eine Formulierung die direkt der Ist-Bestimmung des § 154 Abs.2 S.1 StVollzG und der Nr.101 Abs.2 S.1 VVJug entstammt. Zudem äußert sich die Entwurfsbegründung dahingehend, dass sich die Zusammenarbeit nicht auf Kontakte bei der Erfüllung der gesetzlichen Aufgaben beschränken könne, sondern auch in anderen Bereichen eine erhebliche Rolle spiele.[452] Beispielhaft genannt sind hierbei die Gesichtspunkte Nachsorge, Aus- und Fortbildung, Informations- Erfahrungs- und Meinungsaustausch sowie Forschung, Evaluation und Dokumentation.[453] Aber diese Erkenntnis lässt sich auch im Wege der Auslegung der Formulierung *„enge Zusammenarbeit"* gewinnen. Denn eine Zusammenarbeit, die sich lediglich auf die Erfüllung der gesetzlichen Aufgaben der Beteiligten beschränkt, kann wohl schwerlich als eng bezeichnet werden.
Ein Beitrag dazu, der Vorschrift in diesem Punkt mehr Profil zu geben, könnte beispielsweise durch geleistet werden, dass der Vorschrift ein neuer Satz 2 angefügt wird. Darin könnten die Felder der Zusammenarbeit, die in der Begründung zum GJVollz erwähnt werden[454], beispielhaft aufgezählt werden. Ein solcher

[447] Ostendorf (2003), §§ 91-92, Rn.24 m.w.N.
[448] Vgl. oben Kap.4, C.
[449] Begründung zum GJVollz (2004), S.23.
[450] Rotthaus/Wydra, in: Schwind/Böhm/Jehle (2005), § 154, Rn.5 zu § 154 StVollzG.
[451] Rotthaus/Wydra, in: Schwind/Böhm/Jehle (2005), § 154, Rn.5 zu § 154 StVollzG.
[452] Begründung zum GJVollz (2004), S.23 f.
[453] Begründung zum GJVollz (2004), S.24.
[454] Begründung zum GJVollz (2004), S. 23 f.

Satz 2 könnte beispielsweise lauten: *„Felder der Zusammenarbeit sind insbesondere...“*.
Ansonsten setzt *„enge“* Zusammenarbeit im Sinne des § 7 Abs.1 GJVollz jedenfalls eine ständige, unbürokratische Kommunikation der Beteiligten voraus.[455]
Von Seiten der Bundesarbeitsgemeinschaft der Lehrerinnen und Lehrer im Justizvollzug e. V. (BAG) wurde kritisch angemerkt, die Aufzählungen in § 7 Abs.1 GJVollz seien nicht besonders hilfreich, weil sich nachträglich herausstellen könnte, dass wichtige Einrichtungen vergessen wurden.[456] Da aber § 7 Abs.1 GJVollz – übrigens im Gegensatz zu § 154 Abs.2 S.1 StVollzG und der bisher für den Jugendstrafvollzug geltenden Nr.101 Abs.2 S.1 VVJug – ausweislich der Formulierung *„insbesondere“* nicht abschließend zu verstehen ist, greift diese Kritik nicht durch.
Ebenfalls von Seiten der BAG kam der Vorschlag, in § 7 Abs.1 GJVollz die Worte *„national und transnational“* im Hinblick auf die zunehmende Europäisierung des Vollzuges einzufügen.[457] Auch wenn eine solche Formulierung sicher nicht schaden würde, ist der Jugendstrafvollzug doch immer noch primär Sache der einzelnen Mitgliedsstaaten bzw. in der Bundesrepublik künftig nicht nur in seiner praktischen Durchführung, sondern auch hinsichtlich seiner gesetzlichen Regelung Sache der Bundesländer. Daher wäre eine solche Ergänzung des § 7 Abs.1 GJVollz voraussichtlich wenig praxisrelevant. Zudem bestünde die Gefahr, dass diese erweiternde Formulierung den Blick auf die – in der Praxis viel wichtigere – lokale Zusammenarbeit verstellt. Denn eine enge Zusammenarbeit, wie sie das GJVollz fordert, ist vor allem in einem überschaubaren, kommunalen Bereich denkbar. Anstatt sich auf europaweite Zusammenarbeit, so wichtig sie in anderen Bereichen auch sein mag, zu konzentrieren, sollte vielmehr die Arbeit mit den Organisationen vor Ort im Vordergrund stehen. Die genannte Formulierung ist somit verzichtbar.

e. Ergebnis zu § 7 Abs.1 GJVollz

Insbesondere die Einbeziehung außervollzuglicher Organisationen in den Katalog des § 7 Abs.1 GJVollz, die sich mit ihren Angeboten speziell an die Bedürfnisse des Jugendstrafvollzugs richten, ist zu begrüßen. Auch die Abschaffung der eher verwirrenden Differenzierung in verschiedene Ebenen der Zusammenarbeit[458] ist insbesondere deshalb lobenswert, weil der Entwurf hier nicht dabei stehen bleibt, § 7 Abs.1 GJVollz komplett in eine Soll-Vorschrift umzuwandeln, sondern den Schritt hin zu einer Ist-Vorschrift wagt. Dass dies auch für die Personen und Vereine gilt, deren Einfluss die Eingliederung der Gefangenen fördern kann (§ 7 Abs.1 GJVollz a.E.), ist deshalb umso begrüßenswerter. Hier setzt sich das GJVollz deutlich von den vorher geltenden VVJug und dem StVollzG ab.
Bedauerlicherweise mangelt es § 7 Abs.1 GJVollz an der erforderlichen Konkretheit und Bestimmtheit, auch wenn die Fassung als Ist-Vorschrift und die Betonung *„enger“* Zusammenarbeit begrüßenswert ist. Hier wurde leider kein

---

455 Rotthaus/Wydra, in: Schwind/Böhm/Jehle (2005), § 154, Rn.5.
456 Stellungnahme der BAG, S.2.
457 Stellungnahme der BAG, S.2.
458 Vgl. § 154 Abs.2 S.1 einerseits, S.2 andererseits sowie Nr.101 Abs.1 S.2 VVJug einerseits sowie S.2 andererseits.

energischer Schritt weg von den Formulierungen des § 154 Abs.2 StVollzG und der Nr.101 Abs.2 VVJug gewagt. Deshalb wäre eine Überarbeitung in oben genanntem Sinne anzustreben.

2. § 7 Abs.2 GJVollz

a. Ziel der Vorschrift

Durch § 7 Abs.2 GJVollz soll den Gefangenen der Übergang vom geschlossenen Vollzug in die Freiheit erleichtert werden. Primäre Zielgruppe für die Unterbringung in einer Übergangseinrichtung im Sinne des § 7 Abs.2 GJVollz sind Gefangene, die nicht zur Entlassungsvorbereitung in eine Anstalt oder Abteilung des offenen Vollzugs verlegt werden können, aber auch solche Gefangene, die während ihres Urlaubs oder auch nach der Entlassung nicht (mehr) zu ihren Familien oder Freunden zurückkehren können.[459] Die Übergangseinrichtungen sollen als offene Einrichtungen freier Träger betrieben werden, mit denen die Jugendstrafanstalten eng zusammen arbeiten.[460]
Dies ist auch unter monetären Gesichtspunkten bedeutsam, soll doch diese Auslagerung eines Teils des offenen Vollzugs nach Vorstellung der Entwurfsbegründung zumindest kostenneutral sein.[461]

b. Bisherige Rechtslage und Alternativentwürfe

Eine ähnliche Vorschrift findet sich in keinem der bislang vorgelegten Alternativentwürfe.[462]

c. Inhalt der Vorschrift

aa. Der Begriff der Übergangseinrichtung

Übergangseinrichtungen im Sinne des § 7 Abs.2 GJVollz sind offene Einrichtungen freier Träger, in denen Gefangene während einer Übergangszeit vor der Entlassung oder beurlaubte, bedingt entlassene sowie ehemalige Gefangene untergebracht und betreut werden können. Es gibt also zwei Möglichkeiten, wie der Gefangene mit einer solchen Übergangseinrichtung in Berührung kommen kann. Zum einen kann er dort während des Urlaubs aus dem Vollzug (§ 15 GJVollz) oder zur Vorbereitung der Entlassung (§ 18 Abs.3 S.1 1.Var. GJVollz), also noch als Gefangener untergebracht werden. Zum anderen kann eine Unterbringung auch erfolgen, wenn er entweder bedingt oder endgültig entlassen wurde, also kein Gefangener mehr ist.

---

459 Begründung zum GJVollz (2004), S.24.
460 Begründung zum GJVollz (2004), S.24.
461 Begründung zum GJVollz (2004), S.8.
462 Vgl. zur Regelung der Entlassungsvorbereitung durch die Alternativentwürfe Kreideweiß (1993), S.119 ff. m.w.N.

bb. Durchführung durch freie Träger

Ausweislich des Wortlauts der Vorschrift sollen die Übergangseinrichtungen durch sog. freie Träger betrieben werden. Dabei handelt es sich im Gegensatz zu den Öffentlichen Trägern um privatrechtlich verfasste Organisationen, welche wiederum in privat-gemeinnützige und privat-gewerbliche freie Träger unterteilt werden können.[463] Mit diesen freien Trägern sollen die Jugendstrafanstalten ein Netzwerk bilden. Diese Formulierung hebt wiederum hervor, dass nach Vorstellung des Gesetzgebers die Zusammenarbeit zwischen diesen beiden Stellen möglichst eng, vertrauensvoll und unbürokratisch sein soll.

cc. Gemeinsame Unterbringung von Gefangenen und Nicht-(mehr)-Gefangenen

Nach der aktuellen Fassung des Entwurfs können in den Übergangseinrichtungen sowohl Gefangene, als auch bedingt Entlassene sowie ehemalige Strafgefangene untergebracht werden. Eine gemeinsame Unterbringung dieser Gruppen in einer Übergangseinrichtung könnte insofern problematisch sein, als dass für Gefangene – auch wenn es sich ausdrücklich um offene Einrichtungen handeln soll – trotzdem andere Sicherheitsvorkehrungen und -konzepte gelten müssen als für freie Bürger. Dieses Problem ließe sich auf zweierlei Arten lösen. Zum einen könnte man getrennte Übergangseinrichtungen für Gefangene und ehemalige Gefangene schaffen. Andererseits könnte man die ehemaligen Gefangenen vor Aufnahme in der Einrichtung dazu verpflichten, sich der Hausordnung und damit auch den geltenden Sicherheitsregeln zu unterwerfen. Vorzugswürdig dürfte letztere Lösung sein. Für sie spricht nicht nur die Praktikabilität – es müssen nicht zusätzliche Übergangseinrichtungen geschaffen werden – sondern auch, dass sich die Unterbringung mit freien, ehemaligen Gefangenen durchaus positiv auf das Klima in der Übergangseinrichtung auswirken kann. Zudem werden die zu treffenden Sicherheitsmaßnahmen jedenfalls nicht mehr so gravierend sein, da es sich ja um Einrichtungen des offenen Vollzugs handelt.

d. Ergebnis zu § 7 Abs.2 GJVollz

Durch § 7 Abs.2 GJVollz wird die Möglichkeit der Einbeziehung freier Träger, wie sie auch schon die Öffnungsklausel des § 5 Abs.1 S.2 GJVollz vorsieht, konsequent ergänzt. Diese Einbeziehung in die Übergangsphase vor der Entlassung ist zu begrüßen. Sie kann im Idealfall eine gelungene Ergänzung zum offenen Vollzug sein, der dadurch ergänzt werden soll.[464] Richtig ist es auch, Gefangenen während des Urlaubs oder nach der Entlassung eine Unterbringung in einer Übergangseinrichtung zu ermöglichen, wenn sie bei Familie oder Freunden nicht unterkommen können oder wollen.[465] Dadurch wird verhindert, dass der Gefangene während des Urlaubs bzw. kurz nach der Entlassung sofort wieder in

[463] http://www.sign-lang.uni-hamburg.de/Projekte/SLex/SeitenDVD/Konzepte/L51/L5144.htm zuletzt abgerufen am 13.11.2006.
[464] Begründung zum GJVollz (2004), S.24.
[465] Begründung zum GJVollz (2004), S.24.

sein altes – kriminogenes – Umfeld zurückfällt[466]; im Idealfall wird so der Übergang vom geschlossenen Vollzug in die Freiheit innerhalb eines Schonklimas in der Übergangseinrichtung vorbereitet und erleichtert. Dies entspricht im Übrigen einer in der Wissenschaft häufig geäußerten Forderung, wonach die Möglichkeit geschaffen werden solle, gerade bereits Entlassene in einer Krisensituation kurzfristig wieder in die Anstalt aufzunehmen.[467] Das Eingehen kontrollierter Rückfallrisiken, das damit zwangsläufig verbunden ist, rechtfertigt sich schon aus dem Vollzugsziel sowie dem vorrangig zu verfolgenden Ansatz der positiven Individualprävention.[468] Wenn aber wie hier hoheitliche Aufgaben, nämlich offener Vollzug sowie Entlassungsvorbereitung, von Privaten übernommen werden, muss dem Gesichtspunkt der Evaluation sowie der Überwachung solcher Einrichtungen besondere Bedeutung zukommen. Denn auch dort muss sich die Behandlung primär an den allgemeinen Grundsätzen des GJVollz, vor allem am Vollzugsziel des § 2 GJVollz ausrichten. Gerade vor diesem Hintergrund ist die enge und vertrauensvolle Zusammenarbeit zwischen Jugendstrafanstalt und dem jeweiligen freien Träger von Bedeutung. Ein solches Netzwerk – so die Terminologie des Entwurfs – kann aber nicht staatlicherseits quasi verordnet werden, sondern muss sich entwickeln und wachsen. Das gesetzgeberische Ziel eines Netzwerks dürfte daher nur mittelfristig zu erreichen sein.

3. § 7 Abs.3 GJVollz

a. Inhalt und Ziel der Vorschrift

aa. Beteiligung der Personensorgeberechtigten

Die Beteiligung der Personensorgeberechtigten an Planung und Gestaltung des Vollzugs entspricht einer in Wissenschaft und Praxis vielfach geäußerten Forderung.[469] Denn ihre Einbeziehung ist aufgrund der in Art. 6 Abs.2 GG getroffenen Wertentscheidung zum Schutze von Elternrecht und Familie sowie der einfachgesetzlichen Ausprägungen dieses Grundsatzes namentlich in § 1626 BGB unabdingbar.[470] Eine Aufhebung dieser grundgesetzlichen Wertentscheidung in ihrem Wesensgehalt findet nämlich auch durch die zwangsweise Trennung des jungen Gefangenen im Jugendstrafvollzug von seiner Familie nicht statt.[471] Dieser verfassungsrechtlichen Vorgabe folgend muss der Vollzug daher die Eltern minderjähriger Gefangener bei den Entscheidungen, die das Elternrecht berüh-

---

[466] Vgl. die Untersuchung von Görken, ZfStrVo 1987, S.83 ff., wonach im Ergebnis ehemalige Gefangene, die in ihre ursprüngliche Umgebung (Familie) zurückkehrten, …*"leichter ,in den alten Trott'*… (verfielen, Anm. des Verf.) (aaO, S.86).

[467] Eisenberg, JGG (2006), § 91, Rn.32 c; vgl. auch Lempp, DVJJ-J 1994, S.58, 60 f., wonach mancher kriminelle „Rückfall" aus dem unterbewussten Motiv heraus geschieht, wieder in die JVA zurückzukommen, weil der Entlassene Angst vor dem „Draußen" hat bzw. sich den Anforderungen nicht gewachsen fühlt.

[468] Dazu Ostendorf (2003), §§ 91-92, Rn.12 m.w.N.

[469] Vgl. § 11 Abs.4 E 1988; § 10 Abs.4 E 1993; zusammenfassend hierzu Kreideweiß (1993), S.72.

[470] Begründung zum GJVollz (2004), S.24.

[471] Begründung zum GJVollz (2004), S.24.

ren können, einbeziehen und ihre Vorstellungen nach Möglichkeit berücksichtigen.[472]

bb. Beteiligung der Jugendämter

Auch wenn die Jugendämter in § 7 Abs.1 GJVollz keine ausdrückliche Erwähnung finden, ergibt sich doch bei der – vorzugswürdigen, s.o. – weiten Auslegung, dass die Jugendstrafanstalten auch mit ihnen als fachbezogene außervollzugliche Einrichtungen eng zusammenzuarbeiten haben.[473]
§ 7 Abs.3 GJVollz regelt über diesen allgemeinen Grundsatz hinaus Teilaspekte dieser Zusammenarbeit. Danach werden die Jugendämter – genau wie die Personensorgeberechtigten – in angemessener Weise in Planung und Gestaltung des Vollzugs mit einbezogen. In diesem Sinne besteht nun eine gegenseitige Pflicht zur Zusammenarbeit, haben doch die Jugendämter in Wahrnehmung der Aufgaben der Jugendgerichtshilfe[474] gemäß § 38 Abs.2 S.9 JGG die Pflicht, während des Vollzuges mit dem Jugendlichen in Verbindung zu bleiben, was eine Zusammenarbeit mit der Jugendstrafanstalt zwangsläufig mit einschließt. Zudem ergibt sich die Pflicht zur Zusammenarbeit mit den Jugendstrafanstalten für die Jugendämter schon aus § 81 Nr.8 SGB VIII.[475]
Bedeutsam ist die Zusammenarbeit zwischen Jugendamt und Jugendstrafanstalt namentlich zu Beginn und zu Ende des Vollzugs – Zeiträume, die angesichts der regelmäßig kurzen Vollzugsdauer[476] beinahe ineinander übergehen werden. Einerseits wird zu Beginn des Vollzugs so sichergestellt, dass auf eventuell bereits durchgeführte Betreuungsmaßnahmen des Jugendamts aufgebaut wird. Zum anderen kann so im Rahmen der Entlassungsvorbereitung rechtzeitig geprüft werden, ob die Wiedereingliederung des jungen Gefangenen durch Leistungen der Jugendhilfe unterstützt werden kann, gegebenenfalls kann eine Koordinierung mit dem Entlassungszeitpunkt stattfinden.[477] Um die praktische Umsetzung der Zusammenarbeit zu unterstützen, wird in anderen Vorschriften des Entwurfs die Benachrichtigung oder Beteiligung des Jugendamtes vorgesehen, das den jungen Gefangenen bisher betreute oder für seinen gewöhnlichen Aufenthaltsort zuständig ist. Dies gilt namentlich für folgende Fälle:

- Aufnahmeverfahren, § 8 Abs.4 GJVollz (Unterrichtungspflicht)
- Verlegung, § 11Abs.3 GJVollz (Unterrichtungspflicht)
- Entlassung, § 18 Abs.1 S.2 GJVollz (Unterrichtungspflicht)
- Versorgung der eigenen Kinder, § 22 Abs.3 S.2 GJVollz (Anhörungspflicht)
- Unterbringung mit Kind, § 36 GJVollz i.V.m. § 80 Abs.1 S.2 StVollzG (Anhörungspflicht)
- § 37 Abs.3 S.1 GJVollz i.V.m. § 180 Abs.4 S.1 StVollzG (Übermittlung personenbezogener Daten an das Jugendamt)

---

472 Begründung zum GJVollz (2004), S.24.
473 So auch bisher Nr.101 Abs.2 Var.4 VVJug.
474 Vgl. §§ 2 Abs.3 Nr.8, 3 Abs.3, 52 Abs.1 SGB VIII.
475 S. auch Begründung zum GJVollz (2004), S.25.
476 Vgl. Streng (2003), S.204.
477 Begründung zum GJVollz (2004), S.25.

Die Zusammenarbeit von Jugendstrafanstalt und Jugendamt ist auch im Hinblick auf bereits volljährige junge Gefangene bedeutsam: Gemäß § 41 Abs.1 S.1 SGB VIII kommen nämlich bestimmte Leistungen der Jugendhilfe auch für junge Volljährige in Betracht, in begründeten Ausnahmefällen sogar über das Heranwachsendenalter hinaus, § 41 Abs.1 S.2 2.Hs. SGB VIII. Die praktische Bedeutung dieser Zusammenarbeitsklausel dürfte daher in Zukunft groß sein.

cc. Umfang der Beteiligung, insbesondere die Beteiligung „in angemessener Weise“

Nach dem Wortlaut des Entwurfs werden die Personensorgeberechtigten in Planung und Gestaltung des Vollzuges mit einbezogen. Die Kooperation mit den Personensorgeberechtigten ist somit besondere Verpflichtung der Jugendstrafanstalt und wirkt sich konkret dergestalt aus, dass die Eltern über den Jugendstrafvollzug im allgemeinen und über die nach dem Förderplan konkret vorgesehenen Einzelmaßnahmen zu unterrichten sind.[478] Zudem muss versucht werden, die Störung der Familienbeziehung durch die zwangsweise Trennung weitgehend zu mildern.[479] In welcher Intensität die Beteiligung der Personensorgeberechtigten über die grundsätzlichen Informationen hinaus stattfindet, wird in nicht unerheblicher Weise von den Besonderheiten des Einzelfalles abhängen. Dabei werden Faktoren wie Interesse und Bereitschaft zur Zusammenarbeit sowie Kooperationsfähigkeit der betroffenen Personensorgeberechtigten mit Sicherheit eine nicht unerhebliche Rolle spielen.[480] Diese Faktoren werden aber eher eine Rolle bei der Frage spielen, ob die Personensorgeberechtigten ihr Recht auf Beteiligung überhaupt wahrnehmen wollen oder können.
Vor dem Hintergrund des Gesetzeswortlauts ist aber die Frage problematisch, welcher Umfang der Beteiligung der Personensorgeberechtigen noch als *„angemessen“* im Sinne der Vorschrift bezeichnet werden kann. Dabei stehen sich zwei widerstreitende Interessen gegenüber. Zum einen ist das Interesse der Vollzugsbehörde zu berücksichtigen, die für die Durchführung des Vollzugs und für die Erreichung des Vollzugsziels (neben dem Gefangenen) die alleinige Verantwortung trägt, primär ihre Vorstellungen von der Gestaltung eines erzieherisch sinnvollen Jugendstrafvollzugs zu verwirklichen. Dem steht aber das Elternrecht aus Art.6 Abs.2 GG gegenüber, welches auch durch den zwangsweisen Aufenthalt des Jugendlichen in der Jugendstrafanstalt nicht völlig aufgehoben wird.[481] Andererseits muss auch berücksichtigt werden, dass Aktivitäten seitens der Personensorgeberechtigten für den Gefangenen durchaus auch nachteilig sein können.[482]
Für die Lösung dieses Interessenwiderstreits ist zu berücksichtigen, dass die Begehung der die Verhängung einer Jugendstrafe rechtfertigenden Straftat durch den Jugendlichen deutlich gemacht hat, dass die Eltern allein ihrer Erziehungsaufgabe nicht gerecht werden können. Somit greift das subsidiäre Erziehungs-

[478] Begründung zum GJVollz (2004), S.24.
[479] Begründung zum GJVollz (2004), S.24 f.; vgl. auch Schaffstein/Beulke (2002), S.290, die die Störung der Familienbindung zu Recht als einen der Nachteile des Jugendstrafvollzugs bezeichnen, die sich zwar mildern, aber niemals ganz vermeiden ließen.
[480] Begründung zum GJVollz (2004), S.25.
[481] Begründung zum GJVollz (2004), S.24.
[482] Eisenberg, MSchrKrim 2004, S.353, 354; zustimmend Tondorf (2006), Fn.31.

recht des Staates ein[483], so dass grundsätzlich ein Recht des Staates anzuerkennen ist, im Rahmen seines subsidiären Erziehungsrechts auch seine Vorstellungen von Erziehung bzw. Förderung zu verwirklichen. Zwar besteht das Elternrecht in seinem Wesensbereich weiter fort; allerdings zeigt ja eben gerade die Straffälligkeit des Jugendlichen, dass eben nicht mehr jeder erzieherische Einfluss der Personensorgeberechtigten zugelassen werden muss. Daher sprechen verfassungsrechtliche Gesichtspunkte nicht dagegen, den oben genannten Konflikt in dem Sinne zu entscheiden, dass die Personensorgeberechtigten lediglich eingeschränkt, also *„in angemessener Weise"* bei Planung und Durchführung des Vollzugs zu beteiligen sind. Allerdings muss auch beachtet werden werden, dass ein Vollzug, der den Vorstellungen der Eltern diametral entgegen läuft, regelmäßig pädagogisch unzweckmäßig sein wird, da der Jugendliche so einer Konfliktsituation zwischen der Anstalt einerseits und seinen Personensorgeberechtigten andererseits ausgesetzt wird.[484] Deshalb sollten alle vernünftigen und dem Vollzugsziel dienlichen Vorschläge der Personensorgeberechtigten Berücksichtigung finden, soweit dies praktisch möglich ist. Dies verschafft auch dem Elternrecht des Art.6 Abs.2 GG weitestgehende Geltung, auf dessen Bedeutung bei Personensorgeberechtigten minderjähriger Gefangener das Bundesverfassungsgericht in seiner Entscheidung zur Verfassungswidrigkeit des Jugendstrafvollzuges explizit hingewiesen hat.[485]
Vergleichbar kann argumentiert werden, wenn es um die angemessene Beteiligung der Jugendämter geht. Zwar muss der Tatsache Rechnung getragen werden, dass die Jugendämter vor Beginn und nach Beendigung des Vollzugs für den jungen Gefangenen zuständig sind. Die Verantwortung für die Erreichung des Vollzugsziels liegt jedoch bei der Vollzugsbehörde, weshalb ihr das Primat der Planung und Gestaltung des Vollzugs zusteht. Aufgrund der Zuständigkeit des Jugendamtes vor und nach dem Vollzug ist es jedoch richtig und vor dem Hintergrund der Zusammenarbeitspflichten des Jugendamts mit der Vollzugsbehörde (s.o.) nur konsequent, auch eine Zusammenarbeitspflicht der Vollzugsbehörde mit den Jugendämtern gesetzlich festzuschreiben sowie die Formen der Beteiligung in Einzelnormen klar zu umreißen. Form und Umfang der Beteiligung der Jugendämter sind daher im Ergebnis als sachgerecht zu bezeichnen.

b. Ergebnis zu § 7 Abs.3 GJVollz

Die in § 7 Abs.3 GJVollz enthaltene Regelung ist gerade im Lichte des Art. 6 Abs.2 GG längst überfällig. Die Bedeutung der Beteiligung der Personensorgeberechtigten für die Masse der Jugendstrafgefangenen ist in der Praxis allerdings gering, da nur wenige Jugendstrafgefangene tatsächlich minderjährig sind.[486]

III. Gesamtergebnis zu § 7 GJVollz

Mit kleineren Einschränkungen ist § 7 des Entwurfs gelungen.

---

[483] Schaffstein/Beulke (2002), S.109; BVerfGE 74, S.102 mit zust. Anm. Schaffstein, NStZ 1987, S.502.
[484] Vgl. Schaffstein/Beulke (2002), S.109 zu der Parallelproblematik bei Weisungen nach § 10 JGG.
[485] BVerfG, 2 BvR 1673/04 vom 31.5.2006, Abs.55.
[486] S.o. Kap.4, B.III.

Abschnitt 3:
Aufnahme in den Vollzug, Verlegung, Sozialtherapie (§§ 8 bis 12 GJVollz)

A. § 8 Aufnahmeverfahren

I. Inhalt der Vorschrift

§ 8 GJVollz regelt das Aufnahmeverfahren und befasst sich damit mit dem ersten Zeitabschnitt des Vollzuges nach Eintritt des Gefangenen in die Jugendstrafanstalt.[1] Die Vorschrift regelt die Ausgestaltung des gesamten Aufnahmeverfahrens nicht im Einzelnen; dies lässt Raum für eine Ausfüllung durch Verwaltungsvorschriften sowie anstaltsinterne Regelungen.

1. § 8 Abs.1 GJVollz

a. Inhalt und Ziel der Vorschrift

§ 8 Abs.1 GJVollz legt fest, dass andere Gefangene beim Aufnahmeverfahren nicht zugegen sein dürfen. Bezweckt werden mit dieser Vorschrift der Schutz der Intimsphäre der Gefangenen sowie die Wahrung des Datenschutzes.[2] Letzterer wird zudem nach § 37 GJVollz gewährleistet. Zumindest indirekt bezweckt die Norm aber auch einen von anderen Gefangenen möglichst unbeeinflussten ersten Kontakt zu den Mitgliedern des Vollzugsstabes.[3]

b. Reichweite der Vorschrift

Andere Gefangene dürfen *„beim"* Aufnahmeverfahren nicht zugegen sein. Aus dem Wortlaut sowie aus dem primären Normzweck, dem Schutz der Intimsphäre, ergibt sich, dass diese Formulierung in einem weiten Sinn zu verstehen ist. Umfasst ist damit also das gesamte Aufnahmeverfahren.[4] Der Begriff des Aufnahmeverfahrens ist in dem Entwurf nicht definiert, in Übereinstimmung mit der Entwurfsbegründung sind unter der Aufnahme als formaler Akt aber folgende Einzelmaßnahmen zu verstehen: die Feststellung der Personalien und der vollstreckungsrechtlichen Grundlagen des Vollzugs sowie weiterer grundlegender Daten, ein Gespräch mit dem Gefangenen (vgl. § 8 Abs.2 GJVollz) sowie eine möglichst baldige ärztliche Untersuchung zur Feststellung der Gesundheit (vgl. § 8 Abs.3 Var.1 GJVollz).[5]

---

[1] Begründung zum GJVollz (2004), S.25.
[2] Begründung zum GJVollz (2004), S.26.
[3] Callies/Müller-Dietz (2005), § 5, Rn.1.
[4] BT-Drucks. 7/918, S.48 zum Erwachsenenstrafvollzug; Callies/Müller-Dietz (2005), § 5, Rn.1; a.A. noch BT-Drucks. 7/3998, S.7 zum Erwachsenenstrafvollzug.
[5] Begründung zum GJVollz (2004), S.26; vgl. aber auch Mey/Wischka, in: Schwind/Böhm/Jehle (2005), § 5, Rn.1 m.w.N. zu den Gegenansichten.

c. Bisherige Rechtslage und Alternativentwürfe

Der bisher im Jugendstrafvollzug geltende Nr.1 Abs.1 VVJug stellte lediglich eine Soll-Vorschrift dar. Zu Recht forderten aber nahezu sämtliche früheren Alternativentwürfe aus Wissenschaft und Praxis eine gesetzliche Regelung in Anlehnung an die im Erwachsenenstrafvollzug geltende zwingende Vorschrift des § 5 Abs.1 StVollzG.[6]
Dass dies in dem vorliegenden Entwurf umgesetzt wurde, ist vor dem Hintergrund des Normzwecks des § 8 Abs.1 GJVollz zu begrüßen. Damit wird die bisherige Schlechterstellung der Gefangenen im Jugendstrafvollzug gegenüber den Insassen des Erwachsenenstrafvollzuges durch Nr.1 Abs.1 VVJug beseitigt. Da gerade das Aufnahmeverfahren für den Verurteilten besonders belastend ist[7], ist dies von besonderer Bedeutung, ist doch der erste Kontakt mit der Institution Strafvollzug besonders einprägsam und mitentscheidend für das weitere Verhalten im Vollzug.[8]

d. Ergebnis zu § 8 Abs.1 GJVollz

Die Ausgestaltung von § 8 Abs.1 GJVollz als zwingende Vorschrift ist zu begrüßen. Um noch klarer herauszuarbeiten, dass die Intimsphäre des Gefangenen und der Datenschutz während des gesamten Aufnahmeverfahrens zu wahren sind, böte es sich allerdings an, die gesetzliche Formulierung *„Beim Aufnahmeverfahren…“* durch die klarstellende Formulierung *„Während des gesamten Aufnahmeverfahrens…“* zu ersetzen.[9]
Ein der Zielsetzung des § 8 Abs.1 GJVollz entsprechendes Aufnahmeverfahren erfordert zudem eine straffe und stets kontrollierte organisatorische Planung.[10] Diese sicherzustellen liegt in der Verantwortung der jeweiligen Anstalt.

2. § 8 Abs.2 GJVollz

a. Inhalt und Ziel der Vorschrift

Nr.1 Abs.2 VVJug sowie der wortgleiche § 5 Abs.2 StVollzG regelten bzw. regeln in relativ dürren Worten die Pflicht der Vollzugsbehörde, den Gefangenen über seine Rechte und Pflichten zu unterrichten. Hiervon entfernt sich § 8 Abs.2 GJVollz mit einer ausführlichen Umschreibung des sog. „Erstgesprächs“ in Satz 1. Satz 2 und 3 regeln die Modalitäten der Aushändigung der für den Vollzugsalltag bedeutsamen Rechtsvorschriften an die Gefangenen.

---

[6] Vgl. § 6 Abs.1 E 1985; § 10 Abs.1 E 1988; § 6 Abs.1 E 1991; § 9 Abs.1 E 1993; a.A. § 6 Abs.1 E 1984; zusammenfassend Kreideweiß (1993), S.71.
[7] Kaiser/Schöch (2002), § 13, Rn.7.
[8] Kaiser/Schöch, § 13, Rn.7 m.w.N.
[9] Vgl. die ähnliche Formulierung in § 9 Abs.1 E 1993.
[10] Mey/Wischka, in: Schwind/Böhm/Jehle (2005), § 5, Rn.5.

aa. Das Erstgespräch

Wie schon erörtert stellt das Aufnahmeverfahren einen *„neuralgischen Punkt"*[11] im gesamten Ablauf des Strafvollzugs dar und ist geeignet, gerade junge Gefangene in besonderem Maße zu belasten. Dem soll der neu formulierte § 8 Abs.2 GJVollz Rechnung tragen. So soll das Erstgespräch nicht den Charakter einer oberflächlichen, einseitigen Belehrung über die Rechte und – vor allem – die Pflichten haben[12], sondern vielmehr in dialogischer Form, als Gespräch, ablaufen.

Ziel des Erstgesprächs ist die Erörterung der aktuellen Lebenssituation, aber auch (so wie bisher) die Information über die Rechte und Pflichten im Vollzug. Die Erörterung der aktuellen Lebenssituation – ein Punkt, der so bisher weder in den VVJug noch im StVollzG geregelt war – soll dazu dienen, regelungsbedürftige Probleme und psychische Beeinträchtigungen sofort zu erkennen und gegebenenfalls Abhilfe zu schaffen.[13] Namentlich kommt es hier darauf an, eine eventuelle Suizidgefährdung zu erkennen und dieser zu begegnen; die Suizidgefahr ist gerade in dieser ersten Phase des Vollzugs besonders hoch.[14] Daneben sollen im persönlichen Gespräch auch die wichtigsten zu befolgenden Aufgaben und Verpflichtungen vermittelt werden.[15] Besonderer Wert wird darauf gelegt, dass die Unterredung in einer dem Gefangenen verständlichen Sprache erfolgt. Auf diesen Punkt soll unten näher eingegangen werden.

bb. Aushändigung der für den Vollzug relevanten Vorschriften

Im Vollzug muss sichergestellt sein, dass sich der Gefangene jederzeit über die für den Vollzugsalltag geltenden Regelungen informieren kann. Dies gebietet schon das Gebot der Transparenz und Nachvollziehbarkeit des Vollzugs. Aus diesem Grund erhalten die Gefangenen auf Verlangen das GJVollz sowie die dazu erlassenen Verwaltungsvorschriften. Ihnen wird zudem in jedem Fall ein Exemplar der Hausordnung ausgehändigt. Ob dies sinnvoll ist, erscheint unter praktischen Gesichtspunkten aber zweifelhaft. Meist hängt die Hausordnung ohnehin am schwarzen Brett der Anstalt neben anderen Regeln des Zusammenlebens aus. Zudem strafen die Gefangenen im Jugendstrafvollzug die Vorschriften ohnehin häufig mit Missachtung, oft mit der Konsequenz, dass diese im Wortsinne aus dem Fenster geworfen werden.[16] Dieser *„...sinnlose(n) Vernichtung von Steuergeldern..."*[17] lässt sich am besten dadurch begegnen, dass auch die Hausordnung dem Gefangenen lediglich auf Verlangen ausgehändigt wird.[18]

---

[11] Kaiser/Schöch (2002), § 13, Rn.7.
[12] Begründung zum GJVollz (2004), S.26.
[13] Begründung zum GJVollz (2004), S.26.
[14] Mey/Wischka, in: Schwind/Böhm/Jehle (2005), § 5, Rn.1.
[15] Begründung zum GJVollz (2004), S.26.
[16] J. Walter, ZfJ 2004, S.397, 401.
[17] J. Walter, ZfJ 2004, S.397, 401.
[18] Ebenso J. Walter, ZfJ 2004, S.397, 401; zustimmend Tondorf (2006), Fn.34; andererseits schreibt Nr.24 der Mindestgrundsätze zum Schutz inhaftierter Jugendlicher (abgedruckt in: Internationale Menschenrechtsstandards und das Jugendkriminalrecht (2001), S.97) die Aushändigung der Hausordnung explizit vor; vgl. auch Dünkel, in: Böhm-FS (1999), S.99, 109.

b. Der Begriff der verständlichen Sprache

§ 8 Abs.2 S.1 GJVollz schreibt als wesentliche Neuerung insbesondere vor, dass das Erstgespräch in einer dem jungen Gefangenen verständlichen Sprache zu führen ist. Diese Regelung setzt die Nr.24 und 25 der Regeln der Vereinten Nationen zum Schutz von Jugendlichen unter Freiheitsentzug um.[19] Bezweckt wird durch das Gebot, eine verständliche Sprache zu verwenden, insbesondere, dass der junge Gefangene die ihm vorgestellten Verhaltensvorschriften tatsächlich begreift und in die Lage versetzt wird, diese einzuhalten.[20] Der Begriff der verständlichen Sprache im Sinne des § 8 Abs.2 S.1 GJVollz kann dabei zweierlei Bedeutungen haben. Verständliche Sprache meint zum einen jedenfalls eine jugendgerechte Sprache, die namentlich in Wortwahl und Ausdruck dem Gefangenen entgegenkommt und für ihn leicht erfassbar ist.[21] Vor dem Hintergrund des zunehmenden Ausländeranteils im Jugendstrafvollzug[22] bzw. des Anteils an deutschen Staatsbürgern, die der deutschen Sprache nur bedingt mächtig sind (derzeit namentlich die Gruppe der sog. Russlanddeutschen) meint der Begriff der verständlichen Sprache aber auch die Muttersprache des Gefangenen. Dies ergibt sich schon aus der Formulierung *„...ihnen verständlichen...“*, aus der hervorgeht, dass die Sprache, in der das Gespräch geführt wird, eben dem konkreten Gefangenen verständlich sein muss. Dass ein in der Muttersprache oder in einer anderen ihm geläufigen Sprache geführtes Gespräch für einen der deutschen Sprache nur begrenzt mächtigen jungen Gefangenen zweifellos *„verständlich“* ist, leuchtet ein.[23] Problematisch ist aber, wie das Gebot der verständlichen Sprache in dieser Hinsicht im Vollzugsalltag angesichts der Vielfalt an denkbaren Sprachen praktisch umgesetzt werden soll. Vollzugsbedienstete, die als Übersetzer geeignet sind, werden regelmäßig nur für wenige Fremdsprachen zur Verfügung stehen, bei Übersetzern – namentlich bei solchen, die der im Vollzugsalltag eher exotischen Sprachen mächtig sind – stellt sich die Frage der Finanzierbarkeit. Die Begründung zum GJVollz schlägt daher vor, zu Übersetzungsdiensten zuverlässige Mitgefangene heranzuziehen, die beider Sprachen mächtig sind.[24] Dies ist jedoch gerade nach Sinn und Zweck des § 8 Abs.1 GJVollz nicht unproblematisch. Während des Erstgesprächs soll die aktuelle Lebenssituation des aufzunehmenden jungen Gefangenen erörtert werden. Dabei kommen unter Umständen äußerst intime Details aus dessen Leben zur Sprache. Bei Einsatz von Gefangenen als Dolmetscher besteht dann immer die Gefahr, dass diese Details ungefiltert zu den Mitgefangenen durchdringen und den neuen Gefangenen angreifbar oder gar erpressbar machen. Im schlimmsten Fall werden den Mitgefangenen damit die spezifischen Probleme und Schwächen des neuen Mitgefangenen quasi auf dem Silbertablett serviert. Der Schutz der Intimsphäre sowie der Datenschutz wären damit kaum noch gewährleistet, das Gebot des § 8 Abs.1 GJVollz verletzt. Daher ist richtigerweise auf den Einsatz von Mitgefan-

[19] Begründung zum GJVollz (2004), S.26; die Vorschriften sind abgedruckt in: Internationale Menschenrechtsstandards und das Jugendkriminalrecht (2001), S.97 f.
[20] Begründung zum GJVollz (2004), S.26.
[21] Begründung zum GJVollz (2004), S.26; Stellungnahme der DVJJ zum GJVollz (2004), S.314, 318.
[22] Vgl. Eisenberg (2006), § 91, Rn.7 c m.w.N.; s. auch oben Kap.4, C.
[23] So auch die Stellungnahme der DVJJ zum GJVollz (2004), S.314, 318.
[24] Begründung zum GJVollz (2004), S.26.

genen als Dolmetscher zu verzichten.[25] Eine Ausnahme kann allenfalls für die Erörterung der Anstaltsregeln gelten, da hier der Schutzbereich des § 8 Abs.1 GJVollz nicht greift. Auch hier kommt es aber entscheidend auf die Auswahl des Gefangenen an.[26] Ansonsten muss auf sprachkundige Vollzugsbeamte, notfalls auch auf Übersetzer zurückgegriffen werden. Nur so lässt sich dem Schutzzweck des § 8 Abs.1 GJVollz umfassend Geltung verschaffen. Zum Schutz des Gefangenen darf daher eine Hinzuziehung eines sprachkundigen Mitgefangenen außer in dem genannten Ausnahmefall auch dann nicht erfolgen, wenn dieser dies ausdrücklich verlangen sollte.

c. Bisherige Rechtslage und Alternativentwürfe

Bisher galt für den Jugendstrafvollzug Nr.1 Abs.2 VVJug, welcher wortgleich mit § 5 Abs.2 StVollzG ist. In beiden Normen stand die Unterrichtung des Gefangenen über seine Rechte und Pflichten im Vordergrund, der belehrende Charakter überwog.[27] Ähnliche Formulierungen fanden sich auch in sämtlichen Alternativentwürfen.[28] Die Hausordnung war schon bisher in jedem Haftraum auszulegen, Nr. 108 Abs.3 VVJug, wortgleich mit § 161 Abs.3 StVollzG. Der Ansatz, dem Gefangenen auch die einschlägigen Gesetzestexte auszuhändigen, basiert namentlich auf einem Vorschlag *Baumanns*.[29]

d. Ergebnis zu § 8 Abs.2 GJVollz

Die Bestimmung ist weitgehend sachgerecht. Insbesondere die Betonung des dialogischen Charakters des Erstgesprächs sowie die Festschreibung, dass das Erstgespräch in einer für den jungen Gefangenen verständlichen Sprache zu erfolgen hat, sind zu begrüßen. Die Möglichkeit eines ausführlichen Gesprächs mit dem jungen Gefangenen sollte ausgiebig genutzt werden, um zum einen das häufig große Informations- und Kommunikationsbedürfnis des jungen Gefangenen zu Beginn der Haftzeit zu befriedigen sowie zum anderen der – später ohnehin einsetzenden, meist subkulturell orientierten – „Aufklärung" durch andere Gefangene einen einigermaßen objektiven Standpunkt entgegen zu setzen.[30] Der Begriff der verständlichen Sprache ist im oben genannten Sinne zu interpretieren und umzusetzen.

---

[25] Zweifelnd auch die Stellungnahme der DVJJ zum GJVollz (2004), S.314, 318.
[26] Stellungnahme des DVJJ zum GJVollz (2004), S.318.
[27] Vgl. Begründung zum GJVollz (2004), S.26.
[28] § 6 Abs.2 E 1984; § 6 Abs.2 S.1 E 1985; § 10 Abs.2 E 1988; § 6 Abs.2 E 1991; § 9 Abs.2 S.1 E 1993
[29] Vgl. § 6 Abs.2 S.2 E 1985 sowie Baumann (1985), S.12; zustimmend Kreideweiß (1993), S.71 f.; vgl. zur bisherige Rechtslage im Erwachsenenstrafvollzug, wo eine freiwillige Aushändigung des Gesetzestextes in der Praxis offenbar regelmäßig nicht stattfindet Mey/Wischka, in: Schwind/Böhm/Jehle (2005), § 5, Rn.6; Feest/Joester, in: AK-StVollzG (2006), § 5, Rn.10.
[30] J. Walter, ZfJ 2004, S.397, 401; Tondorf (2006), Fn.32; Mey/Wischka, in: Schwind/Böhm/Jehle (2005), § 5, Rn.1.

3. § 8 Abs.3 GJVollz

a. Inhalt und Ziel der Vorschrift

Nach dieser Vorschrift ist der junge Gefangene unverzüglich ärztlich zu untersuchen sowie der Anstaltsleitung vorzustellen. Hierauf hat der Gefangene einen Rechtsanspruch.[31] Über das Erstgespräch hinaus soll damit sichergestellt werden, dass der junge Gefangene den *„Hausherrn“*[32] der Anstalt und damit denjenigen kennen lernt, der für ihn während des gesamten Vollzugs die zentral bedeutende Person ist.[33] So kann sich andererseits aber auch der Anstaltsleiter ein eigenes Bild von Persönlichkeit und psychischer Verfassung des Gefangenen machen.[34] Die ärztliche Untersuchung stellt zudem sicher, dass vor Vollzugsantritt eine eingehende Begutachtung des Gefangenen namentlich auf seine Vollzugstauglichkeit hin stattfindet.
Der bisher im Jugendstrafvollzug geltende Nr.1 Abs.3 VVJug sprach lediglich davon, dass der Gefangene *„alsbald“* ärztlich zu untersuchen und der Anstaltsleitung vorzustellen sei. Bei dem Begriff „alsbald“ handelte es sich um einen unbestimmten Rechtsbegriff, bei dem unklar war, welcher Zeitraum hiervon noch umfasst war. Im Schrifttum zum Erwachsenenstrafvollzug ist hierzu bisher die Meinung vorherrschend, dass längstens ein Zeitraum von drei Tagen bis zur Durchführung von ärztlicher Untersuchung und Vorstellung zu rechtfertigen ist.[35] Nach dem GJVollz haben nunmehr ärztliche Untersuchung sowie Vorstellung bei der Anstaltsleitung *„unverzüglich“* zu erfolgen. Dieser Begriff ist entsprechend der bürgerlich-rechtlichen Legaldefinition in § 121 Abs.1 S.1 BGB in dem Sinne zu verstehen, dass Unverzüglichkeit Handeln ohne schuldhaftes Zögern verlangt. Vor dem Hintergrund, dass gerade im Jugendstrafvollzug wegen der regelmäßig relativ kurzen Inhaftierungsdauer[36] jeder Tag für die Behandlung kostbar ist, kann man daher im Jugendvollzug in Zukunft nur noch einen Zeitraum von 24 Stunden als unverzüglich im Sinne der Vorschrift verstehen. Allenfalls in Ausnahmefällen, wenn beispielsweise überdurchschnittlich viele Gefangene aufzunehmen sind, kann eine Frist von maximal 36 Stunden, keinesfalls länger, gerechtfertigt sein.

b. Bisherige Rechtslage und Alternativenwürfe

Bisher galt, wie schon erwähnt, für den Jugendstrafvollzug Nr.1 Abs.3 VVJug, welcher wortgleich mit dem im Erwachsenenstrafvollzug geltenden § 5 Abs.3 StVollzG war. Die Alternativentwürfe aus Wissenschaft und Praxis lehnten sich weitestgehend an diese Formulierung an.[37]

---

[31] Laubenthal (2002), Rn.319; Callies/Müller-Dietz (2005), § 5, Rn.5 jeweils zur Rechtslage im Erwachsenenstrafvollzug.
[32] Callies/Müller-Dietz (2005), § 5, Rn.5.
[33] Begründung zum GJVollz (2004), S.26.
[34] Begründung zum GJVollz (2004), S.27.
[35] Callies/Müller-Dietz (2005), § 5, Rn.6.
[36] Vgl. Streng (2003), S.204.
[37] Vgl. § 6 Abs.3 E 1984; § 6 Abs.3 E 1985; § 10 Abs.3 E 1988; § 6 Abs..3 E 1991; § 9 Abs.3 E 1993.

c. Ergebnis zu § 8 Abs.3 GJVollz

Als gut und richtig zu bewerten ist die Änderung der bisher gebräuchlichen Formulierung *„alsbald"* in die aus dem bürgerlichen Recht bekannte Formulierung *„unverzüglich"*. Im Sinne eines zügigen Abschlusses des Aufnahmeverfahrens und Übergangs zur Behandlung im Vollzug sollte dieser neue Begriff zukünftig im obigen Sinne ausgelegt werden.

4. § 8 Abs.4 GJVollz

a. Inhalt und Ziel der Vorschrift

§ 8 Abs.4 GJVollz verpflichtet die Vollzugsbehörde, die Personensorgeberechtigten und das für die Mitwirkung in dem Verfahren nach dem Jugendgerichtsgesetz nach § 87b SGB VIII zuständige Jugendamt von der Aufnahme unverzüglich zu unterrichten. Bei dieser Norm handelt es sich um eine Ausprägung des in § 7 Abs.3 GJVollz niedergelegten Zusammenarbeitsgrundsatzes mit den Personensorgeberechtigten sowie den jeweils zuständigen Jugendämtern.[38] Die Vorschrift normiert eine Pflicht zur unverzüglichen Unterrichtung, d.h. die Unterrichtung über die Aufnahme hat ohne schuldhaftes Zögern zu erfolgen.[39] Im Zeitalter moderner Kommunikationsmittel kann dies maximal einen Zeitraum von 24 Stunden umfassen.

b. Bisherige Rechtslage und Alternativentwürfe

Bei § 8 Abs.4 GJVollz handelt es sich um ein Novum im Bereich des Jugendstrafvollzugs; eine vergleichbare Vorschrift findet sich in den VVJug nicht. Auch im StVollzG fehlt aus nahe liegenden Gründen eine solche Norm. Allerdings schlug der *Referentenentwurf* aus dem Jahre 1991 schon eine Vorschrift vor, die die Pflicht zur unverzüglichen Benachrichtigung der Personensorgeberechtigten beinhaltete.[40] An diesen Vorschlag lehnt sich § 8 Abs.4 GJVollz ersichtlich an.

c. Ergebnis zu § 8 Abs.4 GJVollz

Eine Kooperation zwischen der Jugendstrafanstalt einerseits und den Personensorgeberechtigten sowie dem Jugendamt andererseits ist aus verschiedenen Gründen wünschenswert, allerdings teilweise auch problembehaftet.[41] § 8 Abs.4 GJVollz ist als gelungene Ausprägung des Zusammenarbeitsgrundsatzes des § 7 Abs.3 GJVollz zu begrüßen.

---

[38] Vgl. Begründung zum GJVollz (2004), S.25.

[39] Vgl. die Legaldefinition in § 121 Abs.1 S.1 BGB sowie die Ausführungen zu § 8 Abs.3 GJVollz.

[40] Vgl. § 6 Abs.4 E 1991; vgl. auch die Synopse bei Kreideweiß (1993), S.380.

[41] Vgl. die Ausführungen zu § 7 Abs.3 GJVollz oben Kap.5, Abschn.2, G.II.3.; vgl. auch Tondorf (2006), Fn.35, der eine Benachrichtigung der Personensorgeberechtigten nur auf Verlangen des Gefangenen zulassen will, was aber trotz der oben dargestellten Bedenken die Bedeutung des Rechts aus Art.6 Abs.2 GG verkennt.

II. Gesamtergebnis zu § 8 GJVollz

Insgesamt ist § 8 GJVollz, mit kleineren Abstrichen (s.o.), gelungen.

B. § 9 Vorbereitende Untersuchung, Mitwirkung der Gefangenen

I. Inhalt der Vorschrift

Diese Vorschrift befasst sich mit den Inhalten der vorbereitenden Untersuchung sowie der dem Gefangenen in diesem Zusammenhang zukommenden Rolle.[42]
§ 9 Abs.1 GJVollz regelt, dass den Gefangenen nach dem Aufnahmeverfahren das Ziel des Aufenthalts in der Jugendstrafanstalt sowie die vorhandenen Unterrichts-, Bildungs-, Ausbildungs- und Freizeitangebote zu erläutern sind. Ziel der einleitenden Gespräche ist es, den Gefangenen das Vollzugsziel zu erläutern und das Vollzugsgeschehen transparent zu machen. Sie sollen die Grundprinzipien und Leitlinien, an denen sich die Anstalt orientiert, erkennen können, ein Verständnis vom Anstaltsgefüge vermittelt bekommen sowie Einblick in die Regeln erhalten, die im Umgang mit Bediensteten und Mitgefangenen zu beachten sind.[43] Bei dieser Erläuterung handelt es sich damit im Kern um eine Art Einführungsunterricht, der dem obligatorischen Erstgespräch nach § 8 Abs.2 GJVollz verpflichtend nachfolgt. Über die reine Wissensvermittlung hinaus soll den jungen Gefangenen zudem auch aufgezeigt werden, dass sie als Person ernst und mit ihren Vorstellungen und Wünschen wahrgenommen werden, sie somit kein bloßes Behandlungsobjekt des Vollzugs darstellen.[44] Gerade dieser Aspekt dürfte insbesondere im Hinblick auf junge Erstverbüßer bedeutsam sein. Nicht umsonst wird immer wieder darauf hingewiesen, dass die Anfangszeit im Vollzug häufig von Verunsicherung, Angst und Depression geprägt ist.[45] Wird der Gefangene durch die Erläuterung in die Lage versetzt, die Vollzugsabläufe in ihren Grundzügen nachzuvollziehen und sich dementsprechend einzubringen, wie es die Begründung zum GJVollz als Ziel vorgibt,[46] so wird dadurch ein Beitrag dazu geleistet, Angst und Verunsicherung zumindest teilweise zu mildern. So mag auch die Motivation, an der Erreichung des Vollzugsziels mitzuarbeiten, gesteigert werden[47], was im Hinblick auf § 5 Abs.4 GJVollz ohnehin Auftrag der Vollzugsbehörde während des gesamten Vollzugs ist.
§ 9 Abs. 2 GJVollz legt Umfang und Zweck der vorbereitenden Untersuchung fest.[48] Satz 2 trifft dabei genauere Festlegungen, inwieweit der Förderbedarf des

[42] Begründung zum GJVollz (2004), S.27.
[43] Begründung zum GJVollz (2004), S.27.
[44] Begründung zum GJVollz (2004), S.27.
[45] Ostendorf (2003), §§ 91-92, Rn.15 m.w.N.
[46] Begründung zum GJVollz (2004), S.27.
[47] Begründung zum GJVollz (2004), S.27.
[48] Begründung zum GJVollz (2004), S. 27.

Gefangenen zu ermitteln ist. Eine Mitwirkungspflicht des Gefangenen hierbei ergibt sich aus § 4 GJVollz.[49]
§ 9 Abs.3 GJVollz konkretisiert die Mitwirkungsmöglichkeiten des Gefangenen dadurch, dass dessen Anregungen und Vorschläge in die Feststellung des Förderbedarfs mit einbezogen werden.[50] Die Planung der Vollzugsgestaltung wird mit dem Gefangenen erörtert, wobei die Begründung zum GJVollz anregt, die Nichtberücksichtigung von Vorschlägen des Gefangenen diesem gegenüber in sinnvoller Weise zu begründen, um hierdurch dessen Einsichtsfähigkeit zu fördern.[51]

II. Bisherige Rechtslage und Alternativentwürfe

Bisher war für die Persönlichkeitserforschung im Jugendstrafvollzug im Rahmen einer vorbereitenden Untersuchung Nr.2 VVJug maßgeblich. An dessen Absätze 2 und 3 lehnen sich die Absätze 2 und 3 der Entwurfsvorschrift auch ersichtlich an. Auch die bislang vorgelegten Alternativentwürfe lehnten sich ersichtlich an Nr.2 VVJug an.[52]

III. Probleme der Vorschrift

Auf die Erläuterung hat der Gefangene schon nach dem Wortlaut „*...werden...erläutert...*“ einen Anspruch. In welcher Form die Erläuterung stattzufinden hat, regelt die Vorschrift nicht ausdrücklich. Da aber von „*den*“ Gefangenen die Rede ist, ist daraus zu folgern, dass die Erläuterung jedenfalls nicht in Form eines Einzelgesprächs stattfinden muss, sondern auch eine Gruppenerläuterung für mehrere Gefangene jedenfalls nicht zwingend ausgeschlossen ist. Hierdurch wird auch der Personalsituation im Vollzug Rechnung getragen.
Problematisch – zumindest sprachlich ungenau – ist jedoch die Formulierung „*Ziel des Aufenthalts in der Jugendstrafanstalt*“, denn es stellt sich die Frage, welches Ziel damit gemeint ist. Sowohl das GJVollz selbst (in § 2 GJVollz) als auch Wissenschaft und Praxis sprechen nur vom *Vollzugs*ziel, teilweise auch vom Erziehungsziel oder vom Ziel der Förderung.[53] Aufgrund dieser Ungenauigkeit jedoch darauf zu schließen, man solle diese Formulierung ersatzlos streichen[54], geht zu weit. Denn es ist zwar zuzugeben, dass die hier gemeinten Gesprächsinhalte regelmäßig schon in dem nach § 8 Abs.2 GJVollz obligatorisch zu führenden Erstgespräch Inhalt sein werden.[55] Andererseits wird es der überragenden Bedeutung des Vollzugsziels, welches mit der genannten Formulierung wohl gemeint ist, durchaus gerecht, es in Form einer zweiten Erörterung erneut zu thematisieren. Allerdings sollte dann die genannte Formulierung dergestalt umgeschrieben werden, dass künftig vom „*Ziel des Vollzugs der Jugendstrafe*“ gesprochen wird.

[49] Begründung zum GJVollz (2004), S. 27.
[50] Vgl. Begründung zum GJVollz (2004), S. 27.
[51] Begründung zum GJVollz (2004), S. 28.
[52] Vgl. dazu die Synopse bei Kreideweiß (1993), S.380 f. sowie S.72 f.
[53] J. Walter, ZfJ 2004, S.397, 401.
[54] So J. Walter, ZfJ 2004, S.397, 401.
[55] J. Walter, ZfJ 2004, S.397, 401.

Ernstzunehmen sind die Bedenken, die teilweise in der Literatur hinsichtlich der methodischen Voraussetzungen der Zuverlässigkeit und Gültigkeit der vorbereitenden Untersuchung geäußert werden und die sich namentlich gegen die Geeignetheit der Berichte der Jugendgerichtshilfe und die Qualifikation der mit dieser Aufgabe betrauten Bediensteten richten.[56] Allerdings bedarf es zur Ausräumung keiner Klarstellung im Gesetz, sondern es genügt eine Anmerkung in der Gesetzesbegründung, dass der Inhalt der entsprochenen Unterlagen kritisch zu hinterfragen und bei Zweifeln mit dem Gefangenen zu erörtern ist.[57]

IV. Ergebnis zu § 9 GJVollz

Der Ansatz des § 9 GJVollz geht in die richtige Richtung, allerdings sollte die Vorschrift sprachlich präzisiert werden.

C. § 10 Förderplan

I. Bisherige Rechtslage und Alternativentwürfe

Für den Jugendstrafvollzug war bislang Nr.3 VVJug maßgeblich, der die Erstellung eines Vollzugsplans vorschrieb und sich weitgehend an § 7 StVollzG orientierte. Die früheren Alternativentwürfe einer gesetzlichen Regelung des Jugendstrafvollzuges sahen ebenfalls alle die Erstellung eines Vollzugs- bzw. Erziehungsplans vor, wichen allerdings in der konkreten Ausgestaltung voneinander ab.[58]

II. Inhalt der Vorschrift

Absatz 1 des Entwurfs normiert die Pflicht der Vollzugsbehörde[59], unverzüglich und regelmäßig[60] innerhalb von vier Wochen nach Beginn des Vollzuges einen Förderplan zu erstellen. Diese Pflicht ist der regelmäßig relativ kurzen Verweildauer der Gefangenen im Jugendstrafvollzug geschuldet.[61] Dabei ist die Entlas-

---

[56] Eisenberg, MSchrKrim 2004, S.353, 356.

[57] Ebenso Tondorf (2006), Fn.38.

[58] Vgl. hierzu Kreideweiß (1993), S.73 ff. m.w.N.

[59] Vgl. Begründung zum GJVollz (2004), S.28.

[60] § 10 Abs.1 S.1 GJVollz i.d.F. vom 28.4.2004 lautete: *„Auf Grund der vorbereitenden Untersuchung wird unverzüglich, **jedenfalls** innerhalb der ersten vier Wochen nach der Aufnahme, ein verbindlicher Förderplan erstellt.“* (Hervorhebung durch den Verf.); kritisch zur Verwendung des Begriffs *„regelmäßig“* in der Fassung des GJVollz vom 7.6.2006 Tondorf (2006), Fn.39.

[61] Begründung zum GJVollz (2004), S.28.

sungsvorbereitung bereits von Anfang an ein wesentlicher Bestandteil der Förderplanung, § 10 Abs.1 S.2 GJVollz.[62]
Absatz 2 der Vorschrift betont die Wichtigkeit, im Rahmen der Förderplanung, wenn möglich, ein Einvernehmen mit dem Gefangenen zu erreichen, da dessen Bereitschaft zur Mitwirkung Grundvoraussetzung für die Vollzugszielerreichung ist[63] und diese durch einvernehmliche Lösungen erfahrungsgemäß leichter zu wecken ist. Dabei öffnet § 10 Abs.2 S.2 GJVollz den Weg zu einvernehmlichen Fördervereinbarungen. Diese können als Übungsfelder für Eigenverantwortung und Lebensgestaltung des Gefangenen dienen.[64]
Gemäß § 10 Abs.3 GJVollz wird der Förderplan in regelmäßigen Abständen auf seine Umsetzung hin überprüft und der Entwicklung der Gefangenen und weiteren Erkenntnissen über die für ihren Förderbedarf maßgebenden Umstände entsprechend mit ihnen erörtert und fortgeschrieben. Dies soll eine kontinuierliche und individuelle Anpassung der Behandlungsmaßnahmen gemäß der Entwicklung des jeweiligen Gefangenen im Vollzug ermöglichen. Dabei sieht der Entwurf bewusst davon ab, eine konkrete Frist festzuschreiben.[65]
Absatz 3 stellt Mindestanforderungen hinsichtlich des Inhalts des Förderplans auf.[66] Nach Absatz 4 der Entwurfsvorschrift erhalten die Personensorgeberechtigten Gelegenheit, Anregungen und Vorschläge einzubringen. Diese sollen, soweit sie mit dem Vollzugsziel und der Gestaltung des Vollzugs vereinbar sind, berücksichtigt werden. Damit werden die Vorgaben aus Art.6 Abs.2 GG sowie § 1626 BGB umgesetzt, zugleich wird aber auch § 7 Abs.3 GJVollz näher konkretisiert.[67] Die Mitwirkung der Eltern hatte bereits die *Jugendstrafvollzugskommission* angeregt.[68] Die Einbeziehung soll aber nur soweit gehen, als sich die Vorstellungen der Personensorgeberechtigten in einem realistischen Rahmen bewegen und sich mit den Möglichkeiten und Notwendigkeiten des Vollzugs decken.[69]
Nach § 10 Abs.5 S.1 GJVollz werden der Förderplan und seine Fortschreibungen den Personensorgeberechtigten und der Vollstreckungsleitung bekannt gegeben. Mit den Personensorgeberechtigten werden sie auf Wunsch erörtert, § 10 Abs.5 S.1 GJVollz

III. Bewertung der Vorschrift

Das Ziel des Entwurfs, aufgrund der regelmäßig kurzen Zeit im Vollzug schnellstmöglich eine verbindliche Förderplanung für jeden Gefangenen aufzu-

---

[62] § 10 Abs.1 S.2 GJVollz i.d.F. vom 28.4.2004 lautete: „*Die Entlassungsvorbereitung ist **integraler** Bestandteil der Förderplanung.*“ (Hervorhebung durch den Verf.).
[63] Begründung zum GJVollz (2004), S.29.
[64] Begründung zum GJVollz (2004), S.29; K. Müller (2002), S.107, 112 weist darauf hin, dass Zusagen im Rahmen der Vollzugsplanung nicht selten rein verbale Absichtserklärungen darstellen, „*...vordergründig von Selbstüberschätzung oder vom Wissen um Erwartungshaltungen des Vollzugs geprägt.*“.
[65] Begründung zum GJVollz (2004), S.29.
[66] Vgl. hierzu ausführlich die Begründung zum GJVollz (2004), S. 30 ff.
[67] Begründung zum GJVollz (2004), S.33.
[68] Schlußbericht der Jugendstrafvollzugskommission (1980), S.14.
[69] Begründung zum GJVollz (2004), S.33.

stellen, ist zu begrüßen.[70] Allerdings ist fraglich, warum insoweit eine Aufweichung durch die Entwurfsfassung vom Juni 2006 dahingehend stattfand, als diese nur noch eine Erstellung des Förderplans *„regelmäßig"* innerhalb der ersten vier Wochen nach Aufnahme in den Vollzug fordert. Dieser Begriff lässt Ausnahmen zu, die angesichts der Wichtigkeit einer zeitnahen Förderplanung für den gesamten Vollzug nicht gewollt sein können.[71] Die Wendung *„regelmäßig"* sollte daher gestrichen werden.
Problematisch ist weiterhin, dass der Entwurf ausdrücklich von einer Festschreibung verbindlicher Fristen für die Fortschreibung des Förderplanes absieht. Die Entwurfsbegründung, die davon ausgeht, *„...dass die Jugendstrafanstalten in jedem Einzelfall sicherstellen, dass der Entwicklung der Gefangenen in ausreichendem Maße Rechnung getragen wird und alle mit der Förderung befassten Vollzugsbediensteten auf dem aktuellsten Erkenntnisstand sind"*[72], vermag nicht zu überzeugen. Denn die Tatsache, dass die Fortschreibung des Förder- bzw. Vollzugsplans regelmäßig die Gerichte bis zum Bundesverfassungsgericht hinauf beschäftigt[73], zeigt, dass die Fortschreibung der Förderplanung eben keine Selbstverständlichkeit darstellt. Im Sinne einer bestmöglich auf den Einzelfall abgestimmten Förderung sollte daher auch angesichts der regelmäßig kurzen Verweildauer im Vollzug eine verbindliche Frist von drei Monaten festgeschrieben werden.[74] Von der Angemessenheit einer solchen Drei-Monats-Frist geht im Übrigen auch die Entwurfsbegründung[75] aus.
Im Rahmen der Mindestanforderungen an den Förderplan begegnet § 10 Abs.3 Nr.7 GJVollz Bedenken. Denn danach sind die Eignung für sowie die Planung von Lockerungen des Vollzugs und Urlaub festzuschreiben. Gerade mit Hinblick auf die relativ kurze Verweildauer im Vollzug ist dies bedenklich, denn es steht zu befürchten, dass hierdurch eine Art des Stufenstrafvollzugs dahingehend etabliert wird, dass die Gewährung von Lockerungen und Urlaub nicht mehr im Einzelfall entschieden, sondern zu Anfang schon für die ganze Vollzugsdauer festgeschrieben wird.[76] Dies führt unter Umständen dazu, dass der Ablauf des Vollzugs bereits so festgelegt wird, dass Veränderungen und Entwicklungen beim Gefangenen nicht mehr hinreichend berücksichtigt werden können.[77] Diese Bedenken werden noch dadurch verstärkt, dass es, wie oben dargestellt, keine verbindlichen Fristen für die Fortschreibung des Förderplanes gibt.
Kritisch muss des Weiteren die durch § 10 Abs.3 Nr.10 GJVollz erfolgte Festschreibung von Maßnahmen und Angeboten des Täter-Opfer-Ausgleichs (TOA)

---

70 Ebenso die Stellungnahme der DVJJ zum GJVollz (2004), S.314, 317.

71 So auch Tondorf (2006), Fn.39; vgl. auch Kreideweiß (1993), S.74, wonach die interne Frist zur Erstellung eines Förderplanes in einigen Anstalten teilweise nur eine Woche betrage.

72 Begründung zum GJVollz (2004), S.29 f.

73 So jüngst BVerfG, 2 BvR 2132/05 vom 25.9.2006.

74 Vgl. zur Wichtigkeit regelmäßiger Fortschreibung der Vollzugs- bzw. Förderplanung K. Müller (2002), S.107, 116: *„In regelmäßigen, kurzen Intervallen müssen in Konferenzen die Elemente der Vollzugsplanung thematisiert, Selbst- und Fremdwahrnehmung abgeglichen und die Planung ständig angepasst werden. Das ist das Forum, in dem Wirkung und Ergebnis guter Erziehungs- und Behandlungsplanung widergespiegelt und verstärkt werden."*.

75 Begründung zum GJVollz (2004), S. 29.

76 Vgl. dazu unten Kap.5, Abschn.4, B.II.3.a.

77 Auf diese Gefahr weist zu Recht Ostendorf (2003), §§ 91-92, Rn.15 hin.

im Förderplan, die schon früher vereinzelt gefordert wurde[78], gesehen werden. *Rössner* weist zu Recht darauf hin, dass Wiedergutmachung von der Vollzugsverwaltung nicht einfach verordnet werden und somit im hoheitlichen Wege kaum durchführbar ist.[79] Zwar bietet § 10 Abs.2 S.2 GJVollz mit dem Instrument der einvernehmlichen Fördervereinbarung Ansatzpunkte für ein – insoweit vorzugswürdiges[80] – Verpflichtungsmodell des Täter-Opfer-Ausgleichs[81]. Es steht aber befürchten, dass die Tendenz in Zukunft in Richtung hoheitlicher Anordnung von Maßnahmen des TOA geht, wenn laut Gesetz verpflichtende Maßnahmen des Täter-Opfer-Ausgleichs in den Förderplan aufzunehmen sind.

IV. Ergebnis zu § 10 GJVollz

Insgesamt stellt § 10 GJVollz eine solide Diskussionsgrundlage dar, die allerdings in den genannten Punkten nachgebessert werden sollte.

D. §§ 11, 12 Verlegung und Überstellung, Sozialtherapie

I. Allgemeines

Die §§ 11 und 12 GJVollz befassen sich mit der Verlegung und Überstellung junger Gefangener in andere Jugendstrafanstalten. § 12 GJVollz regelt dabei den Sonderfall der Verlegung in eine sozialtherapeutische Anstalt oder Abteilung. Weitere besondere Rechtsgrundlagen für Verlegungen enthät das GJVollz in den §§ 18 Abs.3 GJVollz (zur Entlassungsvorbereitung), 29 GJVollz i.V.m. § 65 StVollzG (zur Behandlung einer Krankheit), 36 GJVollz i.V.m. § 80 StVollzG (gemeinsame Unterbringung mit Kindern) und 31 Abs.3 i.V.m. § 85 StVollzG (sichere Unterbringung).[82]

II. Bisherige Rechtslage und Alternativentwürfe

§ 11 GJVollz entspricht bis auf § 11 Abs.1 Var.2 GJVollz (Verlegung, wenn eine erhebliche Störung der Ordnung der Jugendstrafanstalt auf andere Weise nicht vermieden werden kann) weitestgehend dem aus dem Erwachsenenstrafvollzug bekannten § 8 Abs.1, 2 StVollzG sowie den bisher gültigen Nr.4 Abs.1, 2 VVJug. Neu hingegen ist § 11 Abs.3 GJVollz, der die unverzügliche Unterrichtung von Personensorgeberechtigten und Jugendamt von der Verlegung des Gefangenen festschreibt.

[78] Vgl. Dünkel (1990), S.313, Fn.373 m.w.N.; vgl. aktuell § 4 Abs.4 E BW 2006 und § 25 Abs.2 Nr.5 E BW 2007.
[79] Rössner, ZJJ 2005, S.30, 33.
[80] Vgl. unten Kap.5, Abschn.6, J.III.2.
[81] Dazu Rössner, ZJJ 2005, S.30, 33.
[82] Begründung zum GJVollz (2004), S.34.

In den VVJug fand sich bislang keine Vorschrift zur Sozialtherapie junger Straftäter. Allerdings wendete die Praxis für den Fall der Verlegung junger Gefangener in eine sozialtherapeutische Anstalt schon bisher § 9 StVollzG entsprechend an.[83] Daher verwundert nicht, dass sich die Formulierungen des neuen § 12 GJVollz an den aus dem Erwachsenenstrafvollzug bekannten § 9 StVollzG anlehnen. Dies gilt freilich nur auf den ersten Blick. Änderungen im Vergleich zur Rechtslage im Erwachsenenstrafvollzug finden sich namentlich in § 12 Abs.1 und Abs.2 GJVollz. § 12 Abs.4 GJVollz wurde zudem komplett neu eingefügt.

III. Inhalt der Vorschriften

1. Verlegung und Überstellung, § 11 GJVollz

a. Inhalt und Ziel der Vorschrift

§ 11 GJVollz stellt die allgemeine Rechtsgrundlage für Verlegungen und Überstellungen im Verlauf des Vollzugs der Jugendstrafe dar.[84] § 11 Abs.1 GJVollz regelt dabei die allgemeinen Voraussetzungen für die Verlegung, d.h. eine auf Dauer vorgesehene Unterbringung des Gefangenen in einer anderen als der im Vollstreckungsplan vorgesehenen Vollzugsanstalt[85], während § 11 Abs.2 GJVollz die Voraussetzungen für die Überstellung, also den nur vorübergehenden Aufenthalt in einer anderen Anstalt unter Beibehaltung der Zuständigkeit der ursprünglichen Anstalt für den Vollzug regelt.[86] Die Vorschrift grenzt das Ermessen der Vollzugsbehörden ein, unbeschadet der oben genannten Vorschriften des GJVollz ist daher die Verlegung oder Überstellung des Gefangenen von engen Voraussetzungen abhängig; die willkürliche Verlegung unbequemer Gefangener ist nicht zulässig.[87] Die Pflicht zur unverzüglichen Unterrichtung von Personensorgeberechtigten und Jugendamt von der Verlegung des Gefangenen, wie sie § 11 Abs.3 GJVollz nunmehr regelt, trägt dem Recht der Personensorgeberechtigten aus Art.6 GG Rechnung und unterstreicht zum anderen das schon § 7 GJVollz innewohnende Ziel, die Zusammenarbeit mit Stellen außerhalb des Vollzugs zu verbessern.

b. Ergebnis

Die bisherigen Entwürfe stimmten in der Frage, unter welchen Voraussetzungen Gefangene verlegt oder überstellt werden dürfen, überein.[88] § 11 GJVollz übernimmt in der Praxis bewährte und auch von der Wissenschaft weitgehend anerkannte Normen. Besondere Beachtung verdient aber der neue § 11 Abs.1 Var.2 GJVollz, wonach eine Verlegung auch dann zulässig ist, wenn eine erhebliche Störung der Ordnung der Jugendstrafanstalt auf andere Weise nicht vermieden werden kann. Angesichts der Probleme, vor die die Jugendstrafanstalten gerade durch die Bildung von Subkulturen unter den jungen Gefangenen gestellt wer-

[83] OLG Celle, NStZ 2000, S.167; zustimmend Ostendorf (2003), §§ 91-92, Rn.5 a.
[84] Begründung zum GJVollz (2004), S.34.
[85] Vgl. Callies/Müller-Dietz (2005), § 8, Rn.1.
[86] Vgl. Callies/Müller-Dietz (2005), § 8, Rn.1.
[87] Vgl. Begründung zum GJVollz (2004), S.34.
[88] Vgl. zusammenfassend Kreideweiß (1993), S.78 m.w.N., insb. in Fn.31.

den, ist es in der Praxis wohl leider unvermeidlich, erheblichen Störungen der Anstaltsordnung durch die Verlegung einzelner Gefangener zu begegnen. Dabei darf aber nicht außer Acht gelassen werden, dass die Verlegung gerade für junge Gefangene deshalb von erheblicher Bedeutung ist, weil sie die Herauslösung aus dem sozialen Gefüge der Jugendstrafanstalt und unter Umständen eine Beeinträchtigung ihres Rechts auf Förderung aus § 3 Abs.1 GJVollz bedeutet.[89] Daher ist der Hinweis der Entwurfsbegründung begrüßenswert, dass eine willkürliche Verlegung unbequemer Gefangener eben gerade nicht zulässig ist und die Verlegungsvoraussetzungen des Absatzes 1 eng auszulegen sind.[90] Hierfür spricht auch eine jüngst ergangene Entscheidung des Bundesverfassungsgerichts, die explizit auf die mit einer zwangsweisen Verlegung verbundenen Beeinträchtigungen hinweist.[91]
Begrüßenswert ist auch der neu eingefügte § 11 Abs.3 GJVollz, der die Rechte der Personensorgeberechtigten aus Art.6 GG angemessen umsetzt und sicherstellt, dass das zuständige Jugendamt von der Verlegung des jungen Gefangenen erfährt. Eine obligatorische Anhörung des Vollstreckungsleiters und der Personensorgeberechtigten, wie sie vereinzelt gefordert wird[92], ist jedoch abzulehnen. Dafür spricht, dass weder der Vollstreckungsleiter noch die Personensorgeberechtigten die Verantwortung für die Durchführung des Vollzuges tragen.

2. Sozialtherapie, § 12 GJVollz

a. Exkurs: Die Situation der Sozialtherapie bei jungen Straftätern

Ein großer Teil[93] der zu Jugendstrafe verurteilten jungen Gefangenen verbüßt seine Strafe aufgrund von Verurteilungen wegen Gewalttaten oder Sexualdelikten, die mehr oder weniger unmittelbar unter Anwendung von Gewalt verübt wurden.[94] Im Jahr 1998 wurde mit dem Gesetz zur Bekämpfung von Sexualdelikten und anderen gefährlichen Straftaten[95] die Sozialtherapie als besondere Behandlungsform für bestimmte Gruppen besonders gefährlicher Sexualdelinquenten festgeschrieben.[96] Ergebnis davon ist die Einführung des § 9 StVollzG für den Bereich des Erwachsenenstrafvollzugs.[97] Da dieser aber für den Bereich des Jugendstrafvollzugs gerade nicht gilt, hatte dies zur Folge, dass sich die Landesjustizverwaltungen bei der Schaffung bzw. der Erweiterung von Haftplatzkapazitäten bei den sozialtherapeutischen Anstalten primär auf den Erwachsenenstrafvollzug konzentrierten.[98] Dementsprechend kann die derzeitige Situation der Sozialtherapie bei jungen Straftätern nur als bedingt befriedigend

---

[89] Begründung zum GJVollz (2004), S.34; Tondorf (2006), Fn.44; vgl. auch Callies/Müller-Dietz (2005), § 8, Rn.2.
[90] Vgl. Begründung zum GJVollz (2004), S.34.
[91] BVerfG Beschl. v. 27.6.2006, Az. 2 BvR 1295/05; zustimmend Tondorf (2006), Fn.43
[92] Vgl. § 13 Abs.2 E 1988 sowie § 12 Abs.2 E 1991; zustimmend Kreideweiß (1993), S.79 und in § 12 Abs.2 AE 1993.
[93] S.o. Kap.4, B.III.
[94] Begründung zum GJVollz (2004), S.34.
[95] BGBl. I 1998, S.160.
[96] Begründung zum GJVollz (2004), S.35.
[97] Vgl. hierzu grundlegend Egg/Kröniger (2004), S.219 ff.; s. auch Rehn (2004), S.200 ff.
[98] Begründung zum GJVollz (2004), S.35.

bezeichnet werden. So bestanden zum Stichtag 31. März 2003 in lediglich fünf Jugendstrafvollzugsanstalten (Adelsheim, Hamburg-Hahnöfersand, Hameln, Siegburg, Zeithein) und einer Außenstelle (Crailsheim) sozialtherapeutische Abteilungen.[99] Zum Stichtag verfügten diese über 154 Plätze und 133 Insassen, was eine Belegungsquote von 86,4 % ergibt. Knapp 60 % der Insassen waren Heranwachsende, nur bei 8,3 % handelte es sich um Jugendliche.[100] Ein Grund für die relativ geringe Anzahl an Therapieplätzen mag darin liegen, dass die Behandlung eines Strafgefangenen in einer sozialtherapeutischen Anstalt hohe Kosten, nämlich etwa zwei bis drei mal so hohe wie der Regelvollzug, verursacht.[101] Trotzdem wurde wiederholt von Seiten des Schrifttums die Schaffung entsprechender Therapieformen innerhalb und außerhalb des Vollzuges angemahnt.[102]

b. Inhalt und Ziel der Vorschrift

§ 12 GJVollz schließt zunächst die für den Jugendstrafvollzug bestehende Regelungslücke für den Bereich der Sozialtherapie (s.o.).[103] Allerdings geht er über § 9 StVollzG, der bei der Formulierung evident Pate gestanden hat, in mehrfacher Hinsicht hinaus.
Die (auch zwangsweise[104] – im Umkehrschluss hat der Gefangene bei Vorliegen der Voraussetzungen aber auch einen Anspruch auf Verlegung in eine sozialtherapeutische Anstalt[105]) Verlegung in eine sozialtherapeutische Anstalt ist gemäß § 12 Abs.1 GJVollz unter zwei Voraussetzungen möglich. Zum einen muss Wiederholungsgefahr hinsichtlich einer Straftat nach §§ 174-180, 182 StGB oder einer im Gesetz so genannten *„gefährlichen Gewalttat"* vorliegen, die ihren Ursprung in einer Störung in der sozialen und persönlichen Entwicklung des jungen Gefangenen haben muss – eine Beschränkung, mit der der Entwurf deutlich machen will, dass psychiatrische Störungen nicht mit sozialtherapeutischen Mitteln behandelt werden können.[106] Zum anderen darf nicht auszuschließen sein, dass der Gefangene mit Mitteln der Sozialtherapie erreicht werden kann.
§ 12 Abs.2 GJVollz befasst sich mit den *„anderen Gefangenen"*, also denjenigen, bei denen nicht die Voraussetzungen für eine zwangsweise Verlegung nach § 12 Abs.1 GJVollz gegeben ist. Auch für sie besteht die Möglichkeit, in eine sozialtherapeutische Einrichtung des Jugendstrafvollzugs verlegt zu werden, allerdings nur auf eigenen Wunsch. Die Zustimmung des Leiters der sozialtherapeutischen Anstalt, wie sie § 9 Abs.2 S.2 StVollzG für den Erwachsenenstrafvollzug vorsieht, ist dagegen nicht erforderlich. Anders als § 9 Abs.2 S.1

[99] Eisenberg (2006), § 91, Rn.30; zur Ausgestaltung der Sozialtherapie in der JVA Adelsheim jüngst Schüßler/Stiller/Ringlstetter, ZfStrVo 2006, S.272 ff.
[100] Eisenberg (2006), § 91, Rn.30.
[101] Rotthaus, ZfStrVo 2002, S.279, Fn.1: danach berechnen vergleichbare psychiatrische Einrichtungen tägliche Pflegesätze von 250 € und mehr.
[102] Vgl. Dünkel, in: Böhm-FS (1999), S.99, 132.
[103] Begründung zum GJVollz (2004), S.35.
[104] Eine Rechtslage, die im Erwachsenenstrafvollzug seit dem 1.1.2003 gilt, davor war § 9 Abs.1 S.1 StVollzG gemäß der Übergangsfassung nach § 199 Abs.2 StVollzG eine bloße Soll-Vorschrift.
[105] Vgl. Callies/Müller-Dietz (2005), § 9, Rn.2 für den Erwachsenenstrafvollzug.
[106] Begründung zum GJVollz (2004), S.35.

StVollzG ist § 12 Abs.2 GJVollz als Soll-Vorschrift und nicht als bloße Kann-Vorschrift ausgestaltet. Daraus folgt, dass für die Fälle des § 12 Abs.2 GJVollz das Ermessen der Vollzugsbehörde insoweit eingeschränkt ist, als dass bei freien Kapazitäten regelmäßig eine Verlegung in eine sozialtherapeutische Einrichtung zu erfolgen hat, sofern die übrigen Voraussetzungen des § 12 Abs.2 GJVollz vorliegen, d.h. die besonderen therapeutischen Mittel und sozialen Hilfen der sozialtherapeutischen Einrichtung zur Erreichung des Vollzugsziels angezeigt sind.

§ 12 Abs.3 GJVollz entspricht § 9 Abs.1 S.2 StVollzG und enthält die Rechtsgrundlage für eine Rückverlegung des jungen Gefangenen in den Regelvollzug für den Fall, dass der Zweck der Behandlung aus Gründen nicht erreicht werden kann, die in der Person des Gefangenen liegen. Rechtstechnisch stellt diese Norm eine Spezialvorschrift zu § 11 GJVollz dar. Richtigerweise gelten daneben auch die weiteren Rechtsgrundlagen des GJVollz für eine Verlegung des Gefangenen, auch wenn eine mit § 9 Abs.3 StVollzG vergleichbare Regelung im neuen GJVollz fehlt. Gründe, die in der Person des Gefangenen liegen, können vielfältiger Natur sein. In Betracht kommen so unterschiedliche Fallgruppen wie die Nichteignung des Gefangenen für die Sozialtherapie als solche bzw. für das spezifische Behandlungsprogramm der konkreten Einrichtung sowie der Fall, dass der Gefangene seine Mitarbeit im Behandlungsprozess einstellt und damit faktisch seine therapeutisch wichtige Zustimmung zur Behandlung zurückzieht.[107]

Eine mit § 12 Abs.4 GJVollz vergleichbare Vorschrift findet sich bisher im StVollzG nicht. Danach werden geeignete alternative Behandlungsmaßnahmen getroffen, wenn eine Behandlung in einer sozialtherapeutischen Anstalt des Jugendstrafvollzugs aus Gründen nicht in Betracht kommt, die der Gefangene nicht zu vertreten hat. Solche Gründe können vor allem der Mangel an geeigneten Therapieplätzen[108] oder auch eine zu kurze Reststrafe, die eine Verlegung in eine sozialtherapeutische Einrichtung praktisch sinnlos macht, sein.

Alternative Behandlungsmaßnahmen in diesem Sinne können beispielsweise zusätzliche Therapieangebote in der Anstalt selbst sein. Bei freien Kapazitäten und in geeigneten Fällen, beispielsweise bei Gefangenen, die weit über 21 Jahre alt sind, käme aber auch die Nutzung von Therapieplätzen außerhalb des Jugendstrafvollzugs, sprich im Erwachsenenstrafvollzug in Betracht. Nach dem Wortlaut *„werden"* hat der Gefangene einen Rechtsanspruch auf diese alternativen Behandlungsmaßnahmen; welche Maßnahmen *„geeignet"* im Sinne des Gesetzes sind, entscheidet jedoch die Vollzugsbehörde im Rahmen der kontinuierlichen Evaluation und Qualitätssicherung des Vollzugs.[109]

Gemäß § 40 Abs.5 GJVollz, der im Zusammenhang mit § 12 GJVollz zu sehen ist, werden im Jugendstrafvollzug bis zum 1. Januar 2010 sozialtherapeutische Anstalten oder Abteilungen eingerichtet, die auf die jugendspezifischen sozialen und therapeutischen Angebote und Vorgehensweisen zugeschnittene organisatorische, personelle und bauliche Mindeststandards erfüllen.

---

[107] Callies/Müller-Dietz (2005), §9, Rn.21.

[108] Diesen Fall hat auch der Entwurf besonders im Blick, vgl. die Begründung zum GJVollz (2004), S.36.

[109] Vgl. § 42 Abs.2 GJVollz und dazu die Begründung zum GJVollz (2004), S.35.

c. Probleme der Vorschrift

aa. Die Einbeziehung der „gefährlichen Gewalttat"

§ 12 Abs.1 GJVollz macht den Weg frei für eine Verlegung in eine sozialtherapeutische Anstalt bei Wiederholungsgefahr hinsichtlich einer sog. *„gefährlichen Gewalttat"*. Hiergegen bestehen in zweierlei Hinsicht Bedenken: zum einen hinsichtlich der allgemeinen Einbeziehung dieser Deliktskategorie an sich, zum anderen hinsichtlich der Bestimmtheit des Begriffs der *„gefährlichen Gewalttat"*. Gerade Gewaltdelikte bilden zwar von ihrer statistischen Häufigkeit her ein großes Problemfeld im Bereich der Jugendkriminalität[110], weshalb eine therapeutische und/oder pädagogische Auseinandersetzung mit der Tat gefördert werden muss. Allerdings ist der Jugendstrafvollzug als solcher aufgrund seiner erzieherischen Ausrichtung bereits als Behandlungsvollzug anzusehen und auszugestalten. Gerade für den Bereich der pädagogischen und therapeutischen Arbeit mit Gewalttätern ist daher bereits für den normalen Vollzug ein breites Angebot zu fordern.[111] Bei Zugrundelegung eines solchen Konzepts sind damit bereits weitgehende Elemente der Sozialtherapie im Jugendstrafvollzug enthalten. Ein Umgang mit dieser Gefangenengruppe mit Mitteln der Sozialtherapie ist damit zwar grundsätzlich zu begrüßen, einer derart pauschalen Einbeziehung in die zwangsweise Verlegung in eine sozialtherapeutische Anstalt bedarf es aber nicht.

Problematisch erscheint auch der Begriff der gefährlichen Gewalttat, und zwar hauptsächlich unter dem Gesichtspunkt der Bestimmtheit. Zwar wird der Begriff schon dadurch eingeschränkt, dass die Gewalttat aufgrund einer Störung der sozialen und persönlichen Entwicklung begangen sein muss, allerdings bleibt der Begriff der gefährlichen Gewalttat selbst nebulös. Gewalttat meint ersichtlich einmal die Straftaten gegen die körperliche Unversehrtheit und gegen das Leben (§§ 223 ff. StGB, §§ 211 ff. StGB) und zum anderen die Raub- und Erpressungsdelikte (§§ 249 ff., §§ 253 ff. StGB). Die Formulierung „gefährlich" bringt dabei zum Ausdruck, dass die Tat von einigem Gewicht sein muss. Welche Begehungsformen aber konkret unter diesen Begriff zu subsumieren sind, lässt sich nicht trennscharf abgrenzen.[112] Ein anschauliches Beispiel dazu bildet *Joachim Walter* anhand des jugendtypischen Delikts des „Abziehens" von Kleidungsstücken.[113] Juristisch stellt dieser Fall regelmäßig eine räuberische Erpressung nach § 255 StGB dar. Ist aber damit jeder Fall des „Abziehens" zugleich eine gefährliche Gewalttat i.S.d § 12 Abs.1 GJVollz? Oder muss das entsprechende Delikt unter grober Gewaltanwendung begangen worden sein bzw. müssen beim Opfer erhebliche Verletzungsfolgen eingetreten sein?[114] Richtigerweise ist diese Frage dahingehend zu beantworten, dass nicht schon jede gewissermaßen jugendtypische Gewalttat als gefährliche Gewalttat anzusehen ist. Zu fordern ist vielmehr, dass von der Gewalttat entweder erhebliche Gefahren für Leib oder Leben des Opfers ausgingen oder das Opfer durch die Gewalttat erheblich verletzt wurde. Erhebliche Verletzungen in diesem Sinne können richtigerweise auch psychi-

---

[110] S.o. Kap.4, B.III.
[111] Stellungnahme der DVJJ zum GJVollz (2004), S.314, 320.
[112] So auch J. Walter, ZfJ 2004, S.397, 402.
[113] J. Walter, ZfJ 2004, S.397, 402.
[114] J. Walter, ZfJ 2004, S.397, 402.

sche Schäden sein[115], erfasst wären damit namentlich die in letzter Zeit in den Medien erwähnten Fälle, in denen Jugendliche Gleichaltrige über Monate hinweg regelrecht quälten.

bb. Die weite Formulierung des § 12 Abs.1 GJVollz

§ 12 Abs.1 GJVollz setzt den Maßstab für eine Verlegung in eine sozialtherapeutische Einrichtung mit der Formulierung, dass nicht ausgeschlossen sein darf, dass der Jugendliche mit Hilfe der Sozialtherapie erreicht werden kann, bewusst niedrig an.[116] Da es aber im Rechtssinn kaum jemals ausgeschlossen sein wird, dass ein Gefangener mit Mitteln der Sozialtherapie erreicht werden kann, müsste konsequenterweise fast jeder Gefangene, der eine gefährliche Gewalttat begangen hat, auch in eine sozialtherapeutische Anstalt verlegt werden.[117] Die Folgen liegen angesichts der wenigen bisher vorhandenen sozialtherapeutischen Plätze für junge Gefangene auf der Hand. Entweder kommt es zu einer Überbelastung der sozialtherapeutischen Anstalten oder zu einem Begründungszwang seitens der Jugendstrafanstalten, warum der ein oder andere nicht nachweisbar hoffnungslose Fall nicht doch in eine sozialtherapeutische Einrichtung verlegt wurde.[118] Gerade die Bedenken hinsichtlich einer möglichen Überbelegung wiegen schwer. Daher sollte, in Anlehnung an den Vorschlag von *Joachim Walter*[119], § 12 Abs.1 GJVollz dergestalt umformuliert werden, dass *„angenommen werden kann, dass die Gefangenen mit den Mitteln der Sozialtherapie deutlich besser"* erreicht werden können. Die Formulierung *„deutlich besser"* ist angesichts des zu befürchtenden Mangels an Kapazitäten für junge Gefangene in der Sozialtherapie geboten.

cc. Anhörung der Personensorgeberechtigten

Angesichts der Tatsache, dass es sich bei der Behandlung in einer sozialtherapeutische Einrichtung – zumindest teilweise – um ein qualitatives aliud gegenüber der Behandlung im Regelvollzug und um eine besonders intensive Form des Behandlungsvollzugs[120] handelt, sollte vor der Verlegung des jungen Gefangenen eine Anhörung der Personensorgeberechtigten stattfinden. Dies würde dem Elternrecht aus Art.6 GG Rechnung tragen. Ein Zwang zur Anhörung würde aber die Vollzugsbehörde, welche für den Zeitraum der Haft die primäre Verantwortung für die Behandlung des jungen Gefangenen trägt, zu sehr einschränken. Dem ist durch eine Formulierung der Norm zu begegnen, die eine Anhörung zum bloßen Soll macht. In jedem Fall hat aber die unverzügliche Unterrichtungspflicht des § 11 Abs.3 GJVollz auch für die Verlegungen nach § 12 GJVollz zu gelten. Eine entsprechende Klarstellung in § 12 GJVollz durch die

---

[115] Vgl. hierzu auch § 12 Abs.1 des Entwurfs von Tondorf (2006), der aus diesem Grund eine Beschränkung auf die Fälle einer *„schweren Straftat mit psychischen und/oder physischen Folgen für das Opfer"* gesetzlich verankern will.
[116] Begründung zum GJVollz (2004), S.35.
[117] J. Walter, ZfJ 2004, S.397, 401 f.
[118] J. Walter, ZfJ 2004, S.397, 401 f.
[119] J. Walter, ZfJ 2004, S.397, 402.
[120] Begründung zum GJVollz (2004), S.73.

Formulierung *„§ 11 Abs.3 GJVollz gilt entsprechend"* wäre insofern wünschenswert.

dd. Zustimmung des Leiters der sozialtherapeutischen Einrichtung zur Verlegung

Im Gegensatz zu § 9 Abs.2 S.2 StVollzG setzt § 12 GJVollz keine Zustimmung des Leiters der sozialtherapeutischen Anstalt voraus. Doch wird man hierauf in der Praxis kaum verzichten können, da der Leiter am besten die vorhandenen Angebote und die organisatorischen Möglichkeiten seiner Anstalt überblickt und über die notwendigen Fachkenntnisse verfügt.[121] Zudem wäre es widersinnig, wenn der Leiter der sozialtherapeutischen Anstalt nicht die Möglichkeit hätte, bestimmte Gefangene, beispielsweise wegen starker Überbelegung oder Nichteignung der Therapieangebote abzulehnen, sondern sich diese gewissermaßen aufzwingen lassen müsste.

d. Ergebnis zu § 12 GJVollz

Es ist zu begrüßen, dass im Gegensatz zur bisherigen Rechtslage die Sozialtherapie nun auch im Jugendstrafvollzug Einzug halten soll und § 40 Abs.5 GJVollz zudem die zügige Schaffung entsprechender Einrichtungen anmahnt. Dies entspricht auch den Forderungen des Bundesverfassungsgerichts[122]. Allerdings ist zu berücksichtigen, dass der Ansatz der Sozialtherapie aus dem Erwachsenenvollzug nicht unterschiedslos in den Jugendstrafvollzug übertragen werden kann.[123] Die Schaffung jugendgerechter Angebote und deren kontinuierliche Weiterentwicklung und Verbesserung ist daher anzustreben. Vor diesem Hintergrund ist es zu begrüßen, dass der Entwurf bewusst keine einengenden Kriterien festschreibt, sondern diesbezüglich auf den Sachverstand von Wissenschaft und Forschung vertraut.[124] Allerdings besteht die Gefahr, dass durch die Einrichtung sozialtherapeutischer Anstalten und Abteilungen mit einer derart weiten Zuständigkeit Mittel und Personal gebunden werden, die im allgemeinen Vollzug fehlen werden.[125]

IV. Gesamtergebnis zu den §§ 11, 12 GJVollz

Beide Vorschriften sind im Ergebnis weitgehend sachgerecht.

---

[121] Callies/Müller-Dietz (2005), § 9, Rn.23; Laubenthal (2003), Rn.593.
[122] BVerfG, 2 BvR 1673/04 vom 31.5.2006, Abs.61.
[123] Stellungnahme der DVJJ zum GJVollz (2004), S.314, 320.
[124] Vgl. Begründung zum GJVollz (2004), S.73.
[125] Stellungnahme der DVJJ zum GJVollz (2004), S.314, 320.

Abschnitt 4: Offener Vollzug, Lockerungen, Entlassungen (§§ 13 bis 18 GJVollz)

A. § 13 Offener Vollzug

I. Die Situation des offenen Jugendstrafvollzugs

Tendenziell wird der offene Vollzug nur bei einer *„positiven Extremgruppe“*[1] durchgeführt. Wie bereits oben ausgeführt beträgt der Anteil der Gefangenen im offenen Jugendstrafvollzug durchschnittlich nur etwa zehn Prozent.[2] Dabei zeigen sich deutliche Unterschiede in der Vollzugspraxis der einzelnen Länder. Teilweise geht die gegenwärtige Vollzugspraxis dahin, dass zu Jugendstrafe Verurteilte, die sich auf freiem Fuß befinden, zum Strafantritt unmittelbar in den offenen Vollzug geladen werden.[3] Andererseits fällt bei Betrachtung der Vollzugspraxis der Länder auf, dass beispielsweise Bayern faktisch den offenen Vollzug abgeschafft hat, da hier nur ein Bruchteil der Gefangenen im offenen Vollzug untergebracht ist.[4] Diese Praxis stand schon mit der geltenden Rechtslage nicht in Einklang, da nicht davon auszugehen ist, dass sämtliche jungen Gefangenen in Bayern nicht die Erprobungsvoraussetzungen von § 91 Abs.3 JGG, Nr.5 VVJug erfüllen. Ob sich hieran durch die Neuregelung des Jugendstrafvollzugs durch die Länder etwas ändert, bleibt eher mit Skepsis abzuwarten.[5] Auf ein Problem bei der Auswertung des statistischen Materials weist *Eisenberg*[6] hin. Es gäbe nämlich keine einheitliche Definition von offenem Vollzug, vielmehr werde der Begriff offensichtlich regional unterschiedlich ausgelegt.

II. Bisherige Rechtslage und Alternativentwürfe

Bisher war die Zuweisung zum offenen und geschlossenen Vollzug nur fragmentarisch geregelt. Einen Anhaltspunkt lieferte § 91 Abs.3 JGG, wonach zur Ereichung des angestrebten Erziehungsziels der Vollzug aufgelockert und in geeigneten Fällen weitgehend in freien Formen durchgeführt werden konnte. Nr.5 VVJug konkretisierte die Voraussetzungen für eine Zuweisung in den offenen Vollzug dahingehend, dass ein Gefangener in einer Anstalt oder Abteilung des

---

[1] Eisenberg (2006), § 91, Rn.36 a.

[2] Vgl. oben Kap.4, B.IV.

[3] Begründung zum GJVollz (2004), S.36.

[4] Zum Stichtag 31.03.2006 saßen von 719 Gefangenen lediglich zehn Gefangene und damit 1,3 % im offenen Vollzug ein, vgl. Statistisches Bundesamt (2006), S.3; vgl. zur früheren Praxis, wonach kein einziger junger Gefangener in Bayern im offenen Vollzug einsaß Kreideweiß (1993), S.98.

[5] Vgl. Art.131 EBayStVollzG, in dem schon in der amtlichen Überschrift der geschlossene Vollzug vor den offenen Vollzug gestellt wird; vgl. auch § 14 Abs.1 E BW 2006, der die Unterbringung im geschlossenen Vollzug zum Regelfall erheben will; demgegenüber differenziert § 27 E BW 2007 zwischen Jugendstrafvollzug in freien Formen, offenem und geschlossenem Vollzug, wobei die Unterbringung im geschlossenen Vollzug nur bei einer Nichteignung für den Vollzug in freien Formen und den offenen Vollzug in Betracht kommen soll.

[6] Eisenberg (2006) § 91, Rn.36 a.

offenen Vollzuges untergebracht werden konnte, wenn er den besonderen Anforderungen des offenen Vollzuges genügte und eine Erprobung verantwortet werden konnte – eine Formulierung, die sich an § 10 Abs.1 StVollzG anlehnt, dahinter aber schon deshalb zurückbleibt, weil es sich bei Nr.5 VVJug im Gegensatz zu § 10 Abs.1 StVollzG nicht um eine Soll- sondern nur um eine Kann-Vorschrift handelte. Die Gefangenen im Jugendstrafvollzug waren somit in dieser Hinsicht bisher im Vergleich zur im Erwachsenenstrafvollzug geltenden Rechtslage benachteiligt.
Die früher vorgelegten Alternativentwürfe aus Wissenschaft und Praxis enthielten entweder eine Vorschrift, die festlegte, wann ein Gefangener im offenen und wann im geschlossenen Vollzug unterzubringen sei[7], oder übernahmen die bisher geltenden Formulierungen des § 91 Abs.3 JGG.[8] Sämtliche Alternativentwürfe sahen somit die Notwendigkeit, diesen Aspekt des Freiheitsentzugs bei Gefangenen im Jugendstrafvollzug zu regeln.

III. Der offene Vollzug als Regelfall im GJVollz

1. Inhalt der Vorschrift

§ 13 Abs.1 GJVollz sieht die Unterbringung im offenen Vollzug – der Entwurf spricht in Anlehnung an § 141 Abs.2 2.Hs. StVollzG von Jugendstrafanstalten ohne oder mit verminderten Vorkehrungen gegen Entweichungen – für die Zukunft – wie an sich auch im Erwachsenenstrafvollzug vorgesehen[9] – als Regelfall an.[10] Danach ist der offene Jugendstrafvollzug zukünftig die Unterbringungsform, die zunächst und vorrangig in Betracht zu ziehen ist.[11] Die Überschrift zu § 13 GJVollz unterstreicht dies, spricht sie doch nur von *„Offener Vollzug“* und nicht von *„Offener und geschlossener Vollzug“* wie die Parallelnorm des § 10 StVollzG im Erwachsenenstrafvollzug.

2. Rechtspolitischer Hintergrund

Die Etablierung des offenen Vollzugs als Regelvollzug entspricht einer seit langem geäußerten Forderung der Wissenschaft und teilweise auch der Praxis.[12] Hierfür wurden vielfältige Gründe vorgebracht. Im Jugendstrafvollzug besteht einmal gegenüber dem Erwachsenenstrafvollzug grundsätzlich ein geringeres Sicherungsbedürfnis[13]. Weiterhin bietet der offene Vollzug eher pädagogische Möglichkeiten als der geschlossene, zumal er die jungen Gefangenen nur in geringerem Ausmaß der Freiheit und Eigenverantwortung entwöhnt.[14] Er bietet zudem verstärkt Möglichkeiten zu Kontakten mit der Außenwelt und in ihm fin-

---

[7] Vgl. § 12 E 1984; § 13 E 1985; § 10 E 1991; § 17 E 1993; zusammenfassend Kreideweiß (1993), S.98 ff.
[8] Vgl. § 3 Abs.3 E 1988.
[9] § 10 Abs.1 StVollzG, vgl. dazu Callies/Müller-Dietz (2005), § 10, Rn.1 m.w.N.; ferner HansOLG, ZfStrVo 1980, S.185; OLG Celle, ZfStrVo 1985, S.374.
[10] Begründung zum GJVollz (2004), S.36.
[11] Begründung zum GJVollz (2004), S.36.
[12] Vgl. statt vieler Dünkel, RdJB 2003, S.335, 347; J. Walter (2004), S.63, 80.
[13] Dünkel (1990), S.496.
[14] Eisenberg (2006) § 91, Rn.36; Kreideweiß (1993), S.100.

det in geringerem Maße eine emotionale Deprivation der Gefangenen statt.[15] Die Gefahr, dass junge Gefangene im offenen Vollzug leichter Zugang zu Alkohol und Drogen haben, wie dies von Kritikern des offenen Vollzugs immer wieder betont wird, lässt sich zumindest nicht durchgängig nachweisen, zudem treten die genannten Risiken auch im geschlossenen Vollzug auf.[16]
Weiterhin lässt sich durch offenen Vollzug die Subkultur des Gefängnisses – welche einer der Hauptgründe ist, dass das Vollzugsziel in der Praxis schwer umzusetzen ist – reduzieren.[17] Geht man nämlich davon aus, dass es sich bei der Subkultur im Gefängnis zumindest teilweise um eine Reaktion auf deprivierenden Druck handelt[18], so bedeutet dies auch, dass ein eher repressiver, also geschlossener Vollzug, im Zweifel oppositionelle Einstellungen der Insassen eher begünstigt und somit sozusagen das Nährsubstrat für die Bildung der Insassensubkultur liefert.[19] *„Hoher Druck zwingt die Insassen gleichsam in die Subkultur und dazu, illegitime Methoden zu erlernen."*[20] Zudem zeigen aktuelle Studien, dass die Rückfallquote der entlassenen jungen Gefangenen sinkt, je höher der zeitliche Anteil des offenen Vollzuges an der Gesamtzeit des Vollzuges war.[21]
Zusammenfassend stellt der offene Vollzug somit ein Stück weit Normalität im Anstaltsleben dergestalt her, dass dieses an die Situation in Freiheit angepasst wird. Damit wird den in § 3 Abs.2 S.1, 3 GJVollz niedergelegten Grundsätzen der Angleichung und der Gegensteuerung Rechnung getragen. Vor diesem Hintergrund wurde die Festlegung des offenen Vollzugs als Regelfall von der Wissenschaft konsequenterweise seit Jahrzehnten gefordert.[22] Es ist jedoch klar, dass es wegen der deutlichen Unterrepräsentation junger Gefangener im offenen Vollzug[23] ein Ziel einer künftigen gesetzlichen Regelung sein muss, dieser Unterrepräsentation entgegen zu wirken. Dieses Ziel gewinnt vor allem dadurch Bedeutung, dass sich immer mehr die Erkenntnis durchsetzt, dass *„... ungeachtet der unbestreitbaren Erfolge eines modernen Jugendstrafvollzugs ... in kriminalpräventiver und kriminalpädagogischer Hinsicht ... fast alles andere besser ist als geschlossener Jugendstrafvollzug."*[24]

3. Erfordernis der Zustimmung des Gefangenen

§ 13 Abs.1 S.1 GJVollz macht die Verlegung in den offenen Vollzug von der Zustimmung des Gefangenen abhängig. Damit soll konsequent dessen Selbstän-

---

[15] Eisenberg (2006) § 91, Rn.36.
[16] Kreideweiß (1993), S.100.
[17] J. Walter (2004), S.68; ders. (1998), S.233 m.w.N.; ders., ZJJ 2003, S.397, 400.
[18] Sog. Deprivationstheorie: danach bringt der sog. Deprivationsdruck den Gefangenen dazu, ihm eine Gegenkultur – die Subkultur – als eine Art kollektiven Abwehrmechanismus entgegen zu setzen, vgl. Sykes (1970), S.106 ff.; Harbordt (1972), S.11 ff.; zusammenfassend Kaiser/Schöch (2002), § 13, Rn. 14 ff. m.w.N.; J. Walter (2004), S.63, 67 f. m.w.N.
[19] J. Walter (2004), S.63, 68.
[20] So J. Walter (2004), S.63, 68.
[21] Frankenberg (1999), S.148, insb. Tab. 60.
[22] Dünkel, RdJB 2003, S.335, 347; J. Walter (2004), S.63, 80; vgl. auch § 12 E 1984 sowie § 13 E 1985.
[23] Dünkel (1990), S.145 ff., 496.
[24] J. Walter (2004), S.63, 80.

digkeit und Mündigkeit gefördert werden.[25] In den Fällen, in denen Angst vor der Erprobungssituation im offenen Vollzug bzw. vor einer heimatfernen Unterbringung oder eine Gewöhnung an den geschlossenen Vollzug den Gefangenen an der Erteilung seiner Zustimmung hindert, sollen ermutigende und auf die Ängste des Gefangenen eingehende Gespräche diesen zum Anstaltswechsel motivieren.[26] Gegen diesen Ansatz erhob sich namentlich von Seiten der Praxis Protest. Ein Zustimmungserfordernis erschwere die Vollzugsarbeit nur unnötig, und zwar gerade aufgrund von Angst- und Trotzreaktionen seitens der Gefangenen.[27] Teilweise wird auch damit argumentiert, ein Zustimmungserfordernis bringe nur unnötigen Verwaltungsaufwand mit sich.[28] Daneben wird vorgebracht, auch die Aufnahme in den Strafvollzug als solche sei nicht zustimmungsbedürftig, daher könne auch keine Wahlmöglichkeit hinsichtlich der Vollzugseinrichtung bestehen.[29]
Dieser Ansicht ist nicht zuzustimmen. Sie verkennt, dass es pädagogisch geradezu kontraproduktiv ist, den Gefangenen zu einer Verlegung zu zwingen, zumal es auch gut nachvollziehbare Gründe dafür geben kann, in der entsprechenden Vollzugseinrichtung verbleiben zu wollen, beispielsweise Gewöhnung an Mitgefangene und Bedienstete. Gerade wenn man die neueren Erkenntnisse zur fördernden und schützenden Funktion der Gleichaltrigengruppe (*„peer-group“*[30]) berücksichtigt, zeigt sich, dass es nicht sinnvoll sein kann, den jungen Gefangenen ohne Not und gegen dessen Willen aus diesem Umfeld herauszureißen. Das Argument, auch die Aufnahme in den Vollzug sei nicht zustimmungsbedürftig, verkennt, dass ein substantieller Unterschied besteht zwischen der Aufnahme in den Vollzug und der Wahl der Vollzugsform. Grundlage der erstgenannten Maßnahme ist die Vollstreckung eines rechtskräftigen Strafurteils (*„ob“* des Vollzugs). Grundlage der letztgenannten Maßnahme ist hingegen die Eignung für die entsprechende Vollzugsform, welche im Rahmen einer Prognoseentscheidung festgestellt wird. Richtschnur des ganzen ist das Vollzugsziel, an dem sich die Gesamtheit der im Vollzug getroffenen Entscheidungen auszurichten hat.[31] Es geht hier damit um eine der wichtigsten Behandlungsmaßnahmen im Vollzug[32] und somit plakativ ausgedrückt um das *„wie“* des Vollzugs. Damit bleibt als Ergebnis festzuhalten, dass richtigerweise die Zustimmung des Gefangenen für eine Verlegung in den offenen Vollzug zu fordern ist.[33]

4. Die Prognoseregelungen des § 13 Abs.1 GJVollz

§ 13 Abs.1 S.1 GJVollz macht die Verlegung in den offenen Vollzug von einer Prognose dahingehend abhängig, ob die jungen Gefangenen den besonderen Anforderungen des offenen Vollzugs genügen, namentlich verantwortet werden

[25] Vgl. Begründung zum GJVollz (2004), S.36.
[26] Vgl. Begründung zum GJVollz (2004), S.36
[27] Kreideweiß (1993), S.101; vgl. BT-Drucks. 11/3694, Begründung S.8 (Erwachsenenstrafvollzug).
[28] Stellungnahme des Deutschen Richterbundes, zu § 13; Tondorf (2006), Fn.53.
[29] Stellungnahme der DVJJ zum E 1991, S.41, 43.
[30] Vgl. J. Walter, ZJJ 2003, S. 397, 399 m.w.N.
[31] Vgl. oben Kap.5, Abschn.2, B.I.
[32] Vgl. Callies/Müller-Dietz (2005), § 10, Rn.1.
[33] Anders Art.131 EBayStVollzG.

kann zu erproben, dass sie sich dem Vollzug der Jugendstrafe nicht entziehen und die Möglichkeiten des offenen Vollzugs nicht zu Straftaten missbrauchen werden. Diese Kriterien bringen zum Ausdruck, dass bei der Verlegungsentscheidung auch die Belange der Sicherheit der Allgemeinheit und damit § 3 Abs.2 S.2 GJVollz beachtet werden.[34]

§ 13 Abs.1 S.1 GJVollz gesteht von Rechts wegen bei dieser Prognoseentscheidung der Vollzugsbehörde eine im Vergleich zum Erwachsenenstrafvollzug erhöhte Fehlschlagswahrscheinlichkeit zu. Das Gesetz verwendet nämlich anstatt der Formulierung *„wenn nicht zu befürchten ist"* die Formulierung *„...wenn... verantwortet werden kann zu erproben..."*, welche in ähnlicher Form schon in Nr.5 VVJug vorkam. Schon die Verwendung des Verbs *„erproben"* impliziert die dieser Prognoseentscheidung per se immanente Gefahr von Fehlschlägen und auch, dass dies von Seiten des Gesetzgebers gerade so gewollt ist. Ansonsten hätte er nämlich, wie *Callies/Müller-Dietz* zu Recht herausstellen, auch die Formulierung *„und namentlich feststeht"* verwenden können.[35] Die Furcht vor dem Scheitern darf und soll somit ein notwendiges erzieherisches Wagnis nicht verhindern.[36] Daher ist zu befürworten, dass in der Praxis diesem im Vergleich zum Erwachsenenstrafvollzug zugunsten des offenen Vollzugs verschobenen Prognosemaßstab dadurch Rechnung getragen wird, dass die Behandlungsmaßnahme des offenen Vollzugs künftig intensiver genutzt und nicht contra legem wie in einigen Bundesländern (s.o.) faktisch abgeschafft wird. Es steht aber zu befürchten, dass dieser Zustand durch die Föderalismusreform eher verfestigt wird.[37]

5. Frauen und offener Vollzug (§ 13 Abs.1 S.2 GJVollz)

Junge Frauen sind auch bei der Verlegung in den offenen Vollzug gegenüber ihren männlichen Altersgenossen benachteiligt. So befanden sich am 31.März 2006 von 276 im Jugendvollzug einsitzenden Frauen lediglich 23 im offenen Vollzug.[38] Dies dürfte namentlich der Tatsache geschuldet sein, dass es keine speziellen Einrichtungen für junge weibliche Strafgefangene gibt. Hier setzt der Entwurf an und schreibt fest, dass es von der Ausgestaltung des offenen Vollzugs als Regelvollzug auch für den Bereich des Vollzugs an jungen Frauen keine Ausnahme geben darf. Vielmehr müssen für sie entsprechende offene Einrichtungen des Jugendstrafvollzugs geschaffen werden.[39] Hierfür soll sich der Vollzug auch freier Träger bedienen können.[40]

IV. Der geschlossene Vollzug (§ 13 Abs.2, 3 GJVollz)

§ 13 Abs.2 und Abs.3 GJVollz sind als abschließende Regelungen für eine Rückverlegung in oder eine weitere Behandlung im geschlossenen Vollzug an-

---

[34] Vgl. Callies/Müller-Dietz (2005), § 10, Rn.8; Laubenthal (2003), Rn.358.
[35] Callies/Müller-Dietz (2005), § 10, Rn.8.
[36] Vgl. Brunner/Dölling (2002), § 91, Rn.18.
[37] Vgl. nur Art.131 EBayStVollzG und § 14 Abs.1 E BW 2006; vgl. dagegen aber auch § 27 E BW 2007.
[38] Statistisches Bundesamt (2006), S.3; vgl. auch oben Kap.4, B.VII.
[39] Begründung zum GJVollz (2004), S.36.
[40] Begründung zum GJVollz (2004), S.36.

zusehen.[41] § 13 Abs.2 GJVollz stellt klar, dass die Gefangenen, die sich für den offenen Vollzug nicht eignen, weiterhin im geschlossenen Vollzug unterzubringen sind.[42] Nichteignung i.S.d. Entwurfs heißt, dass die Gefangenen den besonderen Anforderungen des offenen Vollzugs nicht genügen, namentlich bei ihnen auch unter Zugrundelegung des oben favorisierten erprobungsfreundlichen Maßstabes eine Erprobung i.S.d. § 13 Abs.2 GJVollz nicht verantwortet werden kann. Damit zeigt diese Vorschrift wie schon § 13 Abs.1 GJVollz, dass der offene Vollzug den Regelfall darstellen soll. Die Nichteignung für den offenen Vollzug ist richtigerweise zu Beginn des Vollzugs festzustellen, die Gründe hierfür sind aktenkundig zu machen. § 13 Abs.3 GJVollz erweitert die Gründe, aus denen Gefangene im geschlossenen Vollzug verbleiben oder dorthin zurückverlegt werden dürfen, um den Gesichtspunkt, dass die Verlegung in bzw. die Beibehaltung des geschlossenen Vollzugs für die Förderung des jungen Gefangenen notwendig sein muss. Dieser Gesichtspunkt ist bereits aus dem im Erwachsenenstrafvollzug geltenden § 10 Abs.2 S.2 StVollzG bekannt. Zwei Gesichtspunkte verdienen hier nähere Betrachtung: Zum einen muss der Verbleib im geschlossenen Vollzug *„notwendig"* für die Förderung des Gefangenen sein. Das heißt, die Fortführung einer Fördermaßnahme muss den Verbleib im geschlossenen Vollzug erforderlich machen[43] oder negativ ausgedrückt, die Unterbringung oder Zurückverlegung darf nicht aus puren Zweckmäßigkeitserwägungen heraus geschehen.[44] Unzulässig wäre es beispielsweise, eine weitere Unterbringung im geschlossenen Vollzug gemäß § 13 Abs.3 GJVollz darauf zu stützen, dass in der Anstalt nicht ausreichend Haftplätze im offenen Vollzug vorhanden sind. Zum anderen bedarf die Verwendung des Worts *„ausnahmsweise"* besonderer Beachtung. Diese im Vergleich zum Erwachsenenstrafvollzug verbindlichere Formulierung bringt zum Ausdruck, dass der Verbleib bzw. die Rückverlegung in den geschlossenen Vollzug nur in eng begrenzten Ausnahmefällen zulässig ist. Grundsätzlich müssen somit die Einrichtungen des offenen Vollzugs Förderangebote bereitstellen, die mit denen des geschlossenen Vollzugs vergleichbar sind. Anders ausgedrückt: In Zukunft ist es zumindest nach dem vorliegenden Entwurf kaum mehr zulässig, den offenen Vollzug für wenige Häftlinge mit entsprechend magerer Ausstattung zu betreiben. Der schon oben herausgestellte Ausnahmecharakter des § 13 Abs.3 GJVollz[45] ist dabei bei einer künftigen Anwendung dieser Norm in der Praxis besonders zu beachten.

V. Gesamtergebnis zu § 13 GJVollz

Im Ergebnis handelt es sich bei § 13 GJVollz um eine gelungene Regelung. Ausdrücklich gutzuheißen ist das Bekenntnis zum offenen Vollzug als Regelvollzug, zu einer erprobungsfreundlicheren Praxis der Verlegung in den offenen

[41] Vgl. Callies/Müller-Dietz (2005), § 10 Rn.10 m.w.N. zur Gegenansicht im Erwachsenenstrafvollzug.
[42] Begründung zum GJVollz (2004), S.36.
[43] Begründung zum GJVollz (2004), S.37.
[44] Vgl. Callies/Müller-Dietz (2005), § 10, Rn.10 m.w.N.
[45] Vgl. oben Kap.5, Abschn.4, A.IV.

Vollzug sowie die Beschränkung der Rückverlegung oder des Verbleibs im geschlossenen Vollzug auf wenige, eng umgrenzte Ausnahmefälle.[46]

B. §§ 14 - 17 Lockerungen des Vollzuges, Urlaub aus dem Vollzug, Weisungen, Verlassen der Jugendstrafanstalt aus wichtigem Anlass

I. Allgemeines

Die §§ 14 - 16 GJVollz regeln weitere wichtige Behandlungsmaßnahmen im Jugendstrafvollzug. § 14 GJVollz befasst sich mit den Lockerungen des Vollzugs, § 15 GJVollz mit der Frage der Gewährung von Urlaub aus dem Vollzug. § 16 GJVollz regelt schließlich die Erteilung von Weisungen für Lockerungen und Urlaub sowie den Widerruf und die Rücknahme von Lockerungen und Weisungen. § 17 GJVollz regelt daneben das Verlassen der Jugendstrafanstalt aus wichtigem Anlass.

II. Lockerungen des Vollzuges

1. Bisherige Rechtslage[47] und Alternativentwürfe

Im Jugendstrafvollzug waren für die Gewährung von Lockerungen sowie die jetzt in § 14 Abs.4 GJVollz geregelte Ausführung aus besonderen Gründen die Nrn. 6 und 7 VVJug maßgeblich. Gerade die Gewährung von Lockerungen wurde äußerst detailliert, nämlich in insgesamt 14 Absätzen, geregelt. Nr.6 Abs.1 und Abs.2 VVJug sowie Nr.7 Abs.1 VVJug orientierten sich dabei bis auf kleinere Abweichungen an den Formulierungen der für den Erwachsenenstrafvollzug geltenden §§ 11 und 12 StVollzG. Es erstaunt daher nicht, dass die genannten Normen wiederum die Grundlage für § 14 GJVollz bilden, in welchem sich aber auch einige Neuerungen finden. Für den Jugendstrafvollzug bedeutsam war daneben § 91 Abs.3 JGG, der ebenfalls eine Auflockerung des Jugendstrafvollzugs vorsah. Auch die Alternativentwürfe orientierten sich im Wesentlichen an dem Grundkonzept der §§ 11, 12 StVollzG. Insoweit wird auf die Arbeit von *Kreideweiß* verwiesen.[48] Wenn entsprechende Vorschläge im GJVollz ihren Niederschlag gefunden haben, wird darauf unten hingewiesen.

[46] Zustimmend auch die Stellungnahme des Deutschen Richterbundes, zu § 13; für den Vorrang des offenen Vollzugs auch Tondorf (2006), Fn.53 sowie die Stellungnahme ver.di, S.6 und die Stellungnahme der DVJJ zum GJVollz (2004), S.314, 321.
[47] Vgl. hierzu auch Grosch (1995), S.61 ff.
[48] Kreideweiß (1993), S.110 ff. m.w.N.

2. Inhalt und Ziel der Vorschrift

a. § 14 Abs.1 GJVollz

Eine mit § 14 Abs.1 GJVollz vergleichbare Vorschrift fand sich bisher weder im StVollzG noch in den VVJug. Durch sie wird festgelegt und verdeutlicht, zu welchem Zweck und mit welcher Reichweite Lockerungen gewährt werden können, und zwar zur Durchführung notwendiger Fördermaßnahmen, welche auch außerhalb der Anstalt stattfinden können. Damit soll klargestellt werden, dass Vollzugslockerungen kein Selbstzweck sind, sondern die Aufgabe haben, die Gefangenen auf ein Leben in Freiheit vorzubereiten, indem sie befähigt werden, ihr Leben zunehmend selbstbestimmt zu regeln.[49] Hintergrund dieses Bestrebens, Sinn und Zweck der Lockerungen in einer Art Präambel nochmals zu verdeutlichen, dürfte sein, dass Lockerungen, obwohl sie mittlerweile zu einer festen Größe im Instrumentarium strafvollzuglicher Maßnahmen geworden sind[50], immer wieder ins Kreuzfeuer der Kritik von Wissenschaft und Öffentlichkeit geraten. Exemplarisch seien nur die aus den USA stammende, jetzt aber auch in der europäischen Kriminalwissenschaft weit verbreitete „Nothing works"-Theorie[51], wonach der Ansatz der Resozialisierung durch Behandlungsmaßnahmen versagt habe, sowie die Kritik namentlich der Massenmedien genannt, welche bei spektakulären Vorfällen im Zusammenhang mit Lockerungen[52] – welche meist auf dem Gebiet des Erwachsenenstrafvollzugs vorkommen – geradezu reflexartig mit Etikettierungen wie *„Hotelvollzug"* bei der Hand sind.[53]
Da eine liberale Gewährung von Vollzugslockerungen daher quasi ständig mit zum Teil unsachlicher und undifferenzierter Kritik belegt wird, ist diese Vorschrift zu begrüßen. Denn sie stellt klar und verständlich heraus, warum Lockerungen gewährt werden und welchen Stellenwert sie im Gesamtkonzept des Behandlungsvollzugs haben. Nicht unbedingt nachvollziehbar ist jedoch die unnötig enge Formulierung des § 14 Abs.1 GJVollz, der Vollzugslockerungen auf *„notwendige"* Fördermaßnahmen beschränkt. Unzulässig blieben dann Vollzugslockerungen zur Durchführung von Fördermaßnahmen, die als lediglich nützlich oder geeignet anzusehen sind. Da aber auch von solchen Fördermaßnahmen eine positive Entwicklung des jungen Gefangenen im Hinblick auf das Vollzugsziel des § 2 GJVollz zu erwarten ist, welches zudem als Richtschnur für den gesamten Jugendstrafvollzug anzusehen ist[54], ist es nicht einzusehen, warum das Kriterium der Notwendigkeit hier den Kreis der in Frage kommenden Fördermaßnahmen einschränken soll. Dies gilt umso mehr, als dass im Lichte des Vollzugsziels jede Maßnahme, die den Gefangenen der Erreichung desselben näher bringt, als notwendig angesehen werden muss. Zudem bleibt der Begriff der Notwendigkeit selbst schwammig, trennscharfe Abgrenzungen, welche Fördermaßnahmen in diesem Sinne notwendig sind und welche nicht, sind kaum

---

[49] Begründung zum GJVollz (2004), S.37.
[50] Grosch (1995), S.2.
[51] Grundlegend Martinson (1974), S.22 ff.
[52] Vgl. Ostendorf (2003), §§ 91-92, Rn.21 m.w.N.
[53] Vgl. Grosch (1995) S.3.
[54] Vgl. oben Kap.5, Abschn.2, B.I.

möglich. Daher wird vorgeschlagen, diesen Begriff aus § 14 Abs.1 GJVollz zu streichen.[55]

b. § 14 Abs.2 GJVollz

§ 14 Abs.2 GJVollz befasst sich mit den einzelnen Vollzugslockerungen, die in den Nrn. 1-4 aufgezählt werden. Dabei handelt es sich sowohl um schon fast traditionell zu nennende Lockerungsmaßnahmen, die sich im Laufe der Zeit in der Praxis des Jugend- und des Erwachsenenstrafvollzugs herausgebildet haben[56], als auch um die Umsetzung neuer Ideen aus Wissenschaft und Praxis. Der Entwurf benennt diese Maßnahmen jedoch bewusst (*„namentlich“*) nicht abschließend[57] und befindet sich hiermit im Einklang mit der bisher geltenden Nr.6 Abs.1 VVJug sowie dem im Erwachsenenstrafvollzug geltenden § 11 Abs.1 StVollzG. Die Bandbreite der gewährbaren Vollzugslockerungen ist daher prinzipiell unbegrenzt[58], muss sich aber an dem Zweck der Gewährung von Lockerungen, wie er in § 14 Abs.1 GJVollz umrissen ist, orientieren.
§ 14 Abs.2 Nr.1 und 2 GJVollz regeln die Lockerungsmaßnahmen Außenbeschäftigung (Nr.1 Alt.1), Freigang (Nr.1 Alt.2), Ausführung (Nr.2 Var.1) und Ausgang (Nr.2 Var.2) sowie den Ausgang in Begleitung (Nr.2 Var.3). Bis auf den Ausgang in Beleitung finden sich sämtliche Maßnahmen inklusive ihrer Legaldefinitionen in den VVJug (Nr.6 Abs.1 Nr.1-2) sowie im StVollzG (§ 11 Abs.1 Nr.1-2) wieder. Der Ausgang in Begleitung stellt eine Mischform zwischen den Lockerungsmaßnahmen Ausführung und Ausgang dar: Der Gefangene darf die Anstalt zwar ohne Aufsicht eines Vollzugsbediensteten verlassen, im Gegensatz zum Ausgang aber eben nicht unbegleitet, sondern in Begleitung einer Bezugsperson.[59] Dieser Ansatz findet sich schon im E 1988.[60] Entscheidender Unterschied zur Ausführung ist dabei, dass die Bezugsperson im Gegensatz zum Vollzugsbeamten dem Gefangenen gegenüber keine Weisungsbefugnis hat.[61] In diesen Fällen soll durch die Erteilung einer Weisung (i.S.d. § 16 Abs.1 GJVollz) erreicht werden, dass der Zweck des Ausgangs erreicht wird.[62] Anwendungsfälle für diese Lockerungsmaßnahme sind nach der Entwurfsbegründung namentlich das Verlassen der Anstalt zur Festigung sozialer Kontakte oder zum Kennenlernen von Einrichtungen der Straffälligen- oder Suchthilfe.[63] Bezugspersonen im Sinne des Gesetzes sind dann namentlich ehrenamtliche Betreuer, Fachkräfte von Beratungsstellen sowie Mitglieder von Sportvereinen.[64]

---

[55] So auch J. Walter, ZfJ 2004, S.397, 402.
[56] Vgl. Callies/Müller-Dietz (2005), § 11, Rn.3.
[57] Begründung zum GJVollz (2004), S.37.
[58] Grosch (1995), S.76 f. m.w.N., der als weitere Lockerungsmaßnahmen u.a. Seminare und Kurse, erlebnispädagogische Maßnahmen sowie Begleit- und Gruppenausgänge nennt. Letztere wurden jetzt durch die neue Rechtsfigur des Ausgangs in Begleitung (§ 14 Abs.2 Nr.2 Var.3 GJVollz) teilweise umgesetzt.
[59] So schon der Vorschlag von Grosch (1995), S.76.
[60] Vgl. § 14 Abs.1 Nr.2 Var.2 E 1988 sowie § 18 Abs.1 Nr.2 Var.2 E 1993; zusammenfassend Kreideweiß (1993), S.110.
[61] Begründung zum GJVollz (2004), S.37.
[62] Begründung zum GJVollz (2004), S.37.
[63] Begründung zum GJVollz (2004), S.37.
[64] Begründung zum GJVollz (2004), S.37.

§ 14 Abs.2 Nr. 3 stellt ein Novum im Vergleich zur bisherigen Rechtslage dar. Normiert wird als Lockerungsmaßnahme die Übernachtung außerhalb der Jugendstrafanstalt zur Teilnahme an Lehrgängen oder anderen Veranstaltungen, die das Erreichen des Vollzugszieles oder die Eingliederung fördern. Dieser Ansatz findet sich allerdings in sämtlichen früheren Alternativentwürfen aus Wissenschaft und Praxis wieder[65], wobei sich die jetzige Fassung am ehesten an den *Referentenentwurf* aus dem Jahr 1991 anlehnt.[66] Ziel der Regelung ist es, schon während der Vollzugszeit die Teilnahme an Maßnahmen der Berufsausbildung und Weiterbildung zu ermöglichen, wenn eine tägliche Rückkehr in die Anstalt, beispielsweise entfernungsbedingt, nicht möglich ist.[67] Für die Fälle, in denen es nicht um die Teilnahme an Lehrgängen geht, besteht eine Einschränkung dergestalt, dass die Veranstaltung das Erreichen des Vollzugsziels oder die Eingliederung des Gefangenen fördern muss.[68]
Die Unterbringung in einer besonderen Erziehungseinrichtung oder in einer Übergangseinrichtung freier Träger, wie sie § 14 Abs.1 Nr.4 GJVollz vorsieht, findet sich in den bisher gültigen Regelungen zum Jugendstrafvollzug ebenfalls noch nicht. Allerdings sahen die Alternativentwürfe der *Vollzugsleite*r und von *Kreideweiß* jeweils die Unterbringung im Zuge der Entlassungsvorbereitung in einer sog. Übergangswohnung, d.h. in einer Wohngruppe, die der Aufsicht der Anstalt untersteht, vor.[69] Zweck dieser Lockerungsmaßnahme war es, dem Gefangenen den Übergang in die Freiheit zu erleichtern.[70] Diesen Gedanken schreibt der Entwurf fort und konkretisiert damit § 5 Abs.1 S.2 GJVollz sowie § 7 Abs.2 GJVollz, die sich beide zum Vollzug in freien Formen und zum Vollzug in Übergangseinrichtungen äußern.[71]
Die Begründung zum GJVollz nennt dabei vor allem zwei Personengruppen als Zielgruppe dieser neuen Lockerungsmaßnahme. Einmal sollen sich die genannten besonderen Erziehungseinrichtungen mit besonders schwierigen Gefangenen befassen, für die sie aufgrund ihrer methodischen Ausrichtung bzw. personellen Ausstattung besser geeignet sein sollen als herkömmliche Jugendstrafanstalten.[72] Daneben sollen diejenigen Gefangenen, die zur Entlassungsvorbereitung nicht in eine Anstalt des offenen Vollzugs verlegt werden können oder wollen, in freieren Formen untergebracht werden, um den Übergang vom geschlossenen Vollzug in die Freiheit zu erleichtern. Dasselbe soll gelten, wenn offener Vollzug nur weit vom Wohnort entfernt angeboten wird und sich so eine optimale Entlassungsvorbereitung mit Arbeitsplatz- und Wohnungssuche nicht durchführen lässt.[73]

---

[65] Vgl. § 13 Abs.1 Nr.3 E 1984; § 14 Abs.1 Nr.3 E 1985; § 14 Abs.1 Nr.3 E 1988; § 11 Abs.1 Nr.3 E 1991; § 18 Abs.1 Nr.3 E 1993.
[66] Vgl. § 11 Abs.1 Nr.3 E 1991.
[67] Begründung zum GJVollz (2004), S.37.
[68] Vgl. die Begründung zum GJVollz (2004), S.37 f. auch zum Zustandekommen dieser Einschränkung.
[69] § 14 Abs.1 Nr.4 E 1988; § 18 Abs.1 Nr.4 E 1993; zusammenfassend Kreideweiß (1993), S.110.
[70] Begründung zum E 1988, S.29.
[71] Begründung zum GJVollz (2004), S.38.
[72] Begründung zum GJVollz (2004), S.38.
[73] Begründung zum GJVollz (2004), S.38.

Die neu geschaffene Kategorie der besonderen Erziehungseinrichtung vermag aber insgesamt nicht zu überzeugen. Insbesondere ist nicht einsichtig, warum eine Unterbringung in einer solchen Einrichtung eine Lockerung im Sinne des § 14 GJVollz sein soll. Denn nach der Begründung zum GJVollz sollen vor allem besonders schwierige Gefangene wie junge Mehrfach- und Intensivtäter Zielgruppe einer solchen Einrichtung sein.[74] Bei dieser Gefangenengruppe erscheint es aber kaum denkbar, dass sie die sonstigen Lockerungsvoraussetzungen, namentlich die des § 14 Abs.3 GJVollz – Verantwortbarkeit der Erprobung der Lockerung – erfüllen. Im Übrigen müsste gerade bei jungen Intensivtätern auch in einer besonderen Erziehungseinrichtung, die nach dem Entwurf organisatorisch unabhängig sein soll[75], eine Sicherung stattfinden. Dieser grundrechtssensible Bereich müsste dann aber von hoheitlicher Seite wahrgenommen werden.[76] Im Übrigen bleibt auch die Zielsetzung, zu der solche besonderen Erziehungseinrichtungen geschaffen werden sollen, diffus. Es scheint, als solle hier für besonders schwierige Gefangene eine Art Intensivstrafvollzug geschaffen werden, der zusätzlich neben die sozialtherapeutischen Anstalten nach § 12 GJVollz treten soll. Es ist zwar nicht von der Hand zu weisen, dass junge Intensivtäter mit speziell auf sie zugeschnittenen methodischen Konzepten und personeller Ausstattung möglicherweise besser als im regulären Jugendstrafvollzug erreicht werden können. Es fragt sich allerdings, ob dies nicht auch im regulären Vollzug mit speziellen Programmen und möglicherweise neu zu schaffenden Abteilungen möglich wäre.
Insgesamt vermag daher weder das Konzept der besonderen Erziehungseinrichtungen noch die systematische Verortung bei den Lockerungen zu überzeugen. Auch wenn die der Vorschrift zugrunde liegende Zielsetzung ehrenhaft sein mag, wäre eine Streichung zu begrüßen.

c. § 14 Abs.3 GJVollz

§ 14 Abs.3 GJVollz legt als weitere Voraussetzungen für die Gewährung von Lockerungen die Zustimmung des Gefangenen und die Verantwortbarkeit der Erprobung, analog zu der Formulierung in § 13 Abs.1 GJVollz, fest. Zugleich wird damit eine Formulierung übernommen, die sich so schon in einigen Alternativentwürfen fand.[77] Zugleich wurde damit das Problem aus der Welt geschafft, dass § 91 Abs.3 JGG für den aufgelockerten Vollzug im Unterschied zu § 11 Abs.2 StVollzG keinen Versagensgrund wegen Flucht- oder Missbrauchsgefahr nannte, praktische Erwägungen aber durchaus für einen solchen Versagensgrund sprachen.[78] Dabei gilt wie bei § 13 Abs.1 GJVollz, dass der Vollzugsbehörde bei der hier zu treffenden Prognoseentscheidung im Gegensatz zur Rechtslage im Erwachsenenstrafvollzug eine erhöhte Fehlschlagswahrscheinlichkeit zusteht.[79] Dies ergibt sich schon aus einem Vergleich des Wortlauts von § 14 Abs.3 GJVollz und § 11 Abs.2 GJVollz. Der Unterschied in der Wortwahl ist *„...mehr als eine sprachliche Variante ohne eigene Aussage-*

[74] Begründung zum GJVollz (2004), S.38.
[75] Begründung zum GJVollz (2004), S.38.
[76] Vgl. Begründung zum GJVollz (2004), S.38.
[77] Vgl. § 13 Abs.2 E 1984; § 14 Abs.2 E 1985; § 14 Abs.2 E 1988.
[78] Zu diesem Problemfeld Ostendorf (2003), §§ 91-92, Rn.12 m.w.N.
[79] Vgl. oben Kap.5, Abschn.4, A.III.4.

kraft“[80], sondern signalisiert eine grundsätzlich liberale Einstellung zur Problematik der Lockerungen im Vollzug[81]. Diese Regelung, die den Weg hin zu einer erprobungsfreundlicheren Gewährung von Lockerungen freimacht, ist gutzuheißen. Dem Prinzip, dass im Jugendstrafvollzug kontrollierte Risiken im (Re-) Sozialisierungsprozess einzugehen sind[82], wird damit von Seiten des Entwurfs konsequent Rechnung getragen. Das Erfordernis der Zustimmung des Gefangenen beachtet dabei dessen Selbstständigkeit und Mündigkeit und berücksichtigt seine Stellung als Subjekt des Behandlungsvollzugs. Zugleich wird damit ein im Erwachsenen- und Jugendstrafvollzug bewährtes Kriterium beibehalten.[83] Wie bei § 13 GJVollz ist dem Zustimmungserfordernis daher zuzustimmen.[84]

d. § 14 Abs.4 GJVollz

Diese Vorschrift normiert die Ausführung ohne Zustimmung des Gefangenen. Entsprechende Vorschriften finden sich bisher in Nr.7 Abs.1 VVJug sowie für den Erwachsenenstrafvollzug in § 12 StVollzG. Die Angliederung dieser Vorschrift an die Norm, welche die Lockerungen regelt, wurde erstmals von *Baumann* vorgeschlagen.[85] Als Anwendungsfälle und damit als besondere Gründe i.S.d. § 14 Abs.4 GJVollz nennt die Entwurfsbegründung die Ausführung zur Durchführung einer ärztlichen Behandlung oder eines Krankenhausbesuchs.[86] In diesen Fällen ist dann eine Zustimmung des Gefangenen zur Ausführung aufgrund der genannten besonderen Umstände nicht erforderlich.

e. § 14 Abs.5 GJVollz

Diese Vorschrift ist erst in den überarbeiteten Entwurf des Bundesministeriums der Justiz vom 07.06.2006 eingefügt worden. Danach sollen vor einer Entscheidung über Vollzugslockerungen die Personensorgeberechtigten gehört werden. Da die Gewährung von Vollzugslockerungen namentlich für Fördermaßnahmen außerhalb der Anstalt Einfluss auf den Aufenthaltsort der jungen Gefangenen hat, ist das Recht der Personensorgeberechtigten aus Art.6 GG (insbesondere das Aufenthaltsbestimmungsrecht) zu beachten. Auf die Bedeutung des Rechts aus Art.6 GG hat auch das Bundesverfassungsgericht in seiner Entscheidung zur Verfassungswidrigkeit des Jugendstrafvollzuges hingewiesen.[87] Bei der Ausgestaltung als Soll-Vorschrift handelt es sich aber um einen guten Kompromiss aus einer zwingenden Vorschrift und einer Kann-Vorschrift. Sowohl das Recht der Personensorgeberechtigten als auch die Bedürfnisse der Praxis werden hier ausreichend beachtet. Die Anfügung des § 14 Abs.5 GJVollz ist daher sachgerecht.[88]

---

[80] Schaffstein/Beulke (2002), S.295.
[81] Schaffstein/Beulke (2002), S.295.
[82] Ostendorf (2003) §§ 91-92, Rn.12.
[83] Vgl. § 11 Abs.2 StVollzG sowie Nr. 6 Abs.2 VVJug.
[84] A.A. Tondorf (2006), Fn.56, der wegen des zusätzlich entstehenden Verwaltungsaufwands eine Streichung des Zustimmungserfordernisses befürwortet.
[85] § 14 Abs.3 E 1985 und Baumann (1985), S.16.
[86] Begründung zum GJVollz (2004), S.38.
[87] BVerfG, 2 BvR 1673/04 vom 31.5.2006, Abs.55.
[88] A.A. Tondorf (2006), Fn.56 mit Hinweis auf den dadurch entstehenden Veraltungsaufwand.

f. Zwischenergebnis zu § 14 GJVollz

Insgesamt kann § 14 GJVollz als durchaus gelungen bezeichnet werden. Dies heißt aber nicht, dass der Bereich der Vollzugslockerungen frei von Problemfeldern wäre. Diese betreffen aber nicht so sehr das positive Recht, sondern die Handhabung der Vorschriften in der Praxis. Diese Problemfelder sind daher im Folgenden näher zu untersuchen.

3. Probleme des § 14 GJVollz

a. Die Problematik des sog. *„Stufenstrafvollzugs"*[89]

Als problematisch ist zunächst eine Entwicklung anzusehen, die in der Literatur als Stufenstrafvollzug bezeichnet wird. Gemeint ist damit, dass die Gewährung von Vollzugslockerungen bzw. die Zuweisung in freiere Vollzugsformen nach einem Schema verläuft.[90] Dem liegt regelmäßig der Ansatz zugrunde, dass durch ein zeitlich gedrängtes Durchlaufen verschiedener Entwicklungsphasen Erziehungsmängel ausgeglichen werden sollen. In diesen Entwicklungsphasen reicht dann der Umfang der Erziehung von deutlicher Führung bis hin zu möglichst umfangreicher eigener Entscheidungskompetenz.[91] Dementsprechend erhält der Gefangene Vollzugsvergünstigungen meist erst mit zunehmender Verweildauer und Anpassung an die von der Anstalt an ihn gestellten Anforderungen.[92] Diese Tendenz wird durch das GJVollz bedauerlicherweise verfestigt, da gemäß § 10 Abs.3 Nr.7 GJVollz schon im Förderplan die Eignung für sowie die Planung von Lockerungen des Vollzugs und Urlaub festzuschreiben sind. Dies führt unter Umständen dazu, dass der Ablauf des Vollzugs von vornherein bereits so festgelegt wird, dass Veränderungen und Entwicklungen beim Gefangenen nicht mehr hinreichend berücksichtigt werden können.[93] Die Gefahren eines solch schematischen Strafvollzugs sind schnell umrissen: Ersatz des erzieherischen Ermessens durch Statik, Einschränkung der Behandlungsmöglichkeiten, bloße Formalanpassung seitens des Gefangenen.[94] Im Ergebnis dient das Behandlungsmittel Vollzugslockerung dann eher als – wirksames – Mittel informeller anstaltsinterner Disziplinierung.[95]

Da ein Stufenstrafvollzug im beschriebenen Sinne in hohem Maße von der Gestaltung des Vollzugs durch die Praxis abhängt, kann ihm mit gesetzgeberischen Mitteln kaum begegnet werden. Es ist aber nur wünschenswert, dass vor allem trotz der Vorgabe des § 10 Abs.3 Nr.7 GJVollz der Raum für eine individuelle und erzieherisch sinnvolle Gestaltung der Lockerungsgewährungen genutzt wird. Nutzbar ist hier unter anderem § 10 Abs.2 S.2 GJVollz, wonach der Förderplan in regelmäßigen Abständen fortzuschreiben ist.

---

[89] Skeptisch hierzu schon Radbruch (1957), S.59.
[90] Kreideweiß (1993), S.111.
[91] Eisenberg (2006), §91, Rn.35.
[92] Eisenberg (2006), § 91, Rn.35.
[93] Auf diese Gefahr weist zu Recht Ostendorf (2003), §§ 91-92, Rn.15 hin.
[94] Ostendorf (2003), §§ 91-92, Rn.15; Kreideweiß (1993), S.111; Eisenberg (2006), § 91, Rn.35.
[95] Eisenberg (2006), § 91, Rn.35; s. auch J. Walter, MSchrKrim 1993, S.273.

b. Berücksichtigung der Mitwirkung des Gefangenen an der Erreichung des Vollzugsziels

Die Problematik, ob die Mitwirkung des jungen Gefangenen an der Erreichung des Vollzugsziels bei der Gewährung von Vollzugslockerungen Berücksichtigung finden darf, gewinnt durch Einführung einer Pflicht zur Mitwirkung an der Erreichung des Vollzugsziels nach § 4 GJVollz neue Brisanz. Denn das bisher für den Bereich des Jugendstrafvollzugs in diese Richtung vorgegebene Entscheidungskriterium nach Nr.6 Abs.10 S.2 VVJug wurde von der Literatur aus unterschiedlichen Gründen heftig kritisiert.[96] Nachdem der Entwurf jedoch eine allgemeine Mitwirkungspflicht befürwortet, bedeutet dies, dass ein Verstoß gegen diese jedenfalls nicht unberücksichtigt bleiben kann. Allerdings muss beachtet werden, dass der Umfang der Mitwirkungspflicht richtigerweise nicht besonders hoch anzusetzen ist[97] und die Tatsache, dass eine Mitwirkungspflicht besteht, noch nichts darüber aussagt, ob und wie diese bei der Gewährung von Vollzugslockerungen zu berücksichtigen ist. Im Ergebnis kann hierbei auf oben[98] verwiesen werden, so dass Folgendes festzuhalten ist: Die Mitwirkung des jungen Gefangenen an der Erreichung des Vollzugsziels kann bei der Gewährung von Vollzugslockerungen berücksichtigt werden. Dies stellt auch keine Umgehung der gesetzlichen Voraussetzungen für die Lockerungsgewährung dar, da sich eine permanente Verweigerung der Mitarbeit als erhöhtes Missbrauchsrisiko i.S.d. § 14 Abs.3 GJVollz niederschlagen kann. Allerdings muss dafür das gezeigte Verweigerungsverhalten ein solches Ausmaß annehmen, dass es auch mit Disziplinarmaßnahmen belegt werden könnte. Das Versagen von Lockerungen gestützt auf einen Verstoß gegen § 4 GJVollz wird daher nur in eng begrenzten Ausnahmefällen möglich sein. Aus Gründen der Transparenz sollte in diesen Fällen aber durch die Anstaltsleitung zum Ausdruck gebracht werden, dass wegen Verstößen gegen die Mitwirkungspflicht Vollzugslockerungen versagt wurden. Im Übrigen wird die Problematik dadurch entschärft, dass bei beharrlichen Verstößen gegen § 4 GJVollz meist noch weitere Verstöße gegen die im GJVollz niedergelegten besonderen Pflichten[99] vorliegen werden. In einem solchen Fall ist das Versagen von Lockerungen unproblematisch möglich.

c. Berücksichtigung der Schuldschwere

Im Erwachsenenstrafvollzug werden Aspekte der Schuldschwere teilweise von Vollzugspraxis und Rechtsprechung bei der Gestaltung des Vollzugs zugelassen.[100] Im Jugendstrafvollzug will hingegen eine teilweise in Literatur und Rechtsprechung vertretene Auffassung die Schwere der Tatschuld zwar berücksichtigen, der Berücksichtigung aber enge Grenzen ziehen.[101] Dies wird im We-

[96] Grosch (1995), S.105 m.w.N.

[97] Vgl. oben Kap.5, Abschn.2, D.IV.3.b.

[98] Vgl. oben Kap.5, Abschn.2, D.IV.3.c.

[99] Vgl. die Auflistung der Einzelpflichten in der Begründung zum GJVollz (2004), S.18.

[100] Grosch (1995) m.w.N. auch zur Gegenauffassung (insb. in Fn.250).

[101] Eisenberg (2006), § 91, Rn.13; Böhm, NStZ 1984, S.383; ders., NStZ 1986, S.201, 204; OLG Stuttgart, NStZ 1987, S.430 f. m. abl. Anm. Schüler-Springorum und Funck, wonach die spezialpräventive Relevanz einer Vollzugslockerung im Einzelfall gegen die Schwere der Schuld abzuwägen sei.

sentlichen mit der Rechtsprechung des Bundesgerichtshofs zur Verhängung von Jugendstrafe wegen Schwere der Schuld (§17 Abs.2 2.Alt. JGG) begründet, wonach zwar die Schuldschwere eigenständige Bedeutung habe, Jugendstrafe aber trotzdem nur dann zulässig sei, wenn sie erzieherisch sinnvoll ist.[102]
Aber selbst eine solch begrenzte Einbeziehung von Aspekten der Schuldschwere für den Bereich von Vollzugslockerungen ist nicht haltbar und daher abzulehnen. Denn Ziel des Vollzugs der Jugendstrafe ist gemäß § 2 GJVollz eine Lebensführung des Gefangenen ohne Straftaten.[103] Verlangt man als Ziel des Vollzugs schon keine Sühne von dem Gefangenen, so kann man diese auch nicht durch die Hintertür als gesetzlich nicht vorgesehenes Kriterium berücksichtigen. Verhängung der Jugendstrafe selbst ist schon Schuldausgleich genug.[104] Den Vollzug der Jugendstrafe ebenfalls dem Sühneprinzip zu unterstellen, widerspräche zusammengefasst Sinn und Zweck des Jugendstrafvollzugs.[105] Zu befürchten stünde indes, dass das qua Gesetz nicht vorgesehene Kriterium der Sühne quasi eine neue Stellschraube bilden würde, um die Daumenschrauben bei der Gewährung von Vollzugslockerungen öffentlichkeitswirksam noch weiter anzuziehen. Auch hier könnte dann ein neuer *„Wettbewerb der Schäbigkeit“*[106] drohen. Gesichtspunkte der Schuldschwere sind somit bei der Gewährung von Vollzugslockerungen nicht zu berücksichtigen.[107]

4. Gesamtergebnis zu § 14 GJVollz

§ 14 GJVollz ist durchaus gelungen, allerdings kommt es vor allem darauf an, dass die gesetzgeberischen Vorgaben in der Praxis auch entsprechend umgesetzt und nicht durch Schematik und gesetzlich nicht vorgesehene Kriterien wieder aufgeweicht werden.

III. Urlaub

1. Allgemeines

§ 15 GJVollz regelt die Voraussetzungen für die Gewährung des sog. Regelurlaubs.[108] Daneben kennt der Entwurf noch den Sonderurlaub aus wichtigem Anlass (§ 17 GJVollz) und den Sonderurlaub zur Vorbereitung der Entlassung (§18 Abs.4 GJVollz).

2. Bisherige Rechtslage und Alternativentwürfe

Grundlage für die Gewährung von Urlaub im Jugendstrafvollzug war bisher Nr.8 VVJug, mit insgesamt zwanzig Absätzen. § 15 GJVollz übernimmt hiervon im Wesentlichen Nr.8 Abs.1 S.1, Abs.3, Abs.6 S.1 sowie Abs.9 S.1 VVJug. Der

---

[102] BGHSt 15, S.224; BGHSt 16, S.261; BGH StV 1994, S.598; OLG Brandenburg StV 2001, S.175; zusammenfassend Schaffstein/Beulke (2002), S.157; Grosch (1995), S.111.
[103] Vgl. oben Kap.5, Abschn.2, B.V.3.
[104] Schaffstein/Beulke, (2002) S.295.
[105] Grosch (1995), S.111; Dünkel, (1990), S.135.
[106] So der Titel des Aufsatzes von Dünkel/Schüler-Springorum, ZfStrVo 2006, S.145 ff.
[107] So auch Grosch (1995), S.111; Schaffstein/Beulke (2002), S.295 m.w.N.
[108] So genannt in der Begründung zum GJVollz (2004), S.39.

Entwurf orientiert sich zudem deutlich an § 13 Abs.1 S.1, 2 und Abs.5 StVollzG, während die Absätze 2 bis 4 des § 13 StVollzG nicht in die neue Norm übernommen wurden. Im Rahmen der früher vorgelegten Alternativentwürfe bietet sich demgegenüber kein einheitliches Bild.[109]

3. Inhalt und Ziel der Vorschrift

a. § 15 Abs.1 GJVollz

aa. Ziel der Gewährung von Urlaub

Ist der Öffentlichkeit schon die Gewährung von Lockerungen als Behandlungsmaßnahme für Gefangene teilweise schwer vermittelbar, so stößt die Tatsache, dass Gefangene sogar Urlaub erhalten können, vielfach auf völliges Unverständnis. Folgerichtig umreißt § 15 Abs.1 GJVollz daher zunächst Sinn und Zweck der Gewährung von Urlaub, nämlich die Förderung der Wiedereingliederung in das Leben in Freiheit, insbesondere zur Aufrechterhaltung sozialer Bindungen. Urlaub im Sinne des § 15 GJVollz ist somit kein Erholungsurlaub, sondern eine therapeutische Maßnahme, welche der späteren Wiedereingliederung in das Leben in Freiheit dient.[110] Denn der Gefangenen kann während des Zeitraums, für den Urlaub gewährt wird, die Anstalt für mehr als einen Tag unbeaufsichtigt verlassen.[111] Welchem Zweck der Urlaub genau dienen soll, unterstreicht der Entwurf, indem er insbesondere die Aufrechterhaltung sozialer Bindungen nennt. Damit enthält der Entwurf im Gegensatz zu den VVJug und zum StVollzG eine explizite Zweckvorgabe zur Gewährung von (Regel-)Urlaub, wodurch die bisher bestehende Unsicherheit in diesem Bereich gesetzgeberisch beseitigt wird.[112]

bb. Anzahl der Urlaubstage

§ 15 Abs.1 GJVollz nennt die Anzahl von 21 Kalendertagen Urlaub. Berechnungsgrundlage hierfür ist das Vollstreckungsjahr. Damit wird die Berechnungsgrundlage übernommen, die gemäß Nr.8 Abs.6 S.1 VVJug auch schon bisher im Bereich des Jugendstrafvollzugs galt. Damit sollen die in der Praxis aufgetretenen Zweifelsfragen bei der Berechnung künftig vermieden werden.[113] Die Anzahl von 21 Kalendertagen Urlaub entspricht der Rechtslage im Bereich des Erwachsenenstrafvollzugs und der früheren Rechtslage im Jugendstrafvollzug.[114] Auch die früher vorgelegten Entwürfe sprachen sich bisher überwiegend

[109] Zusammenfassend Kreideweiß (1993), S.114 f. sowie die Synopse auf S.398 ff.
[110] Vgl. Begründung zum GJVollz (2004), S.38 f.
[111] Grosch (1995), S.78.
[112] Vgl. hierzu Grosch (1995), S.79 f.
[113] Begründung zum GJVollz (2004), S.39; zu der Streitfrage, ob das Vollstreckungs- oder das Kalenderjahr zugrunde zu legen sei vgl. HansOLG, ZfStrVo 2001, S.314 f. m.w.N.
[114] Vgl. Nr.8 Abs.1 VVJug, § 13 Abs.1 StVollzG.

für 21 Urlaubstage aus[115], teilweise wurde aber auch die Gewährung von bis zu 24 Urlaubstagen vorgeschlagen.[116]
Die Möglichkeit der Gewährung von bis zu 21 Urlaubstagen kann als ausreichend angesehen werden, zumal sich ein fortschrittlicher Jugendstrafvollzug nicht zwangsläufig durch die Gewährung von möglichst viel Urlaub auszeichnet. Vielmehr können lange oder zahlreiche Urlaubsperioden einer effektiven Förderung und damit der Erreichung des Vollzugsziels eher abträglich sein.[117] Anstatt, wie teilweise im Schrifttum gefordert[118], die Anzahl der gewährbaren Urlaubstage auf weit über 24 Tage hinaufzusetzen – häufig kursierte dabei in Anlehnung an eine Regelung in Italien die Zahl von 45 Urlaubstagen[119] – sollte man sich die Frage stellen, ob dem Vollzugsziel und damit auch dem Gefangenen selbst nicht mit einer großzügigeren Gewährung von Lockerungen mehr gedient wäre. Zudem besteht gerade im Jugendstrafvollzug das Problem, dass die ohnehin geringe Verweildauer im Vollzug durch die Gewährung von mehr Urlaub noch mehr verkürzt würde mit dem Ergebnis, dass noch weniger auf den Gefangenen im Sinne des Vollzugsziels eingewirkt werden könnte. Die Maximalanzahl von 21 Urlaubstagen ist daher ausreichend. Auch die Zugrundelegung des Vollstreckungsjahrs ist nicht zu beanstanden; durch die Festschreibung wird vielmehr in begrüßenswerter Weise Rechtssicherheit geschaffen.

cc. Art der Gewährung

Bei § 15 Abs.1 GJVollz handelt es sich, genauso wie bei den entsprechenden Vorschriften im Erwachsenenvollzug bzw. in den VVJug, ausweislich des Wortlauts *„kann"* um eine Ermessensvorschrift[120], so dass auch im Jugendstrafvollzug lediglich ein Anspruch auf fehlerfreie Ermessensausübung besteht.[121] Der Urlaub wird gemäß § 15 Abs.1 GJVollz nach Maßgabe des Förderplans in der arbeitsfreien Zeit gewährt.
Gegen beide Merkmale bestehen Bedenken. Gemäß § 10 Abs.3 Nr.7 GJVollz wird im Förderplan die Eignung für den Urlaub und dessen Planung festgeschrieben. Eine Urlaubsgewährung nach Maßgabe des Förderplans bedeutet nun, dass in der Praxis im Wesentlichen auf die zu Beginn des Vollzugs gewonnenen Erkenntnisse und die dementsprechenden Festschreibungen zurückgegriffen werden wird. Darauf lässt auch die Entwurfsbegründung schließen, wonach die Festlegung der Anzahl der Urlaubstage *„nach voraussichtlicher Verweildauer und individueller Bedürfnislage"*[122] erfolgt. Hierdurch wird das Ermessen der Vollzugsleitung in unnötiger und bedenklicher Weise eingeschränkt. Es besteht namentlich die Gefahr, dass eine Fortschreibung des Förderplans, welche der Entwicklung des Gefangenen im Vollzug Rechnung trägt, nicht stattfindet, son-

---

[115] Vgl. § 15 Abs.1 E 1984; § 15 Abs.1 E 1985.
[116] Vgl. § 15 Abs.1 E 1988; § 13 Abs.1 E 1991; § 20 Abs.2 E 1993; zusammenfassend Kreideweiß (1993), S.114 ff.
[117] Kreideweiß (1993), S.115.
[118] Vgl. Tondorf (2006), Fn.53 und § 15 Abs.1; so schon früher Dünkel, ZRP 1992, S.176, 177 m.w.N.
[119] Vgl. Dünkel, ZRP 1992, S.176, 177.
[120] Vgl. Callies/Müller-Dietz (2005), § 13, Rn.3 m.w.N.
[121] Vgl. Callies/Müller-Dietz, (2005), § 13, Rn.3.
[122] Begründung zum GJVollz (2004), S.39.

dern eine Zuteilung von Urlaubstagen von vornherein schematisch nach Schwere der Straftat sowie voraussichtlicher Verweildauer erfolgt. Dadurch wird dem Charakter des Urlaubs als Behandlungsmaßnahme nicht hinreichend Rechnung getragen und die Urlaubsgewährung gerät in bedenklicher Weise in die Nähe eines Stufenstrafvollzugs.
Problematisch ist auch die Beschränkung der Urlaubsgewährung auf die arbeitsfreie Zeit.[123] Dies würde einen Rückschritt gegenüber der bisherigen Situation darstellen, wo lediglich in aller Regel berücksichtigt wurde, aber eben nicht zwingend berücksichtigt werden musste, dass Schul- und Berufsausbildung sowie Arbeit Urlaub und Vollzugslockerungen vorgehen.[124] Zudem schränkt diese Regelung die Vollzugspraxis unnötig ein und führt gerade in den Flächenländern zu kaum lösbaren Problemen, namentlich wegen oft großer Entfernungen sowie teilweise schlechter Verkehrsanbindung zwischen Anstalt und Urlaubsort.[125] Schließlich führt diese Einschränkung auch zu einer sachlich nicht gerechtfertigten Schlechterstellung Gefangener im Jugendstrafvollzug gegenüber erwachsenen Strafgefangenen.[126] Aufgrund dieser Bedenken sollte diese Beschränkung daher wieder gestrichen werden.

dd. Ergebnis zu § 15 Abs.1 GJVollz

Positiv ist die Unterstreichung des Zwecks der Urlaubsgewährung zu sehen. Die Anzahl der Urlaubstage ist nicht zu beanstanden. Allerdings sollten die das Ermessen einschränkenden Kriterien, insbesondere die Beschränkung der Urlaubsgewährung auf die arbeitsfreie Zeit, gestrichen werden. Einen akzeptablen Kompromiss für die Praxis stellt § 27 Abs.2 S.3 E BW 2007 dar, der festlegt, dass die Gewährung von Urlaub *„möglichst in der arbeitsfreien Zeit erfolgen“* soll.

b. § 15 Abs.2 GJVollz

Gemäß § 15 Abs.2 GJVollz gilt § 14 Abs.3 GJVollz entsprechend, so dass auf das zu dieser Norm Gesagte verwiesen werden kann. Sowohl das erprobungsfreundliche Kriterium der Verantwortbarkeit als auch die erforderliche Zustimmung des Gefangenen sind danach positiv zu bewerten.

c. § 15 Abs.3 GJVollz

Diese Vorschrift entspricht § 13 Abs.5 StVollzG sowie Nr.8 Abs.3 VVJug und stellt klar, dass auch der Urlaub die Strafvollstreckung nicht unterbricht. Die Regelung dient dem Gebot der kriminalpolitischen Gerechtigkeit[127], da der Gefangene auch während seines Urlaubs gewissen in der Jugendstrafe begründeten Einschränkungen, wie beispielsweise Weisungen und dem Gebot der Rückkehr

---

[123] So jetzt auch § 16 Abs.1 E BW 2006; kritisch Tondorf (2006), Fn.57.
[124] J. Walter, ZfJ 2004, S.397, 402.
[125] J. Walter, ZfJ 2004, S.397, 402.
[126] J. Walter, ZfJ 2004, S.397, 402.
[127] BT-Drucks. 7/918, S.53; Callies/Müller-Dietz (2005), § 13, Rn.30.

in die Haft, unterliegt. Auch sämtliche Alternativentwürfe sahen eine entsprechende Regelung vor.[128]

d. Zulässige Ermessenskriterien

aa. Vorbemerkung

Die sich abzeichnenden Problemfelder der neuen Regelung sind meist Probleme, die sich so bzw. in ähnlicher Form schon nach der bisherigen Rechtslage stellten. Dennoch sind sie hier zu erörtern, da die Regelungen des GJVollz teilweise zu einer differenzierten Betrachtung einiger Problemkreise führen. Vorzuschicken ist in diesem Zusammenhang die allgemeine Bemerkung, dass von Seiten des Entwurfs bewusst darauf verzichtet wurde, die bisherigen sehr ausführlichen Regelungen in Nr.8 Abs.1-20 VVJug sowie die in § 13 Abs.2-4 StVollzG abgebildete Rechtslage für den Jugendstrafvollzug zu übernehmen.

bb. Zulässigkeit von Fristen für die Gewährung von Urlaub

Gemäß § 13 Abs.2 StVollzG gilt regelmäßig eine Sechsmonatsfrist für die Gewährung von Urlaub im Erwachsenenstrafvollzug. Diese Frist wurde schon in die VVJug bewusst nicht übernommen.[129] Allerdings haben einige Bundesländer schon früher im Wege der Allgemeinverfügung eine solche Wartezeit eingeführt.[130] Eine Beibehaltung dieser Praxis, d.h. die Ablehnung von Urlaubsanträgen unter bloßem Verweis auf die Nichterfüllung einer Frist, wäre rechtswidrig.[131] Soll ein Urlaubsantrag deshalb abgelehnt werden, weil der Gefangene noch nicht genügend Zeit im Vollzug verbracht hat, wäre vielmehr in der Ablehnung darzulegen, inwieweit allein aus dieser Tatsache folgt, dass der Gefangene keinen Urlaub zu erhalten hat. Im Übrigen passt eine Sechsmonatsfrist aufgrund der relativ kurzen Verweildauer der Gefangenen im Jugendstrafvollzug nicht. Es könnte sonst nur während eines relativ kurzen Haftzeitraums überhaupt Urlaub gewährt werden. Vor der Einführung einer solchen Wartezeit durch die Hintertür kann daher nur gewarnt werden.

cc. Pauschaler Ausschluss bzw. Nichteignung von Gefangenengruppen

Nr.8 Abs.7 lit. a)-d) sowie Nr.8 Abs.10 lit. a)-e) VVJug nennen die Fälle, in denen früher Gefangene entweder pauschal von der Urlaubsgewährung ausgeschlossen waren oder als regelmäßig ungeeignet zur Urlaubsgewährung anzusehen waren. Ein solch starres Regel-Ausnahme-Schema ist nicht unbedenklich.[132] Zwar dürften die genannten Fälle diejenigen sein, in denen typischerweise tatsächlich eine höhere Gefahr der Nichtrückkehr aus dem bzw. eines Missbrauchs des Urlaubs gegeben ist. Allerdings birgt die Vorgabe solcher Regelfälle auch die Gefahr einer verkürzten Ermessensentscheidung durch den Entscheidungs-

[128] Vgl. § 15 Abs.2 E 1984; § 15 Abs.2 E 1985; § 15 Abs.5 E 1988; § 13 Abs.2 E 1991; § 20 Abs.4 E 1993.
[129] Grosch (1995), S.113.
[130] Vgl. zusammenfassend Grosch (1995), S.113.
[131] So auch Grosch (1995) S.115 f. zur bisherigen Rechtslage.
[132] Grosch (1995), S.106 f. m.w.N.

träger.[133] Denn im Rahmen der Ermessensentscheidung muss eine bis ins Einzelne gehende Abwägung aller für bzw. gegen die entsprechende Maßnahme sprechenden Umstände stattfinden.[134] Dies ist bei Vorgabe eines solchen Katalogs nicht mehr gewährleistet, da hier das vom Gesetz vorgegebene Regel-Ausnahmeverhältnis umgekehrt wird[135] bzw. contra legem ein Ausschlusstatbestand festgeschrieben wird. Daher ist die Einführung solcher Kataloge im Wege von Verwaltungsvorschriften oder Allgemeinverfügungen grundsätzlich skeptisch zu betrachten. Zwar dienen solche Kataloge auch der einheitlichen Rechtsanwendung[136], dies darf jedoch nicht dazu führen, dass diese Kataloge rein schematisch und ohne nähere Prüfung des Einzelfalls angewendet werden.

dd. Bereitschaft zur Mitwirkung am Vollzugsziel

Die Bereitschaft zur Mitwirkung am Vollzugsziel war früher gemäß Nr.8 Abs.9 S.2 VVJug zu berücksichtigen. Unabhängig davon, ob dies früher als zulässig anzusehen war, muss man jetzt, wenn man wie hier vertreten der allgemeinen Mitwirkungspflicht am Vollzugsziel im Ergebnis zustimmt[137], die Berücksichtigung der Mitwirkungsbereitschaft in Zukunft als zulässiges Ermessenskriterium ansehen. Aber es gilt der oben aufgestellte Grundsatz, wonach die Versagung, allein gestützt auf einen Verstoß des Gefangenen gegen § 4 GJVollz, nur in eng begrenzten Ausnahmefällen zuzulassen ist.

ee. Berücksichtigung allgemeiner Strafzwecke

Gesichtspunkte des Schuldausgleichs dürfen richtigerweise auch bei der Entscheidung über die Gewährung von Urlaub nicht berücksichtigt werden. Insoweit gilt das oben Gesagte entsprechend.[138]

ff. Beschränkung der jährlichen Urlaubstage seitens der Verwaltung (für bestimmte Vollzugsformen)

Die Festlegung von 21 Tagen Urlaub im GJVollz bedeutet nicht, dass jeder Gefangene auch tatsächlich das volle Urlaubskontingent zur Verfügung gestellt bekommt.[139] Die Festlegung des Umfangs des beantragten Urlaubs steht vielmehr im pflichtgemäßen Ermessen der Vollzugsbehörde.[140] *Grosch* weist hierbei auf das Sonderproblem hin, dass in einigen Bundesländern im Wege der Allgemeinverfügung das jährliche Urlaubskontingent für bestimmte Vollzugsformen – i.d.R. für den geschlossenen Vollzug – eingeschränkt wird.[141] Diese generelle Beschränkung des Urlaubs bei bestimmten Vollzugsformen, die das OLG

[133] Grosch (1995), S.107.
[134] Grosch (1995), S.107.
[135] Callies/Müller-Dietz (2005), §13, Rn.10 m.w.N.
[136] Vgl. Callies/Müller-Dietz (2005), § 13, Rn.10.
[137] Vgl. oben Kap.5, Abschn.2, D.VI.
[138] Vgl. oben Kap.5, Abschn.4, B.II.3.c.
[139] Begründung zum GJVollz (2004), S.39.
[140] Grosch (1995), S.81 m.w.N.
[141] Grosch (1995), S.81 f.

Hamm für zulässig gehalten hat[142], ist rechtswidrig.[143] Dass das volle Urlaubskontingent nur Gefangenen des offenen Vollzugs zusteht, gab schon eine Auslegung der bisherigen Rechtslage in grammatikalischer, systematischer und historischer Hinsicht nicht her.[144] Weder § 15 GJVollz noch die Entwurfsbegründung bieten Anhaltspunkte dafür, dass künftig eine solche Begrenzung zuzulassen ist.

gg. Zwischenergebnis

Die Neuregelung des Jugendstrafvollzugs sollte zum Anlass genommen werden, bisherigen rechtswidrigen Praktiken im Bereich des Jugendstrafvollzugs entgegen zu treten. Dies gilt insbesondere angesichts der Entschlackung der Regelungen zum Thema Urlaub im Vergleich zu den VVJug. Generell ist festzustellen, dass hier das vom Gesetzgeber eingeräumte Ermessen in weit stärkerem Maße als bisher zu nutzen ist.

e. Ergebnis zu § 15 GJVollz

Die Neuregelung zum Urlaub im Jugendstrafvollzug ist in weiten Teilen gelungen. Allerdings ist vor einer Übernahme der bisherigen, teilweise rechtswidrigen Praktiken zu warnen.

IV. Weisungen für Lockerungen und Urlaub, Widerruf und Rücknahme

1. Allgemeines

§ 16 GJVollz ist im Zusammenhang mit den §§ 14-15 GJVollz zu sehen. Er regelt die Erteilung von Weisungen für Lockerungen und Urlaub sowie Widerruf und Rücknahme von Lockerungen und Urlaub.

2. Bisherige Rechtslage und Alternativentwürfe

Für den Jugendstrafvollzug fand sich eine entsprechende Regelung bisher in Nr.9 VVJug, welche im Wesentlichen § 14 StVollzG entsprach. Die zu § 14 StVollzG ergangenen Verwaltungsvorschriften fanden ebenfalls Eingang in die VVJug, und zwar im Wesentlichen in Nr.9 Abs.2 VVJug, welche die in Nr.1 Abs.2 VVStVollzG zu § 14 genannten häufigsten Fälle von Weisungen abbildet und in Nr.9 Abs.4-7 VVJug, welche die Detailregelungen zu Wirksamwerden von Widerruf und Rücknahme, zur Pflicht zur Anhörung des jungen Gefangenen und ähnliches enthält und den Regelungen aus Nr.2 Abs.1-4 VVStVollzG zu § 14 entspricht.
Die früheren Alternativentwürfe eines Jugendstrafvollzugsgesetzes regelten den Komplex der Weisungserteilung, des Widerrufs sowie der Rücknahme von Lockerungen bzw. Weisungen bis auf kleinste Abweichungen übereinstimmend.[145]

---

142 OLG Hamm, NStZ 1982, S.135 f.; OLG Hamm, NStZ 1988, S.331 f.

143 Grosch (1995), S.82, Fn.117.

144 Grosch (1995), S.81 f. m.w.N.

145 Vgl. § 16 E 1984; § 16 E 1985 i.V.m. § 14 StVollzG; § 16 E 1988; § 14 E 1991; § 21 E 1993; zusammenfassend Kreideweiß (1993), S.117 f.

Die jetzige Regelung in § 16 GJVollz, die an diese Regelungen bzw. an § 14 StVollzG anknüpft, dürfte daher gesicherter Konsens in Wissenschaft und Praxis sein.

3. Inhalt der Vorschrift

§ 16 Abs.1 GJVollz regelt die Erteilung von Weisungen für Lockerungen und Urlaub. Ziel dieser Regelung ist eine gestaltende Einflussnahme auf den Lockerungs- bzw. Urlaubszeitraum.[146] Die Erteilung einer Weisung ist kein Muss, sondern liegt im pflichtgemäßen Ermessen der Vollzugsbehörde.[147] Dass danach nur die Weisungen erteilt werden dürfen, die nach den Umständen des Einzelfalles erforderlich sind, versteht sich von selbst; einer ausdrücklichen Festschreibung, wie in Nr.9 Abs.1 VVJug bzw. Nr.1 Abs.1 VVStVollzG zu § 14 bedurfte es daher zu Recht nicht.[148] Es bedurfte auch keiner gesetzlichen Regelung, welche Weisungen besonders in Betracht kommen, die in der Praxis am häufigsten erteilten Weisungen dürften aber die in Nr.9 Abs.2 VVJug (bzw. Nr.1 Abs.2 VVStVollzG zu § 14) beispielhaft („*namentlich*") aufgezählten sein.[149]
Nach § 16 Abs.2 GJVollz können Lockerungen und Weisungen aus den dort aufgeführten Gründen widerrufen werden. Die dortige Aufzählung ist als abschließend anzusehen.[150]
§ 16 Abs.3 GJVollz schafft die Möglichkeit einer Rücknahme von Lockerungen und Urlaub, wenn die Voraussetzungen für ihre Bewilligung nicht vorgelegen haben. Die Tatsache, dass die Rücknahme ausdrücklich nur mit Wirkung für die Zukunft möglich ist, schützt den Gefangenen vor nachteiligen Auswirkungen eventueller Irrtümer der Vollzugsbehörden und trägt somit dem Grundsatz des Vertrauensschutzes Rechnung.[151]

4. Reichweite der Widerrufsregelungen

Die in § 16 Abs.2 GJVollz enthaltenen Widerrufsregelungen gelten schon nach dem Wortlaut, aber auch nach der Entwurfsbegründung[152] und Sinn und Zweck der Vorschrift nur bei Vollzugslockerungen und Urlaub. Allerdings ist in der Rechtsprechung die Tendenz erkennbar, die Parallelregelungen im Erwachsenenstrafvollzug im Wege des Analogieschlusses auch auf andere Entscheidungen anzuwenden.[153] Da die Regelung in § 16 Abs.2 GJVollz den Regelungen des Erwachsenenstrafvollzugs nahezu wortgleich entspricht, steht zu befürchten, dass diese Rechtsprechung auch auf den Bereich des Jugendstrafvollzugs übertragen werden wird. Dem ist nicht zuzustimmen. Denn regelmäßig sind im GJVollz Sonderregelungen enthalten, die eine analoge Anwendung dieser Vor-

---

146 Vgl. Begründung zum GJVollz (2004), S.39.
147 Vgl. Callies/Müller-Dietz (2005), § 14, Rn.1.
148 Tondorf (2006), Fn.58 will die Erteilung von Weisungen ausdrücklich auf die Fälle beschränken, in denen ein wichtiger Grund vorliegt.
149 Ebenso die Stellungnahme des Deutschen Richterbundes, zu §§ 14-18.
150 Vgl. Callies/Müller-Dietz (2005), § 14, Rn.2.
151 Callies/Müller-Dietz (2005), § 14, Rn.6.
152 Vgl. Begründung zum GJVollz (2004), S.39.
153 Vgl. Callies/Müller-Dietz (2005), § 14, Rn.2 m.w.N.

schriften schon mangels planwidriger Regelungslücke ausschließen.[154] Aber auch ansonsten wird man vom Vorliegen einer *planwidrigen* Lücke nicht ausgehen können, da anzunehmen ist, dass im Rahmen des vorliegenden Entwurfs bewusst davon abgesehen wurde, eine entsprechende Anwendung der Widerrufsvorschriften beispielsweise für den Bereich der Rückverlegung vom offenen in den geschlossenen Vollzug[155] zu regeln.[156] Die Widerrufsvoraussetzungen in § 16 Abs.2 GJVollz sind daher nur auf Lockerungen und Urlaubsgewährungen anzuwenden.

5. Ergebnis zu § 16 GJVollz

§ 16 GJVollz ist als Vorschrift nicht zu beanstanden. Jugendspezifische Besonderheiten, denen hätte Rechnung getragen werden müssen, sind nicht ersichtlich. Die Ausgestaltung als Ermessensvorschrift lässt auch der Praxis genügend Spielraum für eine vollzugspädagogisch sinnvolle Handhabung der Vorschrift.[157]

V. Verlassen der Jugendstrafanstalt aus wichtigem Anlass

1. Allgemeines

In § 17 GJVollz geht es um Ausgang, Urlaub oder Ausführung aus wichtigem Anlass. Daneben wird die Vorführung des jungen Gefangenen aufgrund eines Vorführbefehls geregelt. Dem Gefangenen soll hierdurch ermöglicht werden, selbständig wichtige persönliche Angelegenheiten außerhalb der Anstalt vor Ort regeln zu können.[158]

2. Bisherige Rechtslage und Alternativentwürfe

Die mit § 17 GJVollz sachlich übereinstimmenden Regelungen fanden sich bisher in Nr.30, 31 Abs.2 S.2, Abs.3 VVJug, wobei sich Wortlaut und Aufbau dieser Verwaltungsvorschriften eng an die entsprechenden Regelungen im Erwachsenenstrafvollzug, nämlich §§ 35, 36 Abs.2 S.2, Abs.3 StVollzG, anlehnten. § 17 GJVollz hebt die bislang bestehende Trennung zwischen wichtigen Anlässen und Gerichtsterminen auf und führt die entsprechenden Tatbestände in einer einzigen Vorschrift zusammen, welche einheitlich den Komplex des Verlassens der Jugendstrafanstalt aus wichtigem Anlass regelt.

---

[154] Vgl. Callies/Müller-Dietz (2005), § 14, Rn.2 zur Rechtslage im Erwachsenenstrafvollzug.
[155] Vgl. KG NStZ 1993, S.100 ff.
[156] Vgl. Laubenthal (2003), Rn.559, wonach im Jahr 1988 bereits eine Erweiterung des § 14 Abs.2 StVollzG auf „*Urlaub und andere begünstigende Maßnahmen*“ diskutiert, aber nicht Gesetz geworden sei.
[157] Vgl. dazu Callies/Müller-Dietz (2005), § 14, Rn.2.
[158] Grosch (1995), S.90.

3. Inhalt der Vorschrift

§ 17 Abs.1 GJVollz fasst die Fälle zusammen, in denen Ausgang oder Urlaub aus wichtigem Anlass[159] oder zur Teilnahme an einem gerichtlichen Termin gewährt werden kann und die bisher in den VVJug (bzw. im StVollzG) an verschiedenen Orten[160] geregelt waren. Bei der Vorschrift handelt es sich um eine Kann-Vorschrift, so dass der Gefangene auch hier einen Anspruch auf fehlerfreie Ausübung des Ermessens hat. Sie steht dabei neben der allgemeinen Regelung zur Urlaubsgewährung in § 15 GJVollz, so dass die dort genannte Höchstgrenze von 21 Tagen hier nicht zu beachten ist.[161] Die Nebeneinanderstellung dieser Tatbestände zeigt, dass die Teilnahme an einem Gerichtstermin letztlich als Unterfall eines wichtigen Anlasses zu sehen ist. Die Höchstgrenze für die Gewährung von Urlaub liegt dabei analog zur bisherigen Rechtslage bei sieben Tagen pro Einzelfall.[162] Pro Jahr ist aber eine mehrmalige Gewährung von Urlaub möglich, wenn mehrere gewichtige Anlässe vorliegen[163], wobei die Zahl von sieben Urlaubstagen auch überschritten werden kann. Dies folgt im Umkehrschluss aus § 17 Abs.1 S.2 GJVollz, wonach der Urlaub aus anderen als den dort genannten Anlässenn sieben Tage im Jahr eben nicht übersteigen darf. Fraglich ist allerdings, ob mit dem *„Jahr"* im Sinne des § 17 Abs.1 GJVollz das Kalender- oder das Vollstreckungsjahr gemeint ist. Der Wortlaut lässt beide Auslegungen zu; aus der Entwurfsbegründung ergibt sich ebenfalls kein Aufschluss. Richtigerweise ist das Vollstreckungsjahr zugrunde zu legen. Dies dient auch der Gerechtigkeit innerhalb der Anstalt, da dann für jeden Gefangenen ein einheitlicher Maßstab gilt. Für diese Auslegung spricht auch die systematisch mit § 17 GJVollz verwandte Vorschrift über die Gewährung von Urlaub, § 15 GJVollz, wo ebenfalls ausdrücklich das Vollstreckungsjahr zugrunde zu legen ist[164].

Gemäß § 17 Abs.2 GJVollz gelten die §§ 14 Abs.3, 15 Abs.3 sowie 16 GJVollz entsprechend. Damit hängt die Gewährung von Ausgang und Urlaub aus wichtigem Anlass unter anderem davon ab, ob eine Erprobung im in § 14 Abs.3 GJVollz genannten Sinne verantwortet werden kann. Weiterhin muss auch hier die Zustimmung des Gefangenen vorliegen, was aus den oben genannten Gründen[165] auch sachgerecht ist. Der Verweis auf § 15 Abs.3 GJVollz stellt klar, dass auch hier durch Ausgang bzw. Urlaub die Strafvollstreckung nicht unterbrochen wird. Der Verweis auf § 16 GJVollz öffnet schließlich den Weg zu Weisungserteilung und zu den Widerrufs- und Rücknahmetatbeständen. Sachlich entspricht die Nom daher der alten Rechtslage in Nr.30 Abs.1 S.2 VVJug bzw. der Parallelnorm im Erwachsenenstrafvollzug, § 35 Abs.1 S.2 StVollzG.

§ 17 Abs.3 GJVollz behandelt den Fall, dass die Gewährung von Ausgang und Urlaub aus den in § 14 Abs.3 GJVollz genannten Gründen ausscheidet, also eine

---

[159] Vgl. zum Begriff des wichtigen Anlasses Grosch (1995), S.91 f.

[160] Vgl. Nr.30 Abs.1 S.1 VVJug und § 35 Abs.1 S.1 StVollzG einerseits sowie Nr.31 Abs.1 VVJug und § 36 Abs.1 StVollzG andererseits .

[161] Vgl. Callies/Müller-Dietz (2005), § 35, Rn.1.

[162] Callies/Müller-Dietz (2005), § 35, Rn.2.

[163] Vgl. Callies/Müller-Dietz (2005), § 35, Rn.2 sowie BT-Drucks. 7/3998, S.18 zur vergleichbaren Regelung im Erwachsenenstrafvollzug.

[164] Vgl. § 15 Abs.1 GJVollz a.E.

[165] Vgl. oben Kap.5, Abschn.4, B.II.2.c.

Erprobung auch unter Heranziehung des richtigerweise zugrunde zu legenden erprobungsfreundlichen Maßstabes[166] nicht verantwortet werden kann.[167] Für diesen Fall sieht der Entwurf eine Ausführung, d.h. nach der Legaldefinition in § 14 Abs.2 Nr.2 Var.1 GJVollz das Verlassen der Jugendstrafanstalt für eine bestimmte Tageszeit unter Aufsicht, vor. Dabei ist die Zustimmung des Gefangenen, anders als noch in Nr.30 Abs.3 VVJug (bzw. in § 35 Abs.3 StVollzG), erforderlich. Dieses Erfordernis trägt dabei wieder dem Selbstbestimmungsrecht des jungen Gefangenen Rechnung. Es ist daher wie schon oben bei § 14 GJVollz zu begrüßen.[168] Sollten überwiegende Gründe wegen Entweichungs- oder Missbrauchsgefahr entgegenstehen, unterbleibt die Ausführung gemäß § 17 Abs.3 S.1 2.Hs. GJVollz. Hier müssen angesichts der Tatsache, dass der Missbrauchs- oder Fluchtgefahr in der Regel durch besondere Sicherungsmaßnahmen begegnet werden kann, regelmäßig sehr gravierende Gründe vorliegen.[169] Bei der Kostentragungsvorschrift in § 17 Abs.3 S.2 GJVollz handelt es sich im Gegensatz zur vergleichbaren Nr.30 Abs.3 S.2,3 (bzw. § 35 Abs.3 StVollzG) um eine Kann-Vorschrift. Das Ermessen wird jedoch durch das Gesetz dergestalt eingeschränkt, als dass die Auferlegung der Kosten die Behandlung oder die Eingliederung nicht behindern darf. Ein solcher Fall wird regelmäßig bei Jugendlichen bzw. jungen Erwachsenen, die sich noch in der Berufsausbildung befinden, vorliegen. Aber auch bei arbeitenden jungen Gefangenen wird auf die Erhebung der Kosten regelmäßig zu verzichten sein.
Der Fall der Vorführung eines jungen Gefangenen war für den Jugendstrafvollzug bisher in Nr.21 Abs.2 S.2, Abs.3 VVJug (bzw. für den Erwachsenenstrafvollzug in § 36 Abs.2 S.2, Abs.3 StVollzG) geregelt. Voraussetzung hierfür sind das Ersuchen eines Gerichts sowie das Vorliegen eines „Vorführbefehls“. Hier liegt eine sprachliche Ungenauigkeit vor, denn die StPO kennt lediglich einen Vorführungsbefehl, vgl. §§ 36, 78c, 134, 236 StPO.

4. Ergebnis zu § 17 GJVollz

§ 17 GJVollz ermöglicht es dem jungen Gefangenen, seine Angelegenheiten bei Vorliegen wichtiger Anlässe auch außerhalb der Anstalt zu regeln. Dies trägt den Grundsätzen der Angleichung und Gegensteuerung Rechnung und ist daher zu begrüßen. Positiv ist auch zu sehen, dass die bisher in den VVJug bzw. im StVollzG an unterschiedlichen Orten verstreuten Normen dort festgeschrieben wurden, wo sie auch systematisch hingehören, nämlich zum Bereich der Vollzugslockerungen und des Urlaubs.

VI. Gesamtergebnis zu Lockerungen und Urlaub

Die Vorschriften des GJVollz über Lockerungen und Urlaub sind an sich weitgehend sachgerecht. Allerdings zeigen schon die bislang üblichen, teilweise rechtswidrigen Praktiken und die vorliegenden Entwürfe der Länder Bayern und Baden-Württemberg, dass die Tendenz vermutlich eher zu einer restriktiven Handhabung von Lockerungen und Urlaub gehen wird.

---

[166] Vgl. oben Kap.5, Abschn.4, B.II.2.c.
[167] Vgl. Begründung zum GJVollz (2004), S.40.
[168] Vgl. oben Kap.5, Abschn.4, B.II.2.c.
[169] Vgl. Grosch (1995), S.94.

C. § 18 Entlassung

I. Allgemeines

§ 18 GJVollz befasst sich mit der Entlassung, insbesondere mit der Entlassungsvorbereitung und regelt dabei u.a. die Lockerung des Vollzugs sowie die Gewährung von Sonderurlaub.

II. Bisherige Rechtslage und Alternativentwürfe

Für den Bereich des Jugendstrafvollzugs regelte bisher Nr.10 VVJug die Vorbereitung der Entlassung. Nr.11 VVJug regelte den Zeitpunkt der Entlassung. Im Erwachsenenvollzug regelt § 15 StVollzG den Komplex der Entlassungsvorbereitung. Darüber hinaus enthalten die §§ 74, 75 StVollzG Regelungen über Hilfe zur Entlassung und über die Gewährung von Entlassungsbeihilfe. Hinsichtlich der Alternativentwürfe wird auf die Arbeit von *Kreideweiß* verwiesen.[170]

III. Inhalt der Vorschrift

1. § 18 Abs.1 GJVollz

a. Inhalt

Satz 1 der Vorschrift konkretisiert die bereits in § 5 Abs.3 GJVollz enthaltene und in § 10 Abs.1 S.2 nochmals ausdrücklich erwähnte Verpflichtung des Jugendstrafvollzugs zur intensiven Entlassungsvorbereitung.[171] Dazu wird in Satz 1 der Vorschrift festgelegt, dass die Jugendstrafanstalten frühzeitig – jedenfalls aber spätestens sechs Monate vor dem voraussichtlichen Entlassungszeitpunkt – mit außerhalb tätigen Vereinen und Institutionen zusammen arbeiten, um zu erreichen, dass der Gefangene nach der Entlassung über eine geeignete Unterbringung sowie eine Arbeits- oder Ausbildungsstelle verfügt. Externe Kräfte in diesem Sinne sind insbesondere die Personensorgeberechtigten, das Jugendamt und die bereits bestellten Bewährungshelfer.[172] In Frage kommt aber eine Zusammenarbeit mit allen öffentlichen und privaten Stellen, die mit ihrem Angebot helfen können, eine intensive Entlassungsvorbereitung in dem genannten Sinne zu unterstützen.[173] In der Praxis wird hierbei viel von dem Angebot vor Ort und der Bereitschaft namentlich privater Institutionen abhängen, mit der Jugendstrafanstalt zusammen zu arbeiten. Dem Engagement und der Überzeugungsarbeit der Anstaltsleitung als dem Vertreter der Anstalt nach außen (vgl. § 42 Abs.1 S.1 GJVollz) wird dabei besondere Bedeutung zukommen. Ziel dieser intensiven und frühzeitigen Bemühungen soll es sein, Rückfallfaktoren weitgehend auszuschließen. Hierzu zählt insbesondere die Arbeitslosigkeit, weshalb

---

[170] Kreideweiß (1993), S.119 ff.
[171] Begründung zum GJVollz (2004), S.40.
[172] Begründung zum GJVollz (2004), S.40.
[173] Vgl. auch Eisenberg (2006), § 91, Rn.32, wonach im Rahmen der Entlassungsvorbereitung nach Möglichkeit Familienangehörige oder andere anstaltsfremde Personen oder Gruppen einzubeziehen sind, soweit sie als die Legalbewährung eher fördernd beurteilt werden.

die Vorschrift auch besonderen Wert darauf legt, dass der junge Gefangene nach seiner Entlassung über eine Ausbildungs- oder Arbeitsstelle verfügt. Als Ausbildungsstelle in diesem Sinne wird man auch einen Platz in einer Schule ansehen können, da es dem Entwurf erkennbar darauf ankommt, dass der Gefangenen für die Zeit nach der Haft über einen Aus- oder Weiterbildungsplatz bzw. eine Arbeitsstelle verfügt.
Satz 2 der Vorschrift sieht eine verpflichtende Unterrichtung der Personensorgeberechtigten, der Bewährungshilfe und der Jugendämter vor. Gemäß §§ 88 Abs.6 S.1 JGG i.V.m. § 24 JGG[174] ist bei Aussetzung des Rests einer Jugendstrafe ein Bewährungshelfer zu bestellen. Nach überwiegender Ansicht wurde daher schon bisher eine Kontaktaufnahme mit dem Bewährungshelfer bereits während des Vollzugszeitraums als sinnvoll angesehen[175], auch wenn demgegenüber auf die Vorteile einer Begegnung unbelastet von Kenntnissen über Geschehnisse während der Vollzugszeit bzw. ohne die personifizierte Erinnerung an den Jugendstrafvollzug hingewiesen wurde.[176]
Der Entwurf regelt zwar die Pflicht zur rechtzeitigen Kontaktaufnahme mit dem Ziel, den Übergang zum Leben in Freiheit möglichst reibungslos zu gestalten.[177] Die Problematik der Begegnung von Bewährungshelfer und Gefangenem ist damit aber noch nicht geregelt. Richtigerweise ist jedenfalls der gesetzlichen Festschreibung einer frühzeitigen Kontaktaufnahme der Vollzugsanstalt mit der Bewährungshilfe zuzustimmen, da eine Abstimmung der Maßnahmen erst zum Zeitpunkt der Entlassung schon deshalb nicht sinnvoll wäre, weil die Maßnahmen ab diesem Zeitpunkt ja bereits greifen sollen.[178] Im Übrigen ist zu überlegen, ob der Entwurf nicht dahingehend zu ergänzen ist, dass dem jungen Gefangenen schon während der Haft eine persönliche Kontaktaufnahme mit dem Bewährungshelfer ermöglicht wird. Diese Kontaktaufnahme könnte im Wege des Ausgangs oder während des Regel- oder Sonderurlaubs oder im Rahmen eines Besuchs des Bewährungshelfers in der Anstalt stattfinden. Das Argument einer unvoreingenommenen Begegnung nach dem Vollzug ist nämlich insofern nicht schlagend, als dass dem Bewährungshelfer die Vorgeschichte des Gefangenen ohnehin nach Aktenlage bekannt sein wird. Ein persönliches Kennenlernen könnte aber dazu beitragen, ein – gegenseitiges – Vertrauensverhältnis aufzubauen. So kann die Bewährungshilfe auch noch während der Vollzugszeit ein individuelles Betreuungskonzept für den jungen Gefangenen entwickeln, so dass nach Haftende weder ein Leerlauf noch eine Überbetreuung zu besorgen sind.[179] Vorzugswürdig wäre dabei ein erstes Treffen außerhalb der Anstalt, aber auch bei einem Kennenlernen innerhalb der Anstalt überwiegen die genannten Vorteile. Daher sollte § 18 Abs.1 GJVollz in der genannten Weise ergänzt werden.
Insgesamt ist § 18 Abs.1 S.2 daher als Konkretisierung der Pflicht zur Zusammenarbeit aus Satz 1 bzw. als Ausfluss des Elternrechts aus Art.6 GG zu begrüßen.

---

174 Bzw. gemäß § 110 Abs.1 JGG i.V.m. den genannten Vorschriften, wenn in einem Verfahren gegen einen Heranwachsenden Jugendstrafrecht nach § 105 JGG angewendet wurde.
175 Eisenberg (2006), § 91, Rn.32 a m.w.N.; a.A. Ostendorf (2003), §§ 91-92, Rn.24.
176 Eisenberg (2006), § 91, Rn.32 b.
177 Begründung zum GJVollz (2004), S.40.
178 Grosch (1995), S.382.
179 Vgl. Ostendorf (2003) §§ 91-92, Rn.24 m.w.N.

b. Ergebnis zu § 18 Abs.1 GJVollz

Die Entlassungsvorbereitung muss im Endeffekt schon mit dem ersten Tag der Inhaftierung beginnen, da auf diesen Tag der Freiheitserlangung alle Bemühungen hinauslaufen.[180] Daher ist es richtig, dass zum einen § 10 Abs.1 S.2 GJVollz herausstellt, dass die Entlassungsvorbereitung integraler Bestandteil der Förderplanung ist und zum anderen § 18 Abs.1 GJVollz diesen Grundsatz dergestalt konkretisiert, dass möglichst frühzeitig intensiv in der normierten Weise auf die Entlassung hingearbeitet wird. Das Ziel, dem Gefangenen für die Zeit nach der Entlassung eine Unterbringung sowie eine Arbeits- oder Ausbildungsstelle zu verschaffen, entspricht dabei einer oftmals geäußerten Forderung[181] und dem schon in Nr.65 Abs.1 S.3 VVJug zum Ausdruck kommenden Grundgedanken. Dies erscheint umso wichtiger, als dass der Ausbildungs-, Schul- und Arbeitssituation nach der Entlassung konstitutive Wirkung für die Verwirklichung weiterer Lebensperspektiven zukommt[182] und das Vorhandensein eines festen Wohnsitzes für den entlassenen Strafgefangenen in mindestens zweierlei Hinsicht von Bedeutung ist: Zum einen ist ein fester Wohnsitz *„erfahrungsgemäß“*[183] eine Voraussetzung für die Erlangung eines Arbeitsplatzes, zum anderen erhält, wer keinen festen Wohnsitz vorweisen kann, kein Arbeitslosengeld.[184] Die Festschreibung der genannten Grundsätze im Rahmen des § 18 Abs.1 GJVollz ist daher positiv zu sehen.

2. § 18 Abs.2 GJVollz

Nach dieser Vorschrift soll zur Vorbereitung der Entlassung der Vollzug gelockert werden. Sie ist daher im Zusammenhang mit § 14 GJVollz zu sehen, welcher die Gewährung von Vollzugslockerungen im Jugendstrafvollzug regelt. Die Lockerung des Vollzugs zur Entlassungsvorbereitung war schon bisher in Nr.10 Abs.1 VVJug vorgesehen, der sich insofern an die inhaltsgleiche Vorschrift des § 15 Abs.1 StVollzG anlehnt. Die Ausgestaltung als Soll-Vorschrift stellt dabei klar, dass regelmäßig die Gewährung von Lockerungen zu erfolgen hat, um eine Gewöhnung an das Leben in Freiheit zu erreichen und das Verhalten des jungen Gefangenen im Rahmen eines aufgelockerten Vollzugs zu erproben.[185] Um dieses Ziel zu unterstreichen, wäre allerdings wünschenswert, dass dieses Ziel durch die Formulierung *„...soll der Vollzug in der Regel gelockert werden“* unterstrichen wird. Die Bedeutung namentlich externer Lockerungen für die Situation nach der Haftentlassung unterstreicht dabei auch die Untersuchung von *Grosch*, wonach sich nahezu 20 Prozent mehr Gefangene mit externen Lockerungen selbständig um einen Arbeits-, Ausbildungs- oder Schulplatz bemüht haben als in der Gruppe, der keine externen Lockerungen gewährt wurden.[186]

---

[180] Ostendorf (2003), §§ 91-92, Rn.24; vgl. auch Dünkel, in: Böhm-FS (1999), S.99, 133.
[181] Vgl. Ostendorf (2003), §§ 91-92, Rn.24.
[182] Grosch (1995), S.386 m.w.N.
[183] Grosch (1995), S.387.
[184] Grosch (1995), S.387.
[185] Vgl. zum insoweit eingeschränkten Ermessensspielraum des Anstaltsleiters Callies/Müller-Dietz, § 15, Rn.2; a.A. Tondorf (2006), der in § 18 Abs.2 seines Entwurfs eine obligatorische Lockerung des Vollzuges fordert.
[186] Grosch (1995), S.387.

3. § 18 Abs.3 GJVollz

Nach Satz 1 der Vorschrift werden die Gefangenen in den offenen Vollzug oder in Übergangseinrichtungen freier Träger verlegt, wenn dies der Vorbereitung der Entlassung dient. Damit entspricht dieser Teil der Vorschrift im Wesentlichen Nr.10 Abs.2 VVJug bzw. der entsprechenden Regelung aus dem Erwachsenenstrafvollzug, § 15 Abs.2 StVollzG. Neu ist allerdings, dass neben Einrichtungen des offenen Vollzugs auch Übergangseinrichtungen freier Träger explizit als Unterbringungsmöglichkeit zur Vorbereitung der Entlassung festgeschrieben werden. Damit wird folgerichtig § 7 Abs.2 GJVollz konkretisiert, wonach ein Netzwerk mit freien Trägern zu bilden ist, die solche Übergangseinrichtungen betreiben.
Ein in der Entwurfsvorschrift aus dem Jahr 2004 enthaltener Satz 2 sah vor, dass die Gefangenen im Übrigen zur Entlassungsvorbereitung in offene Abteilungen innerhalb des geschlossenen Vollzugs verlegt werden sollten, wenn die Voraussetzungen des § 14 Abs.3 GJVollz vorlagen. An diesem Konzept der offenen Abteilungen innerhalb des geschlossenen Vollzugs wurde vor allem kritisiert, dass diese, offenbar gedacht für Gefangene, die sich für weitergehende Vollzugslockerungen nicht eigneten, schwerlich geeignet seien, die hiervon erwarteten Lern- und Erprobungsmöglichkeiten bereit zu stellen.[187] Daher drohe an dieser Stelle ein Etikettenschwindel.[188] Um dem zu begegnen, müsse sich der Jugendstrafvollzug in der Entlassungsphase entscheiden, und zwar entweder für die vom Gesetzgeber empfohlene Verlegung in den offenen Vollzug oder – mit ausdrücklicher Begründung – dagegen.[189] Diesen Bedenken wurde in der Entwurfsfassung vom 7. Juni 2006 durch Streichung des ursprünglichen Satzes 2 Rechnung getragen.
Der jetzige Satz 2 ordnet die entsprechende Geltung der §§ 13 Abs.3 und 14 Abs.3 GJVollz. Danach dürfen Gefangene ausnahmsweise im geschlossenen Vollzug verbleiben oder dorthin zurückverlegt werden, wenn dies für ihre Förderung notwendig ist, zudem hängt die Verlegung in die in Satz 1 genannten Einrichtungen von der Zustimmung des Gefangenen und davon ab, ob eine Erprobung verantwortet werden kann. Der schon oben herausgestellte Ausnahmecharakter des § 13 Abs.3 GJVollz[190] ist dabei bei einer künftigen Anwendung dieser Regelung in der Praxis besonders zu beachten.

4. § 18 Abs.4 und 5 GJVollz

Diese beiden Absätze regeln verschiedene Möglichkeiten, dem Gefangenen im Zusammenhang mit der Vorbereitung der Entlassung Urlaub zu gewähren.

a. Urlaub zur Vorbereitung der Entlassung (§ 18 Abs.4 S.1 GJVollz)

Nach § 18 Abs.4 S.1 GJVollz kann zur Vorbereitung der Entlassung Urlaub bis zu einer Woche gewährt werden. Insofern unterscheidet sich dieser Satz nicht von der bisherigen Rechtslage, wie sie in Nr.10 Abs.3 S.1 VVJug (bzw. § 18

---

[187] J. Walter, ZfJ 2004, S.397, 402.
[188] J. Walter, ZfJ 2004, S.397, 402.
[189] J. Walter, ZfJ 2004, S.397, 402.
[190] Vgl. dazu oben Kap.5, Abschn.4, A.IV.

Abs.3 S.1 StVollzG für den Erwachsenenstrafvollzug) niedergelegt war. Doch fallen zwei Unterschiede ins Auge. Erstens wurde die Einschränkung gestrichen, dass diese Art von Urlaub nur in einem Zeitraum von drei Monaten vor der Entlassung gewährt werden konnte. Dies trägt der Tatsache Rechnung, dass die Entlassungsvorbereitung, gerade bei den im Vergleich zum Erwachsenenstrafvollzug durchschnittlich relativ kurzen Strafen im Jugendstrafvollzug, faktisch schon am ersten Tag beginnt[191] und macht folgerichtig den Weg zur Gewährung dieser Art von Urlaub schon zu einem früheren Zeitpunkt möglich. Zweitens kann Urlaub nur zum Zweck der Teilnahme an gezielten Wiedereingliederungsmaßnahmen gewährt werden. Dieser Begriff ist weder im Gesetz noch in der Entwurfsbegründung definiert. Vom Wortsinn her dürften damit vor allem externe Kurse, beispielsweise ein gezieltes Entlassungstraining gemeint sein. Vom Wortsinn her nicht mehr umfasst dürften aber Fälle wie Wohnungssuche und Vorstellungsgespräche sein. Hierfür ist auf Urlaub nach den nachfolgenden Regelungen oder auf Regelurlaub zurückzugreifen.

b. Urlaub für Freigänger (§ 18 Abs.4 S.2 GJVollz)

§ 18 Abs.4 S.2 GJVollz knüpft die Gewährung von Sonderurlaub ohne die Zweckbindung des Satzes 1 an den Status des Freigängers an. In zeitlicher Hinsicht kann Sonderurlaub von bis zu sechs Tagen im Monat innerhalb von neun Monaten vor der Entlassung gewährt werden. Damit entspricht die Regelung dem bisher geltenden Nr.10 Abs.4 S.1 VVJug (bzw. § 18 Abs.4 S.1 StVollzG). Auffällig ist, dass die bisherige Einschränkung weggefallen ist, wonach bei Gewährung von Sonderurlaub an Freigänger kein Sonderurlaub zur Vorbereitung der Entlassung gewährt werden konnte.[192] Danach kann unter der Beachtung der Zielsetzung des Satzes 1 zukünftig Urlaub für Freigänger und Urlaub zur Vorbereitung der Entlassung nebeneinander gewährt werden. Zudem darf der besondere Zweck der Entlassungsvorbereitung auch hier als Grund Beachtung finden.[193] Im Erwachsenenstrafvollzug war der Begriff des Freigängers im Sinne des § 18 Abs.4 S.1 StVollzG heftig umstritten.[194] Nach hM ist allein auf die Eignung des Gefangenen zum Freigänger abzustellen.[195] Denn Zweck des Sonderurlaubs sei nicht, diejenigen zu privilegieren, die trotz der vielfach nur geringen Möglichkeiten, außerhalb der Anstalt einer Beschäftigung nachzugehen, den Vorzug genießen, eine der wenigen vorhandenen Außenbeschäftigungen auch erhalten zu haben.[196] Nach § 18 Abs.4 S.2 GJVollz kommt es auf die Zulassung als Freigänger an, womit der geschilderte Streit hier in Zukunft nicht aufkommen dürfte.

---

[191] Ostendorf (2003), §§ 91-92, Rn.24.

[192] Vgl. Nr.15 Abs.4 S.1 VVJug.

[193] Vgl. Callies/Müller-Dietz (2005), § 15, Rn.7 zur gegenteiligen Rechtslage im Erwachsenenstrafvollzug.

[194] Zusammenfassend Callies/Müller-Dietz (2005) § 15, Rn.6 m.w.N. auch zur Gegenauffassung.

[195] So für den Erwachsenenstrafvollzug OLG Hamm ZfStrVo 1991, S.121 m. Anm. Begemann NStZ 1991, S.517.

[196] Callies/Müller-Dietz (2005), § 15, Rn.6.

c. Sonderurlaub (§ 18 Abs.5 GJVollz)

§ 18 Abs.5 GJVollz schafft einen weiteren Sonderurlaubstatbestand neben den in Absatz 4 genannten. Dieser Sonderurlaub soll der Vorbereitung der Entlassung dienen.[197] Er lehnt sich an die für sozialtherapeutische Anstalten geltende Vorschrift des § 124 StVollzG an und entspricht der besonderen Lebenssituation der Gefangenen im Jugendstrafvollzug.[198] Grundlage dieser Norm ist außerdem der Gesetzesentwurf der *Vollzugsleiter* aus dem Jahre 1988, welcher die Gewährung von Sonderurlaub bis zu sechs Monaten vorsah.[199]
Ziel der Regelung ist es, die Entlassungsreife des Gefangenen durch Beurlaubung über einen längeren Zeitraum hinweg zu erproben. Weiterhin soll so ein möglichst nahtloser Übergang von der stationären zur ambulanten Förderung in Freiheit erreicht werden.[200] Der Sonderurlaub nach § 18 Abs.5 GJVollz soll damit ein flexibles Instrument für die Praxis sein, um Urlaub über einen längeren Zeitraum hinweg, insbesondere aber auch mehrfach gewähren zu können.[201] Allerdings spricht die Entwurfsbegründung selbst schon die beiden gewichtigsten Nachteile dieser Regelung an. Erstens ist eine wiederholte oder sich über einen längeren Zeitraum hinweg erstreckende Beurlaubung aus der Haft nur bei besonders gelagerten Fällen möglich.[202] Und zweitens muss trotz der Gewährung dieses Sonderurlaubs weiterhin ein angemessenes Verhältnis zwischen Strafausspruch und Verbüßungszeit gewahrt bleiben.[203] Denn auch wenn gemäß § 18 Abs.5 S.3 GJVollz i.V.m. § 15 Abs.3 GJVollz die Vollstreckung der Jugendstrafe durch den Urlaub nicht unterbrochen wird, so befindet sich der junge Gefangene bei Gewährung von Sonderurlaub doch für einen relativ langen Zeitraum in faktischer Freiheit. Diesen Problemen will der Entwurf durch verschiedene Instrumente Rechnung tragen. Erstens sollen dem Gefangenen für die Zeit des Sonderurlaubs gemäß § 18 Abs.5 S.2 GJVollz Weisungen nach § 16 Abs.1 GJVollz erteilt werden. Zweitens verweist § 18 Abs.5 S.3 GJVollz neben dem bereits genannten § 15 Abs.3 GJVollz noch auf die §§ 14 Abs.3 und 16 Abs.3 GJVollz und damit auf die Vorschriften über die Verantwortbarkeit der Erprobung und des Widerrufs bzw. der Rücknahme von Lockerungen bzw. Urlaub. Der Erprobungsmaßstab muss dabei eingedenk des besonderen Charakters des Sonderurlaubs entsprechend strenger sein. Drittens ist die Zustimmung der Vollstreckungsleitung für die Gewährung von Sonderurlaub erforderlich. Dies ist bei Jugendlichen und Heranwachsenden regelmäßig der Jugendrichter.[204] Grund hierfür dürfte vor allem sein, dass analog zu der Problematik bei § 124 StVollzG die Gewährung eines längeren Sonderurlaubs i.d.R. präjudiziellen Charakter für

---

[197] Begründung zum GJVollz (2004), S.41.
[198] Begründung zum GJVollz (2004), S..41.
[199] Vgl. § 15 Abs.2 E 1988 sowie die Begründung zum E 1988, S.30.
[200] Begründung zum GJVollz (2004), S.41.
[201] Begründung zum GJVollz (2004), S.41.
[202] Begründung zum GJVollz (2004), S.41.
[203] Vgl. Begründung zum GJVollz (2004), S.41; auf dieses Problem weisen auch die von Kreideweiß (1993), S.116 befragten Praktiker hin.
[204] Bei Jugendlichen folgt die Zuständigkeit des Jugendrichters aus § 82 Abs.1 JGG, bei Heranwachsenden aus § 110 Abs.1 JGG i.V.m. §§ 105 Abs.1, 82 Abs.1 JGG.

eine Aussetzung des Strafrests nach § 57 StGB hat[205], so dass eine Abstimmung mit der Vollstreckungsleitung geboten ist.
Grundsätzlich ist das Ziel zu begrüßen, der Praxis ein flexibles Mittel zur Gewährung von Sonderurlaub an die Hand zu geben. Allerdings wiegen auch die gegen diesen Ansatz zu Buche stehenden Bedenken schwer. Gerade der Einwand, bei extensiver Gewährung von Urlaub sei ein angemessenes Verhältnis zwischen Abwesenheit aus der Haft und tatsächlichem Verweilen im Vollzug kaum noch gegeben, ist nicht leicht zu entkräften. Trotzdem ist dieser Regelung im Ergebnis zuzustimmen. Denn zum einen stellt das Erfordernis der Zustimmung des Vollstreckungsleiters sicher, dass ein solcher Urlaub nur an die Gefangenen vergeben wird, bei denen ohnehin eine baldige Strafaussetzung zur Bewährung zu erwarten ist. Zum anderen bedeutet die Einräumung eines großzügigen Zeitrahmens wie hier ja nicht, dass dieser zwingend auch ausgeschöpft werden muss. Vielmehr wird so der Vielzahl der denkbaren Fälle Rechnung getragen und ausreichend Platz für Einzelfallgerechtigkeit und -abwägung gelassen. Der wichtigste Anwendungsfall der Vorschrift dürfte ohnehin die mehrfache Gewährung von Sonderurlaub[206] und nicht die einmalige Gewährung eines längeren Urlaubs sein. Die Schaffung eines solchen flexiblen Sonderurlaubstatbestands ist daher positiv zu sehen.

5. § 18 Abs.6 GJVollz

Absatz 6 der Vorschrift verweist auf die §§ 16, 74 und 75 des StVollzG und somit auf die Vorschriften über den Entlassungszeitpunkt, die Hilfe zur Entlassung und die Entlassungsbeihilfe.[207] Nachdem sich schon die den genannten Paragraphen des StVollzG entsprechenden Nrn. 11, 65 und 66 VVJug bei Wortlaut und Inhalt weitestgehend an die Vorgaben des StVollzG hielten, entspricht § 18 Abs.6 GJVollz mit seinem Verweis in das StVollzG weitestgehend der bisherigen Rechtslage nach den VVJug.
Dies mag noch hinnehmbar sein, wenn es um die Regelung des Entlassungszeitpunktes geht. Allerdings trägt der pauschale Verweis auf die §§ 74 und 75 StVollzG der besonderen Situation der Gefangenen im Jugendstrafvollzug nicht genügend Rechnung. Insbesondere wäre der berechtigten Kritik, dass der nach § 75 StVollzG berechnete Betrag zu niedrig sei[208], dadurch Rechnung zu tragen, dass eine Festsetzung des Betrags nach den Umständen des Einzelfalls, insbesondere unter Berücksichtigung erzieherischer Aspekte möglich wäre.[209] Eine entsprechende Abänderung des Entwurfs in diesem Sinne ist daher zu empfehlen.

---

[205] Vgl. Callies/Müller-Dietz (2005), § 124, Rn.3 m.w.N.; vgl. auch die Begründung zum E 1988, S.30.
[206] Vgl. Begründung zum GJVollz (2004), S.41.
[207] Vgl. Begründung zum GJVollz (2004), S.41.
[208] Vgl. Kreideweiß (1993), S.124.
[209] In diesem Sinne § 18 Abs.3 S.1, 2 E 1988 und § 23 Abs.3 E 1993; zusammenfassend Kreideweiß (1993), S.124.

IV. Gesamtergebnis zu § 18 GJVollz

Das Bundesverfassungsgericht hat in seiner Entscheidung zur Verfassungswidrigkeit des Jugendstrafvollzugs ausdrücklich eine mit angemessenen Hilfen für die Phase nach der Entlassung verzahnte Entlassungsvorbereitung angemahnt.[210] Diesen Anforderungen genügt die Entwurfsvorschrift, mit den oben genannten Ausnahmen, weitgehend und ist damit größtenteils sachgerecht.

[210] BVerfG, 2 BvR 1673/04 vom 31.5.2006, Abs.61; vgl. auch Goll/Wulf, ZRP 2006, S.91 zur Nachsorge für junge Strafentlassene in Baden-Württemberg.

Abschnitt 5: Unterbringung im Jugendstrafvollzug

A. § 19 Unterbringung

I. Allgemeines

§ 19 GJVollz stellt eine Zentralvorschrift des Entwurfs dar, denn er regelt die Unterbringung sowohl während der Arbeits- als auch während der Ruhezeit. Zudem befasst er sich mit Art und Weise der Unterbringung und regelt die Unterbringung weiblicher Gefangener.

II. Inhalt der Vorschrift

1. § 19 Abs.1 GJVollz – Der Wohngruppenvollzug

§ 19 Abs.1 GJVollz enthält ein klares Bekenntnis zum Konzept des Wohngruppenvollzugs. Nach Satz 1 werden die jungen Gefangenen regelmäßig in Wohngruppen untergebracht. Nach Satz 2 sind besondere Wohngruppen für diejenigen Gefangenen zu bilden, die das 16. Lebensjahr noch nicht vollendet haben.

a. Der Wohngruppenvollzug nach § 19 Abs.1 S.1 GJVollz

aa. Ziel der Vorschrift

Diese Vorschrift greift die Forderungen der *Jugendstrafvollzugskommission*[1] und aller später erarbeiteten Alternativentwürfe auf und führt die Wohngruppe als regelmäßige Form der Unterbringung im Jugendstrafvollzug ein.[2] Sie ist im Zusammenhang mit § 40 GJVollz, insbesondere mit dessen Absatz 3 zu sehen, der Aussagen zur Größe der Jugendstrafanstalten, der einzelnen Abteilungen sowie der künftigen Wohngruppen trifft.
Mit der Einführung des Wohngruppenvollzugs als regelmäßige Unterbringungsform werden mehrere Ziele verfolgt: Zum einen soll mit der Unterbringung in Gruppen der Isolierung, die mit dem früheren Zellenvollzug regelmäßig einherging, vorgebeugt werden.[3] Zum anderen soll der Bildung negativer Gruppenkulturen, die leicht in ungegliederten, großen und unübersichtlichen Anstalten auftreten kann, vorgebeugt werden.[4] Dieser Aspekt gewinnt seine Bedeutung namentlich aus der Tatsache, dass eine erhebliche Anzahl Gefangener anderen ethnischen Gruppierungen angehört bzw. aus anderen kulturellen Zusammenhängen stammt.[5] Insgesamt soll damit für das tägliche Leben in der Jugendstrafanstalt eine Form des Zusammenlebens festgeschrieben werden, *„...die der auf*

---

[1] Vgl. Schlußbericht der Jugendstrafvollzugskommission (1980), S.23.
[2] Begründung zum GJVollz (2004), S.42; vgl. auch § 19 E 1984; § 19 E 1985; § 20 E 1988; § 20 E 1991; § 25 E 1993; zusammenfassend Kreideweiß (1993), S.128 ff.
[3] Begründung zum GJVollz (2004), S.42.
[4] Begründung zum GJVollz (2004), S.42.
[5] Vgl. Begründung zum GJVollz (2004), S.42; s. auch oben Kap.4, C.

Förderung der Gefangenen ausgerichteten Ausgestaltung des Jugendstrafvollzugs, einem humanen Lebensstil und den Bedürfnissen junger Menschen am besten entspricht.“[6]

bb. Kritik am Konzept des Wohngruppenvollzugs

Wenn auch das Konzept des Wohngruppenvollzugs für den Bereich der Unterbringung junger Gefangener das derzeit in der Wissenschaft als vorzugswürdig angesehene sein dürfte – als Beleg sei nur auf die früher vorgelegten Alternativentwürfe aus Wissenschaft und Praxis verwiesen, welche ausnahmslos den Wohngruppenvollzug – teilweise sogar verpflichtend – zum Regelvollzug erheben wollten – kann es jedoch nicht als unangefochten bezeichnet werden.[7] Dies unterstreicht beispielsweise die Pressemitteilung des Niedersächsischen Justizministeriums vom 26.4.2004[8], in welcher unter der Überschrift *„Zurück zu überholten Konzepten?“* die Einführung des Wohngruppenvollzugs als Regelvollzug durch § 19 Abs.1 GJVollz in der Entwurfsfassung von 2004 gegeißelt wird. Als Gegenargumente werden namentlich der intensive Personaleinsatz und die in den letzten Jahren immer häufiger auftretenden Subkulturen unter den jungen ausländischen und im Ausland geborenen deutschen Gefangenen genannt. Die Erfahrung habe ganz klar gezeigt, dass eine bestimmte Gefangenenklientel für den Wohngruppenvollzug ungeeignet sei. Die Einführung des Wohngruppenvollzugs als Regelvollzug liefe daher den Erfahrungen der Praxis zuwider.[9] Auch früher wurden schon von Seiten der Praxis Bedenken beispielsweise in der Hinsicht vorgebracht, dass manche Gefangenen nur deshalb eine Zuweisung zu einer Wohngruppe anstrebten, weil sie sich davon Annehmlichkeiten versprächen.[10]
Damit stellt sich die Frage, inwieweit diese Argumente wirklich stichhaltig sind. Denn sollte die Einführung des Wohngruppenvollzugs als Regelvollzug praxisuntauglich sein, so müsste dem durch eine Veränderung des gesamten Unterbringungskonzepts des neuen GJVollz Rechnung getragen werden. Im Folgenden soll daher im Rahmen eines Exkurses die Problematik des Wohngruppenvollzugs zusammengefasst dargestellt werden. Anhand dieser Darstellung soll dann erörtert werden, ob der Wohngruppenvollzug für die Praxis als Regelvollzug tauglich ist.

---

6 Begründung zum GJVollz (2004), S.42.
7 Vgl. Kreideweiß (1993), S.129 f. m.w.N., insb. in Fn.13.
8 Pressemitteilung des Niedersächsischen Justizministeriums vom 26.4.2004, abrufbar unter http://www.mj.niedersachsen.de/master/C3376786_L20_D0_I693.html, zuletzt abgerufen am 15.11.2006.
9 Pressemitteilung des Niedersächsischen Justizministeriums vom 26.4.2004, abrufbar unter http://www.mj.niedersachsen.de/master/C3376786_L20_D0_I693.html, zuletzt abgerufen am 15.11.2006.
10 Kreideweiß (1993), S.130.

cc. Exkurs : Der Wohngruppenvollzug

(1) Was ist Wohngruppenvollzug?

Auch im GJVollz findet sich keine Definition dessen, was man sich unter einer Wohngruppe im (Jugend-) Strafvollzug bzw. unter Wohngruppenvollzug vorzustellen hat.[11] Daher ist zunächst der Begriff des Wohngruppenvollzugs zu klären und anschließend die mit ihm verfolgten Ziele zu umreißen.
„*Die Wohngruppe ist eine überschaubare soziale Einheit von mindestens drei Personen, die gemeinsam die Haushaltsführung bewältigt [und] auf eine bestimmte oder unbestimmte Zeitdauer in einer Wohnung zur Verfolgung selbst- oder fremdbestimmter Ziele lebt.*“[12] In einer Wohngruppe werden durch das Zusammenleben unter Ausnutzung gruppendynamischer Prozesse mit der gegenseitigen Beeinflussung aller Beteiligten Lernentwicklungen ermöglicht, die Sozialisationsdefizite ausgleichen können.[13]
Mit dem Wohngruppenvollzug werden im Wesentlichen zwei Ziele verfolgt.[14] Zunächst einmal geht es um die Einübung sozialer Verhaltensweisen. Grundgedanke ist, dass sich jeder Mensch durch die Interaktion mit anderen Menschen weiterentwickelt.[15] In einer Gruppe wie z.B. dem Wohngruppenvollzug verstrickt sich der Einzelne in einem Geflecht zwischenmenschlicher Beziehungen und gegenseitigen Einwirkens.[16] Dadurch entsteht eine wechselseitige Einflussnahme, sowohl auf der Gefühlsebene als auch auf der intellektuellen Ebene. Durch diese Interaktion der Gruppenmitglieder kommt es zu einem Kräftespiel innerhalb der Gruppe, der Gruppendynamik. Diese Dynamik, zu der ein Zusammenschluss mehrerer Menschen in einem sozialen Gefüge von längerer Dauer führt, wird durch Spannungen, Konflikte und deren Lösung in Bewegung gehalten. Die entstehenden Spannungen und ihre Lösungen im Rahmen der Gruppe werden zu einer Art „*Belastungstraining*“[17], die Gruppe wird zu einem Übungsfeld für soziales Verhalten, das den Gefangenen letztlich befähigt, durch rationale Entscheidungen Konfliktsituationen zu bewältigen.[18] Er entwickelt die Einsicht, die sich in einer Gruppe ergebenden Verhaltensregeln auch für sich zu akzeptieren, sich ihnen anzupassen und nimmt im Idealfall schlussendlich selbst aktiv am Prozess der Fortentwicklung der Gruppe teil.[19] Damit erlebt der Strafgefangene – vielleicht zum ersten Mal – eine Art Verknüpfung mit der Normenwelt der Gesellschaft.[20] Auf dieses Geschehen im Rahmen der Gruppe kann

---

[11] Im Erwachsenenstrafvollzug hat das Fehlen einer entsprechenden Regelung schon zur Ausbildung unterschiedlicher Wohngruppen geführt, vgl. Laubenthal, ZfStrVo 1984, S.67.
[12] So die Definition von Bruns (1989), S.18.
[13] Lippenmeier/Steffen (1977), S.89.
[14] Zu den weiteren Funktionen, die eine Wohngruppe in Jugendstrafvollzug haben kann vgl. Bruns (1989), S.26 f.
[15] Laubenthal, ZfStrVo 1984, S.67.
[16] Laubenthal, ZfStrVo 1984, S.67.
[17] So Callies, Strafvollzug, Institution im Wandel (1970), zitiert nach Laubenthal, ZfStrVo 1984, S.67, 69.
[18] Vgl. Fleck, DVJJ-J 2000, S.178, 179.
[19] Laubenthal, ZfStrVo 1984, S.67, 69.
[20] Laubenthal, ZfStrVo 1984, S.67, 69.

von einem in die Einheit integrierten Leiter in unterschiedlicher Art und Weise eingewirkt werden, wodurch er den Gruppenprozess beeinflusst.[21]
Das zweite Ziel des Wohngruppenkonzepts ist es, die Bildung negativer Gruppen zu verhindern. Denn die Behandlung des Straffälligen kann nur dann erfolgreich sein, wenn es gelingt, die Wirkungen der Prisonisierung und die Bildung von Subkulturen zu verhindern.[22] In einer Gruppe kann der Vereinsamung und dem Verlust von Selbstwertgefühl entgegen gewirkt werden. Es bedarf dann keiner Flucht in eine Ersatzwirklichkeit mehr, um sich eine Befriedigung für seine eingeschränkte Lebenswirklichkeit zu verschaffen.[23] Zudem fasst ein Gruppenvollzug die Gefangenen zu überschaubaren Einheiten zusammen; es kann sich so eine geregelte Kommunikation zwischen den Insassen entwickeln. Damit wird einer negativen Solidarität unter den Gefangenen entgegengewirkt und die Gefahr der Bildung unerwünschter Subkulturen weitgehend ausgeschaltet.[24]

(2) Zusammensetzung der Wohngruppe

Nachdem somit der Begriff des Wohngruppenvollzugs sowie seine Zielsetzung geklärt sind, stellt sich die Frage, wie die Wohngruppe im Idealfall zusammengesetzt sein soll. Dabei geht es nur um die innere Zusammensetzung, auf die baulichen und architektonischen Rahmenbedingungen des Wohngruppenvollzugs soll im Rahmen der Erörterung des § 40 Abs.3 GJVollz eingegangen werden.
Im Strafvollzug, der von freien Sozialisationsprozessen abgetrennt ist, müssen für den Gefangenen möglichst viele soziale Trainings- und Interaktionsfelder geschaffen werden.[25] Daher wird eine inkongruente Zusammensetzung von Wohn- und Behandlungsgruppen vorgeschlagen, also eine Trennung der Wohn- und der Behandlungssituation.[26] Damit werde eine höhere Anzahl von Kommunikationsmöglichkeiten geschaffen und dem Gefangenen die Gelegenheit gegeben, seine Probleme und Konflikte in Distanz zur allgemeinen Bezugsgruppe zu bewältigen.[27] Weiterhin werde die Gefahr gebannt, dass die in der Behandlungsgruppe in Gang gesetzten und unter fachlicher Anleitung entwickelten gruppendynamischen Prozesse nicht unkontrolliert in der spontan agierenden Wohngruppe weiterlaufen.[28] Weiterhin erscheint es angesichts der großen Bandbreite der Altersstruktur im Jugendstrafvollzug und der daraus u.a. resultierenden Interessen- und Entwicklungsunterschiede physischer und psychischer Art geboten, die einzelnen Wohngruppen homogener auszurichten.[29] Gefordert wird eine *„möglichst realitätsnahe Konstellation“*[30], da auch in der freien Gesellschaft die

[21] Laubenthal, ZfStrVo 1984, S.67, 69.
[22] Laubenthal, ZfStrVo 1984, S.67, 69.
[23] Laubenthal, ZfStrVo 1984, S.67, 69; dieser Aspekt ist vor allem bei Jugendlichen und Heranwachsenden bedeutsam, die in ihrer Persönlichkeitsentwicklung noch nicht ausgereift sind.
[24] Laubenthal, ZfStrVo 1984, S.67, 69.
[25] Laubenthal, ZfStrVo 1984, S.67, 70.
[26] Laubenthal, ZfStrVo 1984, S.67, 70.
[27] Laubenthal, ZfStrVo 1984, S.67, 70.
[28] Laubenthal, ZfStrVo 1984, S.67, 70 m.w.N.
[29] Fleck, DVJJ-J. 2000, S.178, 179.
[30] Laubenthal (1982), S.189.

Mitglieder der sozialen Gruppen nicht durch gleiche oder ähnliche Persönlichkeitsmerkmale gekennzeichnet seien.[31] Nur eine solche, auch im Hinblick auf die begangenen Straftaten gemischte Gruppe vermöge den dynamischen Prozess des Zusammenlebens sozial positiv zu bewältigen.[32]

(3) Probleme und Gefahren des Wohngruppenvollzugs

Es darf jedoch nicht verhehlt werden, dass eine Gemeinschaft, die schon von ihrem Grundkonzept auf gruppendynamische Prozesse und Konflikte ausgelegt ist, Stoff für diverse Probleme bietet. Diese können sich dabei sowohl aus dem Wohngruppenvollzug als solchem als auch aus der praktischen Umsetzung in den jeweiligen Anstalten ergeben.
So spricht *Bruns*[33] die Gefahr der kriminellen Gruppenbildung im Wohngruppenvollzug an. Diese könne die positiven Aspekte des Wohngruppenvollzugs ins Gegenteil verkehren. Die Annahme, die Wohngruppe sei ein Übungsfeld für sozial-angemessenes Verhalten, stimme nur unter bestimmten Voraussetzungen. Schließlich seien Jugendliche in Wohngruppen meist Personen mit teilweise erheblichen Sozialisationsdefiziten und destruktiven Verhaltensweisen, die in vielen Fällen kein adäquates Gruppenverhalten kennen gelernt hätten.[34] Differenziert sieht *Bruns* die Subkultur-Problematik im Zusammenhang mit dem Wohngruppenvollzug.[35]
Auf weitere Gefahren, die sich im Zusammenhang mit Wohngruppenvollzug ergeben können, weist *Schulte-Altedorneburg*[36] hin. Seinen Thesen zufolge liegen die Schwierigkeiten, Behandlungswohngruppenvollzug zu praktizieren, im Wesentlichen an dem Zielkonflikt von Strafvollzug und Behandlungsvollzug, dem Rollenverlust im Strafvollzug und dem damit einhergehenden Verlernen persönlicher Handlungsmöglichkeiten und -fähigkeiten sowie der Bedürfnisversagung. Weiterhin mache es die Befehl-Gehorsam-Struktur des Strafvollzugs schwierig, eine positive Einwirkung im Gruppenprozess zu fördern, welcher gerade das Gegenteil, nämlich soziale Nähe voraussetze. Schließlich komme es in zwangsweise gebildeten Gruppen leicht zu emotionaler Überlastung und demzufolge zu Tendenzen der Selbstzerstörung der Gruppe. Gerade unbestimmte oder gar gänzlich fehlende Anleitung des Gruppenprozesses fördere die Selbstzerstörungstendenzen des Beziehungsprozesses in der Gruppe. Schlussendlich käme

---

[31] Laubenthal, (1982), S.189.
[32] Laubenthal (1982), S.189.
[33] Bruns (1989), S.43.
[34] Bruns (1989), S.43.
[35] Bruns (1989), S. 44 f.; nach seiner Ansicht ist zu unterscheiden, ob die Gefangenen-Subkultur als Überlebensstrategie auf die Deprivationen der Anstalt entwickelt wird (dann kann die Wohngruppe helfen, die Subkultur zu reduzieren, weil sie die Deprivationen reduziert) oder ob die Gefangenen-Subkultur von „außen" in die Anstalt hineingetragen wird (dann werden die abweichenden Werte und Normen auch in die Wohngruppe hineingetragen und können dort durch das „Mehr" an Freiheit auf einen Nährboden treffen, der die inoffiziellen Insassenkulturen noch fördert).
[36] Schulte-Altedorneburg (1989), S.76, 82 ff.; die dortigen Thesen beziehen sich zwar auf den Erwachsenenstrafvollzug, lassen sich aber nahezu vollständig auf den Jugendstrafvollzug übertragen.

es aufgrund des Zielkonflikts zwischen Strafhaft und sozialem Lernen zu einer Verunsicherung und einem Rückzug der Vollzugsbediensteten.
Die im Bereich der praktischen Umsetzung des Wohngruppevollzugs bestehenden Probleme fasst *Bruns*[37] zusammen. Danach mangele es namentlich an Betreuungspersonal sowie an der fachlichen Kompetenz des zur Verfügung gestellten Personals. Zudem sei die Betreuungsstruktur im Bereich der Wohngruppen verbesserungsbedürftig. Zu kritisieren sei auch die hohe Fluktuation der Jugendlichen in den Wohngruppen, die teilweise willkürliche Gruppenzusammensetzung sowie die mangelnde Vorbereitung beim Eintritt eines Jugendlichen in eine Gruppe.

(4) Zusammenfassung zum Wohngruppenvollzug

Wird der Straftäter durch die Strafverbüßung schon aus seinem sozialen Gefüge gerissen, so ist es geradezu die Pflicht des Behandlungsvollzuges, ihm möglichst weitgehende gesellschaftsähnliche Möglichkeiten zu schaffen. Mit der Errichtung künstlicher Gruppen als kleiner, überschaubarer Gemeinschaften mehrerer Insassen wurde ein entsprechender sozialer Raum gefunden.[38] Zwar wird sich eine Gefangenengruppe systembedingt immer von einer Gruppe in Freiheit unterscheiden, da ihre Zusammensetzung und ihre Lenkung immer fremdbestimmt sein werden.[39] Dies bringt gleichzeitig den Mangel an sozialer Realität zum Ausdruck, der einer solchen Gruppe innewohnt.[40] Dennoch können in dem vorgegebenen, künstlichen Rahmen Fähigkeiten erlernt werden, die für eine Sozialisation von entscheidender Bedeutung sind. So lernt der Gefangene in der Gruppe von Grund auf, sich in den Gruppenstrukturen zurechtzufinden, eine Rollenposition zu übernehmen, aber auch auf Distanz zu seiner Rolle zu gehen.[41] Er lernt, Gruppennormen zu interpretieren, zu akzeptieren, aber auch gestaltenden Einfluss auf sie zu nehmen.[42] Und schließlich führen aufkommende Auseinandersetzungen – im Idealfall – zu der Erkenntnis, dass er einen Ausgleich zwischen den von ihm angestrebten Bedürfnissen und denen, welche die Gemeinschaft ihm nicht befriedigen kann, finden und eine in Aggression gesteigerte Selbstbehauptung abbauen muss.[43] Das Erlernen dieser Grundvoraussetzungen für Konfliktfähigkeit und Stabilität im sozialen Verhalten stellt das optimale Ziel einer Gruppenbehandlung dar.[44]
Zusammenfassend kann man sagen, dass trotz der gewichtigen Probleme, die eine Vollzugsform wie der Wohngruppenvollzug, dessen theoretische Konzeption schon ein gewisses „Menscheln" impliziert[45], mit sich bringt, keine realistische Alternative hierzu in Sicht ist. Dies gilt vor allem deshalb, weil bestimmte

[37] Bruns (1989), S.150 f.
[38] Laubenthal (1982), S.249.
[39] Laubenthal (1982), S.251.
[40] Vgl. Laubenthal (1982), S.251.
[41] Laubenthal (1982), S.253.
[42] Laubenthal (1982), S.253.
[43] Laubenthal (1982), S.253.
[44] Laubenthal (1982), S.253.
[45] Vgl. dazu auch die Aussage eines Anstaltsleiters bei Kreideweiß (1993), S.130, wonach in den Wohngruppen Leben existieren und es dort *„quirlen"* müsse.

soziale Lernprozesse nur in dieser Vollzugsform möglich sind.[46] Daher gilt es, dieser vorzugswürdigen Vollzugsform im Jugendstrafvollzug konsequent Geltung zu verschaffen und die an sie gestellten Erwartungen durch eine konsequente Umsetzung, namentlich in personeller, methodischer und baulicher Hinsicht sicherzustellen. Dann lässt sich auch den genannten Problemen wirkungsvoll entgegentreten und es besteht die berechtigte Hoffnung, dass sich die positiven Erfahrungen, die bisher bei Wohngruppenvollzug im Jugendstrafvollzug gemacht wurden[47], bestätigen.

dd. Ausnahmen vom Wohngruppenvollzug

Der Entwurf führt den Wohngruppenvollzug allerdings nicht uneingeschränkt, sondern nur *„regelmäßig"* ein. Damit ist in begründeten Ausnahmefällen auch weiterhin eine andere Art der Unterbringung zulässig.[48] Dies entspricht dem in Teilen der Alternativentwürfe geäußerten Vorschlag, die Unterbringung in Wohngruppen ebenfalls nur im Rahmen einer Soll-Vorschrift[49] oder als Regelfall[50] gesetzlich zu verankern. Auch die Entwürfe, die eine zwingende Unterbringung in Wohngruppen festschreiben wollten[51], enthielten entsprechende Ausnahmetatbestände[52], was letztlich eine mit dem jetzigen Entwurf vergleichbare Rechtslage darstellt und der Erkenntnis Rechnung trägt, dass es stets eine gewisse Anzahl an wohngruppenuntauglichen Gefangenen geben wird, so dass ein reiner Wohngruppenvollzug im Ergebnis keine optimale Lösung darstellen würde.[53] Daher muss auch im künftigen Jugendstrafvollzug eine Abteilung existieren, in der Gefangene einzeln untergebracht werden können.[54] Allerdings ist dringend davor zu warnen, den Ausnahmetatbestand der regelmäßigen Unterbringung dazu zu missbrauchen, den Wohngruppenvollzug nur zögerlich oder stufenweise einzuführen. Denn gerade die Umsetzung des Konzepts des Wohngruppenvollzugs im Jugendstrafvollzug entscheidet darüber, ob dieser mehr ist als ein *„unreflektiertes und motivationsloses Verwahren und Ruhigstellen der Gefangenen"*[55]. Vor diesem Hintergrund ist auch der Vorschlag, die Einzelunterbringung zeitlich zu beschränken und regelmäßig zu überprüfen[56], bedenkenswert. Dies müsste nicht zwingend gesetzlich festgeschrieben werden, sondern könnte in der Praxis im Rahmen der regelmäßigen Fortschreibung des Förderplans (vgl. § 10 Abs.2 S.2 GJVollz) stattfinden.

---

[46] Schlußbericht der Jugendstrafvollzugskommission (1980), S.24; vgl. auch Dünkel (1990), S.497.
[47] Vgl. Kreideweiß (1993), S.130.
[48] Begründung zum GJVollz (2004), S.42.
[49] Vgl. § 19 Abs.1 S.1 E 1984.
[50] Vgl. § 20 Abs.1 und Abs.3 E 1988 sowie die Begründung zum E 1988, S.34.
[51] So insb. § 19 Abs.1 S.1 E 1985.
[52] Vgl. § 19 Abs.3 E 1985; vgl. auch § 20 Abs.3 E 1988 sowie § 20 Abs.1 S.2 E 1991.
[53] So auch Kreideweiß (1993), S.131.
[54] Kreideweiß (1993), S.131.
[55] Kreideweiß (1993), S.132.
[56] Vgl. § 19 Abs.3 S.2 E 1985 sowie § 25 Abs.3 E 1993.

ee. Ergebnis zu § 19 Abs.1 S.1 GJVollz

Das Bundesverfassungsgericht hat in seiner Entscheidung zur Verfassungswidrigkeit des Jugendstrafvollzuges zur besonderen Eignung des Wohngruppenvollzuges für junge Straftäter explizit Stellung genommen: „*Erforderlich sind ... gesetzliche Vorkehrungen dafür, dass innerhalb der Anstalt einerseits Kontakte, die positivem sozialen Lernen dienen können, aufgebaut und nicht unnötig beschränkt werden, andererseits aber die Gefangenen vor wechselseitigen Übergriffen geschützt sind. Nach derzeitigem Erkenntnisstand ist dazu die Unterbringung in kleineren Wohngruppen, differenziert nach Alter, Strafzeit und Straftaten – etwa gesonderte Unterbringung von Gewalt- und Sexualtätern mit spezifischen Betreuungsmöglichkeiten – besonders geeignet.*“[57]
Die Ausgestaltung des Wohngruppenvollzugs als Regelvollzug durch den Entwurf ist daher auch vor diesem Hintergrund zu begrüßen. Dadurch wird der methodischen Überlegenheit dieser Vollzugsform in mehrerlei Hinsicht Rechnung getragen. Zudem wird eine Forderung von Wissenschaft und Praxis umgesetzt, die seit dem Jahr 1980 immer wieder erhoben wurde.[58] Vor einer Verwässerung des Konzepts des Wohngruppenvollzugs durch extensive Nutzung des in § 19 Abs.1 S.1 GJVollz niedergelegten Ausnahmetatbestandes muss aber dringend gewarnt werden.

b. Besondere Wohngruppen nach § 19 Abs.1 S.2 GJVollz

Gemäß § 19 Abs.1 S.2 GJVollz werden besondere Wohngruppen für die Gefangenen gebildet, die das 16. Lebensjahr noch nicht vollendet haben. Damit soll den besonderen Bedürfnissen der jüngsten Gefangenen Rechnung getragen werden, die erfahrungsgemäß besonderen Schutz vor dem bisweilen rauen Alltag im Vollzug sowie einer noch intensiveren Förderung bedürfen als die übrigen Gefangenen.[59] Die Tatsache, dass dem Alter der Gefangene bei der Zusammensetzung von Wohngruppen nicht hinreichend Rechnung getragen wird, wurde im Schrifttum schon bisher kritisiert.[60] Auch das Bundesverfassungsgericht hat in seiner Entscheidung zur Verfassungswidrigkeit des Jugendstrafvollzuges eine Differenzierung u.a. nach dem Alter angemahnt.[61]
Der Strafvollzug an Jugendlichen der Altersgruppe der 14 bis 15-Jährigen[62] ist in der Tat aus mehreren Gründen höchst problematisch. Zum einen sind die Vollzugsbedingungen für diese Altersgruppe kaum als adäquat zu bezeichnen, zum anderen sind sie insgesamt mit noch höheren Defiziten belastet.[63] Um dem entgegenzutreten, könnten Wohngruppen allein für diese Altersgruppe in der Tat eine Möglichkeit sein, da sie im Endeffekt den „ *“altersgemäßen“ Sondervoll-*

---

[57] BVerfG, 2 BvR 1673/04 vom 31.5.2006, Abs.57.
[58] Vgl. Schlußbericht der Jugendstrafvollzugskommission (1980), S.24 sowie zusammenfassend Kreideweiß (1993), S.128.
[59] Begründung zum GJVollz (2004), S.42.
[60] Vgl. Bruns (1989), S.151.
[61] BVerfG, 2 BvR 1673/04 vom 31.5.2006, Abs.57.
[62] Zu ihrer Repräsentanz im Vollzug vgl. Kap.4, B.III.
[63] Vgl. Eisenberg (2006) § 91, Rn.7 a: nach der dort zitierten Untersuchung von *Ludwig* waren 40 Prozent der 14-15-jährigen Gefangenen Sonderschüler, nur 2,5 Prozent hatten einen Schulabschluss, aber 60 Prozent hatten einen oder mehrere Heimaufenthalte hinter sich.

zug"[64] darstellen, der von Seiten der Wissenschaft für diese Altersgruppe gefordert wird. Allerdings sollte die Altersgrenze der Vollendung des 16. Lebensjahres kein starres Schema sein, sondern weiterhin die Möglichkeit bestehen, im Ausnahmefall geeignete ältere Gefangene in einer solchen Wohngruppe unterzubringen – ein Vorgehen, das sich in der Vollzugspraxis bewährt hat.[65] Geeignete ältere Gefangene können entweder solche sein, die in ihrer Entwicklung noch einem unter 16-jährigen gleichstehen oder im Einzelfall als Stabilisatoren der Gruppe erforderlich scheinen.[66]
Es erscheint insgesamt gesehen richtig, die Erfahrungen der Vollzugspraxis bei der Zusammensetzung von Wohngruppen für die jüngsten Gefangenen zu beachten. Allerdings schließt das Gesetz an sich die Einbeziehung älterer Gefangener nicht aus, sondern fordert lediglich die Bildung eigener Wohngruppen für die genannte Altersgruppe. Trotzdem sollte der Entwurf dahingehend ergänzt werden, dass in geeigneten Fällen auch ältere Gefangene in diese Wohngruppen aufgenommen werden können.

c. Ergebnis zu § 19 Abs.1 GJVollz

§ 19 Abs.1 GJVollz ist insgesamt betrachtet eine gelungene Vorschrift. Insbesondere die konsequente Hinwendung zum Wohngruppenvollzug muss begrüßt werden. Richtig erscheint zudem, dass sich der Vollzug auch um die jüngsten Gefangenen Gedanken macht. Auch wenn praktische Bedeutung der Norm aufgrund der geringen Anzahl von 14- bis 15-jährigen im Jugendstrafvollzug eher gering ist[67], ist das Bemühen des Entwurfs um eine Festlegung der Rahmenbedingungen des Vollzugs an den jüngsten Gefangenen begrüßenswert.

2. Die gemeinsame und die getrennte Unterbringung – § 19 Abs.2 GJVollz

a. Inhalt der Vorschrift

§ 19 Abs.2 S.1 GJVollz regelt die Unterbringung während der Arbeitszeit dahingehend, dass die Teilnahme an den genannten Tätigkeiten in Gemeinschaft stattfindet. Damit übernimmt die Vorschrift im Wesentlichen die aus dem Erwachsenenstrafvollzug bekannte Regelung des § 17 Abs.1 StVollzG, die sich zudem nahezu wortwörtlich in Nr.12 Abs.1 VVJug wieder fand. Sie passt jedoch die Aufzählung der therapeutischen Maßnahmen an das Angebot im Jugendstrafvollzug an.[68]
§ 19 Abs.2 S.2 GJVollz verweist auf § 17 Abs.2 und Abs.3 StVollzG und damit auf die Regelungen über die gemeinschaftliche Unterbringung der Gefangenen während der Freizeit sowie auf die Möglichkeit, die gemeinschaftliche Unter-

---

64 Eisenberg (2006) § 91, Rn.7 a.
65 J. Walter, ZfJ 2004, S.397, 402; unter Berufung auf ihn auch Tondorf (2006), Fn.70; kritisch zu § 19 Abs.1 S.2 GJVollz die Stellungnahme der BAG, S.3, wonach gerade 14- bis 16-jährige, in Wohngruppen untergebrachte Gefangene in besonderem Maße dazu neigen, sich gegenseitig zu unterdrücken und dieser Satz deshalb gestrichen werden solle.
66 J. Walter, ZfJ 2004, S.397, 402; kritisch zu großen Altersdifferenzen in Wohngruppen Laubenthal (1982), S.189 m.w.N.
67 Vgl. oben Kap.4, B.III.; Dünkel/Lang (2002), S.20, 27.
68 Vgl. Begründung zum GJVollz (2004), S.42.

bringung während der Arbeitszeit und Freizeit aus verschiedenen Gründen einzuschränken. Insofern wird die Rechtslage übernommen, die sich schon bisher in Nr.12 Abs.2 und 3 VVJug fand. Nicht Eingang in den Entwurf fanden hingegen die Nr.12 Abs.4 und Abs.5 VVJug, welche zwei weitere Tatbestände für die Einschränkung der gemeinschaftlichen Unterbringung enthielten. So konnte nach Nr.12 Abs.4 VVJug bisher die gemeinschaftliche Unterbringung aus erzieherischen Gründen eingeschränkt werden, zudem ließ Nr.12 Abs.5 VVJug eine Einschränkung der gemeinschaftlichen Unterbringung während der Arbeits- und Freizeit aufgrund der räumlichen, personellen und organisatorischen Verhältnisse zu. Der Verzicht auf diese Tatbestände ist zu begrüßen. Namentlich die Einschränkung der gemeinschaftlichen Unterbringung aus erzieherischen Gründen kam in ihrer Wirkung einer Disziplinarmaßnahme gleich, ohne dass hierfür jedoch die Vorschriften über die Verhängung von Disziplinarmaßnahmen, insbesondere der Katalog des Nr.87 VVJug galt.[69] Nr.12 Abs.5 VVJug entsprach sachlich der Übergangsregelung in § 201 Nr.2 StVollzG.

b. Alternativentwürfe

Die bislang vorgelegten Alternativentwürfe sprachen sich übereinstimmend für eine gemeinsame Unterbringung während der Freizeit aus.[70] Bei der Regelung der Unterbringung während der Freizeit sowie der Einschränkung der gemeinschaftlichen Unterbringung während Arbeits- und Freizeit treffen die Alternativentwürfe teilweise abweichende Regelungen, ohne dass sich daraus jedoch substantielle Unterschiede ergeben würden.[71]

c. Ergebnis zu § 19 Abs.2 GJVollz

§ 19 Abs.2 S.1 GJVollz wurde im Hinblick auf jugendspezifische Therapiemaßnahmen neu gefasst. Die Übernahme der im Erwachsenenstrafvollzug geltenden § 17 Abs.2 und Abs.3 StVollzG erscheint unbedenklich. Dies gilt insbesondere deshalb, weil die Gefangenen im Jugendstrafvollzug im Ergebnis durch die Streichung von Nr.12 Abs.4 und Abs.5 VVJug im Vergleich zur früheren Rechtslage besser gestellt werden.

3. Trennung des Vollzuges – § 19 Abs.3 GJVollz

a. Allgemeines

Die Unterbringung weiblicher Gefangener regelt § 19 Abs.3 GJVollz. Danach sind sie getrennt von männlichen Gefangenen in Wohngruppen unterzubringen. Allerdings sind gemeinsame Förderangebote zulässig, wobei der Entwurf insbesondere eine gemeinsame Schul- und Berufsausbildung nennt.

---

[69] Vgl. Nr.87 Abs.1 Nr.4 2.Alt VVJug sowie Nr.5 VVJug, die eine ähnliche Zielrichtung wie die Einschränkung der gemeinschaftlichen Unterbringung aufwiesen, jedoch ausdrücklich im Katalog der zulässigen Disziplinarmaßnahmen in Nr.87 VVJug geregelt waren.

[70] Vgl. § 20 Abs.1 E 1984; § 20 Abs.1 E 1985; § 21 Abs.1 E 1988; § 21 Abs.1 E 1991; § 26 Abs.1 E 1993; für eine gemeinschaftliche Unterbringung während der Freizeit auch Tondorf (2006) in § 19 Abs.2 seines Entwurfs.

[71] Vgl. zusammenfassend Kreideweiß (1993), S.133 ff. sowie die Synopse auf S. 411 f.

b. Bisherige Rechtslage

Bislang galt für junge Frauen im Jugendstrafvollzug die allgemeine Vorschrift des § 92 Abs.1 JGG, wonach die Jugendstrafe in besonderen Jugendstrafanstalten zu vollziehen ist. Flankierend regelte Nr.94 VVJug, dass weibliche Gefangene getrennt von männlichen Gefangenen unterzubringen sind. Die bisherige Praxis, wonach junge weibliche Gefangene in Abteilungen innerhalb allgemeiner Haftanstalten für erwachsene Frauen untergebracht wurden[72], ist daher rechtswidrig, da das Gesetz die Unterbringung in eigenen Anstalten fordert.[73] Zudem sind die Förderbedingungen einschließlich der Chancen auf berufliche Aus- und Weiterbildung dort ungleich schlechter als im Jugendstrafvollzug für Männer.[74]

c. Inhalt und Reichweite der Vorschrift

§ 19 Abs.3 S.1 GJVollz regelt, dass weibliche Gefangene weiterhin getrennt von männlichen Gefangenen unterzubringen sind und setzt damit das schon in Nr.94 VVJug enthaltene Trennungsgebot um, welches sich für den Erwachsenenstrafvollzug in § 140 Abs.2 S.1 StVollzG findet. Zudem wird die ausnahmslose[75] Unterbringung in Wohngruppen festgeschrieben. § 19 Abs.3 S.1 GJVollz ist im Zusammenhang mit § 40 Abs.1 GJVollz, insbesondere S.2 und 3 zu sehen. Danach ergibt sich für die Unterbringung junger Frauen im Jugendstrafvollzug folgende Rechtslage:
Grundsätzlich sind auch junge Frauen in selbständigen Jugendstrafanstalten unterzubringen. Dies ergibt sich aus § 1 sowie § 40 Abs.1 S.1 GJVollz. Allerdings räumt selbst die Entwurfsbegründung ein, dass sich im Hinblick auf die geringe Anzahl weiblicher Jugendstrafgefangener die Schaffung eigener Jugendstrafanstalten nicht verwirklichen lasse.[76] Daher können weibliche Gefangene gemäß § 40 Abs.1 S.3 GJVollz in Zukunft weiterhin in getrennten Abteilungen des Strafvollzuges für erwachsene Frauen untergebracht werden.[77]
§ 40 Abs.1 S.4 GJVollz stellt aber für diesen Fall klar, dass der Vollzug jedenfalls nach dem GJVollz erfolgt. Weiterhin ergibt sich die Möglichkeit, junge Frauen auch in getrennten Abteilungen in Jugendstrafanstalten für männliche Jugendliche unterzubringen.[78] Diese Variante entspricht zwar nicht der gegenwärtigen Praxis, allerdings will der Entwurf diese Möglichkeit nicht von vornherein ausschließen.[79] Auf diese Art und Weise sollen die Aus- und Fortbildungschancen der weiblichen Gefangenen in geeigneten Einzelfällen erhöht

[72] Welche wiederum häufig an Männeranstalten angegliedert sind, Begründung zum GJVollz (2004), S.60.
[73] Dünkel (1990), S.136; Eisenberg (2006), § 92, Rn.4 m.w.N., der allerdings auch darauf hinweist, dass nicht auszuschließen sei, dass integrierte Anstalten aus sachlichen Erwägungen heraus dem Erziehungsauftrag eher Genüge leisteten.
[74] Begründung zum GJVollz (2004), S.42.
[75] Begründung zum GJVollz (2004), S.42.
[76] Begründung zum GJVollz (2004), S.72.
[77] Begründung zum GJVollz (2004), S.72.
[78] Begründung zum GJVollz (2004), S.72.
[79] Begründung zum GJVollz (2004), S.72.

werden.[80] Außerdem regt die Entwurfsbegründung selbst die Durchführung des Vollzugs an jungen Frauen in freien Formen, gestützt auf § 5 Abs.1 S.2 GJVollz, an.[81]
§ 19 Abs.3 S.2 GJVollz lässt gemeinsame Förderangebote, insbesondere eine gemeinsame Schul- und Berufsausbildung zu. Der Entwurf aus dem Jahr 2004 nannte lediglich die gemeinsame Schul- und Berufsausbildung.[82] Mit der Vorschrift wird der Trennungsgrundsatz der Geschlechter, wie er in Satz 1 zum Ausdruck kommt, aufgeweicht.[83] Dies entspricht nach der Entwurfsbegründung[84] einer vielfach geäußerten Forderung der Praxis.[85]

d. Ergebnis zu § 19 Abs.3 GJVollz

Die ausnahmslose Unterbringung junger Frauen in Wohngruppen ist zu begrüßen. Fraglich ist allerdings, wie § 19 Abs.3 S.1 GJVollz im Übrigen zu bewerten ist. Denn mit dieser Vorschrift, die im Zusammenhang mit § 40 Abs.1 S.2 und 3 GJVollz zu sehen ist, wird der Grundsatz der Trennung des Jugend- vom Erwachsenenstrafvollzug für den Bereich des Vollzugs an jungen Frauen wie oben gezeigt faktisch aufgegeben. Die Hoffnung auf eine Beseitigung des bisherigen Zustands durch Schaffung eigener Strafanstalten für junge Frauen hat der Entwurf offensichtlich selbst schon aufgegeben. Eher halbherzig klingen auch die Verweise auf den nach dem Entwurf nun möglichen Vollzug in freien Formen *„...nicht zuletzt für junge Frauen, für die aufgrund ihres geringen Anteils an der Gesamtzahl der Inhaftierten der Bau selbständiger Jugendstrafanstalten schon aus finanziellen Gründen regelmäßig nicht in Betracht kommt...“*.[86] Legt man diese Einstellung zugrunde, erscheint es nur „konsequent“, dass § 40 Abs.1 S.2 1.Hs. GJVollz die bisherige, rechtswidrige Praxis quasi im Nachhinein legalisiert. Die Verwendung des allgemeineren Begriffs der Förderangebote ist dagegen zu begrüßen, da er dem Ziel der Vorschrift, die vorhandenen Nachteile junger Frauen in Haft auszugleichen und ihnen mit männlichen Jugendlichen annähernd vergleichbare Fördervoraussetzungen zu bieten, besser gerecht wird.[87] In der Praxis wäre zudem die Erprobung eines koedukativen Vollzuges im Rahmen eines Modellprojektes denkbar.[88]

---

[80] Begründung zum GJVollz (2004), S.72.
[81] Begründung zum GJVollz (2004), S.13.
[82] Dass die Beschränkung hierauf Fördermaßnahmen zu sehr eingrenzt, kritisiert zu Recht die Stellungnahme der BAG, S.3.
[83] Begründung zum GJVollz (2004), S.43.
[84] Begründung zum GJVollz (2004), S.43.
[85] So forderten namentlich Dünkel (1990), S.137 sowie Ostendorf (2003), §§ 91-92, Rn.4 die Entwicklung koedukativer Vollzugsformen für Frauen im Jugendstrafvollzug.
[86] Begründung zum GJVollz (2004), S.13.
[87] Begründung zum GJVollz (2004), S.43.
[88] Ausführlich hierzu Steinhilper (1993), S.145 ff., Kreideweiß (1993), S.73 ff.

4. Unterbringung während der Ruhezeit – § 19 Abs.4 GJVollz

a. Inhalt und Reichweite der Vorschrift

§ 19 Abs.4 GJVollz regelt in Satz 1 den Grundsatz der alleinigen Unterbringung der Gefangenen in ihrem Haftraum. Damit übernimmt der Entwurf einen Grundsatz, der schon nach früherer Rechtslage (Nr.13 Abs.1 VVJug) galt bzw. der so auch im Erwachsenenstrafvollzug (§ 18 Abs.1 StVollzG) gilt. Die Einzelunterbringung ist nach der Entwurfsbegründung im Jugendstrafvollzug besonders wichtig, da die Gefangenen hier häufig Unterdrückungshandlungen ausgesetzt seien, die teilweise zu schweren körperlichen und psychischen Schäden führen.[89] Eine gemeinschaftliche Unterbringung erhöhe die Gefahr von Misshandlungen und Gewaltausbrüchen.[90] Dem wird dadurch Rechnung getragen, dass der Gefangene grundsätzlich einen Anspruch auf Einzelunterbringung hat.[91] § 19 Abs.4 S.2 bis S.4 regeln Ausnahmetatbestände vom Grundsatz der alleinigen Unterbringung.

Satz 2 lässt die gemeinsame Unterbringung hilfsbedürftiger Gefangener mit anderen Gefangenen zu. Dies ist nichts Neues und war schon nach Nr.13 Abs.1 S.2 Alt.1 VVJug[92] zulässig. Allerdings verlangt Satz 2 die Zustimmung der beteiligten Gefangenen. Hintergrund ist, dass es sich bei dieser Ausnahme regelmäßig um eine belastende Maßnahme handelt, die gerade bei jungen Menschen die Gefahr der Überforderung in sich birgt.[93] Nach Satz 3 ist die gemeinsame Unterbringung weiterhin zulässig, wenn eine Gefahr für Leben oder Gesundheit des Gefangenen besteht. In diesem Fall ist die Zustimmung des gefährdeten Gefangenen[94] allerdings „*konsequenterweise*"[95] nicht erforderlich. Auch dies entspricht der bisherigen Rechtslage im Jugendstrafvollzug nach Nr.13 Abs.1 S.2 Alt.2 VVJug.[96] Nach Satz 4 ist schließlich eine Überbelegung über die in Satz 2 und 3 genannten Fälle hinaus nur vorübergehend und aus zwingenden Gründen zulässig. Diese Einschränkung galt gemäß Nr. 13 Abs.2 S.2 VVJug bisher nur für den geschlossenen Vollzug.[97] Nicht übernommen wurde allerdings die Regelung in Nr.13 Abs.3 VVJug, wonach eine gemeinsame Unterbringung während der Ruhezeit auch zulässig war, solange die räumlichen Verhältnisse der Anstalt dies erfordern. Satz 4 soll der Behebung vorübergehender und organisatorisch nicht anders zu lösender Notlagen, etwa eine nicht vorhersehbare plötzliche Überbelegung, dienen.[98]

[89] Begründung zum GJVollz (2004) , S.43.
[90] Begründung zum GJVollz (2004), S.43.
[91] Vgl. Callies/Müller-Dietz (2005), § 18, Rn.1 zum vergleichbaren § 18 Abs.1 S.1 StVollzG.
[92] Bzw. nach § 18 Abs.1 S.2 Alt.1 StVollzG im Erwachsenenstrafvollzug.
[93] Begründung zum GJVollz (2004), S.43.
[94] Erforderlich ist aber nach dem eindeutigen Wortlaut und der Begründung zum GJVollz (2004), S.43 die Zustimmung des nicht gefährdeten Gefangenen.
[95] Begründung zum GJVollz (2004), S.43.
[96] Bzw. § 18 Abs.1 S.2 Alt.2 StVollzG im Erwachsenenstrafvollzug.
[97] Vgl. für den Erwachsenenstrafvollzug auch § 18 Abs.2 S.2 StVollzG.
[98] Begründung zum GJVollz (2004), S.43.

b. Alternativentwürfe

Die Alternativentwürfe wollen übereinstimmend den Grundsatz der Einzelunterbringung festschreiben. Zulässige Ausnahmen hiervon werden weitgehend in Anlehnung an die Formulierungen des StVollzG geregelt.[99]

c. Kritik und Ergebnis zu § 19 Abs.4 GJVollz

Positiv zu sehen ist die Betonung des Grundsatzes der alleinigen Unterbringung. Damit trägt der Entwurf der Tatsache Rechnung, dass angesichts der enormen Betreuungsbedürfnisse im Jugendstrafvollzug einerseits und der großen Betreuungsdefizite andererseits die Einzelunterbringung in einem pädagogisch ausgerichteten Jugendstrafvollzug unverzichtbar ist.[100] Denn gerade bei einer Unterbringung in Wohngruppen, wo zudem sämtliche Tätigkeiten in der Arbeitszeit nach § 19 Abs.2 GJVollz in Gemeinschaft stattfinden, der Gefangene also ständig dem Einfluss seiner Mitgefangenen ausgesetzt ist, wird die Atmosphäre einer Einzelunterbringung, die Schutz und Ruhe auch vor Einflüssen anderer gewährt, dringend benötigt.[101] Zuzustimmen ist auch der Entscheidung des Entwurfs, keine generelle Ausnahmeregelung zur getrennten Unterbringung mit Zustimmung der Gefangenen festzuschreiben. Gerade in Anstalten mit hohen subkulturellen Tendenzen wäre nämlich nicht auszuschließen, dass diese Zustimmung, beispielsweise von besonders labilen oder jüngeren Gefangenen, erpresst wird.[102] Generell ist es auch richtig, dem Selbstbestimmungsrecht der Gefangenen dadurch Rechnung zu tragen, dass auch bei gemeinsamer Unterbringung wegen Hilfsbedürftigkeit die Zustimmung der beteiligten Gefangenen verlangt wird.

Äußerst problematisch ist aber § 19 Abs.4 S.4 GJVollz. Nach der Entwurfsbegründung soll die gemeinschaftliche Unterbringung zwar nur ausnahmsweise zur Behebung *„einer vorübergehenden und organisatorisch nicht anders zu lösenden Notlage"*[103] zulässig sein. Schon die Tatsache, dass als Unterfall der Notlage die Überbelegung genannt wird, lässt aber befürchten, mit dieser Vorschrift könnte eine Öffnungsklausel eingeführt werden, die bei Überbelegung die Einzelunterbringung durch Gemeinschaftsunterbringung ersetzt. Ein Blick auf die Belegungsdichte der Jugendstrafvollzugsanstalten in Deutschland verdeutlicht diese Problematik.[104] So betrug die Belegungsdichte im geschlossenen Jugendstrafvollzug am 31.3.2001 für Deutschland insgesamt 104,3 Prozent.[105] In vier Bundesländern[106] waren sogar mehr als 110 Gefangene pro 100 Haftplätze untergebracht, wobei Rheinland-Pfalz mit 127,6 Gefangenen pro 100 Haftplätze die Spitzenreiterrolle einnimmt. Es steht daher zu befürchten, dass die Begriffe

---

99 Vgl. § 21 E 1984; § 21 E 1985; § 22 E 1988; § 22 E 1991; § 27 E 1993; zusammenfassend Kreideweiß (1993), S.136 f.

100 So schon die Begründung zum E 1988, S.36.

101 Vgl. Begründung zum E 1988, S.36; vgl. zur Wichtigkeit des Wechsels zwischen Gemeinschaft und Alleinseindürfen im Wohngruppenvollzug auch Laubenthal (1984), S.262.

102 Vgl. Begründung zum GJVollz (2004), S.43.

103 Begründung zum GJVollz (2004), S.43.

104 Vgl. schon oben Kap.4, B.II.

105 Dünkel, ZfStrVo 2002, S.67, 69 f.; Dünkel/Lang, (2002), S.20, 28 ff.

106 Brandenburg, Hessen, Rheinland-Pfalz, Sachsen-Anhalt.

„vorübergehend" sowie *„aus zwingenden Gründen"* von Seiten der Praxis eine nicht gewollte Ausdehnung erfahren, weil die befürchtete Überbelegung in vielen Bundesländern längst Realität ist. In einer Zeit, in der die Rechtsprechung der Praxis bei Überbelegungen immer wieder in den Arm fällt[107] und das Bundesverfassungsgericht den Anspruch eines Inhaftierten auf eine menschenwürdige Unterbringung betont[108], darf es nicht sein, dass die Gefangenen Versäumnisse bei Neubau und Renovierung von Haftanstalten auszubaden haben. Es darf weiterhin nicht sein, dass bei der Gefangenenunterbringung, gestützt auf § 19 Abs.4 S.4 GJVollz oder eine vergleichbare Vorschrift, in Zukunft ganz legal Strafvollzug nach Kassenlage betrieben wird, indem die Überbelegung unter den Begriff des zwingenden Grundes im Sinne des § 19 Abs.4 S.4 GJVollz subsumiert wird.[109] Dies hat umso mehr zu gelten, als die schädlichen Auswirkungen gemeinschaftlicher Unterbringung während der Ruhezeit hinreichend empirisch belegt sind.[110] Daher sollte § 19 Abs.4 S.4 GJVollz vollständig gestrichen oder wenigstens eine Obergrenze von zwei bis maximal drei Monaten je Vollzugsjahr für den Zeitraum der gemeinschaftlichen Unterbringung festgeschrieben werden.[111] Dies gilt umso mehr, als nunmehr die Länder selbst für die gesetzliche Regelung des Jugendstrafvollzuges zuständig sind.

5. Ausstattung des Haftraumes – § 19 Abs.5 GJVollz

a. Inhalt und Reichweite der Vorschrift

Die Gefangenen dürfen nach § 19 Abs.5 S.1 GJVollz ihre Hafträume in angemessenem Umfang mit eigenen Sachen ausstatten. Die Vorschrift lehnt sich insofern an Nr.14 Abs.1 S.1 VVJug sowie § 19 Abs.1 S.1 StVollzG an, wobei die dort enthaltenen Regelungen, dass Lichtbilder nahe stehender Personen sowie Erinnerungsstücke von persönlichem Wert zu belassen sind, nicht übernommen wird. Die Anstaltsleitung erhält durch die Entwurfsvorschrift einen Ermessensspielraum. Dadurch will der Gesetzgeber eine großzügige Handhabung der Vorschrift ermöglichen.[112] Allerdings regelt die Vorschrift die Frage des Besitzes und des Gewahrsams durch den Gefangenen nicht abschließend, vielmehr finden sich im Bereich des GJVollz ergänzende Regelungen.[113]
Allerdings muss umgekehrt auch der Ausschluss bestimmter Gegenstände möglich sein. Diesen regelt der Entwurf in § 19 Abs.5 S.2 GJVollz weitgehend in Anlehnung an Nr.14 Abs.2 VVJug bzw. § 19 Abs.2 StVollzG. Ausgeschlossen sind danach namentlich Gegenstände und Vorkehrungen, die geeignet sind, die Sicherheit oder in erheblichem Umfang die Ordnung der Anstalt zu gefährden.

---

[107] Vgl. KG ZfStrVo 1980, S.191; LG Braunschweig NStZ 1984, S.286; OLG Frankfurt StV 1986, S.27 m. Anm. Lesting.
[108] BVerfG, StV 1993, S.487.
[109] Ein Vorgehen, das durch die Rechtsprechung im Erwachsenenstrafvollzug ausdrücklich für unzulässig erklärt wurde, vgl. OGL Celle ZfStrVo 1999, S.57 m. Anm. Koepsel = NStZ 1999, S.216 m. Anm. Ullenbruch NStZ 1999, S.429.
[110] Vgl. nur Harbordt (1972), S.79 f.
[111] So die Stellungnahme des Deutschen Richterbundes, zu § 19.
[112] Vgl. Begründung zum GJVollz (2004), S.43.
[113] Begründung zum GJVollz (2004), S.43, wo sich auch eine Auflistung der entsprechenden Vorschriften findet.

Hinsichtlich der Voraussetzung, dass eine Eignung des Gegenstandes zur erheblichen Gefährdung der Ordnung der Anstalt vorliegen muss, zeigt sich der Entwurf großzügiger als die entsprechenden Vorschriften in den VVJug sowie im StVollzG. Allerdings ist auch ein Ausschluss von Gegenständen und Vorkehrungen möglich, die geeignet sind, das Erreichen des Vollzugsziels zu gefährden. Dieser Einschränkungstatbestand lehnt sich aber an Nr.14 Abs.2 Var.3 VVJug an, wonach die Gefährdung des Erziehungsziels ebenfalls einen Ausschlusstatbestand darstellte. Durch diese über die Regelung im Erwachsenenstrafvollzug hinausgehende Einschränkung will der Entwurf der besonderen Bedeutung des Fördergedankens im Jugendstrafvollzug sowie der großen Beeinflussbarkeit der dort einsitzenden jungen Menschen Rechnung tragen.[114]

b. Alternativentwürfe

Die Frage der Ausstattung des Wohnraums mit eigenen Sachen sowie des Ausschlusses bestimmter Gegenstände wird von den Alternativentwürfen weitgehend gleich geregelt.[115]

c. Ergebnis zu § 19 Abs.5 GJVollz

Die Vorschrift erscheint für den Jugendstrafvollzug sachgerecht. Auch wenn die Möglichkeit des Ausschlusses von Gegenständen, welche das Vollzugsziel gefährden, sachlich eine Schlechterstellung junger Gefangener gegenüber dem Erwachsenenstrafvollzug bedeutet, so ist dieser Regelung doch im Ergebnis zuzustimmen. Denn Vollzugsziel ist nach § 2 GJVollz die Lebensführung des Gefangenen ohne Straftaten. Dieses Vollzugsziel ist Gestaltungsmaxime des Jugendstrafvollzuges; alle Einzelnormen des GJVollz haben sich demzufolge daran auszurichten und sind in seinem Lichte auszulegen. Daher ist es durchaus konsequent, die Gefährdung des Vollzugsziels als Ausschlusstatbestand festzuschreiben, zumal dadurch gerade das Leitprinzip des Behandlungsvollzuges deutlich wird: es geht eben nicht nur darum, nur Gegenstände auszuschließen, die, im Sinne eines Verwahrvollzugs, Sicherheit oder Ordnung oder Übersichtlichkeit – jetzt nach der Nichtübernahme dieses Kriteriums aus VVJug bzw. StVollzG als Unterfall der beiden erstgenannten Kriterien zu sehen – gefährden. Sondern es geht um den Ausschluss von Gegenständen, die die Erreichung des Ziels gefährden, welches Leitprinzip des Strafvollzugs und damit gleichzeitig Rechtfertigung dafür ist, dass Behandlungsvollzug überhaupt in der praktizierten Art durchgeführt wird. Hätte das Vollzugsziel keine Bedeutung, könnte man es auch bei den herkömmlichen Ausschlusstatbeständen belassen. Gerade die Festschreibung der Eignung zur Gefährdung der Erreichung des Vollzugsziels bestätigt aber vielmehr die Bedeutung des Ziels als Leitmaxime des Jugendstrafvollzugs als solchem. Der Regelung ist daher zuzustimmen.

---

[114] Vgl. Begründung zum GJVollz (2004), S.44

[115] Kreideweiß (1993), S.140; vgl. § 22 E 1984; § 22 E 1985; § 23 Abs.4, 5 E 1988; § 23 E 1991; § 29 E 1993

B. Gesamtergebnis zu § 19 GJVollz

Zwar weist die Vorschrift Raum für Verbesserungen auf, dennoch überwiegen ihre positiven Aspekte. Insbesondere die durch die Entwurfsvorschrift beabsichtigte gesetzliche Regelung des Wohngruppenvollzuges ist ob der dargestellten Vorteile dieser Unterbringungsform zu begrüßen.[116]

[116] Zustimmend auch die Stellungnahme des Deutschen Richterbundes, zu § 19; Stellungnahme der DVJJ zum GJVollz (2004), S.314, 319.

Abschnitt 6:
Das Leben im Vollzug (§§ 20 bis 30 GJVollz)

A. § 20 Kleidung

I. Inhalt und Reichweite der Vorschrift

§ 20 Abs.1 S.1 GJVollz legt fest, dass der Gefangene im Jugendstrafvollzug eigene Kleidung trägt. Damit wird das bisherige Regel-Ausnahmeverhältnis umgekehrt, wonach die Gefangenen im Erwachsenen- und im Jugendstrafvollzug[1] regelmäßig Anstaltskleidung zu tragen hatten. Durch die Neuregelung wird den Stimmen aus Wissenschaft und Praxis Rechnung getragen, die sich schon seit langem für das Tragen eigener Kleidung im Jugendstrafvollzug aussprachen.[2] Daneben wird Nr.36 S.1 der Regeln der Vereinten Nationen zum Schutz von Jugendlichen unter Freiheitsentzug beachtet, wonach Jugendliche im Vollzug soweit als möglich ihre eigene Kleidung tragen sollen dürfen.[3] Für Reinigung, Instandsetzung und regelmäßigen Wechsel der Kleidung haben die Gefangenen selbst zu sorgen, § 20 Abs.1 S.2 GJVollz. Die praktische Umsetzung im Vollzugsalltag soll der Praxis überlassen werden.[4]
Gemäß § 20 Abs.2 GJVollz kann für die Jugendstrafanstalt oder einzelne Abteilungen das Tragen von Anstaltskleidung innerhalb der Anstalt angeordnet werden. Dies wird mit mehreren Erwägungen begründet. Einmal soll so der Tatsache Rechnung getragen werden, dass möglicherweise noch nicht alle Einrichtungen des Jugendvollzugs so ausgestattet sind, dass dort die Reinigung und Pflege der Kleidung der Gefangenen problemlos durchgeführt werden kann.[5] Weiterhin soll so aber auch Raum dafür sein, das Tragen von eigener Kleidung aus grundsätzlichen Erwägungen ganz oder teilweise zu verbieten.[6] Dies kann namentlich im Hinblick auf ein besonderes Anstaltskonzept sowie beim Vorhandensein einer Gefangenenstruktur mit hohen subkulturellen Anteilen erforderlich werden.[7] In jedem Fall bedarf diese Ausnahmeregelung der Zustimmung der Aufsichtsbehörde. Auch hier wird die Umkehrung des Regel-Ausnahme-Verhältnisses nochmals deutlich, denn nach der früheren Rechtslage im Jugendvollzug musste die Aufsichtsbehörde gemäß Nr.15 Abs.3 VVJug dem Tragen eigener Kleidung zustimmen.
Bei Bedarf und in den Fällen des Absatzes 2 wird gemäß § 20 Abs.3 GJVollz Anstaltskleidung ausgegeben. Variante 1 der Vorschrift stellt damit sicher, dass Gefangenen, die nicht oder nicht in ausreichendem Maße über eigene Klei-

---

[1] Vgl. Nr.15 Abs.1 VVJug bzw. den wortgleichen § 20 Abs.1 StVollzG.
[2] Ostendorf (2003), §§ 91-92, Rn.14; Eisenberg, ZRP 1985, S.41, 49; ders., (2006), § 91, Rn.27; Grübl (1985), S.11, 15; Dünkel (1990), S.498; Köhne, ZRP 2003, S.60.
[3] *„Soweit als möglich sollen die Jugendlichen ihre eigene Kleidung tragen dürfen."* abgedruckt in: Internationale Menschenrechtsstandards und das Jugendkriminalrecht (2001), S.99.
[4] Begründung zum GJVollz (2004), S.44.
[5] Begründung zum GJVollz (2004), S.44.
[6] Begründung zum GJVollz (2004), S.44.
[7] Begründung zum GJVollz (2004), S.44.

dungsstücke verfügen, Anstaltskleidung auch dann zur Verfügung gestellt wird, wenn an sich die Erlaubnis zum Tragen eigener Kleidung besteht.[8]

II. Alternativentwürfe

Nahezu sämtliche bislang vorgelegten Alternativentwürfe aus Wissenschaft und Praxis wollten den Gefangenen im Jugendstrafvollzug das Tragen eigener Kleidung gestatten.[9]

III. Ergebnis zu § 20 GJVollz

In Freiheit wird der individuelle Kleidungsstil häufig als Ausdruck der Persönlichkeit des Einzelnen und als Mittel, sich selbst zu präsentieren, angesehen. Das Tragen eigener Kleidung stärkt das Selbstvertrauen des Gefängnisinsassen sowie das Gefühl der persönlichen Individualität und wirkt der niederdrückenden Atmosphäre sowie der uniformen Gleichförmigkeit in der Anstalt entgegen.[10] Damit entspricht eine Regelung, die das Tragen eigener Kleidung zum Regelfall erhebt, sowohl dem Vollzugsziel als auch den Grundsätzen der Angleichung und der Gegensteuerung, wie sie sich in § 3 Abs.2 S.1 und 3 GJVollz finden.[11] Auch dem Wiedereingliederungsgrundsatz aus § 3 Abs.4 GJVollz trägt eine Regelung, die das Tragen eigener Kleidung zulässt und die es insbesondere dem Gefangenen auferlegt, sie selbst zu reinigen und Instand zu halten, Rechnung. Denn diese Tätigkeiten sind im Leben in Freiheit alltäglich.[12] Die Tatsache, dass sich die Gefangenen selbst um Reinigung und Instandhaltung ihrer Kleidung zu kümmern haben, trägt somit dazu bei, im späteren Leben in Freiheit Nachlässigkeiten, im Extremfall sogar Verwahrlosung in Bezug auf die eigene Kleidung vorzubeugen.[13] Dieser Aspekt ist insbesondere deshalb von Bedeutung, weil die Kleidung heutzutage für das Ansehen einer Person im Freundes- und Bekanntenkreis sowie in der Gesellschaft von herausgehobener Bedeutung ist.[14] Auch im Zusammenhang mit der Anstaltssicherheit besitzt das Tragen von Anstaltskleidung keine große Bedeutung.[15]
Insgesamt gesehen ist die Vorschrift daher praxisnah[16] und an den Gestaltungsgrundsätzen des Jugendstrafvollzuges orientiert. Sie ist damit als grundsätzlich gelungen zu bezeichnen. Zu Recht weist aber die *Stellungnahme des Deutschen Richterbundes*[17] auf die Problematik hin, dass aufgrund der Entwurfsvorschrift nicht auch das Tragen bestimmter Kleidung für den Einzelfall untersagt werden

8 Begründung zum GJVollz (2004), S.44.
9 Vgl. § 5 Abs.2 S.3 E 1985; § 24 Abs.1 E 1988: § 24 Abs.1 S.1 E 1991; § 30 Abs.1 S.1 E 1993; a.A. nur § 23 Abs.1 S.1 E 1984.
10 Köhne, ZRP 2003, S.60.
11 Vgl. Köhne, ZRP 2003, S.60.
12 Köhne, ZRP 2003, S.60.
13 Köhne, ZRP 2003. S.60.
14 Darauf weist zu Recht Köhne, ZRP 2003, S.60 hin.
15 Vgl. die Aussagen von befragten Anstaltsleitern bei Kreideweiß (1993), S.143; Köhne, ZRP 2003, S.60.
16 Die bisherige Praxis in einigen Bundesländern ging bereits dahin, das Tragen von eigener Kleidung zuzulassen, vgl. Eisenberg (2006) § 91, Rn.27.
17 Stellungnahme des Deutschen Richterbundes, zu § 20.

kann.[18] Dies wäre zum Beispiel für die Fälle denkbar, in denen einzelne Gefangene die Kleidung als Rang- oder Statussymbol missbrauchen.[19] Auf solche Vorfälle kann die Anstaltsleitung nach § 20 Abs. 2 GJVollz nur insoweit reagieren, als dass sie danach für einzelne Abteilungen oder sogar für die ganze Anstalt das Tragen von Anstaltskleidung anordnet. Dem sollte dadurch Rechnung getragen werden, dass die Anstaltsleitung das Recht erhält, durch Hausordnung oder Einzelweisung das Tragen einzelner Kleidungsstücke ganz oder teilweise zu verbieten, wenn speziell das Tragen dieser Kleidungsstücke geeignet ist, das friedliche Zusammenleben in der Anstalt zu stören. Das Verbot per Hausordnung wäre dabei richtigerweise – wie schon in § 20 Abs.2 GJVollz vorgesehen – von der Zustimmung der Aufsichtsbehörde abhängig zu machen. Eine solche Ermächtigung würde im Ergebnis weniger in das Recht der Gefangenen auf freie Entfaltung ihrer Persönlichkeit, welches durch das Tragen individueller Kleidung zum Ausdruck kommt, eingreifen als die derzeit geplante Regelung. Zudem wäre eine wesentlich gezieltere Einwirkung auf einzelne Gefangene möglich, welche das Tragen privater Kleidung beispielsweise zur Verdeutlichung ihres Ranges in einer Gruppe nutzen wollen.[20]

B. § 21 Verkehr mit der Außenwelt

I. Allgemeines

Die Aufrechterhaltung der Kontakte zur Außenwelt ist ein wesentlicher Bestandteil des Integrationsgrundsatzes (§ 3 Abs.2 S.4 GJVollz).[21] Für die Vorbereitung eines Gefangenen auf die Rückkehr in Freiheit ist sie deshalb unverzichtbar, weil feste persönliche Bindungen das Verantwortungsgefühl für andere Menschen wecken und stärken. Dies kann dazu beitragen, Rückfälligkeit zu verhindern.[22] Daher regelt § 21 GJVollz den für die Praxis und vor allem für die jungen Gefangenen besonders bedeutsamen Verkehr mit der Außenwelt.

II. Inhalt der Vorschrift

1. Recht auf Verkehr mit der Außenwelt – § 21 Abs.1 GJVollz

Absatz 1 der Vorschrift übernimmt nahezu wörtlich die Grundsatzregelung der Nr.18 VVJug, welche sich wiederum eng an § 23 StVollzG anlehnt[23] und regelt im Grundsatz das Recht der Gefangenen, mit Personen außerhalb der Jugendstrafanstalt zu verkehren. Gleichzeitig wird klargestellt, dass sich die Einzelhei-

[18] Stellungnahme des Deutschen Richterbundes, zu § 20.
[19] Stellungnahme des Deutschen Richterbundes, zu § 20.
[20] Vgl. Stellungnahme des Deutschen Richterbundes, zu § 20.
[21] Begründung zum GJVollz (2004), S.45.
[22] Vgl. Begründung zum GJVollz (2004), S.45.
[23] Vgl. auch die Begründung zum GJVollz (2004), S.45.

ten des Verkehrs mit der Außenwelt nach § 21 GJVollz bemessen. Diese Formulierung ist allerdings insoweit trügerisch, als § 21 GJVollz eben nicht sämtlichen Verkehr mit der Außenwelt abschließend regelt. Vielmehr sind auch die Regelungen über die Gewährung von Vollzugslockerungen oder Urlaub zu beachten, da diese nicht zuletzt ebenfalls dazu dienen, soziale Bindungen des Gefangenen zu schaffen, zu fördern und zu stabilisieren.[24] Der Verkehr mit Personen, von denen ein günstiger Einfluss auf den Gefangenen erwartet werden kann, wird nach § 21 Abs.1 S.2 GJVollz gefördert. Günstiger Einfluss ist dabei im Sinne einer Förderung des Vollzugsziels zu verstehen.[25] Der Begriff des Förderns im Sinne des § 21 Abs.1 S.2 GJVollz bedeutet, dass die Anstalt aktiv auf die Aufrechterhaltung und die Entwicklung sozialer Kontakte hinzuwirken hat.[26] Vorlage dieses Satzes war damit Nr.18 S.2 VVJug und nicht § 23 S.2 StVollzG, der unterschiedslos festlegt, dass der Verkehr mit Personen außerhalb der Anstalt zu fördern ist.

2. Die Ausgestaltung des Rechts auf Verkehr mit der Außenwelt

Vor einer Untersuchung der Absätze 2 bis 5 des § 21 GJVollz ist zunächst darzustellen, welche Reglungstechnik der Entwurf hier benutzt. Die Vorschrift regelt nämlich nicht den gesamten Verkehr mit der Außenwelt selbst, sondern nimmt gemäß § 21 Abs.1 S.1 GJVollz die §§ 23 bis 33 des StVollzG in Bezug. Grund hierfür ist nach der Entwurfsbegründung, dass diese Regelungen einen Grundstock an gesetzlichen Bestimmungen über Besuche, Schriftwechsel und andere Möglichkeiten der Kontaktpflege enthielten, der die Rechte und Pflichten der Gefangenen sowie die Leistungspflichten und Eingriffsbefugnisse der Vollzugsbehörde in einem ausgewogenen Verhältnis regele.[27] Allerdings werden diese Vorschriften nicht komplett übernommen, vielmehr enthalten die Absätze 2 bis 5 des Entwurfs Abweichungen vom StVollzG, welche jugendspezifischen Besonderheiten Rechnung tragen sollen.[28]
Daher ist im Folgenden zu untersuchen, inwieweit die folgenden Absätze den Besonderheiten des Jugendvollzugs tatsächlich gerecht werden. Anschließend muss für die Fälle, in denen das StVollzG lediglich in Bezug genommen wird geklärt werden, inwieweit diese Regelungen auch heute noch den Anforderungen eines modernen Strafvollzugs entsprechen.

3. § 21 Abs.2 GJVollz

Neben dem Verweis auf die §§ 23 bis 33 StVollzG enthält Absatz 2 der Entwurfsvorschrift noch drei Modifizierungen dieser Vorschriften.

a. Inhalt der Vorschrift

§ 21 Abs.2 S.1 Nr.1 GJVollz regelt die Gesamtdauer des Besuchs abweichend von § 24 Abs.1 S.2 StVollzG dahingehend, dass diese nunmehr mindestens vier

---

[24] Vgl. Callies/Müller-Dietz (2005), § 23, Rn.1.
[25] Begründung zum GJVollz (2004), S.45.
[26] Callies/Müller-Dietz (2005), § 23, Rn.2.
[27] Begründung zum GJVollz (2004), S.45.
[28] Begründung zum GJVollz (2004), S.45.

Stunden im Monat beträgt. Bisher war auch für den Jugendstrafvollzug nach Nr.19 Abs.1 S.2 VVJug, welche insoweit § 24 Abs.1 S.2 StVollzG entspricht, eine Gesamtbesuchszeit von lediglich einer Stunde pro Monat festgeschrieben. Dies wurde schon seit langem als unzureichend kritisiert[29] und eine möglichst großzügige Gewährung von Besuchen angemahnt.[30] Die Gesamtbesuchszeit von vier Stunden im Monat setzt diese Forderungen um; die Stundenzahl entspricht der in der überwiegenden Anzahl der Alternativentwürfe festgeschriebenen Anzahl.[31] Gleichzeitig wird hier eine Vorgabe des Bundesverfassungsgerichts umgesetzt.[32]

§ 21 Abs.2 S.1 Nr.2 GJVollz führt einen neuen Versagensgrund ein, der für Besuche und für den Schriftwechsel minderjähriger Gefangener gelten soll. Damit werden die durch den Verweis auf die §§ 25 und 28 StVollzG geltenden Versagensgründe der Gefährdung der Sicherheit und Ordnung der Anstalt sowie eines zu befürchtenden schlechten Einflusses auf den Gefangenen bzw. eine Behinderung seiner Wiedereingliederung[33] durch einen speziell für minderjährige Gefangene geltenden Ausschlusstatbestand ergänzt. Damit kann die Anstaltsleitung Besuche und Schriftwechsel minderjähriger Gefangener auch dann untersagen, wenn Personensorgeberechtigte mit diesen nicht einverstanden sind.[34] Dadurch wird dem weiterhin bestehenden Recht der Personensorgeberechtigten aus Art.6 GG Rechnung getragen.[35] Gleichzeitig wird der schon bisher im Jugendstrafvollzug geltende Versagensgrund nach Nr.20 Nr.3 VVJug bzw. Nr.23 Abs.2 Nr.3 VVJug mit leicht geänderter Formulierung[36] in den Entwurf überführt. Zugleich findet sich dieser Versagensgrund in allen Alternativentwürfen aus Wissenschaft und Praxis wieder.[37] Bei der Vorschrift handelt es sich um eine Kann-Vorschrift, so dass die Anstaltsleitung den Besuch oder den Schriftwechsel zulassen kann, wenn sie ihn für förderlich hält. Dies entspricht einem Vorschlag aus der Wissenschaft.[38]

Nach § 21 Abs.2 S.2 GJVollz tritt schließlich an Stelle des § 29 Abs.1 StVollzG die Regelung des § 21 Abs.5 GJVollz. Dies gilt auch, soweit die in § 21 Abs.2

---

[29] Ostendorf (2003), §§ 91-92, Rn.20; Dünkel (1990), S.498.

[30] Vgl. Begründung zum E 1988, S.41.

[31] Vgl. § 28 Abs.1 S.2 E 1988 sowie § 28 Abs.1 S.2 E 1991; restriktiver § 27 Abs.1 S.2 E 1984 sowie § 27 E 1985 (mindestens eine Stunde im Monat); großzügiger § 34 Abs.1 S.2 E1993 (mindestens zwei Stunden in der Woche) und Kreideweiß (1993), S.152; die Anzahl von vier Stunden im Monat hielten auch die von Kreideweiß (1993), S.152 befragten Anstaltsleiter für vorzugswürdig.

[32] Nach dem Urteil des BVerfG vom 31.5.2006, 2 BvR 1673/04, Abs.57 müssen die Besuchszeiten im Jugendstrafvollzug *„...um ein Mehrfaches über denen im Erwachsenenstrafvollzug (vgl. § 24 Abs.1 S.2 StVollzG) angesetzt werden."*.

[33] Vg. § 25 Nr.1, 2 StVollzG sowie § 28 Abs.2 Nr.1-2 StVollzG.

[34] Begründung zum GJVollz (2004), S.45.

[35] Vgl. zum weiterhin bestehenden Erziehungsrecht Kap.5, Abschn.2, B.IV.1.; vgl. auch Eisenberg (2006), § 91, Rn.26 a.

[36] Die genannten Rechtsvorschriften in den VVJug sprechen von *„Erziehungsberechtigten"*, der Entwurf von *„Personensorgeberechtigten"*.

[37] Vgl. § 28 Nr.3 E 1984; § 28 E 1985; § 29 Abs.1 Nr.3 E 1988; § 29 Nr.3 E 1991; § 35 Abs.1 Nr.3 E 1993.

[38] Baumann (1985) S.23.

S.1 GJVollz genannten Vorschriften, also die §§ 23 bis 33 StVollzG, auf § 28 Abs.1 StVollzG verweisen.

b. Ergebnis zu § 21 Abs.2 GJVollz

Die jugendspezifischen Ergänzungen bzw. Änderungen des Absatzes 2 sind als gelungen zu bezeichnen. Beifall verdient namentlich die Umsetzung der oft erhobenen und jetzt auch durch das Bundesverfassungsgericht bekräftigten[39] Forderung, die gesetzliche Mindestbesuchszeit pro Monat deutlich zu erhöhen. Auch die Ergänzung der in §§ 25 und 28 StVollzG genannten Versagensgründe durch § 21 Abs.2 S.1 Nr.2 GJVollz ist im Ergebnis zu begrüßen, da so dem Recht aus Art.6 GG Beachtung geschenkt wird.

4. Langzeitbesuche für Kinder – § 21 Abs.3 GJVollz

a. Inhalt und Ziel der Vorschrift

Absatz 3 der Entwurfsvorschrift trägt der Tatsache Rechnung, dass einige Gefangene im Jugendstrafvollzug bereits eigene Kinder haben.[40] Da es in solchen Fällen in besonderem Maße der Stärkung des Verantwortungsgefühls und der Förderung der emotionalen Bindung bedarf, soll den Gefangenen durch die Gewährung von Langzeitbesuchen die Möglichkeit gegeben werden, ein Zusammengehörigkeitsgefühl zu entwickeln.[41] Die Besuche werden daher konsequenterweise auch nicht auf die Regelbesuchszeit nach § 21 Abs.2 S.1 Nr.1 GJVollz angerechnet. Weder die VVJug noch das StVollzG enthielten bisher eine solche, Langzeitbesuche regelnde Rechtsvorschrift. Gleichzeitig setzt das Recht auf Langzeitbesuche die geltende Rechtslage zu § 1684 Abs.1 1.Hs. BGB um, wonach ein subjektives Recht des Kindes auf Umgang mit den Eltern besteht.[42] Nach § 21 Abs.3 S.2 GJVollz gelten für diese Besuche allerdings die §§ 24, 25 und 27 StVollzG und damit vor allem die Regelungen über das Recht auf Besuch, Besuchsverbote sowie über die Überwachung von Besuchen entsprechend.

b. Ergebnis zu § 21 Abs.3 GJVollz

Die beabsichtigte Einführung von Langzeitbesuchen für die Kinder von Gefangenen ist zu begrüßen. Dies trägt auch der Bedeutung des Art.6 GG für die Ausgestaltung des Vollzugs Rechnung, die das Bundesverfassungsgericht in seiner Entscheidung zur Verfassungswidrigkeit des Jugendstrafvollzuges erst jüngst wieder herausgestellt hat.[43] Allerdings ist nicht verständlich, warum der Entwurf, der selbst feststellt, dass kurze Besuchszeiten und die Gegenwart anderer Besuchergruppen in Gemeinschaftsbesuchsräumen ernsthafte und klärende Ge-

---

[39] BVerfG, 2 BvR 1673/04 vom 31.5.2006, Abs.57; zustimmend Tondorf (2006), Fn.75.
[40] Begründung zum GJVollz (2004), S.45.
[41] Begründung zum GJVollz (2004), S.45.
[42] Nach der Rechtsprechung zu § 1684 Abs.1 BGB beinhaltet dieses Recht bei kleinen Kindern einen Besuch vom mehreren Stunden ein bis zwei Mal im Monat sowie bei schulpflichtigen Kindern etwa einen Tag am Wochenende alle 14 Tage und bis zu zwei Tage mit Übernachtung alle drei Monate, vgl. Diederichsen, in: Palandt (2006), § 1684, Rn.28.
[43] BVerfG, 2 BvR 1673/04 vom 31.5.2006, Abs.57.

spräche hemmen oder unmöglich machen[44], nicht einen entscheidenden Schritt weiter geht und Langzeitbesuche auch für Ehepartner oder Lebensgefährtinnen einführt. Die Aufrechterhaltung einer engen Bindung zum meist wichtigsten Vertrauten in Freiheit dürfte der späteren Resozialisierung in hohem Maße dienlich sein.[45] Weiterhin stellt sich die Frage, in welcher Form sich die Anstalt auf den Besuch von Kindern einzurichten hat. Dabei sind so unterschiedliche Faktoren zu bedenken wie die Frage, ob es beim Besuch kleiner Kinder[46] sinnvoll ist, dass die diensthabenden Beamten Uniform tragen sowie die Schaffung von Spielmöglichkeiten für die Gefangenen und ihre Kinder.[47] Generell kann dazu gesagt werden, dass dem Angleichungsgrundsatz nach § 3 Abs.2 S.1 GJVollz dadurch am besten Rechnung getragen wird, dass eine möglichst unbelastete Besuchsatmosphäre ohne Gefängnischarakter geschaffen wird. Hierzu sollten dann auch separate Besuchszimmer gehören, in denen die Gefangenen und ihre Kinder ungestört sein können.

5. Sonderregelungen für Besuche – § 21 Abs.4 GJVollz

a. Inhalt der Vorschrift

Diese Vorschrift regelt für den Jugendstrafvollzug den Besuch von privilegierten Personenkreisen, die im Bereich des JGG besondere Bedeutung haben.
Satz 1 der Entwurfsvorschrift stellt Beistände nach § 69 JGG den Verteidigern sowie Rechtsanwälten und Notaren in vollem Umfang gleich, indem er § 26 StVollzG für sie anwendbar erklärt.[48] Daher sind insbesondere ihre Besuche in entsprechender Anwendung des § 26 S.1 StVollzG zu gestatten und eine inhaltliche Überprüfung der mitgeführten Schriftstücke und sonstigen Unterlagen ist nicht zulässig. Letzteres stellt eine Neuerung dar, allerdings waren schon nach früherer Rechtslage gemäß Nr.21 Abs.1 S.1 VVJug Besuche von Beiständen im Sinne des § 69 JGG zu gestatten. Zugleich entspricht die Gleichstellung des Beistands mit dem Verteidiger einer Forderung, die sich in sämtlichen Alternativentwürfen findet.[49]
Nach Satz 2 der Entwurfsvorschrift gelten § 26 S.1 und S.2 StVollzG ebenfalls entsprechend für Angehörige der Gerichtshilfe, der Jugendgerichtshilfe, der Führungsaufsichtsstellen sowie der Bewährungshilfe. Damit sind ihre Besuche zu gestatten, allerdings kann der Besuch in entsprechender Anwendung des § 26 S.2 StVollzG i.V.m. § 24 Abs.3 StVollzG aus Gründen der Sicherheit davon abhängig gemacht werden, dass sich der Besucher durchsuchen lässt. Sie sind daher weitgehend dem in Satz 1 sowie in § 26 StVollzG genannten Personenkreis

---

[44] Begründung zum GJVollz (2004), S.46.
[45] Vgl. Stellungnahme des Deutschen Richterbundes, zu § 21; die Besuche der Familie sowie der Freundin oder Verlobten finden nach Auskunft der von Kreideweiß (1993), S.150 befragten Anstaltsleiter mit der größten Regelmäßigkeit statt.
[46] Regelmäßig werden die Kinder von Gefangenen im Jugendstrafvollzug maximal zehn bis zwölf Jahre alt sein.
[47] Vgl. Joester/Wegner, in: AK-StVollzG (2006), § 24, Rn.26; s. auch Busch, ZfStrVo 1989, S.131, 136; vgl. zur Kinderbetreuung in Justizvollzug Stege, ZfStrVo 1989, S.154 f.
[48] Vgl. Begründung zum GJVollz (2004), S.46.
[49] Vgl. § 29 Abs.1 S.1 E 1984; § 29 Abs.1 S.1, 3 E 1985; § 29 Abs.2 E 1988; § 30 Abs.1 S.1 E 1991; § 35 Abs.2 Nr.2 E 1993.

gleichgestellt.[50] Auch insofern entspricht die Neuregelung allerdings weitgehend der bisher nach den VVJug geltenden Rechtslage, da Nr.21 Abs.5 VVJug für den Personenkreis der Vertreter der Jugendgerichtshilfe sowie der Bewährungshilfe auf Nr.21 Abs.1 S.1 VVJug und damit auf das dort genannte Besuchsrecht verwies. Schon früher nicht genannt waren allerdings die Vertreter der Gerichtshilfe sowie der Führungsaufsichtsstellen.[51]
Satz 3 der Entwurfsvorschrift erklärt für alle in Satz 1 und Satz 2 genannten Personenkreise § 27 Abs.3 StVollzG für entsprechend anwendbar, so dass ihre Besuche keiner Überwachung unterliegen. Damit wird der Kreis der geschützten Personen lediglich erweitert, denn schon nach Nr.22 Abs.3 VVJug wurden Besuche von Beiständen, Vertretern der Jugendgerichtshilfe sowie der Bewährungshilfe nicht überwacht. Damit wird ein Wunsch der Praxis umgesetzt.[52]

b. Ergebnis zu § 21 Abs.4 GJVollz

Bei Beiständen, Angehörigen der Jugendgerichtshilfe und der Bewährungshilfe handelt es sich um Personen, die im Gesamtkonzept der Resozialisierung junger Gefangener eine wichtige Rolle einnehmen. Die gesetzliche Festschreibung dieser wichtigen Rolle durch § 21 Abs.4 GJVollz ist daher zu begrüßen. Dies gilt auch für die Aufnahme des Personenkreises der Erwachsenen-Gerichtshilfe sowie der Führungsaufsicht, denn diese Erweiterung trägt den Bedürfnissen der hohen Zahl an Heranwachsenden bzw. jungen Erwachsenen im Jugendvollzug Rechnung.[53] Konsequent ist es zudem, auf sämtliche in § 21 Abs.4 S.1 und 2 GJVollz genannten Personenkreise § 27 Abs.3 StVollzG anzuwenden und diese somit von der Überwachung auszunehmen. Dies kann maßgeblich dazu beitragen, das Vertrauensverhältnis zwischen dem Gefangenen und den Vertretern der genannten Organisationen aufzubauen bzw. zu stärken. Nicht verhehlt werden darf allerdings, dass die durch die Entwurfsvorschrift abgebildete Rechtslage – wie gezeigt – schon bisher nach den VVJug geltendes Recht war.

6. Überwachung des Schriftwechsels mit Verteidigern und Beiständen – § 21 Abs.5 GJVollz

§ 21 Abs.5 GJVollz ersetzt § 29 Abs.1 StVollzG, der vom GJVollz nicht in Bezug genommen, sondern aus gesetzestechnischen Gründen durch eine eigene Vorschrift ersetzt wird.[54] Wesentliche Änderung im Vergleich zu dem im Erwachsenenstrafvollzug geltenden § 29 Abs.1 StVollzG sowie der bisher im Jugendstrafvollzug geltenden Nr.24 Abs.1 VVJug ist die Aufnahme des Beistands nach § 69 JGG in den Kreis derer, deren Schriftwechsel mit dem Gefangenen nicht überwacht werden darf. Ansonsten entspricht die Vorschrift nahezu wortgleich § 29 Abs.1 StVollzG.[55]

---

[50] Begründung zum GJVollz (2004), S.46.
[51] Vgl. allerdings § 29 Abs.2 E 1985 sowie § 30 Abs.2 E 1991.
[52] Begründung zum GJVollz (2004), S.46; vgl. auch § 30 E 1985; § 30 Abs.2 E 1988; § 31 Abs.3 E 1991; § 36 Abs.3 E 1993.
[53] Vgl. Baumann (1985), S.23.
[54] Vgl. § 21 Abs.2 S.2, 3 GJVollz sowie die Begründung zum GJVollz (2004), S.46.
[55] Terminologische Änderung im Entwurf vom 7.6.2006: *„nach"* statt *„gemäß"*.

Die Herausnahme der Beistände aus der Überwachung des Schriftwechsels ist konsequent und zu begrüßen.

7. Ergebnis zu § 21 Abs.2 bis 5 GJVollz

Die Absätze 2 bis 5, die jugendspezifischen Belangen Rechnung tragen sollen, sind im Großen und Ganzen tatsächlich jugendgerecht. Herauszuheben ist dabei die Heraufsetzung der Mindestbesuchszeit sowie die Einführung von nicht anzurechnenden Langzeitbesuchen für Kinder von Strafgefangenen.

III. Aktualität der Vorschriften des StVollzG

Im Übrigen gelten für die Außenkontakte des Gefangenen nach dem Verweis in § 21 Abs.2 S.1 GJVollz die §§ 23 bis 33 StVollzG. Angesichts neuer technischer Möglichkeiten stellt sich allerdings die Frage, inwieweit diese Vorschriften noch zeitgemäß sind bzw. inwieweit im Hinblick auf die neuen technischen Möglichkeiten eine Anpassung der bestehenden Vorschriftenlage zu wünschen wäre. Die Frage stellt sich insbesondere für neue Kommunikationsformen wie das Telefonieren über Karten- und Mobiltelefone und den Versand von SMS und E-Mails. Einerseits sind dabei Belange der Sicherheit und Ordnung der Anstalt zu berücksichtigen, andererseits muss auch im Lichte des Angleichungsgrundsatzes der Tatsache Rechnung getragen werden, dass in der heutigen modernen Kommunikationsgesellschaft das Kontakthalten gerade per Telefon unerlässlich geworden ist.[56] Den aktuellen Regelungen des StVollzG lassen sich zwar mit Hilfe eines *„erheblichen Argumentationsaufwandes"*[57] zufrieden stellende Ergebnisse entnehmen[58], andererseits ist es dennoch erforderlich, die insofern mittlerweile veralteten Vorschriften über die Kommunikation mit der Außenwelt der Entwicklung in der Praxis anzupassen.[59] Dies muss nicht grenzenlose Liberalität bedeuten; gerade im Hinblick auf E-Mails und Mobiltelefone besteht aufgrund der eingeschränkten Kontrollierbarkeit eine als nicht gering einzuschätzende Missbrauchsgefahr. Andererseits erfordern gerade die noch zu Zeiten des Inkrafttretens des StVollzG ungeahnten technischen Möglichkeiten auch eine handhabungssicherere Regelung hinsichtlich ihres Gebrauchs und ihrer Kontrolle.[60] Deshalb sollten die Länder im Rahmen ihrer neuen Gesetzgebungskompetenz im Bereich des Strafvollzugs hier in diesem Sinne tätig werden.

IV. Gesamtergebnis zu § 21 GJVollz

Insgesamt ist die Vorschrift weitestgehend gelungen. Beifall verdient insbesondere die geplante und vom Bundesverfassungsgericht angemahnte Heraufsetzung der Besuchszeiten. Allerdings ist die Vorschrift sehr unübersichtlich, was vor allem an den Verweisungen auf die Vorschriften des StVollzG liegt, die, wie

[56] Joester/Wegner, in: AK-StVollzG (2006), § 32, Rn.1; zu modernen Kommunikationsmitteln im Strafvollzug auch Hirsch (2003), S.181 ff.
[57] Ebert, ZfStrVo 2000, S.213, 220 m.w.N.
[58] Ebert, ZfStrVo 2000, S.213, 220.
[59] Ebert, ZfStrVo 2000, S.213, 220.
[60] Callies/Müller-Dietz (2005), § 32, Rn.3 m.w.N.

oben gezeigt, im Übrigen mit Blick auf die modernen Mittel der Kommunikation nicht mehr zeitgemäß sind.

C. § 22 Schulische und berufliche Aus- und Weiterbildung, Arbeit

I. Allgemeines

Die Entwurfsvorschrift regelt mit den Vorschriften über die schulische sowie die berufliche Aus- und Weiterbildung und Arbeit eines der praxisrelevantesten Gebiete des Jugendstrafvollzugs.

II. Exkurs: Schule, Ausbildung und Arbeit im Jugendstrafvollzug

Bevor auf die Entwurfsvorschrift selbst eingegangen wird, soll ein kurzer Überblick über die derzeitige Situation von Schule, Aus- und Weiterbildung sowie Arbeit bzw. Arbeitstherapie im Jugendstrafvollzug gegeben werden. Dabei beschränkt sich die Darstellung auf den staatlichen Jugendstrafvollzug.[61] Der Schwerpunkt der Erörterung liegt auf dem Bereich Schule und Berufsausbildung.

1. Derzeitige Situation

a. Bildungsstand der Jugendlichen und Heranwachsenden im Jugendstrafvollzug

Betrachtet man den Bildungsstand inhaftierter junger Gefangener, so fällt auf, dass dieser ungewöhnlich niedrig ist. Nach einer von *Bunk/Stentzel* durchgeführten Studie haben mehr als die Hälfte der männlichen und der weiblichen Jugendstrafgefangenen keinen Schulabschluss.[62] Insgesamt macht die Quote derer, die maximal einen Hauptschulabschluss besitzen, bei männlichen Gefangenen 97,5 Prozent, bei weiblichen Gefangenen 94,4 Prozent aus.[63]

b. Schulische Möglichkeiten

Teilweise können die Jugendstrafanstalten bei ihrem Bildungsangebot auf externe Träger zurückgreifen.[64] Im Übrigen existieren interne Angebote, wobei der Hauptschulabschluss mit 52,7 Prozent die wichtigste Angebotsgruppe darstellt,

---

[61] Einen Überblick über Berufserziehung in privaten Modellen der Straffälligenhilfe geben Bunk/Stentzel, ZfStrVo 1995, S.73, 77 ff.

[62] Bunk/Stentzel, ZfStrVo 1995, S.73, 74.

[63] Vgl. Bunk/Stentzel, ZfStrVo 1995, S.73, 74.

[64] Bunk/Stentzel, ZfStrVo 1995, S.73, 74; bei den genannten Anstalten handelt es sich um zwei offene Anstalten.

gefolgt vom Sonderschulabschluss mit 33,8 Prozent.[65] Unterrepräsentiert sind dagegen Realschul- und Gymnasialabschluss mit insgesamt 13,5 Prozent.[66] Allerdings ist anzumerken, dass die Überrepräsentierung von Angeboten zur Erreichung des Sonder- bzw. des Hauptschulabschlusses auch dem niedrigen Bildungsstand der jungen Gefangenen Rechnung trägt (s.o.). In insgesamt 18 Jugendstrafanstalten werden nur in einer einzigen alle Schulabschlüsse angeboten; sieben Anstalten beschränken ihr Angebot demgegenüber auf einen Abschluss, während der Rest die Abschlüsse in verschiedener Zusammensetzung anbietet.[67] Die einzelnen Bildungsmaßnahmen werden mit unterschiedlichem Erfolg abgeschlossen, wobei sich zwischen den einzelnen Anstalten zum Teil erhebliche Streuungen ergeben.[68] So liegen die Erfolgsquoten für Sonder- und Hauptschulabschlüsse bei über 80 Prozent, während bei Real- und Gymnasialabschlüssen lediglich eine Erfolgsquote von über 60 Prozent erreicht wird.[69] Eine andere Frage ist jedoch, wie viele Inhaftierte überhaupt an einer solchen Bildungsmaßnahme teilnehmen können. Vergleicht man die Soll-Werte von Bildungs- und Haftplätzen, so ergibt sich, dass auf lediglich 12,4 Prozent der Haftplätze ein Bildungsplatz kommt.[70] Wenig ändert sich bei einem Vergleich der Ist-Werte. Lediglich 13,4 Prozent der Inhaftierten haben danach tatsächlich an einer allgemeinen Bildungsmaßnahme teilgenommen.[71]

c. Aus- und Weiterbildung

Wesentlich höher ist das Angebot an für berufsbildende Maßnahmen angebotenen Plätzen. *Bunk/Stentzel* ermittelten hier die Anzahl von 2237 Bildungsplätzen gegenüber 5177 Haftplätzen in 19 Jugendstrafanstalten; dies ergibt eine Quote von 43,21 Prozent.[72] Die angebotenen Maßnahmen sind durchschnittlich zu 82,3 Prozent belegt, wobei die Belegungen von 37,5 Prozent bis zu Überbelegung schwanken.[73] Während des Untersuchungszeitraums tatsächlich belegt waren 45,0 Prozent der angebotenen Plätze.[74] Dies zeigt, dass nur für knapp die Hälfte der männlichen Inhaftierten die Absolvierung einer berufsbildenden Maßnahme möglich ist. Die durchschnittliche Erfolgsquote beträgt dabei 79 Prozent, wobei auch hier erhebliche Schwankungen zu verzeichnen sind. Am erfolgreichsten abgeschlossen werden dabei rein berufsschulische Maßnahmen; die Erfolgsquote von Maßnahmen zur Berufsausbildung ist demgegenüber deutlich niedriger.[75] Was die Bandbreite der Berufsausbildung angeht, so werden nach *Bunk/Stentzel*

---

65 Bunk/Stentzel, ZfStrVo 1995, S.73, 74 f.
66 Bunk/Stentzel, ZfStrVo 1995, S.73, 74 f.
67 Bunk/Stentzel, ZfStrVo 1995, S.73, 74 f.
68 Bunk/Stentzel, ZfStrVo 1995, S.73, 74f.
69 Bunk/Stentzel, ZfStrVo 1995, S.73, 74f.
70 Bunk/Stentzel, ZfStrVo 1995, S.73, 74; danach stehen 4950 Haftplätze lediglich 613 Bildungsplätzen gegenüber.
71 Bunk/Stentzel, ZfStrVo 1995, S.73, 74: 528 Teilnehmer im Vergleich zu 3940 männlichen Inhaftierten.
72 Bunk/Stentzel, ZfStrVo 1995, S.73, 75 f.
73 Bunk/Stentzel, ZfStrVo 1995, S.73, 75.
74 Bunk/Stentzel, ZfStrVo 1995, S.73, 76: danach kamen auf 4125 während des Untersuchungszeitraums belegte Haftplätze 1855 Berufsausbildungsplätze.
75 Bunk/Stentzel, ZfStrVo 1995, S.73, 75.

in den 19 untersuchten Jugendstrafanstalten 51 verschiedene Berufsausbildungslehrgänge insgesamt 180 Mal angeboten, wobei der Schwerpunkt im Bereich Metalltechnik, Holztechnik und Raumgestaltung liegt.[76]

d. Rückfälligkeit

Es ist fraglich und äußerst umstritten, inwieweit Maßnahmen der schulischen und beruflichen Bildung zur Verminderung des Rückfallrisikos beitragen. Die Frage ist methodisch schwierig zu beantworten, da erfolgreiche Teilnehmer an Ausbildungsmaßnahmen eine selektive Auswahl der Gesamtpopulation repräsentieren, welche mit den Nichtteilnehmern nicht ohne weiteres vergleichbar sind.[77] In den Fällen, in denen eine systematische Kontrollgruppenuntersuchung vorgenommen wurde, deuten sich lediglich schwache Effekte von Ausbildungsmaßnahmen hinsichtlich einer späteren Wiedereingliederung an.[78] Problematisch ist hierbei, dass es in den seltensten Fällen möglich war, die Nachentlassungssituation im Hinblick auf eine Wiedereingliederung in den Arbeitsmarkt sowie die Verwertbarkeit von im Strafvollzug erworbenen Ausbildungsabschlüssen zu evaluieren.[79] Die einzige aktuelle Studie zu diesem Bereich stammt von *Hammerschick/Pilgram/Riesenfelder* aus Österreich.[80] Sie kommen zu dem Ergebnis, dass die Integration in den Arbeitsmarkt vor und nach der Inhaftierung in hohem Maße korreliert. Bei Strafvollzugsinsassen handelt es sich um größtenteils über lange Zeiträume ihres Lebens vom Arbeitsleben sowie sozial desintegrierte Personen. Es ergibt sich auch ein deutlicher Zusammenhang zwischen der Integration ins Arbeitsleben und der Legalbewährung. Diejenigen, denen es gelang, einen (dauerhaften) Arbeitsplatz zu finden, wurden lediglich zu 20 Prozent erneut zu einer Freiheitsstrafe verurteilt. Bei den Entlassenen, die weniger als die Hälfte der Zeit in einem Beschäftigungsverhältnis standen, lag die Wiederverurteilungsquote bei über 40 Prozent und somit doppelt so hoch.[81]
Aus diesen Ergebnissen lässt sich somit der Schluss ziehen, dass sich der (Jugend-) Strafvollzug verstärkt darum bemühen muss, den Kreislauf von Arbeitslosigkeit, Straffälligkeit und Inhaftierung zu durchbrechen. Mittel dazu können vor allem gezielte, auch auf den Arbeitsbereich bezogene Wiedereingliederungsprogramme sein.[82]

2. Die Problematik von Bildung im Jugendstrafvollzug

Walkenhorst hat die vielfältigen Probleme zusammengefasst, die sich stellen, wenn man versucht, (Schul-) Bildung im Jugendstrafvollzug zu betreiben.[83] Da-

---

[76] Bunk/Stentzel, ZfStrVo 1995, S.73, S.75; näher dies., aaO, S.76, Tab.4 mit weiteren Differenzierungen hinsichtlich der angebotenen Berufe.
[77] Dünkel, in: Böhm-FS (1999), S.99, 124.
[78] Vgl. Berckhauer/Hasenpusch (1982), S.281 ff.; vgl. auch Eisenberg (2006), § 91, Rn.22 a ff. m.w.N.
[79] Dünkel, in: Böhm-FS (1999), S.99, 125.
[80] Zitiert nach Dünkel, in: Böhm-FS (1999), S.99, 125.
[81] Hammerschick/Pilgram/Riesenfelder (1997), S.186, zit. nach Dünkel, in: Böhm-FS (1999), S.99, 125.
[82] Dünkel, in: Böhm-FS (1999), S.99, 125
[83] Walkenhorst (2002), S.319, 320, 328

nach sind es vor allem Faktoren wie die teilweise wenig pädagogische Atmosphäre in den Anstalten, die problematische, teilweise unzureichende Personal- und Materiallage, aber auch die Randständigkeit des Behandlungs- bzw. des Erziehungsgedankens im öffentlichen, politischen und auch im ministeriellen Raum, wo der Vollzug mit wenig Verständnis für pädagogische Experimente, häufig mit Desinteresse, teilweise aber auch mit offenen Anfeindungen rechnen muss.[84] Weiterhin stellt sich das Problem der relativ kurzen Verweildauer im Jugendstrafvollzug, so dass Abschlüsse in staatlich anerkannten Ausbildungsberufen schon aus diesem Grund nur von relativ wenigen Insassen erreicht werden können.[85] Problematisch ist auch, dass die Mitarbeiter in der Regel wenig bis gar keine Informationen über die kurz-, mittel und langfristigen Wirkungen ihres Tuns erhalten.[86] Diese Faktoren machen es schwierig, einen pädagogisch sinnvollen, am Vollzugsziel ausgerichteten Ausbildungsvollzug zu betreiben.

3. Zusammenfassung zur derzeitigen Situation von Schule, Ausbildung und Arbeit im Jugendstrafvollzug

Insgesamt zeigt sich, dass es insbesondere im Bereich der Schul- und Ausbildung im Jugendstrafvollzug zwar hoffnungsvolle Ansätze gibt, insgesamt aber immer noch vieles verbesserungsbedürftig ist. Dies gilt für die Anzahl der Ausbildungsplätze wie auch für die generelle Ausstattung des Jugendvollzugs in diesem Bereich, sowohl in personeller als auch in materieller Hinsicht. Nicht zuletzt zeigt die Komplexität der Rückfallproblematik, dass es hier ausgefeilter Lösungen, angepasst auf die einzelnen Anstalten und auf den einzelnen Gefangenen bedarf und dass es eine einfache Patentlösung nicht gibt.[87]

III. Inhalt der Vorschrift

1. Maßnahmen während der Arbeitszeit – § 22 Abs.1 GJVollz

a. Inhalt der Vorschrift

§ 22 Abs.1 S.1 GJVollz legt die Aufgaben des Gefangenen während der Arbeitszeit fest und spricht sich hierbei für den Vorrang von schulischer und beruflicher Orientierung sowie Aus- und Weiterbildung aus.[88] Erst nachrangig sind die jungen Gefangenen danach zu Arbeit, arbeitstherapeutischer oder sonstiger Beschäftigung verpflichtet.[89] Insofern unterscheidet sich die Vorschrift deutlich von § 41 Abs.1 S.1 StVollzG und der bisher im Jugendstrafvollzug geltenden Nr.36 S.1 VVJug. Gleiches gilt im Vergleich zu § 91 Abs.2 S.1 JGG, der als Grundlagen der Erziehung im Jugendstrafvollzug Ordnung und Arbeit, aber erst an dritter Stelle den Unterricht nannte. Allerdings normierte schon bisher Nr.33

[84] Walkenhorst (2002), S.319, 320, 328.
[85] Pendon, ZfStrVo 1996, S.87, der von einer durchschnittlichen Verweildauer von 13 Monaten ausgeht.
[86] Walkenhorst (2002), S.319, 328.
[87] Vgl. als Beispiel für ein flexibles, bedarfsgerechtes Berufsbildungsangebot im Jugendstrafvollzug Pendon, ZfStrVo 1996, S.87 ff.
[88] Begründung zum GJVollz (2004), S.47.
[89] Begründung zum GJVollz (2004), S.47.

Abs.1 VVJug, dass dem Unterricht im Jugendstrafvollzug besondere Bedeutung zukommt.
Satz 2 der Entwurfsvorschrift regelt die Möglichkeit, die Gefangenen für einen Zeitraum von bis zu drei Monaten jährlich zu Hilfstätigkeiten in der Jugendstrafanstalt zu verpflichten. Mit Zustimmung des Gefangenen kann diese Tätigkeit den zeitlichen Rahmen auch überschreiten. Hier wird nahezu wortwörtlich die bisherige Rechtslage nach Nr.36 S.2 VVJug abgebildet, die inhaltsgleiche Parallelnorm für den Erwachsenenstrafvollzug findet sich in § 41 Abs.1 S.2 StVollzG.
Satz 3 trägt dem besonderen Schutz, dessen werdende und stillende Mütter bedürfen, durch einen Verweis auf die entsprechenden gesetzlichen Beschäftigungsverbote Rechnung.[90]

b. Ziel der Vorschrift

Schulische und berufliche Qualifikation sind entscheidende Komponenten für die soziale Integration und damit für das Erreichen des Vollzugsziels.[91] Zugleich entspricht der Vorrang von Schulausbildung und beruflicher Ausbildung den Lebensverhältnissen der jungen Gefangenen außerhalb des Vollzuges und ist zudem altersangemessen.[92] Aus diesem Grund stellt die Entwurfsbegründung die schulische und berufliche Orientierung sowie die Aus- und Weiterbildung der jungen Gefangenen in den Vordergrund. Hierdurch soll auch den Bildungsdefiziten entgegen gewirkt werden, die die meisten jungen Gefangenen aufweisen[93] und die der Vollzug in möglichst komprimierter Form aufzuarbeiten habe. Grundlage dieses Ansatzes ist die auf kriminologische Forschungsergebnisse gestützte Erkenntnis, dass der Beginn oder der Abschluss schulischer oder berufsbildender Maßnahmen die Chance auf eine soziale und berufliche Wiedereingliederung in Freiheit verbessern.[94] Daher muss es Ziel der Bildungsmaßnahmen im Jugendstrafvollzug sein, Versäumtes nachzuholen, die Ursachen eines eventuellen früheren Versagens in Schule und Berufsausbildung auszumachen, Strategien zur Aufarbeitung dieser Ursachen zu entwickeln und die jungen Menschen zu motivieren, sich für ihre Ausbildung einzusetzen und mit ihren Schwierigkeiten fertig zu werden.[95] Dabei sind diejenigen Gefangenen, die der allgemeinen Schulpflicht unterliegen, zur Teilnahme am Unterricht verpflichtet, wobei die Durchführung nach Maßgabe der entsprechenden landesrechtlichen Bestimmungen erfolgt.[96] Ältere Gefangene sollen entsprechend dem pädagogischen Ansatz des Jugendvollzuges zum Unterricht zugelassen werden, wenn dies der Erreichung des Vollzugsziels dient.[97]
Neben Schul- und Berufsausbildung steht nach § 22 Abs.1 S.1 GJVollz die Teilnahme an speziellen Fördermaßnahmen vor der Zuweisung von Arbeit. Dies sind alle Einzel- oder Gruppenmaßnahmen, die das Durchhaltevermögen der

[90] Begründung zum GJVollz (2004), S.48.
[91] Begründung zum GJVollz (2004), S.47.
[92] Begründung zum GJVollz (2004), S.47.
[93] Vgl. Walkenhorst (2002), S.319.
[94] Begründung zum GJVollz (2004), S.47.
[95] Begründung zum GJVollz (2004), S.47.
[96] Begründung zum GJVollz (2004), S.48 f.
[97] Begründung zum GJVollz (2004), S.49.

Gefangenen, ihre Leistungsbereitschaft und ihre Sozialkompetenz steigern, die also die Grundlagen und Grundwerte eines geregelten Miteinanders vermitteln.[98] Damit soll der Tatsache Rechnung getragen werden, dass eine nicht unerhebliche Anzahl Gefangener im Jugendvollzug aufgrund körperlicher, geistiger oder psychischer Mängel nicht in der Lage ist, den Anstrengungen und Anforderungen gerecht zu werden, die eine Ausbildung an sie stellt.[99] Spezielle Fördermaßnahmen sollen daher dazu dienen, diesen Mängeln entgegen zu wirken sowie Selbstvertrauen, Selbstwertgefühl, Durchsetzungskraft, Stehvermögen und weitere grundlegende Kenntnisse, Fähigkeiten und Fertigkeiten zu vermitteln.[100] Dic Bandbreite denkbarer Fördermaßnahmen ist vielfältig und reicht von der Teilnahme an einem sozialen Training oder an Anti-Aggressionskursen bis hin zu Psychotherapie oder kunst-, musik- oder bewegungstherapeutischen Angeboten.[101] Erst nachrangig zu all diesen Maßnahmen soll dem jungen Gefangenen einer der – ohnehin knapp bemessenen – Arbeitsplätze zugewiesen werden.[102] All diesen Maßnahmen ist jedoch gemein, dass der junge Gefangene die Pflicht hat, der ihm zugewiesenen Aufgabe während der Arbeitszeit nachzukommen. Damit wird die allgemeine Mitwirkungspflicht aus § 4 GJVollz konkretisiert.[103]

c. Ergebnis zu § 22 Abs.1 GJVollz

Die Schule im Jugendvollzug ist eine zentrale Säule der Förderung und Rehabilitation junger Inhaftierter.[104] Dies gilt umso mehr, als qualifizierte schulische Abschlüsse für den weiteren Berufs- und Lebensweg junger Menschen eine immer größere Bedeutung gewinnen.[105] Daher ist es richtig, den Vorrang von schulischer und beruflicher Ausbildung im Vergleich zur Zuweisung von Arbeit gesetzlich festzuschreiben. Auch wenn der Jugendstrafvollzug heute eher ein Jungerwachsenenvollzug ist, so muss er den oft erheblichen Bildungsdefiziten[106] der jungen Gefangenen trotzdem gezielt entgegen wirken. Vor diesem Hintergrund ist auch die Zielsetzung der so genannten speziellen Fördermaßnahmen ausdrücklich gutzuheißen, sollen sie doch dazu dienen, gerade die Defizite zu beheben, die eine erfolgreiche Teilnahme vieler junger Gefangener an einer Schul- oder Berufsausbildung erschwert bzw. unmöglich macht.[107] Angesichts

---

98 Begründung zum GJVollz (2004), S.48.
99 Begründung zum GJVollz (2004), S.48.
100 Begründung zum GJVollz (2004), S.48.
101 Begründung zum GJVollz (2004), S.48; vgl. zu sozialem Training und Anti-Aggressionstraining auch Schaffstein/Beulke (2002), S.303 m.w.N.; s. auch Ostendorf (2003), §§ 91-92, Rn.19 m.w.N.; zu Anti-Aggressionstrainings im Jugendstrafvollzug jüngst Bosold/Prasse/ Lauterbach, ZJJ 2006, S.27 ff.; kritisch zur Ausgestaltung von Anti-Gewalt-Trainingsprogrammen im Jugendstrafvollzug J. Walter, ZfStrVo 1999, S.23, der aaO, S.26 f. Anforderungen an ein Anti-Gewalt-Training im Jugendstrafvollzug formuliert.
102 Begründung zum GJVollz (2004), S.47.
103 Vgl. Begründung zum GJVollz (2004), S.18.
104 Walkenhorst (2002), S.319.
105 Walkenhorst (2002), S.319.
106 Ein erheblicher Anteil der Jugendstrafgefangenen erreicht lediglich einen Ausbildungsstand, der für eine Hilfstätigkeit in der freien Wirtschaft genügt, vgl. Eisenberg (2006), § 91, Rn.21; Matzke (1982), S.109.
107 Vgl. Begründung zum GJVollz (2004), S.48.

der überragenden Bedeutung, die auch der Gesetzgeber gerade der Schulausbildung beimisst, erscheint es unverständlich, warum dieser Bereich nicht detaillierter geregelt wurde, sondern vielmehr § 41 Abs.1 S.1 StVollzG bzw. die nahezu wortgleiche Nr.36 S.1 VVJug hier Pate standen. Dies gilt umso mehr, als die Entwurfsbegründung selbst Aussagen enthält, die aufgrund ihrer Wesentlichkeit an sich gesetzlicher Regelung bedürfen. Das gilt beispielsweise für die Teilnahme schulpflichtiger bzw. nicht mehr schulpflichtiger Gefangener am Unterricht.[108] Hier wäre eine der Nr.33 VVJug vergleichbare Regelung vorzugswürdig. Eine entsprechende gesetzliche Regelung, wie sie beispielsweise der Entwurf des Bundeslandes Bayern zum Jugendstrafvollzug in Art.144 EBayStVollzG enthält, die Unterricht und Ausbildung in einer separaten Vorschrift regelt, ist daher zu begrüßen. Wichtig ist allerdings auch, dass den Forderungen an die jungen Gefangenen ein entsprechendes Angebot seitens der Anstalt gegenüber steht.[109]

2. Zulassung zu Abschlussprüfungen – § 22 Abs.2 GJVollz

a. Inhalt der Vorschrift

§ 22 Abs.2 S.1 GJVollz regelt die Zulassung von im Vollzug ausgebildeten jungen Gefangenen zu den Abschlussprüfungen nach dem Berufsbildungsgesetz und der Handwerksordnung[110] und gibt den Gefangenen nunmehr einen gesetzlichen Anspruch auf Zulassung zu der jeweiligen Abschlussprüfung.[111] Gleichzeitig wird damit das vertragslose Ausbildungsverhältnis jedenfalls für den Bereich des Jugendstrafvollzuges gesetzlich anerkannt.[112] Damit wird der Problemfall gesetzlich gelöst, dass BBiG und HandwO bei der Ausbildung von einem privatrechtlichen Arbeitsverhältnis zwischen Ausbilder und Auszubildendem ausgehen, der Abschluss eines solchen nach einem Beschluss des Bundesarbeitsgerichts zwischen Anstalt und Gefangenem allerdings nicht möglich ist, sondern für die Rechtsbeziehung zwischen Anstalt und Gefangenem auch bei Bildungsmaßnahmen weiterhin öffentliches Recht maßgeblich bleibt.[113] Damit werden die Fälle des Anspruchs auf Zulassung in besonderen Fällen, wie sie § 40 Abs.3 S.1 BBiG sowie § 37 Abs.3 S.1 HandwO vorsehen[114], durch einen speziellen Zulassungstatbestand für den Bereich des Jugendstrafvollzuges ergänzt.[115] Unberührt bleibt hiervon die Möglichkeit, mit anderen Ausbildungsträgern, die in- und außerhalb des Vollzugs ausbilden, (privatrechtliche) Ausbildungsverträge abzuschließen.[116]

---

108 Vgl. Begründung zum GJVollz (2004), S.48 f.

109 Vgl. Begründung zum GJVollz (2004), S.49; zur unterschiedlichen Ausgestaltung des Bildungsangebot in Jugendstrafanstalten Eisenberg (2006), § 91, Rn.23 m.w.N.

110 Vgl. § 34 BBiG sowie § 31 HandwO.

111 Begründung zum GJVollz (2004), S.49.

112 Begründung zum GJVollz (2004), S.49.

113 Beschluss des Bundesarbeitsgerichts vom 18.11.1986, Az. 7 AZR 311/85 = NJW 1987, S.2399 = NStZ 1987, S.575 m. Bespr. Sigel, NStZ 1986, S.543.

114 Zur bisherigen Bedeutung dieser Vorschriften für die Zulassung Strafgefangener zu Abschlussprüfungen vgl. Sigel, NStZ 1986, S.543, 545.

115 Begründung zum GJVollz (2004), S.49.

116 Begründung zum GJVollz (2004), S.49.

§ 22 Abs.2 S.2 GJVollz schreibt fest, dass die dem Gefangenen auszuhändigenden Zeugnisse über Bildungsmaßnahmen die Inhaftierung nicht erkennen lassen dürfen und orientiert sich insoweit an den ähnlichen Vorschriften in § 40 StVollzG bzw. Nr.35 VVJug. Dabei wurde die missverständliche Formulierung *„Abschlusszeugnis"*, die schon früher nach hM in einem weiten Sinn zu verstehen war[117], nicht übernommen, was aus Klarstellungsgründen zu begrüßen ist.

b. Ergebnis zu § 22 Abs.2 GJVollz

Die Anerkennung des bisher vertragslosen Arbeitsverhältnisses durch § 22 Abs.2 S.1 GJVollz ist zu begrüßen.[118] Positiv zu bewerten ist auch die gesetzliche Festschreibung, dass aus einem Zeugnis die Inhaftierung nicht ersichtlich sein darf. Die Umformulierung des bisher missverständlichen Wortlauts ist – wie oben erwähnt – zu begrüßen. Hierfür spricht schon das verfassungsrechtliche Gebot der Resozialisierung.[119]

3. Freies Beschäftigungsverhältnis und Selbstbeschäftigung – § 22 Abs.3 GJVollz

a. Inhalt der Vorschrift

Absatz 3 der Entwurfsvorschrift stellt die Rechtsgrundlage für Arbeit, Berufsausbildung, berufliche Weiterbildung sowie Umschulung im Rahmen eines freien Beschäftigungsverhältnisses außerhalb der Jugendstrafanstalt dar.[120] Weiterhin kann dem Gefangenen nach dieser Vorschrift die Selbstbeschäftigung in- und außerhalb der Jugendstrafanstalt gestattet werden. Damit lehnt sich die Vorschrift an Nr.34 Abs.1 S.1 VVJug und § 39 Abs.1 S.1 StVollzG an. Allerdings handelt es sich anders als bei Nr.34 Abs.1 S.1 VVJug nicht mehr um eine Kann- sondern um eine Sollvorschrift. Ferner stellt die Entwurfsvorschrift im Gegensatz zu den vorgenannten Vorschriften für die Gestattung allein auf das Kriterium der Geeignetheit des Gefangenen ab. Satz 2 regelt, dass § 14 Abs.2 Nr.1 und Absatz 3 GJVollz sowie § 16 GJVollz unberührt bleiben. Damit werden die Vorschriften über den Freigang, die Kriterien über die Erprobung von Lockerungen sowie die Vorschriften über die Erteilung von Weisungen in Bezug genommen. Satz 3 legt die entsprechende Geltung des § 39 Abs.3 StVollzG fest, demzufolge die Vollzugsbehörde verlangen kann, dass ihr das Entgelt zur Gutschrift für den Gefangenen überwiesen wird. Dies galt wegen Nr.34 Abs.3 VVJug auch schon bisher.
§ 22 Abs.3 S.2 GJVollz i.d.F. vom 28.4.2004 sah noch vor, dass zu den nach Satz 1 genannten Beschäftigungen in begründeten Einzelfällen und nach Anhörung des Jugendamtes auch die Versorgung der eigenen Kinder gehören könne. Diese Vorschrift wurde ersatzlos gestrichen. In Einzelfällen könnte man aber das durch die Vorschrift bezweckte Ergebnis über die Gewährung von Freigang

117 Callies/Müller-Dietz (2005), § 40, Rn.1 m.w.N.; Däubler/Spaniol, in: AK-StVollzG (2006), § 40, Rn.1.
118 A.A. die Stellungnahme der BAG, S.3, die § 22 Abs.2 S.1 GJVollz inhaltlich und organisatorisch für entbehrlich halten.
119 Vgl. Däubler/Spaniol, in: AK-StVollzG (2006), § 40, Rn.1.
120 Begründung zum GJVollz (2004), S.50.

nach § 14 Abs.2 S.2 Var.2 GJVollz, verbunden mit der Erteilung von Weisungen nach § 16 GJVollz erreichen.[121] Daher bedarf es keiner expliziten Regelung dieses in der Praxis vermutlich ohnehin nicht sehr bedeutsamen Problemkreises.[122]

b. Ergebnis zu § 22 Abs.3 GJVollz

Die Vorschrift ist weitgehend sachgerecht. Dass in Zukunft als einziges Kriterium die Geeignetheit des Gefangenen herangezogen wird, ist zu begrüßen, da wegen des Verweises auf § 14 Abs.3 GJVollz ohnehin eine Verantwortbarkeitsprognose vorgenommen werden muss und die Geeignetheit der Praxis hinreichend großen Spielraum lässt.
Zu kritisieren ist aber die Aufzählungsreihenfolge der möglichen freien Beschäftigungsverhältnisse. Angesichts der Bedeutung von Aus- und Weiterbildung gegenüber Arbeit im Jugendstrafvollzug wäre dem besser durch eine Hintanstellung der Arbeit gegenüber den übrigen Maßnahmen Rechnung getragen worden.

4. Entsprechende Geltung des StVollzG – § 22 Abs.4 und 5 GJVollz

a. Inhalt der Vorschrift

Absatz 4 der Vorschrift ordnet die entsprechende Geltung von § 37 Abs. 1, 2 und 4 StVollzG für Arbeit, arbeitstherapeutische Beschäftigung, Ausbildung und Weiterbildung an. Durch diese Verweisung soll die Wiederholung von für den Justizvollzug allgemeingültigen Regelungen vermieden werden.[123] Nach den entsprechend geltenden § 37 Abs.1 S.1 und 2 StVollzG dienen die genannten Beschäftigungen somit insbesondere dem Ziel, Fähigkeiten für eine Erwerbstätigkeit nach der Entlassung zu vermitteln, zu erhalten und zu fördern. Weiterhin soll dem Gefangenen wirtschaftlich ergiebige Arbeit zugewiesen werden, seine Fähigkeiten, Fertigkeiten und Neigungen sind zu berücksichtigen. Der Grundsatz der Zuweisung wirtschaftlich ergiebiger Arbeit galt im Jugendstrafvollzug auch schon nach früherer Rechtslage gemäß Nr.32 Abs.2 VVJug.
Stehen keine Bildungsmaßnahmen oder Arbeitsplätze zur Verfügung, ist dem Gefangenen eine angemessene Beschäftigung zuzuteilen. Dies ergibt sich aus § 37 Abs.1 S.4 StVollzG, dessen entsprechende Geltung ebenfalls durch § 22 Abs.4 GJVollz angeordnet wird. Auch insoweit galt schon früher im Jugendstrafvollzug eine wortgleiche Vorschrift, nämlich Nr.32 Abs.3 VVJug.
Die Absätze 3 und 5 des § 7 StVollzG wurden nicht in Bezug genommen. Ein Verweis auf § 37 Abs.3 StVollzG ist ohnehin überflüssig, da die dort genannten Maßnahmen der Berufsausbildung schon die vorrangigen Maßnahmen während der Arbeitszeit darstellen und bereits in § 22 Abs.1 S.1 GJVollz geregelt sind. Der Bereich der arbeitstherapeutischen Beschäftigung im Sinne des § 37 Abs.5 GJVollz wird bereits von den in § 22 Abs.1 S.1 GJVollz aufgeführten arbeitstherapeutischen Maßnahmen erfasst, soweit es um die Entwicklung von Fähigkei-

[121] Vgl. zu diesem sog. *„Hausfrauenfreigang"* auch Götte (2000), S.251 f.
[122] Oft wird sich hier das Problem stellen, dass die Gefangenen nicht in der Nähe ihres Wohnortes inhaftiert sind und sie daher nicht in der Lage sind, den Weg zwischen Jugendstrafanstalt und Wohnort täglich zurückzulegen, vgl. Götte (2000), S.251.
[123] Begründung zum GJVollz (2004), S.50.

ten für eine wirtschaftlich ergiebige Tätigkeit geht. Andernfalls greift die Verweisung auf die angemessene Beschäftigung.[124]
§ 22 Abs.5 GJVollz bestimmt die entsprechende Anwendung von § 42 StVollzG, soweit es um die Freistellung des Gefangenen von der Arbeitspflicht geht, so dass Gefangene im Jugendstrafvollzug damit den Gefangenen im Erwachsenenstrafvollzug völlig gleichgestellt werden. Damit gilt im Kern, dass der Gefangene einen Anspruch auf achtzehn Werktage Freistellung von der Arbeitspflicht hat, wenn er ein Jahr lang eine ihm zugewiesene Tätigkeit oder Hilfstätigleiten ausgeübt hat. Für diesen Zeitraum werden die zuletzt gezahlten Bezüge weiter gewährt. Entsprechendes galt nach Nr.37 Abs.1 S.1, Abs.2, 10 VVJug schon bisher für den Jugendstrafvollzug. Dabei soll es den Jugendstrafanstalten selbst überlassen bleiben, entsprechend den allgemeinen Ferienzeiten außerhalb des Vollzuges für schulpflichtige Gefangene die Zeiträume festzulegen, in den die Freistellungszeiten grundsätzlich genommen werden dürfen.[125]

b. Ergebnis zu § 22 Abs.4, 5 GJVollz

Es ist durchaus fraglich, ob der pauschale Verweis auf § 37 Abs.1, 2 und 4 StVollzG den Besonderheiten des Jugendstrafvollzugs wirklich in ausreichendem Maße Rechnung trägt. Denn Arbeit soll als zentraler Faktor des sozialen Integrationsprozesses dem Gefangenen auch in Freiheit die Möglichkeit geben, soziale Bedürfnisse nach Kommunikation und Anerkennung zu befriedigen.[126] Dies setzt voraus, dass die Arbeitsmöglichkeiten den unterschiedlichen Anlagen, Neigungen, Fähigkeiten und Fertigkeiten des jungen Gefangenen und dessen Entwicklung entsprechen und den Verhältnissen der freien Wirtschaft angepasst sind. Aus diesem Grund müssen bei der Auswahl der Arbeit diese Kriterien Vorrang vor der wirtschaftlichen Ergiebigkeit der Arbeit haben.[127] Es ist demgegenüber verfehlt, bei der Zuweisung von Arbeit lediglich die wirtschaftliche Ergiebigkeit bzw. die Angemessenheit der Arbeit zu Kriterien für die Zuweisung von Arbeit zu erheben.[128] Eine solche letztlich nur auf betriebswirtschaftlichen Erwägungen basierende Sichtweise verkennt, dass im Jugendstrafvollzug an erster Stelle die Erreichung des Vollzugsziels, also ein zukünftiges Leben ohne Straftaten steht. Arbeit, die nach der Wertentscheidung des § 22 Abs.1 S.1 GJVollz ohnehin gegenüber Aus- und Weiterbildung sowie speziellen Fördermaßnahmen nachrangig ist, hat gerade im Jugendvollzug nicht als bloßes Mittel zu einem wirtschaftlichen Zweck zu dienen; vielmehr steht der Wert der Arbeit als *„therapeutisches Alltagsinstrumentarium“*[129] im Vordergrund. Zudem verkennt ein solch pauschaler Verweis auf Normen des Erwachsenenstrafvollzuges die grundsätzlichen Unterschiede zwischen Jugend- und Erwachsenenstrafvollzug.[130]
Aus diesem Grund ist jedenfalls der Verweis auf § 37 Abs.2 und 3 StVollzG als für den Jugendstrafvollzug nicht sachgerecht abzulehnen oder, überspitzt ausge-

[124] Begründung zum GJVollz (2004), S.50.
[125] Begründung zum GJVollz (2004), S.50.
[126] Schlußbericht der Jugendstrafvollzugskommission (1980), S.26.
[127] Schlußbericht der Jugendstrafvollzugskommission (1980), S.27 f.
[128] Vgl. auch Eisenberg (2006), § 91, Rn.21 a zu Nr.32 Abs.2, 5 VVJug.
[129] Kreideweiß (1993), S.167.
[130] Vgl. Kreideweiß (1993), S.174.

drückt: *„Unter Schul- und Bildungsgesichtspunkten sinnlose Arbeitstätigkeiten haben im Jugendvollzug nichts zu suchen."*[131]. Unglücklich erscheint zudem die Formulierung des § 22 Abs.5 GJVollz. Denn wie aus der Entwurfsbegründung ersichtlich wird soll die Freistellung sowohl für Arbeit als auch für Bildungsmaßnahmen gelten.[132] Hier von der „Freistellung von der Arbeitspflicht" zu sprechen, ist ungenau und impliziert, dass § 42 StVollzG eben nur gelten soll, wenn es um Arbeit geht. Daher sollte diese Vorschrift wie folgt neu gefasst werden: *„Für die Freistellung von den in Satz 1 genannten Maßnahmen gilt § 42 des Strafvollzugsgesetzes entsprechend."*

IV. Gesamtergebnis zu § 22 GJVollz

Angesichts der überragenden Bedeutung von Bildung in der heutigen Arbeitswelt ist zu begrüßen, dass der Entwurf sich bemüht, vorrangig den Bildungsstand der Gefangenen im Jugendstrafvollzug zu verbessern. Allerdings bestehen im Rahmen einer gesetzlichen Regelung, wie oben dargestellt, weitere Verbesserungsmöglichkeiten.

D. § 23 Teilnahme an Ausbildungsmaßnahmen und Unterbringung in der Jugendstrafanstalt auf freiwilliger Grundlage

I. Allgemeines

Die Vorschrift regelt die Teilnahme an einer Ausbildungs- oder Behandlungsmaßnahme nach Entlassung aus dem Vollzug auf freiwilliger Grundlage. Gleichzeitig regelt sie gesetzlich den Verbleib in der Jugendstrafanstalt über den Entlassungstermin hinaus sowie die Möglichkeit, in diese freiwillig zurückzukehren.

II. Inhalt der Vorschrift

1. Abschluss von Ausbildungs- und Behandlungsmaßnahmen nach Ende der Haft – § 23 Abs.1 GJVollz

a. Inhalt der Vorschrift

Nach § 23 Abs.1 S.1 GJVollz kann der Gefangene nach der Entlassung eine bereits begonnene Ausbildungs- oder Behandlungsmaßnahme abschließen. Zwar

[131] Walkenhorst (2002), S.319, 327; gegen die Zuweisung von Arbeit nur wegen ihrer wirtschaftlichen Ergiebigkeit auch die Stellungnahme des Deutschen Richterbundes, zu § 22, die aber verkennt, dass über den Verweis auf § 37 Abs.2 StVollzG das Kriterium der wirtschaftlich ergiebigen Arbeit – trotz Abschaffung von Nr.32 Abs.2-4 VVJug – eben doch wieder in den Jugendstrafvollzug Einzug finden soll.
[132] Begründung zum GJVollz (2004), S.50.

ist die Förderplanung grundsätzlich auf den Entlassungszeitpunkt auszurichten.[133] Aber in der Praxis konnte bisher nicht in allen Fällen gewährleistet werden, dass noch während der Haftzeit ein Abschluss von schulischen und beruflichen Aus- und Weiterbildungs- bzw. sonstigen Fördermaßnahmen erreicht werden konnte.[134] Dies war häufig den verhältnismäßig kurzen Haftzeiten im Jugendvollzug geschuldet.[135] Mit der Regelung wird eine Forderung der Praxis Gesetz.[136] Die Vorschrift stellt daher insofern ein Novum dar; eine entsprechende Norm fand sich bisher weder in den VVJug noch im StVollzG. Bei Minderjährigen ist wegen Art.6 GG hierfür konsequenterweise die Zustimmung des Personensorgeberechtigten erforderlich.[137]
Satz 2 der Vorschrift gestattet dem Gefangenen einen Verbleib in der Jugendstrafanstalt und nennt hierfür zwei Gründe: einmal zur Beendigung der begonnenen Ausbildungs- oder Behandlungsmaßnahme, zum anderen aber auch aus fürsorglichen Gründen. Gleichzeitig wird der Verbleib zeitlich auf drei Monate nach dem Entlassungszeitpunkt begrenzt. Der Verbleib in der Anstalt ist weiterhin nur in Einzelfällen zulässig und sofern es die Belegungssituation zulässt.[138] Gemäß Satz 3 sind der Antrag, die Gestattung der Anstalt sowie bei Minderjährigen die Zustimmung der Personensorgeberechtigten jederzeit widerruflich.

b. Kritik und Ergebnis zu § 23 Abs.1 GJVollz

Die Möglichkeit der Fortsetzung von Ausbildungsmaßnahmen trägt insbesondere dem Problem der kurzen Dauer des Vollzugs Rechnung, aufgrund derer nicht alle begonnenen Maßnahmen auch während der Vollzugszeit abgeschlossen werden können. Durch die Schaffung der Möglichkeit, den ehemaligen Gefangenen wieder in der Jugendstrafanstalt unterzubringen, wird gleichzeitig das sich gerade in Flächenstaaten stellende Problem entschärft, dass der ehemalige Gefangene sich in der Nähe der Anstalt eine Wohnung nehmen muss, da er ja nicht in diese zurückkehren kann.[139] Durch die Ausgestaltung der Vorschrift als Ermessensvorschrift, durch die Beschränkung des Anwendungsbereichs der Vorschrift auf Einzelfälle[140] sowie durch die Möglichkeit, die Gestattung jederzeit widerrufen zu können, wird schließlich auch Bedenken aus der Praxis Rechnung getragen, wonach der Gefangene jedenfalls keinen Rechtsanspruch auf Fortsetzung der Ausbildungsmaßnahmen erhalten solle.[141] Auch die Begrenzung in

---

[133] Vgl. § 10 Abs.1 S.2 GJVollz sowie die Begründung zum GJVollz (2004), S.51.
[134] Begründung zum GJVollz (2004), S.51.
[135] Begründung zum GJVollz (2004), S.51; vgl. auch Pendon, ZfStrVo 1996, S.87; s. auch J. Walter, ZfJ 2004, S.397, 402.
[136] Vgl. § 38 Abs.3 S.3 E 1988; § 44 Abs.4 S.3 E 1993; zusammenfassend Kreideweiß (1993), S.169 f.
[137] Vgl. dazu jüngst BVerfG, 2 BvR 1673/04 vom 31.5.2006, Abs.55; kritisch Eisenberg, MSchrKrim 2004, S.353, 354 f.
[138] Die letzten drei Merkmale wurden erst in der Fassung von 7.6.2006 in den Entwurf eingefügt.
[139] In diese Richtung gehen die Bedenken der von Kreideweiß (1993), S.169 befragten Anstaltsleiter.
[140] Diese Änderung des § 23 Abs.1 S.2 GJVollz 2004 forderte die Stellungnahme der BAG, S.3.
[141] Vgl. Kreideweiß (1993), S.169 f.

zeitlicher Hinsicht trägt den Bedenken gerade im Hinblick auf die Belegungssituation der Jugendstrafanstalten Rechnung, zumal stets zu beachten ist, dass der ehemalige Gefangene bei Fortsetzung einer Ausbildungs- oder Therapiemaßnahme immer einen entsprechenden Platz belegt, der damit einem Gefangenen im Jugendstrafvollzug nicht mehr zur Verfügung steht. Dieser Gesichtspunkt ist gerade angesichts der nicht besonders üppigen Zahl der Schul- und Ausbildungsplätze im Jugendstrafvollzug nicht zu unterschätzen.[142] Gerade weil diese Gesichtspunkte ohnehin schon das Ermessen der Anstaltsleitung einschränken, bedarf es eigentlich keiner zusätzlichen ausdrücklichen Beschränkung des § 23 Abs.1 S.2 GJVollz auf Einzelfälle.[143] Vielmehr ist zu befürchten, dass durch diese Formulierung der Vorschrift viel von ihrem Innovationspotenzial genommen wird. Insgesamt ist die Vorschrift aber als praxisnah, innovativ und sachgerecht zu begrüßen. Allerdings ist § 23 Abs.1 S.1 GJVollz insofern nicht eindeutig, als hier nach dem Gesetzestext immer die Zustimmung des Personensorgeberechtigten erforderlich ist, obwohl der überwiegende Teil der Insassen des Jugendstrafvollzugs das achtzehnte Lebensjahr bereits vollendet hat. Es sollte daher klar gestellt werden, dass dieses Erfordernis selbstverständlich nur für Minderjährige gilt.[144]

2. Wiederaufnahme in die Anstalt nach Entlassung – § 23 Abs.2 GJVollz

a. Inhalt und Ziel der Vorschrift

§ 23 Abs.2 GJVollz stellt neben § 23 Abs.1 S.2 GJVollz einen weiteren Fall der Wiederaufnahme in den Vollzug dar, knüpft diese aber an andere Voraussetzungen. Danach ist die Wiederaufnahme zulässig, wenn diese gerechtfertigt erscheint, um das Erreichen des Vollzugsziels nicht erneut zu gefährden. Bei der vorübergehenden Wideraufnahme handelt es sich um eine Maßnahme der sog. Krisenintervention.[145] Sie stellt eine Hilfe für den entlassenen Gefangenen dar und dient zugleich der Vorbeugung vor neuen Straftaten.[146] Damit soll Schwierigkeiten bei der Wiedereingliederung in das Leben in Freiheit begegnet werden, mit denen der ehemalige Gefangene aus eigener Kraft nicht fertig wird.[147] Nach der Entlassung treten nämlich erfahrungsgemäß vielfach Krisen unterschiedlichster Art auf, die nur durch eine weitergehende Betreuung aufgefangen und verarbeitet werden können.[148] Dabei bietet die Jugendstrafanstalt insbesondere den Vorteil, dass dem ehemaligen Gefangenen dort Fachkräfte helfen können, die seine speziellen Probleme kennen und die für ihn Bezugspersonen darstellen.[149] Die Formulierung *„vorübergehend"* stellt dabei allerdings auch klar, dass die Rückkehr in die Jugendstrafanstalt keine Dauerlösung darstellen darf, sondern lediglich quasi als letzte Möglichkeit gedacht ist, um dem ehemaligen

---

[142] Vgl. zur Situation der Schul- und Ausbildungsplätze im Jugendstrafvollzug oben Kap.5, Abschn.6, C.II.1.
[143] A.A. die Stellungnahme der BAG, S.3.
[144] So auch die Begründung zum GJVollz (2004), S.51.
[145] Callies/Müller-Dietz (2005), § 125, Rn.1.
[146] Callies/Müller-Dietz (2005), § 125, Rn.1; Rehn, in: AK-StVollzG (2006), § 125, Rn.1.
[147] Callies/Müller-Dietz (2005), § 125, Rn.1.
[148] Callies/Müller-Dietz (2005), § 125, Rn.1.
[149] Callies/Müller-Dietz (2005), § 125. Rn.1; Begründung zum GJVollz (2004), S.51.

Gefangenen in einer Krise wieder auf die Beine zu helfen. Voraussetzung ist weiterhin, dass die Wiederaufnahme gerechtfertigt erscheint, um das Erreichen des Vollzugszieles nicht erneut zu gefährden. Dabei legt die Formulierung *„erneut"* nach einer Ansicht nahe, dass eine Gefährdung des Vollzugsziels bereits eingetreten sein muss.[150] Eine solche Auslegung wird jedoch durch den Wortlaut nicht zwingend vorgegeben. Vielmehr kann die Formulierung *„nicht erneut zu gefährden"* auch bedeuten, dass die Erreichung des Vollzugsziels – eines Lebens ohne Straftaten (vgl. § 2 GJVollz) – zwar nicht akut gefährdet ist, aber durch die derzeitige Lebenssituation des ehemaligen Gefangenen droht. Im Übrigen widerspräche eine solche Auslegung auch Sinn und Zweck der Vorschrift als Hilfsangebot zur Verhütung neuer Straftaten und auch dem Willen der Entwurfsbegründung, die lediglich eine Krisensituation des ehemaligen Gefangenen voraussetzt.[151] Daher ist die Formulierung richtigerweise in dem Sinn zu verstehen, dass durch die derzeitige Krisensituation des ehemaligen Gefangenen die zukünftige Lebensführung ohne Straftaten (vgl. § 2 GJVollz) gefährdet sein muss.

Wegen des Verweises auf Absatz 1 gelten die dort aufgeführten Voraussetzungen entsprechend. Dies gilt insbesondere für die jederzeitige Widerrufbarkeit von Gestattung, Antrag und Zustimmung der Personensorgeberechtigten sowie für den Charakter der Vorschrift als Ermessensvorschrift. Dadurch können insbesondere Gesichtspunkte wie das Platzangebot in der Anstalt und die personelle Kapazität Berücksichtigung finden.[152]

Die Forderung, eine Möglichkeit zur kurzfristigen Wiederaufnahme ehemaliger Gefangener in die Jugendstrafanstalt zu schaffen, wurde schon seit langem erhoben.[153] Eine ähnliche Vorschrift findet sich in § 125 StVollzG, die die vorübergehende Wiederaufnahme in eine sozialtherapeutische Anstalt des Erwachsenenstrafvollzuges regelt. Demgegenüber fehlt eine entsprechende Regelung für den übrigen Bereich des Erwachsenen- und des Maßregelvollzugs, wenngleich eine solche Regelung immer wieder gefordert wurde.[154]

b. Zukünftige Bedeutung des § 23 Abs.2 GJVollz

Die Inanspruchnahme der Möglichkeit zur vorübergehenden Rückkehr in die Jugendstrafanstalt wird vermutlich überschaubar bleiben. Denn es ist davon auszugehen, dass kaum ein ehemaliger Gefangener ohne besonderen Grund freiwillig in die Anstalt zurückkehren wird.[155] Hierfür sprechen schon empirische Daten zu § 125 StVollzG, der danach in der Praxis keine große Bedeutung besitzt.[156] Hinzu kommt, dass für den Bereich des Jugendstrafvollzuges das Angebot zur Rückkehr in die Anstalt dadurch vergleichsweise unattraktiv wird, dass mit den Übergangseinrichtungen freier Träger nach § 7 Abs.2 GJVollz eine Ein-

---

[150] J. Walter, ZfJ 2004, S.397, 402.
[151] Vgl. Begründung zum GJVollz (2004), S.51.
[152] Vgl. Begründung zum GJVollz (2004), S.51; Callies/Müller-Dietz (2005), § 125, Rn.3.
[153] Vgl. Eisenberg (2006), § 91, Rn.32 c; Schlußbericht der Jugendstrafvollzugskommission (1980), S.49, wo auch schon die Bereitstellung von Unterbringungsmöglichkeiten in freien Formen für diese ehemaligen Gefangenen gefordert wird; s. auch DVJJ (1977), S.39.
[154] Vgl. Callies/Müller-Dietz (2005), § 125, Rn.2 m.w.N.
[155] Stellungnahme des Deutschen Richterbundes, S.7.
[156] Vgl. Rehn, in: AK-StVollzG (2006), § 125, Rn. 3 f.

richtungsform geschaffen werden soll, die schon nach dem Gesetzestext ausdrücklich auch auf ehemalige Gefangene zugeschnitten ist. Daher dürften auch die finanziellen Mehrbelastungen in einem überschaubaren Rahmen bleiben.[157]

c. Ergebnis zu § 23 Abs.2 GJVollz

Trotz der möglicherweise geringen Bedeutung für die Praxis ist die Vorschrift trotzdem als innovativ und gelungen zu bezeichnen.

3. Unmittelbarer Zwang – § 23 Abs.3 GJVollz

a. Inhalt und Ziel der Vorschrift

Der Gefangene, der über den Entlassungszeitpunkt hinaus in der Anstalt verbleibt oder freiwillig in sie zurückkehrt, tut dies auf freiwilliger Basis. Aus diesem Grund legt § 23 Abs.3 GJVollz fest, dass Maßnahmen des Vollzuges nicht mit unmittelbarem Zwang durchgesetzt werden dürfen. Insofern orientiert sich die Vorschrift sachlich an § 125 Abs.2 StVollzG, der für die Wiederaufnahme in die Sozialtherapie im Erwachsenenstrafvollzug gilt. Dies wird damit begründet, dass es sich beim freiwilligen Verbleib bzw. der freiwilligen Rückkehr in den Jugendvollzug nicht um eine gerichtlich angeordnete Freiheitsentziehung handele.[158]

Allerdings stellt sich hier die Frage nach der Reichweite dieses Ausschlusses. Fraglich ist nämlich, ob dadurch auch erforderliche, möglicherweise gar unerlässliche Maßnahmen zur Aufrechterhaltung der Sicherheit oder Abwendung einer schwerwiegenden Störung der Ordnung in der Anstalt (i.S.d. § 6 Abs.1 S.2 GJVollz) ausgeschlossen werden sollen.[159] Das Problem stellt sich bei § 125 Abs.2 StVollzG in vergleichbarer Form. Die im Schrifttum wohl hM ist der Ansicht, in diesen Fällen sei die Anwendung unmittelbaren Zwanges überhaupt nicht möglich.[160] Seien aus Gründen der Sicherheit Maßnahmen des unmittelbaren Zwanges erforderlich, so habe die Anstalt nur die Möglichkeit, die Aufnahme zu widerrufen.[161]

Anderer Ansicht nach verbietet § 125 Abs.2 StVollzG lediglich die Anwendung unmittelbaren Zwanges zur Durchsetzung von Maßnahmen des Vollzuges, nicht aber zur Sicherung (§ 94 Abs.1 2.Alt. StVollzG).[162] Eine solche Sichtweise ist jedoch für den Jugendstrafvollzug abzulehnen. Gegen sie spricht der eindeutige Wortlaut des § 23 Abs.3 GJVollz und der Wille der Entwurfsbegründung, die ersichtlich alle Vollzugsmaßnahmen gegen einen ehemaligen Gefangenen von der Durchsetzung mit unmittelbarem Zwang ausnehmen wollte.[163] Zudem berücksichtigt diese Auffassung nicht hinreichend, dass der ehemalige Gefangene freiwillig in der Anstalt verblieben bzw. wieder in sie zurückgekehrt ist, er somit

[157] Ebenso die Stellungnahme des Deutschen Richterbundes, zu § 23.
[158] Begründung zum GJVollz (2004), S.51.
[159] J. Walter, ZfJ 2004, S.397, 402.
[160] Callies/Müller-Dietz (2005), § 125, Rn.3; Rehn, in: AK-StVollzG (2006), § 125, Rn.1.
[161] Callies/Müller-Dietz (2005), § 125, Rn.3.
[162] Arloth/Lückemann (2004), § 125, Rn.3.
[163] Vgl. Begründung zum GJVollz (2004), S.51.

ein freier Staatsbürger ist. Eine Einschränkung des Verbots, unmittelbaren Zwang anzuwenden, ist daher abzulehnen.
Allerdings stellt sich in Folge das praktische Problem, wie der Vollzug auf solche Gefangenen reagieren soll, die sich gegen bestehende Anstaltsvorschriften auflehnen, beispielsweise um Mitgefangenen zu demonstrieren, dass man sich an Vorschriften und Anordnungen im Vollzug nicht zu halten brauche.[164] De lege lata kann auf solche Verstöße an sich lediglich mit einer sofortigen „Entlassung", d.h. mit einem Widerruf der Gestattung nach § 23 Abs.1 S.3 GJVollz reagiert werden.[165] Allerdings liegt es nahe, mit dem ehemaligen Gefangenen eine klare Absprache dahingehend zu treffen, dass er sich der Hausordnung unterwirft und er anerkennt, dass diese gegebenenfalls auf mittels unmittelbarem Zwang durchgesetzt werden kann.[166] Eine solche Übereinkunft trägt auch dem Charakter der Freiwilligkeit des Verbleibs bzw. der Rückkehr in die Anstalt Rechnung. Sollten dann Maßnahmen tatsächlich mit Hilfe unmittelbaren Zwangs durchgesetzt werden, wäre aufgrund der Freiwilligkeit des Verbleibs bzw. der Rückkehr der Verhältnismäßigkeitsgrundsatz in besonderem Maße zu beachten.

b. Ergebnis zu § 23 Abs.3 GJVollz und Änderungsvorschlag

Schon de lege lata dürfen Vollzugsmaßnahmen gegen ehemalige Gefangene nicht mittels unmittelbarem Zwang durchgesetzt werden. Aus Klarstellungsgründen wäre es jedoch wünschenswert, folgende Klausel in das Gesetz aufzunehmen:
„Nach dem Entlassungszeitpunkt oder der Wiederaufnahme sind die nach diesem Gesetz geltenden Vorschriften mit der Maßgabe entsprechend anzuwenden, dass Maßnahmen des Vollzuges nicht mit unmittelbarem Zwang durchgesetzt werden dürfen. Der Anstaltsleiter soll mit dem ehemaligen Gefangenen eine Vereinbarung des Inhalts schließen, dass er sich der Hausordnung und ihrer Durchsetzbarkeit mittels unmittelbaren Zwanges unterwirft. Ist danach unmittelbarer Zwang gegen einen ehemaligen Gefangenen anzuwenden, so ist der Grundsatz der Verhältnismäßigkeit in besonderem Maße zu berücksichtigen."

III. Gesamtergebnis zu § 23 GJVollz

Insgesamt ist § 23 GJVollz innovativ und sachgerecht, allerdings sollte Absatz 3 wie beschrieben abgeändert werden.

---

164 J. Walter, ZfJ 2004, S.397, 402.
165 J. Walter, ZfJ 2004, S.397, 402.
166 J. Walter, ZfJ 2004, S.397, 402; Callies/Müller-Dietz (2005), § 125, Rn.3; zustimmend Tondorf (2006), Fn.82, der aus diesem Grund auch keine dem § 23 Abs.3 GJVollz in seinen Musterentwurf eines Jugendstrafvollzugsgesetzes aufnehmen will.

E. § 24 Anerkennung von Ausbildung und Arbeit; Gelder[167]

I. Bisherige Rechtslage und Alternativentwürfe

Wegen § 176 Abs.1 StVollzG erhielt der arbeitende Gefangene im Jugendstrafvollzug schon bisher ein Entgelt, das dem eines erwachsenen Strafgefangenen entsprach. § 176 Abs.3 StVollzG regelte die Gewährung von Taschengeld; § 176 Abs.4 StVollzG erklärte zudem die §§ 44 sowie 49 bis 52 StVollzG für entsprechend anwendbar. Zusammen mit Nr.39 VVJug, die die Gewährung von Ausbildungsbeihilfe regelte, galt für Gefangene im Jugendstrafvollzug daher bisher im Wesentlichen die gleiche Rechtslage wie für erwachsene Strafgefangene.[168] In der Frage der Ausbildungsbeihilfe und des Arbeitsentgelts kommen die bislang vorgelegten Alternativentwürfe aus Wissenschaft und Praxis zu keinem einheitlichen Ergebnis.[169]

II. Inhalt der Vorschrift

1. Ausbildungsbeihilfe – § 24 Abs.1 GJVollz

a. Inhalt der Vorschrift

§ 24 Abs.1 S.1 des Entwurfs bestimmt, dass Gefangene, die während der Arbeitszeit ganz oder teilweise an einer schulischen oder beruflichen Orientierungs-, Aus- oder Weiterbildungsmaßnahme oder speziellen Maßnahmen zur Förderung ihrer schulischen, beruflichen oder persönlichen Entwicklung teilnehmen, hierfür eine Ausbildungsbeihilfe erhalten. Dies gilt allerdings nur, soweit kein Anspruch auf Leistungen zum Lebensunterhalt besteht, die freien Personen aus solchem Anlass zustehen. Leistungen in diesem Sinne sind beispielsweise Leistungen zur Förderung der Berufsausbildung und zur beruflichen Weiterbildung, etwa die Gewährung einer Berufsausbildungsbeihilfe nach § 153 SGB III oder eines Unterhaltsgeldes nach § 153 SGB III.[170] Weiterhin bleibt der Nachrang der Sozialhilfe nach § 2 Abs. 2 des Zwölften Buches Sozialgesetzbuch unberührt, § 24 Abs.1 S.3 GJVollz. § 24 Abs.1 S.4 GJVollz nimmt schließlich noch § 44 StVollzG sowie die nach § 48 StVollzG erlassenen Bestimmungen in Bezug. Für die Bemessung der Ausbildungsbeihilfe gelten daher § 44 Abs.2 StVollzG i.V.m. § 43 Abs.2, Abs.3 StVollzG sowie die aufgrund des § 48 StVollzG erlassene StVollzVergO.

---

[167] Die Überschrift wurde im Entwurf vom 7.6.2006 geändert, früher lautete sie nur *„Gelder"*.

[168] Vgl. aber Pollähne (2004), S.45, 56, der zu Recht darauf hinweist, dass die §§ 43 Abs.1, 2, 44 und 49 bis 52 StVollzG und damit wohl auch die hierzu erlassenen Verwaltungsvorschriften wegen § 176 StVollzG (noch) unmittelbar gelten, weswegen die Aufnahme der Nrn.34 und 38 bis 43 VVJug in die VVJug eher verwirre.

[169] Zusammenfassend Kreideweiß (1993), S.178 ff. m.w.N.

[170] Callies/Müller-Dietz (2005), § 44, Rn.3 m.w.N.

Damit gilt im Wesentlichen die aus dem Erwachsenenstrafvollzug bekannte Rechtslage.[171] Neu und bemerkenswert an der Entwurfsvorschrift ist vor allem, dass nach § 24 Abs.1 S.1 GJVollz sämtliche Tätigkeiten in das System der Ausbildungsbeihilfe und des Arbeitsentgelts einbezogen werden, dass also auch Gefangenen, die an einer speziellen Fördermaßnahme teilnehmen, eine Ausbildungsbeihilfe gewährt wird.[172] Dies begründet die Entwurfsbegründung wie folgt: formal sei anders die Durchführung dieser Maßnahmen während der Arbeitszeit nicht zu rechtfertigen. Außerdem werde durch die Maßnahmen erst die inhaltliche Grundlage für eine schulische und berufliche Ausbildung geschaffen, so dass sie unabdingbare Voraussetzungen für das Erreichen des Vollzugsziels seien.[173]

b. Ergebnis zu § 24 Abs.1 GJVollz

Pflichtarbeit stellt im Vollzug nur dann ein wirksames Resozialisierungsmittel dar, wenn die geleistete Arbeit angemessene Anerkennung findet. Sie muss geeignet sein, dem Gefangenen den Wert regelmäßiger Arbeit für ein künftiges, eigenverantwortliches Leben in Gestalt eines für ihn greifbaren Vorteils vor Augen zu führen.[174] Dies muss auch für Maßnahmen gelten, die wie schulische Aus- und Weiterbildungsmaßnahmen und spezielle Fördermaßnahmen während der Arbeitszeit stattfinden. Denn diese stellen im Jugendstrafvollzug zum einen eine unabdingbare Vorstufe für eine spätere erfolgreiche Integration in das Berufsleben in Freiheit dar, zum anderen genießen sie nach § 22 Abs.1 S.1 GJVollz Vorrang vor Arbeit, arbeitstherapeutischer oder sonstiger Beschäftigung.[175] Daher ist es richtig, die Gewährung von Ausbildungsbeihilfe auf sämtliche Aus-, Weiter und Fortbildungsmaßnahmen auszudehnen. Zwar ließe sich einwenden, auch in Freiheit werde der Besuch von Schule sowie Fördermaßnahmen nicht auch noch extra vergütet.[176] Dies würde aber nicht hinreichend berücksichtigen, wie wichtig es gerade im Jugendstrafvollzug ist, den Wert von Bildung zu vermitteln. Zudem würde sonst der unerwünschte Effekt eintreten, dass sich Gefangene allein aus monetären Gründen für die Aufnahme einer Arbeit anstatt einer Aus- bzw. Weiterbildungsmaßnahme entscheiden. Zudem wäre eine Ungleichbehandlung von arbeitenden Gefangenen und solchen in Aus- und Weiterbildungsprogrammen zwar sachlich zu rechtfertigen, aber nicht wünschenswert.

---

[171] Vgl. zum Arbeitsentgelt des Gefangenen Callies/Müller-Dietz (2005), § 43, Rn.1 ff.; Laubenthal (2003), Rn.450 ff. jeweils m.w.N.; grundlegend zum Arbeitsentgelt BVerfGE 98, S. 169 = NJW 1998, S.3337; die Frage nach der Angemessenheit des Arbeitsentgelts soll an dieser Stelle nicht vertieft werden, näher hierzu Lohmann (2002), S. 325 f.

[172] Begründung zum GJVollz (2004), S.52.

[173] Begründung zum GJVollz (2004), S.52.

[174] BVerfGE 98, S.169.

[175] Näher dazu Kap.5, Abschn.6, C.III.1. (bei § 22 Abs.1 S.1 GJVollz).

[176] So Ullenbruch, ZRP 2000, S.177, 181.

Denn dies würde dazu führen, dass letztlich die Gefangenen finanziell schlechter gestellt würden, die genau das tun, was § 22 Abs.1 S.1 GJVollz primär von ihnen verlangt, nämlich sich aus- und weiterbilden zu lassen.[177] Aus diesem Grund greift im Jugendstrafvollzug auch das Argument nicht durch, dass sich bei einer finanziellen Gleichstellung von Aus- und Weiterbildung mit Arbeit die Beschäftigten diskriminiert fühlen könnten, was demotivierend wirken könne.[178] Denn gerade angesichts der Bedeutung, die Aus- und Weiterbildung im Jugendstrafvollzug sowohl nach dem Willen des Entwurfs als auch zahlenmäßig hat, ist es eben nicht einzusehen, warum der überwiegende Teil der Gefangenen gegenüber denjenigen diskriminiert werden soll, die einen der wenigen[179] Arbeitsplätze ergattern konnten. Zudem findet hier nur eine Gleichstellung mit den arbeitenden Gefangenen und keine Schlechterstellung der arbeitenden Gefangenen statt. Die Bestimmung ist daher als gelungen zu bezeichnen.[180] Insbesondere wird so der Befürchtung der Boden entzogen, als Ausfluss des Urteils des Bundesverfassungsgerichts zur Gefangenenentlohnung[181] werde es zu einer Entkopplung des Entgelts für Pflichtarbeit von dem Entgelt für Schulbesuch und Berufsausbildung kommen und so der Strafvollzugsreform, soweit es ihr um die Stabilisierung der sozialen Lage der Gefangenen ging, *„endgültig den Todesstoß"*[182] versetzt.[183] Diese Befürchtungen gründeten sich darauf, dass das Bundesverfassungsgericht in der genannten Entscheidung davon gesprochen hatte, dass für Gefangene, denen keine Arbeit zugewiesen wird, weil sie zur Berufsausbildung, beruflichen Weiterbildung oder zur Teilnahme an anderen Maßnahmen der Aus- und Weiterbildung oder zum Abschluss der Hauptschule Gelegenheit erhalten oder arbeitstherapeutisch beschäftigt werden, *„besondere Maßstäbe"* zu gelten hätten[184].

Der Rest der Bestimmung ist weitgehend sachgerecht, allerdings ist der pauschale Verweis auf § 44 StVollzG durch § 24 Abs.1 S.4 GJVollz unverständlich. Denn § 24 Abs.1 S.1-3 GJVollz lehnen sich ja ersichtlich an den Wortlaut des wegen § 176 Abs.4 GJVollz bisher schon für den Jugendstrafvollzug geltenden § 44 Abs.1 StVollzG an, modifizieren diesen aber wegen der am Grundsatz der

---

[177] Vgl. dazu Böhm, ZfStrVo 2000, S.63, 64 zum Konzept der Resozialisierung des StVollzG: *„Jeder Gefangene, der seine Haftzeit für die ihm jeweils besonders dienlichen Resozialisierungsmöglichkeiten nutzt, soll so alimentiert werden, dass sich – auch im Hinblick auf die Zeit nach seiner Entlassung – seine und seiner Familie soziale Situation nicht weiter verschlechtert, sondern möglichst stabilisiert. Dabei soll es keine Rolle spielen, ob der Gefangene durch Pflichtarbeit dem Staat Einnahmen verschafft oder durch Schulbildung und Berufsausbildung Kosten verursacht."*.

[178] Lohmann (2002), S.290.

[179] Vgl. zur Arbeitslosigkeit im Jugendstrafvollzug Ostendorf (2003), §§ 91-92, Rn.16, dessen Daten allerdings veraltet sind (Erhebungsjahr 1980).

[180] Ebenfalls zustimmend die Stellungnahme des Deutschen Richterbundes, zu § 24.

[181] BVerfGE 98, S.169 ff.

[182] So Böhm, ZfStrVo 2000, S.63, 64.

[183] Böhm, ZfStrVo 2000, S.63 f.; zustimmend Radtke, ZfStrVo 2001, S.4, 7 re. Sp.; a.A. zur monetären Gleichstellung von Pflichtarbeit und Maßnahmen der Schul- und Berufsausbildung Lohmann (2002), S.153, der sogar einen möglichen Verstoß der Gleichstellung gegen Art.3 Abs.1 GG postuliert und als Lösungen eine vollständige Abkopplung von der Entlohnung oder eine Stufung nach der StVollzVergO vorschlägt (aaO, S.290).

[184] BVerfGE 98, S.169, 202.

Förderung ausgerichteten pädagogischen Ausgestaltung des Jugendstrafvollzuges.[185] Warum nun pauschal auf einen Absatz verwiesen wird, der gerade von den dort aufgestellten Grundsätzen abweicht, bleibt unklar. Daher sollte der Verweis auf § 44 StVollzG durch einen Verweis lediglich auf § 44 Abs.2 GJVollz ersetzt werden.

2. Arbeitsentgelt – § 24 Abs.2 GJVollz

a. Inhalt der Vorschrift

Satz 1 der Vorschrift regelt die Gewährung von Arbeitsentgelt sowie die Freistellung von der Arbeit für die Gefangenen, die zugewiesene Arbeit, arbeitstherapeutische oder sonstige Beschäftigung oder eine Hilfstätigkeit nach § 22 Abs.1 Satz 2 ausüben und gibt dem Gefangenen einen Rechtsanspruch hierauf.[186] Hinsichtlich der Bemessung verweist § 24 Abs.2 S.2 GJVollz auf die im Erwachsenenstrafvollzug geltenden gelten § 43 Abs. 2, 3 und Abs. 6 bis 11 StVollzG sowie die nach § 48 StVollzG erlassenen Bestimmungen, d.h. auf die StVollzVergO.

b. Bewertung der Vorschrift

Die grundsätzliche Gewährung von Arbeitsentgelt im Jugendstrafvollzug war wegen § 176 Abs.1 S.1 GJVoltz schon bisher geltendes Recht. Wegen § 176 Abs.1 S.1 und S.2 StVollzG galten zudem die Bestimmungen des § 43 Abs.2 und 3 sowie Abs.5-11 StVollzG für den Jugendvollzug entsprechend. Auch die entsprechende Geltung des § 48 StVollzG entspricht wegen des Verweises in § 176 Abs.4 StVollzG der bisherigen Rechtslage. Für die Bewertung der Vorschrift als sach- bzw. jugendgerecht kommt es daher vor allem auf die Frage an, ob die unterschiedslose Übernahme der Vorschriften aus dem Erwachsenenstrafvollzug als sachgerecht zu beurteilen ist. Eine Schlechterstellung im Bereich des Arbeitsentgelts wäre jedenfalls nicht zu rechtfertigen gewesen.[187]

aa. Die unterschiedslose Übernahme der Regelungen des StVollzG zur nichtmonetären Entlohnung

„*Anerkennung ist nicht nur ein monetäres Konzept.*“[188] Unter Zugrundelegung dieser bundesverfassungsgerichtlichen Vorgabe hat sich der Entwurf dazu entschlossen, § 43 Abs.6 bis 11 GJVollz und die dort geregelte nichtmonetäre Entlohnung in Bezug zu nehmen. Damit wurden in diesem Bereich keine neuen Wege gegangen, vielmehr wurde auf bereits existierende Regelungen zurückgegriffen. Ob diese Regelungen sich unterschiedslos für den Jugendstrafvollzug eignen, ist fraglich.

Zwar ist eine völlige Abkopplung der Arbeit im Strafvollzug von einer monetären Entlohnung, d.h. eine Abgeltung der geleisteten Arbeit nur durch nichtmone-

---

[185] Vgl. Begründung zum GJVollz (2004), S.52.

[186] Vgl. statt aller Callies/Müller-Dietz (2005), § 43, Rn.1 m.w.N. zur Rechtslage im Erwachsenenstrafvollzug.

[187] So auch Callies/Müller-Dietz (2005), § 176, Rn.2; Lohmann (2002), S.291.

[188] BVerfGE 98, S.169, 202.

täre Leistungen – entgegen der Auffassung des Bundesverfassungsgerichts[189] – nicht wünschenswert.[190] Dagegen spricht namentlich die Funktion des Arbeitsentgelts als Mittel, dem Gefangenen die „Früchte seiner Arbeit" vor Augen zu führen.[191] Zudem hat das Arbeitsentgelt eine selbständige Funktion als Hilfsmittel bei der Wiedereingliederung in die Gesellschaft. Schuldenregulierung, Täter-Opfer-Ausgleich, Zahlung von Unterhalt und nicht zuletzt der richtige Umgang mit Geld sind Unterfälle dieser Funktion, die erst durch die vielfältigen Verwendungsmöglichkeiten von Geld ermöglicht werden.[192]
Andererseits ist es durchaus denkbar und rechtlich zulässig, Gefangenenarbeit teilweise durch nichtmonetäre Leistungen abzugelten.[193] Deshalb ist die teilweise Abgeltung von Arbeit im Jugendvollzug durch nichtmonetäre Leistungen über § 43 Abs.5-11 StVollzG jedenfalls von Verfassung wegen erst einmal nicht zu beanstanden. Fraglich ist aber, ob die Ausgestaltung dieser Regelungen den verfassungsrechtlichen und einfachgesetzlichen Vorgaben gerecht wird. § 43 StVollzG stellt als nichtmonetäre Anerkennung der geleisteten Arbeit Freistellung von der Arbeit zur Verfügung, die als Arbeitsurlaub genutzt oder auf den Entlassungszeitpunkt angerechnet werden kann. Sollte eine Anrechnung ausgeschlossen sein, erfolgt eine Ausgleichsentschädigung in Geld. Diese Regelung ist in der Literatur wegen ihrer Kompliziertheit und Unübersichtlichkeit[194], aber auch wegen ihrer Inkonsistenz und Systemwidrigkeit heftig kritisiert worden. Die Problematik soll hier nicht in aller Ausführlichkeit dargestellt werden[195], sondern es sollen nur die wichtigsten Kritikpunkte herausgegriffen werden. Bemängelt wurde namentlich, die Regelung der Haftzeitverkürzung sei mit dem Strafaussetzungsrecht der §§ 57 ff. StGB unvereinbar.[196] Die Kompatibilität von Haftzeitverkürzung und Strafrestaussetzung erfordere materiell zumindest eine Harmonisierung der Ausschlussgründe.[197] Angesichts der weitgehend gleichartigen Wirkung von Haftverkürzung und Strafrestaussetzung sei dem Gleichheitsgebot kaum Genüge getan, wenn eine negative Sozialprognose zwar die Strafrestaussetzung, nicht aber die Verkürzung der Haftzeit infolge geleisteter Erwerbsarbeit ausschließe.[198] Denn nach § 43 Abs.9 StVollzG erfolgt die Anrechnung auf den Entlassungszeitpunkt, vorbehaltlich der in § 43 Abs.10 StVollzG abschließend[199] aufgezählten Ausschlussgründe zwingend. Auch die Ungleichbehandlung in verfahrensrechtlicher Hinsicht[200] ist kritisiert worden. Zudem käme die Möglichkeit, die Freistellung in Form des vom Gesetz sog. Arbeitsurlaubs zu nehmen, nur für die Gefangenen in Betracht, bei denen keine Flucht-

[189] Vgl. BVerfGE 98, S.169, 202; a.A. das Sondervotum des Richters Kruis, aaO, S.217 ff.; vgl. auch Radtke, ZfStrVo 2001, S.4, 9.
[190] Vertiefend Lohmann (2002), S.144.
[191] Vgl. BVerfGE 98, S.169, 201.
[192] Lohmann (2002), S.144.
[193] So auch Lohmann (2002), S.144.
[194] Callies/Müller-Dietz (2005), § 43, Rn.5.
[195] Vertiefend Callies/Müller-Dietz, § 43, Rn.5; Radtke, ZfStrVo 2001, S.4 ff. jew. m.w.N.
[196] Radtke, ZfStrVo 2001, S.4, 9; Britz, ZfStrVo 1999, S.195, 199.
[197] Ullenbruch, ZRP 2000, S.177, 180 mit einem anschaulichen Beispiel.
[198] Radtke, ZfStrVo 2001, S.4, 9.
[199] Callies/Müller-Dietz (2005), § 43, Rn.4.
[200] Vgl. Radtke, ZfStrVo 2001, S.4, 9, insb. das von ihm gebildete Beispiel in Fn.80.

oder Missbrauchsgefahr im Sinne des § 11 Abs.2 StVollzG bestehe.[201] Damit werde die als Anerkennung geleisteter Arbeit gedachte Gewährung von Freistellungstagen aber in sachwidriger Weise an einen Faktor gekoppelt, der nicht mit der Arbeitsleistung, sondern vielmehr mit dem allgemeinen Vollzugsverhalten im Zusammenhang stehe.[202]
Dieser Kritik ist zuzustimmen und sie gilt wegen des unterschiedslosen Verweises auf § 43 Abs.6-11 StVollzG auch für den Bereich des Jugendstrafvollzuges. Endgültig gegen eine Übertragung dieser Vorschriften in den Jugendvollzug spricht jedoch folgende Erwägung: Gemäß § 24 Abs.1 S.1 GJVollz gilt im Jugendstrafvollzug der Vorrang von Maßnahmen der schulischen und beruflichen Aus- und Weiterbildung.[203] Dann ist es allerdings nicht einzusehen, warum die Gefangenen, die genau das tun, was der Gesetzgeber primär von ihnen fordert, nämlich an schulischen und beruflichen Aus- und Weiterbildungsprogrammen sowie an speziellen Fördermaßnahmen teilzunehmen, überhaupt keine Möglichkeit haben, in den Genuss nichtmonetärer Entgelte zu kommen. Es steht zu befürchten, dass Gefangene sich hierdurch von der Teilnahme an Aus- und Weiterbildungsmaßnahmen abhalten lassen und vielmehr versuchen werden, einen der Arbeitsplätze in der Jugendstrafanstalt zu erhalten. Im Ergebnis handelt es sich hier um eine sachlich nicht gerechtfertigte Bevorzugung der arbeitenden Gefangenen. Aus diesem Grund ist die unterschiedslose Verweisung auf § 43 Abs.6-11 StVollzG für den Jugendstrafvollzug endgültig abzulehnen.

bb. Die Höhe des Entgelts

Die Höhe des Entgelts richtet sich nach § 24 Abs.2 S.2 GJVollz i.V.m. § 43 Abs.2, 3 StVollzG. Die in Bezug genommenen Vorschriften des StVollzG wurden durch das 5. StVollzÄndG aufgrund des Urteils des Bundesverfassungsgerichts zur Gefangenenentlohnung[204] geändert.
Auch die Anhebung des Entgelts von fünf auf neun Prozent der Bezugsgröße nach § 18 SGB IV (Eckvergütung) hat von Seiten des Schrifttums heftige Kritik erfahren,[205] wurde aber mittlerweile durch das Bundesverfassungsgericht für zulässig erklärt.[206] Allerdings wurde in der Entscheidung auch deutlich, dass die Höhe des monetären Lohnanteils gerade noch die äußerste Grenze der verfassungsrechtlichen Zulässigkeit wahrt und steter Überprüfung durch den Gesetzgeber zu unterziehen ist.[207]
Der Gesetzgeber kann bei der Regelung dessen, was angemessen ist, die typischen Bedingungen des Strafvollzugs, insbesondere auch dessen Marktferne, in Rechnung stellen. Auch die Kosten der Gefangenenarbeit für die Unternehmer

---

[201] Radtke, ZfStrVo 2001, S.4, 9; Ullenbruch, ZRP 2000, S.177, 180.
[202] Radtke, ZfStrVo 2001, S.4, 9; Callies/Müller-Dietz, § 43, Rn.5.
[203] Vgl. oben Kap.5, Abschn.6, C.III.1.
[204] BVerfGE 98, S.169 ff.
[205] Vgl. Callies/Müller-Dietz (2005), § 43, Rn.5; Lohmann (2002), S.325 ff.; Laubenthal (2003), Rn.450 f.; Feest, StV 2002, S.381; Däubler/Spaniol, in: AK-StVollzG (2006), § 43, Rn.6 .
[206] BVerfG NStZ 2003, S.109 ff.; vgl. auch OLG Hamm, NJW 2002, S.230; OLG Hamburg, StV 2002, S.376 f.; OLG Frankfurt StV 2002, S.377 ff. m. Anm. Feest, S.381 f.; OLG Saarbrücken, StV 2002, S.377.
[207] BVerfG NJW 2002, S.2023, 2024 f.

und die Konkurrenz durch andere Produktionsmöglichkeiten vor dem Hintergrund des jeweiligen Arbeitsmarkts spielen dabei eine Rolle. Deshalb hat der Gesetzgeber hier einen weiten Einschätzungsraum.[208] Legt man diese Argumente zugrunde, so ist die Höhe der derzeitigen Gefangenenentlohnung richtigerweise von Verfassung wegen nicht zu beanstanden, wenn auch eine Erhöhung wünschenswert wäre.[209]

cc. Die fehlende Einbeziehung in die Sozialversicherung

Auch der Entwurf versäumt es, die Einbeziehung der jungen Gefangenen in die Sozialversicherung zu regeln. Damit obliegen weder dem Gefangenen noch der Vollzugsbehörde Beitragspflichten; die Aufrechterhaltung der Sozialversicherung ist vielmehr dem Gefangenen überlassen.[210] Die Sozialversicherungspflicht besteht lediglich im Falle eines freien Arbeitsverhältnisses, das sich im Jugendstrafvollzug nach § 22 Abs.3 GJVollz bestimmt.[211]

(1) Einbeziehung aus verfassungsrechtlichen Gründen

Nach Auffassung des Bundesverfassungsgerichts ist die Nichteinbeziehung von Strafgefangenen in die gesetzliche Rentenversicherung von Verfassung wegen nicht zu beanstanden.[212] Dass dieses Ergebnis richtig ist, hat *Lohmann* im Rahmen einer eingehenden Untersuchung nachgewiesen.[213] Er kommt zu dem Ergebnis, dass eine Einbeziehung aus verfassungsrechtlicher Sicht zwar möglich[214], aber nicht zwingend[215] sei. Die Nichteinbeziehung in die gesetzliche Rentenversicherung sei nur dann verfassungswidrig, wenn eine grundgesetzliche Rechtspflicht des Gesetzgebers zum Handeln bestehe.[216] Eine solche bestehe jedoch weder nach dem Resozialisierungsgebot noch nach dem Gleichheitssatz des Art.3 Abs.1 GG.[217] Daher besteht aus verfassungsrechtlichen Gründen keine Pflicht, die Strafgefangenen in die gesetzliche Rentenversicherung mit einzubeziehen. Dies gilt auch für die Gefangenen im Jugendstrafvollzug. Zwar ist es richtig, dass der fehlende Rentenversicherungsschutz eine *„resozialisierungsfeindliche Spätfolge der Freiheitsstrafe“*[218] darstellt, weil die fehlende Einbeziehung in die gesetzliche Rentenversicherung für die Zeit der Strafhaft dazu führt, dass später bei der Rentenberechnung die Jahre fehlen[219]. Schon bei erwachsenen Strafgefangenen stellt sich ein gesetzlicher Rentenversicherungsschutz je-

---

[208] BVerfGE 98, S.169, 202 f.
[209] Auch wenn die Forderung nach Entlohnung in Höhe des Tariflichen wohl illusorisch ist.
[210] Callies/Müller-Dietz (2005), § 193, Rn.3.
[211] Vgl. Callies/Müller-Dietz (2005), § 193, Rn.3 m.w.N.; Brühl, in: AK-StVollzG (2006), vor § 190, Rn.1, 5.
[212] BVerfGE 98, S.169, 204: *„Der Gesetzgeber ist danach nicht gehalten, jede in Betracht kommende Beschäftigung am Schutz der Sozialversicherung teilnehmen zu lassen.“*.
[213] Lohmann (2002), S.155 ff.
[214] Lohmann (2002), S.156 ff.
[215] Lohmann (2002), S.161.
[216] Lohmann (2002), S.160 f.
[217] Lohmann (2002), S.158 ff.
[218] So Rotthaus, NStZ 1987, S.1, 4; zustimmend Lohmann (2002), S.161.
[219] Rotthaus, NStZ 1987, S.1, 4.

doch selbst bei langen Haftstrafen nicht als unverzichtbar für die Resozialisierung dar.[220] Dies gilt für Gefangene im Jugendstrafvollzug erst recht deshalb, weil bei ihnen Haftstrafen über 12 Monaten sehr selten sind[221] und sich daher bei ihnen die fehlende Einbeziehung in die gesetzliche Rentenversicherung weniger auswirkt als bei erwachsenen Strafgefangenen.

(2) Einbeziehung aus rechtspolitischen Gründen

Von der Frage der verfassungsrechtlichen Pflicht einer Einbeziehung in die Rentenversicherung ist allerdings die Frage zu unterscheiden, ob eine solche Einbeziehung aus rechtspolitischen Gründen wünschenswert ist. Dies ist zu bejahen. Denn dass sowohl bei jungen als auch bei erwachsenen Gefangenen die Nichteinbeziehung eine resozialisierungsfeindliche Spätfolge der Tat darstellt, lässt sich nicht leugnen. Es sei dahingestellt, ob der Gefangene durch die Nichteinbeziehung tatsächlich *„...zu einem Staatsbürger minderer Wertigkeit deklassiert...“*[222] wird. Festzuhalten bleibt aber, dass die Nichteinbeziehung in die gesetzliche Rentenversicherung jedenfalls zu einer handfesten Einbuße an geldwerten Vorteilen führt. Gerade jungen Gefangenen, die regelmäßig noch am Beginn ihres Arbeitslebens stehen, werden so Nachteile aufgebürdet, die sie nach dem Ende des Strafvollzuges nicht mehr werden ausgleichen können.[223] Mit Hinblick auf den Angleichungsgrundsatz ist daher eine Einbeziehung aller Gefangenen in die gesetzliche Sozialversicherung zu fordern.[224] Anzuregen ist deshalb, bei einer gesetzlichen Regelung des Jugendstrafvollzuges diesen Bereich als Experimentierfeld zu gebrauchen, um dort eine Einbeziehung in die gesetzliche Rentenversicherung beispielhaft zu erproben. Eine solche gesetzliche Regelung könnte sich an den Gesetzesvorschlägen der *Vollzugsleiter*[225] und von *Kreideweiß*[226] orientieren.

dd. Vorschläge für eine Anpassung des § 24 Abs.2 GJVollz – Plädoyer für ein neues System nichtmonetärer Entlohnung

Nicht zuletzt aufgrund der Tatsache, dass das Bundesverfassungsgericht in seinem Urteil zur Gefangenenentlohnung ausdrücklich auf die Möglichkeit nichtmonetärer Entlohnung hingewiesen hat[227], wurde namentlich von Seiten der Wissenschaft für den Jugendstrafvollzug ein Paradigmenwechsel in der Vollzugsgestaltung hin zu einem Motivation weckenden umfassenden Belohnungssystem gefordert.[228] Denkbare Entlohnungsmöglichkeiten, wie den Aufbau einer sozialversicherungsrechtlichen Anwartschaft, Hilfen zur Schuldentilgung, oder Haftzeitverkürzung (sog. „good time“), sofern general- oder spezialpräventive

---

[220] Lohmann (2002), S.160.
[221] Vgl. Streng (2003), S.204.
[222] Hartmann, Die Sozialversicherung 1993, S.197, 199.
[223] Stellungnahme des Deutschen Richterbundes, zu § 24.
[224] So auch Tondorf (2006), Fn.83.
[225] Vgl. § 52 E 1988.
[226] § 59 E 1993; vgl. zusammenfassend Kreideweiß (1993), S.191.
[227] BVerfGE 98, S.169, 202.
[228] Stellungnahme der DVJJ zum GJVollz (2004), S.314, 319; vgl. auch J. Walter, ZfJ 2004, S.397, 403.

Gründe nicht entgegenstehen, hat das Bundesverfassungsgericht selbst genannt.[229] Wichtig ist in diesem Zusammenhang weniger die konkrete Festschreibung einzelner Maßnahmen, sondern vielmehr – insofern ist der Stellungnahme der DVJJ zum GJVollz zuzustimmen – *„... dass der systematische Ansatz eingefordert wird“*[230], also jedenfalls die prinzipielle Möglichkeit nichtmonetärer Entlohnung gesetzlich festgeschrieben wird. Denkbar wäre in diesem Zusammenhang auch die Etablierung eines bargeldlosen Wirtschaftkreislaufs – eines sog. token economy Systems – im Rahmen des Einkaufs in der Anstalt.[231]

c. Ergebnis zu § 24 Abs.2 GJVollz

Insgesamt ist damit im Bereich des Arbeitsentgelts noch vieles verbesserungsbedürftig, so dass diese Vorschrift unbedingt überarbeitet werden sollte.[232]

3. Schriftliche Bekanntgabe von Ausbildungsbeihilfe und Arbeitsentgelt – § 24 Abs.3 GJVollz

a. Inhalt der Vorschrift

Nach § 24 Abs.3 GJVollz werden die Ausbildungsbeihilfe und das Arbeitsentgelt schriftlich bekannt gegeben. Damit wird die bislang nur für das Arbeitsentgelt geltende Rechtslage, wie sie in Nr.38 Abs.3 VVJug bzw. für den Erwachsenenstrafvollzug in § 43 Abs.5 StVollzG zum Ausdruck kam, konsequenterweise auf die jetzt dem Arbeitsentgelt gleichgestellte Ausbildungsbeihilfe ausgedehnt. Mit ihnen kann der junge Gefangene die Höhe seines verdienten Geldes sowie eventuelle Ansprüche auf Freistellung von der Arbeitspflicht nach § 24 Abs.2 S.2 GJVollz i.V.m. § 43 Abs.6-11 StVollzG überprüfen und gegebenenfalls geltend machen.[233]

b. Ergebnis

Die Ausdehnung der schriftlichen Bekanntgabe auf die Ausbildungsbeihilfe ist konsequent und trägt der Tatsache Rechnung, dass Aus- und Weiterbildungsmaßnahmen, für die die Ausbildungsbeihilfe nach § 24 Abs.1 S.1 GJVollz gewährt wird, grundsätzlich vor Arbeit, arbeitstherapeutischer oder sonstiger Beschäftigung sowie Hilfsarbeit vorrangig sind. Im Übrigen entspricht die Bestimmung der bisherigen Rechtslage und findet sich so auch in allen früheren Alternativentwürfen aus Wissenschaft und Praxis wieder.[234] Die Bestimmung ist daher insgesamt als sachgerecht zu bewerten.

---

[229] BVerfGE 98, S.169, 202; zustimmend J. Walter, ZfJ 2004, S.397, 403.
[230] Stellungnahme der DVJJ zum GJVollz (2004), S.314, 319.
[231] J. Walter, ZfJ 2004, S.397, 403; für eine grundsätzliche Umstrukturierung des Entlohnungssystems auf ein auf sog. „token“ basierendes Belohnungssystem auch Dünkel, in: Schwind-FS (2006), S.549, 563.
[232] So auch Tondorf (2006), Fn.83.
[233] Vgl. Däubler/Spaniol, in: AK-StVollzG (2006), § 43, Rn.13.
[234] Vgl. § 46 Abs.3 E 1984; § 46 Abs.3 E 1985; § 45 Abs.3 E 1988; § 47 Abs.2 E 1991; § 52 Abs.3 E 1993.

4. Taschengeld – § 24 Abs.4 GJVollz

a. Inhalt der Vorschrift

Nach Absatz 4 der Entwurfsvorschrift wird Gefangenen, die ohne ihr Verschulden weder Arbeitsentgelt noch Ausbildungsbeihilfe erhalten, ein angemessenes Taschengeld gewährt, falls sie bedürftig sind. Damit entspricht die Vorschrift inhaltlich § 176 Abs.3 StVollzG in der Fassung nach § 199 Abs.1 Nr.5 StVollzG, der bislang die Gewährung von Taschengeld für Gefangene im Jugendstrafvollzug regelte. Diese Vorschrift lehnt sich wiederum an § 46 StVollzG in der Fassung nach § 199 Abs.1 Nr.1 StVollzG an. Nähere Vorschriften über die Gewährung von Taschengeld enthielten die VVJug in Nr.40 VVJug, die insoweit mit den VV zu § 46 StVollzG (in der Fassung des § 199 Abs.1 Nr.1 StVollzG) inhaltsgleich sind.

b. Ergebnis

Besondere Probleme ergeben sich hinsichtlich dieser Regelung nicht, da schon die bisherige Gewährung von Taschengeld nach § 176 Abs.3 StVollzG als sachgerecht zu bewerten war. Dies zeigen auch die Alternativentwürfe aus Wissenschaft und Praxis, die sich im Wesentlichen an die (mit der für junge Gefangene geltenden Vorschrift inhaltsgleichen) Norm des § 46 StVollzG anlehnen.[235]

5. Hausgeld, Haftkostenbeitrag, Überbrückungsgeld, Eigengeld, Einbehaltung von Beitragsteilen – § 24 Abs.5 GJVollz

a. Inhalt der Regelung

aa. In Bezug genommene Vorschriften

§ 24 Abs.5 GJVollz übernimmt durch Verweisung mehrere Vorschriften aus dem Erwachsenenstrafvollzug in den Bereich des Jugendstrafvollzuges.[236] Dabei handelt es sich um die Vorschriften über das Hausgeld (§ 47 StVollzG in der Fassung des § 199 Abs.1 Nr.2 StVollzG), den Haftkostenbeitrag (§ 50 StVollzG), das Überbrückungsgeld (§ 51 StVollzG), das Eigengeld (§ 52 StVollzG) sowie die Einbehaltung von Beitragsteilen (§ 195 StVollzG).

bb. Abänderungen der in Bezug genommenen Vorschriften im Jugendstrafvollzug

Allerdings enthält § 24 Abs.5 GJVollz zwei Abänderungen der in Bezug genommenen Vorschriften des StVollzG. Diese regeln das Absehen von der Erhebung eines Haftkostenbeitrages sowie die Auszahlung des Überbrückungsgeldes an andere Personen als den Gefangenen.
§ 24 Abs.5 Nr.1 GJVollz schreibt fest, dass aus besonderen Gründen ganz oder teilweise von der Erhebung eines Haftkostenbeitrages abgesehen werden

[235] Vgl. § 48 E 1984; § 48 E 1985; § 46 E 1988; § 48 E 1991; § 53 E 1993; zusammenfassend Kreideweiß (1993), S.183 f.
[236] Vgl. Begründung zum GJVollz (2004), S.52.

kann.[237] Die aufgezählten besonderen Gründe – der Entwurf nennt die Förderung von Unterhaltszahlungen, Schadenswiedergutmachung, sonstige Schuldenregulierung sowie besondere Aufwendungen zur Wiedereingliederung – sind aus der Formulierung *„insbesondere"* ersichtlich nicht abschließend, sondern sollen vielmehr der Vollzugsbehörde eine einzelfallgerechte Abwägung dahingehend erlauben, ob und gegebenenfalls in welchem Umfang von der Erhebung eines Haftkostenbeitrages abgesehen wird.[238] Auf diese Weise erfährt der Gefangene verstärkt den Wert der eigenen Leistung, was ihn zu einer Kontinuität der Arbeitsleistungen motivieren kann, welche wiederum die Chancen für die Wiedereingliederung in das Leben in Freiheit erhöht.[239]
§ 24 Abs.5 Nr.2 GJVollz legt fest, dass die Vollzugsbehörde das Überbrückungsgeld ganz oder teilweise den Personensorgeberechtigten, der Bewährungshilfe oder einer mit der Entlassungsbetreuung befassten Stelle überweisen kann. Die Auszahlung an die beiden letztgenannten Stellen entspricht der bisherigen Rechtslage im Erwachsenenstrafvollzug (§ 51 Abs.2 S.2 StVollzG), die aufgrund des § 176 Abs.4 StVollzG auch für Gefangene im Jugendstrafvollzug galt. Die Entwurfsvorschrift erweitert den Kreis der genannten Personen um die Personensorgeberechtigten und trägt damit einem Bedürfnis der Praxis Rechnung.[240] Allerdings bringt der Begriff des Personensorgeberechtigten schon zum Ausdruck, dass diese Gesetzesvariante nur bei noch minderjährigen Gefangenen zur Anwendung kommen kann.

b. Stellungnahme und Ergebnis

Die Verweisung auf die genannten Vorschriften aus dem Erwachsenenstrafvollzug entspricht der bisher geltenden Rechtslage und ist sachgerecht. Auch § 24 Abs.5 Nr.2 GJVollz ist als praxisnah zu begrüßen. Die Abänderung der Regelungen über die Erhebung des Haftkostenbeitrages durch § 24 Abs.5 Nr.1 GJVollz gehen in die richtige Richtung. So entspricht die Zusammensetzung der Fallgruppen, in denen insbesondere von der Erhebung eines Haftkostenbeitrages abgesehen werden kann, einer Forderung aus der Praxis, die namentlich die Einbeziehung von Maßnahmen der Schadenswiedergutmachung, der Schuldenregulierung und sonstiger Ausgaben zur Wiedereingliederung in den Katalog der Gründe, aus denen von der Erhebung eines Haftkostenbeitrages abgesehen werden kann, gefordert hatte.[241] Allerdings ist fraglich, ob man im Fall von Gefangenen im Jugendstrafvollzug nicht völlig von der Erhebung eines Haftkostenbeitrages absehen oder die derzeitige Kann-Regelung nicht wenigstens durch eine Soll-Vorschrift ersetzen sollte.[242] Zum einen sind nach der in Bezug genommenen Vorschrift des § 50 StVollzG im Wesentlichen ohnehin nur die Gefangenen zur Zahlung eines Haftkostenbeitrages verpflichtet, die in einem freien Beschäf-

---

[237] Vgl. zur Erhebung von Haftkostenbeiträgen im Jugendstrafvollzug und zur Unterschiedlichkeit der Ansätze in den einzelnen Alternativentwürfen Kreideweiß (1993), S.186 ff. m.w.N.
[238] Vgl. Begründung zum GJVollz (2004), S.52.
[239] Begründung zum GJVollz (2004), S.52.
[240] Begründung zum GJVollz (2004), S.53.
[241] Vgl. Kreideweiß (1993), S.187 m.w.N.
[242] So die Stellungnahme des Deutschen Richterbundes, zu § 24.

tigungsverhältnis stehen oder denen Selbstbeschäftigung gestattet ist.[243] Dieser Personenkreis dürfte im Jugendstrafvollzug unterrepräsentiert sein. Zum anderen knüpft § 50 StVollzG an den strafprozessualen Grundgedanken an, wonach dem Verurteilten die Kosten des Strafverfahrens zur Last fallen (§ 465 Abs.1 S.1 StPO), wozu nach § 464 a Abs.1 S.2 StPO auch die Kosten gehören, die durch Vollstreckung der Rechtsfolgen der Tat entstehen.[244] Häufig wird jedoch im Verfahren gegen einen Jugendlichen oder Heranwachsenden[245] gemäß § 74 JGG davon abgesehen, dem Angeklagten Kosten und Auslagen aufzuerlegen, womit eine sonst drohende finanzielle Zukunftsbelastung bzw. Überschuldung vermieden werden soll, die unter Umständen sogar die Folgewirkungen einer im Jugendstrafrecht unzulässigen Geldstrafe haben kann.[246] Damit passt schon der Grundgedanke der Haftkostenregelung aus dem Erwachsenenstrafvollzug nicht auf den Jugendstrafvollzug. Mit der Zielsetzung der jugendstrafrechtlichen Regelungen ist es daher letztlich unvereinbar, in einem erzieherischen und auf Förderung der Entwicklung des jungen Gefangenen orientierten Jugendvollzug einen Haftkostenbeitrag zu erheben.[247] Zudem ist der Verwaltungsaufwand bei der Erhebung von Haftkostenbeiträgen enorm hoch, der Ertrag bei jungen Gefangenen demgegenüber regelmäßig gering.[248] Außerdem ist es gerade jungen Gefangenen – aber nicht nur diesen – schwer zu vermitteln, dass sie für einen Tag, an dem sie der Arbeit ferngeblieben sind, Haftkosten in einer Höhe zu entrichten haben, die den Betrag dessen, was sie an diesem Tag hätten verdienen können, weit übersteigt.[249]

Zusammenfassend sprechen damit die besseren Argumente für einen völligen Verzicht auf den Haftkostenbeitrag.[250] Sollte man sich zu diesem Schritt nicht entschließen können, sollte jedenfalls der Forderung nach einer Änderung der Norm in eine Soll-Vorschrift Rechnung getragen werden.

III. Gesamtergebnis zu § 24 GJVollz

Insgesamt stellt die Vorschrift eine solide, aber noch ausbaufähige Grundlage dar. Viele Ansätze, wie die nochmalige Betonung des Vorranges von schulischer und beruflicher Aus- und Weiterbildung in § 24 Abs.1 S.1 sowie die Gleichstellung der genannten Aus- und Weiterbildungsmaßnahmen mit Arbeit, arbeitstherapeutischen Maßnahmen sowie sonstigen Hilfstätigkeiten in finanzieller Hinsicht sind begrüßenswert. Dennoch sollten die *„immer noch nicht eingelösten Versprechen der Strafvollzugsreform“*[251] wenigstens für den Bereich des Jugendstrafvollzuges eingelöst werden, indem bei der gesetzlichen Regelung die

---

[243] Callies/Müller-Dietz (2005), § 50, Rn.4; Arloth/Lückemann (2004), § 50, Rn.6.

[244] Callies/Müller-Dietz (2005), § 50, Rn.2; Meyer-Goßner (2005), § 464 a, Rn.3.

[245] Falls Jugendstrafrecht zur Anwendung kommt, §§ 109 Abs.2 S.1, 112 S.1, 2, 104 Abs.1 Nr.13 JGG.

[246] J. Walter, ZfJ 2004, S.397, 402; Eisenberg (2006), § 74, Rn.8 m.w.N.

[247] Vgl. J. Walter, ZfJ 2004, S.397, 402.

[248] J. Walter, ZfJ 2004, S.397, 402 f.

[249] J. Walter, ZfJ 2004, S.397, 403; vgl. auch die Aussagen der von Kreideweiß (1993), S.187 befragten Anstaltsleiter.

[250] Ähnlich auch Kreideweiß (1993), S.187: *„...nicht sinnvoll...“*; für einen Verzicht auf die Erhebung eines Haftkostenbeitrages auch Tondorf (2006), Fn.85.

[251] Brühl, in: AK-StVollzG (2006), vor § 190, Rn.1.

Einbeziehung der Gefangenen in die Sozialversicherung sowie ein neues System nichtmonetärer Entlohnung festgeschrieben wird. Hier besteht dringender Handlungsbedarf.

F. § 25 Verpflegung und Einkauf

I. Bisherige Rechtslage und Alternativentwürfe

Bisher regelten im Jugendstrafvollzug die Nrn. 16 und 17 VVJug die Bereiche Anstaltsverpflegung und Einkauf. Dabei entsprach Nr.16 Abs.1 GJVollz der im Erwachsenenstrafvollzug geltenden Regelung über die Anstaltsverpflegung, § 21 StVollzG. Nr.16 Abs.2 bis Abs.5 VVJug entsprechen im Wesentlichen den zu § 21 StVollzG erlassenen Verwaltungsvorschriften. Nr.17 Abs.1 bis Abs.3 VVJug entspricht sachlich § 22 StVollzG, Nr.17 Abs.4 bis Abs.8 VVJug den zu § 22 StVollzG erlassenen Verwaltungsvorschriften.
Die Alternativentwürfe stimmen bei der gesetzlichen Regelung der Anstaltsverpflegung grundsätzlich überein.[252] Ergänzend wird lediglich teilweise die gesetzliche Klarstellung gefordert, dass der junge Gefangene eine vollwertige Verpflegung erhält.[253] Unterschiedlich wird hingegen die Frage einer Selbstversorgung in der Anstalt gesehen.[254] Die Frage des Einkaufs in der Anstalt wird im Wesentlichen in Anlehnung an § 22 StVollzG entschieden.[255]

II. Inhalt der Vorschrift

§ 25 GJVollz ordnet die entsprechende Geltung der §§ 21 und 22 StVollzG an. Damit wird die bisher im Erwachsenenvollzug geltende und aufgrund der Nrn.16 Abs.1 und 17 Abs.1-3 VVJug auch im Jugendstrafvollzug Anwendung findende Rechtslage in den Entwurf überführt. Dies bedeutet für den Bereich der Verpflegung, dass die jungen Gefangenen wie bisher grundsätzlich in vollem Umfang von der Anstalt verpflegt werden, die Vollzugsbehörden jedoch eine andere Art und Weise der Verpflegung für einzelne Anstalten, Vollzugseinheiten oder Abteilungen ohne weiteres zulassen können.[256] § 25 GJVollz schließt allerdings Selbstverpflegung nicht aus; hierüber entscheidet die Vollzugsbehörde im Rahmen ihres Ermessens.[257]

---

[252] Vgl. § 24 E 1984; § 24 S.1 E 1985 i.V.m. § 21 StVollzG; § 25 Abs.2 E 1988; § 25 E 1991; § 31 Abs.1 E 1993; zusammenfassend Kreideweiß (1993), S.145 f.
[253] Vgl. § 25 Abs.1 E 1988; § 31 Abs.1 S.1 E 1993; Kreideweiß (1993), S.146.
[254] Zusammenfassend Kreideweiß (1993), S.146 f. m.w.N.
[255] Vgl. § 25 E 1994; § 25 E 1985 i.V.m. § 22 StVollzG; § 26 E 1988; § 26 E 1991; § 32 E 1993.
[256] Begründung zum GJVollz (2004), S.53.
[257] Begründung zum GJVollz (2004), S.53 unter Verweis auf BT-Drucks. 7/918, S.56.

III. Ergebnis zu § 25 GJVollz

Die vorgeschlagene gesetzliche Regelung der Anstaltsverpflegung ist grundsätzlich gelungen. Raum für Verbesserung bleibt jedoch im Bereich der Selbstverpflegung und des Einkaufs. Wenn auch Selbstverpflegung unter dem Gesichtspunkt des Angleichungsgrundsatzes eher dem Leben in Freiheit entspricht, weil der Gefangene die Verpflegung selbst beschaffen und teilweise auch zubereiten muss, so spricht gegen ein Recht auf Selbstverpflegung, dass sich Standesunterschiede bemerkbar machen könnten.[258] Wohlhabendere Gefangene könnten sich so eine qualitativ hochwertigere und kostspieligere Verpflegung verschaffen.[259]
Allerdings wäre im Rahmen des Wohngruppenvollzugs denkbar, dass dort regelmäßig gemeinsam in der Gruppe gekocht wird. Neben der Steigerung des Gemeinschaftsgefühls käme hier noch der praktische Aspekt hinzu, dass die jungen Gefangenen hierdurch lernen, sich selbst in Freiheit gesund zu verköstigen. Zudem trüge das eigenhändige Kochen auch dem Angleichungsgrundsatz in besonderer Weise Rechnung.
Vom Grundsatz her ist auch die Vorschrift über den Einkauf für den Jugendstrafvollzug praktikabel. Allerdings würden sich gerade diese Vorschriften dazu eignen, neue Arten nichtmonetärer Anerkennung von Arbeitsleistungen und Wohlverhalten im Vollzug zu erproben, stellt doch der Einkauf neben der Zusendung von Paketen die einzige Möglichkeit für den Gefangenen dar, sich Nahrungs- und Genussmittel sowie Mittel zur Körperpflege zu verschaffen. Daher könnte hier ein System der Belohnung und Anerkennung guter Leistungen in Ausbildung und Arbeit sowie im allgemeinen Vollzug dergestalt etabliert werden, dass als „dritte Spur“ neben dem Haus- und dem Taschengeld der Einkauf mittels sog. „token“ ermöglicht wird.[260] Mittels dieser Wertgutscheine könnten Gefangene, die besonders gute Leistungen zeigen, wie schon erwähnt, zusätzliche Waren einkaufen.

G. § 26 Religionsausübung

I. Bisherige Rechtslage und Alternativentwürfe

Bisher galten für die Religionsausübung im Bereich des Jugendvollzuges die Nrn.44-46 VVJug, die Seelsorge, Religiöse Veranstaltungen und Weltanschauungsgemeinschaften regelten. Sie entsprechen wortwörtlich den §§ 53-55 StVollzG und bilden damit die im Erwachsenenstrafvollzug geltende Rechtslage vollständig ab. Die Alternativentwürfe aus Wissenschaft und Praxis unterschei-

[258] Kreideweiß (1993), S.147.
[259] Kreideweiß (1993), S.147.
[260] S.o. Kap.5, Abschn.6, D.II.2.b.dd.; J. Walter, ZfJ 2004, S.397, 403; für diese Art nichtmonetärer Entlohnung auch Tondorf (2006), Fn.87; Dünkel, in: Schwind-FS (2006), S.549, 563.

den sich, was den Umfang der eingeräumten Freiheiten angeht, nicht voneinander.[261]

II. Inhalt der Vorschrift

Im Jugendstrafvollzug gelten nach § 26 des Entwurfs die §§ 53-55 StVollzG entsprechend. Damit werden dem jungen Gefangenen im Bereich der Religionsausübung die gleichen Rechte wie einem erwachsenen Gefangenen gewährt – nicht mehr, aber auch nicht weniger. Damit wird die nach Nrn.44-46 VVJug für den Jugendstrafvollzug schon bisher geltende Rechtslage unterschiedslos in die Entwurfsvorschrift umgesetzt.

III. Exkurs: Religion im Jugendstrafvollzug

Die – soweit ersichtlich – bislang einzige zum Thema kriminelle Jugendliche und Religion erschienene Monographie stammt von *Koervers*.[262] Seinen Beobachtungen zufolge besteht nur bei einem geringen Teil der Gefangenen – *Koervers* spricht von einem Anteil von zehn Prozent – echtes Interesse an religiösen Inhalten.[263] Viele Gefangene nutzten den Gottesdienst auch als Möglichkeit des zusätzlichen Freiganges und nicht aus echtem religiösem Interesse.[264] Neuere Untersuchungen zeichnen jedoch im Bereich Religion und Selbstbild bei jungen Gefangenen ein anderes Bild. Nach einer Untersuchung von *Kerner/Stroenzel/Wegel* spielt insbesondere im Leben junger Muslime und Katholiken die Religion eine wichtige Rolle; in diesen Gruppen bezeichnen sich auch jeweils die meisten als religiös.[265] Gerade junge Muslime verfügen damit offensichtlich über eine vergleichsweise stark ausgeprägte religiös (mit-) bestimmte Identität, was vor dem Hintergrund des Wissens über die kulturelle Prägekraft des Islam auch für die Alltagswelt vieler Muslime nicht verwunderlich ist.[266] Bemerkenswert ist auch, dass gerade junge Muslime ihre Religiosität auch dazu einsetzen, um sich als Gruppe von den anderen jungen Gefangenen gezielt abzugrenzen.[267]
Nach der Studie von *Kerner/Stroenzel/Wegel* ist zudem der Unterschied zwischen der Religiosität von jungen Gefangenen im Westen bzw. im Osten Deutschlands augenfällig. So erklärten in einer baden-württembergischen Jugendstrafanstalt (Adelsheim) 72 Prozent der teilnehmenden Gefangenen, entweder einer christlichen Glaubensgemeinschaft oder dem Islam anzugehören.[268] Demgegenüber erklärten bei der gleichen Befragung in einer Anstalt in Mecklenburg-Vorpommern (Neustrelitz) lediglich 7,1 Prozent der Befragten, einer Konfession anzugehören, wohingegen die restlichen 92,9 Prozent zu dieser Frage entweder keine Angaben machten oder ausdrücklich erklärten, keiner Kon-

[261] Kreideweiß (1993), S.197; vgl. auch die Synopse bei Kreideweiß (1993), S.471 ff.
[262] Koervers, Jugendkriminalität und Religiosität. Untersuchung zur Religiosität delinquenter Jugendlicher und Perspektiven einer präventiven religiösen Erziehung (1988).
[263] Koervers (1988), S.284.
[264] Koervers (1988), S.210.
[265] Kerner/Stroenzel/Wegel, ZJJ 2003, S.233, 234 f.
[266] Kerner/Stroenzel/Wegel, ZJJ 2003, S.233, 234 f.
[267] Kerner/Stroenzel/Wegel, ZJJ 2003, S.233, 235.
[268] Kerner/Stroenzel/Wegel, ZJJ 2003, S.233, 234.

fession anzugehören.[269] *„Die geringe Quote der sich zu einer Religion bekennenden Probanden spiegelt auch heute noch anschaulich den für die frühere DDR bekannten und in internationalen Religionssurveys wiederholt aufscheinenden Befund wider, dass dieser Staat in der Rangliste der areligiös charakterisierten Nationen ganz oben stand.“*[270]
Insgesamt zeigen sich daher hinsichtlich der Religiosität konfessionsspezifisch, aber auch geographisch große Unterschiede.[271] Zudem ist auffällig, dass die Angaben der Probanden zu ihrer Religiosität größtenteils nicht im Einklang stehen mit den individuellen Wertorientierungen[272], was auf eine gewisse anfängliche oder im Lauf der Lebensgeschichte eingetretene Unverbindlichkeit religiöser Orientierungen hindeutet.[273]

IV. Ergebnis zu § 26 GJVollz

Fragen im Zusammenhang mit Religion bzw. Weltanschauung sind relativ konkret und detailliert in der Verfassung (Art.4, 140 GG, 141 WRV) geregelt.[274] Eine Einschränkung des Rechts aus Art.4 GG aufgrund des sog. „besonderen Gewaltverhältnisses“ ist nicht zulässig.[275] Die Bedeutung des Rechts aus Art.4 GG als grundsätzlich schrankenlos gewährtes Freiheitsrecht berücksichtigt der Entwurf dadurch, dass eine Einschränkung nicht vorgesehen ist (vgl. § 43 GJVollz, der die Einschränkung von Grundrechten im Jugendstrafvollzug regelt). Insgesamt trägt § 26 GJVollz der Bedeutung des Rechts aus Art.4 GG hinreichend Rechnung.[276] Einer weitergehenden Regelung für den Bereich des Jugendstrafvollzuges bedarf es nicht, da Erfahrungen aus der Praxis den Schluss nahe legen, dass den religiösen Bedürfnissen junger Gefangener teilweise sehr umfänglich Rechnung getragen wird.[277] Insgesamt ist die Bestimmung daher sachgerecht.[278]

---

[269] Kerner/Stroenzel/Wegel, ZJJ 2003, S.233, 234.
[270] Kerner/Stroenzel/Wegel, ZJJ 2003, S.233, 234.
[271] Kerner/Stroenzel/Wegel, ZJJ 2003, S.233, 239.
[272] Näher Kerner/Stroenzel/Wegel, ZJJ 2003, S.233, 238 f.
[273] Kerner/Stroenzel/Wegel, ZJJ 2003, S.233, 239.
[274] Huchting/Koch, in: AK-StVollzG (2006), § 53, Rn.1.
[275] Vgl. BVerfGE 33, S.1 ff.; BVerfG, 2 BvR 1673/04 vom 31.5.2006.
[276] So auch die Zielsetzung der Begründung zum GJVollz (2004), S.53.
[277] Vgl. Kerner/Stroenzel/Wegel, ZJJ 2003, S.233.
[278] So auch die Stellungnahme des Deutschen Richterbundes, zu § 26; teilweise abweichend § 26 des Entwurfs von Tondorf (2006).

H. § 27 Freizeit

I. Allgemeines

§ 27 GJVollz regelt den praktisch bedeutsamen Regelungskomplex der Freizeitgestaltung sowie des Bezugs von Zeitungen und Zeitschriften und die Teilnahme am Hörfunk- und Fernsehprogramm.

II. Bisherige Rechtslage und Alternativentwürfe

Nr.58 VVJug regelte bisher in weitgehender Übereinstimmung mit dem im Erwachsenenstrafvollzug geltenden § 67 StVollzG das allgemeine Recht des Gefangenen, sich in seiner Freizeit zu beschäftigen.[279] Nr.58 Abs.1 S.3 VVJug ging allerdings über die Regelungen des Erwachsenenvollzugs insofern hinaus als darin geregelt wurde, dass der Gefangene zur Teilnahme an den in Satz 2 genannten Veranstaltungen angeleitet werden solle und er darüber hinaus aus erzieherischen Gründen zur Teilnahme auch verpflichtet werden könne. In dieser Hinsicht wurden junge Gefangene damit bisher aus erzieherischen Gründen schlechter als Gefangene im Erwachsenenstrafvollzug gestellt.
Nr.59 Abs.1-2 VVJug regelte den Bezug von Zeitungen und Zeitschriften in völliger Übereinstimmung mit § 68 StVollzG. Nr.58 Abs.3-8 VVJug entsprach den Verwaltungsvorschriften zu § 68 StVollzG.
Die Teilnahme am Hörfunkprogramm der Anstalt sowie am gemeinschaftlichen Fernsehempfang regelte Nr.60 Abs.1 VVJug übereinstimmend mit § 69 Abs.1 StVollzG. Eine Besonderheit galt im Jugendstrafvollzug jedoch bisher für die Zulassung eigener Fernsehgeräte; eine Zulassung war nach Nr.60 Abs.2 2.Alt. VVJug nur in begründeten Ausnahmefällen und mit Zustimmung der Aufsichtsbehörde möglich. Der Besitz von Gegenständen für die Freizeitbeschäftigung, geregelt in Nr.61 VVJug, entsprach wiederum der in § 70 StVollzG für den Erwachsenenstrafvollzug getroffenen Regelung.
Hinsichtlich der Reglementierung der Freizeit orientieren sich die Alternativentwürfe aus Wissenschaft und Praxis weitgehend am Aufbau des StVollzG.[280] Dies gilt für das Vorhalten einer Generalklausel zur Freizeitgestaltung wie auch für den Bezug von Zeitungen und Zeitschriften sowie für die Teilnahme am Hörfunk- und Fernsehprogramm. Außer dem Referentenentwurf aus dem Jahr 1991 bzw. 1993 sehen alle Entwürfe vor, dass der Gefangene zur Teilnahme an Freizeitveranstaltungen auch verpflichtet werden kann.[281] Ob dem Gefangenen zu gestatten sei, ein eigenes Fernsehgerät zu besitzen, wird uneinheitlich gesehen.[282]

[279] Vgl. Callies/Müller-Dietz (2005), § 67, Rn.1.
[280] Zusammenfassend zu den Alternativentwürfen Kreideweiß (1993), S.192 ff.
[281] Vgl. § 68 S.3 E 1984; § 68 Abs.1 S.3 E 1985; § 53 Abs.1 S.2 E 1988; § 60 Abs.1 S.3 E 1993.
[282] Näher Kreideweiß (1993), S.194 f.

III. Die Bedeutung von Freizeit in Freiheit und Strafvollzug

1. Die Bedeutung von Freizeit für das Leben in Freiheit

a. Begriff und Bedeutung von Freizeit

Der Begriff der Freizeit wird unterschiedlich definiert. Ungeachtet der verschiedenen Definitionsansätze[283] lässt sich der Begriff der Freizeit aber doch auf die griffige Formel reduzieren, dass darunter die Zeit zu verstehen sei, „... *in der man tun und lassen kann, was einem Spaß macht.*“[284]. Die Bundesrepublik Deutschland dürfte heute zu den Ländern gehören, bei denen dem Einzelnen am meisten Freizeit zur Verfügung steht.[285] Die Freizeit ist daher in der heutigen Gesellschaft ein bedeutender Wirtschaftsfaktor geworden, nicht umsonst spricht man landläufig von der sog. „Freizeitgesellschaft“. Dabei unterscheidet man in der Freizeitwissenschaft zwischen sog. aktiver und passiver Freizeitbeschäftigung.[286] Aktive Freizeitbeschäftigung ist dabei ein solches (leistungsbezogenes) Freizeitverhalten, das mit Eigenaktivitäten zu tun hat.[287] Als Beispiele werden vor allem Sport, Ausflüge und Engagement in Vereinen oder Parteien, aber auch das Lesen genannt.[288] Neuerdings gewinnen gerade bei Jugendlichen und jungen Erwachsenen Extremsportarten sowie intensive Nutzung des Computers an Bedeutung.[289] In diesem Zusammenhang ist für junge Menschen auch das Internet mit seinen vielfältigen Nutzungsmöglichkeiten von herausragender Bedeutung für die Freizeitgestaltung.[290] Passive (antriebsarme) Freizeitbeschäftigungen sind demgegenüber solche, die keine bzw. kaum Eigenaktivität erfordern.[291] Beispiele hierfür sind neben dem Faulenzen und Herumlungern vor allem das Radiohören und der Fernseh-, Video- oder DVD-Konsum, aber auch der Konsum legaler und illegaler Drogen ist unter diesen Begriff zu fassen.[292] Geht es um kriminelle Verhaltensweisen in der Freizeit, spielen gerade bei Jugendlichen oft Einflüsse durch gleichaltrige Jugendgruppen (sog. *peer-groups*) eine Rolle.[293]

b. Folgerungen für die Gestaltung des Vollzugs

Der geänderten Bedeutung der Freizeit muss der auf Förderung ausgerichtete Jugendstrafvollzug Rechnung tragen. Dies gilt insbesondere unter dem Aspekt,

---

283 Vgl. Schwind (2005), S.256 f. m.w.N.

284 Schwind (2005), S.257 unter Verweis auf Opaschowski, H.W., Einführung in die Freizeitwissenschaft, 3.Aufl. (1997), S.37.

285 Schwind (2005), S.257.

286 Schwind (2005), S.258 ff. m.w.N.

287 Schwind (2005),S.258 mit Verweis auf Opaschowski, H. W., Freizeitökonomie, Marketing von Erlebniswelten, 2.Aufl. (1995), S.103.

288 Schwind (2005), S.258 f.

289 Schwind (2005), S.259 f.

290 Schwind (2005), S.260 f.; zur Bedeutung des Internet als Plattform für vielfältige Kriminalitätsformen ders. (2005), S.293 ff.

291 Schwind (2005),S.261 mit Verweis auf Opaschowski, H.W., Freizeitökonomie, Marketing von Erlebniswelten, 2.Aufl. (1995), S.103.

292 Schwind (2005), S.261.

293 Schwind (2005), S.263 ff. m.w.N.

dass viele Jugendliche und Heranwachsende Straftaten während der Freizeit begehen[294] und gerade junge Arbeitslose über Freizeit im Überfluss verfügen.[295] Rechnung getragen werden muss aber auch dem gestiegenen Angebot an Freizeitmöglichkeiten sowie dem damit einhergehenden Paradoxon, dass viele Menschen mit ihrer Freizeit nichts anzufangen wissen.[296] Dabei dürfen angesichts der gestiegenen Bedeutung neuer Medien wie Fernsehen, Computer, DVD, Internet etc. diese nicht völlig ausgeschlossen werden, vielmehr muss es Ziel des Vollzugs sein, angesichts der immer häufiger zu beobachtenden *„Medienverwahrlosung"* junger Menschen[297] diesen einen möglichst verantwortungsbewussten Umgang mit diesen Medien beizubringen und sie zu einer möglichst aktiven Gestaltung ihrer Freizeit anzuleiten.

2. Zwischenergebnis

Angesichts des Wandels der Bedeutung von Freizeit muss sich der Jugendstrafvollzug hierauf einstellen. Dazu gehört insbesondere das Freizeitverhalten in Bezug auf neue Medien wie Fernsehen, Video, Computer und Internet.

IV. Die Regelung der Freizeit im GJVollz

1. Allgemeines

§ 27 GJVollz trifft nicht nur Grundaussagen zur Gestaltung der Freizeit im Jugendstrafvollzug, sondern regelt in § 27 Abs.2 GJVollz auch die Frage des Bezugs von Zeitungen und Zeitschriften und der Teilnahme am Hörfunk- und Fernsehprogramm. Damit werden die Regelungen zur Gestaltung der Freizeit zusammengefasst, die nicht bereits an anderen Stellen des GJVollz geregelt sind.[298] Gleichzeitig ist die Regelung damit im Zusammenhang mit weiteren Vorschriften des GJVollz zu sehen, die ebenfalls Aussagen zur Gestaltung der freien Zeit treffen. So spricht § 5 Abs.3 GJVollz als eine der Leitlinien der Förderung unter anderem die verantwortliche Gestaltung der freien Zeit an. Nach § 10 Abs.3 Nr.6 GJVollz sind Art und Umfang der Teilnahme an Freizeitangeboten unter besonderer Berücksichtigung des Sports verpflichtend im Förderplan festzuschreiben. Zudem regelt § 19 Abs.2 S.2 GJVollz in Verbindung mit dem in Bezug genommenen § 17 Abs.2 und 3 StVollzG, dass Gefangene ihre Freizeit grundsätzlich mit anderen Gefangenen zusammen verbringen können.

2. Der Begriff der Freizeit im Jugendstrafvollzug

Freie Zeit im Sinne des GJVollz ist grundsätzlich diejenige Zeit, die nicht als Ausbildungs- bzw. Arbeitszeit im weiteren Sinne oder als Ruhezeit in Anspruch

---

[294] Begründung zum GJVollz (2004), S.54.

[295] Schwind (2005), S.245 f., 258; Begründung zum GJVollz (2004), S.54.

[296] Vgl. Schwind (2005), S.257.

[297] Vgl. J. Walter, ZfJ 2004, S.397, 403; vgl. auch Pfeiffer (2003), S.1, 2, wonach die Gruppe von Kindern, die einen eigenen Fernseher besitzt, unter Berücksichtigung von tatsächlicher Schuldauer und Ferienzeiten mehr Zeit vor dem Fernseher verbringt (wochentags etwa dreieinhalb, an Wochenenden vier bis fünf Stunden) als in der Schule.

[298] Begründung zum GJVollz (2004), S.54.

genommen wird.[299] Welche Tageszeiten dies im Einzelnen sind, bestimmt jede Anstalt in ihrer Hausordnung selbst (vgl. § 42 Abs.3 GJVollz i.V.m. § 161 Abs.2 Nr.2 StVollzG[300]). Überschneidungen werden sich dabei in der Praxis kaum vermeiden lassen, so etwa wenn Unterricht oder spezielle therapeutische Maßnahmen während der arbeitsfreien Zeit stattfinden.

3. Die einzelnen Vorschriften

a. Freizeitgestaltung – § 27 Abs.1 GJVollz

Auch das GJVollz wählt den Ansatz, Grundsätzliches zur Freizeitbeschäftigung mittels einer Generalklausel festzulegen. Dabei legt der Entwurf nicht lediglich fest, dass der Gefangene Gelegenheit zur Beschäftigung in der Freizeit erhält[301], sondern will die Gefangenen zur Teilnahme und Mitwirkung an Angeboten der Freizeitgestaltung motivieren und anleiten. Der Aspekt des Anhaltens und Anleitens wurde schon in zwei früher vorgelegten Alternativentwürfen betont.[302] Mittels einer solchen Regelung sollte sichergestellt werden, dass auf dem wichtigen Sektor der Freizeitgestaltung sinnvolle Arbeit geleistet werde.[303] Damit soll erreicht werden, dass die Gefangenen eigene Ideen und Interessen einbringen können und es nicht beim schlichten Konsum dargebotener Angebote bleibt, sondern die Gefangenen – im Idealfall – letztlich eigene, sozial akzeptierte und individuell befriedigende Gestaltungsmöglichkeiten der Freizeit entwickeln können.[304] Ziel ist es damit letztlich, eine möglichst aktive Freizeitgestaltung im oben genannten Sinn zu etablieren. Dem steht aber auch eine Forderung an den Vollzug gegenüber, und zwar ein breit gestreutes Angebot von Aktivitäten vorzusehen, um die Gefangenen zu einer kreativen Gestaltung ihrer freien Zeit anzuregen.[305] Letztlich fordert die Vorschrift von der Anstalt nichts weniger als ein ausgeklügeltes Gesamtkonzept betreffend die Gestaltung der freien Zeit, wobei dieses in einem freizeitpädagogischen Konzept zusammenzufassen und in die gesamte Anstaltskonzeption zu integrieren ist.[306] In diesem Zusammenhang wird dem Wohngruppenkonzept vermutlich in Zukunft eine erhöhte Bedeutung zukommen.
Der Entwurf verzichtet darauf, einzelne Freizeitkonzepte detailliert festzulegen[307], allerdings zählt § 27 Abs.1 S.2 GJVollz bekannte und bewährte Freizeitkonzepte auf, die sich so schon in VVJug sowie im StVollzG wieder finden. Auch hier wird ersichtlich eine möglichst aktive Gestaltung der freien Zeit angestrebt. Im Vergleich zu den genannten Vorschriften wird zusätzlich das Erlernen und Ausüben des Umgangs mit neuen Medien als zusätzliches Beispiel für Frei-

299 Begründung zum GJVollz (2004), S.54.
300 Begründung zum GJVollz (2004), S.54.
301 Anders noch Nr.58 Abs.1 S.1 VVJug sowie § 67 S.1 StVollzG.
302 Vgl. § 53 Abs.1 S.1 2.Hs. E 1988; § 60 Abs.1 S.2 E 1993; in diesem Sinne auch § 27 Abs.1 S.1 des Entwurfs von Tondorf (2006).
303 Begründung zum E 1988, S.60, die zudem aus erzieherischen Gründen eine verpflichtende Teilnahme an Freizeitangeboten vorsehen will, vgl. § 53 Abs.1 S.2 E 1988.
304 Vgl. Begründung zum GJVollz (2004), S.54.
305 Begründung zum GJVollz (2004), S.54 f.
306 Begründung zum GJVollz (2004), S.54.
307 Begründung zum GJVollz (2004), S.54.

zeitgestaltung aufgenommen. Damit wird der gestiegenen Bedeutung neuer Medien in der heutigen Gesellschaft wie beispielsweise Computern, Internet und E-Mail Rechnung getragen, auf die bereits oben hingewiesen worden ist. Auffällig ist, dass der Entwurf, im Gegensatz zu Nr.58 Abs.1 S.3 VVJug, ausdrücklich darauf verzichtet, die Gefangenen zu einer Teilnahme an den Freizeitaktivitäten zu verpflichten.[308] Dies ist zu begrüßen, da der junge Gefangene ja gerade zu einer möglichst aktiven und selbständigen Gestaltung seiner freien Zeit motiviert werden soll. Gerade mit dem positiven Konzept von Anleitung und Motivation wäre es nicht zu vereinbaren, eine Teilnahme an Freizeitangeboten zwangsweise durchzusetzen. Das gilt insbesondere deshalb, weil mit dem Freizeitkonzept im Jugendstrafvollzug ja nicht nur der Tatsache begegnet werden soll, dass viele junge Gefangene schon früher mit ihrer freien Zeit nichts Sinnvolles anzufangen wussten[309], sondern gleichzeitig auch Grundlagen für eine zukünftige Gestaltung der Freizeit in einem Leben in Freiheit gelegt werden sollen. Zu Recht weist nämlich die Entwurfsbegründung darauf hin, dass viele ehemalige Gefangene, sofern sie nicht nahtlos einen Ausbildungs- oder Arbeitsplatz erhalten, regelmäßig wieder über freie Zeit im Überfluss verfügen werden, die dann sinnvoll gefüllt werden muss.[310] Dieser Aspekt verdient wegen der anhaltend hohen Jugendarbeitslosigkeit besondere Beachtung. Mit Hinblick auf die Tatsache, dass viele Delikte während der Freizeit begangen werden[311], stellt die Anleitung und Motivation zu einer möglichst selbständigen und aktiven Freizeitgestaltung somit auch einen Beitrag zur Rückfallprävention dar. Aus pädagogischer Sicht spricht daher vieles für die Abschaffung des Zwangs zur Teilnahme an Freizeitangeboten, nicht zuletzt die Tatsache, dass in Freiheit ein solcher Zwang eben gerade nicht existiert. Allerdings besteht wegen der allgemeinen Mitwirkungspflicht in § 4 GJVollz ohnehin die Pflicht, an solchen Maßnahmen mitzuwirken, die notwendig sind, um das Vollzugsziel zu erreichen. Darunter wird regelmäßig auch die Teilnahme an gemeinsamen Freizeitveranstaltungen fallen, wobei die Verweigerung der Teilnahme hier entsprechend dem oben Gesagten regelmäßig sanktionslos zu bleiben hat.

b. Bezug von Zeitschriften und Zeitungen, Teilnahme an Hörfunk und Fernsehen – § 27 Abs.2 GJVollz

Ebenso wichtig wie die allgemeine Gestaltung der Freizeit sind regelmäßig der Bezug von Zeitungen und Zeitschriften, sowie die Teilnahme an Hörfunk und Fernsehen. Dieser Bereich wird dadurch geregelt, dass die im Erwachsenenstrafvollzug geltenden Vorschriften durch Verweis auf diese übernommen werden. Für den Bezug von Zeitungen und Zeitschriften sowie hinsichtlich des Besitzes von Gegenständen für die Freizeitgestaltung entspricht die Verweisung auf das StVollzG letztlich der bisher geltenden Rechtslage; für den Besitz eigener Fernsehgeräte ergibt sich jedoch die entscheidende Neuerung, dass dieser nicht mehr wie bisher nur in begründeten Ausnahmefällen und mit Zustimmung der Aufsichtsbehörde zulässig ist, wie dies noch Nr.60 Abs. 2.Hs. VVJug anordnete. Es sind vielmehr wie im Erwachsenenvollzug über § 69 Abs.2 StVollzG

[308] Begründung zum GJVollz (2004), S.54; in diesem Sinne auch § 53 Abs.1 S.2 E 1988.
[309] Begründung zum GJVollz (2004), S.54.
[310] Begründung zum GJVollz (2004), S.54.
[311] Begründung zum GJVollz (2004), S.54.

lediglich die Ausschlussgründe des § 70 Abs.2 StVollzG zu beachten. Ob die damit einhergehende nahezu schrankenlose Freigabe des Besitzes eigener Fernsehgeräte im Jugendstrafvollzug so richtig ist, ist fraglich. Weiterhin ergibt sich die Frage, wie die Zulassung neuer Medien zur Freizeitgestaltung wie DVD-Spieler, Telespiele (Gameboy, Playstation etc.) in Zukunft zu handhaben ist. Der Verweis auf die Vorschriften im StVollzG legt eine Gleichbehandlung mit den Fällen im Erwachsenenstrafvollzug nahe; allerdings könnte bei Jugendlichen bzw. jungen Erwachsenen eine andere Vorgehensweise angebracht sein. Dann wäre der pauschale Verweis auf die Vorschriften des StVollzG insoweit unzweckmäßig oder sogar kontraproduktiv.

aa. Der Besitz von Fernsehern im Jugendstrafvollzug

(1) Argumente für die Zulassung des Besitzes von Fernsehern

Für die Freigabe des Besitzes von Fernsehern (in den Grenzen des § 70 Abs.2 StVollzG) lassen sich gewichtige Argumente ins Feld führen. Dafür spricht zunächst der Angleichungsgrundsatz des § 3 Abs.2 S.1 GJVollz, wonach das Leben im Vollzug den allgemeinen Lebensverhältnissen soweit wie möglich angeglichen werden soll. In Deutschland verfügen nahezu sämtliche Haushalte flächendeckend über einen Fernseher, viele Jugendliche haben bereits einen eigenen Fernseher.[312] Dem Fernsehen kommt somit im Freizeitverhalten von Menschen in Freiheit erhebliche Bedeutung zu. Als „Ersatzkommunikationsmittel" kann das Fernsehen in Haft der Isolation und den sich daraus ergebenden schädlichen Folgen für die psychische Gesundheit der Gefangenen entgegen wirken.[313]
Weiterhin lässt sich der Gleichbehandlungssatz aus Art.3 Abs.1 GG ins Felde führen, denn im Erwachsenenstrafvollzug ist der Besitz eines eigenen Fernsehgerätes gemäß § 69 Abs.2 StVollzG i.V.m. § 70 StVollzG grundsätzlich zulässig bzw. nur in begrenzten Ausnahmefällen ausgeschlossen. Würde einem jungen Gefangenen also der Besitz eines eigenen Fernsehgeräts verwehrt, so würde ihm ein Recht vorenthalten, das im Erwachsenenstrafvollzug schon längst besteht.[314] Daher könnte hier eine Ungleichbehandlung im Sinne des Art.3 Abs.1 GG bestehen, die eines sachlichen Rechtfertigungsgrundes bedarf.
Auch das Grundrecht der Informationsfreiheit nach Art.5 GG spricht für die Zulassung eigener Fernsehgeräte im Jugendstrafvollzug. Dieses Grundrecht ist für Gefangene von besonderer Bedeutung, weil sie durch den Strafvollzug von zahlreichen Informationsquellen, die sich ihnen in Freiheit bieten, abgeschnitten sind.[315] Dass der Fernseher insgesamt nicht nur zur Information, sondern auch zur Unterhaltung genutzt wird, darf in diesem Zusammenhang keine Rolle spielen.

---

[312] Nach Pfeiffer (2003), S.1, der sich auf Feststellungen des Medienpädagogischen Forschungsverbundes Südwest beruft, verfügt etwa die Hälfte der 13- bis 15-jährigen und über 70 Prozent der 16- bis 17-jährigenüber einen eigenen Fernseher auf ihrem Zimmer; bei den Sechsjährigen ist es immerhin schon jeder Vierte.

[313] Boetticher, in: AK-StVollzG (2006), § 69, Rn.1 m.w.N.

[314] Vgl. Kreideweiß (1993), S.195.

[315] Boetticher, in: AK-StVollzG (2006), § 69, Rn.1.

(2) Argumente gegen die Zulassung des Besitzes von Fernsehern

Andererseits sprechen auch gewichtige Argumente gegen eine generelle Freigabe des Besitzes von Fernsehgeräten im Jugendstrafvollzug.

Der Fernsehkonsum mag in Freiheit eine sozial anerkannte und allgemein praktizierte Form der Freizeitgestaltung sein, allerdings geht der (übersteigerte) Konsum gerade bei jungen Menschen immer mehr mit einem Phänomen einher, das als *„Medienverwahrlosung"* bezeichnet wird.[316] Die Wirkung von Medien auf Kinder und Jugendliche ist zwar im Einzelnen strittig[317], die einzelnen Untersuchungsergebnisse widersprüchlich[318], dennoch kann als relativ gesichert gelten, dass Darstellungen in den Medien in Verbindung mit weiteren Faktoren wie der sozialen Herkunft jedenfalls zu negativen Auswirkungen führen können.[319]

In diesem Zusammenhang gewinnt auch der Fördergrundsatz nach § 3 Abs.1 GJVollz Bedeutung. Wie schon ausgeführt[320] lässt sich der Fördergrundsatz im Entwurf schlagwortartig mit der Formel „fördern durch fordern" charakterisieren. Eine in diesem Sinne verstandene Förderung, mit der nach dem Gesetz eine eigenverantwortliche und gemeinschaftsfähige Lebensführung in Achtung der Rechte anderer angestrebt wird, kann und darf sich aber nicht darin erschöpfen, sich unreflektiert an unerwünschte Entwicklungen des Lebens in Freiheit anzupassen. Der „Schonraum" des Vollzugs bietet vielmehr die Chance, solchen Entwicklung wie der Medienverwahrlosung gezielt entgegenzusteuern. Dem steht auch der Angleichungsgrundsatz aus § 3 Abs.2 S.1 GJVollz nicht entgegen, denn danach soll das Leben im Vollzug lediglich den allgemeinen Lebensverhältnissen soweit wie möglich angeglichen werden. Stehen wie hier gewichtige Gründe wie die Bekämpfung der Medienverwahrlosung und die Erziehung zu einer möglichst aktiven Freizeitgestaltung entgegen, so muss keine unterschiedslose Anpassung an die Verhältnisse in Freiheit erfolgen.

Auch ein mögliches Fehlen sinnvoller Freizeit- und Fortbildungsangebote[321] kann nicht dazu führen, dass sich die Vollzugsbehörde hier dadurch ihren Verpflichtungen entzieht, sinnvolle Programme bereitzustellen, indem durch die schrankenlose Freigabe des Fernsehkonsums die Gefangenen in der Freizeit einfach sich selbst überlassen werden. Dies ist mit dem Grundgedanken eines pädagogisch ausgerichteten Jugendstrafvollzugs unvereinbar. Flankierend lassen sich hier Erkenntnisse aus dem Erwachsenenstrafvollzug anführen, wonach seit der Einführung des privaten Fernsehkonsums auf der Zelle durch das 3. StVollzÄndG vom 26. August 1998 alle sonstigen Angebote zur Freizeitgestaltung spürbar weniger wahrgenommen werden.[322]

Art.3 Abs.1 GG spricht ebenfalls nicht dagegen, im Jugendvollzug den Besitz eigener Fernsehgeräte nicht schrankenlos freizugeben. Denn einerseits kann man

---

[316] Vgl. J. Walter, ZfJ 2004, S.397, 403; vgl. auch Pfeiffer (2003), S.1, 2 sowie die Schülerbefragung 2006 des Kriminologischen Forschungsinstituts Niedersachsen e.V. (KFN), u.a. zu den Themen Medienbesitz und Medienkonsum, Zwischenbericht abrufbar unter http://www.kfn.de/schuelerhannover.shtml (zuletzt abgerufen am 28. Oktober 2006).

[317] Vgl. dazu ausführlich Schwind (2005), S.280 ff. m.w.N.

[318] Schwind (2005), S.285 f.

[319] Zusammenfassend Schwind (2005), S.287 f.

[320] S.o. Kap.5, Abschn.2, C.III.1.d.dd.

[321] Vgl. dazu Boetticher, in: AK-StVollzG (2006), § 69, Rn.2.

[322] Schwind (2005), S.272.

schon daran zweifeln, ob Jugendliche bzw. Heranwachsende und erwachsene Gefangene ein wesentlich gleiches Vergleichspaar darstellen. Jedenfalls wäre aber eine Ungleichbehandlung aus Gründen der Förderung bzw. Erziehung sachlich gerechtfertigt.

(3) Ergebnis

Insgesamt sprechen daher die besseren Gründe gegen eine generelle Freigabe von Fernsehern im Jugendstrafvollzug. Als Kompromiss bietet sich hier das Angebot von Gemeinschaftsfernsehen an. Damit wird dem Recht auf Informationsfreiheit nach Art.5 GG hinreichend Rechnung getragen, zudem stellt das Fernsehen in der Gemeinschaft ein ideales Übungsfeld für das Leben in Freiheit dar, da der junge Gefangene sich dann mit seinen Mitgefangenen in vielerlei Hinsicht arrangieren muss, sei es bei der Auswahl des Fernsehprogramms oder bei der Nutzung des Fernsehers insgesamt als auch bei Fragen wie dem Rauchen im Gemeinschaftsraum[323], die mittelbar mit dem Fernsehkonsum zusammen hängen.

bb. Der Besitz von neuen Medien im Jugendstrafvollzug

Der Besitz neuer Medien richtet sich im Erwachsenenstrafvollzug nach § 70 StVollzG, der über den Verweis in § 27 Abs.2 GJVollz im Jugendstrafvollzug entsprechende Anwendung findet. Ein Ausschluss von Gegenständen richtet sich daher ausschließlich[324] nach § 70 Abs.2 StVollzG und hängt daher maßgeblich davon ab, ob Besitz, Überlassung oder Benutzung des Gegenstandes mit Strafe oder Geldbuße bedroht wäre oder das Ziel des Vollzuges oder die Sicherheit oder die Ordnung der Anstalt gefährden würde. Für Jugendliche bzw. junge Erwachsene besonders interessant ist der Besitz von Video- bzw. DVD-Spielern sowie insbesondere von Videospielkonsolen, aktuell insbesondere von Geräten wie der „Playstation 2", der „XBox" sowie der Nachfolgemodelle „XBox 360" und „Playstation 3" (wobei letztere Ende März 2007 erschienen ist).
Im Erwachsenenstrafvollzug hat sich zu dem Thema Besitz von neuen Medien eine nahezu unübersehbare Judikatur entwickelt. Während der Besitz von DVD-Spielern ohne Aufzeichnungs- und Speicherungsfunktion neuerdings bejaht wird[325], ist die Rechtsprechung zu Video- bzw. Telespielen der neuesten Generation uneinheitlich, aber überwiegend – mit unterschiedlichen Begründungen – ablehnend.[326] Die Spanne der Begründungen reicht dabei von der Gefährdung der Sicherheit der Anstalt, der auch durch Verplombung von Hohlräumen und Schnittstellen nicht begegnet werden könne[327], bis zu der Wertung, dem Sicherheitsinteresse der Anstalt stehe ein objektiv geringes Besitzinteresse des Gefangenen gegenüber; die Freizeitgestaltung mittels dieses Geräts könne weder ein grundrechtlich besonders geschütztes Informationsbedürfnis oder ein für die

[323] Vgl. Kreideweiß (1993), S.195; vgl. zum Nichtraucherschutz in Gemeinschaftsräumen während des gemeinschaftlichen Fernsehkonsums Boetticher, in: AK-StVollzG (2006), § 69, Rn.6 m.w.N.
[324] Boetticher, in: AK-StVollzG (2006), § 70, Rn.7 m.w.N.
[325] OLG Frankfurt, NStZ-RR 2005, S.191.
[326] Vgl. Boetticher, in: AK-StVollzG (2006), § 70, Rn.19 m.w.N.
[327] OLG Jena, NStZ-RR 2003, S.221 = ZfStrVo 2003, S.304.

„Vollzugsziele"[328] (sic!) besonders wertvoll einzustufendes Bildungsinteresse für sich in Anspruch nehmen.[329]
Im Jugendstrafvollzug sind jedoch dessen Besonderheiten zu beachten, so dass insofern wieder die oben vorgebrachten Argumente greifen. Auch wenn viele Jugendliche und junge Erwachsene heutzutage über eine Videospielkonsole oder einen DVD-Spieler verfügen, so ergibt sich daraus nicht zwingend, dass insofern eine Angleichung an die Rechtslage im Erwachsenenstrafvollzug geboten wäre. Entscheidend ist hier wieder die auf Förderung basierende pädagogische Ausrichtung des Jugendstrafvollzuges. Dem jungen Gefangenen soll während der Haft ein positiver Umgang mit seiner freien Zeit vermittelt werden, in seinem zukünftigen Leben in Freiheit soll er mit seiner freien Zeit etwas *„sinnvolles"* anzufangen wissen.[330] Der Zeitvertreib per Videospiel ist zwar durchaus sozialadäquat, jedoch gehen gerade von sog. „Killerspielen" im Einzelnen noch kaum erforschte negative Wirkungen wie Nachahmungs-, Gewöhnungs- und Verstärkereffekte aus.[331] Vor diesem Hintergrund würde die generelle Zulassung von Videospielen im Jugendstrafvollzug gerade die im übrigen Vollzug gemachten Bemühungen konterkarieren, wenn sich die jungen Gefangenen während der Freizeit unüberwacht den verschiedensten Arten von medialen Einflüssen aussetzen könnten. Daneben ergeben sich handfeste praktische Probleme wie die Alterseinstufung von Videospielen. Nicht auszuschließen wäre, dass minderjährige Gefangene beispielsweise von älteren Gefangenen Spiele überlassen bekommen, die aufgrund der USK-Einstufung[332] nicht für sie geeignet sind.
Insgesamt geht es hier nicht um einen Entzug von Lebensfreude, sondern gerade um das Gegenteil, nämlich den jungen Gefangenen zu vermitteln, dass Freizeit auch ohne mediale Dauerberieselung aktiv und sinnvoll gestaltet werden kann. Daher ist ein genereller Ausschluss von Videospielen im Jugendstrafvollzug zu bevorzugen. Allerdings sollte dem Anstaltsleiter ein Ermessen eingeräumt werden, geeigneten Gefangenen in Einzelfällen den Besitz eines Videospieles (beispielsweise im offenen Vollzug in den letzten Monaten) zu gestatten.
Der Konsum von Videos bzw. DVDs sollte im Ergebnis lediglich in Gemeinschaft und zu festgelegten Zeiten erfolgen. So kann einerseits überwacht werden, was genau geschaut wird, andererseits kann so wieder ein Übungsfeld für die Gefangenengruppe geschaffen werden, wenn diese sich beispielsweise einigen muss, welcher Film angeschaut werden soll.

cc. Zwischenergebnis zu § 27 Abs.2 GJVollz

Aus den genannten Gründen ist die generelle Freigabe von Fernsehen und neuen Medien im Jugendstrafvollzug abzulehnen. Für eine Neufassung des § 27 Abs.2 GJVollz ist insgesamt eine Vorschrift wie Art.150 Abs.2 EBayStVollzG vorzugswürdig. Eine Klausel, die dem Anstaltsleiter ein Ermessen dahingehend einräumt, ob und in welchem Umfang eigene Fernsehgeräte zugelassen werden (vgl. Art.150 Abs.2 S.2 EBayStVollzG), gibt der Praxis hinreichende Flexibili-

---

[328] OLG Jena, NStZ 2003, S.221, 223.
[329] OLG Jena, NStZ 2003, S.221, 223.
[330] Begründung zum GJVollz (2004), S.54.
[331] Schwind (2005), S.259.
[332] Die Einstufung von Computer- und Videospielen erfolgt durch die USK nach den in § 14 Abs.2 JuSchG festgelegten Stufen.

tät, insbesondere hinsichtlich offener Vollzugsformen. Ein genereller Ausschluss elektronischer Unterhaltungsmedien ohne pädagogischen Wert, wie ihn Art.150 Abs.2 S.2 EBayStVollzG vorsieht, geht vom Grundsatz her in die richtige Richtung. Allerdings sollte hier dem Anstaltsleiter ein Ermessen dahingehend eingeräumt werden, in begründeten Einzelfällen solche Geräte doch zuzulassen.

V. Gesamtergebnis zu § 27 GJVollz

Zusammenfassend ist § 27 GJVollz in Ansätzen her durchaus gelungen; allerdings geht die Vorschrift nicht hinreichend auf die besondere Problematik des Fernsehens und der neuen Medien im Vollzug ein, sondern nimmt vielmehr unterschiedslos die Vorschriften des Erwachsenenstrafvollzugs in Bezug. Dies ist aus den genannten Gründen abzulehnen, § 27 Abs.2 GJVollz sollte vielmehr im beschriebenen Sinne abgeändert werden.[333]
Wichtig sind zudem Angebote der Medienerziehung, um den jungen Gefangenen einen verantwortungsvollen Umgang mit Fernsehen und neuen Medien zu vermitteln.[334] Anknüpfungspunkt hierfür könnte § 27 Abs.1 S.2 GJVollz sein, wonach junge Gefangene ermuntert werden sollen, den Umgang mit neuen Medien zu erlernen und auszuüben. Dies setzt natürlich voraus, dass eine entsprechende Ausstattung in den Anstalten vorgehalten wird. Angesichts des rasanten technischen Fortschritts gepaart mit der notorischen Finanznot der Länder steht jedoch zu befürchten, dass die Anstalten hier allenfalls ein Rumpfangebot werden vermitteln können. Hinzu kommt, dass die Anschaffung teurer Ausstattung wie Computer etc. vermutlich zwangsläufig vor den (Massen-) Medien zu rechtfertigen wäre, die solche Ausgaben lautmalerisch kritisieren würden. Trotz wohlklingender, Modernität suggerierender Formulierung wird der Umgang mit neuen Medien im Vollzug in der Praxis vermutlich auf ein Rumpfangebot beschränkt bleiben.

I. § 28 Mitverantwortung der Gefangenen[335]

I. Bisherige Rechtslage

Bisher war für die Gefangenenmitverantwortung im Jugendstrafvollzug Nr.107 VVJug maßgeblich. Danach sollte dem Gefangenen ermöglicht werden, an der Verantwortung für Angelegenheiten von gemeinsamem Interesse teilzunehmen, die sich ihrer Eigenart und der Aufgabe der Anstalt nach für ihre Mitwirkung

[333] Für einen verantwortungsvollen Umgang mit neuen Medien auch Tondorf (2006), Fn.91 ff. unter Berufung auf § 28 E BW 2006.
[334] Vgl. J. Walter, ZfJ 2004, S.397, 403.
[335] Die Begründung zum GJVollz (2004) spricht in der Überschrift zu § 28 GJVollz von Gremien der Gefangenenmitbestimmung, vgl. Begründung zum GJVollz (2004), S.55.

eignen. Sachlich lehnte die Vorschrift sich damit an den nahezu gleich lautenden § 160 StVollzG an.

II. Inhalt und Ziel der Vorschrift

Nach § 28 Abs.1 S.1 GJVollz sollen die Gefangenen angeregt und unterstützt werden, Angelegenheiten, die von gemeinsamem Interesse sind und die sich nach ihrer Art für eine Mitwirkung eignen, in differenzierten und gestuften Formen der Mitwirkung und Selbstverwaltung zu betreuen. Dabei wird eine weitgehende Übernahme der Mitverantwortung für die alltäglichen Abläufe angestrebt, § 28 Abs.1 S.2 GJVollz.

Ziel der Regelung ist es, die Gefangenen Verantwortung übernehmen zu lassen und kooperative und kommunikative Verhaltensweisen einzuüben.[336] Dies ist deshalb wichtig, weil gerade im Strafvollzug als einer streng hierarchisch ausgerichteten Institution mit einer weitgehenden Rundumversorgung die Gefahr besteht, dass die Gefangenen entmündigt werden und ihre Eigeninitiative verkümmert.[337] Dies kann so weit gehen, dass die Fähigkeit zu einer zukünftigen eigenverantwortlichen Lebensführung ernsthaft beeinträchtigt wird.[338] Dem will der Entwurf durch die Bereitstellung des Übungsfeldes Gefangenenmitverantwortung entgegenwirken. Namentlich sollen hier demokratische Regeln erlernt und angewendet werden, aktiv an Angelegenheiten von gemeinsamem Interesse mitgewirkt sowie Rücksichtnahme auf andere Anliegen erlernt werden.[339] Die konkrete Ausgestaltung der Gefangenenmitverantwortung lässt der Entwurf aber bewusst[340] offen, um so den Vollzugsbehörden die nötigen Freiräume zu belassen und zu variablen und experimentellen Formen der Verantwortungsübernahme und Mitgestaltung zu ermutigen.[341] Der Entwurf nennt allerdings beispielhaft drei denkbare Modelle der Gefangenenmitverantwortung:[342]

- eine von allen Gefangenen gewählte Interessenvertretung als klassische Gefangenenmitverantwortung
- Just-Community Projekte
- neuartige, auf die jeweilige Anstaltskonzeption abgestimmte neuartige Modelle der Selbst- und Mitverwaltung.

Auf die so genannten Just-Community Projekte soll unten exkursartig eingegangen werden.

Absatz 2 der Vorschrift ordnet an, dass die Jugendstrafanstalten die Einrichtung entsprechender Gremien der Selbstverwaltung zu fördern und zu begleiten haben. Gleichzeitig sind die Gefangenen zur Mitarbeit zu ermutigen, allerdings wird so gleichzeitig auch klargestellt, dass einzelne Gefangene zur Mitarbeit in der Gefangenenmitverantwortung nicht gezwungen werden dürfen.[343] Die ge-

---

[336] Begründung zum GJVollz (2004), S.55.
[337] Begründung zum GJVollz (2004), S.55.
[338] Begründung zum GJVollz (2004), S.55.
[339] Begründung zum GJVollz (2004), S.55.
[340] Begründung zum GJVollz (2004), S.55 f.
[341] Begründung zum GJVollz (2004), S.55 f.
[342] Begründung zum GJVollz (2004), S.56.
[343] Begründung zum GJVollz (2004), S.56.

setzliche Festschreibung des elementaren demokratischen Grundsatzes, dass es jedem Einzelnen prinzipiell freisteht, sich für die Gemeinschaft zu engagieren oder eben nicht, ist zu begrüßen.

III. Exkurs: Das Konzept der sog. Just-Community-Projekte

Das Konzept, eine Gerechtigkeitsstruktur in der Anstalt zu etablieren, die von den Gefangenen als fair, legitim und gerecht wahrgenommen wird und so soziomoralisches Wachstum begünstigt, wurde namentlich von *Kohlberg*, *Scharf* und *Hickey* entwickelt.[344]
Ein auf diesem Konzept basierendes sog. Just-Community-Projekt wurde im deutschen Jugendstrafvollzug namentlich von *Joachim Walter* in der JVA Adelsheim etabliert. Durch die Gewährung weitgehender Mitwirkungsrechte unter Einbeziehung der Vollzugsbediensteten soll hierbei eine faire und gerechte Gruppenstruktur entstehen; gemeinsame Lernprozesse sollen stimuliert und gefördert werden.[345] Besondere Bedeutung kommt dabei der sog. *„peer-group"*, also der Gleichaltrigengruppe, als schützendes und förderndes Netzwerk zu, das den Aufbau von Sozialbeziehungen erleichtert und fördert.[346]
Dazu wurde im Jahr 1994 in einem Haus des intern gelockerten Vollzuges in der JVA Adelsheim eine sog. *„just community"* eingerichtet. Dabei gaben sich die Bewohner des Hauses selbst eine Satzung, in der regelungsbedürftige bzw. strittige Fragen des Zusammenlebens für alle Beteiligten verbindlich festgelegt wurden, und die schlussendlich von der Anstaltsleitung genehmigt wurde.[347] Die Umsetzung dieser Satzung findet statt in wöchentlichen bzw. ggf. außerordentlichen Gemeinschaftsversammlungen; zusätzlich existieren zwei weitere Organe, das sog. Leitungskomitee und das sog. Fairnesskomitee.[348] Insgesamt unterscheiden zwei Merkmale das Konzept der „Just Community" von bisherigen, klassischen Interessenvertretungen im Jugendstrafvollzug:[349] *„Die unmittelbare demokratische Selbstorganisation von Grund auf und das Prinzip 'eine Stimme für jeden'. Es werden die jeden Einzelnen persönlich betreffenden Fragen des täglichen Zusammenlebens im Haus durch die Satzung und die auf ihr beruhenden Einzelbeschlüsse für alle verbindlich geregelt. Die Regeln stammen eben nicht – wie sonst immer im Vollzug – von der Anstaltsleitung oder von der Aufsichtsbehörde, sondern wurden von den Insassen und Betreuern selbst aufgestellt. ... Dabei haben Mitarbeiter und Gefangene die gleichen Rechte. ... Es sind also vor allem seine basis-demokratischen, egalitären und nicht paternalistischen Strukturen, die das Modell von der herkömmlichen Insassenvertretung unterscheiden."*[350]
Die Erfahrungen mit einem solchen Just-Community-Projekt sind bisher – von kleineren, erwartbaren Rückschlägen abgesehen[351] – durchaus positiv und recht-

---

[344] Vgl. Kohlberg/Scharf/Hickey (1978), S.202, 207.
[345] J. Walter, NK 2003, S.138, 139.
[346] J. Walter, NK 2003, S.138, 139 m.w.N.
[347] J. Walter, NK 2003, S.138, 139.
[348] J. Walter, NK 2003, S.138, 139 f.; näher zum konkreten Ablauf J. Walter, aaO, S.138, 139 f.; Walter/Waschek (2002), S.191, 205 ff.
[349] Walter/Waschek (2002), S.191, 208.
[350] Walter/Waschek (2002), S.191, 208.
[351] Näher Walter/Waschek (2002), S.191, 209 f.

fertigen Zuversicht für die weitere Entwicklung.[352] Ersten empirischen Ergebnissen der wissenschaftlichen Begleitforschung zufolge zeigt sich insbesondere, dass die moralische Urteilsfähigkeit der meisten Probanden deutlich angestiegen ist, so dass insgesamt vieles dafür spricht, dass auch im Kontext des Strafvollzuges moralische Lernprozesse beeinflusst werden können.[353]

IV. Ergebnis zu § 28 GJVollz

Schon Art.12 der UN-Kinderrechtskonvention verlangt, dass Jugendliche in allen sie betreffenden Angelegenheiten, nicht nur bei möglicherweise belastenden Maßnahmen bzw. Angelegenheiten von grundlegender Bedeutung, angehört werden.[354] Weit reichende aktive Mitwirkungsrechte stellen einen gangbaren Weg dar, diese Forderung auch im Jugendvollzug sicherzustellen. Zudem zeigen erste Erfolge von Modellprojekten wie dem Just-Community-Projekt in der JVA Adelsheim, dass sich der Jugendstrafvollzug durchaus als Übungsfeld zum Erlernen (basis-) demokratischer Spielregeln eignet.[355]
Zwar wäre eine Verknüpfung des Konzepts der Gefangenenmitverantwortung mit dem Wohngruppenkonzept durchaus wünschenswert, um dieses auch inhaltlich zu stärken.[356] Insgesamt ist die Vorschrift aber als gelungen zu bewerten, namentlich deshalb, weil sie der Praxis viel Spielraum für eigene Konzepte lässt.[357] Allerdings hängt der Erfolg einer solchen Vorschrift wesentlich von der Umsetzung im *„grauen Vollzugsalltag“*[358] ab.

J. § 29 Gesundheitsfürsorge

I. Allgemeines

§ 29 GJVollz bündelt für den Bereich des Jugendstrafvollzugs sämtliche Vorschriften über die Gesundheitsfürsorge. Dabei werden die Rechte und Pflichten der Gefangenen sowie die Leistungspflichten und Eingriffsbefugnisse der Vollzugsbehörden im Hinblick auf die Gesundheitsfürsorge geregelt.[359]

---

[352] Walter/Waschek (2002), S.191, 209 f.
[353] Walter/Waschek (2002), S.191, 210.
[354] J. Walter, ZJJ 2003, S.397, 401; Stellungnahme der DVJJ zum GJVollz (2004), S.314.
[355] Vgl. Begründung zum GJVollz (2004), S.55.
[356] Stellungnahme der DVJJ zum GJVollz (2004), S.314, 318 f.; hierfür auch Tondorf (2006), Fn.99.
[357] In diesem Sinne ausdrücklich auch die Begründung zum GJVollz (2004), S.56; zustimmend zu § 28 GJVollz im Ergebnis auch die Stellungnahme des DVJJ zum GJVollz, S.314, 318 sowie die Stellungnahme des Deutschen Richterbundes, zu § 28.
[358] J. Walter, NK 2003, S.138, 141.
[359] Begründung zum GJVollz (2004), S.56.

II. Bisherige Rechtslage und Alternativentwürfe

Bisher galten im Jugendstrafvollzug für den Bereich der Gesundheitsvorsorge die Nrn. 47-57 VVJug. Diese orientierten sich weitgehend an den Regelungen des Siebten Titels des StVollzG, §§ 56-66 StVollzG. Die früher vorgelegten Alternativentwürfe aus Wissenschaft und Praxis kamen hinsichtlich des rechtlichen Umfanges der Ansprüche und Regelungen zu weitgehend gleichen Ergebnissen; allerdings divergierte die gesetzliche Ausgestaltung.[360]

III. Inhalt der Vorschrift

1. Der gesamtheitliche Gesundheitsbegriff des § 29 GJVollz

Im Unterschied zum StVollzG liegt dem Entwurf ein ganzheitlicher Gesundheitsbegriff zugrunde.[361] Dies verdeutlicht schon § 29 Abs.1 S.1 GJVollz, wonach in Abgrenzung zu § 56 Abs.1 S.1 StVollzG und Nr.47 Abs.1 S.1 VVJug nicht nur für das körperliche und geistige Wohl der Gefangenen, sondern auch für ihr seelisches und soziales Wohl zu sorgen ist. Die Verpflichtung der Vollzugsbehörde durch § 29 Abs.1 S.1 GJVollz orientiert sich damit nicht an der überkommenen Rechtslage im Jugend- und Erwachsenenstrafvollzug[362], sondern vielmehr an der weiter gefassten Definition der Weltgesundheitsorganisation WHO.[363] Danach umfasst die Gesundheit eines Menschen nicht nur das rein körperliche und geistige Wohlergehen, sondern auch das soziale und seelische Wohlbefinden.[364] Dieser Begriff soll der Gesundheitsfürsorge im Jugendstrafvollzug deshalb zugrunde gelegt werden, weil gerade die dort einsitzenden Insassen häufig schon seit frühester Kindheit unterschiedlichen negativen Einflüssen auf ihre Gesundheit ausgesetzt waren, deren Bandbreite von körperlicher Gewalt und sexuellem Missbrauch bis hin zum Konsum von Suchtstoffen wie Alkohol und Drogen reicht.[365] Hier zwischen körperlichem und geistigem Befinden einerseits und psychischem und sozialem Zustand andererseits zu trennen, würde den Gesamtzusammenhängen sowie dem Ursache-Wirkungsprinzip nicht hinreichend Rechnung tragen.[366] Daher wurde die Verpflichtung der Vollzugsbehörde zur Gesundheitsfürsorge in einem umfassenden Sinn formuliert.

---

[360] Kreideweiß (1993), S.202; vgl. zusammenfassend ders. (1993), S.202 ff. sowie die synoptische Darstellung auf S.475 ff.

[361] Begründung zum GJVollz (2004), S.56.

[362] Zum Krankheitsbegriff im Erwachsenenstrafvollzug vgl. zusammenfassend Boetticher/Stöver, in: AK-StVollzG (2006), § 56, Rn. 4 ff. m.w.N.

[363] Begründung zum GJVollz (2004), S.56.

[364] Begründung zum GJVollz (2004), S.56; vgl. die Präambel der Verfassung der WHO, Abs.2, unterzeichnet am 22. Juli 1946, in Kraft gesetzt am 7. April 1948: „*La santé est un état de complet bien-être physique, mental et social, et ne consiste pas seulement en une absence de maladie ou d'infirmité.*" – "Gesundheit ist der Zustand des vollständigen körperlichen, geistigen und sozialen Wohlbefindens und nicht nur des Freiseins von Krankheit und Gebrechen. Sich des bestmöglichen Gesundheitszustandes zu erfreuen, ist eines der Grundrechte jedes Menschen, ohne Unterschied der Rasse, der Religion, der politischen Überzeugung, der wirtschaftlichen und sozialen Stellung." (zit. nach Franzkowiak/Sabo (1998), S. 60).

[365] Vgl. Begründung zum GJVollz (2004), S.56.

[366] Begründung zum GJVollz (2004), S.56.

2. Fürsorgepflicht der Vollzugsbehörde – § 29 Abs.1 GJVollz

Im Weiteren entspricht der Inhalt des § 29 Abs.1 GJVollz sachlich der bisherigen Rechtslage, wie sie in Nr.47 VVJug für den Jugendstrafvollzug bzw. in § 56 StVollzG für den Erwachsenenstrafvollzug niedergelegt war. Neben der allgemeinen Fürsorgepflicht der Vollzugsbehörde, die sachlich einem Anspruch des Gefangenen auf die notwendigen Leistungen entspricht[367], stellen Satz 2 und 3 klar, dass zum einen Maßnahmen der Gesundheitsfürsorge unter den Voraussetzungen des § 32 GJVollz i.V.m. § 101 StVollzG mit Hilfe unmittelbaren Zwanges durchgesetzt werden können[368] und zum anderen der Gefangene die notwendigen Maßnahmen zum Gesundheitsschutz und zur Hygiene zu unterstützen hat.

3. Aufenthalt im Freien – § 29 Abs.2 GJVollz

Nach § 29 Abs.2 des Entwurfs wird dem jungen Gefangenen an Werktagen ein Aufenthalt im Freien von einer Stunde, an arbeitsfreien Tagen von mindestens zwei Stunden ermöglicht, wenn die Witterung dies zu der festgesetzten Zeit zulässt. Der Entwurf in der Fassung vom 28.4.2004 hatte noch unterschiedslos einen Aufenthalt im Freien von mindestens zwei Stunden täglich festgeschrieben. Dies hatte allerdings von Seiten der Praxis zu erheblicher Kritik geführt. Ein Mindestaufenthalt im Freien von zwei Stunden täglich sei in der Anstaltspraxis nicht durchführbar, da fast überall mehrere zeitlich und oftmals auch räumlich getrennte „Hofgänge" durchzuführen seien.[369] Grund dafür sei die aus pädagogischen, rechtlichen und finanziellen Gründen erforderliche Binnendifferenzierung der Anstalten, die sowohl Sicherheits- als auch Erziehungs- und Betreuungsaspekte sowie Trennungsgründe zu berücksichtigen habe.[370] Der zusätzliche Zeitbedarf sei vor allem in den Wintermonaten angesichts einer regelmäßigen Arbeitszeit von sieben Stunden täglich und zusätzlich für Mahlzeiten, Freizeit, Kontrollen und ähnliche Maßnahmen benötigter Zeit nicht leistbar.[371] Dies hat zur Abänderung des Entwurfs hin zur jetzigen Form geführt.[372] Grund für die Verlängerung der Mindestaufenthaltsdauer im Freien sind die besonderen Bedürfnisse junger Menschen an Bewegung sowie an Kommunikation und Gemeinschaft mit anderen.[373] Dabei sieht es der Entwurf als selbstverständlich an, dass den jungen Gefangenen beim täglichen Aufenthalt im Freien

[367] Boetticher/Stöver, in: AK-StVollzG (2006), § 56, Rn.1; Callies/Müller-Dietz (2005), § 56, Rn.1.
[368] Gegen die Anwendung unmittelbaren Zwanges bei der Gesundheitsbehandlung im Jugendstrafvollzug Tondorf (2006), Fn.101.
[369] J. Walter, ZfJ 2004, S.397, 403.
[370] J. Walter, ZfJ 2204, S.397, 403.
[371] J. Walter, ZfJ 2004, S.397, 403.
[372] Vgl. den Vorschlag von J. Walter, ZfJ 2004, S.397, 403, der letztlich die Formulierung des § 29 Abs.2 GJVollz i.d.F. vom 7.6.2006 vorwegnimmt; zustimmend hierzu Tondorf (2006), Fn.102.
[373] Begründung zum GJVollz (2004), S.57.

auch Gelegenheit gegeben wird, sich sportlich zu betätigen, so dass keine explizite Regelung dahingehend erfolgte.[374]

4. Entsprechende Geltung von Vorschriften des StVollzG – § 29 Abs.3 GJVollz

§ 29 Abs.3 S.1 GJVollz übernimmt verschiedene Regelungen des StVollzG durch Verweisung auf diese. Es handelt sich dabei um Vorschriften, die im Einzelnen die Ausgestaltung der Gesundheitsfürsorge im Vollzug beinhalten. Die fehlende Verweisung auf § 57 Abs.1 StVollzG erklärt sich damit, dass es dort um Gesundheitsuntersuchungen zur Früherkennung ab dem 35. Lebensjahr geht, womit diese Regelung ersichtlich auf den Jugendstrafvollzug nicht passt. Hinsichtlich medizinischer Leistungen für Schwangere und Mütter im Jugendvollzug sowie sonstiger Modalitäten wird auf die §§ 76 bis 79 StVollzG und damit ebenfalls auf die im Erwachsenenstrafvollzug geltenden Vorschriften verwiesen.
§ 29 Abs.3 S.2 GJVollz ändert die in § 66 StVollzG für den Erwachsenenstrafvollzug geregelte Benachrichtigung bei Erkrankung oder Todesfall, die bisher wegen Nr.57 Abs.1 und 2 VVJug wortgleich auch im Jugendvollzug galt, dahingehend ab, dass abweichend von § 66 Abs.1 StVollzG stets der Personensorgeberechtigte von der schweren Erkrankung oder dem Tod zu benachrichtigt ist. Dies trägt dem Elternrecht aus Art.6 GG Rechnung.

5. Beachtung der Rechte der Personensorgeberechtigten – § 29 Abs.4 GJVollz

§ 29 Abs.4 des Entwurfs regelt allgemein, dass die dass die Rechte der Personensorgeberechtigten beachtet werden. Die Bedeutung dieser Formulierung erschließt sich erst in Zusammenschau mit der Entwurfsbegründung. In dieser Vorschrift geht es namentlich um die Klarstellung, dass analog zur Rechtslage in Freiheit die Einwilligung der Personensorgeberechtigten in die Behandlung bei einem minderjährigen Patienten erforderlich sein kann.[375] Diese Einwilligung ist ebenfalls Ausfluss des Elternrechts nach Art.6 GG.
Eine solche Einwilligung ist allerdings in zwei Fallgruppen nicht notwendig: Zum einen kann die Notwendigkeit einer zwangsweisen Behandlung die Einwilligung der Personensorgeberechtigten überflüssig machen[376], zum anderen können Minderjährige auch selbst wirksam in eine ärztliche Behandlung einwilligen, wenn sie die notwendige Einsichtsfähigkeit besitzen.[377]

IV. Ergebnis zu § 29 GJVollz

Die Zugrundelegung eines ganzheitlichen Gesundheitsbegriffs und die folgerichtige Erweiterung des allgemeinen Anspruchs nach § 29 Abs.1 S.1 GJVollz ist zu begrüßen, trägt sie doch der Tatsache Rechnung, dass ein klassischer

---

374 Begründung zum GJVollz (2004), S.57; a.A. die Stellungnahme der BAG S.2, 4, die aufgrund der herausragenden Bedeutung des Sports aus pädagogischer und gesundheitlicher Sicht die Einbeziehung des Sports als Nachsatz zu § 29 Abs.1 GJVollz empfiehlt.
375 Vgl. Begründung zum GJVollz (2004), S.57.
376 Begründung zum GJVollz (2004), S.57, ablehnend Tondorf (2006), Fn.101.
377 Heute ganz hM, vgl. statt aller Wessels/Beulke (2005), Rn.374 m.w.N.

naturwissenschaftlicher Krankheitsbegriff heutzutage gerade bei psychischen Krankheiten und seelischen Störungen nicht mehr zur Erfassung aller vorkommenden Störungsbilder ausreicht.[378] Die Verkürzung des täglichen Aufenthalts im Freien an arbeitsfreien Tagen auf mindestens eine Stunde ist ein Rückschritt im Vergleich zum ersten Entwurf vom 28.April 2004, der noch mindestens zwei Stunden täglich vorsah. Allerdings überzeugen insofern die Bedenken aus der Praxis[379], so dass diese Änderung als praxisgerecht zu bewerten ist. Überzeugend ist ferner, den täglichen Aufenthalt im Freien im Gegensatz zur Rechtslage nach Nr.55 S.1 VVJug bzw. § 64 StVollzG unabhängig von einer Tätigkeit im Freien zu gewähren[380], da ein Unterschied zwischen dem quasi zwangsweisen Aufenthalt im Freien im Rahmen einer Beschäftigung und dem Aufenthalt im Freien als Ausgleich zur Arbeit, zur sportlichen Betätigung und zur Kommunikation mit anderen Gefangenen besteht. Allerdings sollte, wann immer möglich, über das gesetzliche Mindestmaß hinausgegangen werden, um den besonderen Bedürfnissen junger Menschen Rechnung zu tragen. Der Verweis auf die im Erwachsenenstrafvollzug geltenden Vorschriften durch § 29 Abs.3 GJVollz ist sachgerecht, genauso wie der – sehr allgemein gehaltene – Hinweis auf die Beachtung der Rechte der Personensorgeberechtigten, wenn es um ärztliche Eingriffe bei minderjährigen Gefangenen geht. Insgesamt ist die Vorschrift daher als sachgerecht zu bewerten.[381] Allerdings sind im Rahmen der praktischen Umsetzung Anstrengungen zu fordern, die den gesundheitlichen Problemen speziell von jungen Gefangenen Rechnung tragen. Dazu gehört neben der Behandlung von Alkohol- und Drogensucht und deren gesundheitlichen Folgen auch die Suchtprävention sowie Maßnahmen der Aufklärung, insbesondere zu Themen wie HIV.[382] Solche Programme können aber nur schwerlich per Gesetz verordnet werden, sondern müssen durch die Praxis in den jeweiligen Vollzugseinrichtungen etabliert werden, wobei auch die finanzielle Ausstattung eine wesentliche Rolle spielt.

K. § 30 Soziale Hilfe

I. Allgemeines

§ 30 GJVollz regelt die Gewährung von sozialer Hilfe im Jugendstrafvollzug. Dabei wird teilweise auf im Erwachsenenstrafvollzug geltende Rechtsvorschrif-

[378] Vgl. Boetticher/Stöver, in: AK-StVollzG (2006), § 56, Rn.5.
[379] Vgl. nur J. Walter, ZfJ 2004, S.397, 403.
[380] Begründung zum GJVollz (2004), S.57.
[381] Ebenso die Stellungnahme des Deutschen Richterbundes, zu § 29.
[382] Vgl. Begründung zum GJVollz (2004), S.57; vgl. auch Eisenberg (2006), § 91, Rn.28 zur Behandlung Drogenabhängiger im Jugendstrafvollzug sowie ders., aaO, Rn.28 c zum Thema HIV und AIDS im Jugendstrafvollzug.

ten Bezug genommen bzw. sich an diese angelehnt, teilweise werden aber auch wesentliche Änderungen und Ergänzungen vorgenommen.[383]

II. Bisherige Rechtslage und Alternativentwürfe

Für den Bereich des Jugendvollzuges galt bisher Nr.62 VVJug, die die Gewährung von sozialer Hilfe in sachlicher, teilweise auch wörtlicher Übereinstimmung mit § 71 StVollzG regelte. Die Gewährung von Hilfe bei der Aufnahme und während des Vollzuges regelten Nrn.63 und 64 VVJug ebenfalls in sachlicher Übereinstimmung mit Normen des StVollzG, hier den §§ 72 und 73 StVollzG.
In den früheren Alternativentwürfen eines Jugendstrafvollzugsgesetzes findet sich in jedem Entwurf, mit Ausnahme des E 1988, ein Vorschriftenpaket unter dem Titel „Soziale Hilfe".[384]

III. Inhalt der Vorschrift

Satz 1 der Entwurfsvorschrift ordnet an, dass dem Gefangenen geholfen wird, seine persönlichen Schwierigkeiten zu lösen. Damit wird schon vom Wortlaut der Vorschrift her verdeutlicht, dass der junge Gefangene einen Rechtsanspruch auf soziale Hilfe hat.[385] Ein solcher Rechtsanspruch auf soziale Hilfe ist schon von Verfassung wegen aufgrund des Sozialstaatsprinzips geboten.[386] Dies bedeutet allerdings nicht, dass der junge Gefangene die dargebotene Hilfe auch tatsächlich annehmen muss; es gehört zum Wesen eines Leistungsanspruchs wie hier, dass dieser angenommen werden kann, nicht aber angenommen werden muss.[387] Eine Pflicht zur Annahme kann auch nicht aus der allgemeinen Mitwirkungspflicht nach § 4 GJVollz hergeleitet werden. Dies würde dem Geist des § 30 S.1 GJVollz als angebotsorientierte Vorschrift und als Ausfluss des Sozialstaatsprinzips widersprechen.
Aus der Vorschrift ergeben sich aber Rechtspflichten zum Tätigwerden für die Vollzugsbehörde. Gerade von Jugendlichen bzw. von jungen Erwachsenen kann kaum erwartet werden, dass sie von sich aus aktiv auf die Mitarbeiter in den Jugendstrafanstalten zugehen und Hilfe zur Lösung ihrer Probleme einfordern.[388] Vielmehr beherrschen oft mangelnde Organisation, Gleichgültigkeit und ein hohes Maß an Unreife die im Jugendstrafvollzug einsitzenden Gefangenen.[389] Da von ihnen noch weniger als von im Erwachsenenvollzug einsitzenden Gefangenen Eigeninitiative zur Lösung ihrer persönlichen Probleme erwartet werden kann, folgt daraus, dass § 30 S.1 GJVollz eine Verpflichtung der Vollzugsbehörde normiert, aktiv auf die jungen Gefangenen zuzugehen und ihnen

---

383 Vgl. Begründung zum GJVollz (2004), S.58.
384 Vgl. §§ 72-76 E 1984; §§ 72-76 E 1985; §§ 71-75 E 1991; § 7 E 1993; zusammenfassend Kreideweiß (1993), S.66 ff.
385 Vgl. Begründung zum GJVollz (2004), S.58.
386 Grundlegend BVerfGE 35, S.236; vgl. auch Kaiser/Schöch, (2002), § 7, Rn.200; Bertram/Huchting, in: AK-StVollzG (2006), § 71, Rn.2; Best, in: Schwind/Böhm/Jehle (2005), vor § 71, Rn.1; Callies/Müller-Dietz (2005), § 71, Rn.1.
387 Vgl. Bertram/Huchting, in: AK-StVollzG (2006), § 71, Rn.2.
388 Begründung zum GJVollz (2004), S.58.
389 Begründung zum GJVollz (2004), S.58.

die zur Lösung ihrer Probleme erforderliche Hilfe zu gewähren. Diese Verpflichtung geht über ein reines Anbieten von Hilfe hinaus, vielmehr ist der Gefangene immer wieder zu ermuntern und zu motivieren, die ihm dargebotene Hilfe anzunehmen. Dies ergibt sich aus den in § 5 Abs.3 und 4 GJVollz niedergelegten Leitlinien der Förderung, wonach die zukunftsorientierte Auseinandersetzung mit den eigenen Straftaten und ihren Folgen sowie die soziale Rehabilitation Bestandteil der Förderung sind und die Bereitschaft des Gefangenen zur Mitwirkung immer wieder zu wecken und zu fördern ist.

Keinesfalls darf das Ausschlagen von Hilfsangeboten aus Unreife oder aus jugendlichem Trotz als Verstoß gegen die allgemeine Mitwirkungspflicht nach § 4 GJVollz bewertet (s.o.) oder gar disziplinarrechtlich geahndet werden.

§ 30 S.2 GJVollz umschreibt das Ziel der sozialen Hilfe: Die Gefangenen sollen durch sie in die Lage versetzt werden, ihre Angelegenheiten selbst zu ordnen und zu regeln. Im Unterschied zu Nr.62 Abs.2 VVJug und § 71 S.2 StVollzG nennt § 30 S.2 GJVollz zwei typische eigene Angelegenheiten im Jugendstrafvollzug, die aber aus dem Wortlaut *„insbesondere“* ersichtlich nicht abschließend zu verstehen sind. Dabei handelt es sich um die Schadenswiedergutmachung im materiellen und im immateriellen Sinne sowie um die Schuldenregulierung. Diese Maßnahmen nennt schon § 5 Abs.3 GJVollz ausdrücklich als Inhalt der Förderung im Jugendvollzug; zudem sind sie nach § 10 Abs.3 Nr.10 und 11 GJVollz auch im Förderplan festzuschreiben.

Satz 3 der Entwurfsvorschrift verweist auf § 72 StVollzG, der die Gewährung von Hilfe bei der Aufnahme regelt. Die bisher im Jugendstrafvollzug geltende Nr.63 Abs.1-2 VVJug regelte diesen Bereich schon bisher in sachlicher Übereinstimmung mit der jetzt in Bezug genommenen Vorschrift des StVollzG.

1. Exkurs: Täter-Opfer-Ausgleich im Jugendstrafvollzug[390]

Der Entwurf lässt bewusst Raum für immaterielle Bemühungen um Wiedergutmachung.[391] Allerdings wird darauf verzichtet, die einzelnen Ausgleichsbemühungen konkret positivrechtlich auszugestalten, insbesondere den Täter-Opfer-Ausgleich im Einzelnen festzuschreiben. Grund hierfür ist, dass gerade der immaterielle Ausgleich im Rahmen freiheitsentziehender Maßnahmen nur schwer zu bewältigen ist.[392] Neben der Problematik der räumlichen Distanz und der oft fehlenden inneren Bereitschaft des jungen Täters zur Wiedergutmachung[393] stellt sich im Vollzug namentlich das Problem, dass Opferbezug und Täter-Opfer-Ausgleich eher als *„Störfaktor“*[394] des laufenden Erziehungs- und Sicherungsbetriebes gelten, zumal im laufenden Vollzugsbetrieb schon der Widerspruch zwischen Erfordernissen der Behandlung und Sicherheitsaspekten andererseits kaum zu bewältigen ist.[395]

Auf die Bedeutung des Täter-Opfer-Ausgleichs (hier im Sinne immaterieller Wiedergutmachung) als wesentliches, gar entscheidendes Element der Förderung sozialer Verantwortung im Jugendstrafvollzug hat unlängst wieder *Rössner*

---

[390] Dazu schon Dünkel (1990), S.312 ff. m.w.N.

[391] Begründung zum GJVollz (2004), S.58.

[392] Begründung zum GJVollz (2004), S.58; Rössner, ZJJ 2005, S.30.

[393] Dazu die Begründung zum GJVollz (2004), S.58.

[394] Rössner, ZJJ 2005, S.30.

[395] Rössner, ZJJ 2005, S.30.

hingewiesen.[396] Die besondere Bedeutung des Opferbezugs für den Förderungsprozess im Jugendstrafvollzug liege in der Öffnung des Täters für Mitgefühl, im Erlernen sozialer Kompetenz und von Modellen zur Konfliktregelung sowie in der Schaffung einer wichtigen strukturellen Lernsituation, in der der Täter die Chance hat, seine „guten Anteile“ in der Wiedergutmachung sichtbar zu demonstrieren und durch eigene Leistung in eine konforme Rolle zu schlüpfen.[397] Weiterhin könne so effektiv möglichen Neutralisierungsstrategien des jungen Straftäters[398] bis hin zu einer (teilweisen) Verantwortungsverlagerung auf das Opfer entgegengewirkt werden und Gesichtspunkten der Opfergerechtigkeit besser als bisher Geltung verschafft werden.[399] Aus diesen Gründen sollten, so *Rössner*, Opferbezug und Instrumentarien des Täter-Opfer-Ausgleichs *„... zum notwendigen Behandlungsangebot an den Gefangenen werden.“*[400] Die Opferorientierung sei insgesamt ein *„wesentliches Gestaltungsprinzip des sozialen Lernens im Strafvollzug“.*[401] Allerdings sei Wiedergutmachung im Rahmen hoheitlichen Handelns nicht durchzuführen; vielmehr sei einem Modell der Selbstverpflichtung zum Erreichen einer Verhaltensänderung der Vorzug zu geben.[402] In diesem Zusammenhang schlägt *Rössner* eine Selbstverpflichtung des Gefangenen mittels eines *„Vollzugsvertrages“* vor.[403] Dieses Konzept sei einer verpflichtenden Festschreibung opferbezogener Elemente im Förderplan namentlich deshalb überlegen, weil der Betroffene sich so etwaige Erfolge selbst gutschreiben könne und er so fortwährend positive Verstärkungen für das gewünschte Verhalten erhalte.[404]

2. Zwischenergebnis

Insgesamt sind die Probleme, die sich im Jugendstrafvollzug bei der Implementierung von TOA-Konzepten stellen, ernst zu nehmen. Vor diesem Hintergrund ist auch die Entscheidung, den Täter-Opfer-Ausgleich im Entwurf nicht institutionell festzuschreiben[405], als richtig zu beurteilen. Angesichts der Vielfalt der denkbaren Konzepte wäre dies auch nicht sinnvoll gewesen. Allerdings sollte dies nicht zu einer Zurückstellung des Täter-Opfer-Ausgleichs in einer künftigen Vollzugsgestaltung führen, vielmehr sollten entsprechend kontrollierte und evaluierte Projekte kontinuierlich gefördert und ausgebaut werden.[406] Damit wird der Jugendstrafvollzug auch wieder stärker in den Dienst des Gesamtziels des Strafrechts, die Wiederherstellung des Rechtsfriedens, gestellt, das nicht nur staats- sondern auch opfer- und gemeinschaftsbezogene Komponenten

---

[396] Rössner, ZJJ 2005, S.30 ff.
[397] Rössner, ZJJ 2005, S.30, 32.
[398] Grundlegend dazu Sykes/Matza (1968), S.360 ff.; vgl. auch Rössner, TOA Infodienst 2001, S.8 ff.
[399] Rössner, ZJJ 2005, S.30, 32.
[400] Rössner, ZJJ 2005, S.30, 32.
[401] Rössner, ZJJ 2005, S.30, 33.
[402] Rössner, ZJJ 2005, S.30, 33.
[403] Rössner, ZJJ 2005, S.30, 33.
[404] Rössner, ZJJ 2005, S.30, 33.
[405] Vgl. Begründung zum GJVollz (2004), S.58.
[406] So auch Rössner, ZJJ 2005, S.30, 33.

enthält.[407] Das von *Rössner* ins Gespräch gebrachte Konzept eines Vollzugsvertrages, also einer Vereinbarung zwischen Vollzugsbehörde und dem Gefangenen[408], bietet sich hier im Besonderen als interessanter und Erfolg versprechender Ansatzpunkt an.

IV. Ergebnis zu § 30 GJVollz

Insgesamt ist die Mischung aus jugendspezifischen Abänderungen und Verweisung auf allgemeine Vorschriften als gelungen und sachgerecht zu bezeichnen.[409] Zu begrüßen ist insbesondere die in Abweichung zur bisherigen Rechtslage in Jugend- und Erwachsenenstrafvollzug ausdrückliche Erwähnung der Schuldenregulierung sowie der materiellen und immateriellen Schadenswiedergutmachung als Eckpfeiler der sozialen Hilfe im Jugendstrafvollzug. Dies gilt umso mehr, als die gesamte Schuldenregulierung zur Vorbereitung einer materiellen Schadenswiedergutmachung quasi unumgänglich ist.[410] Eine genauere Regelung dieser Institute war aus den genannten Gründen nicht erforderlich; vielmehr ist die Praxis aufgerufen, selbst neue Konzepte des Ausgleichs von Täter und Opfer zu entwickeln.[411] Die ersten empirischen Bestätigungen der Wirksamkeit solcher Konzepte[412] sollten hier Ansporn genug sein.

[407] Rössner, ZJJ 2005, S.30, 33.
[408] Rössner, ZJJ 2005, S.30.
[409] So auch die Stellungnahme des Deutschen Richterbundes, zu § 30.
[410] Vgl. Rössner, ZJJ 2005, S.30, 33.
[411] Zu symbolischen Formen der Wiedergutmachung vgl. Rössner, ZJJ 2005, S.30, 33.
[412] Vgl. Rössner (2003), S.203, 230.

Abschnitt 7:
Sicherheit und Ordnung, Unmittelbarer Zwang, Disziplinarmaßnahmen (§§ 31 bis 34 GJVollz)

A. §§ 31, 32 – Sicherheit und Ordnung, Unmittelbarer Zwang

I. Allgemeines

Nach § 3 Abs.2 S.2 GJVollz sind im Jugendstrafvollzug die Belange der Sicherheit der Anstalt und der Allgemeinheit zu beachten. Durch die §§ 31 und 32 des Entwurfs werden diese Sicherheitsaspekte umgesetzt. Dabei wird im Wesentlichen auf die Vorschriften des StVollzG verwiesen.[1]

II. Bisherige Rechtslage und Alternativentwürfe

Für den Bereich der Sicherheit und Ordnung waren im Jugendstrafvollzug bislang die Nrn. 72 bis 84 VVJug maßgeblich. Im Vollzug der Freiheitsstrafe gilt der 11. Titel des StVollzG, §§ 81 bis 93 StVollzG. Für die Anwendung unmittelbaren Zwanges gelten im Erwachsenenstrafvollzug bis dato die §§ 94 bis 101 StVollzG; diese gelten wegen § 178 Abs.1 StVollzG auch für den Vollzug der Jugendstrafe. Ergänzt wurden diese Regelungen durch Nr.85 VVJug.
Die Alternativentwürfe aus Wissenschaft und Praxis regelten die verschiedenen Aspekte der Sicherheit und Ordnung teilweise abweichend, größtenteils allerdings in Anlehnung an die Formulierungen des StVollzG.[2] Die Anwendung allgemeinen unmittelbaren Zwanges wurde größtenteils übereinstimmend geregelt[3], bei der Regelung des Schusswaffengebrauchs weichen die einzelnen Ansätze jedoch voneinander ab.[4]

III. Inhalt der Vorschriften

1. Sicherheit und Ordnung – § 31 GJVollz

Nach § 31 Abs.1 GJVollz gewährleisten Sicherheit und Ordnung der Jugendstrafanstalt das Funktionieren des auf die Förderung aller Gefangenen ausgerichteten Anstaltslebens. Dieser neue und nicht aus den VVJug oder dem StVollzG übernommene Absatz umreißt letztlich programmsatzartig das Konzept von Sicherheit und Ordnung im Jugendstrafvollzug nach der Vorstellung des Entwurfs. Danach sind Sicherheit und Ordnung notwendige Bestandteile des Jugendstrafvollzugs. Sie haben aber im Hinblick auf die Gewährleistung der äußeren Sicherheit, der angemessenen Förderung sowie der Wahrung der Menschenrechte aller Beteiligten lediglich dienende Funktion, und sollen so das geordnete Zusammenleben der Gefangenen miteinander sicherstellen.[5] Dieses Bekenntnis zur dienenden Funktion der Aufrechterhaltung von Sicherheit und

[1] Begründung zum GJVollz (2004), S.59.
[2] Vgl. zusammenfassend Kreideweiß (1993), S.215 ff. m.w.N. sowie ders., aaO, S.498 ff.
[3] Kreideweiß (1993), S.222.
[4] Kreideweiß (1993), S.225.
[5] Begründung zum GJVollz (2004), S.59.

Ordnung ist gerade vor dem Hintergrund der derzeitigen Gegenreform im deutschen Strafvollzug[6] bedeutsam. Denn einerseits wird so klargestellt, dass auch der Resozialisierungs- bzw. der Fördervollzug – wie das menschliche Zusammenleben in Freiheit – nicht ohne die Einhaltung von Regeln auskommt, andererseits aber die Reichweite der Sicherheits- und Ordnungsaspekte dergestalt begrenzt, dass diese nicht *„alles bestimmende Prioritäten"*[7] im Strafvollzug darstellen, sondern durch das Vollzugsziel Resozialisierung mit gestaltet und geformt werden.[8] Einem reinen Verwahrvollzug, in dem die Aspekte Sicherheit und Ordnung allbeherrschend dominieren, wird damit eine deutliche Absage erteilt. Die Gefangenen werden mithin im Jugendstrafvollzug nicht willkürlich Restriktionen unterworfen, sondern erfahren Rechtsbeschränkungen im Rahmen eines integrierten Vollzugsgesamtkonzepts, in dem die einzuhaltenden Grenzen, aber auch die gewährten Freiheiten klar umrissen, deutlich formuliert und verständlich erläutert werden.[9] Ziel dieses Gesamtkonzepts ist, dass die Regeln der Gemeinschaft akzeptiert oder jedenfalls respektiert werden.[10] Bisherige Beobachtungen geben zu der begründeten Vermutung Anlass, dass ein solcher, dem gesetzlichen Resozialisierungsauftrag entsprechender Vollzug den Nebeneffekt hat, sich günstig auf Sicherheit bzw. Ordnung in der Anstalt auszuwirken.[11]
Insgesamt stellt § 31 Abs.1 GJVollz damit nochmals klar, dass Sicherheit und Ordnung nicht Ziel des Jugendstrafvollzugs sind, sondern lediglich die Funktionsfähigkeit des auf Förderung der Gefangenen in ihrer Entwicklung ausgerichteten Anstaltslebens gewährleisten sollen.[12]
§ 31 Abs.2 GJVollz übernimmt die in den §§ 81 bis 83 StVollzG niedergelegten Grundsätze über das Zusammenleben in der Anstalt und die Pflichten der Gefangenen durch Verweis auf diese Vorschriften. Die dort niedergelegten Grundsätze galten bisher mit kleineren Abweichungen ohnehin im Jugendstrafvollzug, da die Nrn.72 bis 74 VVJug diese weitestgehend inhaltsgleich[13] übernommen haben. Gegen die Übernahme dieser Grundsätze in ein Gesetz zur Regelung des Jugendstrafvollzuges ist daher grundsätzlich nichts einzuwenden. Allerdings handelt es sich gerade bei dem Bereich Sicherheit und Ordnung um einen äußerst sensiblen Regelungsbereich, bei dem die Normenklarheit und -verständlichkeit besonders wichtig ist.[14] Daher wäre es geboten, auf Verweisungen möglichst zu verzichten. Daher sollten bei einer zukünftigen landesgesetzlichen Regelung des Jugendstrafvollzugs in einem separaten Gesetz die in Bezug genommenen allgemeinen Regelungen in dieses aufgenommen werden.[15]

---

[6] Dazu oben Kap.4, C.; vgl. auch Brühl/Feest, in: AK-StVollzG (2006), vor § 81, Rn.21 ff. m.w.N., wonach (im Vollzug der Freiheitsstrafe) *„...zwar positive Auswirkungen des Gesetzes* (des StVollzG, Anm. d. Verf.) *zu verzeichnen sind, insgesamt aber ein zunehmend sicherheitsbetonter Verwahrvollzug statt des gesetzlich vorgesehenen Resozialisierungsvollzugs praktiziert wird."*.
[7] Brühl/Feest, in: AK-StVollzG (2006), vor § 81, Rn.2.
[8] Vgl. Brühl/Feest, in: AK-StVollzG (2006), vor § 81, Rn.1 ff.
[9] Vgl. Begründung zum GJVollz (2004), S.59.
[10] Begründung zum GJVollz (2004), S.59.
[11] Brühl/Feest, in: AK-StVollzG, vor § 81, Rn.16 m.w.N.
[12] J. Walter, ZfJ 2004, S.397, 403.
[13] Vgl. aber § 83 Abs.4 StVollzG einerseits und Nr.74 Abs.6 VVJug andererseits.
[14] Stellungnahme der DVJJ zum GJVollz (2004), S.314, 320.
[15] So auch die Stellungnahme der DVJJ zum GJVollz (2004), S.314, 320; gegen eine Verweisung ist aber dann nichts einzuwenden, wenn der Jugendstrafvollzug im Rahmen eines einheitlichen Landesstrafvollzugsgesetzes geregelt wird, vgl. z.B. den Entwurf eines Bayerischen Strafvollzugsgesetzes (EBayStVollzG).

§ 31 Abs.3 GJVollz verweist auf die §§ 84 bis 88 StVollzG sowie die §§ 90 bis 93 StVollzG und damit auf die Regelungen über die Durchsuchung, die sichere Unterbringung, erkennungsdienstliche Maßnahmen, das Festnahmerecht, die besonderen Sicherungsmaßnahmen die Fesselung sowie den Ersatz von Aufwendungen. Der die Einzelhaft des Gefangenen regelnde § 89 StVollzG wurde nicht in Bezug genommen, vielmehr gilt insofern § 31 Abs.5 GJVollz. Ein Vergleich der bisher im Jugendvollzug geltenden Nrn.75 bis 84 VVJug mit den jetzt in Bezug genommenen Regelungen des Erwachsenenstrafvollzuges zeigt jedoch, dass die erstgenannten Normen schon bisher letztlich die Regelungen des Erwachsenenvollzuges übernommen haben. Hiergegen ist grundsätzlich nichts einzuwenden, da die einzelnen Paragraphen im StVollzG sich in der Praxis bewährt haben und auch im Vollzug der Jugendstrafe ein Bedürfnis für Maßnahmen der in §§ 84 ff. StVollzG genannten Art besteht. Anzumerken ist aber hier so wie schon oben ausgeführt, dass im Sinne der Normenklarheit und Normenverständlichkeit sowie der Übersichtlichkeit einer Aufnahme dieser Regelungen direkt in das Gesetz jedenfalls dann der Vorzug zu geben ist, wenn – wie die ersten Gesetzesvorschläge teilweise vermuten lassen[16] – der Vollzug der Freiheits- sowie der Jugendstrafe künftig in unterschiedlichen (Landes-) Gesetzen geregelt werden wird.
§ 31 Abs.4 GJVollz befasst sich mit der Sicherheit und Ordnung im Bereich des Jugendstrafvollzugs an jungen Frauen und will dem Problem entgegenwirken, dass die jungen weiblichen Gefangenen derzeit aufgrund ihrer Unterrepräsentation im Jugendstrafvollzug[17] regelmäßig in besonderen Abteilungen des Strafvollzugs für erwachsene Frauen untergebracht sind, die wiederum Männeranstalten angegliedert sind.[18] Damit unterliegen sie häufig ungeprüft den für den Strafvollzug an Männern regelmäßig geltenden höheren Sicherheitsstandards; ein Nachteil, der im Widerspruch zu der in § 5 Abs.2 S.2 GJVollz festgeschriebenen Förderleitlinie der Binnendifferenzierung (sog. Gender-Mainstreaming-Grundsatz[19]) steht.[20] Deswegen legt § 31 Abs.4 des Entwurfs fest, dass nur diejenigen der für den Männervollzug geltenden inneren und äußeren Sicherheitsmaßnahmen für den Frauenvollzug übernommen werden dürfen, die aufgrund des festgestellten Gefährlichkeitsgrades oder Sicherungsbedarfs zwingend erforderlich sind, wenn der Vollzug der Jugendstrafe an weiblichen Gefangenen in Abteilungen des dem Männervollzug angeschlossenen Vollzuges für erwachsene Frauen erfolgt. Dies bedeutet, dass für den gesamten Frauenstrafvollzug, der an den Männervollzug angegliedert ist – was gemäß § 140 Abs.2 S.2 StVollzG für den Vollzug an erwachsenen Frauen nur aus besonderen Gründen zulässig ist – zukünftig vor jeder Anordnung einer Sicherungsmaßnahme im Männervollzug genau zu prüfen ist, ob diese auch für den Frauenvollzug zu übernehmen ist, sofern dort gleichzeitig Jugendstrafe an jungen weiblichen Gefangenen vollzogen wird.[21]
Die gesetzgeberischen Bemühungen, diese faktisch doppelte Benachteiligung junger weiblicher Gefangener durch die Unterbringung in Abteilungen des

[16] Vgl. den Gesetzentwurf eines Jugendstrafvollzugsgesetzes des Landes Baden-Württemberg, Stand Oktober 2006 (E BW 2006) bzw. Stand Januar 2007 (E BW 2007).
[17] Vgl. oben Kap.4, B.VII.
[18] Begründung zum GJVollz (2004), S.60.
[19] Vgl. oben, Kap.5, Abschn.2, E.III.3.b.
[20] Begründung zum GJVollz (2004), S.60.
[21] Begründung zum GJVollz (2004), S.60.

Frauenvollzuges für Erwachsene, der wiederum an den Männervollzug angegliedert ist, abzumildern, verdient Lob und Zustimmung. Allerdings muss auch gesehen werden, dass eine solche Norm diese doppelte Benachteiligung letztlich duldet und sogar anerkennt. Frauen im Jugendstrafvollzug derart zum *„zweifachen Anhängsel"*[22] zu degradieren, fällt nicht nur deutlich hinter die gegenwärtige Rechtslage, sondern auch hinter die – der Rechtslage nicht gerechte werdende – gegenwärtig geübte Praxis zurück.[23] Daher sollte von einer solchen Praxis der doppelten Benachteiligung durch die Schaffung eigener (offener) Jugendstrafanstalten für junge Frauen zukünftig Abstand genommen werden. Damit wird auch eine solche Regelung in künftigen Landesgesetzen überflüssig.

§ 31 Abs.5 GJVollz befasst sich mit der Problematik der unausgesetzten Absonderung von Gefangenen, der Einzelhaft, im Jugendstrafvollzug. Diese war bisher in Nr.80 VVJug in weitgehender Übereinstimmung mit § 89 StVollzG geregelt. Der Entwurf wollte sich nicht zu einer vollständigen Abschaffung der Einzelhaft entschließen. Danach ist Einzelhaft wie bisher nur zulässig, wenn dies aus Gründen, die in der Person des Gefangenen liegen, unerlässlich ist. Allerdings darf die Einzelhaft ununterbrochen nicht mehr als eine Woche und insgesamt nicht mehr als vier Wochen im Vollstreckungsjahr betragen; zudem bedarf Einzelhaft von mehr als einer Woche im Jahr der Zustimmung der Aufsichtsbehörde. Diese Einschränkungen im Vergleich zur bisherigen Rechtslage werden damit begründet, dass die Einzelhaft für junge Menschen eine erhebliche Härte darstelle, die – über einen längeren Zeitraum angewandt – nicht geeignet sei, ihre Mitwirkungsbereitschaft zu fördern.[24] Sie solle daher auf absolute Ausnahmefälle und auf das Mindestmaß des Erforderlichen beschränkt bleiben.[25] Weiterhin sei eine besondere Betreuung des jungen Gefangenen während der Einzelhaft erforderlich[26], was durch die gesetzliche Festschreibung in § 31 Abs.5 S.3 GJVollz verdeutlicht wird.

In Wissenschaft und Praxis mehren sich allerdings die Stimmen, die die völlige Abschaffung der Einzelhaft fordern.[27] Diese Kritiker der Einzelhaft können für sich neben praktischen Erfahrungen, die die Entbehrlichkeit einer solchen Regelung nahe legen[28], Nr.67 S.1 der Regeln der Vereinten Nationen zum Schutz von Jugendlichen unter Freiheitsentzug vom 14.12.1990 ins Felde führen, die einen völligen Verzicht auf das Institut der Einzelhaft fordert.[29]

Auch wenn die jetzige Regelung mit der zeitlichen Begrenzung der Einzelhaft auf maximal vier Wochen im Jahr, davon mehr als eine Woche nur mit Zustimmung der Aufsichtsbehörde, einen erheblichen Fortschritt gegenüber der bisherigen Rechtslage und sogar gegenüber den früher vorgelegten Alternativentwür-

---

[22] Stellungnahme des DVJJ zum GJVollz, S.314, 321.
[23] Stellungnahme des DVJJ zum GJVollz, S.314, 321.
[24] Begründung zum GJVollz (2004), S.60.
[25] Begründung zum GJVollz (2004), S.60.
[26] Begründung zum GJVollz (2004), S.60.
[27] J. Walter, ZfJ 2004, S.397, 403.
[28] Vgl. J. Walter ZfJ 2004, S.397, 403.
[29] Abgedruckt bei Internationale Menschenrechtsstandards und das Jugendkriminalrecht (2001), S.104: *„Alle Disziplinarmaßnahmen, die in einer grausamen, unmenschlichen oder entwürdigenden Behandlung bestehen, sind streng verboten; dazu gehören körperliche Züchtigung, Einschließung in einer Dunkelzelle, **isolierende Einzelhaft** ... "* (Hervorhebung durch den Verf.).

fen aus Wissenschaft und Praxis[30] darstellt, sprechen die besseren Argumente für die völlige Abschaffung des Instituts der Einzelhaft. Sie stellt einen besonders schwerwiegenden Eingriff in die Persönlichkeit dar und kann auf eine lange unrühmliche „Tradition", oft in Verbindung mit zusätzlichen Strafmaßnahmen wie Schweigen und harter Arbeit zurückblicken.[31] Auf die negativen Folgen andauernder Einzelhaft wurde zudem schon häufig eindringlich von Wissenschaftlern unterschiedlicher Disziplinen hingewiesen; namentlich wurde dabei auf die Gefahr des Verlustes der sozialen und örtlichen Orientierung, die *„sensorische Deprivation"* hingewiesen.[32] Angesichts dieser Erkenntnisse sollte auf diese Art *„schwarzer Pädagogik"*[33] im Jugendstrafvollzug zukünftig völlig verzichtet werden. Flankierend können nunmehr im Hinblick auf die zitierte Vorschrift der Regeln der Vereinten Nationen zum Schutz von Kindern und Jugendlichen unter Freiheitsentzug die Ausführungen des Bundesverfassungsgerichts im Rahmen des Urteils zur Verfassungswidrigkeit des Jugendstrafvollzugs angeführt werden, das auf die Bedeutung solch supranationaler Vorschriften auch für die Auslegung des Grundgesetzes hingewiesen hat: *„Auf eine den grundrechtlichen Anforderungen nicht genügende Berücksichtigung vorhandener Erkenntnisse oder auf eine den grundrechtlichen Anforderungen nicht entsprechende Gewichtung der Belange der Inhaftierten kann es hindeuten, wenn völkerrechtliche Vorgaben oder internationale Standards mit Menschenrechtsbezug, wie sie in den im Rahmen der Vereinten Nationen oder von Organen des Europarates beschlossenen einschlägigen Richtlinien und Empfehlungen enthalten sind … nicht beachtet beziehungsweise unterschritten werden… ."*[34].

2. Unmittelbarer Zwang – § 32 GJVollz

a. Inhalt der Vorschrift

§ 32 GJVollz verweist für die Anwendung unmittelbaren Zwanges auf die im Vollzug der Freiheitsstrafe geltenden Vorschriften der §§ 94 bis 101 StVollzG, die schon bisher aufgrund des § 178 Abs.1 StVollzG weitgehend im Jugendstrafvollzug galten[35], ordnet aber eine wichtige Abweichung hiervon für den Schusswaffengebrauch an. Abweichend von § 100 Abs. 1 Satz 1 StVollzG dürfen Schusswaffen gegen Gefangene nur zur Abwehr einer gegenwärtigen Gefahr für Leben oder Gesundheit gebraucht werden, wenn die Gefangenen eine Waffe oder ein anderes zur Herbeiführung von erheblichen Verletzungen geeignetes Werkzeug trotz wiederholter Aufforderung nicht ablegen.
Entfallen ist damit das Tatbestandsmerkmal *„oder zur Verhinderung einer besonders schweren Straftat"*, das noch in der Entwurfsfassung aus dem Jahre 2004 enthalten war. Unter den Begriff der besonders schweren Straftat sollte nach der Begründung zum GJVollz die *„…unmittelbare Ausführung oder Fortsetzung eines Verbrechens oder Vergehens, das unter Anwendung oder Mitfüh-*

---

[30] So wollten § 90 E 1985, § 70 Abs.2 S.1 E 1988, § 90 Abs.2 S.1 E 1991 und § 77 Abs.2 S.1 E 1993 die Erforderlichkeit der Zustimmung der Aufsichtsbehörde erst ab Einzelhaft von mehr als vier Wochen Gesamtdauer, § 90 Abs.2 E 1984 sogar erst ab drei Monaten (!) Gesamtdauer festschreiben.
[31] Brühl/Feest, in: AK-StVollzG (2006), § 89, Rn.1.
[32] Vgl. Brühl/Feest, in: AK-StVollzG (2006), § 89, Rn.1 m.w.N.
[33] So J. Walter, ZfJ 2004, S.397, 403.
[34] BVerfG, 2 BvR 1673/04 vom 31.5.2006, Abs.63 m.w.N.
[35] Vgl. oben Kap.5, Abschn.7, A.II.; Begründung zum GJVollz (2004), S.60.

rung von Schusswaffen oder Explosivmitteln begangen werden soll..."[36] subsumiert werden. Abgesehen davon, dass der Begriff der *„besonders schweren Straftat"* so bisher im Strafrecht nicht geläufig war, ist der Begriff auch sonst wenig trennscharf und lässt sich nach der Definition letztlich darauf reduzieren, ob der Gefangene eine Schusswaffe oder Explosivmittel mit sich führt. Das Vergehen der versuchten Nötigung bzw. der versuchten schweren Erpressung wird hiermit häufig, wenn nicht sogar regelmäßig einhergehen – man denke nur an die Drohung mit dem Einsatz der Schusswaffe bzw. des Explosivmittels. Zudem sind nur wenige Fälle denkbar, in denen zur Abwendung einer besonders schweren Straftat die Eskalation des Zwangsmittels hin zum Schusswaffeneinsatz zulässig ist, gleichzeitig aber nicht das Merkmal der gegenwärtigen Gefahr für Leben oder Gesundheit vorliegt. Damit ist dieses Merkmal zugleich überflüssig. Der Wegfall dieses Tatbestandsmerkmals ist daher insgesamt zu begrüßen.[37]

Ziel des Schusswaffeneinsatzes darf gemäß des in Bezug genommenen § 99 Abs.2 StVollzG wie im Erwachsenenstrafvollzug nur die Herbeiführung der Angriffsunfähigkeit des Gefangenen sein.[38]

b. Der Einsatz unmittelbaren Zwanges im Jugendstrafvollzug – ein grundsätzliches Problem

Die Anwendung unmittelbaren Zwanges in seinen unterschiedlichen Ausprägungen[39] ist, besonders wenn es um seine Anwendung gegen Jugendliche geht, nicht unproblematisch. De lege lata ist zwar, wie oben bereits erwähnt, der Einsatz unmittelbaren Zwanges gegen Gefangene im Jugendstrafvollzug grundsätzlich zulässig. Doch handelt es sich gerade bei jugendlichen Gefangenen häufig nicht um gefängniserfahrene Insassen, sondern im Gegenteil oft um haftunerfahrene Gefangene, die mit der Situation im Vollzug nicht selten überfordert sind und deshalb unter Umständen falsch reagieren.[40] Flucht oder körperlicher Widerstand entspringt bei ihnen häufig jugendlicher Unreife und ist selten geplant, sondern meist eher eine spontane Reaktion.[41]

Vor der Anwendung unmittelbaren Zwanges erscheint es daher sinnvoller – und unter Verhältnismäßigkeitsgesichtspunkten regelmäßig auch geboten – zunächst durch Gespräche oder durch Androhung entsprechender (Zwangs-) Maßnahmen auf die Gefangenen einzuwirken und ihnen die Folgen einer eventuellen Verweigerung so deutlich vor Augen zu führen.[42]

c. Schusswaffengebrauch im Jugendstrafvollzug?

Vor diesem Hintergrund ist insbesondere der Einsatz von Schusswaffen im Jugendstrafvollzug als höchst problematisch anzusehen. Dies hat der Gesetzgeber

---

[36] Begründung zum GJVollz (2004), S.61.
[37] Vgl. zur Kritik an der bisherigen Fassung auch die Stellungnahme des Deutschen Richterbundes, zu §§ 31-32.
[38] Begründung zum GJVollz (2004), S.61.
[39] Vgl. näher nur die §§ 94 ff. StVollzG.
[40] Bammann/Brühl, in: AK-StVollzG (2006), § 178, Rn.5; Koepsel, in: Schwind/Böhm/Jehle (2005), § 178, Rn.5.
[41] Vgl. Callies/Müller-Dietz (2005), § 178, Rn.3.
[42] Bammann/Brühl, in: AK-StVollzG (2006), § 178, Rn.5.

schon früher gesehen und daher den Ländern schon bisher über die Öffnungsklausel in § 178 Abs.4 StVollzG die Möglichkeit eingeräumt, durch Landesrecht *„namentlich beim Vollzug der Jugendstrafe"* weitere Einschränkungen des Rechts zum Schusswaffengebrauch vorzusehen. Der Entwurf entscheidet sich gegen einen völligen Ausschluss des Rechts auf den Gebrauch von Schusswaffen, schränkt dieses mit der Formulierung, dass Schusswaffen gegen Gefangene nur zur Abwehr einer gegenwärtigen Gefahr für Leben oder Gesundheit und nur dann gebraucht werden dürfen, wenn die Gefangenen eine Waffe oder ein anderes zur Herbeiführung von erheblichen Verletzungen geeignetes Werkzeug trotz wiederholter Aufforderung nicht ablegen, aber deutlich ein. Geht es um die Verhinderung einer Flucht oder um die Auflösung einer Meuterei, so müsste dies mithin im Jugendstrafvollzug mit anderen Mitteln als mit dem Einsatz von Schusswaffen erreicht werden.[43] Der Entwurf will jedoch nicht völlig auf den Einsatz von Schusswaffen auch im Jugendstrafvollzug verzichten, da auch künftig vielfach an Heranwachsenden bzw. jungen Erwachsenen eine Jugend- oder Freiheitsstrafe in Jugendstrafanstalten zu vollziehen sei.[44] Diese sieht der Entwurf danach offensichtlich als so gefährlich an, dass ein genereller Verzicht auf Schusswaffen nicht in Betracht kommt.
Mit dieser Regelung stünde ein künftiges Jugendstrafvollzugsgesetz jedoch nicht im Einklang mit Nr.65 der Regeln der Vereinten Nationen zum Schutz der Jugendlichen unter Freiheitsentzug von 1990, wonach das Tragen und der Gebrauch von Waffen in freiheitsentziehenden Einrichtungen für Jugendliche zu vermeiden ist.[45] Auch von Teilen der Wissenschaft wird schon seit längerem ein Verbot des Schusswaffengebrauchs im Jugendstrafvollzug gefordert.[46] Als Argument hierfür wird vorgebracht, dass in Situationen, in denen der Einsatz von Schusswaffen notwendig sei, ohnehin speziell geschulte Polizeikräfte heranzuziehen seien.[47] Zudem wird zu Recht auf die häufige Spontaneität und Unüberlegtheit jugendlicher Handlungsweisen hingewiesen.[48]
Andererseits ist in Rechnung zu stellen, dass es gerade unter den Heranwachsenden und jungen Erwachsenen im Jugendstrafvollzug eben auch solche Personen gibt, von denen ein erhebliches Gefährdungspotential für Mitgefangene, Anstaltsbedienstete sowie die Außenwelt ausgeht.[49] Aufgrund dieser weiten Bandbreite an denkbaren Gefährdungspotentialen, die alle vom Gesetz bedacht werden müssen, ist daher für den Schusswaffengebrauch im Jugendstrafvollzug *„... eine zufrieden stellende Lösung schwer zu finden."*[50] Die Problematik stellt sich in Deutschland insbesondere deshalb, weil innerhalb der verschiedenen Anstalten aus unterschiedlichen Gründen nicht zwischen Jugendlichen einerseits und Heranwachsenden und jungen Erwachsenen andererseits getrennt wird. Daher ist zu fragen, wie der Konflikt aufgelöst werden kann. Dabei sind auch

---

[43] Begründung zum GJVollz (2004), S.61.
[44] Begründung zum GJVollz (2004), S.61.
[45] Abgedruckt bei Internationale Menschenrechtsstandards und das Jugendkriminalrecht (2001), S.104: *"In freiheitsentziehenden Einrichtungen für Jugendliche sind der Gebrauch und das Tragen von Waffen zu vermeiden."*; dies räumt die Begründung zum GJVollz (2004) auch ausdrücklich ein, vgl. Begründung zum GJVollz (2004), S.61.
[46] Vgl. zusammenfassend Kreideweiß (1993), S.226 f. m.w.N.; so auch Tondorf (2006), Fn.117.
[47] Kreideweiß (1993), S.226 f.
[48] Vgl. Callies/Müller-Dietz (2005), § 178, Rn.3.
[49] Callies/Müller-Dietz (2005), § 178, Rn.3.
[50] Callies/Müller-Dietz, § 178, Rn.3.

die Bedürfnisse der Praxis zu berücksichtigen. Die Androhung des Schusswaffengebrauchs stellt jedenfalls ein probates letztes Vorratsmittel dar, um eine Situation, die außer Kontrolle zu geraten droht, wieder in den Griff zu bekommen.[51] Auch muss in Rechnung gestellt werden, dass der Jugendstrafvollzug heutzutage in großen Teilen ein Heranwachsenden- bzw. ein Jungerwachsenenvollzug ist.[52] Zudem kommen Zwangsmaßnahmen im Jugendstrafvollzug ohnehin selten zum Einsatz, so dass die praktische Bedeutung der Vorschrift glücklicherweise relativ gering ist.[53] Insgesamt ist daher eine restriktiv gefasste Vorschrift wie § 32 GJVollz als akzeptabler Kompromiss zwischen Sicherheit und Freiheit anzusehen. Dass damit eine Verletzung von Nr.65 der Regeln der Vereinten Nationen zum Schutz der Jugendlichen unter Freiheitsentzug einhergeht ist bedauerlich, lässt sich allerdings durch eine konsequente Aufteilung der Gefangenen nach Kriterien wie Alter und Gefährlichkeit auf verschiedene Anstalten oder wenigstens auf verschiedene Abteilungen, in denen gleichzeitig auf das Tragen und den Einsatz von Schusswaffen verzichtet wird, vermeiden. Wünschenswert wäre in diesem Zusammenhang zudem eine Öffnungsklausel, wonach die Landesjustizverwaltungen Anstalten bestimmen können, in denen keine Schusswaffen getragen bzw. eingesetzt werden dürfen.[54] Durch einen solch bewussten Verzicht auf Schusswaffen – namentlich in offenen oder halboffenen Anstalten – käme der Erziehungsgedanke des Jugendstrafvollzuges noch besser zum Tragen und es würde gleichzeitig Nr.65 der Regeln der Vereinten Nationen zum Schutz der Jugendlichen unter Freiheitsentzug wenigstens für diese Anstalten vollumfänglich umgesetzt.

d. Bewertung der Regelung im Übrigen

Im Übrigen gelten die im Erwachsenenstrafvollzug geltenden Vorschriften über den unmittelbaren Zwang auch im Jugendstrafvollzug, s.o. Da unmittelbarer Zwang nur verhältnismäßig eingesetzt werden darf, § 32 GJVollz i.V.m. § 96 StVollzG, ist gegen diese pauschale Übernahme im Grundsatz nichts einzuwenden. Allerdings ist bei der Anwendung des Verhältnismäßigkeitsgrundsatzes immer die grundsätzliche Problematik des Einsatzes von unmittelbarem Zwang zu berücksichtigen (s.o.), so dass dieser noch restriktiver als im Erwachsenenstrafvollzug zu handhaben ist.

e. Ergebnis zu § 32 GJVollz

Insgesamt ist die Vorschrift, soweit sie den Gebrauch von Schusswaffen regelt, als praxisbezogener Kompromiss zu verstehen, der vor dem Hintergrund der praktischen Verhältnisse nicht zu beanstanden ist. Problematisch erscheint jedoch die zusätzliche Beschränkung des Schusswaffengebrauchs auf die Fälle, in denen ein Gefangener eine Waffe oder ein anderes zur Herbeiführung von erheblichen Verletzungen geeignetes Werkzeug trotz wiederholter Aufforderung nicht ablegt. Denn es sind Fälle denkbar, in denen zwar eine Gefahr für Leben oder Gesundheit vorliegt, der Gefangene aber keine Waffe oder Werkzeug der

---

[51] Vgl. Kreideweiß (1993), S.226.
[52] S.o. Kap.4, B.III.
[53] Vgl. Kreideweiß (1993), S.226.
[54] Vgl. § 79 a E 1988, eine nicht in den E 1988 übernommene Vorschrift, die Inhalt einer kontroversen Diskussion war; näher die Begründung zum E 1988, S.80.

im Gesetz festgelegten Art verwendet. Als Beispiel sei der Fall genannt, in dem ein Gefangener den Kopf eines Mitgefangenen gegen eine Wand schlägt, jedoch von Mitgefangenen gegen den Zugriff durch die Vollzugsbeamten abgeschirmt wird.[55] Diesen Fällen wäre nur zu begegnen, indem die genannte Beschränkung gestrichen wird.[56] Andererseits werden diese Fälle in der Praxis äußerst selten vorkommen, zudem stehen heutzutage mit Hilfsmitteln wie beispielsweise Pfefferspray[57] adäquate Mittel unterhalb des Schusswaffeneinsatzes zur Verfügung, um auch solcher Lagen Herr zu werden. Daher ist eine Abänderung der Entwurfsvorschrift in dieser Hinsicht abzulehnen. Insgesamt ist § 32 GJVollz daher zwar eine Kompromissvorschrift, jedoch sachgerecht. In der Praxis sollte die Anwendung unmittelbaren Zwanges, insbesondere der Schusswaffengebrauch, ohnehin die absolute Ausnahme sein.

IV. Gesamtergebnis zu den §§ 31, 32 GJVollz

§§ 31 und 32 GJVollz stellen größtenteils brauchbare Regelungen dar. Allerdings ist es bei einer selbständigen Regelung des Jugendstrafvollzuges in einem eigenen Gesetz geboten, auf Verweisungen möglichst zu verzichten und stattdessen die in Bezug genommenen Vorschriften wörtlich in das Gesetz zu schreiben.[58] Nachdrücklich ist aber erneut aus den oben genannten Gründen eine Abschaffung der Einzelhaft im Jugendstrafvollzug zu fordern.

B. §§ 33, 34 – Pflichtverstöße, Konfliktregelung, Disziplinarmaßnahmen

I. Allgemeines

Die Vorschrift beschäftigt sich mit der Verhängung von Disziplinarmaßnahmen und damit mit einem Bereich, der wie kaum ein anderer Bereich des Jugendstrafvollzugs der gesetzlichen Regelung bedarf. Dies zeigt die Entscheidung des Bundesverfassungsgerichtes zur Verfassungswidrigkeit des Jugendstrafvollzugs[59], die unter anderem die Verhängung von Disziplinarmaßnahmen gegen den Antragsteller ohne gesetzliche Grundlage zum Gegenstand hatte.

II. Bisherige Rechtslage und Alternativentwürfe

Im Bereich des Jugendstrafvollzugs waren für die Ahndung von Pflichtverstößen bisher die Nrn. 86 bis 91 VVJug maßgeblich. Gerichtliche Entscheidungen gingen hier allerdings regelmäßig einen anderen Weg und stützten die Verhängung von Disziplinarmaßnahmen anstatt auf die – Gerichte nicht bindenden[60] –

[55] Das Beispiel stammt aus der Stellungnahme des Deutschen Richterbundes, zu §§ 31-32.
[56] So auch die Stellungnahme des Deutschen Richterbundes, zu §§ 31-32.
[57] Vgl. Stellungnahme der DVJJ zum GJVollz (2004), S.314, 321.
[58] Vgl. Stellungnahme der DVJJ zum GJVollz (2004), S.314, 320.
[59] BVerfG, 2 BvR 1673/04 vom 31.5.2006.
[60] Schaffstein/Beulke (2002), S.293 m.w.N.

VVJug auf die allgemeine Norm des § 91 JGG[61] oder auf eine entsprechende Anwendung des § 103 Abs.2 StVollzG[62]. Maßgeblich für die Verhängung von Disziplinarmaßnahmen im Erwachsenenstrafvollzug waren bislang die Regelungen des 13. Titels des StVollzG, die §§ 102 bis 107 StVollzG. § 115 Abs.2 JGG traf weiterhin Festlegungen über die Ausgestaltung von Hausstrafen in einer nach § 115 Abs.1 JGG durch die Bundesregierung mit Zustimmung des Bundesrates zu erlassenden Rechtsverordnung für den Vollzug der Jugendstrafe. Eine solche Rechtsverordnung trat jedoch nie in Kraft.[63] Im Bereich der bislang vorgelegten Alternativentwürfe aus Wissenschaft und Praxis zu einer gesetzlichen Regelung des Jugendstrafvollzuges traten starke Unterschiede zutage.[64] Dies soll hier nicht vertieft werden; verwiesen sei insoweit auf die Analyse von *Kreideweiß*.[65]

III. Inhalt der Vorschriften

1. Vorbemerkung

Der Entwurf nimmt eine Zweiteilung vor und trennt damit deutlich zwischen der Aufarbeitung von Pflichtverstößen im erzieherischen Gespräch und Maßnahmen der ausgleichenden Konfliktregelung in § 33 GJVollz einerseits sowie Verhängung und Vollzug von Disziplinarmaßnahmen in § 34 GJVollz andererseits.

2. Pflichtverstöße, Konfliktregelung – § 33 GJVollz

a. Ziel der Vorschrift

„Ein auf dauerhafte Verhaltensänderung ausgerichteter Jugendstrafvollzug gebietet es, Konflikte und Probleme nicht durch einfache, auf die Einhaltung von Sicherheit und Ordnung gerichtete Disziplinierung – scheinbar – zu bewältigen.“[66] Daher ist es mittel- und langfristiges Ziel eines modernen Jugendstrafvollzugs, bei den Gefangenen Einsicht in die Problematik und die Auswirkungen des eigenen Handelns und darauf basierend Änderungen des Verhaltens zu erzeugen.[67] Um dies zu erreichen, sollen nach dem Entwurf Maßnahmen informeller Art – der Entwurf nennt erzieherische Gespräche sowie sog. Maßnahmen der ausgleichenden Konfliktregelung – soweit vertretbar den Disziplinarmaßnahmen, also formellen Maßnahmen, grundsätzlich vorgehen, wobei die informellen Maßnahmen trotzdem disziplinierende Wirkung entfalten.[68] Dadurch

---

[61] Vgl. Kreideweiß (1993), S.228 m.w.N.; abl. J. Walter (1998), S.45 m.w.N.

[62] OLG Frankfurt a.M., Beschl. v. 19. 11. 1997, Az. 3 VAs 15/97, zit. nach Böhm, NStZ-RR 1998, S.289, 293; vgl. zur analogen Anwendung von Regelungen des StVollzG auf den Jugendstrafvollzug zuletzt OLG Hamm, ZJJ 2005, S.77 (Postkontrolle) m. abl. Anm. Pollähne; abl. zur analogen Anwendbarkeit der §§ 102 ff. StVollzG im Jugendstrafvollzug auch J. Walter (1998), S.43 m.w.N. und jetzt BVerfG, 2 BvR 1673/04 vom 31.5.2006, Abs.43 ff.

[63] Vgl. zur Problematik, ob die durch § 115 Abs.2 JGG für Disziplinarmaßnahmen gezogenen Grenzen trotzdem unmittelbar gesetzliche Geltung beanspruchen J. Walter (1998), S.44.

[64] Kreideweiß (1993), S.228.

[65] Kreideweiß (1993), S.228 ff.; vgl. auch die synoptische Darstellung aaO, S.523 ff.

[66] Begründung zum GJVollz (2004), S.61.

[67] Begründung zum GJVollz (2004), S.62.

[68] Begründung zum GJVollz (2004), S.62.

wird deutlich, dass Maßnahmen nach § 33 GJVollz und Disziplinarmaßnahmen nach § 34 GJVollz zueinander in einem Stufenverhältnis stehen. Dies verdeutlicht auch § 34 Abs.3 S.1 GJVollz, wonach Disziplinarmaßnahmen nur angeordnet werden dürfen, wenn eine Konfliktregelung nach § 33 GJVollz nicht ausreicht, um den Gefangenen das Unrecht ihrer Handlung zu verdeutlichen. Dies alles steht unter der Leitlinie des § 5 Abs.1 S.1 GJVollz, wonach die Fähigkeiten und Fertigkeiten der Gefangenen durch Maßnahmen und Programme im Hinblick auf die Erreichung des Vollzugszieles zu entwickeln und zu stärken, also zu fördern sind.[69]

b. Problematik der bisherigen Rechtslage

Vor einer Darstellung des Regelungsinhalts des § 33 GJVollz soll kurz auf die bisherige Rechtslage eingegangen werden. Ein dem jetzigen § 33 GJVollz teilweise vergleichbares Reaktionsmittel fand sich bisher in Nr. 86 VVJug. Es handelt sich dabei um die sog. Erziehungsmaßnahmen, bei denen es sich ebenfalls um eine sog. formelle Disziplinierung in dem von *Joachim Walter* geprägten Sinne[70] handelt.[71] Dabei handelt es sich um ein im Strafvollzug einzigartiges Instrument, das weder im StVollzG eine Entsprechung findet noch in § 115 Abs.2 JGG erwähnt wird.[72] Die Vorschrift fand im Schrifttum wenig Beachtung, erwies sich jedoch in der Praxis als sehr bedeutsam.[73]
Jedoch war diese Vorschrift – von der verfassungsrechtlichen Problematik abgesehen, dass selbst moderate Erziehungsmaßnahmen in Grundrechte der Gefangenen eingreifen können, was grundsätzlich verfassungsrechtlicher Rechtfertigung durch eine Gesetzesvorschrift bedarf[74] – in vielerlei Hinsicht zu beanstanden.
Problematisch war zunächst die mangelnde tatbestandliche Bestimmtheit der Regelung.[75] So sprach diese nur von einem Verstoß gegen Pflichten, die ihm, dem Gefangenen, im Vollzug auferlegt sind. Welche Pflichten damit im Einzelnen gemeint waren und wer dem Gefangenen diese Pflichten überhaupt auferlegte, blieb jedoch nebulös.[76] Dem Einfallsreichtum bei der Anordnung von Erziehungsmaßnahmen waren danach nach dem Wortlaut der Vorschrift kaum Grenzen gesetzt.[77]
Nr.86 Abs.1 VVJug stellte weiterhin in der Vollzugspraxis nach allgemeiner Meinung ein sofortiges Reaktionsmittel dar, welches allen Vollzugsbediensteten, also nicht nur dem Anstaltsleiter zustand. In diesem Zusammenhang war problematisch, ob Erziehungsmaßnahmen, die ihrem Inhalt nach eher den in § 115 Abs.2 JGG umrissenen Hausstrafen glichen, nicht aber gegen die Sicherheit oder Ordnung der Anstalt i.S.d. § 115 Abs.2 JGG verstießen, verhängt wer-

---

[69] Vgl. Begründung zum GJVollz (2004), S.61.
[70] J. Walter (1998), S.10.
[71] J. Walter (1998), S.10.
[72] Vgl. J. Walter (1998), S.54.
[73] Dünkel (1990), S.218; J. Walter, MSchrKrim 1993, S.273, 274.
[74] Zu dieser Problematik J. Walter (1998), S.42.
[75] J. Walter (1998), S.46; Eisenberg (2006) § 91, Rn.5; Lambropoulou (1987), S.280 f.
[76] J. Walter (1998), S.47.
[77] J. Walter (1998), S.54, der zugleich darauf hinweist, dass phantasievolle Erziehungsmaßnahmen im Alltagsbetrieb eher die Ausnahme darstellten und in der Regel der kurzfristige Ausschluss von allen Freizeitaktivitäten sowie die Fernsehsperre dominierten.

den durften. Denn in diesem Fall wäre für die Verhängung einer Hausstrafe – sprich: einer Disziplinarmaßnahme – der Anstaltsleiter nach den Nrn.86 Abs.2, 87 VVJug zuständig.[78] Diese potentielle Zuständigkeit jedes Vollzugsbediensteten machte die Vorschrift in ihren Folgen letztlich kaum kontrollierbar.[79] Schließlich war die mangelnde Rechtsstaatlichkeit des Verfahrens zu bemängeln, denn die in Nr.90 VVJug niedergelegten Verfahrensvorschriften betrafen offensichtlich nur die Disziplinarmaßnahmen nach den Nrn.86 Abs.2, 87 VVJug.[80] Selbst die *„rechtsstaatliche Selbstverständlichkeit“*[81] der Gewährung rechtlichen Gehörs sowie eine verbindliche Vorschrift über die Dokumentierung solcher Maßnahmen war in diesem Zusammenhang nicht geregelt.[82] Mangels eines obligatorischen Verfahrens stellte sich damit auch die Gewährung des dem Gefangenen nach Art.19 Abs.4, 20 GG zustehenden Rechtsschutzes als rechtlich und faktisch problematisch dar.[83]
In naher Zukunft werden die VVJug durch entsprechende landesrechtliche Gesetze ersetzt. Vor diesem Hintergrund ist im Folgenden insbesondere zu untersuchen, inwieweit die im Hinblick auf Nr.86 Abs.1 VVJug aufgeworfenen Bedenken auch bei § 33 des Entwurfs weiterhin bestehen.

c. Inhalt der Vorschrift

§ 33 GJVollz legt den Fokus erkennbar auf eine Aufarbeitung der Verfehlung des Gefangenen und stellt dafür eine Stufenregelung bereit. Verstöße der Gefangenen gegen Pflichten, die ihnen durch oder aufgrund dieses Gesetzes auferlegt sind, sollen danach zeitnah im erzieherischen Gespräch aufgearbeitet werden, § 33 S.1 GJVollz. Dies kann eine Thematisierung und Aufarbeitung mit dem Gefangenen alleine oder auch in der Gruppe, möglicherweise unter Beteiligung einer in der Arbeits- oder Wohneinheit bestehenden Konfliktkommission (beispielsweise sog. *„Fairneßkommittees“*[84]) umfassen.[85]
Nicht alle Versuche, einen Konflikt durch Gespräche zu lösen, werden jedoch gelingen, teilweise ist eine solche Lösung bei wiederholten oder besonders schwerwiegenden Konflikten auch nicht möglich.[86] Daher stellt § 33 S.2 des Entwurfs als zweite Stufe der Verarbeitung von Pflichtverstößen das Instrument der ausgleichenden Konfliktregelung zur Verfügung, mit dem, möglichst unter freiwilliger Beteiligung des Gefangenen, ein Ausgleich erreicht werden soll.[87] Notfalls soll eine ausgleichende Regelung allerdings auch angeordnet werden können.[88] Damit eröffnet sich ein weiter Spielraum an Reaktionsmöglichkeiten. Die Entwurfsbegründung nennt als Beispiele informelle Sanktionen wie die Ver-

[78] Vgl. J. Walter (1998), S.49 f.
[79] J. Walter, MSchrKrim 1993, S.273, 288.
[80] J. Walter (1998), S.51.
[81] J. Walter (1998), S.79.
[82] Näher J. Walter (1998), S.79 f., der aber darauf hinweist, dass dem Mangel durch entsprechende Anwendung der Nr.90 VVJug bzw. anderer geeigneter Vorschriften wie § 28 VwVfG begegnet werden könne, was aber an den grundsätzlichen Bedenken gegenüber der Regelung nichts ändert.
[83] J. Walter (1998), S.51, 80.
[84] Vgl. hierzu J. Walter (1998), S.250 und oben Kap.5, Abschn.6, H.III.
[85] Begründung zum GJVollz (2004), S.62.
[86] Begründung zum GJVollz (2004), S.62.
[87] Begründung zum GJVollz (2004), S.62.
[88] Begründung zum GJVollz (2004), S.62.

kürzung von Fernsehzeiten, die Erledigung von Sonderaufgaben und die Rücknahme der Besitzerlaubnis für bestimmte Gegenstände zur Freizeitbeschäftigung, aber auch die Versagung oder die Rücknahme bereits genehmigter positiver Maßnahmen, auf die die Gefangenen keinen durch das GJVollz festgelegten Anspruch haben.[89] Ausdrücklich verboten wird die indirekte Disziplinierung durch das Versagen von Maßnahmen, hinsichtlich derer dem Gefangenen jedenfalls ein Anspruch auf fehlerfreie Ausübung des Ermessens zusteht, so insbesondere bei der Gewährung von Vollzugslockerungen sowie von Urlaub.[90]
Die Maßnahmen zur Konfliktregelung zielen aus den in § 33 S.3 GJVollz aufgezählten und ersichtlich nicht abschließend zu verstehenden Beispielsfällen ersichtlich insbesondere in die Richtung eines Täter-Opfer-Ausgleichs, denn genannt werden namentlich die Entschuldigung, die Schadensbeseitigung sowie die Schadenswiedergutmachung und somit klassische Felder des Täter-Opfer-Ausgleichs.
Damit wird durch § 33 S.2, 3 GJVollz das Prinzip des Täter-Opfer-Ausgleichs auch für den Bereich der Konfliktregelung innerhalb des Jugendstrafvollzugs gesetzlich festgeschrieben und ein weiteres Übungsfeld zur Auseinandersetzung mit dem eigenen Fehlverhalten im Vollzug geschaffen.[91]
Der Begriff des Verstoßes gegen Pflichten, die dem Gefangenen durch oder aufgrund des GJVollz auferlegt sind, wird im Hinblick auf den Wortlaut weit auszulegen sein. Dies gilt insbesondere angesichts der Tatsache, dass den Gefangenen ohnehin die allgemeine Pflicht trifft, an der Erreichung des Vollzugszieles mitzuwirken, § 4 GJVollz, und die Bandbreite denkbarer Pflichten namentlich durch die Möglichkeit, diese per Hausordnung gemäß § 42 Abs.3 GJVollz i.V.m. § 161 Abs.1, 2 StVollzG festzusetzen, zusätzlich erhöht wird.

d. Probleme des § 33 GJVollz

§ 33 GJVollz ist in vielerlei Hinsicht problematisch. Die Probleme sind größtenteils mit den sich schon im Zusammenhang mit Nr.86 VVJug stellenden identisch, obwohl sich § 33 GJVollz vom Wortlaut her relativ deutlich von diesem entfernt.
So stellt zwar das erzieherische Gespräch die erste Stufe der Konfliktschlichtung dar, scheitert diese allerdings, so kommt doch wieder das altbekannte Reaktionsinstrument der Erziehungsmaßnahme in anderem Gewand zum Tragen. Dies verdeutlicht insbesondere ein Blick auf § 33 S.3 GJVollz. Die dortigen *„Maßnahmen zur Konfliktregelung"*, die gemäß § 33 S.3 GJVollz auch angeordnet werden können, sind letztlich mit den Maßnahmen im Sinne der Nr.86 Abs.1 S.1 VVJug identisch. Damit taucht hier ebenfalls das Problem der potentiellen „Allzuständigkeit" jedes Vollzugsbeamten für die Anordnung einer Maßnahme zur Konfliktregelung auf, da der Wortlaut insofern keine Einschränkung enthält und § 33 GJVollz seiner Zielsetzung nach ebenfalls ein flexibles Instrument mit einer großen Bandbreite an Reaktionsmöglichkeiten darstellen soll.[92] Kritisch

[89] Begründung zum GJVollz (2004), S.62; näher zu der Tatsache, dass ein Gefangener im Jugendstrafvollzug nur über ganz wenige, unantastbare Rechte verfügt und ihm daher quasi jede Verbesserung dieser Minimalumstände versagt oder nachträglich entzogen werden kann J. Walter (1998), S.5 f.
[90] Begründung zum GJVollz (2004), S.63; vgl. zur sog. informellen Disziplinierung im Bereich Lockerungen und Urlaubsgewährung auch J. Walter, NK 2005, S.130, 132.
[91] Vgl. Begründung zum GJVollz (2004), S.61.
[92] Vgl. Begründung zum GJVollz (2004), S.62.

muss auch gesehen werden, dass über die Hintertür des § 33 S.2 GJVollz in der Praxis Maßnahmen angeordnet werden können, die letztlich den Charakter von Disziplinarmaßnahmen haben. Dies liefe aber dem neu formulierten § 34 Abs.2 GJVollz zuwider, der mit seiner abschließenden[93] Aufzählung zulässiger Disziplinarmaßnahmen eine solche Ausweitung der Disziplinierung durch Hausstrafen gerade verhindern will.[94] Diese Möglichkeit deutet letztlich schon die Begründung zu § 34 GJVollz an: *„Dies* (Der Einwand, der nur wenige Disziplinarsanktionen enthaltende Katalog des § 34 Abs.2 GJVollz erschwere die notwendige individuelle Reaktion unangemessen, Anm. d. Verf.) *lässt aber außer acht, dass § 33 einen breiten Rahmen für Sanktionen bietet, die individueller und spezifischer im Hinblick auf die konkrete Verfehlung ausgestaltet werden können als förmliche Reaktionen."*[95] Die Problematik dieser Umgehungsmöglichkeit wird insbesondere durch die Tatsache verdeutlicht, dass informelle Sanktionierungsmaßnahmen wie die in der Entwurfsbegründung als Beispiel genannte Verkürzung von Fernsehzeiten[96] in der Praxis aufgrund der begrenzten Freizeitmöglichkeiten eine sehr spürbare Sanktion darstellen.[97]
Neben dieser potentiellen Umgehungsmöglichkeit ist weiterhin das völlige Fehlen rechtsstaatlicher Verfahrensgrundsätze zu kritisieren. So fehlen auch nach der gesetzlichen Neuregelung weiterhin, wie auch bei Nr.86 Abs.1 VVJug, Vorschriften über die Anhörung des Gefangenen und über die Dokumentierung des Vorganges. Eine Anhörung sollte wenigstens für schwerwiegende Vorfälle, die aufgrund des engen Katalogs des § 34 Abs.1 GJVollz zukünftig nicht (mehr) disziplinarrechtlich sanktionierbar sind, Pflicht sein. Da auch Maßnahmen der Konfliktregelungen in Grundrechte der Gefangenen eingreifen können[98], ist das Fehlen dieser rechtsstaatlichen Minimalstandards im Lichte der Art.19 Abs.4, 20 GG als äußerst bedenklich anzusehen. Da man bei einem Inkrafttreten des vorliegenden Entwurfs als (Landes-) Gesetz nicht von einer planwidrigen Regelungslücke im Sinne einer systemwidrigen Unvollständigkeit ausgehen könnte, die im Wege des Analogieschlusses – beispielsweise im Wege der analogen Anwendung von § 34 Abs.5 GJVollz i.V.m. §§ 105 f. StVollzG – zu schließen wäre, müsste man unter diesem Gesichtspunkt konsequenterweise § 33 GJVollz für verfassungswidrig erklären.

e. Ergebnis zu § 33 GJVollz

Der mit § 33 GJVollz verfolgte Ansatz der zeitnahen[99], erzieherisch geprägten und auf das zukünftige Leben in Freiheit gerichteten Aufarbeitung von Verfehlungen junger Gefangener ist grundsätzlich begrüßenswert. Auch die Integration von Elementen des Täter-Opfer-Ausgleichs[100] in die Vorschrift ist positiv zu

---

[93] Vgl. unten Kap.5, Abschn.7, B.III.3.c.
[94] Vgl. Begründung zum GJVollz (2004), S.63 f.
[95] Begründung zum GJVollz (2004), S.64.
[96] Vgl. Begründung zum GJVollz (2004), S.62.
[97] Vgl. J. Walter (1998), S.96.
[98] Vgl. J. Walter (1998), S.80.
[99] Ob die Strafe dem Fehlverhalten auf dem Fuße zu folgen hat, ist allerdings nicht unumstritten, vgl. Brühl, ZfStrVo 1979, S.219, 222, re. Sp., der eine solche Praxis als *„pädagogische Bauernregel"* bezeichnet.
[100] Hierzu J. Walter (1998), S.244 f.; positiv zum Täter-Opfer-Ausgleich im Jugendstrafvollzug auch Dünkel, in: Böhm-FS (1999), S.99, 134.

bewerten, obwohl die *Anordnung* von Maßnahmen des Täter-Opfer-Ausgleichs, wie sie § 33 S.3 GJVollz vorsieht, eher paternalistische Züge trägt und insgesamt kritisch zu sehen ist.[101] Allerdings weist die Vorschrift eine bedenkliche Weite auf und entspricht im Hinblick auf Verfahren und Rechtsschutz nicht den in Art.19 Abs.4, 20 GG zum Ausdruck kommenden rechtsstaatlichen Mindeststandards. So sehr das Bedürfnis der Praxis zu verstehen ist, ein Instrument zur Verfügung zu haben, das Reaktionen auf Verfehlungen quasi auf dem Fuße erlaubt, so sehr erscheinen diese Mängel im Lichte der angesprochenen verfassungsrechtlichen Garantien als nicht hinnehmbar. Eine sich an § 33 GJVollz orientierende landesrechtliche Vorschrift müsste daher unter diesen Gesichtspunkten dringend nachgebessert werden.

3. Disziplinarmaßnahmen – § 34 GJVollz

a. Bisherige Rechtslage – Nr.86 Abs.2, 87 VVJug

Die bisherigen Regelungen für die Verhängung von Disziplinarmaßnahmen im Jugendstrafvollzug orientierten sich, wie erwähnt, an den §§ 102 ff. StVollzG. Danach war die Anordnung einer Disziplinarmaßnahme durch den Anstaltsleiter gegen einen Gefangenen möglich, wenn dieser sich einen schuldhaften Verstoß gegen die ihm im Vollzug auferlegten Pflichten hatte zuschulden kommen lassen. Die als Reaktion zulässigen Disziplinarmaßnahmen zählte Nr.87 Abs.1 VVJug – abschließend[102] – auf. Spezifisch erzieherische bzw. an die Insassen im Jugendstrafvollzug angepasste Merkmale fehlten hier jedoch völlig.[103]

b. Disziplinarmaßnahmen im Jugendstrafvollzug – ein grundsätzliches Problem

Betrachtet man die Häufigkeit, mit der Disziplinarmaßnahmen gegen Gefangene im Jugendstrafvollzug verhängt werden, so fällt auf, dass diese bisher im Schnitt etwa dreimal häufiger als im Erwachsenenstrafvollzug verhängt werden.[104] Hierbei sind die Erziehungsmaßnahmen nach Nr.86 Abs.1 VVJug, die im Erwachsenenstrafvollzug keine Entsprechung haben, häufig aber, wie ausgeführt, ähnlich belastende Wirkung wie Disziplinarmaßnahmen zeigen, noch nicht einmal berücksichtigt.[105] Auch die bislang schwerste Disziplinarstrafe, der Arrest, wird gegen Gefangene im Jugendstrafvollzug dreimal häufiger verhängt als gegen Gefangene im Vollzug der Freiheitsstrafe.[106] Dabei zeigen sich im Längsschnitt erhebliche Schwankungen in der Häufigkeit der Verhängung von Disziplinarmaßnahmen; zudem zeigen sich erhebliche Unterschiede in der Disziplinarpra-

---

[101] Vgl. die Bedenken gegen die Verordnung von Wiedergutmachungsmaßnahmen bei Rössner, ZJJ 2005, S.30, 33: „*Im Wege hoheitlichen Handelns ist das Instrument der Wiedergutmachung nicht durchzuführen.*".

[102] J. Walter (1998), S.9; vgl. statt aller zur parallel gelagerten Problematik bei § 103 StVollzG Callies/ Müller-Dietz (2005), § 103, Rn.1.

[103] J. Walter (1998), S.52.

[104] J. Walter (1998), S.184; nähere statistische Daten zur Verhängung von Disziplinarmaßnahmen im Jugend- und Erwachsenenstrafvollzug bei J. Walter (1998), S.100 ff., insb. Schaubild 3; vgl. auch Eisenberg (2006), § 91, Rn.20 c; Dünkel (1990), S.215 ff., 255 ff.

[105] J. Walter (1998), S.184.

[106] J. Walter (1998), S.100.

xis der einzelnen Jugendstrafanstalten.[107] Auffällig ist auch, dass gerade besonders junge Gefangene überdurchschnittlich häufig von Disziplinarmaßnahmen betroffen sind.
Joachim Walter berichtet in diesem Zusammenhang über eine durchschnittlich doppelt so hohe Wahrscheinlichkeit formeller Disziplinierung eines 16-jährigen im Vergleich zu einem 21-jährigen Gefangenen.[108] Zudem hänge die Wahrscheinlichkeit, disziplinarisch belangt zu werden, in hohem Maße von der Personalsituation in der Anstalt ab.[109]
Ob es zur Verhängung von Disziplinarmaßnahmen kommt, „*...scheint am allerwenigsten von dem Verhalten des Gefangenen abzuhängen. Das ist schon pädagogisch eine sehr prekäre Ausgangslage! In rechtlicher Hinsicht muß sich der Jugendstrafvollzug sogar die Frage gefallen lassen, ob damit nicht zumindest bereichsweise die durch das verfassungsrechtliche Willkürverbot markierte Grenze schon überschritten ist.*“[110].
Konsequenterweise wird daher gefordert, dieser faktischen Benachteiligung Gefangener im Jugendstrafvollzug dadurch zu begegnen, dass die Voraussetzungen für die Verhängung formeller Disziplinarmaßnahmen noch strikter begrenzt werden.[111] Inwieweit der Entwurf diesen Forderungen gerecht wird, ist im Folgenden näher zu untersuchen.

c. Inhalt der Vorschrift

§ 34 Abs. 1 GJVollz regelt zunächst, unter welchen Voraussetzungen eine Disziplinarmaßnahme verhängt werden darf. Augenfällig ist dabei, dass im Gegensatz zur früheren Rechtslage nicht mehr ein schuldhafter Pflichtverstoß gegen dem Gefangenen im Vollzug auferlegte Pflichten ausreicht (vgl. Nr.86 Abs.1 S.1 VVJug), sondern vielmehr ein rechtswidriger und schuldhafter Verstoß gegen einen der in § 34 Abs.1 Nr.1-8 GJVollz abschließend benannten Disziplinartatbestände erforderlich ist. Dies ist mit Hinblick auf Gründe der Rechtsstaatlichkeit zu begrüßen.[112] Damit wird eine Linie übernommen, die sich durch nahezu sämtliche bislang vorgelegten Alternativentwürfe aus Wissenschaft und Praxis zieht.[113] Zudem steht der Entwurf so im Einklang mit Nr.68 der Regeln der Vereinten Nationen zum Schutze von Jugendlichen unter Freiheitsentzug sowie mit Nr.35 der Empfehlung Nr. R (87) 3 des Europarats über die Europäischen Strafvollzugsgrundsätze.[114] Diese Vorschriften fordern nämlich explizit eine Definition des Verhaltens, das einen disziplinarrechtlich zu würdigenden Verstoß

[107] J. Walter (1998), S.184 f.
[108] J. Walter (1998), S.185 m.w.N.
[109] J. Walter (1998), S.185.
[110] J. Walter (1998), S.186.
[111] Dünkel (1990), S.218.
[112] Zustimmend auch J. Walter, ZfJ 2004, S.397, 403.
[113] Vgl. § 103 Abs.1 E 1984; § 103 Abs.3 E 1985 (Regelbeispiele); § 88 Abs.1 E 1993; vgl. auch den Alternativvorschlag bei J. Walter (1998), S.211, der ebenfalls mit Disziplinartatbeständen arbeitet; zusammenfassend Kreideweiß (1993), S.228 ff. m.w.N.
[114] Abgedruckt in: Internationale Menschenrechtsstandards und das Jugendkriminalrecht (2001), S.105 bzw. S.239.

darstellt.[115] Weiterhin wird so der in den §§ 6 und 8 GJVollz enthaltene Gedanke umgesetzt, dass die Gefangenen über ihre Rechte, aber auch über die Konsequenzen, die Pflichtverstöße nach sich ziehen können, aufzuklären sind.[116] Nähere Betrachtung verdienen in diesem Zusammenhang die Tatbestände nach den Nrn.1, 6, 7 und 8 des § 34 Abs. 1 GJVollz.

aa. Ausgewählte Disziplinartatbestände

§ 34 Abs. 1 Nr.1 GJVollz schreibt den Disziplinartatbestand des mündlichen oder tätlichen Angriffs auf andere Personen fest. Die im Jahre 2004 veröffentlichte Fassung des Entwurfs hatte noch von einem verbalen oder tätlichen Angriff gesprochen. Dieser Formulierung war entgegengehalten worden, der Begriff des *„verbalen Angriffs"* sei bisher in der juristischen Fachliteratur unbekannt und auch zu ungenau.[117] Dieser Kritik ist beizupflichten, auch wenn sich aus dem Gesetzeszusammenhang hinreichend deutlich erschließt, welches Verhalten, nämlich die Verbalbeleidigungen gegenüber anderen Personen, sanktioniert werden soll. Vorzugswürdig wäre in diesem Zusammenhang entweder die Formulierung *„...beleidigen oder tätlich angreifen"* oder die in einigen Alternativentwürfen vorgeschlagene Wendung *„...tätlich oder beleidigend angreift"*[118]. Letztgenannte Formulierung brächte im Übrigen noch besser zum Ausdruck, dass eine sanktionierungswürdige „Beleidigung" auch eine solche sein kann, die unterhalb der Schwelle des § 185 StGB liegt und daher nicht unter § 34 Abs.1 Nr.1 1.Alt. GJVollz fällt. Diese Klarstellung wäre vor allem unter dem Gesichtspunkt zu begrüßen, dass im Gefängnisalltag und gerade auch unter jungen Menschen oft ein rauer Umgangston herrscht[119] und daher zwar nicht jede „Beleidigung" als Beleidigung im Sinne des § 185 StGB zu bewerten ist[120], eine solche wohl aber im konkreten Fall disziplinierungswürdig sein kann.
§ 34 Abs. 1 Nr.6 GJVollz schreibt die Entweichung bzw. den Entweichungsversuch als Disziplinartatbestand fest. Dies ist kritisch zu sehen. Fluchtversuche sind zutiefst menschlich[121] und entspringen gerade bei jungen Gefangenen oft Spontaneität und jugendlicher Unreife. Zudem steht einer disziplinarrechtlichen Ahndung auch die Wertung des Gesetzgebers entgegen, der zwar die Befreiung

---

[115] Nr.68 der Regeln der Vereinten Nationen zum Schutze von Jugendlichen unter Freiheitsentzug lautet: *„Der Gesetzgeber oder die für den Erlass von Verwaltungsvorschriften zuständige Behörde müssen unter voller Rücksichtnahme auf die grundlegenden Besonderheiten, Bedürfnisse und Rechte Jugendlicher Rechtsnormen erlassen, die folgende Punkte regeln: a) Definition des Verhaltens, das einen Disziplinarverstoß darstellt..."*; Nr.35 der Empfehlung Nr. R (87) 3 des Europarats über die Europäischen Strafvollzugsgrundsätze lautet: *„Folgende Bereiche sind gesetzlich oder durch Verwaltungsvorschriften der zuständigen Stelle zu regeln: a) Verhalten, das einen Disziplinarverstoß darstellt..."*; die Vorschriften sind abgedruckt in: Internationale Menschenrechtsstandards und das Jugendkriminalrecht (2001), S.105 bzw. S.239.

[116] Begründung zum GJVollz (2004), S.64.

[117] J. Walter, ZfJ 2004, S.397, 403.

[118] Vgl. § 103 Abs.1 Nr.1 E 1984; § 103 Abs.3 Nr.1 E 1985; § 88 Abs.1 S.2 Nr.1 E 1993.

[119] Dazu J. Walter (1998), S.168; instruktiv zum Vorliegen (formaljuristisch) strafbarer Handlungen in alltäglichen Situationen im Vollzug ders. (1998), S.12.

[120] Ob eine Ehrverletzung i.S.d. § 185 StGB vorliegt, ist nämlich unter Berücksichtigung der gesamten Begleitumstände, z.B. der Anschauung und Gebräuche der Beteiligten und der sprachlichen und gesellschaftlichen Ebene, auf der die Äußerung gefallen ist, zu ermitteln, vgl. Tröndle/Fischer (2006), § 185, Rn.9 m.w.N.

[121] Vgl. Stellungnahme der DVJJ zum GJVollz (2004), S.314, 320.

von (anderen) Gefangenen unter Strafe gestellt hat (vgl. §§ 120, 258 StGB), nicht jedoch die eigene Flucht eines Gefangenen oder die Unterstützung eines Angehörigen.[122] Zudem findet die Zuverlässigkeit des Gefangenen bei der Gewährung von Vollzugslockerungen Berücksichtigung. Dies ist an sich ausreichend, so dass an sich auch kein sachliches Bedürfnis nach einer weitergehenden Bestrafung durch Disziplinarmaßnahmen besteht.[123] Allerdings ist zuzugeben, dass in der Praxis durchaus das Bedürfnis bestehen kann, in den Fällen, in denen keine strafrechtliche Sanktionierung erfolgen kann, dem Gefangenen jedenfalls durch eine Disziplinarmaßnahme das Unrecht seiner Entweichung oder seines Entweichungsversuchs vor Augen zu führen. Dies gilt auch im Hinblick auf den Zweck der Disziplinarmaßnahmen, nämlich die Sicherung der Voraussetzungen eines auf das Vollzugsziel gerichteten, an bestmöglicher Förderung orientierten, geordneten Jugendstrafvollzuges.[124] Mitgefangene des Entwichenen müssten sich ja zu einem Entweichungsversuch geradezu herausgefordert fühlen, wenn neben die fehlende strafrechtliche Verfolgung – von Fällen der Gefangenenmeuterei i.S.d. § 121 StGB abgesehen – nicht einmal eine disziplinarrechtliche Ahndung tritt. Zudem ist es die Pflicht des Gefangenen, insbesondere im Vollzug mit geringen oder ohne jegliche Sicherheitsvorkehrungen[125], sich dem Vollzug der Jugendstrafe nicht durch Entweichung zu entziehen, sondern diesen als Konsequenz vorangegangenen Tuns bis zum Schluss zu durchlaufen.[126] Mit Blick auf die Praxis und die genannten Argumente sollte § 34 Abs.1 Nr.6 GJVollz daher im Ergebnis beibehalten werden.

Nach § 34 Abs.1 Nr.7 GJVollz stellt auch der Verstoß gegen Strafgesetze oder die Begehung von Ordnungswidrigkeiten einen Disziplinartatbestand dar. Fraglich ist, ob diese Formulierung nicht zu weit geht. Zwar ist es heutzutage relativ unumstritten, dass das parallele Verhängung von Disziplinarmaßnahmen und strafrechtlichen Sanktionen keinen Verstoß gegen den ne bis in idem Grundsatz des Art.103 Abs.2 GG darstellt.[127] Jedoch sind die Zielsetzungen der Disziplinarmaßnahmen und der Kriminalstrafen unterschiedlich: Während es die Aufgabe des Strafrechts ist, die Verletzung allgemein geschützter Rechtsgüter zu ahnden, reagieren Disziplinarmaßnahmen auf die Störung der Sicherheit und Ordnung der Anstalt.[128] Um dieser unterschiedlichen Zielsetzung von Kriminal- und Disziplinarstrafe gerecht zu werden, sollte § 34 Abs.1 Nr.7 GJVollz folgendermaßen umformuliert werden: *„Nr.7: in erheblicher Weise gegen Strafgesetze verstoßen oder eine Ordnungswidrigkeit von einigem Gewicht begehen“.* Dadurch käme die Zielsetzung der Disziplinarmaßnahme als Reaktionsinstru-

[122] Vgl. Stellungnahme der DVJJ zum GJVollz (2004), S.314, 320; in diesem Sinne auch Dünkel, in: Böhm-FS (1999), S.99, 135; grundsätzlich kritisch zur straf- und disziplinarrechtlichen Ahndung der Gefangenenselbstbefreiung Ostendorf, NStZ 2007, S.313 ff. m.w.N.

[123] Ebenso die Stellungnahme der DVJJ zum GJVollz (2004), S.314, 320.

[124] Vgl. BVerfG NStZ 1994, S.300, 301 sowie NStZ 1994, 357, 358.

[125] Man denke nur an die geringen Vorkehrungen gegen Entweichungen bei dem baden-württembergischen Modellprojekt „Projekt Chance“.

[126] Begründung zum GJVollz (2004), S.64; vgl. zu dieser sog. Differenzierungslösung Callies/Müller-Dietz (2005), § 102, Rn.8 ff.

[127] BVerfGE 21, S.378, 384; zust. J. Walter (1998), S.165; Callies/Müller-Dietz (2005), § 102, Rn.14; allerdings soll das Strafurteil und auch schon die Staatsanwaltschaft regelmäßig die bereits im Vollzug verhängte Disziplinarmaßnahme berücksichtigen, vgl. Begründung zum GJVollz (2004), S.64; BVerfGE 21, S.378, 384; Callies/Müller-Dietz (2005), § 102, Rn.14; zweifelnd J. Walter (1998), S.47 f.

[128] J. Walter (1998), S.165.

ment auf Störungen der Anstaltssicherheit oder -ordnung besser zum Ausdruck.[129]

§ 34 Abs.1 Nr.8 GJVollz stellt einen Auffangtatbestand dar, mit dem nicht in den Nrn. 1 bis 7 enthaltene, gleichwohl aber wiederholte und schwerwiegende und daher disziplinierungswürdige Störungen der Anstaltsordnung oder des Zusammenlebens in der Jugendstrafanstalt geahndet werden sollen.[130] Die Formulierung ist hinreichend eindeutig und eng gehalten.[131] Sie bringt zum Ausdruck, dass nur schwerwiegende oder wiederholte, nicht bedeutungslose Störungen disziplinierungswürdig sind.

Da auch ein praktisches Bedürfnis für einen Auffangtatbestand schwerlich zu leugnen[132] ist, erscheint diese Vorschrift insofern vertretbar.[133]

Zusammenfassend ist die Beschränkung auf wenige Disziplinartatbestände zu begrüßen, wenn auch einzelne Tatbestände im oben beschriebenen Sinne abgeändert werden sollten.

bb. Nach dem GJVollz zulässige Disziplinarmaßnahmen

§ 34 Abs.2 GJVollz stellt einen Katalog zulässiger Disziplinarmaßnahmen auf. Dieser Katalog ist richtigerweise – analog der Rechtslage im Erwachsenenstrafvollzug[134] – als abschließend anzusehen.

Die Disziplinarmaßnahmen nach den Nrn.2 bis 4 sind sachgerecht und bedürfen keiner näheren Betrachtung.[135] Die jetzt wieder in § 33 Abs.2 Nr.2 GJVollz vorgesehene Beschränkung bzw. der Entzug des Hörfunk- oder Fernsehempfangs bis zu vier Wochen war in dem Entwurf aus dem Jahr 2004 noch nicht vorhanden. Die Wiederaufnahme ist aber sachgerecht, da insbesondere für die regelmäßig als sehr einschneidend empfundene Maßnahme des Fernsehentzugs ein praktisches Bedürfnis besteht und ansonsten zu befürchten gewesen wäre, dass diese Sanktion quasi durch die Hintertür über eine extensive Anwendung des § 33 S.3 GJVollz[136] wieder eingeführt wird – mit dem Nachteil, dass so ohne das förmliche Verfahren nach § 34 Abs.5 GJVollz i.V. m. den dort genannten Vorschriften des StVollzG in Rechte des Gefangenen aus Art.5 Abs.1 GG eingegriffen werden könnte und im Übrigen die oben ausgeführten Bedenken gegen die Verfassungsmäßigkeit des § 33 GJVollz weiter fortbestehen.

Näher betrachtet werden sollen der Verweis nach § 34 Abs. 2 Nr.1 GJVollz sowie die Streichung des Arrests aus dem Katalog der Disziplinarmaßnahmen.

Der Verweis nach § 34 Abs.2 Nr.1 GJVollz stellt lediglich eine (erneute) mündliche Ermahnung im Sinne eines förmlichen Tadels dar. Damit verbunden sind

---

[129] In diese Richtung geht auch der Vorschlag von J. Walter, ZfJ 2004, S.397, 404.

[130] Begründung zum GJVollz (2004), S.64.

[131] J. Walter, ZfJ 2004, S.397, 403; gegen § 34 Abs.1 Nr.8 GJVollz Tondorf (2006), Fn.118: *„umstrittene Generalklausel"*.

[132] Vgl. die § 34 Abs.1 Nr.8 GJVollz ähnelnden § 103 Abs.1 Nr.8 E 1984, § 103 Abs.3 Nr.8 E 1985, § 88 Abs.1 S.2 Nr.8 E 1993; zusammenfassend Kreideweiß (1993), S.230: *„...so dass kaum Fälle denkbar sind, in denen ein Gefangener das Zusammenleben gefährdet, ohne eine Ahndung befürchten zu müssen."*.

[133] Ebenso J. Walter, ZfJ 2004, S.397, 403.

[134] Statt aller Callies/Müller-Dietz (2005), § 103, Rn.1.

[135] Vgl. zu diesen Disziplinarmaßnahmen näher die Begründung zum GJVollz (2004), S.65.

[136] Wobei dieser eine Maßnahme „zur Konfliktregelung" voraussetzt und daher eine solch weite Auslegung schon nach dem Wortlaut problematisch wäre.

jedoch ein förmliches Verfahren sowie eine Reaktion der Anstaltsleitung, nicht nur des einzelnen Vollzugsbediensteten.[137] Zudem kann auch ein Verweis als Disziplinarmaßnahme negative Konsequenzen auch auf vollstreckungsrechtliche Entscheidungen haben[138], was bei einer informellen Ermahnung regelmäßig mangels Aufnahme in die Akten nicht der Fall sein wird. Hinzu kommt, dass bei erheblichen Verstößen auch die Mitarbeiter der Anstalt eine förmliche Reaktion erwarten und auch erwarten können.[139] Unter diesen Gesichtspunkten überzeugt das Festhalten am Verweis als Disziplinarmaßnahme nicht zuletzt deshalb, weil so auch eine relativ milde Maßnahme als formelles Reaktionsinstrument vorgehalten wird.

cc. Insbesondere: Die Abschaffung des Arrests

Beifall verdient die Abschaffung des Arrests. Die Forderung nach seiner Abschaffung wurde seit Jahren, insbesondere im Bezug auf den Jugendstrafvollzug erhoben.[140] Die Liste der Argumente gegen die Verhängung von Arrest im Jugendstrafvollzug ist lang und beeindruckend. Sie wurde in jüngster Zeit von *Joachim Walter* zusammenfassend dargestellt.[141] Daher seien hier nur die wichtigsten Argumente wiederholt. Danach handelt es sich bei dem Arrest letztlich um nichts anderes als einen *„vergeltenden Gegenschlag“*[142]. Die mit ihm verbundene, vorübergehende Herauslösung aus der Gemeinschaft macht pädagogische Maßnahmen nahezu unmöglich, unterbricht laufende Behandlungs- und Erziehungsprogramme und stört nicht selten den Kontakt zum behandelnden Personal in erheblicher Weise.[143] Der Arrest stärkt zudem die resozialisierungsfeindliche Subkultur des Gefängnisses und kann Selbsttötungen oder den Ausbruch psychischer Erkrankungen zur Folge haben.[144] Flankiert werden diese Argumente von Erkenntnissen, dass ein abschreckender Effekt des Arrestes jedenfalls nicht bewiesen werden kann.[145] Untersuchungen legen vielmehr nahe, dass Sanktionen wie Strafanzeige, Urlaubs- sowie Ausgangssperre unter Jugendstrafgefangenen weit gefürchteter sind.[146] Hinzu kommt, dass informelle Disziplinierungsmittel wie die Rückstufung in Wohneinheiten bzw. Vollzugsformen mit geringeren Freizügigkeiten bzw. die Drohung mit solchen Maßnahmen wesentlich geeigneter erscheinen, auf die jungen Gefangenen gezielt einzuwirken.[147] In der Praxis wird im Übrigen in einer Reihe von Anstalten seit langem ohne negative Folgen für die Anstaltsordnung auf die Verhängung von Arrest verzichtet[148], was die auch praktische Entbehrlichkeit des Arrests zusätzlich unterstreicht.

---

[137] Vgl. Begründung zum GJVollz (2004), S.65.
[138] Vgl. Begründung zum GJVollz (2004), S.65.
[139] Vgl. Kreideweiß (1993), S.324.
[140] Vgl. Dünkel (1990), S.257 f.; Dünkel, DVJJ-J 1992, S.54, 57; J. Walter (1998), S.236.
[141] J. Walter (1998), S.236 ff.
[142] J. Walter (1998), S.236.
[143] J. Walter (1998), S.236.
[144] J. Walter (1998), S.237.
[145] J. Walter (1998), S.236.
[146] Grosch (1988), S.297, 305.
[147] Vgl. Begründung zum GJVollz (2004), S.64.
[148] Dünkel (1990), S.218, Fn.131, S.257 f.; J. Walter (1998), S.236.

Trotz all dieser Argumente gegen den Arrest als Disziplinarmaßnahme im Jugendstrafvollzug und trotz des klaren Bekenntnisses der Begründung zum GJVollz zu seiner Abschaffung[149] wurde in Stellungnahmen zum GJVollz aus dem Jahre 2004 für Sonderfälle wie den körperlichen Angriffen auf Vollzugsbedienstete ein Bedürfnis der Praxis nach der Verhängung von Arrest betont. Daher solle die Verhängung von Arrest weiterhin möglich sein, aber tatbestandlich so eng gefasst sein, dass er auf die genannten Fälle des körperlichen Angriffs beschränkt bleibt.[150] Gegen diese Aufweichung der Abschaffung des Arrests spricht aber viel. So verträgt sich der Arrest als rein abschreckende Maßnahme – die er ja in diesem Fall offensichtlich sein soll – nicht mit der auf ständige Förderung des Einzelnen abzielenden Grundausrichtung des Jugendstrafvollzuges. Zudem ist die Zahl der tätlichen Angriffe auf Vollzugsbedienstete mit 45 pro Jahr[151] eher gering, wohingegen im gleichen Zeitraum rund 1400 Arreststrafen verhängt wurden[152] – ein offensichtliches Missverhältnis, das nur erneut die Richtigkeit der Abschaffung der Arreststrafe belegt. Mit dem Mittel der Strafanzeige und den oben genannten sonstigen informellen Maßnahmen stehen zudem pädagogisch und faktisch wesentlich effektivere Reaktionsmittel als der Arrest zur Verfügung.
Teilweise wird die Möglichkeit, Arrest zu verhängen, für die Fälle gefordert, die zugleich eine Straftat nach dem StGB darstellen.[153] Hiergegen spricht aber neben den grundsätzlichen Bedenken gegen den Arrest als solchen namentlich die von *Joachim Walter* anschaulich herausgearbeitete Problematik, dass viele im Vollzugsbetrieb alltägliche Situationen (formal-) juristisch unter eine Strafrechtsnorm subsumiert werden können.[154] Die Bandbreite der – eher harmlosen – Verfehlungen, für die dann die schwere Sanktion des Arrestes verhängt werden könnte, würde so ins schier Unermessliche anwachsen.[155]
Der Arrest ist daher als Disziplinarmaßnahme im Jugendstrafvollzug insgesamt überflüssig. Seine Abschaffung durch § 34 Abs.2 GJVollz ist daher als überfälliger Schritt in die richtige Richtung zu begrüßen.[156] Es ist daher äußerst bedauerlich, dass die Entwürfe der Länder Bayern und Baden-Württemberg zur gesetzlichen Regelung des Jugendstrafvollzuges den Arrest als Disziplinarmaßnahme wieder einführen wollen.[157]

dd. Die übrigen Voraussetzungen für die Verhängung von Disziplinarmaßnahmen

Nach § 34 Abs.3 S.1 GJVollz dürfen Disziplinarmaßnahmen nur angeordnet werden, wenn eine Konfliktregelung nach § 33 GJVollz nicht ausreicht, um den

[149] Vgl. Begründung zum GJVollz (2004), S.64 f.
[150] Vgl. Stellungnahme der DVJJ zum GJVollz, S.314, 320.
[151] J. Walter (1998), S.100.
[152] J. Walter (1998), S.100.
[153] Dünkel, in: Böhm-FS (1999), S.99, 135.
[154] J. Walter (1998), S.12.
[155] Vgl. die Beispiele bei J. Walter (1998), S.12.
[156] Zustimmend auch J. Walter, ZfJ 2004, S.397, 403.
[157] Vgl. Art.154 Abs.3 Nr.7 EBayStVollzG, § 35 Abs. 2 Nr.4 E BW 2006 bzw. § 96 Abs.1 Nr.7 E BW 2007, wobei sämtliche Entwürfe die Höchstdauer des Arrests immerhin in Übereinstimmung mit Nr.87 Abs.1 Nr.8 VVJug, aber abweichend von § 103 Abs.1 Nr.9 StVollzG auf zwei Wochen Höchstdauer beschränken.

Gefangenen das Unrecht ihrer Handlung zu verdeutlichen.[158] Zu berücksichtigen ist ferner nach § 34 Abs.3 S.2 GJVollz eine aus demselben Anlass angeordnete besondere Sicherheitsmaßnahme. Gemäß § 34 Abs.4 GJVollz wird zudem von Disziplinarmaßnahmen abgesehen, wenn es genügt, den Gefangenen zu verwarnen. Diese Vorschriften betonen den Subsidiaritätsgedanken des Disziplinarrechts, indem sie unterstreichen, dass Disziplinarmaßnahmen die ultima ratio der Sanktionen im Vollzug darstellen.[159] Letztlich wird so auch dem verfassungsrechtlich verankerten Verhältnismäßigkeitsgrundsatz Geltung verschafft. Diese Bestimmungen sind daher sachgerecht.

§ 34 Abs.5 GJVollz verweist auf allgemeingültige Normen des Disziplinarrechts aus dem StVollzG.[160] Diese haben nach der Entwurfsbegründung keine jugendspezifischen Bezüge[161], weshalb unterschiedslos auf sie verwiesen wird. Voraussetzung für ein faires, die Verhängung einer Disziplinarmaßnahme letztlich auch legitimierendes Verfahren gerade gegenüber Gefangenen im Jugendstrafvollzug ist aber Verständlichkeit und Durchschaubarkeit des Verfahrens, kurz die „Jugendgemäßheit" des Verfahrens.[162]

Damit richten sich die Bedenken hier namentlich gegen die unterschiedslose Verweisung auf § 106 StVollzG. Damit soll die bisher in Nr.90 VVJug niedergelegte Rechtslage zukünftig Gesetz werden. An der Jugendgemäßheit der darin niedergelegten Verfahrensvorschriften muss jedoch schon deshalb erheblicher Zweifel bestehen, weil sie eben keinerlei auf junge Gefangene zugeschnittene Änderungen enthalten.[163] Andererseits stellen sich eben gerade bei Jugendlichen und Heranwachsenden in der Praxis Probleme wie ein nahezu immer fehlendes, in der Theorie erlerntes und in der Praxis verfestigtes und eingeübtes Verfahrenswissen[164] sowie eine notorische Sprachlosigkeit, die meist aus dem subkulturellen Entstehungsbereich des dem Verfahren zugrunde liegenden Konflikts herrührt.[165] Insgesamt besteht angesichts dieser erheblichen Probleme junger Gefangener, materiell und verfahrensrechtlich relevante Einwände zu artikulieren, ein erheblicher Bedarf an professioneller Rechtsberatung, die in der Praxis allerdings überhaupt nicht stattfindet.[166]

Aus den hier angerissenen spezifischen Problemen junger Gefangener während des Disziplinarverfahrens lassen sich konkrete Anforderungen für ein jugendgemäßes Verfahren ableiten:[167]

---

[158] Der letzte Hs. dieser Regelung ist umstritten, vgl. J. Walter, ZfJ 2004, S.397, 403: „*Dies* (den Gefangenen das Unrecht ihrer Handlung zu verdeutlichen, Anm. d. Verf.) *ist gerade nicht Aufgabe von Disziplinarmaßnahmen, sondern des Strafrechts. Ihr Zweck liegt weder in bloßer Repression, noch im Schuldausgleich, sondern in der Sicherung der Voraussetzungen eines auf das Vollzugsziel gerichteten, an bestmöglicher Förderung orientierten, geordneten Jugendstrafvollzugs.*".

[159] Begründung zum GJVollz (2004), S.65.

[160] Begründung zum GJVollz (2004), S.65.

[161] Begründung zum GJVollz (2004), S.65.

[162] Vgl. Müller, DVJJ-J. 1991, S.222, 223; J. Walter (1998), S.89.

[163] J. Walter (1998), S.103.

[164] Müller, DVJJ-J. 1991, S.222, 223.

[165] Näher dazu J. Walter (1998), S.89 f.

[166] J. Walter (1998), S.90 f.

[167] Näher J. Walter (1998), S.91 f., 211 f.

- Es sind Beruhigungs- und Einigungsfristen vorzusehen, die den Betroffenen einerseits Zeit geben, einen gerechten Ausgleich zu finden, andererseits aber auch einer verfahrensmäßigen Überforderung des Gefangenen vorbeugen.[168]

- Der Vollzugsbehörde sollten Belehrungs- und Aufklärungspflichten nach dem Vorbild des § 25 VwVfG[169] zukommen.[170] Dadurch könnten die Probleme, die sich aus der oben angesprochenen Unerfahrenheit der Gefangenen sowie der ansonsten nicht erfolgenden Rechtsberatung ergeben, wenigstens teilweise abgemildert werden.

- Während des gesamten Disziplinarverfahrens ist auf eine gütliche Einigung hinzuwirken, hierfür sind spezielle Ombudsleute einzusetzen.[171]

- Bei der Verhängung von Disziplinarmaßnahmen gegen minderjährige Gefangene sollten die Personensorgeberechtigten gehört werden, um dem Elternrecht aus Art.6 GG Rechnung zu tragen.[172]

Insgesamt ergibt sich daher, dass die Verfahrensvorschriften in § 34 Abs.5 GJVollz in vielfältiger Weise der Überarbeitung bedürfen. Mit einem pauschalen Verweis auf die im Erwachsenenstrafvollzug geltenden Vorschriften darf es daher nicht getan sein. Mit der Einführung neuer Regelungsinhalte, beispielsweise der gesetzlichen Festschreibung der hier geäußerten Vorschläge, könnte der Jugendstrafvollzug in diesem Bereich wieder eine Vorreiterrolle übernehmen.

IV. Sonderprobleme der §§ 33, 34 GJVollz

In den §§ 33 und 34 GJVollz finden sich einige Vorschläge nicht wieder, die im Zusammenhang mit der formellen Disziplinierung im Jugendstrafvollzug verschiedentlich geäußert wurden. Im Folgenden soll daher eine Auseinandersetzung mit ausgewählten Vorschlägen erfolgen.

1. Die Einführung von Ombudsleuten im Jugendstrafvollzug

„Die informelle Erledigung von Konflikten auf der Entstehungsebene muss Vorrang haben vor im formellen Disziplinarverfahren angeordneten Disziplinar-

[168] J. Walter (1998), S.91.
[169] ***§ 25 VwVfG: Beratung, Auskunft:*** Die Behörde soll die Abgabe von Erklärungen, die Stellung von Anträgen oder die Berichtigung von Erklärungen oder Anträgen anregen, wenn diese offensichtlich nur versehentlich oder aus Unkenntnis unterblieben oder unrichtig abgegeben oder gestellt worden sind. Sie erteilt, soweit erforderlich, Auskunft über die den Beteiligten im Verwaltungsverfahren zustehenden Rechte und die ihnen obliegenden Pflichten.
[170] J. Walter (1998), S.92.
[171] Vgl. hierzu unten Kap.5, Abschn.7, B.IV.1.; vgl. auch Tondorf (2006), Fn.118 nach dessen Konzeption die Einschaltung eines Ombudsmannes die Einleitung eines Disziplinarverfahrens regelmäßig entbehrlich macht, dazu unten Kap.5, Abschn.7, B.IV.2.
[172] Vgl. J. Walter (1998), S.92.

maßnahmen."[173] Aus diesem Grund sind Maßnahmen der Selbstregulierung und der Mediation wünschenswert bzw. anzustreben.[174] Um ein solches System im Jugendstrafvollzug zu etablieren, wäre die Bestellung von Ombudsleuten[175] durch die jeweilige höchste Landesbehörde oder die Landesregierung erwägenswert.[176] Diese Ombudsleute sollten über eine Ausbildung zum Mediator verfügen.[177] Durch die Etablierung eines solchen Systems hauptamtlicher, unparteiischer Schlichter im Jugendstrafvollzug könnte viel zum Abbau von formellen Sanktionen beigetragen werden. Durch von einem unabhängigen Ombudsmann ausgesprochene Vorschläge zur Konfliktlösung könnte auch dazu beigetragen werden, dass die Gefangenen die auf ihr Fehlverhalten folgenden Sanktionen besser akzeptieren als wenn diese durch Mitglieder des Vollzugspersonals wie Bedienstete bzw. bei Disziplinarmaßnahmen durch den Anstaltsleiter ausgesprochen werden. Der Einsatz solcher Ombudsleute ist daher jedenfalls für die Schlichtung leichterer Pflichtverstöße zu empfehlen. Sollte der Gefangene den Schlichtungsvorschlag des Ombudsmannes nicht akzeptieren, ist immer noch ein Rückgriff auf Instrumente formeller Disziplinierung denkbar.

2. Abschaffung der Disziplinarmaßnahmen aufgrund der Einführung von Ombudsleuten?

Fraglich ist, ob die Einführung von Ombudsleuten im Jugendstrafvollzug die völlige Abschaffung von Disziplinarmaßnahmen ermöglicht. Es wäre nämlich denkbar, lediglich schwere, strafrechtlich relevante Pflichtverstöße mittels Strafanzeige zu ahnden, im Übrigen aber auf Disziplinarmaßnahmen im Jugendstrafvollzug völlig zu verzichten.[178]
Dieser Vorschlag kann für sich zwar § 34 Abs.3 GJVollz ins Feld führen, wonach das Disziplinarverfahren ohnehin subsidiär ist.[179]
Allerdings bestehen gegen diesen Vorschlag erhebliche Bedenken. Die Möglichkeit, auf Pflichtverstöße der Gefangenen mit disziplinarrechtlichen Maßnahmen zu antworten, ist für die Aufrechterhaltung eines geordneten, zur Erfüllung seiner verfassungsrechtlichen Aufgaben fähigen Vollzugs unerlässlich.[180] Zwar sollte im Strafvollzug, und besonders im Jugendstrafvollzug, nach Möglichkeit eine positiv motivierende Einwirkung auf die Gefangenen im Vordergrund stehen[181], unbeschadet dessen bedürfen die für einen geordneten Betrieb notwendigen Verhaltensregeln aber auch der Flankierung durch Sanktionen, die die Anstalt selbst verhängen kann. Diese Aufgabe kann ein unabhängiger Ombudsmann nicht erfüllen. Zudem bestehen auch aus praktischer Sicht Bedenken. Die Abschaffung der Möglichkeit, Disziplinarmaßnahmen zu verhängen, würde

---

[173] J. Walter (1998), S.91; in diese Richtung geht auch die Forderung von Dünkel, in: Böhm-FS (1999), S.99, 134, der sich für den Vorrang konsensualer Konfliktregelungsformen gegenüber formellen Sanktionen ausspricht.
[174] Vgl. J. Walter (1998), S.91.
[175] Der Begriff stammt aus dem Schwedischen: *ombudsman*: Vermittler.
[176] Tondorf (2006), Fn.118; Dünkel, in: Schwind-FS (2006), S.549, 562; ders., in: Böhm-FS (1999), S.99, 135.
[177] Vgl. Tondorf (2006), Fn.119.
[178] So Tondorf (2006), Fn.118 und § 34.
[179] Vgl. Tondorf (2006), Fn.118.
[180] BVerfG, 2 BvR 1673/04 vom 31.5.2006, Abs.72.
[181] Vgl. J. Walter, ZJJ 2003, S. 397, 399.

lediglich dazu führen, dass in der Praxis vermehrt mittels Strafanzeigen diszipliniert würde und womöglich alltägliche Situationen in der Anstalt noch weiter kriminalisiert würden.[182] Die abschließende Bearbeitung von Strafanzeigen nimmt jedoch eine gewisse Zeit in Anspruch. Dürften Gefangene damit rechnen, dass in derartigen Fällen eine direkte, spürbare Reaktion der Anstalt aufgrund der Abschaffung von Disziplinarmaßnahmen ausbleibt, wären Mitgefangene und andere potentiell Betroffene vor solchen Angriffen nicht mehr in der grundrechtlich gebotenen Weise geschützt.[183]
Die völlige Abschaffung von Disziplinarmaßnahmen zugunsten eines Systems von Ombudsleuten ist daher abzulehnen, vielmehr ist auf den Katalog des § 34 Abs.2 GJVollz zu verweisen, der eine weite Bandbreite an Reaktionsmöglichkeiten der Anstalt ermöglicht, sich von im Jugendstrafvollzug nicht angemessenen Sanktionen wie dem Arrest aber konsequent verabschiedet.

3. Diversionsbefugnis des Anstaltsleiters?

Teilweise wird ein weites Ermessen des Anstaltsleiters dahingehend gefordert, ob wegen eines Vorganges in der Anstalt Strafanzeige erhoben werden soll.[184] Dieser Vorschlag speist sich aus der oben genannten Erkenntnis, dass viele Verhaltensweisen im Vollzug (formal-) juristisch Straftatbestände erfüllen können und daher grundsätzlich mit einer Strafanzeige beantwortet werden könnten. Grundsätzlich steht dem Anstaltsleiter in gewissen Grenzen ein Ermessensspielraum darüber zu, ob eine Strafanzeige erstattet werden soll oder nicht.[185] Im Weiteren ist hier aber vieles ungeklärt, was auch die voneinander teilweise erheblich abweichenden Verfügungen der Länder in diesem Bereich erklärt.[186] Daher ist fraglich, ob de lege ferenda dem Anstaltsleiter ein gesetzlicher Ermessensspielraum zugestanden werden sollte, um solche Fälle in Zukunft rechtsstaatlich abzusichern.
Der Vorschlag ist aus mehreren Gründen nicht leichtfertig abzutun. Zwar gilt im Strafverfahren grundsätzlich das Legalitätsprinzip[187], jedoch sind ihm auch Opportunitätsgrundsätze, wie namentlich die §§ 153 ff. StPO belegen, nicht fremd[188]. Ein gesetzlich geregeltes Ermessen des Anstaltsleiters im Bereich der Anzeige von Straftaten könnte verhindern, dass Bagatellfälle, die gerade in der rauen Welt des Vollzugsalltags – wie dargestellt – häufiger vorkommen, zusätzlich kriminalisiert werden. Zudem könnte so der Tatsache, dass im Bereich der Strafanzeigen im (Jugend-) Strafvollzug viel von der anstaltsüblichen Definition eines Sachverhalts sowie dem jeweiligen Sanktionsstil abhängt, die beide zeit- und personenbedingt Änderungen unterworfen sind[189], ein rechtsstaatlich abgesichertes Korrektiv entgegen gestellt werden. Sowohl übermäßig häufigen als auch zu seltenen Strafanzeigen könnte so begegnet werden.

---

[182] Instruktiv dazu J. Walter (1998), S.12.
[183] Vgl. BVerfG, 2 BvR 1673/04 vom 31.5.2006, Abs.73.
[184] J. Walter, ZfJ 2004, S.397, 404.
[185] HansOLG NStZ 1996, S.102 m. Anm. Klesczewski sowie weiteren Nachweisen; Kubink, ZfStrVo 1996, S.371, 374 m. zahlr. weiteren Nachw.
[186] Vgl. J. Walter (1998), S.157 f. m.w.N., insb. zu den hohen Schwankungen bei der Anzahl von Strafanzeigen gegen Gefangene im Längsschnitt.
[187] Statt aller Meyer-Goßner (2005), Einl., Rn.9 sowie § 152, Rn.2 ff.; Beulke (2006), Rn.17.
[188] Vgl. dazu Meyer-Goßner (2005), § 152, Rn.8 f.; Beulke (2006), Rn.17.
[189] J. Walter (1998), S.167 m.w.N.

Andererseits ist die Funktion der Staatsanwaltschaft als Herrin des Ermittlungsverfahrens[190] zu berücksichtigen, der grundsätzlich allein die Entscheidung über die Einstellung von Strafverfahren aus Opportunitätsgründen zusteht.[191] Insgesamt überzeugen aber die für einen gesetzlichen Ermessensspielraum des Anstaltsleiters vorgebrachten Argumente, so dass ein solcher im Ergebnis zu befürworten ist. Allerdings sollte er, um dem Legalitätsprinzips weiterhin Geltung zu verschaffen, auf Bagatellfälle beschränkt werden. Vorstellbar ist auch ein Stufenmodell, wonach Fälle, die über diese Bagatellschwelle hinausgehen, voraussichtlich aber von der Staatsanwaltschaft ohnehin eingestellt würden[192], mit deren Zustimmung gar nicht zur Anzeige gebracht werden. Unberührt bliebe von einer solchen Regelung freilich das Recht des Geschädigten zur Strafanzeige. Namentlich subkulturbedingt spielt dieses jedoch in der Praxis kaum eine Rolle.[193]

V. Gesamtergebnis zu den §§ 33, 34 GJVollz

Insgesamt sind die §§ 33, 34 GJVollz gute Diskussionsgrundlagen, die aber an vielen Punkten noch verbessert werden können. Zudem sollte de lege ferenda über die Etablierung eines Systems von unabhängigen Ombudsleuten zur Konfliktregelung im Jugendstrafvollzug nachgedacht und ein Ermessensspielraum des Anstaltsleiters bei der Erstattung von Strafanzeigen gesetzlich festgeschrieben werden.

---

[190] Statt aller Beulke (2006), Rn.79.

[191] Beulke (2006), Rn.79.

[192] Beispielsweise in den Fällen der §§ 153 ff. StPO oder des § 45 JGG.

[193] Wagner, in: FS StA Schleswig-Holstein (1992), S.511.

Abschnitt 8: Rechtsschutz (§ 35 GJVollz)

A. Bisherige Rechtslage und Alternativentwürfe

„Die sachverständigen Auskunftspersonen haben in der mündlichen Verhandlung zutreffend besonderen Regelungsbedarf auch für die Ausgestaltung des gerichtlichen Rechtsschutzes gesehen. Dessen gegenwärtige Ausgestaltung – der Rechtsweg zum Oberlandesgericht nach §§ 23 ff. EGGVG – genügt den Anforderungen eines effektiven Rechtsschutzes (Art. 19 Abs. 4 GG) nicht. Die elementare Regel, dass der Rechtsstaat auch die Rechte derjenigen nicht verletzen darf, die das Recht gebrochen haben, erfordert eine Ausgestaltung des Rechtsschutzes, die die Wirksamkeit dieser Regel auch für den Strafvollzug sicherstellt. Die gesetzliche Ausgestaltung des Rechtsschutzes darf auch hier den Zugang zum Gericht nicht in unverhältnismäßiger, durch Sachgründe nicht gerechtfertigter Weise erschweren und muss daher auf die typische Situation und die davon abhängigen Möglichkeiten der Rechtsschutzsuchenden Rücksicht nehmen. Gefangene befinden sich in einem Rechtsverhältnis mit besonderen Gefährdungen, in dem sie auch in der Möglichkeit, sich der Hilfe Dritter zu bedienen, eng beschränkt sind. Die im Jugendstrafvollzug Inhaftierten sind zudem typischerweise besonders ungeübt im Umgang mit Institutionen und Schriftsprache; zu geeignetem schriftlichen Ausdruck sind sie häufig überhaupt nicht fähig. Ihre Verweisung auf ein regelmäßig ortsfernes, erst- und letztinstanzlich entscheidendes Obergericht, ohne besondere Vorkehrungen für die Möglichkeit mündlicher Kommunikation, wird dem – auch im Vergleich mit den für Gefangene im Erwachsenenstrafvollzug vorgesehenen Rechtsschutzmöglichkeiten – nicht gerecht."[1] Mit diesen deutlichen Worten kritisierte das Bundesverfassungsgericht in seiner Entscheidung zur Verfassungswidrigkeit des Jugendstrafvollzuges die bisherige Rechtslage zum gerichtlichen Rechtsschutz im Jugendstrafvollzug. Maßgeblich hierfür waren bisher die subsidiären[2] §§ 23 ff. EGGVG[3], wobei in einigen Bundesländern zusätzlich noch ein Beschwerdeverfahren i.S.d. § 24 Abs.2 EGGVG vorgeschaltet war.[4] Dieses Verfahren wurde im Schrifttum schon seit langem kritisiert[5]. Moniert wurde dabei namentlich, der Rechtsschutz sei beim hierfür zuständigen Strafsenat des Oberlandesgerichts, das im Wesentlichen Revisionsgericht sei, viel zu hoch und praxisfremd angesiedelt.[6] Im Übrigen fehle im Gegensatz zum Erwachsenenstrafvollzug eine zweite Instanz, so

[1] BVerfG, 2 BvR 1673/04 vom 31.5.2006, Abs.58.
[2] Vgl. § 23 Abs.3 EGGVG, dazu Meyer-Goßner (2005), § 23 EGGVG, Rn.12 m.w.N.
[3] Vgl. statt aller Schaffstein/Beulke (2002), S.294; Meyer-Goßner (2005), § 23 EGGVG, Rn.3; Ostendorf (2003), §§ 91-92, Rn.27.
[4] Laubenthal/Baier (2006), Rn.863.
[5] Vgl. nur Eisenberg (2006), § 91, Rn.40; Butz (2004), S. 40; Böhm (1993), S.197, 201; Dünkel (1990), S.139.
[6] J. Walter (1998), S.86.

dass damit gegen das Verbot der Schlechterstellung Jugendlicher gegenüber Erwachsenen in vergleichbarer Verfahrenslage verstoßen werde.[7]
Konsequenterweise verfolgten daher die bislang vorgelegten Alternativentwürfe aus Wissenschaft und Praxis das Ziel, diesen Zustand de lege ferenda zu beseitigen und schlugen daher nahezu einhellig eine Lösung in Anlehnung an die §§ 109 ff. StVollzG vor.[8] Eine Ausnahme bildete lediglich der Arbeitsentwurf aus dem Jahre 1984, der namentlich aus Kostengründen den Rechtsschutz nach §§ 23 ff. EGGVG beibehalten wollte. Der Arbeitsentwurf wurde in diesem Zusammenhang denn auch zu Recht als *„völlig unzureichend"*[9] kritisiert. Auch im Schrifttum wurde der Rechtsweg nach §§ 23 ff. EGGVG vielfach kritisiert und eine Verlagerung auf die sachnäheren Jugendgerichte – Jugendkammer oder Jugendrichter[10] – vorgeschlagen.[11]
Für den Bereich des Beschwerderechts galt bisher Nr.92 VVJug, wobei dieser sich in den Absätzen 1 bis 3 an die Parallelnorm in § 108 StVollzG anlehnte. An dieser Rechtslage wollten die Alternativentwürfe im Wesentlichen festhalten.[12]

B. Statistische Häufigkeit der Wahrnehmung gerichtlichen Rechtsschutzes durch Gefangene im Jugendstrafvollzug

Während der bislang geltenden Rechtslage machten Gefangene im Jugendstrafvollzug nach allgemeiner Erfahrung mit Abstand seltener von den Möglichkeiten nach §§ 23 ff. EGGVG Gebrauch als Gefangene im Erwachsenenstrafvollzug die Rechtsbehelfe nach §§ 109, 116 StVollzG in Anspruch nahmen.[13] So sind in den Jahren 1980 bis 1985 lediglich 15 bis 20 Entscheidungen nach §§ 23 ff. EGGVG getroffen worden.[14] Aus diesen Zahlen kann man schließen, dass eine gerichtliche Kontrolle von Vollzugsmaßnahmen im Jugendstrafvollzug faktisch nicht stattfindet.[15] Dies gilt insbesondere angesichts der Tatsache, dass gerade besonders einschneidende Sanktionen wie Disziplinarmaßnahmen gegen Gefangene im Jugendstrafvollzug wesentlich häufiger als gegen Gefangene im Erwachsenenstrafvollzug verhängt werden.[16]
Jugendstrafgefangene legen offensichtlich nicht einmal dann gerichtliche Rechtsmittel ein, wenn sie eine Maßnahme als Unrecht empfinden.[17] Als Begründung hierfür werden u.a. Gesichtspunkte der eingeschränkteren Konfliktbewältigungsfähigkeit bzw. -technik beim gerichtlichen Verfahren herangezo-

---

[7] Eisenberg (2006), § 91, Rn.40; J. Walter (1998), S.86; Dünkel (1990), S.500; zu Recht gegen das Verbot der Schlechterstellung Jugendlicher und Heranwachsender in vergleichbarer Verfahrenslage Schaffstein/Beulke (2002), S.194 f., 261 f.
[8] Näher hierzu Kreideweiß (1993), S.243 f. m.w.N.
[9] Dünkel (1990), S.500.
[10] Vgl. hierzu unten Kap.5, Abschn.8, D.II.3.
[11] Statt vieler Schaffstein/Beulke (2002), S.294 m.w.N.
[12] Vgl. zusammenfassend Kreideweiß (1990), S.242 m.w.N.
[13] Eisenberg (2006), § 91, Rn.41.
[14] Böhm, in: Blau-FS (1985), S.189, 195 f.
[15] Vgl. Stellungnahme der DVJJ zum Arbeitsentwurf eines Strafvollzugsgesetzes (1985), S.18, zit. nach Ostendorf (2003), Grdl. zu §§ 91-92, Rn.6.
[16] Vgl. oben Kap.5, Abschn.7, B.III.3.b.
[17] J. Walter, MSchrKrim 1993, S.273, 289.

gen; das gerichtliche Verfahren stelle für junge Menschen einen bloßen *„Austausch von Schriftstücken“*[18] dar, der gegenüber flexibleren informellen Regelungsmöglichkeiten innerhalb der Vollzugsanstalten zurücktrete.[19]

C. Eckpunkte einer Neuregelung

Mit der durch das Bundesverfassungsgericht deutlich geäußerten Kritik an der bislang bestehenden Rechtslage[20] sind die im Rahmen einer Neuregelung der Rechtsbehelfe im Jugendstrafvollzug zu berücksichtigenden Eckpunkte bereits vorgezeichnet. Sie sollen hier nochmals verdeutlicht werden.

Da eine gerichtliche Kontrolle von Vollzugsmaßnahmen im Jugendstrafvollzug bislang quasi nicht stattfindet, ist zunächst die Zuständigkeit eines sachnahes Gerichts anstatt des praxisfernen, hauptsächlich für Revisionssachen zuständigen Oberlandesgerichtes festzuschreiben. Weiterhin ist, wie dies im Erwachsenenstrafvollzug durch § 116 StVollzG gang und gäbe ist, eine zweite Rechtsmittelinstanz vorzusehen. Des Weiteren ist in Rechnung zu stellen, dass junge Gefangene typischerweise über keinerlei Übung im Umgang mit Institutionen und Schriftsprache verfügen und sie zudem zu geeignetem schriftlichen Ausdruck häufig überhaupt nicht fähig sind. Sie können sich in der totalen Institution Strafvollzug regelmäßig auch nicht der Hilfe Dritter bedienen. Damit sind insbesondere Möglichkeiten mündlicher Kommunikation vorzusehen.

Weiterhin sollte dem anderen Zeitempfinden junger Menschen[21] dadurch Rechnung getragen werden, dass *„...das endlose Warten des Gefangenen auf die Entscheidung des Gerichts verkürzt wird.“*[22] Hierzu böte sich die Setzung verbindlicher, knapper Fristen an.[23]

Angesichts der Tatsache, dass jungen Menschen die informelle und flexible Erledigung von Konflikten im Vollzug offensichtlich mehr entgegenkommt als die Aufarbeitung im Rahmen eines gerichtlichen Verfahrens, ist auch an ein dem gerichtlichen Verfahren vorgeschaltetes Ombuds- bzw. Schiedsverfahren durch einen unabhängigen Schlichter zu denken.[24] Weiterhin ist an besondere Aufklärungs- und Belehrungspflichten seitens der Vollzugsbehörde und der Gerichte zu denken.[25] Im Folgenden ist zu untersuchen, inwieweit die durch § 35 GJVollz vorgeschlagene Regelung diesen Anforderungen bzw. Eckpunkten genügt.

---

[18] Böhm (1993), S.197, 201.

[19] Eisenberg (2006), § 91, Rn.41.

[20] BVerfG, 2 BvR 1673/04 vom 31.5.2006, Abs.58.

[21] Dazu BVerfG, 2 BvR 1673/04 vom 31.5.2006, Abs.54.

[22] Tondorf (2006), Fn.120.

[23] Tondorf (2006), Fn.120.

[24] Vgl. dazu § 35 des Musterentwurfs zu einem GJVollz der Länder von Tondorf (2006).

[25] Vgl. zur Forderung nach Festschreibung eines Falls der notwendigen Verteidigung bei einem Antrag auf gerichtliche Entscheidung und der Rechtsbeschwerde Dünkel, in: Schwind-FS (2006), S.549, 564.

D. Inhalt der Vorschrift

I. Beschwerderecht – § 35 Abs.1 GJVollz

Die Vorschrift ordnet die entsprechende Geltung der im Erwachsenenstrafvollzug geltenden Beschwerdevorschrift des § 108 StVollzG auch für den Jugendstrafvollzug an. Dies dürfte einem breiten Konsens entsprechen, wie schon die Tatsache zeigt, dass auch die bisherigen Alternativentwürfe sich an dieser Norm orientierten. Die Bestimmung ist daher sachgerecht, allerdings sollte anstatt einer Verweisung der Inhalt des § 108 StVollzG direkt in ein zukünftiges Jugendstrafvollzugsgesetz aufgenommen werden.

II. Der gerichtliche Rechtsschutz – § 35 Abs.2 bis Abs.5 GJVollz

1. Neuregelung des gerichtlichen Rechtsschutzes

§ 35 Abs.2 GJVollz setzt die Forderung nach einem zweistufigen Rechtszug im Jugendstrafvollzug durch Verweis auf die §§ 109 und 111 bis 120 StVollzG um. Weiterhin gelten § 67 Abs.3 und Abs.5 S.1 JGG entsprechend, so dass die dort festgeschriebenen Rechte des Personensorgeberechtigten hinsichtlich der Wahl des Verteidigers und der Einlegung von Rechtsbehelfen in Zukunft auch bei Anträgen auf gerichtliche Entscheidung im Jugendstrafvollzug gelten.

2. Zuständigkeit

§ 35 Abs.3 S.1 GJVollz legt die erstinstanzliche Zuständigkeit der Jugendkammer für Anträge auf gerichtliche Entscheidung nach § 35 Abs.2 GJVollz i.V.m. §§ 109 ff. StVollzG fest.
Denkbar wäre aber auch die Zuständigkeit der Strafvollstreckungskammer oder die Zuständigkeit des Jugendrichters (als Vollstreckungsleiter).[26]
Gegen die Zuständigkeit der Strafvollstreckungskammer auch für Entscheidungen im Bereich des Jugendstrafvollzugs spricht, dass eine solche Kammer nicht in jedem für eine Jugendstrafanstalt zuständigen Landgerichtsbezirk eingerichtet ist, beispielsweise deshalb, weil es in dem betreffenden Bezirk keine Vollzugsanstalt für Erwachsene gibt.[27] Dies hat zur Folge, dass entsprechende Strafvollstreckungskammern erst geschaffen werden müssten, was finanzielle Aufwendungen nach sich ziehen würde.[28] Entscheidend ist aber, dass sowohl die Jugendkammer als auch der Jugendrichter aufgrund ihrer Tätigkeit als erkennendes Gericht für Jugendliche und Heranwachsende über vielfältige Erfahrungen im Umgang mit jungen Straffälligen verfügen und sie zudem erzieherisch befähigt und in der Jugenderziehung erfahren sein sollen (§ 37 JGG).[29] Dies qualifiziert sie insgesamt für eine Tätigkeit mit jungen Gefangenen besser als dies im Fall der Strafvollstreckungskammer der Fall wäre. Sie alleine sind auch geeignet, den ihnen geläufigen Erziehungs- bzw. Fördergedanken in ihrer Rechtsprechung umzusetzen und ihm so umfassend Geltung zu verschaffen.

[26] Vgl. Begründung zum GJVollz (2004), S.66.
[27] Begründung zum GJVollz (2004), S.66.
[28] Begründung zum GJVollz (2004), S.66.
[29] Vgl. Begründung zum GJVollz (2004), S.66.

Außerdem würde die Zuschlagung dieses Zuständigkeitsbereichs zu den Strafvollstreckungskammern auch rechtspolitisch ein falsches Signal aussenden. Im Jugendstrafvollzug einsitzende Gefangene würden somit in einem entscheidenden Bereich wiederum ein bloßes Anhängsel an die bereits für den Erwachsenenstrafvollzug geschaffenen Strukturen. Damit ist eine Zuständigkeit der Strafvollstreckungskammer abzulehnen.[30]
Darüber, ob die Jugendkammer oder der Jugendrichter als zuständiges Gericht im Jugendstrafvollzug besser geeignet ist, lässt sich streiten.[31]
Gegen die Zuständigkeit des Jugendrichters wird dessen extreme Nähe zum Vollzug vorgebracht.[32] Aus Sicht der Gefangenen könne der Jugendrichter gleichsam als eine Art Oberschiedsrichter erscheinen, der Schritt zur Besorgnis der Befangenheit aus Sicht der Gefangenen sei dann nicht mehr weit.[33] Aus der Perspektive der Anstaltsverantwortlichen sei zu besorgen, dass der Jugendrichter letztlich ein *„heimlicher Anstaltsleiter"*[34] in allen den Vollzug betreffenden Angelegenheiten werde.[35] Konsequenterweise wird daher teilweise vertreten, die Zuständigkeit der Jugendkammer sei in diesem Bereich insgesamt der Vorzug zu geben.[36]
Allerdings brächte die Übertragung der Zuständigkeit auf die Jugendkammer auch mit sich, dass zukünftig die Zuständigkeit für Entscheidungen nach dem Strafausspruch für Jugendliche und Heranwachsende gespalten wäre. Denn im Erwachsenenstrafvollzug ist sowohl für Entscheidungen nach § 109 StVollzG als auch für Entscheidungen über die bedingte Entlassung bislang einheitlich die Strafvollstreckungskammer zuständig.[37] Für die Entscheidung über die bedingte Entlassung eines Jugendstrafgefangenen ist allerdings gemäß § 88 i.V.m. §§ 82, 85 Abs.2 JGG der Jugendrichter im Bezirk der Vollzugsanstalt als besonderer Vollstreckungsleiter zuständig. Bei einer Zuweisung der Zuständigkeit zur Entscheidung über Anträge auf gerichtliche Entscheidung des Jugendstrafgefangenen an die Jugendkammer würde diese einheitliche Zuständigkeit für den Bereich des Jugendstrafvollzugs ohne sachlichen Grund geteilt.[38] Vielmehr soll nach der Konzeption des JGG der Jugendrichter grundsätzlich die zuständige Instanz zur Überwachung von Vollstreckung und Vollzug sein, die Jugendkammern sind demgegenüber grundsätzlich nur dann zuständig, wenn gegen Entscheidungen des Jugendrichters Beschwerde eingelegt wird.[39] Zudem kann der Jugendrichter die durch die im Rahmen von Anträgen auf gerichtliche Entscheidung gewonnenen Erkenntnisse über den jungen Gefangenen quasi als Synergieeffekt für seine anderen vollstreckungsrechtlichen Aufgaben verwenden.[40]

---

[30] A.A. Baumann (1985), S.58 f.
[31] Vgl. Schaffstein/Beulke (2002), S.294, Fn.22.
[32] Begründung zum E 1988, S.87.
[33] Begründung zum E 1988, S.87; Begründung zum GJVollz (2004), S.66.
[34] Begründung zum E 1988, S.87.
[35] Begründung zum E 1988, S.87.
[36] So schon der Schlußbericht der Jugendstrafvollzugskommission (1980), S.41; J. Walter, ZJJ 2003, S.397, 401.
[37] Kreideweiß (1993), S.246.
[38] Ebenso Kreideweiß (1993), S.246.
[39] Kreideweiß (1993), S.246.
[40] Böhm (1996), S.232.

Das Argument der zu großen Vollzugsnähe greift im Übrigen nicht durch. Zum einen besteht aus praktischen Erkenntnissen mit den Strafvollstreckungskammern, die in der Praxis nicht sonderlich vollzugsnah sind, nicht die Gefahr ausgeprägter Nähe des besonderen Vollstreckungsleiters zum Vollzug.[41] Zum anderen ist nicht einsichtig, welche Gefahren sich zwingend aus einer „übergroßen Vollzugsnähe" ergeben sollen. Denn es kann keinesfalls der Schluss gezogen werden, eine intime Kenntnis der spezifischen Probleme des Vollzuges führe unweigerlich zu mehr Entscheidungen zugunsten oder zuungunsten des Gefangenen.[42] Eine solche Argumentation würde auch die Gebundenheit des Richters an Recht und Gesetz von Verfassung wegen (Art. 97 Abs.1 GG) verkennen. Und warum eine große Sachkenntnis des Jugendrichters ausgerechnet in der maßgeblich durch Gepflogenheiten der Praxis bestimmten Welt des (Jugend-) Strafvollzugs von Nachteil sein soll, ist ohnehin nicht nachvollziehbar.
Der Besorgnis der Befangenheit seitens der Gefangenen muss der Jugendrichter in der Praxis durch seine Verhandlungsführung begegnen. Eine einheitliche Zuständigkeit für alle Vollstreckungs- und Vollzugsentscheidungen erleichtert auch diese Aufgabe, da der Jugendrichter so seine Gefangenen kennt und auf diese auch dementsprechend differenziert eingehen kann. Hierfür wäre es allerdings erforderlich oder jedenfalls zweckmäßig, eine obligatorische mündliche Anhörung des Gefangenen einzuführen.
Nicht zu überzeugen vermag ferner das Argument, der Jugendrichter werde in den Augen des Vollzugspersonals eine Art „heimlicher Anstaltsleiter". Gerade die große Nähe zum Vollzug könnte im Gegenteil sogar eher dazu beitragen, dass gerichtlich angegriffene Entscheidungen des Anstaltspersonals von diesem leichter nachvollzogen werden könnten. Zudem unterliegen bisher nur sehr wenige Vollzugsentscheidungen gerichtlicher Überprüfung. Wenn sich nun in Zukunft mehr Vollzugsentscheidung gerichtlicher Überprüfung zu stellen haben, so ist dies als Ausfluss der verfassungsrechtlichen Rechtsschutzgarantie (Art.19 Abs.4, 20 GG) zu begrüßen und nicht als Eingriff in die Handlungsfreiheit der Anstaltsleitungen zu geißeln. Dies gilt namentlich deshalb, weil der bisherige Rechtsschutz zu Recht einhellig als völlig unzureichend kritisiert wurde.[43] Im Ergebnis ist daher der Zuständigkeit des Jugendrichters der Vorzug zu geben.[44]
Andererseits ist wenigstens die Sachnähe der Jugendkammer zur Materie des Jugendstrafrechts zu begrüßen. Insgesamt kann die Lösung des Entwurfs hier als vertretbar – aber nicht optimal – bezeichnet werden.[45]

3. Entscheidung durch Einzelrichter oder durch die Jugendkammer

Gemäß § 35 Abs.4 GJVollz entscheidet die Jugendkammer grundsätzlich durch eines ihre Mitglieder als Einzelrichter, wobei für Richter auf Probe Einschrän-

---

[41] Kreideweiß (1993), S.246 m.w.N.
[42] Kreideweiß (1993), S.247.
[43] Vgl. oben Kap.5, Abschn.8, A.
[44] So auch Goerdeler/Pollähne, ZJJ 2006, S.250, 254; Ostendorf (2003), Grdl. zu §§ 91-92, Rn.7; Dünkel, in: Schwind-FS (2006), S.549, 564; ders., ZRP 1992, S.176, 179; ders. (1990), S.500; Böhm (1993), S.197, 201; ders., (1996), S.232; Kreideweiß (1993), S.247; Eisenberg, ZRP 1985, S.41, 49.
[45] Vgl. J. Walter, ZfJ 2004, S.397, 404; Stellungnahme der DVJJ zum GJVollz (2004), S.314, 319.

kungen gelten. Weist die Sache besondere Schwierigkeiten rechtlicher Art auf oder kommt ihr grundsätzliche Bedeutung zu, legt die Einzelrichterin oder der Einzelrichter die Sache der Jugendkammer zur Entscheidung über eine Übernahme vor. Liegt eine der Voraussetzungen für eine Übernahme vor, übernimmt die Jugendkammer den Antrag, wobei sie hierüber durch Beschluss entscheidet. Die Vorschrift lehnt sich an § 348 Abs.3 ZPO an und soll die Rechtspflege entlasten.[46]
Die Vorschrift erscheint in dieser Komplexität überzogen. Angesichts der aller Erfahrung nach geringen Anzahl von Verfahren ist eine Überlastung auch in Zukunft kaum zu befürchten.[47] Daher ist nicht einzusehen, warum die Kammer nicht als ganze entscheiden oder § 78b Abs.1 Ziff. 2 GVG Anwendung finden soll.[48]

4. Kosten des Verfahrens

§ 35 Abs.5 des Entwurfs ordnet die entsprechende Geltung von § 121 StVollzG mit der Maßgabe an, dass entsprechend § 74 JGG davon abgesehen werden kann, den Gefangenen Kosten und Auslagen aufzuerlegen. Die Bestimmung ist sachgerecht.[49]

5. Zwischenergebnis zu § 35 GJVollz

Die Vorschrift bringt die im Bereich des Rechtsschutzes im Jugendstrafvollzug dringend notwendigen Reformansätze. Allerdings sind mit Blick auf die besondere Lebenslage und die Bedürfnisse der im Jugendstrafvollzug einsitzenden Gefangenen weitere jugendgerechte Änderungen zur Verwirklichung eines effektiven Rechtsschutzes notwendig und wünschenswert. Sie sollen im Folgenden dargestellt werden.

E. Wünschenswerte Ergänzungen

Die Neuregelung der Rechtsbehelfe verdient namentlich unter zwei Aspekten nähere Betrachtung, und zwar zum einen im Hinblick auf ein jugendgemäßes Gerichtsverfahren und zum anderen unter dem Aspekt der Verfahrensdauer.

I. Jugendgemäßes Verfahren

Die gesetzliche Ausgestaltung des Rechtsschutzes darf ... den Zugang zum Gericht nicht in unverhältnismäßiger, durch Sachgründe nicht gerechtfertigter Weise erschweren und muss daher auf die typische Situation und die davon abhängigen Möglichkeiten der Rechtsschutzsuchenden Rücksicht nehmen. ...Die im Jugendstrafvollzug Inhaftierten sind ... typischerweise besonders ungeübt im Umgang mit Institutionen und Schriftsprache; zu geeignetem schriftlichen Aus-

---

[46] Begründung zum GJVollz (2004), S.67.
[47] J. Walter, ZfJ 2004, S.397, 405.
[48] Stellungnahme der DVJJ zum GJVollz (2004), S.314, 319; J. Walter, ZfJ 2004, S.397, 405.
[49] Vgl. auch § 102 E 1993 sowie Kreideweiß (1993), S.249.

druck sind sie häufig überhaupt nicht fähig.[50] Schon diese Passage des Urteils des Bundesverfassungsgerichtes zur Verfassungswidrigkeit des Jugendstrafvollzuges unterstreicht deutlich, wo im Bereich des Verfahrens Handlungsbedarf besteht. Das Gericht unterstreicht damit seine bisherige Rechtsprechung, wonach der Gesichtspunkt des effektiven Rechtsschutzes, der von der Garantie des Art.19 Abs.4 GG mit umfasst ist, es verbiete, den Zugang zu Gericht durch formale Hindernisse, etwa Form- und Fristerfordernisse, in unzumutbarer, sachlich nicht zu rechtfertigender Weise zu erschweren.[51]
Der institutionalisierte Verfahrensablauf und die Pflicht, sich schriftlich auszudrücken, stellen damit die größten praktischen Hindernisse bei der Verwirklichung eines effektiven Rechtsschutzes dar. Dem sollte durch mehrere gesetzlich verankerte Maßnahmen Rechnung getragen werden. Der Antrag auf gerichtliche Entscheidung kann nunmehr zwar gemäß § 35 Abs.2 GJVollz i.V.m. § 112 Abs.1 S.1 StVollzG auch zur Niederschrift der Geschäftsstelle des Gerichts gestellt werden.[52] Allerdings entscheidet die Jugendkammer weiterhin ohne mündliche Verhandlung durch Beschluss, § 35 Abs.2 GJVollz i.V.m. § 115 Abs.1 S.1 StVollzG. Könnten die Gefangenen auch – zumindest teilweise – formlos, d.h. mündlich vor Gericht vorstellig werden, würden sie sich womöglich eher an die Gerichte wenden.[53] Daher ist der mangelnden Fähigkeit junger Gefangener, sich schriftlich zu artikulieren, hier durch eine obligatorische mündliche Anhörung vor Gericht Rechnung zu tragen.[54]
Wegen der regelmäßigen rechtlichen Unerfahrenheit junger Strafgefangener sollte die obligatorische Beiordnung eines Rechtsanwalts im Wege der notwendigen Verteidigung ernsthaft erwogen werden.[55]
In diesen Zusammenhang gehört auch die Gewährung von Prozesskostenhilfe. Diese soll sich nach dem Entwurf nach § 35 Abs.2 GJVollz i.V.m. § 120 Abs.2 StVollzG nach den Vorschriften der ZPO richten. Sachgerechter wäre aber eine Gewährung von Prozesskostenhilfe nach den Regeln der StPO.[56]

II. Verfahrensdauer

Ein weiteres Problemfeld stellt die oft überlange Verfahrensdauer im Strafvollzug dar. Ein wesentlicher Grund, weshalb das Beschwerderecht und die Rechtsbehelfe von jungen Gefangenen relativ selten genutzt werden, ist nämlich, dass sie *„meist sofort Bescheid erhalten"*[57] wollen. Sie haben kein Interesse daran, nach langer Zeit von einer ihnen fremden Dienststelle oder einem Gericht einen

---

[50] BVerfG, 2 BvR 1673/04 vom 31.5.2006, Abs.58.
[51] Vgl. BVerfGE 41, S.323; BVerfG ZfStrVo 2004, S.122; Kamann/Volckart, in: AK-StVollzG (2006), § 112, Rn.1; Callies/Müller-Dietz (2005), § 112, Rn.1.
[52] J. Walter, ZJJ 2003, S.397, 401 fordert die Schaffung der Möglichkeit, den Antrag auf gerichtliche Entscheidung auch mündlich zu stellen.
[53] Vgl. Böhm (1993), S.197, 201.
[54] Stellungnahme der DVJJ zum GJVollz (2004), S.314, 320; J. Walter, ZfJ 2004, S.397, 404; Dünkel, in: Schwind-FS (2006), S.549, 564; ders., in: Böhm-FS (1999), S.99, 135; vgl. auch § 107 Abs.1 S.1, 2 E BW 2007, wo jedenfalls eine mündliche Anhörung der Beteiligten oder eine mündliche Verhandlung vorgesehen ist *„sofern das Gericht es für erforderlich hält"*.
[55] Dünkel, in: Schwind-FS (2006), S.549, 564; ders., in: Böhm-FS (1999), S.99, 135.
[56] Dünkel, in: Schwind-FS (2006), S.549, 564.
[57] Böhm (1996), S.232.

Bescheid zu erhalten, der einen längst vergessenen Vorgang betrifft.[58] Dieser Tatsache sollte durch eine deutliche Straffung des Verfahrens sowie die Setzung verbindlicher Fristen Rechnung getragen werden.[59] In diesem Zusammenhang ist vor allem der Vorschlag von *Tondorf* erwägenswert, wonach binnen zwei Wochen mündliche Verhandlung anzuberaumen ist.[60]

F. Gesamtergebnis zu § 35 GJVollz

Insgesamt will die Vorschrift im Bereich der Rechtsbehelfe endlich den bislang einhellig kritisierten Ist-Zustand im Jugendstrafvollzug beseitigen. Dies ist zu begrüßen. Darüber hinaus bietet die Vorschrift allerdings noch viel Raum für weitere sinnvolle Neuregelungen, insbesondere im Hinblick auf die Verfahrensdauer und die Anpassung des Verfahrens an die spezifischen Probleme der Insassen im Jugendstrafvollzug. Überlegenswert ist in diesem Zusammenhang auch die bereits bei § 34 GJVollz angesprochene Etablierung eines unabhängigen Ombudsmannes. Hierdurch könnte eine Wiederherstellung des Rechtsfriedens möglicherweise wesentlich besser und direkter erreicht werden als mit Hilfe förmlicher Rechtsbehelfe. Zudem dürfte sich so die Anzahl der Beschwerden im Jugendstrafvollzug noch zusätzlich verringern lassen.[61]
Zusammenfassend kann also im Bereich des Rechtsschutzes im Jugendstrafvollzug noch vieles verbessert werden. Dies gilt allerdings für den Rechtsschutz im gesamten Bereich des Strafvollzuges. Dies verdeutlicht nachfolgendes Zitat aus dem *Beck`schen Formularbuch für den Strafverteidiger: „Der Rechtschutz in einer totalen Institution ist ... geprägt von einer überlangen Verfahrensdauer, hohen Zulässigkeitsanforderungen und minimalen Erfolgsquoten. Hinzu kommen eine (die richterliche Kontrolldichte reduzierende) Normstruktur mit zahlreichen Generalklauseln, Beurteilungsspielräumen sowie nicht selten auf Rechtsvereitelungen abzielende Anstaltsstrategien.“*[62]

[58] Vgl. Böhm (1996), S.232.

[59] Vgl. Tondorf (2006), Fn.120 mit einer Schilderung des bisherigen, mühseligen Wegs durch die Instanzen.

[60] § 35 Abs.2 S.4 des Entwurfs von Tondorf (2006).

[61] Vgl. oben Kap.5, Abschn.7, B.IV.2.; Tondorf (2006), Fn.120.

[62] Lesting/Kammeiner, in: Beck`sches Formularbuch für den Strafverteidiger (2002), S.781.

Abschnitt 9:
Sonstige Vorschriften (§§ 36 bis 39 GJVollz)

A. § 36 Unterbringung von Gefangenen mit Kindern

I. Bisherige Rechtslage und Alternativentwürfe

Bislang war im Jugendstrafvollzug für die Unterbringung von Kindern gemeinsam mit ihren Müttern Nr.71 VVJug maßgeblich, die sich sachlich eng an § 80 StVollzG anlehnte.

II. Inhalt der Vorschrift

„Der Vollzug nimmt den Kindern die Mütter. Damit nimmt er ihnen Boden und Sicherheit und oftmals letzten Halt. Die Kinder müssen sich mit der Trennung und den daraus folgenden Gefühlen von Trauer, Angst und Wut abmühen und sind damit meistens alleine. ... So erleben sie den Vollzug als eine anonyme Macht, der ihre Ohnmacht kontrolliert.“[1]

Um diese von *Balzer-Ickert/Ostermann-Schur* eindringlich beschriebenen Folgen der Trennung von Müttern und Kindern während der Haft abzumildern, wurden u.a. Vorschriften wie § 80 StVollzG eingeführt: *„Die Förderung der Mutter-Kind-Beziehung im Vollzug ist unverzichtbarer Teil der Resozialisierung.“*[2] Auch im Jugendstrafvollzug kann – wenngleich in einem geringeren Umfang als im Erwachsenenstrafvollzug – die Notwendigkeit einer solchen gemeinsamen Unterbringung von weiblichen Gefangenen gemeinsam mit ihren Kindern bestehen, wenn diese dem Wohl des Kindes entspricht.[3] Daher übernimmt § 36 GJVollz die bislang schon geltende Rechtslage durch Verweisung auf § 80 StVollzG, der sachlich mit Nr.71 VVJug übereinstimmt. Die Vorschrift ist wie die Parallelvorschrift im StVollzG Ausfluss des Gegensteuerungsgrundsatzes des § 3 Abs.2 S.1 GJVollz und will mögliche gravierende Sozialisationsschäden abwenden, die dem Kind durch die mit dem Freiheitsentzug verbundene Trennung von seiner Mutter entstehen würden.[4] Besonders kritisch ist in diesem Zusammenhang die Phase der sog. Primärsozialisation bis zum fünften Lebensjahr zu sehen[5], weshalb die Unterbringung nach § 80 Abs.1 S.1 auf die Zeit vor der Schulpflichtigkeit, d.h. letztlich auf die Phase der Primärsozialisation beschränkt bleibt. Hier werden letztlich wissenschaftliche Erkenntnisse über die Mutter-Kind-Beziehung im frühen Lebensalter berücksichtigt.[6]

---

[1] Balzer-Ickert/Ostermann-Schur, ZfStrVo 2003, S.151 f.

[2] Balzer-Ickert/Ostermann-Schur, ZfStrVo 2003, S.151, 155.

[3] Begründung zum GJVollz (2004), S.67.

[4] Callies/Müller-Dietz (2005), § 80, Rn.1, § 142, Rn.1.

[5] Callies/Müller-Dietz (2005), § 142, Rn.1.

[6] Callies/Müller-Dietz (2005), § 80, Rn.1; Kawamura-Reindl (2003), S.373, 389 f.; vgl. auch Balzer-Ickert/Ostermann-Schur, ZfStrVo 2003, S.151 ff.

III. Geltung des § 36 GJVollz für Gefangene beiderlei Geschlechts?

„Aufgrund des Gebots der Gleichbehandlung der Geschlechter in Artikel 3 Abs.3 GG ist ... eine Schlechterstellung der männlichen Gefangenen – wie dies im Strafvollzugsgesetz noch vorgesehen ist – nicht zu rechtfertigen."[7] Daher sah § 36 des Entwurfs in der Fassung aus dem Jahre 2004 noch die Möglichkeit vor, auch Gefangene männlichen Geschlechts gemeinsam mit ihren Kindern unterzubringen.[8] Von dieser Möglichkeit sieht die überarbeitete Fassung des Entwurfs aus dem Jahre 2006 ab. Die Frage, ob auch eine gemeinsame Unterbringung von männlichen Gefangenen mit ihren Kindern namentlich unter verfassungsrechtlichen Gesichtspunkten geboten ist, wird auch im Erwachsenenstrafvollzug diskutiert und teils verneint, teils bejaht.[9]
Die Frage ist nicht leicht zu beantworten. Einerseits streiten Rechte des Vaters aus Art.3 Abs.3 und Art.6 GG für dessen Gleichberechtigung. Auch ist das gewandelte Rollenverständnis im Verhältnis der Geschlechter zueinander und die Tatsache zu berücksichtigen, dass auch in Freiheit allein erziehende Väter mittlerweile keine Seltenheit mehr darstellen.[10] Andererseits ist zu berücksichtigen, dass die genannten Grundrechte nicht schrankenlos gewährt werden, sondern verhältnismäßig bzw. bei Vorliegen eines sachlichen Grundes eingeschränkt werden können. Unter diesem Gesichtspunkt ist der generelle Ausschluss einer gemeinsamen Unterbringung von männlichen Gefangenen mit ihren Kindern nicht haltbar. Denn so wird der hohe Stellenwert der verfassungsrechtlichen Werte Gleichbehandlung und Schutz der Familie verkannt und zudem nicht berücksichtigt, dass möglicherweise auch der Vater und nicht nur die Mutter die primäre Bezugsperson des Kindes darstellen kann[11] mit der Folge, dass ein Freiheitsentzug des Vaters gerade die oben beschriebenen und zu vermeidenden Folgen hervorruft. Eine schrankenlose Gleichbehandlung ist jedoch ebenfalls nicht geboten, denn eine solche hieße, die Unterschiede im Vollzugsalltag bei männlichen und weiblichen Gefangenen nicht hinreichend zu berücksichtigen. Der Vollzugsalltag bei Männern ist wesentlich rauer als im Frauenvollzug, namentlich was Phänomene wie die Subkultur des Gefängnisses angeht.
Zur Auflösung dieses Problems bieten sich zwei Alternativen an. Zum einen könnte der sog. *„Hausfrauenfreigang"*[12], d.h. die Betreuung des Kindes im Wege des Freigangs auch für Gefangene männlichen Geschlechts vorgesehen werden, obwohl diese Möglichkeit wegen der täglichen erneuten Trennung und der oft fehlenden finanziellen Mittel nicht unproblematisch ist.[13] Zum anderen könnte die Erprobung der gemeinsamen Unterbringung mittels eines Modellprojekts,

---

[7] Begründung zum GJVollz (2004), S.67.

[8] § 80 GJVollz i.d.F. vom 28.4.2004 lautete: *„§ 80 des Strafvollzugsgesetzes über die Unterbringung von Müttern mit Kindern findet im Jugendstrafvollzug auf Gefangene **beiderlei Geschlechts** entsprechende Anwendung."* (Hervorhebung durch den Verf.).

[9] Bejahend und eine analoge Anwendung des § 80 StVollzG auf männliche Gefangene befürwortend Callies/Müller-Dietz (2005), § 80, Rn.1 und § 142, Rn.1; grundsätzlich befürwortend auch Bammann/Quensel, in: AK-StVollzG (2006), § 80, Rn.9; ablehnend Arloth/Lückemann (2004), § 80, Rn.1; Steinhilper, in: Schwind/Böhm/Jehle (2005), § 80, Rn.6.

[10] Bammann/Quensel, in: AK-StVollzG (2006), § 80, Rn.9.

[11] Vgl. Callies/Müller-Dietz (2005), § 142, Rn.1.

[12] Dazu Götte (2000), S.251 f.

[13] Vgl. Balzer-Ickert/Ostermann-Schur, ZfStrVo 2003, S.151, 152.

beispielsweise einer Modellanstalt pro Bundesland, ein gangbarer Weg sein.[14] Eine solche Lösung trüge auch den praktischen Schwierigkeiten Rechnung, die sich daraus ergeben, dass nur eine geringe Anzahl junger Väter überhaupt für eine solche Maßnahme in Betracht kommen.[15] Daher sollte § 36 GJVollz folgendermaßen ergänzt werden. *„Für die gemeinsame Unterbringung männlicher Gefangener mit ihren noch nicht schulpflichtigen Kindern können mit Zustimmung der Aufsichtsbehörde spezielle Abteilungen eingerichtet werden."* Auch bei einer solchen Unterbringung muss selbstverständlich, wie bei einer gemeinsamen Unterbringung weiblicher Gefangener mit ihren Kindern auch, das Kindeswohl an allererster Stelle stehen.[16]

IV. Ergebnis zu § 36 GJVollz

Die Vorschrift ist, soweit es um die Unterbringung weiblicher Gefangener mit ihren Kindern geht, sachgerecht. Im Bereich des Vollzugs an Männern besteht allerdings aufgrund des oben dargestellten geänderten Rollenverständnisses von Mann und Frau sowie der verfassungsrechtlichen Vorgaben aus Art.3 Abs.3 GG sowie Art.6 GG Handlungsbedarf.[17] Daher sollten sowohl im Erwachsenen- als auch im Jugendstrafvollzug entsprechende Möglichkeiten geschaffen werden, um diesen Umständen Rechnung zu tragen. Zwei gangbare Wege wurden oben bereits aufgezeigt.

B. § 37 Datenschutz

I. Bisherige Rechtslage und Alternativentwürfe

In den bisher geltenden VVJug fehlen spezifische datenschutzrechtliche Bestimmungen für den Jugendstrafvollzug völlig. Von den Alternativentwürfen aus Wissenschaft und Praxis weisen nur die Entwürfe der *Vollzugsleiter* sowie von *Kreideweiß* Vorschriften zum Datenschutz auf.[18]

II. Inhalt der Vorschrift

„Die Datenverarbeitungsvorschriften des Strafvollzugsgesetzes haben sich bewährt. Sie bedürfen jedoch der Anpassung an die Ausrichtung des Jugendstrafvollzuges auf eine jugendspezifische Förderung der Gefangenen."[19] Daher wird auf einzelne Vorschriften oder komplette Vorschriftenblöcke des StVollzG ver-

---

[14] Vgl. auch Callies/Müller-Dietz (2005), § 142, Rn.1 m.w.N.
[15] Vgl. Begründung zum GJVollz (2004), S.67.
[16] Vgl. Bammann/Quensel, in: AK-StVollzG (2006), § 80, Rn.9.
[17] Bammann/Quensel, in: AK-StVollzG (2006), § 80, Rn.9.
[18] Vgl. § 117 Abs.1 E 1988, § 124 E 1993; zusammenfassend Kreideweiß (1993), S.283 f.
[19] Begründung zum GJVollz (2004), S.67.

wiesen, Bereiche, die einer jugendspezifischen Regelung bedürfen, werden hingegen neu geregelt.
§ 37 Abs.1 GJVollz regelt in Anlehnung an § 179 Abs.1 StVollzG die Grundsätze zur Erhebung personenbezogener Daten, enthält aber im Gegensatz zu der Parallelvorschrift im StVollzG auch Regelungen darüber, wann die Erhebung und Verwendung personenbezogener Daten zu unterbleiben hat.
§ 37 Abs.2 GJVollz regelt den Grundsatz, dass personenbezogene Daten bei dem Betroffenen zu erheben sind und schreibt fest, unter welchen Voraussetzungen personenbezogene Daten auch ohne Mitwirkung des Gefangenen erhoben werden dürfen. Dabei wird auf § 179 Abs.3 und 4 StVollzG sowie auf Normen des BDSG verwiesen.
Hinsichtlich der Verarbeitung und Nutzung personenbezogener Daten im Übrigen verweist § 37 Abs.3 GJVollz auf § 180 Abs.1 S.2 sowie Abs.2 bis Abs.11 des StVollzG, so dass hier weitestgehend die bisher im Erwachsenenstrafvollzug geltende Rechtslage übernommen wird.
§ 37 Abs.4 GJVollz schreibt fest, unter welchen Voraussetzungen die Übermittlung personenbezogener Daten an Dritte im Rahmen der Einbeziehung nach § 7 GJVollz zulässig ist, insbesondere in welchen Fällen die Einwilligung der Gefangenen hierfür nicht erforderlich ist.
Gemäß § 37 Abs.5 GJVollz gelten die §§ 181 bis 185 sowie 187 des StVollzG entsprechend. Dagegen wird § 186 StVollzG, der die Auskunft und Akteneinsicht für wissenschaftliche Zwecke regelt, nicht übernommen Allerdings findet aufgrund des Verweises in § 39 S.2 GJVollz der bisher über § 186 StPO im Erwachsenenstrafvollzug entsprechend geltende § 476 StPO weiterhin Anwendung, soweit es um die Übermittlung von Daten zu wissenschaftlichen Zwecken geht.

III. Ergebnis zu § 37 GJVollz

Spätestens seit dem bekannten Volkszählungsurteil des Bundesverfassungsgerichts vom 15. Dezember 1983[20] ist die mit der staatlichen Erhebung und Verwendung personenbezogener Daten verbundene verfassungsrechtliche Problematik im allgemeinen Bewusstsein verankert und klargestellt, dass in sensiblen Verwaltungsbereichen wie dem Strafvollzug spezifische Datenschutzregelungen getroffen werden müssen.[21] Die hohe Bedeutung des Rechts auf informationelle Selbstbestimmung gerade in der heutigen Zeit, wo Daten aller Art gespeichert und miteinander vernetzt und verknüpft werden können[22], zeigt sich derzeit vor allem in der Diskussion um die sog. „Anti-Terror-Datei“[23]. Allerdings blieb der Datenschutz im Strafvollzug bis zur Verabschiedung des 4.StVollzÄndG in

---

[20] BVerfGE 65, S.1 ff. = NJW 1984, S.419 ff.
[21] Vgl. Weichert, in: AK-StVollzG (2006), vor § 179, Rn.1 m.w.N.
[22] Als aktuelles Beispiel aus dem Bereich des Strafvollzugs sind die Bestrebungen des bayerischen Justizministeriums zu nennen, eine landesweite Zentrale Vollzugsdatei einzurichten, auf die andere Vollzugsanstalten, die Aufsicht, aber auch die Polizei, die Gerichte sowie andere Justizbehörden Zugriff erhalten sollen, vgl. Weichert, in: AK-StVollzG (2006), vor § 179, Rn.10 unter Berufung auf den 21. Tätigkeitsbericht des Bayerischen Landesbeauftragten für den Datenschutz, 2003/2004, S.73 f.
[23] Dazu Tinnefeld/Petri, MMR 2006, H.11, S.V.

Rechtsprechung und Literatur weitgehend unbeachtet und führt auch heute noch ein relativ unbeachtetes Dasein.[24]

§ 37 des Entwurfs enthält eine Rechtsgrundlage für die Erhebung und Verwendung von Daten im Jugendstrafvollzug. Dabei betont die Entwurfsbegründung selbst, dass es einer jugendspezifischen Anpassung der §§ 179 ff. StVollzG bedarf.[25] Eine jugendspezifische Anpassung in diesem Sinne muss insbesondere der Tatsache Rechnung tragen, dass die Adressaten dieser Regelungen sich noch in einer Entwicklungsphase befinden, in der grundsätzlich der Bedarf nach einer erhöhten Form des Datenschutzes besteht – ein Gedanke, der so beispielsweise in den Spezialregelungen des SGB VIII bzw. auch in § 48 JGG zum Ausdruck kommt.[26]

Als problematisch sind in diesem Zusammenhang die Rechtsgrundlagen zur heimlichen Erhebung von Daten (vgl. § 37 Abs.2 S.2 GJVollz) bzw. zur Übermittlung von Daten gegen den Willen des Gefangenen (vgl. § 37 Abs.4 S.2 GJVollz) zu sehen. Zwar spricht die Begründung zum GJVollz das hiermit verbundene Problem, dass das Vertrauen der Gefangenen in die Glaubwürdigkeit der Vollzugsbediensteten nur dann gebildet und erhalten werden kann, wenn sie über die Maßnahmen, die der Vollzug ihre Person betreffend unternimmt, informiert werden, explizit an.[27] Glaubwürdigkeit und Vertrauen sind erzieherische Grundvoraussetzungen[28], weshalb die Datenerhebung ohne Mitwirkung des Betroffenen auch nach dem Willen des Gesetzgebers auf ein Minimum beschränkt werden soll.[29] Trotzdem werden mit Vorschriften wie dem genannten § 37 Abs.2 und Abs.4 GJVollz Regelungen etabliert, die von ihrem Grundgedanken her den oben genannten erzieherischen Grundvoraussetzungen diametral entgegenlaufen. Man darf jedoch gleichzeitig nicht verkennen, dass gerade in einer Institution wie dem Jugendstrafvollzug, wo die Gefangenen aus verschiedensten Gründen häufig trotzig und wenig mitwirkungsbereit sind, ein unabweisbares Bedürfnis besteht, personenbezogene Daten auch ohne bzw. gegen den Willen des Betroffenen zu erheben bzw. zu verarbeiten. Nur so ist im Übrigen ein speziell auf die Bedürfnisse jedes einzelnen Gefangenen ausgerichteter Fördervollzug möglich, wie ihn § 3 Abs.1 und § 5 GJVollz umreißen und ihn namentlich die §§ 8 bis 10 GJVollz, aber auch verschiedene andere Regelungen[30] näher umreißen. Wegen der Vielfalt möglicher Verwendungszwecke und wegen der Unmöglichkeit, die möglicherweise benötigten Daten von vornherein abschließend festzulegen, müssen die entsprechenden Vorschriften auch notwendigerweise relativ weit gefasst sein. Allerdings sind schon wegen des Ver-

---

[24] Weichert, in: AK-StVollzG (2006), vor § 179, Rn.9.

[25] Vgl. Begründung zum GJVollz (2004), S.67.

[26] Vgl. Eisenberg, MSchrKrim 2004, S.353, 359; a.A. die Stellungnahme der DVJJ zum GJVollz, S.314, 319, wonach abweichende Regelungen für die Erhebung und Verwendung personenbezogener Daten aufgrund einer jugendspezifische Förderungs- oder Schutzbedürftigkeit *„nicht nachvollziehbar"* seien.

[27] Begründung zum GJVollz (2004), S.69.

[28] Vgl. Eisenberg, MSchrKrim 2004, S.353, 359.

[29] Vgl. Begründung zum GJVollz (2004), S.69.

[30] Vgl. näher die Beispiele in der Begründung zum GJVollz (2004), S.68.

hältnismäßigkeitsgrundsatzes die Erhebung und Verarbeitung von Daten auf das notwendige Minimum zu beschränken.[31]
Insgesamt ist die Vorschrift von ihrem Inhalt her weitgehend sachgerecht.[32] Allerdings ist die Verweisungstechnik, mit der bei dieser Norm gearbeitet wurde, zu kritisieren.[33] Die pauschale Verweisung auf die datenschutzrechtlichen Vorschriften des StVollzG trägt keinesfalls zur Übersichtlichkeit der Vorschrift bei, zumal die §§ 179 ff. StVollzG selbst kein Beispiel für Übersichtlichkeit sind. Daher sollte bei einer gesetzlichen Regelung des Jugendstrafvollzuges dieser Regelungskomplex ohne Verweisungen auf ein (Landes-) StVollzG auskommen.

C. § 38 Beiräte der Jugendstrafanstalten

I. Bisherige Rechtslage und Alternativentwürfe

Die VVJug enthielten hinsichtlich der Bildung von Beiräten keine Regelungen. Sofern es um die Bildung und die Befugnisse der Anstaltsbeiräte ging, schlugen die Alternativentwürfe aus Wissenschaft und Praxis Regelungen vor, die nahezu vollständig die Regelungen des StVollzG, §§ 162 bis 165 StVollzG, übernahmen.[34]

II. Inhalt der Vorschrift

§ 38 GJVollz verweist auf die §§ 162 bis 165 StVollzG und damit auf die Regelungen des Vierten Titels des Vierten Abschnittes des StVollzG. Dies begründet die Entwurfsbegründung damit, dass es im Hinblick auf Zusammensetzung, Aufgaben, Befugnisse und Pflichten der Beiräte und ihrer Mitglieder im Jugendstrafvollzug keine Besonderheiten gegenüber dem Erwachsenenstrafvollzug gebe.[35]

III. Ergebnis zu § 38 GJVollz

Sinn und Zweck der Regelung ist die Schaffung von Transparenz im Jugendstrafvollzug und zwar in zweierlei Hinsicht: Zum einen soll so eine ständige kritische Überprüfung und Beobachtung dieses schärfsten Instruments staatlicher Machtausübung sichergestellt werden (Kontrollfunktion)[36], zum anderen soll so

[31] Vgl. Begründung zum GJVollz (2004), S.68; Weichert, in: AK-StVollzG (2006), vor § 179, Rn.1.
[32] Ebenso die Stellungnahme des Deutschen Richterbundes, zu § 37.
[33] Vgl. auch Eisenberg, MSchrKrim 2004, S.353, 359.
[34] Kreideweiß (1993), S.278 m.w.N.
[35] Begründung zum GJVollz (2004), S.70.
[36] Begründung zum GJVollz (2004), S.70; vgl. auch Bammann/Feest, in: AK-StVollzG (2006), vor § 162, Rn.3.

erreicht werden, dass die Gesellschaft die Konsequenzen der Strafe des Freiheitsentzuges wahrnimmt, sich mit ihren Folgen auseinander setzt und sich aktiv an ihrer Ausgestaltung beteiligt (Vermittlungsfunktion)[37].
Allerdings sind die Erfahrungen mit Beiräten im Erwachsenenstrafvollzug, dessen Rechtsgrundlagen hier ja übernommen werden, nicht sehr positiv. Die Arbeit der Anstaltsbeiräte bleibt in der Praxis weitgehend ohne spürbare Auswirkungen.[38] Sowohl in der Öffentlichkeit als auch in der wissenschaftlichen Betrachtung wird den Anstaltsbeiräten insgesamt wenig Interesse entgegen gebracht.[39] Insofern hat sich bedauerlicherweise die schon vor Inkrafttreten des Gesetzes geäußerte Befürchtung bewahrheitet, der Beirat werde *„in der Praxis keine große Bedeutung erlangen und nur eine schattenhaft-formale Alibifunktion erfüllen"*[40]. In diesem Zusammenhang ist vor allem problematisch, dass die Beteiligung der Öffentlichkeit an der Bildung der Anstaltsbeiräte solange nicht verwirklicht ist und damit auch die Kontrolle des Vollzuges durch die Öffentlichkeit solange nicht uneingeschränkt praktiziert wird, wie die Länder, wie auch in § 38 GJVollz i.V.m. § 162 Abs.3 StVollzG vorgesehen, mithilfe von Verwaltungs- oder Ausführungsvorschriften über die Ernennung oder Nichternennung, die Entlassung oder die Suspendierung von Anstaltsbeiräten befinden können.[41] Es steht zu befürchten, dass sich dieser Zustand mit der Übertragung der Gesetzgebungskompetenz zur Regelung des Strafvollzuges auf die Länder noch verschärfen wird. Will man im Jugendstrafvollzug keine ähnlich bedeutungslose Institution etablieren, so müsste man einen Ansatz wählen, der sich fast vollständig von den §§ 162 ff. StVollzG entfernt.[42]

D. § 39 – Kriminologische Forschung

I. Bisherige Rechtslage und Alternativentwürfe

Für die kriminologische Forschung galt im Jugendstrafvollzug bislang Nr.109 VVJug. Diese Vorschrift war mit § 166 Abs. 1 StVollzG nahezu wortgleich.
Die bislang vorgelegten Alternativentwürfe eines Jugendstrafvollzugsgesetzes aus Wissenschaft und Praxis wollten einheitlich einen kriminologischen Dienst

[37] Begründung zum GJVollz (2004), S.70; vgl. auch Bammann/Feest, in: AK-StVollzG (2006), vor § 162, Rn.4.
[38] Vgl. Bammann/Feest, in: AK-StVollzG (2006), vor § 162, Rn.7; Gerken (1986), S.250.
[39] Bammann/Feest, in: AK-StVollzG (2006), vor § 162, Rn.8.
[40] Roxin (1974), S.115, 126.
[41] Kreideweiß (1993), S.279 m.w.N.; Eisenberg, MSchrKrim 2004, S.353, 359; Wagner, ZfStrVo 1986, S.340; Bammann/Feest, in: AK-StVollzG (2006), vor § 162, Rn.7.
[42] So auch Eisenberg, MSchrKrim 2004, S.353, 359 f., der für die Schaffung *„einer gewissen Unabhängigkeit gegenüber der Staatsmacht"* plädiert.

im Jugendstrafvollzug etablieren.[43] Keiner der Entwürfe sah jedoch die gesetzliche Festschreibung der Evaluation durch externe Stellen vor.

II. Inhalt der Vorschrift

Durch § 39 S. 1 der Entwurfsregelung wird die wissenschaftliche Begleitung und Erforschung des Jugendstrafvollzuges gesetzlich festgeschrieben. Neu ist allerdings, dass nunmehr neben interner Forschung durch den schon bisher bestehenden kriminologischen Dienst auch die externe Evaluation durch Hochschulen oder andere geeignete Stellen explizit geregelt und zugelassen wird.[44] Bislang war eine solche externe Evaluation nur aufgrund freiwilliger Zusammenarbeit, beispielsweise aufgrund eines Kooperationsvertrages möglich.[45]
Gleichzeitig umreißt § 39 S.1 GJVollz die Bereiche, die im Rahmen der internen und externen Evaluation besonders zu berücksichtigen sind. Genannt werden die Aufgabenerfüllung und Gestaltung des Jugendstrafvollzuges, die Umsetzung seiner Leitlinien (vgl. § 5 GJVollz), die Fördermaßnahmen für die Gefangenen sowie die Auswirkungen dieser Maßnahmen auf das Vollzugsziel. Gerade der letztgenannte Aspekt – der sich im Entwurf aus dem Jahr 2004 noch nicht findet, sondern erst im Entwurf vom 7. Juni 2006 hinzugefügt wurde – ist von großer Bedeutung, denn in diesem Bereich gibt es bei der Evaluation bislang erhebliche Defizite.[46] Die Tatsache, dass die Wirksamkeit von Maßnahmen im Vollzug bislang kaum systematisch wissenschaftlich untersucht und begleitet wird, erschwert die Beurteilung, welche der Maßnahmen in welchem Umfang wirksam sind und welche nicht.[47] Dies führt einerseits dazu, dass erfolgreiche Maßnahmen nicht hinreichend bekannt werden und daher nicht nachgeahmt oder übernommen werden können, andererseits werden so auch Fehler und Schwächen bei der Umsetzung der Leitlinien der Förderung und bei der Gestaltung des Vollzuges nicht zügig erkannt und beseitigt.[48]
§ 39 S. 2 GJVollz befasst sich mit dem Datenschutz im Rahmen der Evaluation und verweist hierfür – wie § 186 StVollzG – auf § 476 StPO.

III. Ergebnis zu § 39 GJVollz

Die derzeitige Praxis zeigt, dass insbesondere öffentlichkeitswirksame Modellprojekte – wie beispielsweise das oben vorgestellte „Projekt Chance" – eine aus-

---

[43] Vgl. § 137 E 1984, § 133 E 1985, § 116 E 1988, § 149 E 1991 und § 123 E 1993; zusammenfassend Kreideweiß (1993), S.281 f.

[44] Für eine Evaluation durch kriminologischen Dienst und zu beteiligender externer Stellen auch J. Walter, ZJJ 2003, S.397, 401.

[45] So existiert in Mecklenburg-Vorpommern seit dem Jahr 2004 ein Kooperationsvertrag zwischen dem Justizministerium und der Kriminologischen Forschungsstelle Greifswald e.V. (Vorsitzender Prof. Dr. Dünkel), vgl. Bammann/Feest, in: AK-StVollzG (2006), § 166, Rn.11.

[46] Begründung zum GJVollz (2004), S.70.

[47] Vgl. Begründung zum GJVollz (2004), S.70; vgl. in diesem Zusammenhang auch die Zusammenstellung zur derzeitigen Situation des kriminologischen Dienstes im Erwachsenenstrafvollzug bei Bammann/Feest, in: AK-StVollzG (2006), § 166, Rn.11, die zu dem Ergebnis kommen, dass der kriminologische Dienst in den meisten Bundesländern bis heute *„kaum mehr als in schwachen Ansätzen vorhanden"* ist.

[48] Vgl. Begründung zum GJVollz (2004), S.70 f.

führliche wissenschaftliche Begleitung auch durch externe Stellen erfahren.[49] Leider findet eine solch konsequente wissenschaftliche Begleitung bei weitem nicht in allen Bereichen des Jugendstrafvollzuges statt. Zur kontinuierlichen Qualitätssicherung und -verbesserung im Jugendstrafvollzug wäre eine solche ständige Begleitung allerdings äußerst wünschenswert. Von besonderer Bedeutung ist hier die in § 39 S.1 des Entwurfs beabsichtigte gesetzliche Festschreibung der Evaluation durch externe wissenschaftliche Stellen. Ein solches Vorgehen, wie es in der freien Wirtschaft schon gang und gäbe ist – man denke nur an die dortigen vielfältigen Formen der Unternehmensberatung – entspräche zum einen dem in § 3 Abs.2 S.1 GJVollz niedergelegten Angleichungsgrundsatz[50] und könnte zudem helfen, die Bedenken auszuräumen, die sich zunehmend gegen die staatliche Eigenforschung durch interne und weisungsgebundene Stellen im Bereich der Kriminologie richten.[51] Nicht zuletzt könnten kontinuierliche und unabhängige Studien die Kritik zum Verstummen bringen, die sich gegen die Wirksamkeit des Behandlungsvollzuges richtet und die eine Rückkehr zum eigentlich überkommenen System des Verwahrvollzuges anstrebt.[52]

Um die Verbindlichkeit kontinuierlicher wissenschaftlicher Begleitforschung zu unterstreichen, wäre eine verbindlichere Formulierung des § 39 S.1 des Entwurfs wünschenswert. Anstatt einer Soll-Vorschrift sollte hier wie folgt formuliert werden: *„Die Vollzugsbehörden lassen den Jugendstrafvollzug ... regelmäßig, jedoch mindestens einmal jährlich, ... wissenschaftlich begleiten und erforschen.“* Die Einführung verbindlicher Regelungen hinsichtlich der Häufigkeit der Evaluation würde sicherstellen, dass es zu einer kontinuierlichen Fortschreibung der gefundenen Ergebnisse und damit zu einer kontinuierlichen Verbesserung des Vollzugs kommt. Des Weiteren ist eine angemessene finanzielle Ausstattung Grundvoraussetzung für eine solide und vor allem unabhängige wissenschaftliche Begleitforschung. Um eine solche ausreichende finanzielle Ausstattung der internen und externen Evaluationsprogramme zu sichern, sollte in diesem Zusammenhang der Vorschlag von *Dünkel* nähere Beachtung finden, einen gewissen Prozentsatz des für Behandlungsmaßnahmen zur Verfügung stehenden Etats (*Dünkel* schlägt hier fünf Prozent vor) in die Evaluation der Behandlungsmaßnahmen zur Verbesserung deren Effizienz und ggf. zur effektiveren Kostengestaltung zu investieren.[53]

Insgesamt stellt § 39 GJVollz damit eine solide Diskussionsgrundlage dar[54], die aber im Sinne einer kontinuierlichen Verbesserung des Vollzugs im oben genannten Sinne verbindlicher zu gestalten wäre. Für eine solche verbindliche Gestaltung sprechen zudem die Nrn. 72 bis 78 der Regeln der Vereinten Nationen zum Schutz von Jugendlichen unter Freiheitsentzug, die die Aufsicht und

---

[49] Vgl. nur den Zwischenbericht der wissenschaftlichen Begleitung des Projekts Chance (2006).

[50] Bammann/Feest, in: AK-StVollzG (2006), § 166, Rn.8.

[51] Bammann/Feest, in: AK-StVollzG (2006), § 166, Rn.8; für Evaluationen durch externe Stellen spricht sich auch die Stellungnahme der DVJJ zum GJVollz (2004), S.314, 321 aus, da nur eine solche wissenschaftlichen Standards gerecht werde.

[52] Vgl. oben Kap.4, C.

[53] Dünkel, in: Schwind-FS (2006), S.549, 564.

[54] Vgl. Stellungnahme des Deutschen Richterbundes, zu § 39.

Kontrolle der Anstalten durch unabhängige Gremien fordern[55] – ein Gesichtspunkt, der aufgrund der Aussagen des Bundesverfassungsgerichts zur Indizienwirkung von Verstößen gegen supranationales Recht für Verstöße gegen das Grundgesetz zukünftig an Bedeutung gewinnen wird.[56]

[55] Abgedruckt in: Internationale Menschenrechtsstandards und das Jugendkriminalrecht (2001), S.105-106; vgl. auch Dünkel, in: Böhm-FS (1999), S.99, 111.
[56] Vgl. BVerfG, 2 BvR 1673/04 vom 31.5.2006, Abs.63.

Abschnitt 10:
Jugendstrafanstalten, Bedienstete im Vollzug (§§ 40 bis 43 GJVollz)

A. § 40 Jugendstrafanstalten

I. Allgemeines

§ 40 GJVollz umfasst die Regelungen über die organisatorische Ausgestaltung und sachliche Ausstattung der Jugendstrafanstalten.[1] Neben baulichen und organisatorischen Mindeststandards sieht er eine Reihe von Übergangsvorschriften vor, innerhalb derer bestimmte speziell auf den Jugendstrafvollzug ausgerichtete Einrichtungen zu etablieren sind. Diese sollen sicherstellen, dass die Vollzugsbehörden mit der Schaffung eventuell noch nicht vorhandener Strukturen nicht überfordert werden, sondern diese nach und nach aufbauen können.[2] Insgesamt dient die Vorschrift damit der Qualitätssicherung unter sachlichen Gesichtspunkten.[3]

II. Bisherige Rechtslage und Alternativentwürfe

Bislang traf § 92 Abs.1 JGG Aussagen über die Jugendstrafanstalten, allerdings nur dahingehend, dass die Jugendstrafe in Jugendstrafanstalten zu vollziehen sei. Verbindliche Regelungen hinsichtlich Belegung und Anstaltsgröße fanden sich allerdings weder im JGG noch in den VVJug. Die bislang vorgelegten Alternativentwürfe regelten Einrichtung und Gliederung der Jugendstrafanstalten größtenteils uneinheitlich.[4]

III. Inhalt der Vorschrift

Die Vorschrift enthält insgesamt sieben Paragraphen, die jeweils verschiedene Aspekte hinsichtlich der baulichen und organisatorischen Ausgestaltung der Jugendstrafanstalten regeln.

1. Trennungsgrundsatz – § 40 Abs.1 GJVollz

Absatz 1 der Vorschrift schreibt den Grundsatz der Unterbringung in selbständigen Jugendstrafanstalten der Landesjustizverwaltungen fest und lehnt sich damit an § 92 Absl JGG an.[5]

---

[1] Begründung zum GJVollz (2004), S.71.
[2] Begründung zum GJVollz (2004), S.71.
[3] Begründung zum GJVollz (2004), S.71.
[4] Vgl. Kreideweiß (1993), S.252 ff. m.w.N.
[5] Für administrative und räumliche Eigenständigkeit der Jugendstrafanstalten auch DVJJ, Eckpunktepapier (2004), S.209, 213.

Damit werden entsprechende Vorgaben des internationalen Rechts umgesetzt.[6] Die besondere Betonung der Selbständigkeit der Anstalten soll den eigenständigen Charakter des Jugendstrafvollzuges hervorheben.[7] Allerdings werden mehrere Durchbrechungen des Trennungsgrundsatzes zugelassen. So kann die Jugendstrafe im Fall der gemeinsamen Unterbringung weiblicher Gefangener mit ihren Kindern auch in Einrichtungen des Strafvollzuges für erwachsene Frauen vollzogen werden, § 40 Abs.1 S.2 GJVollz. Dies wird damit gerechtfertigt, dass diese Fälle bereits aufgrund der Kürze der zu verbüßenden Strafzeit selten vorkommen werden.[8] Weiterhin sieht § 40 Abs.1 S.3 GJVollz die Möglichkeit der Unterbringung weiblicher Gefangener in getrennten Abteilungen des Strafvollzuges für erwachsene Frauen sowie der Unterbringung männlicher Gefangener in einer getrennten Abteilung des offenen Strafvollzuges für erwachsene Männer vor. Letzteres ist aber nur dann zulässig, wenn dies zur Aufnahme oder Fortführung einer schulischen oder beruflichen Ausbildung oder einer Erwerbstätigkeit außerhalb der Anstalt zur Vorbereitung der Entlassung erforderlich ist. Dies soll einem Bedürfnis der Praxis Rechnung tragen, da bislang nur wenige offene Anstalten des Jugendstrafvollzuges existieren und gerade in den Flächenländern eine heimatnahe Unterbringung ansonsten nicht zu gewährleisten sei.[9] Die gemeinsame Unterbringung weiblicher Jugendstrafgefangener mit erwachsenen Frauen wird mit der geringen Anzahl weiblicher Gefangener im Jugendstrafvollzug begründet, aufgrund derer sich die Schaffung eigener Jugendstrafanstalten in der Praxis kaum verwirklichen lasse.[10]
In jedem Fall, so stellt § 40 Abs.1 S.4 GJVollz klar, erfolgt der Vollzug nach den Vorschriften des Entwurfs. Nach der Entwurfsbegründung soll in Verbindung mit § 19 Abs.3 GJVollz in Zukunft die – in der Praxis nicht unumstrittene[11] – Möglichkeit eröffnet sein, weibliche Jugendstrafgefangene bei getrennter Unterbringung auch in Jugendstrafanstalten für männliche Gefangene unterzubringen.[12] Diese Variante entspreche zwar nicht der derzeitigen Praxis, solle aber nicht von vornherein ausgeschlossen werden, um die Aus- und Fortbildungschancen weiblicher Gefangener in geeigneten Einzelfällen zu erhöhen.[13]

2. Bauliche Gestaltung und äußere Umgebung der Jugendstrafanstalt – § 40 Abs.2 GJVollz

Gemäß § 40 Abs.2 GJVollz müssen bauliche Gestaltung und äußere Umgebung der Vollzugseinrichtung in Einklang mit dem Ziel der Wiedereingliederung durch anstaltsinterne Förderung stehen. Was dies genau bedeuten soll, führt die

[6] Nr.37 d des Übereinkommens über die Rechte des Kindes vom 20. November 1989, Art.10 Abs.3 S.2 des Zivilpakts, Nr.26.3 der Mindestgrundsätze der Vereinten Nationen für die Jugendgerichtsbarkeit („Beijing-Rules"), Nr.16 der Europarats-Empfehlung R (87) 20, zit. nach Begründung zum GJVollz (2004), S.71, abgedruckt in: Internationale Menschenrechtsstandards und das Jugendkriminalrecht (2001).
[7] Begründung zum GJVollz (2004), S.71.
[8] Begründung zum GJVollz (2004), S.71.
[9] Begründung zum GJVollz (2004), S.71.
[10] Begründung zum GJVollz (2004), S.71.
[11] Vgl. die Aussagen der von Kreideweiß (1993), S.80 f. befragten Anstaltsleiter.
[12] Begründung zum GJVollz (2004), S.71.
[13] Begründung zum GJVollz (2004), S.71.

Entwurfsbegründung näher aus. Danach muss vor allem darauf geachtet werden, dass die Bedürfnisse der Gefangenen nach Privatsphäre, nach wechselnden Anregungen, Gelegenheiten, sich mit Gleichaltrigen zu treffen, nach sportlichen und Freizeitaktivitäten Beachtung finden.[14] Auf einzelne, konkrete Festschreibungen zur äußeren Form verzichtet der Entwurf vollständig, da insofern den Landesjustizverwaltungen Gestaltungsfreiheit gelassen werden solle.[15]

3. Maximale Anzahl an Haftplätzen, Wohngruppenvollzug – § 40 Abs.3 GJVollz

Satz 1 der Entwurfsvorschrift will zukünftig die Anstaltsgrößen im Jugendstrafvollzug begrenzen. In Übereinstimmung mit einem Vorschlag der Jugendstrafvollzugskommission[16] sollen danach maximal 240 Haftplätze pro Anstalt vorgesehen werden.[17] Allerdings soll dies erst für Anstalten gelten, mit deren Errichtung nach dem 1. Januar 2010 begonnen wird. Diese relativ großzügig bemessene Übergangsfrist kann allerdings deshalb hingenommen werden, weil sich die Praxis bereits jetzt an dieser Maximalzahl an Haftplätzen beim Bau neuer Anstalten orientiert.[18] Auch vor dem genannten Zeitpunkt erbaute Anstalten werden bis dahin in Abteilungen von maximal 60 Gefangenen unterteilt, § 40 Abs.3 S.2 GJVollz. Solch kleinere Vollzugseinheiten sollen den individuellen Kontakt der Vollzugsbediensteten zu den Gefangenen verbessern sowie wirksamer der Entstehung von Subkulturen entgegenwirken helfen.[19] Nach § 40 Abs. 3 S. 3 des Entwurfs sollen diese Vollzugseinheiten in Wohngruppen von bis zu acht Personen gegliedert sein. Damit wird das in § 19 Abs.1 GJVollz niedergelegt Konzept der Unterbringung in Wohngruppen untermauert. Durch die Begrenzung der Anzahl der Gefangenen auf acht Personen pro Wohngruppe sollen ungünstige Sub- und Gruppenkulturauswirkungen, welche Folge ungegliederter Gemeinschaftshaft sind, weitgehend vermieden werden.[20] Weiterhin sollen so konsequent die Vorteile genutzt werden, die ein Vollzug in Wohngruppen nach bisherigem wissenschaftlichem Erkenntnisstand bietet.[21]

4. Verweisung auf Vorschriften des StVollzG – § 40 Abs.4 GJVollz

Gemäß § 40 Abs.4 GJVollz gelten einige Vorschriften des StVollzG, die sich auf die Ausgestaltung von Vollzugsanstalten beziehen, entsprechend. Es sind dies die §§ 144 Abs.1 (Größe und Ausgestaltung der Räume), 145 (Festsetzung der Belegungsfähigkeit), 146 (Verbot der Überbelegung), 149 (Arbeitsbetriebe und Einrichtungen zur beruflichen Bildung) und 150 StVollzG (Vollzugsgemeinschaften).

---

[14] Begründung zum GJVollz (2004), S.72.

[15] Begründung zum GJVollz (2004), S.72.

[16] Vgl. Schlußbericht der Jugendstrafvollzugskommission (1980), S.11 f.

[17] So auch DVJJ, Eckpunktepapier (2004), S.209, 213.

[18] Begründung zum GJVollz (2004), S.72.

[19] Vgl. Begründung zum GJVollz (2004), S.72.

[20] Begründung zum GJVollz (2004), S.73; gegen große Wohngruppen auch Ostendorf (2003), §§ 91-92, Rn.5 m.w.N.

[21] Vgl. oben Kap.5, Abschn.5, A.II.1.

5. Einrichtung sozialtherapeutischer Anstalten – § 40 Abs.5 GJVollz

§ 12 des Entwurfs regelt die Sozialtherapie im Jugendstrafvollzug. § 40 Abs.5 des Entwurfs will flankierend hierzu sicherstellen, dass bis zu einem bestimmten Stichtag die für eine erfolgreiche und jugendgerechte Sozialtherapie erforderlichen Mindeststandards in baulicher, personeller und organisatorischer Hinsicht geschaffen sind. Daher schreibt § 40 Abs. 5 GJVollz fest, dass bis zum 1. Januar 2010[22] sozialtherapeutische Anstalten oder Abteilungen zu schaffen sind, die auf die jugendspezifischen sozialen und therapeutischen Angebote und Vorgehensweisen zugeschnittene organisatorische, personelle und bauliche Mindeststandards erfüllen. Denn für eine erfolgreiche therapeutische Arbeit in der Sozialtherapie als einer besonders intensiven Form des Behandlungsvollzugs ist es erforderlich, dass gewisse qualitative Mindeststandards überhaupt erst einmal erfüllt sind.[23] Nur so kann letztlich auch die Verwendung des Begriffs „Sozialtherapie" einer bestimmten und bestimmbaren Qualitätskontrolle unterzogen werden.[24] Über die Festlegung hinaus, dass bis zu einem gewissen Stichtag bestimmte Mindeststandards erfüllt sein müssen, legt der Entwurf bewusst keine weiteren Kriterien fest, *„...um künftigen Entwicklungen nicht hindernd im Wege zu stehen."*[25]. Solche Kriterien sollen vielmehr von anerkannten Expertengremien – als Beispiel nennt die Begründung den Arbeitskreis Sozialtherapeutischer Anstalten – entwickelt und fortgeschrieben werden.[26]

6. Schulabteilungen – § 40 Abs.6 GJVollz

Die Wichtigkeit von Bildung gerade für junge Gefangene wurde bereits an anderer Stelle ausführlich erörtert.[27] Demgemäß schreibt § 40 Abs.6 GJVollz zum einen fest, dass die Jugendstrafanstalten eigene Schulabteilungen zu unterhalten haben, zum anderen wird eine enge Zusammenarbeit mit externen Einrichtungen per Gesetz vorausgesetzt. In dieser Hinsicht stellt die Vorschrift eine weitere Ausprägung der Zusammenarbeit mit externen Stellen dar, wie sie schon in § 7 des Entwurfs zum Ausdruck kommt. Der Begriff der eigenen Schulabteilungen im Sinne des § 40 Abs.6 S.1 GJVollz ist dabei in einem weiten Sinne zu verstehen: Der Entwurf geht davon aus, dass die Schulabteilungen über einen eigenen Etat, eigene Räumlichkeiten in der Anstalt sowie insbesondere über hauptberuflich tätiges, durch die Justiz eingestelltes Lehrpersonal verfügen.[28] Insbesondere der letztgenannte Punkt wird dabei besonders betont: Eigenes Lehrpersonal bilde *„...einen unverzichtbaren Bestandteil des Förderkonzeptes des Jugendstrafvollzuges"*[29]. Der Unterricht im Jugendstrafvollzug erfordere eine Kontinuität,

---

[22] Der Entwurf aus dem Jahr 2004 legte als Frist noch den 1.Januar 2008 fest, vgl. hierzu auch die Begründung zum GJVollz (2004), S.73.
[23] Vgl. Begründung zum GJVollz (2004), S.73.
[24] Begründung zum GJVollz (2004), S.73.
[25] Begründung zum GJVollz (2004), S.73.
[26] Begründung zum GJVollz (2004), S.73; vgl. jüngst Schüßler/Stiller/Ringlstetter, ZfStrVo 2006, S.272 ff. zur Sozialtherapie in der JVA Adelsheim.
[27] Vgl. Kap.5, Abschn.6, C.II.1.,3.
[28] Begründung zum GJVollz (2004), S.73; vgl. schon den Schlußbericht der Jugendstrafvollzugskommission (1980), S.29.
[29] Begründung zum GJVollz (2004), S.74.

die regelmäßig nur durch eigenes Personal sichergestellt und weder durch den Sozialdienst noch durch psychologische Fachkräfte geleistet werden könne.[30] Auch externes Lehrpersonal könne insofern keinen gleichwertigen Ersatz darstellen, da es mit den vielfältigen und komplexen, oft auch problematischen Strukturen einer Jugendstrafanstalt regelmäßig nur oberflächlich vertraut sei.[31]

7. Ausbau der Bildungs- und Ausbildungsstätten – § 40 Abs.7 GJVollz

§ 40 Abs. 7 GJVollz trifft weitere Festlegungen zum Ausbau der Bildungs- und Ausbildungseinrichtungen im Jugendstrafvollzug. Danach sollen in Zukunft für mindestens zwei Drittel der Haftplätze Plätze für allgemeine und berufliche Bildung in Schulen und beruflichen Ausbildungsstätten sowie für arbeitstherapeutische Maßnahmen bereit stehen. Eine Quote von zwei Dritteln der Haftplätze hatte bereits die Jugendstrafvollzugskommission vorgeschlagen.[32] Die Übergangsfrist soll der Tatsache Rechnung tragen, dass eventuell noch entsprechende Kapazitäten geschaffen werden müssen.[33]

IV. Ergebnis zu § 40 GJVollz

Zu begrüßen ist das Ziel der Regelung, einheitliche gesetzliche Mindeststandards hinsichtlich baulicher, aber auch organisatorischer Aspekte des Jugendstrafvollzuges festzuschreiben. Allerdings sind auch einige Punkte der Entwurfsvorschrift durchaus kritisch zu sehen.

So schreibt § 40 Abs.1 S.3 des Entwurfs letztlich die bestehende, ungenügende Rechtslage hinsichtlich weiblicher Gefangener im Jugendstrafvollzug fest. Die Möglichkeit, junge weibliche Gefangene wie bisher – nur jetzt gesetzlich abgesichert – in getrennten Abteilungen des Strafvollzuges für erwachsene Frauen unterzubringen, stellt letztlich eine Ausflucht für die Vollzugsorganisation dar, den Ausbau spezieller Jugendstrafanstalten für junge weibliche Gefangene weiter hintanzustellen. Diese Ungleichbehandlung weiblicher junger Gefangener darf nun nicht auch noch gesetzlich festgeschrieben werden.[34] Vielmehr sollte von den Ländern die Möglichkeit ergriffen werden, im Rahmen des Jugendstrafvollzuges an jungen Frauen neue Möglichkeiten der Behandlung wie z.B. eine relativ offene Unterbringung zu erproben.[35]

In § 40 Abs.4 GJVollz hätte man, anstatt auf die relativ vagen Vorschriften des StVollzG zu verweisen, eigene Vorschriften im GJVollz festschreiben sollen, die verbindlichere Vorschriften, insbesondere zur Größe der Hafträume und zum Verbot der Überbelegung aufstellen. Klargestellt werden muss insbesondere, dass der chronische Mangel an Haftplätzen infolge Überbelegung keine Aus-

---

[30] Begründung zum GJVollz (2004), S.74.

[31] Begründung zum GJVollz (2004), S.74.

[32] Schlußbericht der Jugendstrafvollzugskommission (1980), S.16.

[33] Begründung zum GJVollz (2004), S.74.

[34] Kritisch auch die Stellungnahme des Deutschen Richterbundes, zu § 40.

[35] Vgl. auch die Vorschläge in der Stellungnahme der DVJJ zum GJVollz (2004), S.314, 317 f.

nahme vom Überbelegungsverbot i.S. des § 146 Abs.2 StVollzG rechtfertigt.[36] Dabei könnten auch koedukative Elemente eine Rolle spielen.[37]
Die baulichen Vorgaben in § 40 Abs.2 GJVollz bleiben insgesamt zu vage. So wird von Seiten der Wissenschaft schon seit langem eine Abkehr vom Prinzip der Zentralanstalten gefordert.[38] Kleine dezentralisierte Einheiten eignen sich besser für die notwendige Öffnung des Vollzuges und können zudem die Akzeptanz bei der Bevölkerung steigern.[39] Anstatt pauschal auf Normen des StVollzG zu verweisen, wie dies durch § 40 Abs.4 des Entwurfs geschieht, sollte der Inhalt der in Bezug genommenen Vorschriften besser direkt im Gesetz festgeschrieben werden. Dies gilt gerade für Vorschriften über Größe und Ausgestaltung der Räume[40] sowie das generelle Überbelegungsverbot[41]. Diese sind für den Vollzug insgesamt zu wichtig, als dass ein bloßer Verweis auf das Erwachsenenrecht ausreichend wäre. Unverständlich ist, weshalb der Entwurf in § 40 Abs.6 die konkrete Ausgestaltung der Schulabteilung, insbesondere die Ausstattung mit eigenen hauptamtlichen Lehrkräften, nicht explizit regelt. Dies ist schon deshalb so verwunderlich, weil in der Entwurfsbegründung[42] viele gute Gründe für die besondere Bedeutung der Schulabteilungen im Jugendstrafvollzug genannt werden.
Zusammenfassend bleibt daher bei dieser Vorschrift noch viel Verbesserungspotenzial.

B. § 41 Vollzugsbedienstete

I. Allgemeines

§ 41 des Entwurfs regelt die im Zusammenhang mit den Bediensteten im Jugendstrafvollzug auftretenden Rechtsfragen. Das Alter der Gefangenen sowie ihre spezifischen Probleme stellen an die pädagogischen und sozialen Fähigkeiten des Personals in den Jugendstrafanstalten besonders hohe Anforderungen.[43] Deshalb legt die Vorschrift auch besondere Kriterien für die Auswahl des Personals, deren Aus- und Fortbildung, die Zuweisung zu den Arbeitsbereichen und

---

[36] Vgl. dazu OLG Celle, ZfStrVo 1999, S.57.
[37] Stellungnahme der DVJJ zum GJVollz (2004), S.314, 317; für Koedukation auch Kreideweiß (1993), S.79 ff. m.w.N. sowie ausführlicher Begründung; s. auch Ostendorf (2003), §§ 91-92, Rn.4.
[38] Ostendorf (2003), §§ 91-92, Rn.5; Eisenberg (2006), § 92, Rn.5.
[39] Ostendorf (2003), §§ 91-92, Rn.5.
[40] Für eine konkrete Regelung zumindest hinsichtlich der Bodenfläche der Hafträume spricht sich die Stellungnahme des Deutschen Richterbundes, zu § 40, aus.
[41] Hierfür auch die DVJJ, Eckpunktepapier (2004), S.209, 213.
[42] Vgl. Begründung zum GJVollz (2004), S.74.
[43] Begründung zum GJVollz (2004), S.74.

die Organisation des Dienstes im Jugendvollzug fest.[44] Bezweckt wird damit insgesamt eine Qualitätssicherung im Bereich des Personalmanagements.[45]

II. Bisherige Rechtslage und Alternativentwürfe

Bislang galt für die Vollzugsbediensteten im Jugendstrafvollzug § 91 Abs.4 JGG. Danach mussten die Beamten *„...für die Erziehungsaufgabe des Vollzugs geeignet und ausgebildet sein."* Weiterhin statuierte Nr.102 VVJug, dass die Aufgaben der Jugendstrafanstalten grundsätzlich nur von Vollzugsbeamten ausgeführt und nur *„aus besonderen Gründen"* von anderen Bediensteten oder nebenamtlich oder vertraglich verpflichteten Personen übernommen werden durften.
Diesem Grundkonzept schlossen sich auch sämtliche Alternativentwürfe aus Wissenschaft und Praxis an.[46] Auch sie erneuerten die Forderung nach Eignung und Ausbildung der Beamten für die Erziehungsaufgabe des Vollzuges.[47] Betont wurde in einigen Entwürfen auch die Wichtigkeit regelmäßiger Fort- und Weiterbildung.[48] Im Schrifttum wurde seit langem die Wichtigkeit detaillierter Mindestvorgaben hinsichtlich Quantität und Qualität des Vollzugspersonals hervorgehoben.[49]

III. Inhalt der Vorschrift

Die Erreichung des in § 2 GJVollz niedergelegten Vollzugszieles setzt voraus, dass die Jugendstrafanstalten in ausreichendem Umfang mit Personal ausgestattet sind, denn diese haben im Vollzugsalltag mit den Gefangenen zu arbeiten. Dementsprechend ordnet § 41 Abs. 1 GJVollz eine Ausstattung der Anstalten mit dem erforderlichen Personal an, wobei die Bemessung nach anerkannten Kriterien stattzufinden habe. Die Zahl der Fachkräfte ist so zu bemessen, dass auch eine nachgehende Betreuung gewährleistet ist, § 41 Abs.1 S.2 GJVollz. Eine abschließende Aufzählung von Berufsgruppen sowie die Festschreibung konkreter Zahlen vermeidet der Entwurf dabei bewusst. Beides hänge von der Ausgestaltung der Vollzugskonzeption ab und sei nach dem Schwerpunkt der fachlichen Arbeit unterschiedlich zu bemessen.[50]
§ 41 Abs. 2 GJVollz übernimmt die bereits in Nr.102 VVJug niedergelegten und in sämtlichen Alternativentwürfen (s.o.) aufgegriffenen Grundsätze, dass der Vollzug der Jugendstrafe als *„...eine mit derart massiven Grundrechtseinschränkungen verbundene, genuin hoheitliche Maßnahme..."*[51] grundsätzlich

[44] Begründung zum GJVollz (2004), S.75.
[45] Begründung zum GJVollz (2004), S.75.
[46] Vgl. § 125 Abs.1 E 1984; § 125 Abs.1 E 1985; § 105 Abs.1 E 1988; § 137 Abs.1 E 1991; § 114 Abs.1 E 1993.
[47] Vgl. § 125 Abs.3 E 1984; § 125 Abs.3 S.1 E 1985; § 105 Abs.3 E 1988; § 137 Abs.3 S.1 E 1991, § 114 Abs.3 E 1993.
[48] Vgl. § 125 Abs.3 S.2 E 1985; § 105 Abs.4 E 1988; § 137 Abs.3 S.2 E 1991; § 114 Abs.4 E 1993.
[49] Schüler-Springorum, in: Würtenberger-FS (1977), S.425, 443.
[50] Begründung zum GJVollz (2004), S.75.
[51] Begründung zum GJVollz (2004), S.75.

nur von staatlichen Organen, d.h. von Beamten wahrgenommen werden darf, und hiervon nur aus besonderen Gründen abgewichen werden darf.[52]
Die Arbeit mit Gefangenen im Jugendstrafvollzug stellt, wie erwähnt, besondere erzieherische und pädagogische Anforderungen an die Vollzugsbediensteten. Daher will § 41 Abs.3 GJVollz nur diejenigen mit der Förderung der Gefangenen betrauen, die eine zusätzliche pädagogische Ausbildung von mindestens sechs Monaten Dauer für die Arbeit mit Kindern und Jugendlichen absolviert haben. Die Dauer dieser Zusatzausbildung, die sowohl intern als auch extern durchgeführt werden soll, stellt nach Meinung der Entwurfsbegründung angesichts des Umfangs der Verantwortung der Bediensteten schon die *„untere Grenze der fachlichen Qualifikation“*[53] dar. Für den Übergang soll allerdings auch die mindestens zweijährige praktische Berufserfahrung im Jugendstrafvollzug als Nachweis der Qualifikation ausreichen.[54] Mit jungen weiblichen Gefangenen sollen in Zukunft nur noch diejenigen Bediensteten arbeiten dürfen, die hierfür nachweislich besonders geeignet sind. Grund hierfür sind die besonderen Problemstellungen und Bedürfnisse junger Frauen im Jugendstrafvollzug.[55]
§ 41 Abs.4 GJVollz will sich die positiven Auswirkungen kontinuierlicher Betreuung zunutze machen. Nur diese mache den Aufbau von Vertrauensverhältnissen, das Abstecken klarer Grenzen und das Herstellen einer gewissen Verlässlichkeit möglich.[56] Zudem verbessere die Arbeit als festes Team die Kommunikation untereinander und fördere den Informationsaustausch.[57] Deshalb setzt die Entwurfsvorschrift auf eine feste Zuordnung der Vollzugsbediensteten zu einzelnen Wohngruppen, der Schulabteilung und den Arbeits- und Ausbildungsstätten. Damit wird unter anderem auch eine in den Mindestgrundsätzen der Vereinten Nationen für die Behandlung jugendlicher Inhaftierter erhobene Forderung nach Kontinuität in der Anstellung der sog. Fachdienste in der Anstalt (sogar über-) erfüllt.[58]
§ 41 Abs. 5 GJVollz schreibt schließlich regelmäßige Fortbildungen sowie Praxisberatung und -begleitung für die Bediensteten fest und schließt sich damit den Forderungen der oben zitierten Alternativentwürfe zur gesetzlichen Regelung des Jugendstrafvollzuges an. Der Entwurf sieht insofern sogar eine Fürsorgepflicht des Dienstherrn, seine Mitarbeiterinnen und Mitarbeiter in dem auch gesellschaftlich schwierigen Bereich des Jugendstrafvollzuges nicht alleine zu lassen, sondern die Kontinuität und Wirksamkeit der gemeinsamen Arbeit durch regelmäßige Fortbildungen sicherzustellen.[59]

[52] Tondorf (2006), Fn.135 sieht in § 41 Abs.2 S.2 GJVollz ein Einfallstor für eine Privatisierung des Vollzugspersonal und plädiert aus diesem Grund für die Streichung dieses Satzes.
[53] Begründung zum GJVollz (2004), S.75.
[54] Vgl. Begründung zum GJVollz (2004), S.76.
[55] Begründung zum GJVollz (2004), S.76.
[56] Begründung zum GJVollz (2004), S.76; für Kontinuität beim Vollzugspersonal auch der Schlussbericht der Jugendstrafvollzugskommission (1980), S.12.
[57] Begründung zum GJVollz (2004), S.76.
[58] Vgl. Dünkel, in: Böhm-FS (1999), S.99, 111.
[59] Vgl. Begründung zum GJVollz (2004), S.76; zur Problematik, dass die durch Fortbildungen entstehenden Personallücken wieder gefüllt werden müssen vgl. Kreideweiß (1993), S.267.

IV. Ergebnis und Verbesserungsvorschläge zu § 41 GJVollz

„Gerade die Qualifikation des Aufsichtspersonals ist entscheidend, da im tagtäglichen Umgang regelmäßig mehr Einfluss ausgeübt wird als in vereinzelten Therapiemaßnahmen. Der Vollzugsbeamte ist die Bezugsperson für den Gefangenen, aber auch emotionaler „Blitzableiter". "[60] Dies belegt deutlich die Wichtigkeit, für eine gute Qualifikation sowie Aus- und Weiterbildung des Vollzugspersonals zu sorgen. Darauf, dass die Realität allerdings schon bislang vielerorts hinter den bislang gültigen Vorgaben des § 91 Abs.4 JGG zurückbleibt, hat erst jüngst die DVJJ hingewiesen.[61] Insoweit ist die Entwurfsvorschrift durchaus gelungen, da sie insofern verbindliche Standards schaffen will. Besonders positiv ist die verpflichtende pädagogische Zusatzausbildung zu sehen.[62] Allerdings ist der DVJJ zuzustimmen, die in ihrer Stellungnahme zum GJVollz zu Recht kritisch anmerkt, die Bezugnahme auf die Vollzugsbediensteten, die *„mit der Förderung der Gefangenen"* betraut sind, könne sich als missverständlich erweisen.[63] Diese Formulierung ist richtigerweise so zu verstehen, dass damit all diejenigen Bediensteten gemeint sind, die unmittelbar mit den Gefangenen arbeiten.[64] Nur diese Auslegung wird dem umfassenden neuen Begriff der Förderung und der Sichtweise des Gesetzgebers gerecht, nach der sämtliche Arbeiten mit jungen Gefangenen besondere Anforderungen an die Vollzugsbediensteten im Jugendstrafvollzug stellen.[65]

Auch die feste Zuteilung der Bediensteten zu den einzelnen Vollzugseinheiten und die Pflicht, für ihre ständige Fort- und Weiterbildung zu sorgen, sind positiv zu sehen. Problematisch ist, ob – wie vereinzelt gefordert – feste Mindestzahlen hinsichtlich des Verhältnisses von mit der Förderung von Gefangenen betrauten Vollzugsbeamten zu Gefangenen im Gesetz festgeschrieben werden sollten.[66] Einerseits ist es so, dass im Jugendstrafvollzug ein erheblicher Personalmangel herrscht, wenngleich die Situation im Vergleich zum Erwachsenenstrafvollzug noch vergleichsweise günstig ist.[67] Andererseits erfordert ein auf bestmögliche Förderung der jungen Gefangenen ausgerichteter Jugendstrafvollzug auch eine entsprechend tragfähige Personalstruktur.

Letztlich lässt sich jedoch per Gesetz nicht ein wünschenswertes Optimum hinsichtlich der Personalsituation definieren und festschreiben, da insoweit ein unauflösbarer Konflikt zwischen Normierung und Individualgestaltung zu Tage tritt.[68] Letztlich hängt es von den individuellen Fähigkeiten der Bediensteten, der Vollzugsform, den Gefangenen und von vielen weiteren Faktoren ab, wie viel Personal im konkreten Einzelfall benötigt wird. Dennoch sollten die Länder bei der gesetzlichen Regelung des Jugendstrafvollzuges trotz der finanziellen Situa-

---

[60] Ostendorf (2003), §§ 91-92, Rn.9.

[61] DVJJ, Eckpunktepapier (2004), S.209, 213.

[62] Ebenfalls zustimmend die Stellungnahme der DVJJ zum GJVollz (2004), S. 314, 321 sowie die Stellungnahme des Deutschen Richterbundes, zu § 41.

[63] Stellungnahme der DVJJ zum GJVollz (2004), S. 314, 321.

[64] Ebenso die Stellungnahme der DVJJ zum GJVollz (2004), S. 314, 321.

[65] Begründung zum GJVollz (2004), S.75.

[66] Vgl. Stellungnahme des Deutschen Richterbundes, zu § 41.

[67] Eisenberg (2006), § 91, Rn.38; Dünkel, Gutachten für das BVerfG (2006), S.11 m.w.N.; Ostendorf (2003), §§ 91-92, Rn.9 m.w.N.

[68] Kreideweiß (1993), S.267.

tion einer großzügigen Personalausstattung den Vorzug geben.[69] Im Rahmen einer gesetzlichen Regelung des Jugendstrafvollzuges ist zudem der Vorschlag bedenkenswert, die Bediensteten im Jugendstrafvollzug von den Bekleidungsvorschriften freizustellen.[70] Dies könnte zu einer weiteren Entspannung der Anstaltsatmosphäre nachhaltig beitragen. Insgesamt ist § 41 des Entwurfs allerdings gelungen.[71]

C. § 42 Innerer Aufbau der Jugendstrafanstalten, Aufsicht über die Jugendstrafanstalten

I. Bisherige Rechtslage und Alternativentwürfe

Für den Anstaltsleiter im Jugendstrafvollzug war bislang Nr.103 VVJug maßgeblich. Den Bereich der seelsorgerischen und ärztlichen Betreuung regelten Nr.104 VVJug, § 91 Abs.2 S.3 JGG sowie Nr.105 VVJug. Für den Bereich der Aufsicht über die Jugendstrafanstalten sowie die Zusammenarbeit über die Grenzen der Anstalt hinaus enthielten die Nrn.97 bis 101 VVJug entsprechende Regelungen. Die bislang vorgelegten Alternativentwürfe wollten die genannten Bereiche weitgehend einheitlich regeln.[72]

II. Inhalt der Vorschrift

Die Vorschrift hat hauptsächlich administrative Bedeutung und regelt unter anderem den inneren Aufbau der Jugendstrafanstalten, die Qualitätssicherung im Vollzug sowie die Aufsicht über die Anstalten.

§ 42 Abs.1 des Entwurfs befasst sich mit der Anstaltsleitung und stellt in Satz 1 und 2 klar, dass diese die Jugendstrafanstalt nach außen vertritt sowie grundsätzlich die Verantwortung für den gesamten Vollzug trägt, sofern nicht bestimmte Aufgabenbereicht auf andere Vollzugsbedienstete oder ihrer gemeinsamen Verantwortung übertragen sind.

§ 42 Abs.1 S.3 GJVollz ordnet die entsprechende Geltung des § 156 Abs.1 und 3 StVollzG an. Damit orientiert sich Absatz 1 der Entwurfsvorschrift sachlich an § 156 Abs.2 StVollzG mit der Abweichung, dass der Begriff des Anstaltsleiters durch den Begriff der Anstaltsleitung ersetzt wurde. Insgesamt soll die Vorschrift damit der Klarstellung dienen, dass die Anstaltsleitung die Verantwor-

[69] Ebenso Kreideweiß (1993), S.267.

[70] Stellungnahme des Deutschen Richterbundes, zu § 41; vgl. Kreideweiß (1993), S.268; Eisenberg (2006), § 91, Rn.27; so auch schon der Schlußbericht der Jugendstrafvollzugskommission (1980), S.12.

[71] Die Stellungnahme der BAG, S.4, fordert in diesem Zusammenhang spezielle Vorschriften, um die die Qualifizierung und Fortbildung ehrenamtlich Tätiger sicherzustellen.

[72] Vgl. Kreideweiß (1993), S.270 ff. m.w.N.

tung für den Vollzug insgesamt trägt, auch wenn sie einzelne Bereiche delegieren kann.[73]
§ 42 Abs. 2 GJVollz ordnet die Verpflichtung der Vollzugsbehörden an, beständig die Qualität des Vollzuges zu sichern. Damit wird die innerhalb der öffentlichen Verwaltung auch an den Jugendstrafvollzug gerichtete Forderung nach Qualitätssicherung gesetzlich umgesetzt.[74] Namentlich neu einzuführende Behandlungsprogramme sollen damit einer Qualitätskontrolle unterworfen werden, um so sicherzustellen, dass nur seriöse, von der Wissenschaft anerkannte bzw. jedenfalls begleitete Methoden im Jugendstrafvollzug zur Anwendung kommen, die ihrerseits auf den jeweils neuesten Erkenntnissen der Forschung basieren.[75] Allerdings meint Qualitätssicherung im Sinne des § 42 Abs.2 GJVollz nicht die Evaluation jeder Behandlungsmaßnahme im Jugendstrafvollzug, sondern will nur die Programme bzw. Behandlungsmethoden erfassen, die in ihren Auswirkungen so gravierend sind, dass sie der Begleitung durch wissenschaftliche Forschung bedürfen bzw. zugänglich sind.[76]
Ausdrücklich nennt die Entwurfsbegründung neuartige Therapieformen für besondere Tätergruppen sowie Anti-Aggressionstraining und modulare Schul- und Berufsausbildung.[77] Für die Durchführung der wissenschaftlichen Begleitforschung bietet sich in diesem Zusammenhang die Nutzung der in § 39 des Entwurfs vorgesehenen Forschungsstellen an.[78]
§ 42 Abs.3 GJVollz verweist auf eine Reihe von Vorschriften aus dem StVollzG. Es sind dies folgende Vorschriften: § 151 (Aufsichtsbehörden), § 152 (Vollstreckungsplan), § 153 (Zuständigkeit für Verlegungen), § 154 Abs.1 (Zusammenarbeit, wobei diese im Übrigen in § 7 GJVollz gesetzlich geregelt werden soll), § 157 (Seelsorge), § 158 (Ärztliche Versorgung), § 159 (Konferenzen) sowie § 161 Abs.1 und 2 StVollzG (Hausordnung, wobei hier § 8 Abs.2 S.3 GJVollz den § 161 Abs.3 StVollzG ersetzt[79]).

III. Ergebnis zu § 42 GJVollz

§ 42 Abs. 1 GJVollz ist zumindest missverständlich. Denn die Verwendung des geschlechtsneutralen Begriffs der Anstaltsleitung und der fehlende Verweis auf § 156 Abs.2 StVollzG legen nahe, dass im Gegensatz zur im Erwachsenenstrafvollzug getroffenen Regelung in den Fällen, in denen die Anstaltsleitung aus mehreren Personen besteht, ein Gremium – fraglich ist, ob gemeinsam oder jeder für sich – die Anstalt nach außen vertritt. Wer nun letztlich die Verantwortung *„für den gesamten Vollzug"* im Sinne des § 42 Abs.1 S.2 1.Hs. GJVollz trägt, bleibt trotz der ebenfalls erwähnten Möglichkeit der Verantwortungsdele-

---

[73] Begründung zum GJVollz (2004), S.77.
[74] Begründung zum GJVollz (2004), S.77.
[75] Begründung zum GJVollz (2004), S.77.
[76] Begründung zum GJVollz (2004), S.77.
[77] Begründung zum GJVollz (2004), S.77; auf die Vielzahl neuartiger Behandlungsprogramme soll hier nicht vertieft eingegangen werden, vgl. zu den einzelnen Therapieformen im Jugendstrafvollzug Schaffstein/Beulke (2002), S.303 m.w.N. insb. in Fn.52 und 53; aktuell zu Anti-Gewalt-Trainingsprogrammen im Jugendstrafvollzug *Bosold/Prasse/Lauterbach*, ZJJ 2006, S.27 ff. m.w.N.
[78] Begründung zum GJVollz (2004), S.77.
[79] Begründung zum GJVollz (2004), S.77.

gation unklar.[80] Insofern wird dem aus dem Bereich hierarchischer Ordnungen bekannten Grundsatz, dass Verantwortung grundsätzlich unteilbar ist, nicht hinreichend Rechnung getragen.
Im Übrigen ist die Vorschrift sachgerecht.[81] Insbesondere die ausdrückliche Festschreibung der Qualitätssicherung innerhalb des Jugendstrafvollzuges in § 42 Abs. 2 des Entwurfes ist zu begrüßen. Bei den vor allem administrativen Vorschriften aus dem StVollzG, auf die § 42 Abs.3 GJVollz Bezug nimmt, ergeben sich keine jugendtypischen Besonderheiten, so dass sich gegen die pauschale Verweisung auf sie keine Bedenken ergeben.

D. § 43 Einschränkung von Grundrechten

Die Vorschrift entspricht wörtlich § 196 StVollzG und will das Zitiergebot des Art.19 Abs.1 S.2 GG für den Jugendstrafvollzug umsetzen.[82] Dies ist erforderlich und sachgerecht.[83]

[80] J. Walter, ZfJ 2004, S.397, 404.
[81] So auch die Stellungnahme des Deutschen Richterbundes, zu § 42.
[82] Begründung zum GJVollz (2004), S. 77; vgl. zum Zitiergebot Pieroth/Schlink (2005), Rn.310 f. m.w.N.
[83] Ebenso die Stellungnahme des Deutschen Richterbundes, zu § 43.

Kapitel 6: Die Föderalismusreform und ihre Auswirkungen auf den Jugendstrafvollzug

A. Einführung in die Thematik

Am 1. September 2006 trat das Gesetz zur Änderung des Grundgesetzes (Art.22, 23, 33, 52, 72, 73, 74, 74a, 75, 84, 85, 87c, 91a, 91b, 93, 98, 104a, 104b, 105, 107, 109, 125a, 125b, 125c, 143c) vom 28. August 2006[1] in Kraft. Damit verbunden ist die größte Neuordnung der grundgesetzlichen Zuständigkeitsverteilung seit Bestehen der Bundesrepublik Deutschland.
Diese sog. Föderalismusreform hat auch erhebliche Auswirkungen auf den Strafvollzug in Deutschland. Denn durch Art.1 Nr.7 a) aa) dieses Gesetzes wurden aus Art.74 Abs.1 GG die Worte *„und den Strafvollzug"* gestrichen. Der Strafvollzug ist damit in Zukunft kein Gegenstand der konkurrierenden Gesetzgebung mehr, sondern fällt in Zukunft unter die Zuständigkeit der Länder. Damit sind für die Zukunft auch die Länder aufgerufen, dem Auftrag des Bundesverfassungsgerichts nachzukommen und bis Ende des Jahres 2007 den Jugendstrafvollzug auf eine gesetzliche Grundlage zu stellen.[2]

B. Argumente gegen die Übertragung der Gesetzgebungskompetenz zur Regelung des Strafvollzuges auf die Länder

Die Zahl der Kritiker an der Übertragung der Gesetzgebungskompetenz zur Regelung des Strafvollzugs auf die Länder war groß.[3] In *„seltener Einmütigkeit"*[4] geißelten Kriminal- und Strafvollzugsrechtler[5], der Deutsche Richterbund und der Deutsche Anwaltsverein, Praktikerverbände, Anstaltsleiter, Kirchen und Parlamentarier aller Couleur[6] dieses Vorhaben der sog. Föderalismuskommission.
Die erhobenen Kritikpunkte gegen eine Übertragung der Gesetzgebungskompetenz zur Regelung des Strafvollzuges auf die Länder beziehen sich allerdings nahezu ausschließlich auf den Erwachsenenstrafvollzug. Sie gelten allerdings gleichermaßen – wenn nicht sogar in erhöhtem Maße – für den Jugendstrafvollzug.

- Die Übertragung der Gesetzgebungskompetenz eröffnet jedem Land die Möglichkeit, seinen Strafvollzug quasi nach Kassenlage zu betreiben. Es

---

[1] BGBl. I, Nr.41.
[2] Vgl. dazu oben Kap.4, C.II.1.
[3] Vgl. aus der aktuellen Literatur nur Lütkes, NK 2006, S.2; Kubicki, NK 2006, S.5; Dünkel/Schüler-Springorum, ZfStrVo 2006, S.145 ff.; Koop, ZfStrVo 2006, S.3; Cornel, NK 2005, S.135; Rehn, NK 2005, S.3; Dünkel, NK 2005, S.5; Frommel, NK 2005, S.7; vgl. auch die Stellungnahme des DHB zur Föderalismusreform (2006), S.1; kritisch jüngst auch Köhne, ZRP 2007, S.109, 113.
[4] Kreuzer, ZfStrVo 2006, S.136, 138.
[5] Vgl. nur die Liste der Unterzeichner der Initiative „Gesetzgebungskompetenz für den Strafvollzug muss beim Bund bleiben", abgedruckt in NK 2005, S.3.
[6] Cornel, NK 2005, S.135; vgl. auch Frommel, NK 2005, S.7.

steht zu befürchten, dass mangels politischer und öffentlicher Unterstützung die ausreichende finanzielle Ausstattung des Strafvollzugs, die auch das Bundesverfassungsgericht angemahnt hatte[7] – nicht gewährleistet ist.[8]

- Bestrebungen, dem Sicherheitsgedanken im Strafvollzug den Vorrang vor der Resozialisierung einzuräumen[9], könnten wieder Vorrang gewinnen[10] – eine Befürchtung, die die ersten Gesetzesentwürfe der Länder zum Erwachsenen- und zum Jugendstrafvollzug bereits belegen.[11]

- Es ist zu befürchten, dass es zu einer Rechtszersplitterung dahingehend kommt, dass zukünftig in 16 verschiedenen Bundesländern nach 16 verschiedenen Gesetzen ein 16-fach unterschiedlicher Strafvollzug betrieben wird.[12] Damit hängen die gesamte Vollzugsgestaltung und somit auch die Chancen für eine Resozialisierung noch mehr als bisher[13] letztlich vom Zufall ab. Die Bandbreite der denkbaren praktischen Ausgestaltungen des Vollzuges reichen dann von einem offenen Resozialisierungsvollzug bis hin zu einem restriktiven Verwahrvollzug.[14]

- Die Verlagerung der Gesetzgebungskompetenz auf die Länder löst auch die bislang bestehenden konzeptionellen Zusammenhänge von materiellem Verfahrens- und Vollzugsrecht im StGB, der StPO und im Strafvollzugsrecht auf, wodurch die Gefahr von Systembrüchen steigt.[15]

- Die jeweiligen Ziele und Standards, das Ausstattungsniveau und die Sicherheit des Strafvollzuges werden in Zukunft den wechselnden Mehrheiten in den Landtagen der Länder überlassen sein. Zusätzlich steht zu befürchten, dass Wahlkämpfe oder spektakuläre Einzelfälle vollzugspolitische Entscheidungen überlagern. Auch rein taktisch bestimmte vollzugspolitische Entscheidungen (Stichwort: *„Der sicherste Strafvollzug"*) wären nicht auszuschließen.[16]

---

[7] BVerfG, 2 BvR 1673/04 vom 31.5.2006, Abs.61.
[8] Lütkes, NK 2006, S.2; Kubicki, NK 2006, S.5; Cornel, NK 2005, S.2.
[9] Vgl. BR-Drucks. 270/88; BT-Drucks. 11/3694; Kreuzer, ZfStrVo 2006, S.136, 144
[10] Lütkes, NK 2006, S.2.
[11] Vgl. § 2 E BW 2006 bzw. § 2 S.1 E BW 2007 (Kriminalpädagogische Aufgabe), der systematisch den Schutz der Allgemeinheit vor dem „Erziehungsziel" in § 3 E BW 2006 bzw. dem „Erziehungsauftrag" in § 21 E BW 207 einordnet; vgl. auch Art.2 S.1 EBayStVollzG, der lapidar feststellt: *„Der Vollzug der Freiheitsstrafe dient dem Schutz der Allgemeinheit vor weiteren Straftaten"* sowie Art.119 S.1 EBayStVollzG, wo es heißt: *„Der Vollzug der Jugendstrafe dient dem Schutz der Allgemeinheit vor weiteren Straftaten."*; vgl. schon Dünkel, NK 2003, S.8 f.; zur Diskussion über das Vollzugsziel als Teil einer Gegenreform im Strafvollzug Rehn (2004a), S.523, 526 f. m.w.N.
[12] Kreuzer, ZfStrVo 2006, S.136, 138; Köhne, ZRP 2006, S.195, 196.
[13] Vgl. Dünkel, NK 2005, S.5, der am Beispiel des offenen Vollzuges eindrucksvoll die unterschiedliche Vollzugspraxis der einzelnen Bundesländer darstellt.
[14] Vgl. Kubicki, NK 2006, S.5; Cornel, NK 2005, S.2.
[15] Kubicki, NK 2006, S.5; Kreuzer, ZfStrVo 2006, S.136, 138.
[16] Cornel, NK 2005, S.2; vgl. auch Frommel, NK 2005, S.7.

- Die Verlagerung der Gesetzgebungskompetenz wird zu einem *„Arbeitsbeschaffungsprogramm“*[17] für Verwaltung, Gerichte, Anwaltschaft und Wissenschaft führen. Nicht zuletzt müssten aufgrund der zu erwartenden unterschiedlichen Ausgestaltungen der Ländergesetze viele bislang als geklärt zu betrachtende Problemkreise von Praxis und Wissenschaft erneut geklärt werden.[18]

- Nicht zuletzt widerspricht die Übertragung der Kompetenz zur Regelung des Strafvollzuges dem Koalitionsvertrag der großen Koalition, wonach ein Jugendstraf- und ein Untersuchungshaftvollzugsgesetz geschaffen werden sollten. Beide[19] Vorhaben sind nun hinfällig.

- Ausgestaltung und Wirkung von Strafen, die in anderen Ländern zu vollstrecken sind, wären für die erkennenden Gerichte kaum mehr nachvollziehbar. Es ist damit zu rechnen, dass die Festlegung des für den Strafvollzug zuständigen Landes zukünftig in nicht unerheblichem Maße in Verhandlungsabsprachen mit einfließen wird. Auch ist mit einer zunehmenden Anzahl an Anträgen zu rechnen, in Länder mit jeweils „günstigeren“ Haftbedingungen verlegt zu werden.[20] Die Bildung von Vollzugsgemeinschaften zwischen einzelnen Bundesländern für bestimmte Gefangenengruppen wird durch unterschiedliche Ländergesetze zum Strafvollzug zusätzlich erschwert.[21]

- Das Strafvollzugsrecht betrifft einen Kernbereich staatlicher Tätigkeit, im Rahmen derer äußerst intensive Eingriffe in die Grundrechte verurteilter Bürger stattfinden. Daher muss der die Verfassung prägende Grundsatz, dass in den einzelnen Ländern möglichst einheitliche Lebensverhältnisse herzustellen sind bzw. die Rechtseinheit zu wahren ist (vgl. Art.72 Abs.2 GG) , im Bereich des Strafvollzuges in besonderer Weise Beachtung finden.[22] Man muss sich in diesem Zusammenhang auch die Frage stellen, ob es richtig sein kann, dass ein Strafurteil, das aufgrund des StGB, also aufgrund Bundesrechts, ergangen ist, wegen der unterschiedlichen Ausgestaltung des Vollzugs in den unterschiedlichen Ländern letztlich ein jeweils unterschiedliches Strafübel für den individuell betroffenen Verurteilten darstellt.[23]

---

[17] Kreuzer, ZfStrVo 2006, S.136, 138.

[18] Kreuzer, ZfStrVo 2006, S.136, 138; einen Vorgeschmack liefern hierzu schon die unterschiedlichen Ausgestaltungen des Verhältnisses von Vollzugsziel und Sicherheitsaufgabe, vgl. oben Fn.11.

[19] Da auch die gesetzliche Regelung des Untersuchungshaftvollzuges nun Ländersache ist, vgl. Art.1 Nr.7 a) aa) des Gesetzes zur Änderung des Grundgesetzes vom 28. August 2006.

[20] Kreuzer, ZfStrVo 2006, S.136, 138.

[21] Koop, ZfStrVo 2006, S.3; vgl. auch Köhne, ZRP 2006, S.195, 196.

[22] Dünkel, NK 2005, S.5; Cornel, NK 2005, S.2; Dünkel/Schüler-Springorum, ZfStrVo 2006, S.144, 145.

[23] Vgl. dazu das von Koop, ZfStrVo 2006, S.3 gebildete Beispiel, wonach ein Hesse und ein Schleswig-Holsteiner in Berlin wegen einer dort begangenen Straftat zu einer Freiheitsstrafe verurteilt werden und diese anschließend in ihren jeweiligen Heimatbundesländern unter unterschiedlichen gesetzlichen Voraussetzungen verbüßen.

- Schon die Rechtslage im Maßregelvollzug, wo schon bisher die Länder für die gesetzliche Regelung zuständig waren, zeigt, dass hierbei vergleichbare Sachverhalte äußerst uneinheitlich geregelt werden und die gesetzlichen Regelungen zudem sehr lückenhaft sind.[24]

C. Stellungnahme und Ergebnis

Angesichts der dargestellten überzeugenden Argumente kann die Übertragung der Gesetzgebungskompetenz zur Regelung des Strafvollzuges auf die Länder nur abgelehnt werden. Zwar war es bislang so, dass durch die Durchführung des (Jugend-) Strafvollzuges als Ländersache bei gleichzeitiger Gesetzgebungskompetenz des Bundes, Länderinteressen durch gesetzgeberische Aktivitäten auf Bundesebene tatsächlich massiv berührt wurden, was nicht zuletzt einer der Gründe für das regelmäßige Scheitern der Initiativen zur gesetzlichen Regelung des Jugendstrafvollzugs war.[25]
Die Übertragung der Gesetzgebungskompetenz zur Regelung des Strafvollzuges auf die Länder als Lösung dieser Problematik kann dennoch nur als *„Irrweg"*[26] bezeichnet werden, dessen erste Auswirkungen im Jugendstrafvollzug bereits jetzt sichtbar sind, und zwar an den Gesetzesentwürfen der Bundesländer Bayern und Baden-Württemberg. Auch wenn diese teilweise nahezu wortgleich sind, so ist insgesamt – soviel sei hier schon gesagt, ohne den Ausführungen in Kapitel 7 und 8 vorgreifen zu wollen – die befürchtete Rechtszersplitterung bereits deutlich sichtbar. Auch die Praxis in Jugend- und Erwachsenenstrafvollzug bestätigt dies. So zeigen Untersuchungen zur Gewährung von Vollzugslockerungen, Urlaub und zur Unterbringung im offenen Vollzug deutlich, wie sehr sich die regionalen Gräben zwischen den einzelnen Bundesländern im Bereich des Strafvollzuges bereits unter Geltung des bundeseinheitlich gültigen StVollzG und der bundeseinheitlichen VVStvollzG vertieft haben.[27] Wie sich Jugend- aber auch Erwachsenenstrafvollzug in Zukunft entwickeln werden, wenn die unterschiedlichen Arten des Vollzugs in den einzelnen Ländern sogar gesetzlich abgesichert sind, vermag bislang niemand zu sagen. Die Prognose ist jedoch pessimistisch.[28]
Von Seiten der Politik wurde die Übertragung der Gesetzgebungskompetenz zur Regelung des Strafvollzugs als *„Bauernopfer"*[29] bezeichnet. Diese Titulierung des Strafvollzugs drückt wohl wie kaum eine zweite auf den Punkt genau die Bedeutung aus, die dem Strafvollzug in großen Teilen der Bevölkerung heutzutage beigemessen wird. Wie bedenklich diese Sichtweise ist, bedarf angesichts der Tatsache, dass der Strafvollzug einer der intensivsten und organisiertesten Eingriffe des Staates in Freiheitsrechte des Bürgers darstellt, keiner weiteren Erörterung.

---

[24] Tessenow (2002), S.63 ff., 101 ff.
[25] Koop, ZfStrVo 2006, S.3; vgl. auch die Begründung zum GJVollz (2004), S.2.
[26] Koop, ZfStrVo 2006, S.3.
[27] Vgl. Dünkel/Schüler-Springorum, ZfStrVo 2006, S.144, 145, 149.
[28] Skeptisch auch Köhne, ZRP 2006, S.195, 196.
[29] So das Mitglied des Bundestages *Siegfried Kauder* (CDU), zit. nach Cornel, NK 2005, S.135.

In diesem Zusammenhang sei darauf hingewiesen, dass das bundesdeutsche Strafvollzugsrecht mit der Föderalismusreform sogar hinter den Punkt zurückgeworfen wird, der vor beinahe achtzig Jahren deutscher „common sense" war. Die Begründung zum amtlichen Entwurf eines Strafvollzugsgesetzes vom 13.Januar 1927 formulierte damals nämlich wie folgt: *„Die Forderung reichsgesetzlicher Regelungen des Strafvollzuges ist so alt wie das Strafgesetzbuch selbst. Bereits in den Motiven zum Entwurf eines Strafgesetzbuches für den norddeutschen Bund wird ausgesprochen, dass das Gefängniswesen einheitlich gestaltet sein müsse, weil nur dann Rechtseinheit wirklich erreicht werde, wenn die nach einem und demselben Strafgesetz erkannten Strafen überall im Bundesgebiet unter denselben Bedingungen und Formen zur Vollstreckung gelangen."*[30]

Auch die Begründung zum GJVollz weist deutlich darauf hin, warum einer bundeseinheitlichen Regelung der Vorzug zu geben ist: *„Ebenso wie der Strafvollzug für erwachsene Strafgefangene bedarf auch der Vollzug der Jugendstrafe zur Wahrung der Rechtseinheit im gesamtstaatlichen Interesse einer bundesgesetzlichen Regelung. Zum einen geht es um die Gewährleistung der Chancengleichheit der Gefangenen im Vollzug durch bundeseinheitliche Regelungen der Qualitätssicherung. Nur länderübergreifende Vorschriften können garantieren, dass alle Jugendstrafgefangenen die gleichen Rechte und Pflichten erhalten und gleichwertige Lebensverhältnisse in den Jugendstrafanstalten bestehen... . Würden z.B. Art und Umfang von Mitwirkungspflichten der Gefangenen in den Ländern unterschiedlich geregelt ... könnte bei den Inhaftierten, deren Rechts- bzw. Unrechtsbewusstsein durch den Vollzug der Jugendstrafe positiv beeinflusst werden soll, der Eindruck der Beliebigkeit der Rechtsordnung entstehen, der gerade im erzieherischen auszugestaltenden Jugendstrafvollzug fatale Auswirkungen hätte."*[31]

Aus den dargestellten Gründen ist somit die erfolgte Übertragung der Gesetzgebungskompetenz für den Strafvollzug auf die Länder abzulehnen und die weitere Entwicklung mit Skepsis zu verfolgen.

---

[30] Begründung zum amtlichen Entwurf eines Strafvollzugsgesetzes vom 13.Januar 1927, abgedruckt in BT-Drucks. 7/918, zit. nach Koop, ZfStrVo 2006, S.3.

[31] Begründung zum GJVollz (2004), S.6 f.

Kapitel 7: Die Gesetzentwürfe der Bundesländer und sonstiger Stellen, insbesondere die Entwürfe der Länder Bayern und Baden-Württemberg

Am 7. Juni 2006 legten die Bundesländer Bayern und Baden-Württemberg als Reaktion auf das Urteil des Bundesverfassungsgerichts vom 31.5.2006 jeweils eigene Entwürfe für eine gesetzliche Regelung des Jugendstrafvollzugs vor. Der kurze zeitliche Abstand zwischen Verkündung der Entscheidung durch das Bundesverfassungsgericht und Veröffentlichung der Gesetzentwürfe lässt darauf schließen, dass den beiden Ländern die Verfassungswidrigkeit der bisherigen Rechtslage wohl bewusst war und intern mit einer entsprechenden Entscheidung durch das Bundesverfassungsgericht gerechnet wurde. Im Januar 2007 legte das Bundesland Baden-Württemberg einen überarbeiteten Referentenentwurf vor.
Im Folgenden soll der Inhalt dieser Gesetzentwürfe dargestellt werden. Dabei erfolgt eine Darstellung nach den einzelnen Regelungsbereichen; diese Vorgehensweise bietet sich auch deshalb an, weil die Entwürfe einen ähnlichen Aufbau aufweisen.

A. Vorbemerkung: Die grundsätzliche Konzeption der Entwürfe

Schon an der Konzeption der Entwürfe wird ein Auseinanderfallen zukünftiger gesetzlicher Regelungen auf Landesebene ersichtlich. Während Baden-Württemberg die gesetzliche Regelung des Jugendstrafvollzuges in einem eigenen Gesetz mit zunächst insgesamt 44 Paragraphen – einem mehr als das GJVollz – anstrebt, beabsichtigt Bayern, den Jugendstrafvollzug im Dritten Abschnitt eines Bayerischen Strafvollzugsgesetzes, in den Art.119 bis 156 EBayStVollzG, zu regeln. Der E BW 2007 besteht aus insgesamt 113 Paragraphen.

B. Die einzelnen Regelungsbereiche der Entwürfe

I. Anwendungsbereich

Nach § 1 E BW 2006 regelt der E BW 2006 den Vollzug der Jugendstrafe. Ähnliches regelt § 1 E BW 2007, der noch den Vollzug von Jugendstrafe nach § 114 JGG ausdrücklich erwähnt. Eine entsprechende Vorschrift fehlt im EBayStVollzG, dieses verweist in Art.120 EBayStVollzG vielmehr auf die Geltung der für den Vollzug der Freiheitsstrafe geltenden Vorschriften (Art.1 bis 118 EBayStVollzG), soweit im Folgenden nichts anderes bestimmt ist.

II. Vollzugsziel und Sicherheitsaufgabe

Beide Entwürfe betonen speziell Aspekte der Sicherheit und des Schutzes der Bevölkerung.[1] § 2 E BW 2006 (bzw. § 2 S.1 E BW 2007) bezeichnet dies als kriminalpräventive Aufgabe: danach dient der Jugendstrafvollzug dem Schutz

[1] Brandt, ZJJ 2006, S.244, 249.

der Allgemeinheit vor Straftaten junger Menschen. Ähnliches will der bayerische Entwurf in Art.119 S.1 EBayStVollzG festschreiben. Vollzugsziel ist nach beiden Entwürfen die Erziehung zu einem künftigen straffreien Leben (§ 3 E BW 2006 bzw. § 21 E BW 2007) bzw. einem rechtschaffenen Lebenswandel (Art.119 S.2 EBayStVollzG) in sozialer Verantwortung. Alle Entwürfe vermeiden jedoch den Begriff des Vollzugsziels, sondern nennen dieses *„Erziehungsziel"* (Überschrift des § 3 E BW 2006) oder *„Erziehungsauftrag"* (Art.119 S.2 EBayStVollzG und § 21 E BW 2007). Zugleich definiert der bayerische Entwurf den Begriff des *„jungen Gefangenen"* als Gefangener im Vollzug der Jugendstrafe (Art.119 S.2 EBayStVollzG).

III. Mitwirkungspflicht

Beide Entwürfe sehen eine Mitwirkungspflicht des Gefangenen an der Erreichung des Erziehungsziels (§ 5 E BW 2006) bzw. des Erziehungsauftrags (Art. 121 Abs.2 EBayStVollzG und § 23 Abs.1 E BW 2007) vor.

IV. Offener und geschlossener Vollzug

Der Entwurf Bayerns regelt die Unterbringung im geschlossenen und offenen Vollzug in Art.131 i.V.m. Art.12 EBayStVollzG. Schon aus der Überschrift des Art.131 EBayStVollzG wird dabei der künftige intendierte Vorrang des geschlossenen Vollzugs deutlich, was auch Art.12 Abs.1 EBayStVollzG bestätigt, worin es heißt: *„Die Gefangenen sind im geschlossenen Vollzug unterzubringen."* Sowohl für den Erwachsenen- als auch für den Jugendstrafvollzug wird damit das frühere Regel- Ausnahmeverhältnis von geschlossenem und offenem Vollzug umgekehrt. Damit wird die bisherige Praxis in Gesetzesform gegossen, denn wie erwähnt hatte Bayern den offenen Vollzug im Jugendstrafvollzug ohnehin faktisch abgeschafft.[2] Auch der Entwurf Baden-Württembergs sah zunächst den geschlossenen Vollzug als Regelvollzug vor, § 14 Abs.1 E BW 2006. § 27 E BW 2007 legt jedoch nunmehr fest, dass der Gefangene im Vollzug ohne bzw. mit verminderten Vorkehrungen gegen Entweichen untergebracht werden *„soll"* (§ 27 Abs.2 E BW 2007) bzw. im Jugendstrafvollzug in freien Formen untergebracht werden *„kann"* (§27 Abs1 E BW 2007). Eine Unterbringung im geschlossenen Vollzug kommt danach nur bei einer Nichteignung für eine der vorgenannten Vollzugsformen in Betracht, § 27 Abs.3 E BW 2007.

V. Sozialtherapie

Sämtliche Entwürfe sehen gesetzliche Regelungen für die sozialtherapeutische Behandlung junger Straftäter vor, § 13 E BW 2006, § 28 E BW 2007 bzw. Art.130 EBayStVollzG. Bayern beschränkt dabei die Verlegung in sozialtherapeutische Einrichtungen im Wesentlichen auf junge Sexualstraftäter, bei denen die Wiederholung entsprechender Taten zu befürchten ist (Art.130 Abs.1 EBayStVollzG), während die Entwürfe Baden-Württembergs auch bei Wiederholungsgefahr von Straftaten gegen das Leben oder die körperliche Unversehrtheit aufgrund einer Störung der sozialen oder persönlichen Entwicklung eine Verlegung in sozialtherapeutische Einrichtungen befürworten. Der Begriff der

---

[2] S.o. Kap.4, B.IV.

„gefährlichen Gewalttat", der sich noch in § 12 Abs.1 GJVollz fand, wurde dabei von allen Entwürfen zu Recht nicht übernommen.[3]

VI. Entlassungsvorbereitung

Die baden-württembergische Entwürfe sehen eine Zusammenarbeit mit Institutionen außerhalb der Anstalt spätestens sechs Monate vor dem voraussichtlichen Entlassungszeitpunkt vor, § 19 Abs.1 E BW 2006 und § 58 Absl E BW 2007. Kommt eine Verlegung in den offenen Vollzug entgegen dem Regelfall (§ 19 Abs.3 S.1 E BW 2006) nicht in Betracht, sollte nach dem E 2006 eine Verlegung in eine *„offene Abteilung innerhalb des geschlossenen Vollzuges"* – offenbar eine offenere Art des geschlossenen Vollzuges – erfolgen, § 19 Abs.3 S.2 E BW 2006.[4]
Diese gelockerte Form eines geschlossenen Vollzugs findet sich in dem Entwurf aus dem Jahr 2007 nicht wieder.
Insgesamt zielt die baden-württembergische Vollzugspolitik im Bereich des Jugendstrafvollzugs darauf ab, Rückfälligkeit mit Hilfe eines umfassenden Nachsorge-Netzwerkes zu verhindern.[5] Auch der bayerische Entwurf sieht eine Zusammenarbeit mit externen Stellen *„rechtzeitig"* vor dem voraussichtlichen Entlassungstermin vor, Art.135 Abs.1 S.1 EBayStVollzG. Der Vollzug soll zur Entlassungsvorbereitung gelockert werden, Art.135 Abs.2 EBayStVollzG, des Weiteren kann der Gefangene in den offenen Vollzug verlegt werden, wenn dies der Vorbereitung der Entlassung dient, Art.135 Abs.3 EBayStVollzG.

VII. Unterbringung, insbesondere Wohngruppenvollzug

Nach den baden-württembergischen Entwürfen *„soll"* bei Eignung die Unterbringung in einer Wohngruppe erfolgen; für Gefangene, die das 16. Lebensjahr (bzw. das 18. Lebensjahr, § 33 Abs.1 S.2 E BW 2007) noch nicht vollendet haben, sollen besondere Wohngruppen gebildet werden, § 20 Abs.1 E BW 2006. Während der Ruhezeit ist nach § 20 Abs.3 S.1 E BW 2006 grundsätzlich Einzelunterbringung vorgesehen; daneben sind in § 20 Abs.3 S.2-4 E BW 2006 die aus dem StVollzG bekannten Ausnahmen (Hilfsbedürftigkeit, Gefahr für Leben oder Gesundheit; im Übrigen nur vorübergehend und aus zwingenden Gründen) geregelt. Ähnliches gilt nach dem E BW 2007, allerdings ist hier die Einzelunterbringung als Soll-Vorschrift und nur für den geschlossenen Vollzug geregelt, § 33 Abs.3 S.2 E BW 2007. Auch der bayerische Entwurf sieht für geeignete Gefangene die Unterbringung in Wohngruppen vor, deren Größe sich nach dem Erziehungsauftrag bemisst, Art.139 Abs.1 EBayStVollzG. Art.139 Abs.3 EBayStVollzG definiert dabei, welche Gefangenen als in der Regel nicht für die Unterbringung in einer Wohngruppe anzusehen sind. Für die Unterbringung gilt Art.138 Abs.1 i.V.m. Art.20 EBayStVollzG und damit ebenfalls grundsätzlich Einzelunterbringung. Allerdings lässt Art.20 Abs.2 Var.4 EBayStVollzG eine

---

3 Zur Kritik an diesem Begriff s.o. Kap.5, Abschn.3, D.III.2.c.aa.

4 § 18 Abs.2 S.3 GJVollz i.d.F. vom 28.4.2004 sah ebenfalls noch offene Abteilungen innerhalb des geschlossenen Vollzuges vor. Vgl. zur Kritik hieran J. Walter, ZfJ 2004, S.397, 402 mit dem zutreffenden Hinweis, dass hier ein *„Etikettenschwindel"* droht; vgl. auch oben Kap.5, Abschn.4, C.III.3.

5 Vgl. Goll/Wolf, ZRP 2006, S.91.

gemeinschaftliche Unterbringung ohne Zustimmung des Gefangenen auch dann zu, wenn die räumlichen Verhältnisse der Anstalt dies erfordern. Immerhin schreibt Art.20 Abs.3 EBayStVollzG aber fest, dass die gemeinschaftliche Unterbringung von mehr als acht (sic!) Gefangenen unzulässig ist.

VIII. Kleidung

Der baden-württembergische Entwürfe legen in § 21 Abs.1 E BW 2006 bzw. § 35 Abs.1 E BW 2007 fest, dass die Gefangenen im Jugendstrafvollzug regelmäßig (angemessene, § 35 Abs.1 E BW 2007) eigene Kleidung tragen. Mit Zustimmung der Aufsichtsbehörde konnte nach § 21 Abs.2 E BW 2006 für einzelne Anstalten bzw. Abteilungen das Tragen von Anstaltskleidung angeordnet werden. Dieser Absatz wurde im E BW 2007 gestrichen, dort kann allerdings der Anstaltsleiter aus Gründen der Sicherheit und Ordnung für bestimmte Bereiche der Anstalt, einzelne Gruppen von Gefangenen oder einzelne Gefangene das Tragen von Anstaltskleidung anordnen, § 35 Abs.2 E BW 2007. Nach Art.141 Abs.1 i.V.m. Art.22 EBayStVollzG Anstaltskleidung zu tragen ist, allerdings kann mit Zustimmung der Aufsichtsbehörde für einzelne Anstalten oder Abteilungen das Tragen eigener Kleidung angeordnet werden, Art.141 Abs.2 EBayStVollzG.

IX. Kontakt mit der Außenwelt, Besuch

§ 22 E BW 2006 und §§ 38 bis 47 E BW 2007 regeln den Verkehr mit der Außenwelt in weitgehender Anlehnung an das GJVollz. Insbesondere wird die Vorgabe des Bundesverfassungsgerichts hinsichtlich der Besuchszeiten dadurch berücksichtigt, dass nach § 22 Abs.2 Nr.1 E BW 2006 sowie § 38 Abs.2 S.2 E BW 2007 die Gesamtdauer des Besuchs pro Monat nunmehr mindestens vier Stunden beträgt. Gleiches regelt der bayerische Entwurf in Art.143 Abs.2 S.1 EBayStVollzG, wobei hierauf aber Ausgänge oder Ausführungen, die dem Gefangenen gewährt wurden, angerechnet werden können, Art.143 Abs.2 S.2 EBayStVollzG. Alle Entwürfe sehen Langzeitbesuche für Kinder von Gefangenen vor (§ 22 Abs.3 E BW 2006, § 38 Abs.4 S.1 E BW 2007, Art.143 Abs.3 EBayStVollzG), wobei der bayerische Entwurf im Gegensatz zu dem Baden-Württembergs dieses Institut auf weibliche Gefangene beschränken will.

X. Bildung und Ausbildung

Alle drei Entwürfe enthalten Vorschriften über Bildung und Ausbildung sowie Arbeit (§ 23 f., E BW 2006, §§ 60 bis 70 E BW 2007, Art.144 bis 146 EBayStVollzG). Der baden-württembergische Entwurf aus dem Jahr 2006 lehnte sich dabei an das GJVollz an, wobei eine dem § 22 Abs.1 GJVollz entsprechende und speziell die Aus- und Weiterbildung regelnde Vorschrift fehlte; vielmehr galten gemäß § 23 Abs.5 E BW 2006 § 37 Abs.1, 2 und 4 StVollzG. Nunmehr regelt § 60 E BW 2007 Grundsätzliches zu Aus- und Weiterbildung sowie Arbeit. Besonders hervorzuheben ist § 64 Abs.2 E BW 2007, wonach zur Integration und zur Förderung der Sprachkompetenz den Gefangenen, soweit erforderlich, Deutschkurse angeboten werden sollen. Der bayerische Entwurf lehnt sich hinsichtlich seiner Formulierungen dagegen eher an die VVJug an und betont die besondere Bedeutung des Unterrichts im Jugendstrafvollzug, Art.144 Abs.1 EBayStVollzG.

XI. Aufenthalt im Freien

Der bayerische Entwurf sieht einen Aufenthalt im Freien von täglich mindestens einer Stunde, an arbeits- und ausbildungsfreien Tagen von mindestens zwei Stunden vor, Art.149 Abs.3 EBayStVollzG.[6] Art.151 EBayStVollzG regelt speziell den Sport im Jugendstrafvollzug. Der baden-württembergische Entwurf aus dem Jahr 2006 sah zunächst einen Aufenthalt im Freien von mindestens zwei Stunden täglich vor, § 30 Abs.2 E BW 2006. Daran wurde aus der Praxis Kritik geäußert.[7] Deshalb sieht § 51 Abs.3 E BW 2007 einen Aufenthalt im Freien von mindestens zwei Stunden täglich nur noch für arbeitsfreie Tage vor, im Übrigen bleibt es bei einer Stunde Aufenthalt im Freien täglich, so dass die Regelung damit sachlich § 29 Abs.2 GJVollz entspricht.

XII. Sicherheit und Ordnung, unmittelbarer Zwang

Der baden-württembergische Entwurf verwies zunächst hinsichtlich Sicherheit und Ordnung im Wesentlichen auf das StVollzG, § 32 E BW 2006. Im Bereich des unmittelbaren Zwanges wurde die unterschiedslose Geltung der §§ 94 bis 101 StVollzG angeordnet, so dass hier keine jugendtypischen Besonderheiten zu finden sind.[8] Ähnliches gilt nunmehr nach den §§ 75 bis 94 E BW 2007. Neu im E BW 2007 ist allerdings, dass nach § 93 Abs.2 E BW 2007 keine Schusswaffen gebraucht werden dürfen, um die Flucht aus einer Anstalt, in der überwiegend Jugendliche untergebracht sind, aus einer offenen Anstalt oder aus dem Jugendstrafvollzug in freier Form zu vereiteln. Damit wird den oben aufgeführten Bedenken[9] hinsichtlich des Schusswaffengebrauchs im Jugendstrafvollzug Rechnung getragen.

Im bayerischen Entwurf regelt Art.152 EBayStVollzG Aspekte der Sicherheit und Ordnung; dieser verweist im Wesentlichen auf Art.86 bis 99 EBayStVollzG, die sich an die bisher gültigen Vorschriften des StVollzG anlehnen. An Besonderheiten des Jugendstrafvollzuges angepasste Vorschriften über den Einsatz unmittelbaren Zwanges enthält der bayerische Entwurf nicht, es gelten hier wegen Art.120 EBayStVollzG die Art.100 bis 107 EBayStVollzG.

XIII. Maßnahmen zur Konfliktregelung, Disziplinarmaßnahmen

Die baden-württembergische Entwürfe lehnen sich bei der Formulierung der Maßnahmen zur Konfliktregelung in § 34 E BW 2006 bzw. der nunmehr sog. Erzieherischen Maßnahmen in § 95 E BW 2007 an § 33 GJVollz an, so dass die oben genannten Bedenken[10] hiergegen fortbestehen. Der Disziplinarkatalog des

---

[6] Dies entspricht Forderungen der Praxis, vgl. J. Walter, ZfJ 2004, S.397, 403 sowie oben Kap.5, Abschn.6, I.III.3.

[7] Vgl. dazu oben Kap.5, Abschn.6, J.III.3.

[8] Vgl. hierzu und insb. zu dem Problem des Schusswaffengebrauchs im Jugendstrafvollzug oben Kap.5, Abschn.7, A.III.2.c.

[9] Vgl. oben Kap.5, Abschn.7, A.III.2.c.

[10] S.o. Kap.5, Abschn.7,B.III.2.e.

§ 35 E BW 2006 bzw. des § 96 E BW 2007 umfasst unter anderem auch – entgegen den Bedenken namhafter Experten aus dem eigenen Bundesland[11] – Arrest bis zu zwei Wochen.
Die erzieherischen Maßnahmen nach Art.153 EBayStVollzG lehnen sich ebenfalls an § 33 GJVollz an. Auch Art.154 Abs.2 EBayStVollzG enthält einen abschließenden Katalog von Disziplinarstrafen, der allerdings umfangreicher als der des baden-württembergischen Entwurfs ist und zudem ebenfalls die Möglichkeit vorsieht, bis zu zwei Wochen Arrest zu verhängen.

XIV. Ausstattung mit Personal und Sachmitteln

Der baden-württembergische Entwurf aus dem Jahr 2006 enthält mit den §§ 41, 42 E BW 2006 Vorschriften, die die Ausstattung mit Personal und Sachmitteln regeln.
§ 11 E BW 2007 regelt sachlich ähnlich die Aufgaben und erforderlichen Qualifikationen des Personals im Jugendstrafvollzug. Der EBayStVollzG enthält mit Art.155 EBayStVollzG lediglich eine Vorschrift, die sich mit den Vollzugsbediensteten im Jugendstrafvollzug beschäftigt und im Wesentlichen festlegt, dass nach Möglichkeit Bedienstete eingesetzt werden sollen, die eine besondere Ausbildung nach § 91 Abs.4 JGG erhalten haben. Sämtliche enthalten jedoch keine verbindlichen Vorgaben hinsichtlich personeller und materieller Ausstattung.[12] Art.122 EBayStVollzG weist lediglich – insofern unverbindlich – darauf hin, dass personelle Ausstattung, sachliche Mittel und Organisation der Jugendstrafvollzugsanstalten am Erziehungsauftrag und den besonderen Bedürfnissen junger Gefangener ausgerichtet werden. Gerade eine ausreichende Ausstattung hatte das Bundesverfassungsgericht aber mit Hinblick auf das Vollzugsziel angemahnt.[13]

XV. Rechtsbehelfe

Der baden-württembergische Entwurf aus dem Jahr 2006 regelt die Rechtsbehelfe in § 36 E BW 2006 in Anlehnung an das GJVollz und das StVollzG, trifft allerdings eine abweichende Zuständigkeitsregelung. Nach § 36 Abs.4 S.1 E BW 2006 entscheidet über die Anträge auf gerichtliche Entscheidung nämlich der Jugendrichter als besonderer Vollstreckungsleiter.[14] Die §§ 101 bis 111 E BW 2007 lehnen sich ebenfalls an die §§ 109 ff. StVollzG an, sehen aber jedenfalls die Möglichkeit zu mündlicher Verhandlung oder Anhörung sowie zu gütlicher Beilegung des Rechtsstreits vor, § 107 Abs.1 S.1, 2 E BW 2007. Damit wir den oben dargestellten[15] Gesichtspunkten, die für ein jugendgemäßes Verfahren sprechen, Rechnung getragen. Auch nach diesem Entwurf ist der Vollstreckungsleiter für die Entscheidung über Anträge auf gerichtliche Entscheidung zuständig, § 102 Abs.3 E BW 2007. Der bayerische Entwurf verweist in

---

[11] Vgl. J. Walter, ZfJ 2004, S.397, 403; ders. (1998), S.66 ff., 236 ff., jew. m.w.N.; vgl. auch oben Kap.5, Abschn.7, B.III.3.c.cc.
[12] Brandt, ZJJ 2006, S.244, 249.
[13] BVerfG, 2 BvR 1673/04 vom 31.5.2006, Abs.61.
[14] Zu den Gründen, die für eine solche Zuständigkeitsregelung sprechen vgl. oben Kap.5, Abschn.8, D.II.2.
[15] Vgl. oben Kap.5, Abschn.8, E.

Art.201 EBayStVollzG auf die §§ 109 ff. StVollzG und damit auf die bislang für den Bereich des Erwachsenenstrafvollzuges geltenden Vorschriften. Jugendgemäße Anpassungen finden damit im Bereich des Rechtsschutzes nicht statt.

XVI. Kriminologische Forschung

Alle drei Entwürfe enthalten mit § 40 E BW 2006 bzw. § 19 E BW 2007 bzw. Art.188 EBayStVollzG Vorschriften über die kriminologische Forschung im Jugendstrafvollzug.

XVII. Zusammenarbeit mit externen Stellen und Trägern

Die baden-württembergische Entwürfe regeln die Einbeziehung dritter Stellen im Wesentlichen in § 8 E BW 2006 bzw. in § 15 E BW 2007. Ähnliches regelt auch der bayerische Entwurf in Art.124 EBayStVollzG.

C. Zusammenfassung

Alle drei Entwürfe sind sichtlich darum bemüht, mit ihren Entwürfen den verfassungsrechtlichen Mindeststandards zu genügen. Teilweise werden auch längst überfällige und immer wieder angemahnte Konzepte wie der Wohngruppenvollzug – wenn auch nur als Sollvorschriften – übernommen.
Bei den Entwürfen des Landes Baden-Württemberg hat ersichtlich der GJVollz Pate gestanden Dies wird aus der nahezu gleich lautenden Formulierung einzelner Paragraphen sowie dem nahezu identischen Aufbau des E 2006 (wobei die Vorschriften des E BW 2006 jeweils um eine Nummer nach hinten verschoben sind, was durch die Einfügung des § 2 E BW 2006 – kriminalpolitische Aufgabe – begründet ist) ersichtlich. Der EBayStVollzG lehnt sich zwar teilweise ebenfalls an das GJVollz und an die VVJug an, wahrt im Übrigen aber schon durch die Regelung des Jugendstrafvollzugs im selben Gesetz wie der Erwachsenenstrafvollzug nicht dieselbe Distanz zwischen Jugend- und Erwachsenenstrafvollzug wie die Entwürfe des Landes Baden-Württemberg.
Auffällig ist, dass alle drei Entwürfe den Fokus deutlich auf mehr Sicherheit legen. Das Land Baden-Württemberg schreibt sogar eine (bislang unbekannte) *„kriminalpädagogische Aufgabe"* fest und setzt diese systematisch vor das Vollzugsziel. Gleiches gilt für den bayerischen Entwurf, der ebenfalls in Art.119 S.1 EBayStVollzG den Schutz der Allgemeinheit systematisch vor das nunmehr Erziehungsauftrag genannte Vollzugsziel setzt. Allerdings hat der E BW 2007 wieder davon Abstand genommen, den geschlossenen Vollzug zum Regelvollzug zu erheben. Dies ist zu begrüßen.
Alle Entwürfe treffen hinsichtlich personeller und materieller Ausstattung des Jugendstrafvollzugs keine verbindlichen Festlegungen.
Insgesamt lassen sich an den vorliegenden Entwürfen zwei Trends erkennen. Erstens findet in der Tat eine Rechtszersplitterung statt. Dies zeigen z.B. die Vorschriften über die Disziplinarmaßnahmen, wo die Entwürfe jeweils unterschiedliche Disziplinarkataloge vorhalten. Zudem weichen im Rahmen der gerichtlichen Rechtsbehelfe die Zuständigkeiten voneinander ab.[16] Zweitens

[16] Kritisch auch Brandt, ZJJ 2006, S.244, 249.

geht jedenfalls in den vorliegenden Entwürfen die Tendenz zu mehr Sicherheit. Mehr Bedeutung kommt dabei auch der Aufgabe des Schutzes der Allgemeinheit zu. Dies macht auch die Festlegung des geschlossenen Vollzuges als Regelvollzug im EBayStVollzG deutlich Allerdings entsprach dies dort, wie beschreiben, ohnehin der bisherigen Vollzugspraxis.

Kapitel 8:
Zusammenfassung und Ausblick

Ziel der vorliegenden Arbeit war es, einen wissenschaftlichen Überblick über den Entwurf des Bundesjustizministeriums zur gesetzlichen Regelung des Jugendstrafvollzugs und über die mit der Entscheidung des Bundesverfassungsgerichts zur Verfassungswidrigkeit des Jugendstrafvollzugs sowie der Übertragung der Gesetzgebungskompetenz zur Regelung des Strafvollzugs auf die Länder verbundenen Probleme und Prozesse zu geben. Die Ergebnisse der vorangegangenen Kapitel werden nun nochmals zusammengefasst dargestellt. Zunächst werden die das GJVollz betreffenden Forschungsergebnisse behandelt. Danach wird dargestellt, welche Tendenzen sich hinsichtlich gesetzlicher Regelungen des Jugendstrafvollzugs bereits jetzt vorhersagen lassen. Daran schließt sich eine Bewertung der künftigen Bedeutung des GJVollz und ein Ausblick auf die Zukunft des Jugendstrafvollzugs an.

A. Zusammenfassung der Forschungsergebnisse zum GJVollz

I. §§ 1 - 7 GJVollz

Die §§ 1 bis 7 GJVollz stellen quasi den „Allgemeinen Teil" des Entwurfs dar.

- Die in den §§ 1 bis 7 GJVollz niedergelegten allgemeinen Grundsätze finden sich so oder in ähnlicher Form überwiegend bereits im StVollzG.
- Lobenswert ist insbesondere das Bekenntnis des Entwurfs zum Vollzugsziel Resozialisierung und die Formulierung des § 2 GJVollz, der keinen Raum für weitere Vollzugsziele lässt.[1]
- Insgesamt ist der erstmals in § 3 Abs.1 S.1 GJVollz genannte neue Begriff der Förderung, mit dem gerade keine Abkehr vom Prinzip des Erziehungsvollzuges beabsichtigt ist, als nüchterne und weniger ideologisch aufgeladene Alternative zum bisherigen Erziehungsbegriff zu begrüßen.[2]
- Die in § 4 GJVollz geregelte allgemeine Mitwirkungspflicht ist äußerst problematisch und nur dann nicht zu beanstanden, wenn sie dahingehend ausgelegt wird, dass ihr aufgrund ihrer allgemeinen Formulierung eher Appellcharakter zukommt und ein Verstoß gegen sie nur ganz ausnahmsweise mit formellen oder informellen Disziplinarmaßnahmen geahndet werden kann.[3] Ansonsten sollte auf sie verzichtet oder eine Umformulierung vorgenommen werden.
- Der Jugendstrafvollzug in freien Formen i.S.d. § 5 Abs.1 S.2 GJVollz bietet ein Experimentierfeld für vielfältige Modellprojekte. Als Beispiel hierfür kann das baden-württembergische „Projekt Chance" dienen.[4]
- Nicht uneingeschränkt positiv zu sehen ist der Gender-mainstreaming-Grundsatz in § 5 Abs.2 S.2 GJVollz. Der wirkliche Wert dieses Programm-

[1] S.o. Kap.5, Abschn.2, B.VI.
[2] Vgl. oben Kap.5, Abschn.2, C.III.1.h.
[3] Vgl. oben Kap.5, Abschn.2, D.VI.
[4] Vgl. oben Kap.5, Anschn.2, E.III.2.b.

satzes wird sich erst in der Praxis zeigen; er verlangt daher eine zügige und vollständige Umsetzung.[5]

- § 6 Abs.1 S.2 GJVollz ist im Jugendstrafvollzug noch restriktiver auszulegen als die Parallelvorschrift im Erwachsenenstrafvollzug (§ 4 Abs.2 StVollzG).[6] Die in § 6 Abs.2 GJVollz niedergelegte Pflicht der Vollzugsbehörde zur Erläuterung von Maßnahmen des Vollzuges ist zu begrüßen.[7]
- § 7 GJVollz begünstigt eine intensivere Zusammenarbeit mit Organisationen außerhalb des Vollzugs, bietet aber noch Raum für Verbesserungen.[8]

II. §§ 10 – 43 GJVollz

- Der praktisch bedeutsame § 10 GJVollz (Förderplan) bietet noch Raum für Verbesserungen, namentlich hinsichtlich der Verbindlichkeit der gesetzlichen Formulierungen.[9]
- Zu begrüßen ist die Schaffung einer gesetzlichen Grundlage für die Sozialtherapie im Jugendstrafvollzug durch § 12 GJVollz.[10]
- § 13 GJVollz will im Gegensatz zu den Entwürfen der Länder Bayern und Baden-Württemberg am offenen Vollzug als Regelvollzug festhalten. Dies ist zu begrüßen.[11]
- Die Vorschriften über die Gewährung von Lockerungen und Urlaub enthalten zwar gute Ansatzpunkte, sind aber insgesamt noch zu eng gefasst. Zudem droht eine Fortsetzung früherer, teilweise rechtswidriger Praktiken wie die Berücksichtigung nicht vorgesehener Gesichtspunkte bei der Ermessensausübung.[12]
- § 18 des Entwurfs genügt weitgehend den Anforderungen, die an die gesetzliche Regelung der Entlassungsvorbereitung und Nachsorge zu stellen sind.[13]
- Ausdrücklich zu begrüßen ist die Erhebung des Wohngruppenvollzugs zum Regelvollzug durch § 19 Abs.1 GJVollz.[14] Allerdings ist die faktische Aufgabe des Trennungsgebots im Jugendstrafvollzug durch § 19 Abs.3 GJVollz nicht unproblematisch. Zwar hat grundsätzlich eine Einzelunterbringung zu erfolgen, jedoch enthält die Entwurfsvorschrift insoweit noch zu weitgehende Ausnahmetatbestände, wenngleich nicht so weitgehend wie beispielsweise der diesbezügliche Ausnahmetatbestand des bayerischen Entwurfs.[15]
- Nach § 20 des GJVollz soll das Tragen eigener Kleidung für die Gefangenen zum Regelfall werden, was ebenfalls zu begrüßen ist.[16]
- Die Anhebung der Mindestbesuchszeit auf vier Stunden im Monat trägt der hohen Bedeutung von Außenkontakten gerade für junge Gefangene Rech-

[5] Vgl. oben Kap.5, Abschn.2, E.III.3.b.ee.
[6] Vgl. oben Kap.5, Abschn.2, F.I.1.c.bb., d.
[7] Vgl. oben Kap.5, Abschn.2, F.2.d.
[8] Vgl. oben Kap.5, Abschn.2, G.II.1.d., III.
[9] Vgl. oben Kap.5, Abschn.3, C.III.
[10] Vgl. oben Kap.5, Abschn.3, D.III.2.d.
[11] Vgl. oben Kap.5, Abschn.4, A.V.
[12] Vgl. oben Kap.5, Abschn.4, B.II.3., III.3.d.
[13] Vgl. oben Kap.5, Abschn.4, C.IV.
[14] Vgl. oben Kap.5, Abschn.5, A.II.1.c.
[15] Art.138 Abs.1 i.V.m. Art.20 Abs.2 Var.3 EBayStVollzG.
[16] Vgl. oben Kap.5, Abschn.6, A.III.

nung. Insgesamt ist der die Außenkontakte regelnde § 21 GJVollz weitgehend jugendgerecht, allerdings ist eine Überarbeitung angezeigt, die den neuen Kommunikationsmitteln, wie beispielsweise Mobiltelefonen und E-Mail, Rechnung trägt.[17]

- § 22 GJVollz spricht sich richtigerweise für einen Vorrang von Aus- und Weiterbildungsmaßnahmen im Jugendstrafvollzug aus. Diese können unter Umständen auch noch nach Beendigung des Vollzugs beendet werden. Allerdings ist wichtig, dass auch entsprechende Angebote zur Verfügung stehen.[18]
- Der die Gefangenenentlohnung im Jugendstrafvollzug regelnde § 24 GJVollz bedarf dringend der Überarbeitung.[19]
- Die die Freizeit im Vollzug betreffende Vorschrift des § 27 GJVollz ist in Ansätzen gelungen, geht allerdings nicht hinreichend auf die besondere Problematik des Fernsehens und der neuen Medien im Vollzug ein, sondern verweist vielmehr unterschiedslos auf die diesbezüglichen Vorschriften des Erwachsenenstrafvollzugs. Dies ist abzulehnen, vielmehr sind, gerade was Fernsehen und neue Medien im Vollzug betrifft, restriktivere Vorschriften vorzugswürdig.[20]
- Die Gefangenenmitverantwortung nach § 28 GJVollz schafft insbesondere mit den oben beschriebenen „*Just Community*"-Ansätzen ein zusätzliches Übungsfeld, um soziales Verhalten in einer Gruppe zu erlernen.[21]
- Die Vorschrift über die Gewährung sozialer Hilfe, § 30 GJVollz, ist hinreichend konkret, bietet aber dennoch genügend Ansätze für individuelle Konzepte für unterschiedliche Arten von Gefangenen.[22]
- §§ 31, 32 GJVollz regeln die Aspekte von Sicherheit und Ordnung größtenteils sachgerecht, jedoch sollte auf das Instrument der Einzelhaft verzichtet werden.[23] Zudem ist die Vorschrift hinsichtlich des Gebrauchs von Schusswaffen im Jugendstrafvollzug im Lichte internationaler Vorschriften problematisch.[24] In der Praxis wird allerdings kaum ein völliger Verzicht auf Schusswaffen möglich sein.[25]
- Beifall verdient die Reduzierung der zulässigen Disziplinarmaßnahmen auf wenige Disziplinartatbestände sowie die Streichung des Arrests aus diesem Katalog.[26] Die Maßnahmen der ausgleichenden Konfliktlösung nach § 33 GJVollz begegnen jedoch insbesondere im Hinblick auf Art.19 Abs. 4, 20 GG erheblichen rechtsstaatlichen Bedenken.[27]
- § 35 GJVollz will im Bereich der gerichtlichen Rechtsbehelfe endlich den bislang einhellig kritisierten Zustand im Jugendstrafvollzug durch weitgehende Anpassung an die §§ 109 ff. StVollzG beseitigen. Dies ist grundsätz-

[17] Vgl. oben Kap.5, Abschn.6, B.III.
[18] Vgl. oben Kap.5, Abschn.6, C.IV.
[19] Vgl. oben Kap.5, Abschn.6, E.III.
[20] Vgl. oben Kap.5, Abschn.6, H.IV.3.d.
[21] Vgl. oben Kap.5, Abschn.6, I.IV.
[22] Vgl. oben Kap.5, Abschn.6, K.IV.
[23] Vgl. oben Kap.5, Abschn.7, A.IV.
[24] Vgl. oben Kap.5, Abschn.7, A.III.2.c.
[25] Vgl. oben Kap.5, Abschn.7, A.III.2.c.
[26] Vgl. oben Kap.5, Abschn.7, B.V.
[27] Vgl. oben Kap.5, Abschn.7, B.III.2.d., e.

lich zu begrüßen. Darüber hinaus bietet die Vorschrift allerdings noch viel Raum für Verbesserungen, insbesondere im Hinblick auf die Verfahrensdauer und die Anpassung des Verfahrens an die spezifischen Probleme der Insassen des Jugendstrafvollzugs.[28]

- Die Vorschriften über den Datenschutz (§ 37 GJVollz) sind inhaltlich weitgehend gelungen, allerdings sind sie aufgrund der Verweisung auf Normen des StVollzG sehr unübersichtlich.[29]
- § 39 GJVollz regelt die kriminologische Forschung im Jugendstrafvollzug weitgehend sachgerecht, vorzugswürdig wäre aber eine noch verbindlichere Formulierung.[30]
- § 40 GJVollz schafft Mindeststandards hinsichtlich baulicher und organisatorischer Aspekte, bietet allerdings auch Anlass zu Kritik: So wird mit § 40 Abs.1 S.3 GJVollz die Benachteiligung junger Frauen im Strafvollzug nur verfestigt. Zudem bleiben gerade die baulichen Vorgaben, was Zellengröße, Ausgestaltung der Zellen und der Anstalten, aber auch das Verbot der Überbelegung betrifft, viel zu vage und unverbindlich.[31]
- § 41 des Entwurfs, der sich mit den Bediensteten im Jugendstrafvollzug befasst, ist hingegen gelungen, vor allem, weil relativ deutliche Vorgaben hinsichtlich der Aus- und Weiterbildung von Bediensteten im Jugendstrafvollzug formuliert werden.[32]
- § 42 GJVollz, der sich mit dem inneren Aufbau der Jugendstrafanstalten und der Aufsicht über diese befasst, ist zwar teilweise missverständlich, insgesamt aber sachgerecht.[33] Hervorzuheben ist die ausdrückliche Festschreibung der Qualitätssicherung innerhalb des Jugendstrafvollzuges in § 42 Abs.2 GJVollz.

III. Ergebnis

Insgesamt stellt der untersuchte Gesetzentwurf einen in einigen Bereichen überarbeitungsbedürftigen, insgesamt aber soliden Kompromiss aus kriminalpolitisch Wünschenswertem und finanziell Machbarem dar. Diese erste der Untersuchung zugrunde gelegte These[34] hat sich daher bestätigt.

B. Zukünftige Tendenzen bei der gesetzlichen Regelung des Jugendstrafvollzugs

Die obige Untersuchung der Gesetzentwürfe der Länder Bayern und Baden-Württemberg[35] hat bereits ansatzweise aufgezeigt, wohin – jedenfalls teilweise – die Tendenzen bei der gesetzlichen Regelung des Jugendstrafvollzuges gehen werden. Der Schutz der Allgemeinheit wird in den genannten Entwürfen zum

[28] Vgl. oben Kap.5, Abschn.8, E.
[29] Vgl. oben Kap.5, Abschn.9, B.III.
[30] Vgl. oben Kap.5, Abschn.9, D.III.
[31] Vgl. oben Kap.5, Abschn.10, A.IV.
[32] Vgl. oben Kap.5, Abschn.10, B.IV.
[33] Vgl. oben Kap.5, Abschn.10, C.III.
[34] Vgl. oben Kap.1, C.
[35] Vgl. oben Kap.7.

gleichberechtigten Ziel des Strafvollzugs neben der Resozialisierung erhoben, weiterhin geht die Tendenz zum geschlossenen Vollzug als Regelvollzug (wobei der E BW 2007 hier wieder eine Kehrtwende hin zu einer offeneren Gestaltung des Vollzugs vollzogen hat[36]) und zu einer restriktiveren Handhabung von Lockerungen und Urlaub. Teilweise entsteht der Eindruck, als ob mit den Landesgesetzen lediglich die bisherige Praxis nachträglich legalisiert wird, so beispielsweise die faktische Abschaffung des offenen Vollzuges in den Bundesländern Bayern und Baden-Württemberg.[37]

Zwei Gründe lassen in Zukunft eine zunehmende Zersplitterung des Strafvollzugsrechts für junge Gefangene befürchten: Zum einen ist davon auszugehen, dass die einzelnen Bundesländer ihre kriminalpolitischen Vorstellungen über die Ausgestaltung des Jugendstrafvollzuges auch in die gesetzliche Konzeption mit einbringen werden und zum anderen bestehen in der Vollzugspraxis der einzelnen Länder bereits heute erhebliche regionale Unterschiede. Diese regionalen Unterschiede werden sich vermutlich auch in den Ländergesetzen niederschlagen. Die oben aufgestellte These, es werde aufgrund der Verlagerung der Gesetzgebungskompetenz zur Regelung des Jugendstrafvollzugs zukünftig zu einer Rechtszersplitterung in diesem Bereich kommen[38], ist damit belegt.[39]

Fraglich ist allerdings, ob dies wirklich zu einer generellen Verschlechterung der Vollzugsbedingungen und dem oft befürchteten Wettlauf um den härtesten Strafvollzug führen wird.[40] Denn den Landesgesetzgebern kommt insofern zwar ein weiter Gestaltungsspielraum zu[41], doch sind sie insoweit an die durch das Bundesverfassungsgericht aufgestellten Mindestvorgaben zur gesetzlichen Ausgestaltung des Jugendstrafvollzuges gebunden. Daher ist ein Absinken der Standards im Jugendstrafvollzug unter das durch das Bundesverfassungsgericht vorgezeichnete Mindestniveau eher nicht zu befürchten. Dies zeigt auch der E BW 2007, der namentlich bei den Vollzugsformen und beim Rechtsschutz wesentlich liberaler gestaltet ist als der unmittelbar nach Verkündung des Urteils zur Verfassungswidrigkeit des Jugendstrafvollzugs vorgelegte E BW 2006. Allerdings ist angesichts des derzeitigen kriminalpolitischen Klimas in Deutschland[42] dennoch eine kritische Begleitung der Gesetzgebungsprozesse und der künftigen Vollzugspraxis in den einzelnen Ländern insbesondere durch die Wissenschaft geboten ist.

Insgesamt ist eine Zweiteilung des deutschen Jugendstrafvollzugs zu erwarten, und zwar in die Länder, die die Chance ergreifen, einen offenen, resozialisierungsfreundlichen Jugendstrafvollzug auf eine gesetzliche Grundlage zu stellen und in die Länder, die ihre Vorstellungen von einem „sicheren“ Vollzug in die Praxis umsetzen werden – möglicherweise flankiert durch einige „Leuchtturmprojekte“ wie beispielsweise dem baden-württembergischen Projekt Chance. Möglicherweise wird es aber trotzdem zu Absprachen zwischen den einzelnen

[36] Vgl. oben Kap.7, B.IV.
[37] Vgl. oben Kap.5, Abschn.4, A.I.
[38] Vgl. oben Kap.1, C.
[39] Zu diesem Ergebnis kommt auch Köhne, ZRP 2007, S.109, 113.
[40] Vgl. Brandt, ZJJ 2006, S.244, 249 m.w.N.
[41] BVerfG, 2 BvR 1673/04 vom 31.5.2006, Abs.60.
[42] Vgl. oben Kap.4, C.

Bundesländern kommen, so dass gerade in besonders grundrechtssensiblen Bereichen einheitliche Regelungen geschaffen werden.[43]

C. Die künftige Bedeutung des GJVollz

Eine unmittelbare Bedeutung für die gesetzliche Regelung des Jugendstrafvollzugs wird dem GJVollz aufgrund der Verlagerung der Gesetzgebungskompetenz zur Regelung des Strafvollzugs auf die Länder vermutlich nicht mehr zukommen. Denkbar ist allerdings, dass sich die Länder bei der gesetzlichen Regelung des Jugendstrafvollzuges ganz oder teilweise am GJVollz orientieren. Dies wäre zu begrüßen, denn zum einen trüge ein solches Vorgehen zur Vereinheitlichung der gesetzlichen Regelungen zum Jugendstrafvollzug bei und zum anderen stellen die Regelungen des GJVollz einen akzeptablen Kompromiss zwischen Fortschrittlichkeit und resozialisierungsfreundlichem Erziehungsvollzug einerseits und fiskalischen Erwägungen und Sicherheitsaspekten andererseits dar. Zudem befand sich der Entwurf schon im Jahr seiner Erstvorlage, dem Jahr 2004, weitestgehend im Einklang mit den Vorgaben, die das Bundesverfassungsgericht in seiner Entscheidung vom 31.5.2006[44] formuliert hat.

D. Ausblick

Der Jugendstrafvollzug wird bis zum 31.12.2007 durch die Bundesländer auf eine gesetzliche Grundlage gestellt werden. Trotz der durchschlagenden Argumente, die gegen die Zuständigkeit der Länder für den Strafvollzug sprechen, wird man sich mit dieser Rechtslage abzufinden haben. Die Bundesländer werden sich nun entscheiden müssen: für einen autoritären, geschlossenen Vollzug oder für einen offenen, resozialisierungsfreundlichen Erziehungsvollzug. Bei der Entscheidung für letzteren kann das GJVollz als Leitlinie dienen, denn die darin verwirklichten Ideen stellen, bei allem Nachbesserungsbedarf, der im Rahmen des Hauptteils der Arbeit aufgezeigt worden ist, einen großen Schritt in die richtige Richtung dar.

---

[43] Hierfür auch Brandt, ZJJ 2006, S.244, 250.
[44] BVerfG, 2 BvR 1673/04 vom 31.5.2006.

Literaturverzeichnis

Albrecht, Peter-Alexis: Spezialprävention angesichts neuer Tätergruppen, ZStW 97 (1985), S. 831-870

Albrecht, Peter-Alexis / Schüler-Springorum, Horst (Hrsg.): Jugendstrafe an Vierzehn- und Fünfzehnjährigen. Strukturen und Probleme, München 1983, zitiert: Albrecht/Schüler-Springorum (1983), S.

Arbeitsgemeinschaft für Jugendhilfe: Stellungnahme der Arbeitsgemeinschaft für Jugendhilfe zum Referentenentwurf eines Gesetzes zur Regelung des Jugendstrafvollzuges (GJVollz) und zum Referentenentwurf eines Gesetzes zur Regelung der Untersuchungshaft (GVU), abrufbar unter: http://www.agj.de/pdf/5/2004/Stllgn_JVollz.VS_11.04doc.pdf,zuletzt abgerufen am 6.11.2006, zitiert: Stellungnahme der Arbeitsgemeinschaft für Jugendhilfe, S.

Arloth, Frank / Lückemann, Clemens: Strafvollzugsgesetz. Gesetz über den Vollzug der Freiheitsstrafe und der freiheitsentziehenden Maßregeln der Besserung und Sicherung mit ergänzenden Bestimmungen. Kommentar, München 2004, zitiert: Arloth/Lückemann (2004), §, Rn.

Ayass, Walter: Arbeitsentwurf eines Jugendstrafvollzugsgesetzes (Stand: 1.Juni 1984), BewHi 1984, S.351-355

Balzer-Ickert, Cordelia / Ostermann-Schur, Dita: Zusammenwachsen unter schweren Bedingungen – Innovative Familienbildung zur Förderung der Mutter-Kind-Beziehung während der Haft, ZfStrVo 2003, S.151-155

Bammann, Kai: Jugendstrafvollzug verfassungswidrig? Zur Diskussion um die Notwendigkeit, ein Jugendstrafvollzugsgesetz zu schaffen, RdJB 2001, S.24

Bammann, Kai: Der Jugendstrafvollzug vor neuen Herausforderungen – rechtlicher und tatsächlicher Art, UJ 2002, S.30-38

Bammann, Kai: Jugendstrafvollzug im Wandel. Einige kurze Anmerkungen zur veränderten Situation des Jugendstrafvollzugs, in: Pollähne, Helmut / Bammann, Kai / Feest, Johannes (Hrsg.), Wege aus der Gesetzlosigkeit. Rechtslage und Regelungsbedürftigkeit des Jugendstrafvollzugs, Mönchengladbach 2004, S.17-23, zitiert: Bammann (2004), S.

Baumann, Jürgen: Entwurf eines Jugendstrafvollzugsgesetzes, Heidelberg 1985, zitiert: Baumann (1985), S.

Bemmann, Günter: Strafvollzug und Menschenwürde, in : ders., Beiträge zur Strafrechtswissenschaft, 2.Auflage, Baden-Baden 1996, S.329-339, zitiert: Bemmann (1996), S.

Berckhauer, Friedhelm / Hasenpusch, Burkhard: Legalbewährung und Strafvollzug – Zur Rückfälligkeit der 1974 aus dem niedersächsischen Strafvollzug Entlassenen, in: Schwind, Hans-Dieter / Steinhilper, Gernot (Hrsg.), Modelle zur Kriminalitätsvorbeugung und Resozialisierung. Beispiele praktischer Kriminalpolitik in Niedersachsen, Heidelberg 1982, S.281-333, zitiert: Berckhauer/Hasenpusch (1982), S.

Berlin, Brandenburg, Bremen, Mecklenburg- Vorpommern, Rheinland-Pfalz, Saarland, Sachsen, Sachsen-Anhalt, Schleswig-Holstein (Hrsg.): Entwurf. Begründung des Jugendstrafvollzugsgesetzes, abrufbar unter: http://www.dvjj.de/data/pdf/ 82690ecad6838a4f1cee5b35e6876b6a.doc, zuletzt abgerufen am 13.1.2007, zitiert: Begründung zum E 2006, S.

Beulke, Werner: Wieviel Erziehung ist im Jugendstrafrecht möglich?, in: Rössner, Dieter (Hrsg.), Toleranz – Erziehung – Strafe. Antworten auf Straftaten Jugendlicher, Hofgeismar 1989, S.65-99, zitiert: Beulke (1989), S.

Beulke, Werner: Brauchen wir eine Wende im Jugendstrafrecht? in: Geppert, Klaus / Dehnicke, Diether (Hrsg.), Gedächtnisschrift für Karlheinz Meyer, Berlin, New York 1990, zitiert: Beulke, in: Meyer-Gedächtnisschrift (1990), S.677-697

Beulke, Werner: Resozialisierung – Neudenken? Das Bedürfnis nach Sicherheit und seine Folgen für die derzeitige Diskussion um die Reform des Jugendstrafrechts, in: Feltes, Thomas / Pfeiffer, Christian / Steinhilper, Gernot (Hrsg.), Kriminalpolitik und ihre wissenschaftlichen Grundlagen. Festschrift für Professor Dr. Hans-Dieter Schwind zum 70. Geburtstag, Heidelberg 2006, S.225-234, zitiert: Beulke, in: Schwind-FS (2006), S.

Beulke, Werner: Strafprozessrecht, 9. Auflage, Heidelberg 2006, zitiert: Beulke (2006), Rn.

Biendl, Christian: Jugendstrafvollzug in freier Form am Beispiel des „Projekt Chance", Konstanz 2005, zitiert: Biendl (2005), S.

Binder, Detlev: Verfassungswidrigkeit des Jugendstrafvollzuges, StV 2002, S.452-455

Birtsch, Vera / Rosenkranz, Joachim (Hrsg.): Mütter und Kinder im Gefängnis: Orientierungen und Ergebnisse zum Frauenstrafvollzug und zu Mutter-Kind-Einrichtungen im Strafvollzug, München u.a. 1988, zitiert: Birtsch/Rosenkranz (1988), S.

Böhm, Alexander: Anmerkung zu OLG Frankfurt, Beschluß vom 02.02.1984 – 3 VAs 49/83, NStZ 1984, S.383-384

Böhm, Alexander: Überlegungen zur Rechtsstellung der im Jugendstrafvollzug befindlichen Gefangenen, in: Schwind, Hans-Dieter u.a. (Hrsg.), Festschrift für Günter Blau zum 70. Geburtstag am 18. Dezember 1985, Berlin, New York 1985, S.189-205, zitiert: Böhm, in: Blau-FS (1985), S.

Böhm, Alexander: Vollzugslockerungen und offener Vollzug zwischen Strafzwecken und Vollzugszielen, NStZ 1986, S.201-206

Böhm, Alexander: Der Jugendstrafvollzug im Spiegel der neueren Rechtsprechung, in: Trenczek, Thomas (Hrsg.), Freiheitsentzug bei jungen Straffälligen. Die Situation des Jugendstrafvollzugs zwischen Reform und Alternativen, Bonn 1993, S.197-206, zitiert: Böhm (1993), S.

Böhm, Alexander: Einführung in das Jugendstrafrecht. 3. Auflage, München 1996, zitiert: Böhm (1996), S.

Böhm, Alexander: Aus der neueren Rechtsprechung zum Jugendstrafrecht, NStZ-RR 1998, S.289-293

Böhm, Alexander: Zur Diskussion um die gesetzliche Regelung und die tatsächliche Entwicklung des Jugendstrafvollzuges, in: Schwind, Hans-Dieter u.a. (Hrsg.), Festschrift für Hans Joachim Schneider zum 70. Geburtstag am 14. November 1998. Kriminologie an der Schwelle zum 21. Jahrhundert, Berlin, New York 1998, S. 1013-1035, zitiert: Böhm, in: Schneider-FS (1998), S.

Böhm, Alexander: Zu Britz, Leistungsgerechtes Arbeitsentgelt für Strafgefangene? Zeitschrift für Strafvollzug 1999, 195, ZfStrVo 2000, S.63-64

Böhm, Alexander: Bemerkungen zum Vollzugsziel, in: Prittwitz, Cornelius u.a. (Hrsg.), Festschrift für Klaus Lüderssen zum 70.Geburtstag am 2.Mai 2002, Baden-Baden 2002, Seite 807-819, zitiert: Böhm, in: Lüderssen-FS (2002), S.

Bosold, Christiane / Prasse, Anke / Lauterbach, Oliver: Anti-Gewalt-Trainings im Jugendvollzug. Eine bundesweite Bestandsaufnahme, ZJJ 2006, S.27-37

Brandt, Markus: Gesetzliche Regelung für den Jugendstrafvollzug, ZJJ 2006, S.244-250

Britz, Guido: Leistungsgerechtes Arbeitsentgelt für Strafgefangene? – Eine Besprechung der Entscheidung des Bundesverfassungsgerichts vom 1.7.1998 - 2 BvR 441/90 u.a. (BGBl. I 1998, 2208), ZfStrVo 2000, S.195-203

Brühl, Albrecht: Disziplinarmaßnahmen im Strafvollzug. Bemerkungen zu den §§ 102 – 107 StVollzG, ZfStrVo 1979, S.219-225

Bruns, Werner: Theorie und Praxis des Wohngruppenvollzugs. Zur Situation der Unterbringung junger Strafgefangener in der Jugendanstalt Hameln, Pfaffenweiler 1989, zitiert: Bruns (1989), S.

Brunner, Rudolf / Dölling, Dieter: Jugendgerichtsgesetz. Kommentar, 11. Auflage, Berlin, New York 2002 zitiert: Brunner/Dölling (2002), §, Rn.

Bulczak, Gerhard: Jugendanstalten, in: Schwind, Hans-Dieter / Blau, Günter (Hrsg.), Strafvollzug in der Praxis. Eine Einführung in die Probleme und Realitäten des Strafvollzuges und der Entlassenenhilfe, Berlin u.a. 1976, S.96-100, zitiert: Bulczak (1976), S.

Bulczak, Gerhard u.a.: Jugendstrafvollzugsgesetz. Entwurf, Godesberg 1988, zitiert: Begründung zum E 1988, S.

Bundesarbeitsgemeinschaft der Lehrerinnen und Lehrer im Justizvollzug e.V. (Hrsg.): Stellungnahme zum Entwurf eines Gesetzes zur Regelung des Jugendstrafvollzuges (GJVollz), abrufbar unter: http://www.justizvollzugslehrer.de/Formularordner/StellungnahmeGJVollz.doc, zuletzt abgerufen am 6.11.2006, zitiert: Stellungnahme der BAG, S.

Der Bundesminister der Justiz (Hrsg.): Schlußbericht der Jugendstrafvollzugskommission, Köln 1980, zitiert: Schlußbericht der Jugendstrafvollzugskommission (1980), S.

Bundesministerium der Justiz (Hrsg.): Internationale Menschenrechtsstandards und das Jugendkriminalrecht. Dokumente der Vereinten Nationen und des Europarates, Mönchengladbach 2001, zitiert: Internationale Menschenrechtsstandards und das Jugendkriminalrecht (2001), S.

Bundesministerium der Justiz (Hrsg.): Begründung zum Entwurf eines Gesetzes zur Regelung des Jugendstrafvollzuges, Stand 28.4.2004, abrufbar unter: http://www.dvjj.de/data/pdf/97f9ae5d2b26074bdc3865496db9d11d.pdf, zuletzt abgerufen am 6.11.2006, zitiert: Begründung zum GJVollz (2004), S.

Bunk, Gerhard P. / Stentzel, Michael: Modelle der Berufserziehung straffälliger Jugendlicher und Heranwachsender, ZfStrVo 2000, S.73-81

Burscheidt, Ulrike: Das Verbot der Schlechterstellung Jugendlicher und Heranwachsender gegenüber Erwachsenen in vergleichbarer Verfahrenslage, Baden-Baden 2000, zitiert: Burscheidt (2000), S.

Busch, Max: Erziehung junger Gefangener, UJ 1985, S.126-138

Busch, Max: Kinder inhaftierter Väter, ZfStrVo 1989, S.131-137

Butz, Katharina: Die Verhängung von Jugendstrafe vor dem Hintergrund der Verfassungswidrigkeit des Jugendstrafvollzuges. Untersuchung zur Verfassungsgemäßheit von § 17 Abs. 2 JGG, Aachen 2004, zitiert: Butz (2004), S.

Callies, Rolf-Peter / Müller-Dietz, Heinz: Strafvollzugsgesetz, 10.Auflage, München 2005, zitiert: Callies/Müller-Dietz (2005), §, Rn.

Cornel, Heinz: Das Strafvollzugsgesetz darf weder zerstückelt, noch ausgehöhlt werden, NK 2005, S.135

DBH, Fachverband für soziale Arbeit, Strafrecht und Kriminalpolitik (Hrsg.): Stellungnahme zum Entwurf eines Gesetzes zur Regelung des Jugendstrafvollzuges (GJVollz), 2004, abrufbar unter: http://www.dbh-online.de/stellung/stellungnahme-gjvollz-2004-07.pdf, zuletzt abgerufen am 11.6. 2007, zitiert: Stellungnahme des DBH (2004), S.

DBH, Fachverband für soziale Arbeit, Strafrecht und Kriminalpolitik (Hrsg.): Stellungnahme zur Verlagerung der Gesetzgebungskompetenz für den Strafvollzug durch die Föderalismusreform, Stand 8.3.2006, abrufbar unter: http://www.dbh-online.de/stellung/Strafvollzug_Foeder_08-03-06.pdf, zuletzt abgerufen am 11.6.2007, zitiert: Stellungnahme des DHB zur Föderalismusreform (2006), S.

Dessecker, Axel: Die Überlastung des Maßregelvollzugs: Folge von Verschärfungen im Kriminalrecht?, NK 2005, S.23-28

Diederichsen, Uwe: Das Bundesverfassungsgericht als oberstes Zivilgericht – ein Lehrstück der juristischen Methodenlehre, AcP 198 (1998), S.171 - 260

Dünkel, Frieder: Freiheitsentzug für junge Rechtsbrecher. Situation und Reform von Jugendstrafe, Jugendstrafvollzug, Jugendarrest und Untersuchungshaft in der Bundesrepublik Deutschland und im internationalen Vergleich, Bonn 1990, zitiert: Dünkel (1990), S.

Dünkel, Frieder: Brauchen wir ein Jugendstrafvollzugsgesetz?, DVJJ-J 1992, S.54-61

Dünkel, Frieder: Brauchen wir ein Jugendstrafvollzugsgesetz?, ZRP 1992, S. 176-181

Dünkel, Frieder: Jugendstrafvollzug zwischen Erziehung und Strafe – Entwicklungen und Perspektiven im internationalen Vergleich, in: Feuerhelm, Wolfgang u.a. (Hrsg.), Festschrift für Alexander Böhm zum 70. Geburtstag am 14. Juni 1999, Berlin, New York 1999, S.99-140, zitiert: Dünkel, in: Böhm-FS (1999), S.

Dünkel, Frieder: Resozialisierungsvollzug (erneut) auf dem Prüfstand, in: Jehle, Jörg-Martin (Hrsg.), Täterbehandlung und neue Sanktionsformen – kriminalpolitische Konzepte in Europa, Mönchengladbach 2000, S.379-414, zitiert: Dünkel (2000), S.

Dünkel, Frieder: Aktuelle Daten und statistische Entwicklungen zum Jugendstrafvollzug in den alten und neuen Bundesländern, ZfStrVo 2002, S.67-76

Dünkel, Frieder / Lang, Sabine: Jugendstrafvollzug in den neuen und alten Bundesländern. Vergleich einiger statistischer Strukturdaten und aktuelle Entwicklungen in den neuen Bundesländern, in: Bereswill, Mechthild / Höynck, Theresia (Hrsg.), Jugendstrafvollzug in Deutschland: Grundlagen, Konzepte, Handlungsfelder. Beiträger aus Forschung und Praxis, Mönchengladbach 2002, S.20-56, zitiert: Dünkel/Lang (2002), S.

Dünkel, Frieder: Situation und Reform des Jugendstrafvollzugs in Deutschland, RdJB 2003, S.335-352

Dünkel, Frieder: Sicherheit als Vollzugsziel? Die Wende im Strafvollzug in Zeiten des Wahlkampfes: eine Initiative aus Hessen, NK 2003, S.8-9

Dünkel, Frieder: Strafvollzug ist Ländersache!? Was trotz bundeseinheitlicher Gesetzgebungskompetenz des Bundes möglich ist – Dargestellt am Beispiel des offenen Vollzuges, NK 2005, S.5-6

Dünkel, Frieder / Schüler-Springorum, Horst: Strafvollzug als Ländersache? Der „Wettbewerb der Schäbigkeit" ist schon im Gange!, ZfStrVo 2006, S.145-149

Dünkel, Frieder: Rechtstatsächliche Befunde zur Situation und den Besonderheiten des Jugendstrafvollzugs in Deutschland, Stand 28.2.2006, abrufbar unter: http://www.uni-greifswald.de/~ls3/Dokumente/ Duenkel_gutachtenBVerfG.pdf, zuletzt abgerufen am 31.10.2006, zitiert: Dünkel, Gutachten für das BVerfG (2006), S.

Dünkel, Frieder: Die Reform des Jugendstrafvollzugs in Deutschland, in: Feltes, Thomas / Pfeiffer, Christian / Steinhilper, Gernot (Hrsg.), Kriminalpolitik und ihre wissenschaftlichen Grundlagen. Festschrift für Professor Dr. Hans-Dieter Schwind zum 70. Geburtstag, Heidelberg 2006, S.549-570, zitiert: Dünkel, in: Schwind-FS (2006), S.

Dünkel, Frieder / Kestermann, Claudia, Zolondek, Juliane (Hrsg.): Internationale Studie zum Frauenstrafvollzug. Bestandsaufnahme, Bedarfsanalyse, „Best Practice", 2006, abrufbar unter: http://www.uni-greifswald.de/~ls3/Dokumente/Reader_frauenvollzug.pdf, zuletzt abgerufen am 24.10.2006, zitiert: Internationale Studie zum Frauenstrafvollzug (2006)

DVJJ (Hrsg.): Denkschrift über die kriminalrechtliche Behandlung junger Volljähriger, Göttingen 1977, zitiert: DVJJ (1977), S.

DVJJ (Hrsg.): Bericht der Kommission der Deutschen Vereinigung für Jugendgerichte und Jugendgerichtshilfen zum Entwurf des Jugendstrafvollzugsgesetzes, in: DVJJ-J 1992, S.41-50, zitiert: Stellungnahme der DVJJ zum E 1991, S.

DVJJ (Hrsg.): Eckpunktepapier: Anforderungen an ein zukünftiges Jugendstrafvollzugsgesetz, ZJJ 2004, S.209-214, zitiert: DVJJ, Eckpunktepapier (2004), S.

DVJJ (Hrsg.): Stellungnahme zum Referentenentwurf eines Gesetzes zur Regelung des Jugendstrafvollzuges (GJVollz), ZJJ 2004, S.314-322, zitiert: Stellungnahme der DVJJ zum GJVollz (2004), S.

Deutscher Richterbund (Hrsg.): Stellungnahme des Deutschen Richterbundes zum Referentenentwurf eines Gesetzes zur Regelung des Jugendstrafvollzuges (GJVollz), Stand: Juni 2004, abrufbar unter: http://www.drb.de/?http://www.drb.de/pages/html/stellung/st-gjvollz.html, zuletzt abgerufen am 11.6.2007, zitiert: Stellungnahme des Deutschen Richterbundes, zu § …

Ebert, Klaus Rochus: Kartentelefone im geschlossenen Vollzug – Kommunikationsmittel sui generis, ZfStrVo 2000, S.213-220

Egg, Rudolf / Kröniger, Silke: Sozialtherapie und Sozialtherapeutische Einrichtungen. Fakten, Expertenmeinung und aktuelle Entwicklungen, in: Rehn, Gerhard u.a. (Hrsg.), Freiheit und Unfreiheit. Arbeit mit Straftätern innerhalb und außerhalb des Justizvollzuges, Herbolzheim 2004, S. 219-233, zitiert: Egg/Kröniger (2004), S.

Eisenberg, Ulrich: Aufgaben (ergänzender) Regelungen des Jugendstrafvollzuges, ZRP 1985, S.41-50

Eisenberg, Ulrich: Zum RefE eines JStVollzG des BMJ vom 28.4.2004, MSchrKrim 2004, S.353-360

Eisenberg, Ulrich: Jugendgerichtsgesetz, 11. Auflage, München 2006, zitiert: Eisenberg (2006), §, Rn.

Fachverband für Soziale Arbeit, Strafrecht und Kriminalpolitik (DBH): Stellungnahme zum Entwurf eines Gesetzes zur Regelung des Jugendstrafvollzuges (GJVollz), Stand: 2.7.2004, abrufbar unter: http://www.dbh-online.de/stellung/stellungnahme-gjvollz-2004-07.pdf, zuletzt abgerufen am 6.11.2006, zitiert: Stellungnahme des DBH zum GJVollz, S.

Feest, Johannes: Anmerkung zu OLG Saarbrücken, Beschl. v. 26.9.2001 – Vollz (Ws) 6/01 = NStZ 2002, S.377, StV 2002, S.381-382

Feest, Johannes (Hrsg.): StVollzG. Kommentar zum Strafvollzugsgesetz (AK-StVollzG), 5.Auflage, Neuwied 2006, zitiert: *Bearbeiter*, in: AK-StVollzG (2006), §, Rn.

Fleck, Johannes: Vorstellungen zur Gestaltung des künftigen Jugendstrafvollzuges am Beginn des neuen Jahrhunderts, DVJJ-J. 2000, S.178-183

Fleck, Volker: Neue Verwaltungssteuerung und gesetzliche Regelung des Jugendstrafvollzugs, Mönchengladbach 2004, zitiert: Fleck (2004), S.

Frankenberg, Hans Magnus: Offener Jugendstrafvollzug, Vollzugsbedingungen und Legalbewährung von Freigängern aus der Jugendstrafvollzugsanstalt in Rockenberg, Hessen, Frankfurt am Main u.a. 1999, zitiert: Frankenberg (1999), S.

Franze, Karin: Resozialisierung unter den Bedingungen des Frauenstrafvollzugs. Eine Untersuchung und Bewertung der Resozialisierung straffällig gewordener Frauen angewandten Behandlungsmethoden in der JVA Aichach, Frankfurt a.M. u.a. 2001, zitiert: Franze (2001), S.

Franzkowiak, Peter / Sabo, Peter (Hrsg.): Dokumente der Gesundheitsförderung: internationale und nationale Dokumente und Grundlagentexte zur Entwicklung der Gesundheitsförderung im Wortlaut und mit Kommentierung, 2.Auflage, Mainz 1998, zitiert: Franzkowiak / Sabo (1998), S.

Frommel, Monika: Peinliche Machtspiele, NK 2005, S.7

Geissler, Isolde: Ausbildung und Arbeit im Jugendstrafvollzug. Haftverlaufs- und Rückfallanalyse, Freiburg i.Br. 1991, zitiert: Geissler (1991), S.

Gerken, Jutta: Anstaltsbeiräte. Erwartungen an die Beteiligung der Öffentlichkeit am Strafvollzug und praktische Erfahrungen in Hamburg. Eine empirische Studie, Frankfurt a.M. u.a. 1986, zitiert: Gerken (1986), S.

Gerken, Jutta / Schumann, Karl F. (Hrsg.): Ein trojanisches Pferd im Rechtsstaat. Der Erziehungsgedanke in der Jugendgerichtspraxis, Pfaffenweiler 1988, zitiert; Gerken/Schumann (1988), S.

Goerdeler, Jochen / Pollähne, Helmut: Das Bundesverfassungsgericht als Wegweiser für die Landesgesetzgeber. Zum Urteil des BVerfG vom 31. Mai 2006, ZJJ 2006, S.250-260

Goll, Ulrich / Wulf, Rüdiger: Projekt Chance: Aus der Jugendstrafanstalt ins Jugendheim. Ein Modell in Baden-Württemberg, ZfJ 2003, S.219-223

Goll, Ulrich / Wulf, Rüdiger: Nachsorge für junge Strafentlassene – Ein innovatives Netzwerk in Baden-Württemberg, ZRP 2006, S.91-93

Göppinger, Hans: Angewandte Kriminologie. Ein Leitfaden für die Praxis, Berlin u.a. 1985, zitiert: Göppinger (1985), S.

Görken, Annette: Eine Pilotstudie zur Überprüfung der Effektivität der Maßnahmen der Vollzugseinheit für soziales Lernen und Entlassungsvorbereitung in der Jugendabteilung der JVA Neumünster, ZfStrVo 1987, S.83-87

Götte, Sabine: Die Mitbetroffenheit der Kinder und Ehepartner von Strafgefangenen. Eine Analyse aus der Sicht unterhaltsrechtlicher Interessen, Berlin 2000, zitiert: Götte (2000), S.

Grosch, Olaf: Disciplinary Measures in Juvenile Prisons - Inmates' Perception of Severity, in: Kaiser, Günther / Geissler, Isolde (Hrsg.), Crime and Criminal Justice, Freiburg i. Br.1988, S.297-318, zitiert: Grosch (1988), S.

Grosch, Olaf: Lockerungen im Jugendstrafvollzug. Grundlagen und Praxis; eine haftverlaufsorientierte Untersuchung anhand des baden-württembergischen Jugendstrafvollzugs, Freiburg i.Br. 1995, zitiert: Grosch (1995), S.

Grübl, Günter: Alltag im Jugendstrafvollzug, in: Nickolai, Werner u.a. (Hrsg.), Sozialpädagogik im Jugendstrafvollzug. Erfahrungen aus der Praxis, Freiburg i. Br. 1985, S.11-19. zitiert: Grübl (1985), S.

Guder, Petra: Glen Mills Schools: Das Original. 11 Fragen - 11 Antworten, in: DVJJ (Hrsg.), Jugend, Gesellschaft und Recht im neuen Jahrtausend. Blick zurück nach vorn. Dokumentation des 25. Dt. Jugendgerichtstages vom 28.9.-2.10.2001 in Marburg, Mönchengladbach 2003, S. 595-607, zitiert: Guder (2003), S.

Hamm, Rainer / Burgmair, Ernst: Beck'sches Formularbuch für den Strafverteidiger. Formularbuch für den Strafverteidiger, 4. Auflage, München 2002, zitiert: *Bearbeiter*, in: Beck'sches Formularbuch für den Strafverteidiger (2002), S.

Harbordt, Steffen: Die Subkultur des Gefängnisses. Eine soziologische Studie zur Resozialisierung, 2. Auflage, Stuttgart 1972, zitiert: Harbordt (1972), S.

Hartmann, Jürgen: Keine Einbeziehung von Strafgefangenen in die gesetzliche Rentenversicherung, Die Sozialversicherung 1993, S. 197-200

Hassemer, Winfried: Resozialisierung und Rechtsstaat, KrimJ 1982, S. 161-166

Hoffmann, Klaus: Der Strafgefangene als Subjekt der Behandlung – zum Spannungsverhältnis von Menschenwürde und Vollzugsziel, ZfStrVo 2003, S. 207-212

Hirsch, Silke Marion: Die Kommunikationsmöglichkeiten des Strafgefangenen mit seiner Familie, Würzburg 2003, zitiert: Hirsch (2003), S.

Institute für Kriminologie der Universitäten Heidelberg und Tübingen (Hrsg.): Zwischenbericht der wissenschaftlichen Begleitung des Projekts Chance. Jugendstrafvollzug in freier Form, Stand 13.7.2006, abrufbar unter: www.projekt-chance.de/Jugendprojekte/Zwischenbericht%20.pdf, zuletzt abgerufen am 8.11.2006, zitiert: Zwischenbericht der wissenschaftlichen Begleitung des Projekts Chance (2006), S.

Jarass, Hans D. / Pieroth, Bodo: Grundgesetz für die Bundesrepublik Deutschland. Kommentar, 8.Auflage, München 2006, zitiert: Jarass/Pieroth (2006), Art., Rn.

Kaiser, Günther / Schöch, Heinz: Strafvollzug, 5. Auflage, Heidelberg 2002, zitiert: Kaiser/Schöch (2002), §, Rn.

Kawamura-Reindl, Gabriele: Resozialisierung straffälliger Frauen, in: Cornel, Heinz u.a. (Hrsg.), Handbuch der Resozialisierung, 2. Auflage, Baden-Baden 2003 S.373-406, zitiert: Kawamura-Reindl (2003), S.

Kerner, Hans-Jürgen / Stroezel, Holger / Wegel, Melanie: Erziehung, Religion und Wertorientierungen bei jungen Gefangenen, ZJJ 2003, S.233-240

Knöner, Helmut: Wege nach Karlsruhe, in: Pollähne Helmut / Bammann, Kai / Feest, Johannes (Hrsg.), Wege aus der Gesetzlosigkeit. Rechtslage und Regelungsbedürftigkeit des Jugendstrafvollzugs, Mönchengladbach 2004, S.109-129, zitiert: Knöner (2004), S.

Köhne, Michael: Eigene Kleidung im Strafvollzug, ZRP 2003, S.60-61

Köhne, Michael: Gesetzgebungszuständigkeit für den Strafvollzug, ZRP 2006, S.195-196

Köhne, Michael: Das Ende des „gesetzlosen" Jugendstrafvollzugs, ZRP 2007, S.109-113

Koervers, Hans-Jürgen: Jugendkriminalität und Religiosität. Untersuchung zur Religiosität delinquenter Jugendlicher und Perspektiven einer präventiven religiösen Erziehung, Weinheim 1988, zitiert: Koervers (1988), S.

Kohlberg, Lawrence / Scharf, Peter / Hickey, Joseph: Gerechtigkeitsstruktur im Gefängnis. Eine Theorie und eine Intervention, in: Portele, Gerhard Heik (Hrsg.), Sozialisation und Moral: Ansätze zur moralischen Entwicklung und Erziehung, Weinheim u.a. 1978, S.202-214, zitiert: Kohlberg/Scharf/ Hickey (1978), S.

Konferenz der Katholischen Seelsorge bei den Justizvollzugsanstalten in der Bundesrepublik Deutschland u.a.: Stellungnahme zum Entwurf eines Jugendstrafvollzugsgesetzes, Stand 1.7.2004, abrufbar unter: http:// www.bag-straffaelligenhilfe.de/pdf/jugendst.pdf, zuletzt abgerufen am 6.11.2006, zitiert: Gemeinsame Erklärung der Seelsorgerverbände zum GJVollz, S.

Koop, Uwe: Keine Verlagerung der Gesetzgebungskompetenz für den Strafvollzug auf die Länder – Gesetzgebungskompetenz für den Strafvollzug muss beim Bund bleiben!, ZfStrVo 2006, S.3

Kubink, Michael: Aus der Rechtsprechung: Par.177, 178, 258 StGB, Par.2, 156 Abs.2 Satz 2 StVollzG (Strafvereitelung des Anstaltsleiters durch Nichtanzeige schwerer Straftaten eines Gefangenen), ZfStrVo 1996, S.371-376

Kreideweiß, Thomas: Die Reform des Jugendstrafvollzuges. Ein analytischer Vergleich bisheriger Gesetzentwürfe sowie die Konzipierung eines eigenen Alternativentwurfes, Frankfurt a.M. u.a. 1993, zitiert: Kreideweiß (1993), S.

Kreuzer, Arthur: 30 Jahre Strafvollzugsgesetz – Wie steht es um den Strafvollzug?, ZfStrVo 2006, S.136-144

Krug, Heinz / Grüner, Hans / Dalichau, Günther (Hrsg.): SGB VIII – Kinder- und Jugendhilfe. Kommentar und Rechtssammlung. Kinder- und Jugendhilfe, Sozialgesetzbuch (SGB), achtes Buch (VIII), Starnberg, Losebl. (Stand 84.EL 2006), zitiert: Krug/Grüner/Dalichau (Hrsg.), SGB VIII, §, S.

Kubicki, Wolfgang: Das Strafvollzugsgesetz darf weder zerstückelt, noch ausgehöhlt werden, NK 2006, S.5

Kunz, Karl-Ludwig: Soziales Lernen ohne Zwang. Ein Programm für den Strafvollzug der Zukunft, ZStW 101 (1989), S.75-102

Kusch, Roger: Plädoyer für die Abschaffung des Jugendstrafrechts, NStZ 2006, S.65-69

Lambropoulou, Efstathia: Erlebnisbiographie und Aufenthalt im Jugendstrafvollzug, Freiburg i.Br. 1987, zitiert: Lambropoulou (1987), S.

Laubenthal, Klaus: Die Zuweisung zu Wohngruppen und Behandlungsgruppen. Sinn und Zweck des § 7 Abs. 2 Nr. 2 StVollzG, Würzburg 1982, zitiert: Laubenthal (1982), S.

Laubenthal, Klaus: Der Wohngruppenvollzug – Entwicklung, Zielsetzung, Perspektiven, ZfStrVo 1984, S.67-73

Laubenthal, Klaus: Strafvollzug, 3.Auflage, Berlin u.a. 2003, zitiert: Laubenthal (2003), Rn.

Laubenthal, Klaus: Jugendstrafvollzug und Gesetz, in: Deutsche Vereinigung für Jugendgerichte und Jugendgerichtshilfen e.V., Regionalgruppe Nordbayern (Hrsg.), Entwicklungen im Jugendstrafrecht: Polizei, Strafvollzug. Fachtagung 19. November 2004, Fachtagung 08. April 2005, Erlangen 2005, S.65-80, zitiert: Laubenthal (2005), S.

Laubenthal, Klaus / Baier, Helmut: Jugendstrafrecht, Heidelberg 2006, zitiert: Laubenthal/Baier (2006), Rn.

Lehmann, Christian: Warum gibt es bis heute kein Jugendstrafvollzugsgesetz? Entwürfe, Vorstöße, aktuelle Diskussionen, in: Bereswill, Mechthild / Höynck, Theresia (Hrsg.), Jugendstrafvollzug in Deutschland: Grundlagen, Konzepte, Handlungsfelder. Beiträger aus Forschung und Praxis, Mönchengladbach 2002, S.79-86, zitiert: Lehmann (2002), S.

Lempp, Reinhart: “Die nicht mehr tragbar sind...”. Der Umgang mit vielfach straffälligen jungen Menschen trotz Scheitern, Gewalt und Resignation, DVJJ-J 1994, S.58-63

Lippenmeier, Norbert / Steffen, Margarete: Erfahrungen als Wohngruppenleiter, in: Rasch, Wilfried (Hrsg.): Forensische Sozialtherapie. Erfahrungen in Düren, Karlsruhe u.a. 1977, S.89-111, zitiert: Lippenmeier/Steffen (1977), S.

Lohmann, Hans Christian: Arbeit und Arbeitsentlohnung des Strafgefangenen, Frankfurt am Main u.a. 2002, zitiert: Lohmann (2002), S.

Lütkes, Anne: Zuständigkeit der Länder für den Strafvollzug?, NK 2006, S.2

Mamier, Jasmin: Glen Mills Schools - auf dem Weg zur Entzauberung?, DVJJ-J. 2002, S.66-67

Martinson, Robert: What Works? - Questions and Answers About Prison Reform, The Public Interest 1974, S. 22-54

Matzke, Michael: Der Leistungsbereich bei Jugendstrafgefangenen. Ein Beitrag zur Funktion der Jugendstrafe, Berlin 1982, zitiert: Matzke (1982), S.

Mauch, Gerhard / Mauch, Roland: Sozialtherapie und die sozialtherapeutische Anstalt. Erfahrungen in der Behandlung Chronisch-Krimineller. Voraussetzungen, Durchführung und Möglichkeiten, Stuttgart 1971, zitiert: Mauch/Mauch (1971), S.

Meier, Bernd-Dieter / Rössner, Dieter / Schöch, Heinz: Jugendstrafrecht, München 2003, zitiert: Meier/Rössner/Schöch (2003), §, Rn.

Mertin, Herbert: Verfassungswidrigkeit des Jugendstrafvollzugs?, ZRP 2002, S.18-20

Meyer-Goßner, Lutz: Strafprozessordnung. Gerichtsverfassungsgesetz, Nebengesetze und ergänzende Bestimmungen, 48. Auflage, München 2005, zitiert: Meyer-Goßner (2005), §, Rn.

Müller, Kerstin: Behandeln statt strafen, aber wie? Die Erziehungs- und Behandlungsplanung, in: Bereswill, Mechthild / Höynck, Theresia (Hrsg.), Jugendstrafvollzug in Deutschland: Grundlagen, Konzepte, Handlungsfelder. Beiträger aus Forschung und Praxis, Mönchengladbach 2002, S.107-142, zitiert: K. Müller (2002), S.

Müller, Siegfried: Brauchen Jugendliche einen Anwalt?, DVJJ-J. 1991, S. 222-227

Müller-Alten, Lutz: Die funktionalistische Struktur des Systems Jugendhilfe – Eine kritische Auseinandersetzung mit dem KJHG, ZfJ 2003, S.405-417

Müller-Dietz, Heinz: Grundfragen des strafrechtlichen Sanktionensystems, Heidelberg u.a. 1979, zitiert: Müller-Dietz (1979), S.

Müller-Dietz, Heinz: Menschenwürde und Strafvollzug, Berlin, New York 1994, zitiert: Müller-Dietz (1994), S.

Niedersächsisches Justizministerium: Zurück zu überholten Konzepten? Kein genereller Wohngruppenvollzug bei jugendlichen Straftätern. Pressemitteilung vom 26.4.2004, abrufbar unter: http://www.mj.niedersachsen.de/master/C3376786_L20_D0_i693.html, zuletzt abgerufen am 26.10.2006, zitiert: Pressemitteilung des Niedersächsischen Justizministeriums vom 26.4.2004

Nothacker, Gerhard: "Erziehungsvorrang" und Gesetzesauslegung im Jugendgerichtsgesetz, Berlin 1985, zitiert: Nothacker (1985), S.

Ostendorf, Heribert: Jugendgerichtsgesetz. Kommentar, 6. Auflage, Köln u.a. 2003, zitiert: Ostendorf (2003), §, Rn.

Ostendorf, Heribert: Gegen die Abschaffung des Jugendstrafrechts oder seiner Essentialia, NStZ 2006, S.320-326

Ostendorf, Heribert: Gesetzliche Grundlage für den Jugendstrafvollzug – verfassungsrechtlich geboten!, NJW 2006, S.2073-2074

Ostendorf, Heribert: Das Verbot einer strafrechtlichen und disziplinarrechtlichen Ahndung der Gefangenenselbstbefreiung, NStZ 2007, S.313-317

Palandt, Otto u.a. (Hrsg.): Bürgerliches Gesetzbuch. Kommentar, 65. Auflage, München 2006, zitiert: *Bearbeiter*, in: Palandt (2006), §, Rn.

Pendon, Manuel: Flexibles, bedarfsgerechtes Berufsbildungsangebot im Jugendvollzug - dargestellt am Beispiel der JSA Schifferstadt, ZfStrVo 1996, S.87-90

Pfeiffer, Christian: Medienverwahrlosung als Ursache von Schulversagen und Jugenddelinquenz?, 2003, abrufbar unter: http://www.kfn.de/medienverwahrlosung.pdf, zuletzt abgerufen am 8.11.2006, zitiert: Pfeiffer (2003), S.

Pfeiffer, Christian / Windzio, Michael / Kleimann, Matthias: Die Medien, das Böse, und wir. Zu den Auswirkungen der Mediennutzung auf Kriminalitätswahrnehmung, Strafbedürfnisse und Kriminalpolitik, MSchrKrim 2004, S.415-435

Pieroth, Bodo / Schlink, Bernhard: Grundrechte. Staatsrecht II, 21. Auflage, Heidelberg 2005, zitiert: Pieroth/Schlink (2005), Rn.

Plewig, Hans-Joachim: Abschaffung des Erziehungsauftrages, in: Vögele, Wolfgang / Jesse, Christiane (Hrsg.), Jugendvollzug: Politische, rechtliche, soziale Perspektiven, Loccum 2003, S.49-57, zitiert: Plewig (2003), S.

Pollähne, Helmut: Schleichwege durch die Gesetzlosigkeit, in: Pollähne, Helmut / Bammann, Kai / Feest, Johannes (Hrsg.), Wege aus der Gesetzlosigkeit. Rechtslage und Regelungsbedürftigkeit des Jugendstrafvollzugs, Mönchengladbach 2004, S.45-68, zitiert: Pollähne (2004), S.

Pollähne, Helmut: Endlich: Jugendstrafvollzug vor dem Bundesverfassungsgericht. Bericht von der mündlichen Verhandlung am 1.März, ZJJ 2006, S.67-71

Radbruch, Gustav: Der Mensch im Recht. Ausgewählte Vorträge und Aufsätze über Grundfragen des Rechts, Göttingen 1957, zitiert: Radbruch (1957), S.

Radtke, Henning: Die Zukunft der Arbeitsentlohnung von Strafgefangenen, ZfStrVo 2001, S.4-13

Rehbein, Klaus: Jugendstrafvollzugsgesetz. Entwurf, Stand: Oktober 2006, abrufbar unter: http://www.dvjj.de/data/pdf/2f86a07908de0a7603144 dacace4b4c8.doc, zuletzt abgerufen am 21.11.2006, zitiert: Rehbein (2006), §

Rehn, Gerhard: Grundlegende Überlegungen zur Planung und Gestaltung Sozialtherapeutischer Einrichtungen im Justizvollzug, in: Rehn, Gerhard u.a. (Hrsg.), Freiheit und Unfreiheit. Arbeit mit Straftätern innerhalb und außerhalb des Justizvollzuges, Herbolzheim 2004, S. 200-218, zitiert: Rehn (2004), S.

Rehn, Gerhard: Reform und Gegenreform. Bemerkungen zur Situation und zu den Perspektiven des Strafvollzuges, in: Rehn, Gerhard u.a. (Hrsg.), Freiheit und Unfreiheit. Arbeit mit Straftätern innerhalb und außerhalb des Justizvollzuges, Herbolzheim 2004, S. 523-537, zitiert: Rehn (2004a), S.

Rehn, Gerhard: Gegenreform erfasst Strafvollzugsgesetz. Bemerkungen zur Situation des Strafvollzuges aus Anlass einer drohenden Verlagerung der gesetzgeberischen Zuständigkeit auf die Länder, NK 2005, S.3-5

Rosenthal, Michael: Arbeitslohn im Strafvollzug, NK 1998, S.12-14, 16

Rössner, Dieter: Jugendstrafvollzug bei 14 - 18 Jährigen. Problemanzeige und Perspektiven, in: Kerner, Hans-Jürgen / Kaiser, Günther (Hrsg.), Kriminalität. Persönlichkeit, Lebensgeschichte und Verhalten, Festschrift für Hans Göppinger zum 70. Geburtstag, Berlin u.a. 1990, S.523-536, zitiert: Rössner, in: Göppinger-FS (1990), S.

Rössner, Dieter: Sozialtherapeutische Gemeinschaft statt Jugendstrafvollzug – Modell zur inneren Reform der Jugendstrafe bei Jugendlichen, in: Rössner, Dieter u.a. (Hrsg.), Das Prinzip Hilfe zur Selbsthilfe. Reflexionen und Berichte aus der Arbeit mit Straffälligen, Mössingen-Talheim 1993, Seite 46-57, zitiert: Rössner (1993), S.

Rössner, Dieter: Die Jugendkriminalität und das Opfer der Straftat, TOA Infodienst, 2001, S.8–13

Rössner, Dieter: Mediation im Strafrecht, in: Cornel, Heinz u.a. (Hrsg.), Handbuch der Resozialisierung, 2.Auflage, Baden-Baden 2003, S.203-232, zitiert: Rössner (2003), S.

Rössner, Dieter: Täter-Opfer-Ausgleich. Förderung der sozialen Verantwortung und Integration durch Opferbezug im Jugendstrafvollzug, ZJJ 2005, S.30-34

Rotthaus, Karl Peter: Die Bedeutung des Strafvollzugsgesetzes für die Reform des Strafvollzuges, NStZ 1987, S.1-5

Rotthaus, Karl Peter: Sozialtherapie im Strafvollzug, ZfStrVo 2002, S.279-284

Roxin, Claus: Die Anstaltsbeiräte im Alternativentwurf, in: Baumann, Jürgen (Hrsg.), Die Reform des Strafvollzuges. Programm nach den Vorstellungen des Alternativ-Entwurfes zu einem Strafvollzugsgesetz, München 1974, S.115-127, zitiert: Roxin (1974), S.

Rzepka, Dorothea: Rechtsgrundlagen der Gesetzlosigkeit, in: Pollähne Helmut / Bammann, Kai / Feest, Johannes (Hrsg.), Wege aus der Gesetzlosigkeit. Rechtslage und Regelungsbedürftigkeit des Jugendstrafvollzugs, Mönchengladbach 2004, S.27-43, zitiert: Rzepka (2004), S.

Schaffstein, Friedrich: Anmerkung zu BVerfG NStZ 1987, S.275, NStZ 1987, S.502-503

Schaffstein, Friedrich / Beulke, Werner: Jugendstrafrecht. Eine systematische Darstellung, 14. Auflage, Stuttgart 2002, zitiert: Schaffstein/Beulke (2002), S.

Schellhorn, Walter (Hrsg.): Sozialgesetzbuch Achtes Buch – Kinder- und Jugendhilfe. SGB VIII, KJHG; ein Kommentar für Ausbildung, Praxis, Rechtsprechung und Wissenschaft. SGB VIII, KJHG, Neuwied u.a. 2000, zitiert: *Bearbeiter*, in: Schellhorn (Hrsg.), SGB VIII, §, Rn.

Schlüchter, Ellen: De nihilo nihil – oder: Der Erziehungsgedanke im Jugendstrafrecht, GA 1988, S. 106-128

Schüler-Springorum, Horst: Hauptprobleme einer gesetzlichen Regelung des Jugendstrafvollzugs, in: Herren, Rüdiger / Kienapfel, Diethelm / Müller-Dietz, Heinz (Hrsg.), Festschrift für Thomas Würtenberger zum 70. Geburtstag am 7.10.1977, Berlin 1977, S.425-447, zitiert: Schüler-Springorum, in: Würtenberger-FS (1977), S.

Schulte-Altedorneburg, Manfred: Zwölf Thesen über das Dilemma von Strafe und Behandlung, in: Schulte-Altedorneburg, Manfred / Stäwen, Günter (Hrsg.), ... und noch mehr Kontrolle? Strafhaft und Behandlung in Wohngruppen, Hagen 1989, S.76-95, zitiert: Schulte-Altedorneburg (1989), S.

Schüßler. Thomas / Stiller, Anja / Ringlstetter, Arne: Sozialtherapie im Adelsheimer Jugendvollzug, ZfStrVo 2006, S.272-276

Schwind, Hans-Dieter: Kriminologie. eine praxisorientierte Einführung mit Beispielen, 15. Auflage, Heidelberg 2005, zitiert: Schwind (2005), S.

Schwind, Hans-Dieter / Böhm, Alexander / Jehle, Jörg-Martin (Hrsg.): Strafvollzugsgesetz. Kommentar, 4.Auflage, Berlin 2005, zitiert: *Bearbeiter*, in: Schwind/Böhm/ Jehle (2005), §, Rn.

Sigel, Walter: Beschäftigungs- und Berufsausbildungsverhältnis zwischen Vollzugsanstalt und Gefangenen – Zugleich Besprechung von BAG, Beschl. v. 18. 11. 1986 - 7 AZR 311/85 (NStZ 1987, 575 - in diesem Heft), NStZ 1987, S.543-545

Sonnen, Bernd-Rüdeger: Verfassungsmäßigkeit des derzeitigen Jugendstrafvollzuges. Gutachterliche Stellungnahme im Namen der Deutschen Vereinigung für Jugendgerichte und Jugendgerichtshilfe (DVJJ e.V.), DVJJ-J 2003, S.61-64

Statistisches Bundesamt (Hrsg.): Bestand der Gefangenen und Verwahrten in den deutschen Justizvollzugsanstalten nach ihrer Unterbringung auf Haftplätzen des geschlossenen und offenen Vollzuges jeweils zu den Stichtagen 31.März, 31. August und 30. November eines Jahres, Stand: 12. 05.2006, abrufbar unter: http://www.destatis.de/download/d/veroe/ fach_ voe/justizvollzug06.pdf, zuletzt abgerufen am 25.10.2006, zitiert: Statistisches Bundesamt (2006), S.

Stege, Klaus: Ein Jahr Kinderbetreuung von Besucherkindern in der JVA Vechta – Ein Versuch hat sich bewährt, ZfStrVo 1989, S.154-155

Steinhilper, Monika: Junge Frauen im Strafvollzug, in: Trenczek, Thomas (Hrsg.), Freiheitsentzug bei jungen Straffälligen. Die Situation des Jugendstrafvollzugs zwischen Reform und Alternativen, Bonn 1993, S.145-151, zitiert: Steinhilper (1993), S.

Stolle, Peer / Brandt, Karsten: Verwahrvollzug als Zukunft des Strafvollzuges? Anmerkung zu einer Gesetzesinitiative des Bundesrates, ZfStrVo 2004, S.67-69

Streng, Franz: Die Jugendstrafe wegen schädlicher Neigungen – Ein Beitrag zu den Grundlagen und zum. System der Jugendstrafe, GA 1984, S. 149-166

Streng, Franz: Jugendstrafrecht, Heidelberg 2003, zitiert: Streng (2003), S.

Sykes, Gresham M'Cready / Matza, David: Techniken der Neutralisierung. Eine Theorie der Delinquenz, in: Sack, Fritz / König, René (Hrsg.), Kriminalsoziologie, Frankfurt 1968, S. 360-371, zitiert: Sykes/Matza (1968), S.

Sykes, Gresham M'Cready: The society of captives. a study of a maximum security prison, Princeton, N.J., 6. Auflage, 1970, zitiert: Sykes (1970), S.

Tessenow, Anne: Jugendliche und Heranwachsende im psychiatrischen Maßregelvollzug, Frankfurt a.M. u.a. 2002, zitiert: Tessenow (2002), S.

Tessenow, Anne / Ostendorf, Heribert: Maßregelvollzug bei Jugendlichen in Deutschland – erste Einblicke in eine verborgene Praxis, NK 2003, S.59-61

Tinnefeld, Marie-Theres / Petri, B. Thomas: Um Schlimmeres zu verhindern: Eine Anti-Terrordatei gegen Terroristen?, MMR 2006, H.11, S.V-VII

Tondorf, Günter: Musterentwurf zu einem Jugendstrafvollzugsgesetz der Länder, Stand November 2006, abrufbar unter: http://www.dvjj.de/data/pdf/ b04c897dfb1b6f9e6df08c5a61a401d5.pdf, zuletzt abgerufen am 2.1.2007, zitiert: Tondorf (2006), Fn. bzw. § bzw. S.

Trapper, Thomas: Das Projekt Chance in Creglingen-Frauental, in: Dölling, Dieter (Hrsg.), Neue Wege im Umgang mit Jugendkriminalität, Konstanz 2004, S.81-96, zitiert: Trapper (2004), S.

Tröndle, Herbert / Fischer, Thomas: Strafgesetzbuch und Nebengesetze, 53. Auflage, München 2006, zitiert: Tröndle/Fischer (2006), §, Rn.

Ullenbruch, Thomas: Neuregelung des Arbeitsentgelts für Strafgefangene – Sand in die Augen des BVerfG?, ZRP 2000, S.177-182

Vereinte Dienstleistungsgewerkschaft: Stellungnahme der Vereinten Dienstleistungsgewerkschaft (ver.di) zum Entwurf eines Gesetzes zur Regelung des Jugendstrafvollzuges (GJVollz), abrufbar unter: http://www.verdi.de/ bund-laender/fachgruppen/justiz/justizvollzug/data/ stellungn., zuletzt abgerufen am 11.6.2007, zitiert: Stellungnahme ver.di, S.

Vietze, Rainer: Der Einstiegsarrest – eine zeitgemäße Sanktion? Neue Sanktionsformen im deutschen Jugendstrafrecht, Berlin 2004, zitiert: Vietze (2004), S.

Wagner, Bernd: Die Länderregelungen zur Ernennung, Entlassung und Suspendierung von Anstaltsbeiräten gemäß § 162 III StVollzG, ZfStrVo 1986, S.340-344

Wagner, Bernd: Strafvollzugspersonal im Dienst der Strafverfolgung? Zur Strafbarkeit von Vollzugsbediensteten wegen Strafverfolgungsvereitelung durch Unterlassen (Par. 258 Abs. 1, 13 StGB), in: Ostendorf, Heribert (Hrsg.), Strafverfolgung und Strafverzicht. Festschrift zum 125jährigen Bestehen der Staatsanwaltschaft Schleswig-Holstein, Köln u.a. 1992, S.511-528, zitiert: Wagner, in: FS StA Schleswig-Holstein (1992), S.

Walkenhorst, Philipp: „Gute Schulen“ im Jugendstrafvollzug – Jugendstrafvollzug als „gute Schule“. Überlegungen zu Voraussetzungen und Möglichkeiten, in: Bereswill, Mechthild / Höynck, Theresia (Hrsg.), Jugendstrafvollzug in Deutschland: Grundlagen, Konzepte, Handlungsfelder. Beiträge aus Forschung und Praxis, Mönchengladbach 2002, S.319-355, zitiert: Walkenhorst (2002), S.

Walter, Joachim: Formelle Disziplinierung im Jugendstrafvollzug, MSchrKrim 1993, S.273-294

Walter, Joachim: Formelle Disziplinierung im Jugendstrafvollzug, Frankfurt a.M. u.a. 1998, zitiert: J. Walter (1998), S.

Walter, Joachim: Anti-Gewalttraining im Jugendstrafvollzug – Tummelplatz für 'crime fighter'?, ZfStrVo 1999, S.23-28

Walter, Joachim: Aktuelle kriminalpolitische Strömungen und ihre Auswirkungen auf den Jugendstrafvollzug, DVJJ-J 2000, S.251-265

Walter, Joachim / Waschek, Uli: Die Peergroup in ihr Recht setzen. Das Just Community-Projekt in der Justizvollzugsanstalt Adelsheim, in: Bereswill, Mechthild / Höynck, Theresia (Hrsg.), Jugendstrafvollzug in Deutschland: Grundlagen, Konzepte, Handlungsfelder. Beiträge aus Forschung und Praxis, Mönchengladbach 2002, S.191-214, zitiert: Walter/Waschek (2002), S.

Walter, Joachim: Jugendvollzug in der Krise, DVJJ-J. 2002, S.127-143

Walter, Joachim: Anmerkungen zu den Vorlagebeschlüssen der Amtsgerichte Herford und Rinteln und zu den Beschlüssen des Bundesverfassungsgerichts vom 21.12.2001 und 24.06.2002, DVJJ-J. 2002, S.349-351

Walter, Joachim: Erwartungen der Praxis an ein zukünftiges Jugendstrafvollzugsgesetz, ZJJ 2003, S.397-403

Walter, Joachim: Demokratie und Moralentwicklung im Jugendstrafvollzug? Das Just-Community-Projekt in der JVA Adelsheim - Ein Praxisbericht, NK 2003, S.138-141

Walter, Joachim: Das Projekt Chance aus Sicht der Justizvollzugsanstalt Adelsheim, in: Dölling, Dieter (Hrsg.), Neue Wege im Umgang mit Jugendkriminalität, Konstanz 2004, S.63-80, zitiert: J. Walter (2004), S.

Walter, Joachim: Zur Situation des Jugendvollzuges, in: Pollähne Helmut / Bammann, Kai / Feest, Johannes (Hrsg.), Wege aus der Gesetzlosigkeit. Rechtslage und Regelungsbedürftigkeit des Jugendstrafvollzugs, Mönchengladbach 2004, S.3-16, zitiert: Walter (2004a), S.

Walter, Joachim: Der neue Entwurf eines Gesetzes zur Regelung des Jugendstrafvollzuges aus praktischer Sicht, ZfJ 2004, S.397-405

Walter, Joachim: Jugendstrafvollzugsgesetz: Ein Schritt nach vorn oder zurück in die Kleinstaaterei?, NK 2005, S.17-18

Walter, Joachim: „Apokryphe" Disziplinarmaßnahmen im Strafvollzug, NK 2005, S.130-134

Walter, Michael: Strafvollzug, 2.Auflage, Stuttgart, München u.a. 1999, zitiert: M. Walter (1999), Rn.

Walter, Michael / Neubacher, Frank: Ist der Jugendstrafvollzug verfassungswidrig?, ZfJ 2003, S.1-7

Wapler, Friederike: Strafvollzug ohne Gesetz. Ist der Jugendstrafvollzug verfassungswidrig?, in: Müller-Heidelberg, Till u.a. (Hrsg.), Grundrechte-Report 2002, Reinbek bei Hamburg 2002, S.193-197, zitiert: Wapler (2002), S.

Wessels, Johannes / Beulke, Werner: Strafrecht, allgemeiner Teil. Die Straftat und ihr Aufbau, 35. Auflage, Heidelberg 2005, zitiert: Wessels/Beulke (2005), Rn.

Westphal, Karsten , Die Aussetzung der Jugendstrafe zur Bewährung gemäß § 21 JGG, Frankfurt a.M. u.a. 1995, zitiert: Westphal (1995), S.

Wiesner, Reinhard (Hrsg.): SGB VIII – Kinder- und Jugendhilfe. Sozialgesetzbuch VIII. Kinder- und Jugendhilfe, 2.Auflage, München 2000, zitiert: *Bearbeiter*, in: Wiesner (Hrsg.), SGB VIII, §, Rn.

Wölfl, Bernd: Wann wird der Jugendstrafvollzug verfassungswidrig?, ZRP 2000, S.511-513

Wölfl, Bernd, Verfassungswidrigkeit der Gesetzlosigkeit, in: Pollähne Helmut / Bammann, Kai / Feest, Johannes (Hrsg.), Wege aus der Gesetzlosigkeit. Rechtslage und Regelungsbedürftigkeit des Jugendstrafvollzugs, Mönchengladbach 2004, S.77-88, zitiert: Wölfl (2004), S.

Anhang: Synoptische Darstellung von GJVollz, VVJug und StVollzG

Entwurf eines Gesetzes zur Regelung des Jugendstrafvollzuges (GJVollz) Stand: 7.6.2006	**Bundeseinheitliche Verwaltungsvorschriften zum Jugendstrafvollzug (VVJug)**	**Gesetz über den Vollzug der Freiheitsstrafe und der freiheitsentziehenden Maßregeln der Besserung und Sicherung – Strafvollzugsgesetz (StVollzG)**
§ 1 Anwendungsbereich	[Vgl. § 92 Abs.1 JGG:	**§ 1 [Anwendungsbereich]**
Dieses Gesetz regelt den Vollzug der Jugendstrafe in Jugendstrafanstalten.	Die Jugendstrafe wird in Jugendstrafanstalten vollzogen.]	Dieses Gesetz regelt den Vollzug der Freiheitsstrafe in Justizvollzugsanstalten und der freiheitsentziehenden Maßregeln der Besserung und Sicherung.
§ 2 Ziel des Vollzuges		**§ 2 Aufgaben des Vollzuges**
Ziel des Vollzuges der Jugendstrafe ist eine Lebensführung der Gefangenen ohne Straftaten.		Im Vollzug der Freiheitsstrafe soll der Gefangene fähig werden, künftig in sozialer Verantwortung ein Leben ohne Straftaten zu führen (Vollzugsziel).
[Vgl. § 3 Abs.2 S.2 GJVollz:		
Die Belange der Sicherheit der Anstalt und der Allgemeinheit sind zu beachten.]		Der Vollzug der Freiheitsstrafe dient auch dem Schutz der Allgemeinheit vor weiteren Straftaten.
§ 3 Gestaltung des Vollzuges		**§ 3 Gestaltung des Vollzuges**
(1) Während des Vollzuges der Jugendstrafe sind alle Gefangenen gleichermaßen in der Entwicklung von Fähigkeiten und Fertigkeiten sowie der Bereitschaft zu einer eigenverantwortlichen und gemeinschaftsfähigen Lebensführung in Achtung der Rechte anderer zu fördern.		
(2) Das Leben im Vollzug soll den allgemeinen Lebensverhältnissen soweit wie möglich angeglichen werden.		(1) Das Leben im Vollzug soll den allgemeinen Lebensverhältnissen soweit als möglich angeglichen werden.
		[Vgl. § 2 S.2 StVollzG:
Die Belange der Sicherheit der Anstalt und der Allgemeinheit sind zu beachten.		Der Vollzug der Freiheitsstrafe dient auch dem Schutz der Allgemeinheit vor weiteren Straftaten.]
Schädlichen Folgen des Freiheitsentzuges wird entgegengewirkt.		(2) Schädlichen Folgen des Freiheitsentzuges ist entgegenzuwirken.

Der Vollzug wird von Beginn an darauf ausgerichtet, dass er den Gefangenen hilft, sich in das Leben in Freiheit ohne Straftaten einzugliedern.

(3) Der Vollzug ist darauf auszurichten, dass er dem Gefangenen hilft, sich in das Leben in Freiheit einzugliedern.

(3) Sachliche Mittel, personelle Ausstattung und Organisation der Einrichtungen des Jugendstrafvollzuges werden an dessen Zielsetzung, den Inhalten und den methodischen Vorgehensweisen ausgerichtet.

§ 4 Pflicht zur Mitwirkung

Die Gefangenen sind verpflichtet, an der Erreichung des Vollzugsziels mitzuwirken.

§ 4 Stellung des Gefangenen

(1) Der Gefangene wirkt an der Gestaltung seiner Behandlung und an der Erreichung des Vollzugszieles mit.

[Vgl. § 5 Abs.4 GJVollz:

Die Bereitschaft der Gefangenen zur Mitwirkung ist durch eine auf Ermutigung zur aktiven Mitwirkung abstellende Förderplanung, Bereitstellung motivierender Lerngelegenheiten und verbindlicher Entwicklungshilfen sowie durch unterstützende und normverdeutlichende Maßnahmen zu wecken und zu fördern.]

Seine Bereitschaft hierzu ist zu wecken und zu fördern.

[Vgl. § 6 Abs.1 GJVollz:

Die Gefangenen unterliegen den in diesem Gesetz vorgesehenen Beschränkungen ihrer Freiheit. Soweit das Gesetz eine besondere Regelung nicht enthält, dürfen ihnen nur Beschränkungen auferlegt werden, die zur Aufrechterhaltung der Sicherheit oder zur Abwendung einer schwerwiegenden Störung der Ordnung der Jugendstrafanstalt unerlässlich sind.]

(2) Der Gefangene unterliegt den in diesem Gesetz vorgesehenen Beschränkungen seiner Freiheit. Soweit das Gesetz eine besondere Regelung nicht enthält, dürfen ihm nur Beschränkungen auferlegt werden, die zur Aufrechterhaltung der Sicherheit oder zur Abwendung einer schwerwiegenden Störung der Ordnung der Anstalt unerlässlich sind.

§ 5 Leitlinien der Förderung

(1) Grundlage der Förderung im Vollzug sind alle Maßnahmen und Programme, welche die Fähigkeiten und Fertigkeiten der Gefangenen im Hinblick auf die Erreichung des Vollzugsziels entwickeln und stärken.

[Vgl. § 91 Abs. 3 JGG:

Hierzu kann der Vollzug aufgelockert und in geeigneten Fällen

[...(3) Um das angestrebte Erziehungsziel zu erreichen, kann der

weitgehend in freien Formen durchgeführt werden.

Vollzug aufgelockert und in geeigneten Fällen weitgehend in freien Formen durchgeführt werden.]

(2) Durch differenzierte Angebote wird soweit wie möglich auf den jeweiligen Entwicklungsstand und den unterschiedlichen Förderbedarf der Gefangenen eingegangen. Bei der Konzeption des Vollzuges und bei allen Einzelmaßnahmen werden die unterschiedlichen Lebenslagen und Bedürfnisse von weiblichen und männlichen Gefangenen berücksichtigt.

[Vgl. § 91 Abs. 2 JGG:

(3) Die Förderung richtet sich insbesondere auf die zukunftsorientierte Auseinandersetzung mit den eigenen Straftaten und ihren Folgen, schulische Bildung, berufliche Qualifizierung und arbeitspädagogische Angebote, soziale Rehabilitation und die verantwortliche Gestaltung des alltäglichen Zusammenlebens, der freien Zeit sowie der Außenkontakte.

Ordnung, Arbeit, Unterricht, Leibesübungen und sinnvolle Beschäftigung in der freien Zeit sind die Grundlagen dieser Erziehung. Die beruflichen Leistungen des Verurteilten sind zu fördern....]

(4) Die Bereitschaft der Gefangenen zur Mitwirkung ist durch eine auf Ermutigung zur aktiven Mitwirkung abstellende Förderplanung, Bereitstellung motivierender Lerngelegenheiten und verbindlicher Entwicklungshilfen sowie durch unterstützende und normverdeutlichende Maßnahmen zu wecken und zu fördern.

[Vgl. § 4 Abs.1 S.2 StVollzG:

Seine Bereitschaft hierzu ist zu wecken und zu fördern.]

§ 6 Stellung der Gefangenen

(1) Die Gefangenen unterliegen den in diesem Gesetz vorgesehenen Beschränkungen ihrer Freiheit. Soweit das Gesetz eine besondere Regelung nicht enthält, dürfen ihnen nur Beschränkungen auferlegt werden, die zur Aufrechterhaltung der Sicherheit oder zur Abwendung einer schwerwiegenden Störung der Ordnung der Jugendstrafanstalt unerlässlich sind.

[Vgl. § 4 Abs.2 StVollzG:

Der Gefangene unterliegt den in diesem Gesetz vorgesehenen Beschränkungen seiner Freiheit. Soweit das Gesetz eine besondere Regelung nicht enthält, dürfen ihm nur Beschränkungen auferlegt werden, die zur Aufrechterhaltung der Sicherheit oder zur Abwendung einer schwerwiegenden Störung der Ordnung der Anstalt unerläßlich sind.]

(2) Vollzugliche Maßnahmen

sollen den Gefangenen auf Verlangen erläutert werden.

§ 7 Einbeziehung Dritter

(1) Die Jugendstrafanstalten arbeiten mit fachbezogenen außervollzuglichen Einrichtungen und Organisationen, namentlich mit Schulen und Schulbehörden, Einrichtungen für berufliche Bildung, Behörden und Stellen der staatlichen und privaten Straffälligenhilfe, der Jugendgerichtshilfe (§ 38 Abs. 2 Satz 9 des Jugendgerichtsgesetzes), Arbeitsämtern, Gesundheits- und Ausländerbehörden, Ausländer- und Integrationsbeauftragten, Trägern der Sozialversicherung und der Sozialhilfe, Hilfeeinrichtungen anderer Behörden und mit Trägern der freien Wohlfahrtspflege sowie mit sonstigen Personen und Vereinen, deren Einfluss die Eingliederung der Gefangenen fördern kann, eng zusammen.

(2) Die Jugendstrafanstalten bilden ein Netzwerk mit offenen Einrichtungen freier Träger, in denen Gefangene während einer Übergangszeit vor der Entlassung oder beurlaubte, bedingt entlassene und ehemalige Gefangene untergebracht und betreut werden können (Übergangseinrichtungen).

(3) Die Personensorgeberechtigten und die Jugendämter werden in die Planung und Gestaltung des Vollzuges in angemessener Weise einbezogen.

[Nr. 101 Zusammenarbeit:

(1) Alle im Vollzug Tätigen arbeiten zusammen und wirken daran mit, die Aufgaben des Vollzuges zu erfüllen.

(2) Mit dem Vollstreckungsleiter und den Behörden und Stellen der Entlassenenfürsorge, der Bewährungshilfe, den Aufsichtsstellen für die Führungsaufsicht, den Jugendämtern, den Arbeitsämtern, den Trägern der Sozialversicherung und der Sozialhilfe, den Hilfseinrichtungen anderer Behörden und den Verbänden der freien Wohlfahrtspflege ist eng zusammenzuarbeiten. Die Vollzugsbehörden sollen mit Personen und Vereinen, deren Einfluß die Eingliederung des Gefangenen fördern kann, zusammenarbeiten.

(3) Der Vollstreckungsleiter hält mit dem Anstaltsleiter und den Beamten der Jugendstrafanstalt Fühlung und nimmt an Vollzugsangelegenheiten von größerer Bedeutung beratend teil.]

[§ 154 StVollzG:

(1) Alle im Vollzug Tätigen arbeiten zusammen und wirken daran mit, die Aufgaben des Vollzuges zu erfüllen.

(2) Mit den Behörden und Stellen der Entlassenenfürsorge, der Bewährungshilfe, den Aufsichtsstellen für die Führungsaufsicht, den Agenturen für Arbeit, den Trägern der Sozialversicherung und der Sozialhilfe, den Hilfeeinrichtungen anderer Behörden und den Verbänden der freien Wohlfahrtspflege ist eng zusammenzuarbeiten. Die Vollzugsbehörden sollen mit Personen und Vereinen, deren Einfluß die Eingliederung des Gefangenen fördern kann, zusammenarbeiten.]

§ 8 Aufnahmeverfahren

(1) Beim Aufnahmeverfahren dürfen andere Gefangene nicht zugegen sein.

(2) Mit den Gefangenen wird ein Erstgespräch geführt, in dem in einer ihnen verständlichen Sprache ihre aktuelle Lebenssituation erörtert wird und sie über ihre

1. Aufnahmeverfahren

(1) Während des Aufnahmeverfahrens sollen andere Gefangene nicht zugegen sein.

(2) Der Gefangene wird über seine Rechte und Pflichten unterrichtet.

§ 5 Aufnahmeverfahren

(1) Beim Aufnahmeverfahren dürfen andere Gefangene nicht zugegen sein.

(2) Der Gefangene wird über seine Rechte und Pflichten unterrichtet.

Rechte und Pflichten informiert werden.		
Ihnen ist der Text der Hausordnung sowie auf Verlangen ein Exemplar des Textes dieses Gesetzes und der von ihm in Bezug genommenen Gesetze sowie der zur Ausführung erlassenen Verwaltungsvorschriften zugänglich zu machen.	**[Vgl. Nr.108 Abs.3 VVJug:** Ein Abdruck der Hausordnung ist in jedem Haftraum auszulegen.]	**[Vgl. § 161 Abs.3 StVollzG:** Ein Abdruck der Hausordnung ist in jedem Haftraum auszulegen.]
(3) Die Gefangenen werden unverzüglich ärztlich untersucht und der Anstaltsleitung vorgestellt.	(3) Nach der Aufnahme wird der Gefangene alsbald ärztlich untersucht und dem Leiter der Anstalt oder der Aufnahmeabteilung vorgestellt.	(3) Nach der Aufnahme wird der Gefangene alsbald ärztlich untersucht und dem Leiter der Anstalt oder der Aufnahmeabteilung vorgestellt.
(4) Die Personensorgeberechtigten und das für die Mitwirkung in dem Verfahren nach dem Jugendgerichtsgesetz nach § 87b des Achten Buches Sozialgesetzbuch zuständige Jugendamt werden von der Aufnahme unverzüglich unterrichtet.	(4) Durch die ärztliche Untersuchung soll der Gesundheitszustand des Gefangenen einschließlich der Körpergröße, des Körpergewichts und des Zustandes des Gebisses festgestellt werden; insbesondere ist zu prüfen, ob der Gefangene vollzugstauglich, ob er ärztlicher Behandlung bedürftig, ob er seines Zustandes wegen anderen gefährlich, ob und in welchem Umfang er arbeitsfähig und zur Teilnahme am Sport tauglich ist und ob gesundheitliche Bedenken gegen die Einzelunterbringung bestehen. Das Ergebnis der Untersuchung ist schriftlich niederzulegen.	
§ 9 Vorbereitende Untersuchung, Mitwirkung der Gefangenen	**2. Persönlichkeitserforschung. Beteiligung des Gefangenen**	**§ 6 Behandlungsuntersuchung. Beteiligung des Gefangenen**
(1) Nach dem Aufnahmeverfahren werden den Gefangenen das Ziel des Aufenthalts in der Jugendstrafanstalt sowie die vorhandenen Unterrichts-, Bildungs-, Ausbildungs- und Freizeitangebote erläutert.	(1) Nach dem Aufnahmeverfahren wird damit begonnen, die Persönlichkeit und die Lebensverhältnisse des Gefangenen zu erforschen.	(1) Nach dem Aufnahmeverfahren wird damit begonnen, die Persönlichkeit und die Lebensverhältnisse des Gefangenen zu erforschen. Hiervon kann abgesehen werden, wenn dies mit Rücksicht auf die Vollzugsdauer nicht geboten erscheint.
(2) Der Förderbedarf der Gefangenen wird ermittelt. Die Untersuchungen erstrecken sich auf die Persönlichkeit, die Lebensverhältnisse sowie alle sonstigen Umstände, deren Kenntnis für eine zielführende Vollzugsgestaltung und für die Eingliederung	(2) Die Untersuchung erstreckt sich auf die Umstände, deren Kenntnis für einen planvollen Erziehungsvollzug und für die Eingliederung des Gefangenen nach seiner Entlassung notwendig ist.	(2) Die Untersuchung erstreckt sich auf die Umstände, deren Kenntnis für eine planvolle Behandlung des Gefangenen im Vollzug und für die Eingliederung nach seiner Entlassung notwendig ist.

nach der Entlassung notwendig erscheint.		Bei Gefangenen, die wegen einer Straftat nach den §§ 174 bis 180 oder 182 des Strafgesetzbuches verurteilt worden sind, ist besonders gründlich zu prüfen, ob die Verlegung in eine sozialtherapeutische Anstalt angezeigt ist.
(3) Die Planung der Vollzugsgestaltung und die Bedeutung des Förderplans werden mit den Gefangenen erörtert. Ihre Anregungen und Vorschläge werden in die Überlegungen einbezogen.	(3) Die Planung des Vollzuges wird mit dem Gefangenen erörtert.	(3) Die Planung der Behandlung wird mit dem Gefangenen erörtert.
§ 10 Förderplan	**3. Vollzugsplan**	**§ 7 Vollzugsplan**
(1) Auf Grund der vorbereitenden Untersuchung wird unverzüglich, regelmäßig innerhalb der ersten vier Wochen nach der Aufnahme, ein verbindlicher Förderplan erstellt.	(1) Auf Grund der Persönlichkeitserforschung (Nr. 2) wird ein Vollzugsplan erstellt.	(1) Auf Grund der Behandlungsuntersuchung (§ 6) wird ein Vollzugsplan erstellt.
Die Entlassungsvorbereitung ist wesentlicher Bestandteil der Förderplanung.		
(2) Sind verschiedene Fördermaßnahmen gleichermaßen geeignet, soll die Wahl im Einvernehmen mit den Gefangenen getroffen werden. Einvernehmliche Fördervereinbarungen werden angestrebt.		
	[Nr.3 Abs.3 VVJug:	**[Vgl. § 7 Abs.3 StVollzG:**
Der Förderplan wird in regelmäßigen Abständen auf seine Umsetzung hin überprüft und der Entwicklung der Gefangenen und weiteren Erkenntnissen über die für ihren Förderbedarf maßgebenden Umstände (§ 9 Abs. 2) entsprechend mit ihnen erörtert und fortgeschrieben.	Der Vollzugsplan ist mit der Entwicklung des Gefangenen und weiteren Ergebnissen der Persönlichkeitserforschung in Einklang zu halten. Hierfür sind im Vollzugsplan angemessene Fristen vorzusehen.]	Der Vollzugsplan ist mit der Entwicklung des Gefangenen und weiteren Ergebnissen der Persönlichkeitserforschung in Einklang zu halten. Hierfür sind im Vollzugsplan angemessene Fristen vorzusehen.]
(3) Der Förderplan enthält - je nach Stand des Vollzuges - Angaben insbesondere über folgende Bereiche:	(2) Der Vollzugsplan enthält Angaben mindestens über folgende Erziehungsmaßnahmen:	(2) Der Vollzugsplan enthält Angaben mindestens über folgende Behandlungsmaßnahmen:
1. Erläuterung der dem Förderplan zugrunde liegenden Annahmen zur Entwicklung des straffälligen Verhaltens sowie der Ziele, Inhalte und Methoden der Förderung,		

2. Art der Unterbringung im Vollzug, insbesondere die Zuordnung zu einer Wohngruppe oder Verlegung in eine sozialtherapeutische Anstalt oder Abteilung sowie Art und Umfang der Ausgleichsmaßnahmen bei fehlendem oder unzureichendem Angebot,	1. die Unterbringung im geschlossenen oder offenen Vollzug, 2. die Zuweisung zu Wohngruppen und Erziehungsgruppen,	1. die Unterbringung im geschlossenen oder offenen Vollzug, 2. die Verlegung in eine sozialtherapeutische Anstalt, 3. die Zuweisung zu Wohngruppen und Behandlungsgruppen,
3. Art und Umfang der Teilnahme an schulischen, berufsorientierenden, -qualifizierenden oder arbeitspädagogischen Maßnahmen oder Zuweisung von Arbeit sowie Art und Umfang der Ausgleichsmaßnahmen bei fehlendem oder unzureichendem Angebot,	3. eine schulische Aus- oder Weiterbildung, 4. Maßnahmen der beruflichen Ausbildung, Fortbildung oder Umschulung, 5. die Teilnahme an Veranstaltungen der Weiterbildung, 6. den Arbeitseinsatz,	4. den Arbeitseinsatz sowie Maßnahmen der beruflichen Ausbildung oder Weiterbildung, 5. die Teilnahme an Veranstaltungen der Weiterbildung,
4. Art und Umfang der Teilnahme an therapeutischer Behandlung oder anderen Hilfs- oder Fördermaßnahmen sowie Art und Umfang der Ausgleichsmaßnahmen bei fehlendem oder unzureichendem Angebot,	7. besondere Hilfs- und Erziehungsmaßnahmen,	6. besondere Hilfs- und Behandlungsmaßnahmen,
5. Art und Umfang der notwendigen Maßnahmen der Gesundheitsfürsorge,		
6. Art und Umfang der Teilnahme an Freizeitangeboten,	8. Teilnahme an Sport und Freizeit,	
7. Eignung zu sowie Planung von Lockerungen des Vollzuges und Urlaub,	10. Lockerungen des Vollzuges und Urlaub,	7. Lockerungen des Vollzuges und
8. Gestaltung der Außenkontakte und Art und Umfang der Fördermaßnahmen bei heimatferner Unterbringung,	[9. Gestaltung der Außenkontakte,]	
9. Mitwirkung an der Alltagsgestaltung und Selbstverwaltung in der Jugendstrafanstalt,		
10. Maßnahmen und Angebote zum Ausgleich von Tatfolgen,		
11. Schuldenregulierung,		
12. Maßnahmen zur Vorbereitung der Entlassung, insbesondere die Fortsetzung oder Aufnahme einer	11. notwendige Maßnahmen zur Vorbereitung der Entlassung.	8. notwendige Maßnahmen zur Vorbereitung der Entlassung.

beruflichen oder schulischen Ausbildung oder einer beruflichen Tätigkeit nach der Entlassung sowie weitere Maßnahmen zur Stabilisierung der Lebensführung,

13. Bestimmung der für die Koordination der Entlassungsplanung verantwortlichen Person.

(4) Die Personensorgeberechtigten erhalten Gelegenheit, Anregungen und Vorschläge einzubringen. Diese sollen, soweit mit dem Vollzugsziel und der Gestaltung des Vollzugs vereinbar, berücksichtigt werden.

[Vgl. Nr.3 Abs.4 VVJug:

(5) Der Förderplan und seine Fortschreibungen werden den Personensorgeberechtigten und der Vollstreckungsleitung bekannt gegeben. Mit den Personensorgeberechtigten werden sie auf Wunsch erörtert.

Der Vollzugsplan wird dem Vollstreckungsleiter bekanntgegeben.]

(3) Der Vollzugsplan ist mit der Entwicklung des Gefangenen und weiteren Ergebnissen der Persönlichkeitserforschung in Einklang zu halten. Hierfür sind im Vollzugsplan angemessene Fristen vorzusehen.

(3) Der Vollzugsplan ist mit der Entwicklung des Gefangenen und weiteren Ergebnissen der Persönlichkeitserforschung in Einklang zu halten. Hierfür sind im Vollzugsplan angemessene Fristen vorzusehen.

(4) Bei Gefangenen, die wegen einer Straftat nach den §§ 174 bis 180 oder 182 des Strafgesetzbuches zu Freiheitsstrafe von mehr als zwei Jahren verurteilt worden sind, ist über eine Verlegung in eine sozialtherapeutische Anstalt jeweils nach Ablauf von sechs Monaten neu zu entscheiden.

(4) Der Vollzugsplan wird dem Vollstreckungsleiter bekanntgegeben.

§ 11 Verlegung und Überstellung

4. Verlegung. Überstellung

§ 8 Verlegung. Überstellung

(1) Die Gefangenen können abweichend vom Vollstreckungsplan in eine andere Jugendstrafanstalt verlegt werden, wenn das Erreichen des Vollzugszieles oder die Eingliederung nach der Entlassung hierdurch gefördert wird, eine erhebliche Störung der Ord-

(1) Der Gefangene kann abweichend vom Vollstreckungsplan in eine andere für den Vollzug der Jugendstrafe zuständige Anstalt verlegt werden,

1. wenn die Erziehung des Gefangenen oder seine Eingliederung

(1) Der Gefangene kann abweichend vom Vollstreckungsplan in eine andere für den Vollzug der Freiheitsstrafe zuständige Anstalt verlegt werden,

1. wenn die Behandlung des Gefangenen oder seine Eingliederung

nung der Jugendstrafanstalt auf andere Weise nicht vermieden werden kann oder wenn Gründe der Vollzugsorganisation oder andere wichtige Gründe eine Verlegung erforderlich machen.	nach der Entlassung hierdurch gefördert wird oder 2. wenn dies aus Gründen der Vollzugsorganisation oder aus anderen wichtigen Gründen erforderlich ist.	nach der Entlassung hierdurch gefördert wird oder 2. wenn dies aus Gründen der Vollzugsorganisation oder aus anderen wichtigen Gründen erforderlich ist.
(2) Sie dürfen aus wichtigem Grund in eine andere Jugendstrafanstalt oder Justizvollzugsanstalt überstellt werden.	(2) Der Gefangene darf aus wichtigem Grund in eine andere Vollzugsanstalt überstellt werden.	(2) Der Gefangene darf aus wichtigem Grund in eine andere Vollzugsanstalt überstellt werden.
	(3) Wichtige Gründe für eine Überstellung sind namentlich a)Besuchzusammenführung, wenn ein Besuch in der zuständigen Anstalt nicht oder nur mit erheblichen Schwierigkeiten möglich ist; b) Ausführung und Ausgang am Ort oder in Ortsnähe einer anderen Anstalt; c) Vorführung und Ausantwortung am Ort oder in Ortsnähe einer anderen Anstalt; d) Begutachtung und ärztliche Untersuchungen; e) Teilnahme an befristeten schulischen oder beruflichen Maßnahmen. (4) Überstellungen sind nur im Einvernehmen mit der aufnehmenden Anstalt zulässig. Dies gilt nicht bei Vorführungen und Ausantwortungen. (5) Auf begründeten Antrag darf der Gefangene einer Polizeibehörde befristet ausgeantwortet werden.	
(3) Die Personensorgeberechtigten und die Jugendämter werden von Verlegungen der Gefangenen unverzüglich unterrichtet.		
§ 12 Sozialtherapie		**§ 9 Verlegung in eine sozialtherapeutische Anstalt**
(1) Die Gefangenen werden in eine sozialtherapeutische Anstalt oder Abteilung des Jugendstrafvollzuges verlegt, wenn die Wiederholung einer Straftat nach den		(1) Ein Gefangener ist in eine sozialtherapeutische Anstalt zu verlegen, wenn er wegen einer Straftat nach den §§ 174 bis 180 oder 182 des Strafgesetzbuches zu zei-

§§ 174 bis 180 oder § 182 des Strafgesetzbuches oder wegen einer gefährlichen Gewalttat aufgrund einer Störung ihrer sozialen und persönlichen Entwicklung zu befürchten und nicht auszuschließen ist, dass die Gefangenen mit den Mitteln der Sozialtherapie erreicht werden können.

[Vgl. § 12 Abs.3 GJVollz:

Die Gefangenen werden zurückverlegt, wenn der Zweck der Behandlung aus Gründen, die in der Person der Gefangenen liegen, nicht erreicht werden kann.]

(2) Andere Gefangene sollen mit ihrer Zustimmung in eine sozialtherapeutische Einrichtung des Jugendstrafvollzuges verlegt werden, wenn die besonderen therapeutischen Mittel und sozialen Hilfen der Anstalt zur Erreichung des Vollzugszieles angezeigt sind.

(3) Die Gefangenen werden zurückverlegt, wenn der Zweck der Behandlung aus Gründen, die in der Person der Gefangenen liegen, nicht erreicht werden kann.

(4) Kommt eine Behandlung in einer sozialtherapeutischen Anstalt des Jugendstrafvollzuges aus Gründen, die die Gefangenen nicht zu vertreten haben, nicht in Betracht, werden geeignete alternative Behandlungsmaßnahmen getroffen.

§ 13 Offener Vollzug

(1) Gefangene sollen mit ihrer Zustimmung in einer Jugendstrafanstalt oder Abteilung einer Jugendstrafanstalt ohne oder mit verminderten Vorkehrungen gegen Entweichungen untergebracht werden, wenn sie den besonderen Anforderungen des offenen Vollzuges genügen, namentlich verant-

5. Offener Vollzug

Ein Gefangener kann in einer Anstalt oder Abteilung des offenen Vollzuges untergebracht werden, wenn er den besonderen Anforderungen des offenen Vollzuges genügt und eine Erprobung verantwortet werden kann.

tiger Freiheitsstrafe von mehr als zwei Jahren verurteilt worden ist und die Behandlung in einer sozialtherapeutischen Anstalt nach § 6 Abs. 2 Satz 2 oder § 7 Abs. 4 angezeigt ist.

Der Gefangene ist zurückzuverlegen, wenn der Zweck der Behandlung aus Gründen, die in der Person des Gefangenen liegen, nicht erreicht werden kann.

(2) Andere Gefangene können mit ihrer Zustimmung in eine sozialtherapeutische Anstalt verlegt werden, wenn die besonderen therapeutischen Mittel und sozialen Hilfen der Anstalt zu ihrer Resozialisierung angezeigt sind. In diesen Fällen bedarf die Verlegung der Zustimmung des Leiters der sozialtherapeutischen Anstalt.

(3) Die §§ 8 und 85 bleiben unberührt.

[Vgl. § 9 Abs.1 S.2 StVollzG:

Der Gefangene ist zurückzuverlegen, wenn der Zweck der Behandlung aus Gründen, die in der Person des Gefangenen liegen, nicht erreicht werden kann.]

§ 10 Offener und geschlossener Vollzug

(1) Ein Gefangener soll mit seiner Zustimmung in einer Anstalt oder Abteilung des offenen Vollzuges untergebracht werden, wenn er den besonderen Anforderungen des offenen Vollzuges genügt und namentlich nicht zu befürchten ist, dass er sich dem Vollzug der Freiheitsstrafe entziehen oder die

wortet werden kann zu erproben, dass sie sich dem Vollzug der Jugendstrafe nicht entziehen und die Möglichkeiten des offenen Vollzuges nicht zu Straftaten missbrauchen werden. Eine Abweichung von diesem Grundsatz allein wegen des Geschlechts ist unzulässig.		Möglichkeiten des offenen Vollzuges zu Straftaten missbrauchen werde.
(2) Gefangene, die sich für den offenen Vollzug nicht eignen, werden im geschlossenen Vollzug untergebracht.		(2) Im Übrigen sind die Gefangenen im geschlossenen Vollzug unterzubringen.
(3) Ausnahmsweise dürfen Gefangene im geschlossenen Vollzug verbleiben oder dorthin zurückverlegt werden, wenn dies für ihre Förderung notwendig ist.		Ein Gefangener kann auch dann im geschlossenen Vollzug untergebracht oder dorthin zurückverlegt werden, wenn dies zu seiner Behandlung notwendig ist.
§ 14 Lockerungen des Vollzuges	**6. Lockerungen des Vollzuges**	**§ 11 Lockerungen des Vollzuges**
(1) Zur Durchführung notwendiger Fördermaßnahmen auch außerhalb der Anstalt können Vollzugslockerungen gewährt werden.		
(2) Als Lockerungen des Vollzuges können namentlich gewährt werden:	(1) Als Lockerung des Vollzuges kann namentlich angeordnet werden, dass der Gefangene	(1) Als Lockerung des Vollzuges kann namentlich angeordnet werden, dass der Gefangene
1. regelmäßige Beschäftigung außerhalb der Jugendstrafanstalt unter Aufsicht (Außenbeschäftigung) oder ohne Aufsicht von Vollzugsbediensteten (Freigang),	1. außerhalb der Anstalt regelmäßig einer Beschäftigung unter Aufsicht (Außenbeschäftigung) oder ohne Aufsicht eines Vollzugsbediensteten (Freigang) nachgehen darf oder	1. außerhalb der Anstalt regelmäßig einer Beschäftigung unter Aufsicht (Außenbeschäftigung) oder ohne Aufsicht eines Vollzugsbediensteten (Freigang) nachgehen darf oder
2. Verlassen der Jugendstrafanstalt für eine bestimmte Tageszeit unter Aufsicht (Ausführung) oder ohne Aufsicht von Vollzugsbediensteten (Ausgang), gegebenenfalls jedoch in Begleitung einer Bezugsperson (Ausgang in Begleitung),	2. für eine bestimmte Tageszeit die Anstalt unter Aufsicht (Ausführung) oder ohne Aufsicht eines Vollzugsbediensteten (Ausgang) verlassen darf.	2. für eine bestimmte Tageszeit die Anstalt unter Aufsicht (Ausführung) oder ohne Aufsicht eines Vollzugsbediensteten (Ausgang) verlassen darf.
	[Lockerungen des Vollzuges werden nur zum Aufenthalt innerhalb des Geltungsbereichs des Jugendgerichtsgesetzes gewährt.]	
3. Übernachtung außerhalb der Jugendstrafanstalt zur Teilnahme an Lehrgängen oder anderen Veranstaltungen, die das Erreichen des Vollzugszieles oder die Eingliederung fördern,		
4. Unterbringung in einer beson-		

deren Erziehungseinrichtung oder in Übergangseinrichtungen freier Träger.		
(3) Die Lockerungen dürfen mit Zustimmung der Gefangenen gewährt werden, wenn verantwortet werden kann zu erproben, dass sich die Gefangenen nicht dem Vollzug der Jugendstrafe entziehen und die Lockerungen nicht zur Begehung von Straftaten missbrauchen werden.	(2) Außenbeschäftigung, Freigang und Ausgang dürfen mit Zustimmung des Gefangenen angeordnet werden, wenn eine Erprobung verantwortet werden kann.	(2) Diese Lockerungen dürfen mit Zustimmung des Gefangenen angeordnet werden, wenn nicht zu befürchten ist, dass der Gefangene sich dem Vollzug der Freiheitsstrafe entziehen oder die Lockerungen des Vollzuges zu Straftaten missbrauchen werde.
	[7. Ausführung aus besonderen Gründen	**[§ 12 StVollzG : Ausführung aus besonderen Gründen**
(4) Gefangene dürfen ohne ihre Zustimmung ausgeführt werden, wenn dies aus besonderen Gründen notwendig ist.	(1) Ein Gefangener darf auch ohne seine Zustimmung ausgeführt werden, wenn dies aus besonderen Gründen notwendig ist.	Ein Gefangener darf auch ohne seine Zustimmung ausgeführt werden, wenn dies aus besonderen Gründen notwendig ist.]
	(2) Nr. 6 Abs. 6 und 7 sowie Nr. 30 Abs. 5 und 6 sind zu beachten.]	
(5) Die Personensorgeberechtigten sollen vor der Entscheidung gehört werden.		
§ 15 Urlaub aus dem Vollzug	**8. Urlaub aus der Haft**	**§ 13 Urlaub aus der Haft**
(1) Zur Förderung der Wiedereingliederung in das Leben in Freiheit, insbesondere zur Aufrechterhaltung sozialer Bindungen, kann nach Maßgabe des Förderplans in der arbeitsfreien Zeit Urlaub bis zu 21 Kalendertagen in einem Vollstreckungsjahr gewährt werden.	(1) Ein Gefangener kann bis zu einundzwanzig Kalendertagen in einem Jahr aus der Haft beurlaubt werden. Nr. 6 Abs. 2 gilt entsprechend.	(1) Ein Gefangener kann bis zu einundzwanzig Kalendertagen in einem Jahr aus der Haft beurlaubt werden.
	(2) Gefangenen, die sich für den offenen Vollzug eignen, aus besonderen Gründen aber in einer geschlossenen Anstalt untergebracht sind, kann nach den für den offenen Vollzug geltenden Vorschriften Urlaub erteilt werden.	
	[Vgl. Nr.8 Abs.9 S.1 VVJug:	
(2) § 14 Abs. 3 gilt entsprechend.	Der Urlaub darf nur gewährt werden, wenn der Gefangene für diese Maßnahmen geeignet ist, insbesondere eine Erprobung verantwortet werden kann.]	§ 11 Abs. 2 gilt entsprechend.
		[Vgl. § 13 Abs.5 StVollzG:
(3) Durch Urlaub wird die Vollstreckung der Jugendstrafe nicht unterbrochen.	(3) Durch den Urlaub wird die Vollstreckung der Jugendstrafe nicht unterbrochen.	Durch den Urlaub wird die Strafvollstreckung nicht unterbrochen.]

		(2) Der Urlaub soll in der Regel erst gewährt werden, wenn der Gefangene sich mindestens sechs Monate im Strafvollzug befunden hat.
		(3) Ein zu lebenslanger Freiheitsstrafe verurteilter Gefangener kann beurlaubt werden, wenn er sich einschließlich einer vorhergehenden Untersuchungshaft oder einer anderen Freiheitsentziehung zehn Jahre im Vollzug befunden hat oder wenn er in den offenen Vollzug überwiesen ist.
		(4) Gefangenen, die sich für den offenen Vollzug eignen, aus besonderen Gründen aber in einer geschlossenen Anstalt untergebracht sind, kann nach den für den offenen Vollzug geltenden Vorschriften Urlaub erteilt werden.
[Vgl. § 15 Abs.3 GJVollz: Durch Urlaub wird die Vollstreckung der Jugendstrafe nicht unterbrochen.]	**[Vgl. Nr.8 Abs.3 VVJug:** Durch den Urlaub wird die Vollstreckung der Jugendstrafe nicht unterbrochen.]	(5) Durch den Urlaub wird die Strafvollstreckung nicht unterbrochen.
§ 16 Weisungen für Lockerungen und Urlaub, Widerruf und Rücknahme	**9. Weisungen, Aufhebung von Lockerungen und Urlaub**	**§ 14 Weisungen, Aufhebung von Lockerungen und Urlaub**
(1) Für Lockerungen und Urlaub können Weisungen erteilt werden.	(1) Der Anstaltsleiter erteilt dem Gefangenen für Lockerungen und Urlaub die nach den Umständen des Einzelfalles erforderlichen Weisungen.	(1) Der Anstaltsleiter kann dem Gefangenen für Lockerungen und Urlaub Weisungen erteilen.
	(2) Der Gefangene kann namentlich angewiesen werden, a) Anordnungen zu befolgen, die sich auf Aufenthalt oder bestimmte Verrichtungen außerhalb der Anstalt beziehen, b) sich zu festgesetzten Zeiten bei einer bestimmten Stelle oder Person zu melden, c) mit bestimmten Personen oder mit Personen einer bestimmten Gruppe, die ihm Gelegenheit oder Anreiz zu weiteren Straftaten bieten können, nicht zu verkehren, d) bestimmte Gegenstände, die ihm Gelegenheit oder Anreiz zu weiteren Straftaten bieten können,	

	nicht zu besitzen, bei sich zu führen, zu benutzen oder verwahren zu lassen,	
	e) alkoholische oder andere berauschende Getränke und Stoffe sowie bestimmte Lokale oder Bezirke zu meiden.	
(2) Lockerungen und Urlaub können widerrufen werden,	(3) Der Anstaltsleiter kann Lockerungen und Urlaub widerrufen, wenn	(2) Er kann Lockerungen und Urlaub widerrufen, wenn
1. wenn auf Grund nachträglich eingetretener oder bekannt gewordener Umstände die Maßnahmen hätten versagt werden können,	1. er auf Grund nachträglich eingetretener Umstände berechtigt wäre, die Maßnahmen zu versagen,	1. er auf Grund nachträglich eingetretener Umstände berechtigt wäre, die Maßnahmen zu versagen,
2. die Maßnahmen missbraucht oder	2. der Gefangene die Maßnahmen missbraucht oder	2. der Gefangene die Maßnahmen missbraucht oder
3. die Weisungen nicht befolgt werden.	3. der Gefangene Weisungen nicht nachkommt.	3. der Gefangene Weisungen nicht nachkommt.
(3) Lockerungen und Urlaub können mit Wirkung für die Zukunft zurückgenommen werden, wenn die Voraussetzungen für ihre Bewilligung nicht vorgelegen haben.	Er kann Lockerungen und Urlaub mit Wirkung für die Zukunft zurücknehmen, wenn die Voraussetzungen für ihre Bewilligung nicht vorgelegen haben.	Er kann Lockerungen und Urlaub mit Wirkung für die Zukunft zurücknehmen, wenn die Voraussetzungen für ihre Bewilligung nicht vorgelegen haben.
§ 17 Verlassen der Jugendstrafanstalt aus wichtigem Anlass	**30. Urlaub, Ausgang und Ausführung aus wichtigem Anlaß**	**§ 35 Urlaub, Ausgang und Ausführung aus wichtigem Anlass**
(1) Aus wichtigem Anlass oder zur Teilnahme an einem gerichtlichen Termin kann Ausgang oder bis zu sieben Tagen Urlaub gewährt werden. Der Urlaub aus anderem wichtigen Anlass als wegen einer lebensgefährlichen Erkrankung oder wegen des Todes von Angehörigen darf sieben Tage im Jahr nicht übersteigen.	(1) Aus wichtigem Anlaß kann der Anstaltsleiter dem Gefangenen Ausgang gewähren oder ihn bis zu sieben Tagen beurlauben; der Urlaub aus anderem wichtigen Anlass als wegen einer lebensgefährlichen Erkrankung oder wegen des Todes eines Angehörigen darf sieben Tage im Jahr nicht übersteigen.	(1) Aus wichtigem Anlass kann der Anstaltsleiter dem Gefangenen Ausgang gewähren oder ihn bis zu sieben Tagen beurlauben; der Urlaub aus anderem wichtigen Anlass als wegen einer lebensgefährlichen Erkrankung oder wegen des Todes eines Angehörigen darf sieben Tage im Jahr nicht übersteigen.
(2) § 14 Abs. 3, § 15 Abs. 3 und § 16 gelten entsprechend.	Nr. 6 Abs. 2, Nr. 8 Abs. 3 und Nr. 9 gelten entsprechend. (2) Der Urlaub nach Absatz 1 wird nicht auf den regelmäßigen Urlaub angerechnet.	§ 11 Abs. 2, § 13 Abs. 5 und § 14 gelten entsprechend. (2) Der Urlaub nach Absatz 1 wird nicht auf den regelmäßigen Urlaub angerechnet.
(3) Kann Ausgang oder Urlaub aus den in § 14 Abs. 3 genannten Gründen nicht gewährt werden, können die Gefangenen mit ihrer Zustimmung ausgeführt werden, sofern nicht wegen Entweichungs- oder Missbrauchsgefahr überwiegende Gründe entgegenstehen. Die Kosten hierfür können den Gefangenen auferlegt werden,	(3) Kann Ausgang oder Urlaub nicht gewährt werden, weil eine Erprobung nicht verantwortet werden kann (Nr. 6 Abs. 2), so kann der Anstaltsleiter den Gefangenen ausführen lassen. Die Aufwendungen hierfür hat der Gefangene zu tragen. Der Anspruch ist nicht geltend zu machen, wenn dies die Erziehung oder die	(3) Kann Ausgang oder Urlaub aus den in § 11 Abs. 2 genannten Gründen nicht gewährt werden, kann der Anstaltsleiter den Gefangenen ausführen lassen. Die Aufwendungen hierfür hat der Gefangene zu tragen. Der Anspruch ist nicht geltend zu machen, wenn dies die Behandlung oder die Eingliederung behindern würde.

wenn dies die Behandlung oder die Eingliederung nicht behindert.	Eingliederung behindern würde.	
	[Vgl. Nr.31 Abs.2 S.2, Abs.3 VVJug:	**[Vgl. § 36 Abs.2 S.2, Abs.3 StVollzG:**
(4) Auf Ersuchen eines Gerichts erfolgt eine Vorführung, sofern ein Vorführbefehl vorliegt.	Auf Ersuchen eines Gerichts lässt er den Gefangenen vorführen, sofern ein Vorführungsbefehl vorliegt.	Auf Ersuchen eines Gerichts lässt er den Gefangenen vorführen, sofern ein Vorführungsbefehl vorliegt.
Die Vollzugsbehörde unterrichtet das Gericht über das Veranlasste.	(3) Die Vollzugsbehörde unterrichtet das Gericht über das Veranlasste.]	(3) Die Vollzugsbehörde unterrichtet das Gericht über das Veranlasste.]
§ 18 Entlassung	**10. Entlassungsvorbereitung**	**§ 15 Entlassungsvorbereitung**
	[Vgl. Nr.65 Abs.3 S.1 VVJug:	
(1) Vor der Entlassung arbeiten die Jugendstrafanstalten frühzeitig, spätestens sechs Monate vor ihrem voraussichtlichen Zeitpunkt, mit außerhalb tätigen Vereinen und Institutionen zusammen, um zu erreichen, dass die Gefangenen über eine geeignete Unterbringung und eine Arbeits- oder Ausbildungsstelle verfügen. Die Personensorgeberechtigten, die Bewährungshilfe und die Jugendämter werden rechtzeitig unterrichtet.	Dem Gefangenen ist zu helfen, Arbeit, Unterkunft und persönlichen Beistand für die Zeit nach der Entlassung zu finden.	
(2) Zur Vorbereitung der Entlassung soll der Vollzug gelockert werden (§ 14).	(1) Um die Entlassung vorzubereiten, soll der Vollzug gelockert werden (Nr. 6).	(1) Um die Entlassung vorzubereiten, soll der Vollzug gelockert werden (§ 11).
(3) Die Gefangenen werden in den offenen Vollzug (§ 13) oder in Übergangseinrichtungen freier Träger (§ 14 Abs. 2 Nr. 4) verlegt, wenn dies der Vorbereitung der Entlassung dient. § 13 Abs. 3 und § 14 Abs.3 gelten entsprechend.	(2) Der Gefangene kann in eine offene Anstalt oder Abteilung (Nr. 5) verlegt werden, wenn dies der Vorbereitung der Entlassung dient.	(2) Der Gefangene kann in eine offene Anstalt oder Abteilung (§ 10) verlegt werden, wenn dies der Vorbereitung der Entlassung dient.
(4) Zur Vorbereitung der Entlassung können die Gefangenen zum Zweck der Teilnahme an gezielten Wiedereingliederungsmaßnahmen bis zu einer Woche beurlaubt werden.	(3) Innerhalb von drei Monaten vor der Entlassung kann zu deren Vorbereitung Sonderurlaub bis zu einer Woche gewährt werden. Nr. 6 Abs. 2, Nr. 8 Abs. 3 und Nr. 9 gelten entsprechend.	(3) Innerhalb von drei Monaten vor der Entlassung kann zu deren Vorbereitung Sonderurlaub bis zu einer Woche gewährt werden. § 11 Abs. 2, § 13 Abs. 5 und § 14 gelten entsprechend.
Diejenigen, die zum Freigang zugelassen sind, können innerhalb von neun Monaten vor der Entlassung Sonderurlaub bis zu sechs Tagen im Monat erhalten.	(4) Freigängern (Nr. 6 Abs. 1 Ziff. 1) kann innerhalb von neun Monaten vor der Entlassung Sonderurlaub bis zu sechs Tagen im Monat gewährt werden.	(4) Freigängern (§ 11 Abs. 1 Nr. 1) kann innerhalb von neun Monaten vor der Entlassung Sonderurlaub bis zu sechs Tagen im Monat gewährt werden.
§ 14 Abs. 3, § 15 Abs. 3 sowie	Nr. 6 Abs. 2, Nr. 8 Abs. 3 und	§ 11 Abs. 2, § 13 Abs. 5 und § 14

§ 16 gelten entsprechend.	Nr. 9 gelten entsprechend. Absatz 3 Satz 1 findet keine Anwendung.	gelten entsprechend. Absatz 3 Satz 1 findet keine Anwendung.
(5) Darüber hinaus können die Gefangenen mit Zustimmung der Vollstreckungsleitung aus den in Absatz 4 genannten Gründen bis zu vier Monaten beurlaubt werden. Hierfür sollen Weisungen nach § 16 Abs. 1 erteilt werden. § 14 Abs. 3, § 15 Abs. 3, § 16 Abs. 2 und 3 gelten entsprechend.		
(6) §§ 16, 74 und 75 des Strafvollzugsgesetzes gelten entsprechend.		
§ 19 Unterbringung	**12. Unterbringung während der Arbeit und Freizeit**	**§ 18 Unterbringung während der Ruhezeit**
(1) Die Gefangenen werden regelmäßig in Wohngruppen untergebracht. Für diejenigen, die das 16. Lebensjahr noch nicht vollendet haben, werden besondere Wohngruppen gebildet.		
		[Vgl. § 17 StVollzG Unterbringung während der Arbeit und Freizeit:
(2) Ausbildung, Arbeit, arbeitstherapeutische Beschäftigung, Teilnahme an Fördermaßnahmen oder sonstige Beschäftigung während der Arbeitszeit findet in Gemeinschaft statt.	(1) Die Gefangenen arbeiten gemeinsam. Dasselbe gilt für Unterricht, Berufsausbildung, berufliche Fortbildung sowie arbeitstherapeutische und sonstige Beschäftigung während der Arbeitszeit.	(1) Die Gefangenen arbeiten gemeinsam. Dasselbe gilt für Berufsausbildung, berufliche Weiterbildung sowie arbeitstherapeutische und sonstige Beschäftigung während der Arbeitszeit.
§ 17 Abs. 2 und 3 des Strafvollzugsgesetzes gilt entsprechend.	(2) Während der Freizeit können die Gefangenen sich in der Gemeinschaft mit den anderen aufhalten. Für die Teilnahme an gemeinschaftlichen Veranstaltungen kann der Anstaltsleiter mit Rücksicht auf die räumlichen, personellen und organisatorischen Verhältnisse der Anstalt besondere Regelungen treffen	(2) Während der Freizeit können die Gefangenen sich in der Gemeinschaft mit den anderen aufhalten. Für die Teilnahme an gemeinschaftlichen Veranstaltungen kann der Anstaltsleiter mit Rücksicht auf die räumlichen, personellen und organisatorischen Verhältnisse der Anstalt besondere Regelungen treffen.
	(3) Die gemeinschaftliche Unterbringung während der Arbeitszeit und Freizeit kann eingeschränkt werden,	(3) Die gemeinschaftliche Unterbringung während der Arbeitszeit und Freizeit kann eingeschränkt werden,
	1. wenn ein schädlicher Einfluß auf andere Gefangene zu befürchten ist,	1. wenn ein schädlicher Einfluß auf andere Gefangene zu befürchten ist,
	2. wenn der Gefangene nach Nr.2 untersucht wird, aber nicht länger als zwei Monate,	2. wenn der Gefangene nach § 6 untersucht wird, aber nicht länger als zwei Monate,

	3. wenn es die Sicherheit oder Ordnung der Anstalt erfordert oder	3. wenn es die Sicherheit oder Ordnung der Anstalt erfordert oder
	4. wenn der Gefangene zustimmt.	4. wenn der Gefangene zustimmt.
	(4) Die gemeinschaftliche Unterbringung kann ferner eingeschränkt werden, wenn dies aus erzieherischen Gründen angezeigt ist.	
		[Vgl. § 201 Nr.2 StVollzG:
	(5) Abweichend davon kann die gemeinschaftliche Unterbringung während der Arbeitszeit und Freizeit auch eingeschränkt werden, wenn und solange die räumlichen, personellen und organisatorischen Verhältnisse der Anstalt dies erfordern.	Abweichend von § 17 kann die gemeinschaftliche Unterbringung während der Arbeitszeit und Freizeit auch eingeschränkt werden, wenn und solange die räumlichen, personellen und organisatorischen Verhältnisse der Anstalt dies erfordern; die gemeinschaftliche Unterbringung während der Arbeitszeit jedoch nur bis zum Ablauf des 31. Dezember 1988.]
	[94. Trennung:	**[§ 140 Trennung des Vollzuges:**
(3) Weibliche Gefangene werden getrennt von männlichen Gefangenen in Wohngruppen untergebracht. Gemeinsame Förderangebote, insbesondere eine gemeinsame Schul- und Berufsausbildung sind zulässig.	Weibliche Gefangene sind getrennt von männlichen Gefangenen unterzubringen.]	(2) Frauen sind getrennt von Männern in besonderen Frauenanstalten unterzubringen. Aus besonderen Gründen können für Frauen getrennte Abteilungen in Anstalten für Männer vorgesehen werden.
		(3) Von der getrennten Unterbringung nach den Absätzen 1 und 2 darf abgewichen werden, um dem Gefangenen die Teilnahme an Behandlungsmaßnahmen in einer anderen Anstalt oder in einer anderen Abteilung zu ermöglichen.]
	13. Unterbringung während der Ruhezeit	
(4) Während der Ruhezeit werden die Gefangenen allein in ihrem Haftraum untergebracht.	(1) Gefangene werden während der Ruhezeit allein in ihren Hafträumen untergebracht.	(1) Gefangene werden während der Ruhezeit allein in ihren Hafträumen untergebracht.
Eine gemeinsame Unterbringung von hilfsbedürftigen Gefangenen mit anderen ist mit Zustimmung der beteiligten Gefangenen zulässig. Bei einer Gefahr für Leben oder Gesundheit ist die Zustimmung der gefährdeten Gefangenen nicht erforderlich.	Eine gemeinsame Unterbringung ist zulässig, sofern ein Gefangener hilfsbedürftig ist oder eine Gefahr für Leben oder Gesundheit eines Gefangenen besteht.	Eine gemeinsame Unterbringung ist zulässig, sofern ein Gefangener hilfsbedürftig ist oder eine Gefahr für Leben oder Gesundheit eines Gefangenen besteht.

	(2) Im offenen Vollzug dürfen Gefangene während der Ruhezeit gemeinsam untergebracht werden, wenn eine schädliche Beeinflussung nicht zu befürchten ist.	(2) Im offenen Vollzug dürfen Gefangene mit ihrer Zustimmung während der Ruhezeit gemeinsam untergebracht werden, wenn eine schädliche Beeinflussung nicht zu befürchten ist.
Darüber hinaus ist eine gemeinschaftliche Unterbringung nur vorübergehend und aus zwingenden Gründen zulässig.	Im geschlossenen Vollzug ist eine gemeinschaftliche Unterbringung zur Ruhezeit außer in den Fällen des Absatzes 1 nur vorübergehend und aus zwingenden Gründen zulässig.	Im geschlossenen Vollzug ist eine gemeinschaftliche Unterbringung zur Ruhezeit außer in den Fällen des Absatzes 1 nur vorübergehend und aus zwingenden Gründen zulässig.
	(3) Abweichend davon dürfen Gefangene während der Ruhezeit auch gemeinsam untergebracht werden, solange die räumlichen Verhältnisse der Anstalt dies erfordern.	
	[Nr.14 Ausstattung des Haftraums durch den Gefangenen und sein persönlicher Besitz:	**[§ 19 Ausstattung des Haftraumes durch den Gefangenen und sein persönlicher Besitz:**
(5) Die Gefangenen dürfen ihre Hafträume in angemessenem Umfang mit eigenen Sachen ausstatten.	(1) Der Gefangene darf seinen Haftraum in angemessenem Umfang mit eigenen Sachen ausstatten. Lichtbilder nahestehender Personen und Erinnerungsstücke von persönlichem Wert werden ihm belassen.	(1) Der Gefangene darf seinen Haftraum in angemessenem Umfang mit eigenen Sachen ausstatten. Lichtbilder nahestehender Personen und Erinnerungsstücke von persönlichem Wert werden ihm belassen.
Vorkehrungen und Gegenstände, die geeignet sind, das Erreichen des Vollzugsziels, die Sicherheit oder in erheblichem Umfang die Ordnung der Anstalt zu gefährden, können ausgeschlossen werden.	(2) Vorkehrungen und Gegenstände, die die Übersichtlichkeit des Haftraumes behindern oder in anderer Weise Sicherheit und Ordnung der Anstalt oder das Erziehungsziel gefährden, können ausgeschlossen werden.	(2) Vorkehrungen und Gegenstände, die die Übersichtlichkeit des Haftraumes behindern oder in anderer Weise Sicherheit oder Ordnung der Anstalt gefährden, können ausgeschlossen werden.
§ 20 Kleidung	**15. Kleidung**	**§ 20 Kleidung**
(1) Die Gefangene tragen eigene Kleidung, für deren Reinigung, Instandsetzung und regelmäßigen Wechsel sie selbst zu sorgen haben. Während der Arbeit wird eine von der Jugendstrafanstalt gestellte Arbeits- oder Arbeitsschutzkleidung getragen.	(1) Der Gefangene trägt Anstaltskleidung. Für die Freizeit erhält er eine besondere Oberbekleidung.	(1) Der Gefangene trägt Anstaltskleidung. Für die Freizeit erhält er eine besondere Oberbekleidung.
	(2) Der Anstaltsleiter gestattet dem Gefangenen bei einer Ausführung eigene Kleidung zu tragen, wenn zu erwarten ist, daß er nicht entweichen wird. Er kann dies auch sonst gestatten, sofern der Gefangene für Reinigung, Instandsetzung und regelmäßigen Wechsel auf eigene Kosten sorgt.	(2) Der Anstaltsleiter gestattet dem Gefangenen, bei einer Ausführung eigene Kleidung zu tragen, wenn zu erwarten ist, daß er nicht entweichen wird. Er kann dies auch sonst gestatten, sofern der Gefangene für Reinigung, Instandsetzung und regelmäßigen Wechsel auf eigene Kosten sorgt.

(2) Mit Zustimmung der Aufsichtsbehörde kann für die Jugendstrafanstalt oder einzelne Abteilungen das Tragen von Anstaltskleidung innerhalb der Jugendstrafanstalt angeordnet werden.	(3) In bestimmten Anstalten oder Abteilungen einer Anstalt kann der Anstaltsleiter mit Zustimmung der Aufsichtsbehörde das Tragen eigener Kleidung allgemein zulassen.	
(3) Bei Bedarf und in den Fällen des Absatzes 2 wird Anstaltskleidung ausgehändigt.		
§ 21 Verkehr mit der Außenwelt	**18. Grundsatz**	**§ 23 Grundsatz**
(1) Die Gefangenen haben das Recht, mit Personen außerhalb der Jugendstrafanstalt im Rahmen dieser Vorschrift zu verkehren. Der Verkehr mit Personen, von denen ein günstiger Einfluss erwartet werden kann, wird gefördert.	Der Gefangene hat das Recht, mit Personen außerhalb der Anstalt im Rahmen dieser Vorschriften zu verkehren. Der Verkehr mit Personen, von denen ein günstiger Einfluß erwartet werden kann, ist zu fördern.	Der Gefangene hat das Recht, mit Personen außerhalb der Anstalt im Rahmen der Vorschriften dieses Gesetzes zu verkehren. Der Verkehr mit Personen außerhalb der Anstalt ist zu fördern.
(2) Für Besuche der Gefangenen und ihren Schriftwechsel sowie die Telekommunikation und den Erhalt und Versand von Paketen gelten die §§ 23 bis 33 des Strafvollzugsgesetzes entsprechend, wobei		
1. die Gesamtdauer des Besuchs abweichend von § 24 Abs. 1 Satz 2 des Strafvollzugsgesetzes mindestens vier Stunden im Monat beträgt und		
	[20. Besuchsverbot:	
2. Besuche von minderjährigen Gefangenen und ihr Schriftwechsel mit bestimmten Personen außer unter den Voraussetzungen der §§ 25 und 28 des Strafvollzugsgesetzes auch untersagt werden können, wenn Personensorgeberechtigte nicht einverstanden sind.	Der Anstaltsleiter kann Besuche untersagen, 3. bei minderjährigen Gefangenen, wenn ein Erziehungsberechtigter nicht einverstanden ist.	
	23. Recht auf Schriftwechsel	
	(2) Der Anstaltsleiter kann den Schriftwechsel mit bestimmten Personen untersagen, 3. bei minderjährigen Gefangenen, wenn ein Erziehungsberechtigter nicht einverstanden ist.]	

An die Stelle des § 29 Abs. 1 des Strafvollzugsgesetzes tritt die Regelung des Absatzes 5. Dies gilt auch, soweit die in Satz 1 genannten Vorschriften auf § 29 Abs. 1 des Strafvollzugsgesetzes verweisen.

§ 29 Überwachung des Schriftwechsels

(1) Der Schriftwechsel des Gefangenen mit seinem Verteidiger wird nicht überwacht.

Liegt dem Vollzug der Freiheitsstrafe eine Straftat nach des § 129a, auch in Verbindung mit § 129b Abs. 1, des Strafgesetzbuches zugrunde, gelten § 148 Abs. 2, § 148a der Strafprozeßordnung entsprechend; dies gilt nicht, wenn der Gefangene sich in einer Einrichtung des offenen Vollzuges befindet oder wenn ihm Lockerungen des Vollzuges gemäß § 11 Abs. 1 Nr. 1 oder 2 zweiter Halbsatz oder Urlaub gemäß § 13 oder § 15 Abs. 3 gewährt worden sind und ein Grund, der den Anstaltsleiter nach § 14 Abs.2 zum Widerruf oder zur Zurücknahme von Lockerungen und Urlaub ermächtigt, nicht vorliegt. Satz 2 gilt auch, wenn gegen einen Strafgefangenen im Anschluß an die dem Vollzug der Freiheitsstrafe zugrundeliegende Verurteilung eine Freiheitsstrafe wegen einer Straftat nach § 129a, auch in Verbindung mit § 129b Abs. 1, des Strafgesetzbuches zu vollstrecken ist.

(3) Für Kinder der Gefangenen werden mindestens zweimal im Monat Langzeitbesuche vorgesehen, die auf die Regelbesuchszeiten nicht angerechnet werden. Die §§ 24, 25 und 27 des Strafvollzugsgesetzes gelten entsprechend.

21. Besuche von Verteidigern, Rechtsanwälten, Notaren, Beiständen und Vertretern der Jugendhilfe

§ 26 Besuche von Verteidigern, Rechtsanwälten und Notaren

(4) Auf Besuche von Beiständen nach § 69 des Jugendgerichtsgesetzes findet § 26 des Strafvollzugsgesetzes Anwendung.

(1) Besuche von Verteidigern und Beiständen (§ 69 JGG) sowie von Rechtsanwälten oder Notaren in einer den Gefangenen betreffenden Rechtssache sind zu gestatten.

(5) Für Vertreter der Jugendgerichtshilfe (§ 38 JGG) und der Bewährungshilfe gilt Absatz 1 Satz 1 entsprechend.

Besuche von Verteidigern sowie von Rechtsanwälten oder Notaren in einer den Gefangenen betreffenden Rechtssache sind zu gestatten. § 24 Abs. 3 gilt entsprechend.

Eine inhaltliche Überprüfung der vom Verteidiger mitgeführten Schriftstücke und sonstigen Unterlagen ist nicht zulässig. § 29 Abs. 1 Satz 2 und 3 bleibt unberührt.

§ 26 Satz 1 und 2 des Strafvollzugsgesetzes gilt auch für Angehörige der Gerichtshilfe, der Jugendgerichtshilfe, der Führungsaufsichtsstellen und der Bewährungshilfe.	**[Nr.22 Abs.3 VVJug:**	
	Besuche von Verteidigern, Beiständen, Vertretern der Jugendgerichtshilfe und Bewährungshelfern werden nicht überwacht.	
Besuche der in Satz 1 und 2 genannten Personen werden in entsprechender Anwendung von § 27 Abs. 3 des Strafvollzugsgesetzes nicht überwacht.	**24. Überwachung des Schriftwechsels** (1) Der Schriftwechsel des Gefangenen mit seinem Verteidiger wird nicht überwacht.]	
Liegt dem Vollzug der Jugendstrafe eine Straftat nach § 129a, auch in Verbindung mit § 129b Abs. 1, des Strafgesetzbuches zugrunde, gelten § 148 Abs. 2 und § 148a der Strafprozessordnung entsprechend; dies gilt nicht, wenn die Gefangenen sich in einer Einrichtung des offenen Vollzuges befinden oder wenn ihnen Lockerungen des Vollzuges nach § 14 oder Urlaub nach § 15 gewährt worden sind und ein Grund, der die Anstaltsleitung nach § 16 Abs. 2 und 3 zum Widerruf oder zur Zurücknahme von Lockerungen und Urlaub ermächtigt, nicht vorliegt. Satz 2 gilt auch, wenn die Jugendstrafe wegen einer Straftat nach § 129a, auch in Verbindung mit § 129b Abs. 1, des Strafgesetzbuches erst im Anschluss an den Vollzug einer Jugendstrafe, der eine andere Verurteilung zugrunde liegt, zu vollstrecken ist.	Liegt dem Vollzug der Jugendstrafe eine Straftat nach § 129 a des Strafgesetzbuches zugrunde, gelten § 148 Abs. 2, § 148 a der Strafprozeßordnung entsprechend. Dies gilt auch, wenn gegen einen Gefangenen im Anschluß an die dem Vollzug der Jugendstrafe zugrunde liegende Verurteilung eine Jugend- oder Freiheitsstrafe wegen einer Straftat nach § 129 a des Strafgesetzbuches zu vollstrecken ist	
§ 22 Schulische und berufliche Aus- und Weiterbildung, Arbeit	**36. Arbeitspflicht**	**§ 41 Arbeitspflicht**
(1) Die Gefangenen sind während der Arbeitszeit vorrangig zur Teilnahme an schulischen und beruflichen Orientierungs-, Aus- und Weiterbildungsmaßnamen oder speziellen Maßnahmen zur Förderung ihrer schulischen, beruflichen oder persönlichen Entwicklung verpflichtet; im Übrigen zu Arbeit, arbeitstherapeutischer oder sonstiger Beschäftigung, wenn sie dazu in der Lage sind.	(1) Der Gefangene ist verpflichtet, eine ihm zugewiesene, seinen körperlichen Fähigkeiten angemessene Arbeit, arbeitstherapeutische oder sonstige Beschäftigung auszuüben, zu deren Verrichtung er auf Grund seines körperlichen Zustandes in der Lage ist.	(1) Der Gefangene ist verpflichtet, eine ihm zugewiesene, seinen körperlichen Fähigkeiten angemessene Arbeit, arbeitstherapeutische oder sonstige Beschäftigung auszuüben, zu deren Verrichtung er auf Grund seines körperlichen Zustandes in der Lage ist.
Die Gefangenen können außerdem jährlich bis zu drei Monate zu Hilfstätigkeiten in der Jugendstrafanstalt verpflichtet werden,	Er kann jährlich bis zu drei Monaten zu Hilfstätigkeiten in der Anstalt verpflichtet werden,	Er kann jährlich bis zu drei Monaten zu Hilfstätigkeiten in der Anstalt verpflichtet werden,

mit ihrer Zustimmung auch darüber hinaus.	mit seiner Zustimmung auch darüber hinaus	mit seiner Zustimmung auch darüber hinaus.
Die gesetzlichen Beschäftigungsverbote zum Schutz erwerbstätiger Mütter finden Anwendung.	Die Sätze 1 und 2 gelten nicht für werdende und stillende Mütter, soweit gesetzliche Beschäftigungsverbote zum Schutze erwerbstätiger Mütter bestehen.	Die Sätze 1 und 2 gelten nicht für Gefangene, die über 65 Jahre alt sind, und nicht für werdende und stillende Mütter, soweit gesetzliche Beschäftigungsverbote zum Schutz erwerbstätiger Mütter bestehen.
	35. Zeugnisse	**§ 40 Abschlußzeugnis**
(2) Die in den Einrichtungen des Vollzuges Ausgebildeten werden zu den Abschlussprüfungen nach dem Berufsbildungsgesetz oder der Handwerksordnung zugelassen, wenn durch eine Bescheinigung der Jugendstrafanstalt nachgewiesen wird, dass die Zulassung zur Prüfung gerechtfertigt ist. Aus dem Zeugnis über eine Bildungsmaßnahme darf die Inhaftierung nicht erkennbar sein.	Aus dem Abschlußzeugnis über eine ausbildende oder weiterbildende Maßnahme darf die Gefangenschaft eines Teilnehmers nicht erkennbar sein.	Aus dem Abschlußzeugnis über eine ausbildende oder weiterbildende Maßnahme darf die Gefangenschaft eines Teilnehmers nicht erkennbar sein.
	34. Freies Beschäftigungsverhältnis, Selbstbeschäftigung	**§ 39 Freies Beschäftigungsverhältnis, Selbstbeschäftigung**
(3) Den Gefangenen soll gestattet werden, einer Arbeit, Berufsausbildung, beruflichen Weiterbildung oder Umschulung auf der Grundlage eines freien Beschäftigungsverhältnisses außerhalb der Jugendstrafanstalt nachzugehen oder sich innerhalb oder außerhalb des Vollzuges selbst zu beschäftigen, wenn sie hierfür geeignet sind. § 14 Abs. 2 Nr. 1 und Abs. 3 sowie § 16 bleiben unberührt. § 39 Abs. 3 des Strafvollzugsgesetzes gilt entsprechend.	(1) Dem Gefangenen kann gestattet werden, einer Arbeit, Berufsausbildung, beruflichen Fortbildung oder Umschulung auf der Grundlage eines freien Beschäftigungsverhältnisses außerhalb der Anstalt nachzugehen, wenn dies im Rahmen des Vollzugsplanes dem Ziel dient, Fähigkeiten für eine Erwerbstätigkeit nach der Entlassung zu vermitteln, zu erhalten oder zu fördern und nicht überwiegende Gründe des Vollzuges entgegenstehen. Nr. 6 Abs. 1 Ziff. 1, Abs. 2 und Nr. 9 bleiben unberührt.	(1) Dem Gefangenen soll gestattet werden, einer Arbeit, Berufsausbildung oder beruflichen Weiterbildung auf der Grundlage eines freien Beschäftigungsverhältnisses außerhalb der Anstalt nachzugehen, wenn dies im Rahmen des Vollzugsplanes dem Ziel dient, Fähigkeiten für eine Erwerbstätigkeit nach der Entlassung zu vermitteln, zu erhalten oder zu fördern und nicht überwiegende Gründe des Vollzuges entgegenstehen. § 11 Abs. 1 Nr. 1, Abs. 2 und § 14 bleiben unberührt.
	(2) Dem Gefangenen kann gestattet werden, sich selbst zu beschäftigen.	(2) Dem Gefangenen kann gestattet werden, sich selbst zu beschäftigen.
	(3) Die Vollzugsbehörde kann verlangen, daß ihr das Entgelt zur Gutschrift für den Gefangenen überwiesen wird.	(3) Die Vollzugsbehörde kann verlangen, daß ihr das Entgelt zur Gutschrift für den Gefangenen überwiesen wird.
	[32. Berufliche Bildung, Arbeit:	**[§ 37 Zuweisung:**
(4) Für Arbeit, arbeitstherapeutische Beschäftigung, Ausbildung und Weiterbildung gilt § 37 Abs. 1, 2 und 4 des Straf-		(1) Arbeit, arbeitstherapeutische Beschäftigung, Ausbildung und Weiterbildung dienen insbesondere dem Ziel, Fähigkeiten für eine

vollzugsgesetzes entsprechend.		Erwerbstätigkeit nach der Entlassung zu vermitteln, zu erhalten oder zu fördern.
	(2) Die Vollzugsbehörde soll dem Gefangenen wirtschaftlich ergiebige Arbeit zuweisen und dabei seine Fähigkeiten, Fertigkeiten und Neigungen berücksichtigen.	(2) Die Vollzugsbehörde soll dem Gefangenen wirtschaftlich ergiebige Arbeit zuweisen und dabei seine Fähigkeiten, Fertigkeiten und Neigungen berücksichtigen.
		...
	(3) Kann einem arbeitsfähigen Gefangenen keine wirtschaftlich ergiebige Arbeit oder die Teilnahme an Maßnahmen nach Absatz 1 zugewiesen werden, wird ihm eine angemessene Beschäftigung zugeteilt.]	(4) Kann einem arbeitsfähigen Gefangenen keine wirtschaftlich ergiebige Arbeit oder die Teilnahme an Maßnahmen nach Absatz 3 zugewiesen werden, wird ihm eine angemessene Beschäftigung zugeteilt.]
	37. Freistellung von der Arbeit	**§ 42 Freistellung von der Arbeitspflicht**
(5) Hinsichtlich der Freistellung von der Arbeitspflicht gilt § 42 des Strafvollzugsgesetzes entsprechend.	(1) Hat der Gefangene ein Jahr lang zugewiesene Tätigkeit nach Nr.37 oder Hilfstätigkeiten nach Nr.36 Satz 2 ausgeübt, so kann er beanspruchen, 18 Werktage von der Arbeitspflicht freigestellt zu werden. Zeiten, in denen der Gefangene infolge Krankheit an seiner Arbeitsleistung verhindert war, werden auf das Jahr bis zu 6 Wochen jährlich angerechnet.	(1) Hat der Gefangene ein Jahr lang zugewiesene Tätigkeit nach § 37 oder Hilfstätigkeiten nach § 41 Abs. 1 Satz 2 ausgeübt, so kann er beanspruchen, achtzehn Werktage von der Arbeitspflicht freigestellt zu werden. Zeiten, in denen der Gefangene infolge Krankheit an seiner Arbeitsleistung verhindert war, werden auf das Jahr bis zu sechs Wochen jährlich angerechnet.
	(2) Der Anspruch besteht, sobald der Gefangene innerhalb eines zu einem beliebigen Zeitpunkt beginnenden Zeitraumes von einem Jahr seine Arbeitspflicht erfüllt hat.	
	(3) Auf die Zeit der Freistellung wird Urlaub aus der Haft (Nrn. 8, 30) angerechnet, soweit er in die Arbeitszeit fällt und nicht wegen einer lebensgefährlichen Erkrankung oder des Todes eines Angehörigen erteilt worden ist.	(2) Auf die Zeit der Freistellung wird Urlaub aus der Haft (§§ 13, 35) angerechnet, soweit er in die Arbeitszeit fällt und nicht wegen einer lebensgefährlichen Erkrankung oder des Todes eines Angehörigen erteilt worden ist.
	(10) Der Gefangene erhält für die Zeit der Freistellung seine zuletzt gezahlten Bezüge weiter. Der Berechnung der Bezüge ist der Durchschnitt der letzten drei abgerechneten Monate vor der Freistellung, in denen der Gefangene im Vollzug der Jugendstrafe tätig war, zugrunde zu legen.	(3) Der Gefangene erhält für die Zeit der Freistellung seine zuletzt gezahlten Bezüge weiter.

	(4) Urlaubsregelungen der Beschäftigungsverhältnisse außerhalb des Strafvollzuges bleiben unberührt.	(4) Urlaubsregelungen der Beschäftigungsverhältnisse außerhalb des Strafvollzuges bleiben unberührt.
§ 23 Teilnahme an Ausbildungsmaßnahmen und Unterbringung in der Jugendstrafanstalt auf freiwilliger Grundlage		**[Vgl. § 125 StVollzG: Aufnahme auf freiwilliger Grundlage:**
(1) Nach der Entlassung aus der Jugendstrafanstalt kann den Gefangenen mit Zustimmung der Personensorgeberechtigten gestattet werden, eine in der Jugendstrafanstalt begonnene Ausbildungs- oder Behandlungsmaßnahme abzuschließen. Hierfür oder aus fürsorgerischen Gründen können sie in Einzelfällen höchstens drei Monate über den Entlassungszeitpunkt hinaus in der Jugendstrafanstalt verbleiben, sofern es die Belegungssituation zulässt.		(1) Ein früherer Gefangener kann auf seinen Antrag vorübergehend wieder in die sozialtherapeutische Anstalt aufgenommen werden, wenn das Ziel seiner Behandlung gefährdet und ein Aufenthalt in der Anstalt aus diesem Grunde gerechtfertigt ist.
Der Antrag, die Zustimmung der Personensorgeberechtigten und die Gestattung sind jederzeit widerruflich.		Die Aufnahme ist jederzeit widerruflich.
(2) Absatz 1 gilt auch, wenn eine Wiederaufnahme nach Entlassung vorübergehend gerechtfertigt erscheint, um das Erreichen des Vollzugszieles nicht zu gefährden.		
(3) Nach dem Entlassungszeitpunkt oder der Wiederaufnahme sind die nach diesem Gesetz geltenden Vorschriften mit der Maßgabe entsprechend anzuwenden, dass Maßnahmen des Vollzuges nicht mit unmittelbarem Zwang durchgesetzt werden dürfen.		(2) Gegen den Aufgenommenen dürfen Maßnahmen des Vollzuges nicht mit unmittelbarem Zwang durchgesetzt werden.]
§ 24 Anerkennung von Ausbildung und Arbeit; Gelder	**39. Ausbildungsbeihilfe**	**§ 44 Ausbildungsbeihilfe**
(1) Gefangene, die während der Arbeitszeit ganz oder teilweise an einer schulischen oder beruflichen Orientierungs-, Aus- oder Weiterbildungsmaßnahme oder speziellen Maßnahmen zur Förderung ihrer schulischen, beruflichen oder persönlichen Entwicklung teilnehmen, erhalten hierfür eine Ausbildungsbeihilfe, soweit kein Anspruch auf Leistungen zum Lebensunterhalt besteht, die freien	(1) Nimmt der Gefangene an einer Berufsausbildung, beruflichen Fortbildung oder an einem Unterricht teil und ist er zu diesem Zweck von seiner Arbeitspflicht freigestellt, so erhält er eine Ausbildungsbeihilfe, soweit ihm keine Leistungen zum Lebensunterhalt zustehen, die freien Personen aus solchem Anlaß gewährt werden.	(1) Nimmt der Gefangene an einer Berufsausbildung, beruflichen Weiterbildung oder an einem Unterricht teil und ist er zu diesem Zweck von seiner Arbeitspflicht freigestellt, so erhält er eine Ausbildungsbeihilfe, soweit ihm keine Leistungen zum Lebensunterhalt zustehen, die freien Personen aus solchem Anlaß gewährt werden.

Personen aus solchem Anlass zustehen.		
Der Nachrang der Sozialhilfe nach § 2 Abs. 2 des Zwölften Buches Sozialgesetzbuch bleibt unberührt. § 44 des Strafvollzugsgesetzes sowie die nach § 48 des Strafvollzugsgesetzes erlassenen Bestimmungen gelten.	Der Nachrang der Sozialhilfe nach § 2 Abs. 2 des Bundessozialhilfegesetzes wird nicht berührt.	Der Nachrang der Sozialhilfe nach § 2 Abs. 2 des Zwölften Buches Sozialgesetzbuch wird nicht berührt.
		(2) Für die Bemessung der Ausbildungsbeihilfe gilt § 43 Abs. 2 und 3 entsprechend.
		(3) Nimmt der Gefangene während der Arbeitszeit stunden- oder tageweise am Unterricht oder an anderen zugewiesenen Maßnahmen gemäß § 37 Abs. 3 teil, so erhält er in Höhe des ihm dadurch entgehenden Arbeitsentgelts eine Ausbildungsbeihilfe.
	[§ 176 StVollzG Jugendstrafanstalten:	**[§ 176 StVollzG Jugendstrafanstalten:**
(2) Wer eine zugewiesene Arbeit, arbeitstherapeutische oder sonstige Beschäftigung oder eine Hilfstätigkeit nach § 22 Abs. 1 Satz 2 ausübt, erhält Arbeitsentgelt und Freistellung von der Arbeit. Für die Bemessung gelten § 43 Abs. 2, 3 und Abs. 6 bis 11 des Strafvollzugsgesetzes sowie die nach § 48 des Strafvollzugsgesetzes erlassenen Bestimmungen.	(1) Übt ein Gefangener in einer Jugendstrafanstalt eine ihm zugewiesene Arbeit aus, so erhält er unbeschadet der Vorschriften des Jugendarbeitsschutzgesetzes über die Akkord- und Fließarbeit ein nach § 43 Abs. 2 und 3 zu bemessendes Arbeitsentgelt. Übt er eine sonstige zugewiesene Beschäftigung oder Hilfstätigkeit aus, so erhält er ein Arbeitsentgelt nach Satz 1, soweit dies der Art seiner Beschäftigung und seiner Arbeitsleistung entspricht. § 43 Abs. 5 bis 11 gilt entsprechend.	(1) Übt ein Gefangener in einer Jugendstrafanstalt eine ihm zugewiesene Arbeit aus, so erhält er unbeschadet der Vorschriften des Jugendarbeitsschutzgesetzes über die Akkord- und Fließarbeit ein nach § 43 Abs. 2 und 3 zu bemessendes Arbeitsentgelt. Übt er eine sonstige zugewiesene Beschäftigung oder Hilfstätigkeit aus, so erhält er ein Arbeitsentgelt nach Satz 1, soweit dies der Art seiner Beschäftigung und seiner Arbeitsleistung entspricht. § 43 Abs. 5 bis 11 gilt entsprechend.
	(2) (zukünftig in Kraft)]	(2) (zukünftig in Kraft)]
	[Nr.38 Abs.3 VVJug:	**[§ 43 Abs.5 StVollzG:**
(3) Die Ausbildungsbeihilfe und das Arbeitsentgelt werden schriftlich bekannt gegeben.	Das Arbeitsentgelt ist dem Gefangenen schriftlich bekanntzugeben.]	Das Arbeitsentgelt ist dem Gefangenen schriftlich bekannt zu geben.]
	[§ 176 Abs. 3 StVollzG:	**[§ 46 Taschengeld:**
(4) Erhalten Gefangene ohne ihr Verschulden weder Arbeitsentgelt noch Ausbildungsbeihilfe, wird ihnen ein angemessenes Taschengeld gewährt, falls sie bedürftig sind.	Wenn ein Gefangener ohne sein Verschulden kein Arbeitsentgelt und keine Ausbildungsbeihilfe erhält, wird ihm ein angemessenes Taschengeld gewährt, falls er bedürftig ist.]	Wenn ein Gefangener ohne sein Verschulden kein Arbeitsentgelt und keine Ausbildungsbeihilfe erhält, wird ihm ein angemessenes Taschengeld gewährt, falls er bedürftig ist.]

40. Taschengeld

(1) Das Taschengeld nach § 176 Abs. 3 StVollzG i. d. F. d. § 199 Abs. 2 Nr. 5 StVollzG wird nur auf Antrag gewährt.

(2) Das Taschengeld beträgt 14 vom Hundert der Eckvergütung nach Nr. 38 Abs. 1. Bei der Berechnung des Taschengeldes werden Hausgeld und Eigengeld berücksichtigt. Ein Geldbetrag, der für einen Gefangenen statt eines Paketes im Sinne von Nummer 28 Abs. 1 Satz 1 zum eigenen Einkauf von Nahrungs- und Genußmitteln eingezahlt wird, bleibt bis zu dem für den Ersatzeinkauf festgesetzten Höchstbetrag bei der Berechnung des Taschengeldes für den laufenden und längstens den folgenden Monat unberücksichtigt.

(3) Bedürftig ist ein Gefangener, soweit ihm im laufenden Monat aus Hausgeld und Eigengeld nicht ein Betrag bis zur Höhe des Taschengeldes zur Verfügung steht.

(5) Im Übrigen gelten § 47 in der Fassung des § 199 Abs. 1 Nr. 2, die §§ 50 bis 52 und § 195 des Strafvollzugsgesetzes entsprechend mit der Maßgabe, dass

1. aus besonderen Gründen, insbesondere zur Förderung von Unterhaltszahlungen, Schadenswiedergutmachung, sonstiger Schuldenregulierung oder für besondere Aufwendungen zur Wiedereingliederung, ganz oder teilweise von der Erhebung eines Haftkostenbeitrags abgesehen werden kann,

2. die Vollzugsbehörde das Überbrückungsgeld ganz oder teilweise den Personensorgeberechtigten, der Bewährungshilfe oder einer mit der Entlassungsbetreuung befassten Stelle überweisen kann, die darüber entscheidet, wie das Geld innerhalb der ersten vier Wochen nach der Entlassung an die Gefangenen ausgezahlt wird.

§ 25 Verpflegung und Einkauf	**16. Anstaltsverpflegung**	**§ 21 Anstaltsverpflegung**
Die §§ 21 und 22 des Strafvollzugsgesetzes gelten entsprechend.	(1) Zusammensetzung und Nährwert der Anstaltsverpflegung werden ärztlich überwacht. Auf ärztliche Anordnung wird besondere Verpflegung gewährt. Dem Gefangenen ist zu ermöglichen, Speisevorschriften seiner Religionsgemeinschaft zu befolgen.	Zusammensetzung und Nährwert der Anstaltsverpflegung werden ärztlich überwacht. Auf ärztliche Anordnung wird besondere Verpflegung gewährt. Dem Gefangenen ist zu ermöglichen, Speisevorschriften seiner Religionsgemeinschaft zu befolgen.
	17. Einkauf	**§ 22 Einkauf**
	(1) Der Gefangene kann sich von seinem Hausgeld (Nr. 41) oder von seinem Taschengeld (Nr. 40) aus einem von der Anstalt vermittelten Angebot Nahrungs- und Genußmittel sowie Mittel zur Körperpflege kaufen. Die Anstalt soll für ein Angebot sorgen, das auf Wünsche und Bedürfnisse der Gefangenen Rücksicht nimmt.	(1) Der Gefangene kann sich von seinem Hausgeld (§ 47) oder von seinem Taschengeld (§46) aus einem von der Anstalt vermittelten Angebot Nahrungs- und Genußmittel sowie Mittel zur Körperpflege kaufen. Die Anstalt soll für ein Angebot sorgen, das auf Wünsche und Bedürfnisse der Gefangenen Rücksicht nimmt.
	(2) Gegenstände, die die Sicherheit oder Ordnung der Anstalt gefährden, können vom Einkauf ausgeschlossen werden. Auf ärztliche Anordnung kann dem Gefangenen der Einkauf einzelner Nahrungs- und Genußmittel ganz oder teilweise untersagt werden, wenn zu befürchten ist, daß sie seine Gesundheit ernsthaft gefährden. In Krankenhäusern und Krankenabteilungen kann der Einkauf einzelner Nahrungs- und Genußmittel auf ärztliche Anordnung allgemein untersagt oder eingeschränkt werden.	(2) Gegenstände, die die Sicherheit oder Ordnung der Anstalt gefährden, können vom Einkauf ausgeschlossen werden. Auf ärztliche Anordnung kann dem Gefangenen der Einkauf einzelner Nahrungs- und Genußmittel ganz oder teilweise untersagt werden, wenn zu befürchten ist, daß sie seine Gesundheit ernsthaft gefährden. In Krankenhäusern und Krankenabteilungen kann der Einkauf einzelner Nahrungs- und Genußmittel auf ärztliche Anordnung allgemein untersagt oder eingeschränkt werden.
	(3) Verfügt der Gefangene ohne eigenes Verschulden nicht über Haus- oder Taschengeld, wird ihm gestattet, in angemessenem Umfang vom Eigengeld einzukaufen.	(3) Verfügt der Gefangene ohne eigenes Verschulden nicht über Haus- oder Taschengeld, wird ihm gestattet, in angemessenem Umfang vom Eigengeld einzukaufen.
§ 26 Religionsausübung	**44. Seelsorge**	**§ 53 Seelsorge**
Die §§ 53 bis 55 des Strafvollzugsgesetzes gelten entsprechend.	(1) Dem Gefangenen darf religiöse Betreuung durch einen Seelsorger seiner Religionsgemeinschaft nicht versagt werden. Auf seinen Wunsch ist ihm zu helfen, mit einem Seelsorger seiner Religionsgemeinschaft in Verbindung zu treten.	(1) Dem Gefangenen darf religiöse Betreuung durch einen Seelsorger seiner Religionsgemeinschaft nicht versagt werden. Auf seinen Wunsch ist ihm zu helfen, mit einem Seelsorger seiner Religionsgemeinschaft in Verbindung zu treten.
	(2) Der Gefangene darf grundlegende religiöse Schriften besitzen. Sie dürfen ihm nur bei grobem	(2) Der Gefangene darf grundlegende religiöse Schriften besitzen. Sie dürfen ihm nur bei grobem

	Mißbrauch entzogen werden.	Mißbrauch entzogen werden.
	(3) Dem Gefangenen sind Gegenstände des religiösen Gebrauchs in angemessenem Umfange zu belassen.	(3) Dem Gefangenen sind Gegenstände des religiösen Gebrauchs in angemessenem Umfang zu belassen.
	45. Religiöse Veranstaltungen	**§ 54 Religiöse Veranstaltungen**
	(1) Der Gefangene hat das Recht, am Gottesdienst und an anderen religiösen Veranstaltungen seines Bekenntnisses teilzunehmen.	(1) Der Gefangene hat das Recht, am Gottesdienst und an anderen religiösen Veranstaltungen seines Bekenntnisses teilzunehmen.
	(2) Zu dem Gottesdienst oder zu religiösen Veranstaltungen einer anderen Religionsgemeinschaft wird der Gefangene zugelassen, wenn deren Seelsorger zustimmt.	(2) Zu dem Gottesdienst oder zu religiösen Veranstaltungen einer anderen Religionsgemeinschaft wird der Gefangene zugelassen, wenn deren Seelsorger zustimmt.
	(3) Der Gefangene kann von der Teilnahme am Gottesdienst oder anderen religiösen Veranstaltungen ausgeschlossen werden, wenn dies aus überwiegenden Gründen der Sicherheit oder Ordnung geboten ist; der Seelsorger soll vorher gehört werden.	(3) Der Gefangene kann von der Teilnahme am Gottesdienst oder anderen religiösen Veranstaltungen ausgeschlossen werden, wenn dies aus überwiegenden Gründen der Sicherheit oder Ordnung geboten ist; der Seelsorger soll vorher gehört werden
	46. Weltanschauungsgemeinschaften	**§ 55 Weltanschauungsgemeinschaften**
	Für Angehörige weltanschaulicher Bekenntnisse gelten die Nrn. 44 und 45 entsprechend.	Für Angehörige weltanschaulicher Bekenntnisse gelten die §§ 53 und 54 entsprechend.
§ 27 Gestaltung der freien Zeit	**58. Freizeitbeschäftigung**	**§ 67 Allgemeines**
(1) Die Gefangenen sind zur Teilnahme und Mitwirkung an Angeboten der Freizeitgestaltung zu motivieren und anzuleiten. Sie sollen insbesondere am Unterricht, am Fernunterricht, an Lehrgängen und sonstigen Veranstaltungen der Weiterbildung, an Freizeitgruppen und Gruppengesprächen teilnehmen, Möglichkeiten zur sportlichen Betätigung haben und ermutigt werden, den Umgang mit neuen Medien zu erlernen und auszuüben sowie eine Bücherei zu benutzen.	(1) Der Gefangene erhält Gelegenheit, sich in seiner Freizeit zu beschäftigen. Er soll Gelegenheit erhalten, am Unterricht einschließlich Sport, an Fernunterricht, Lehrgängen und sonstigen Veranstaltungen der Weiterbildung, an Freizeitgruppen, Gruppengesprächen sowie an Sportveranstaltungen teilzunehmen und eine Bücherei zu benutzen.	Der Gefangene erhält Gelegenheit, sich in seiner Freizeit zu beschäftigen. Er soll Gelegenheit erhalten, am Unterricht einschließlich Sport, an Fernunterricht, Lehrgängen und sonstigen Veranstaltungen der Weiterbildung, an Freizeitgruppen, Gruppengesprächen sowie an Sportveranstaltungen teilzunehmen und eine Bücherei zu benutzen.
	Der Gefangene soll zur Teilnahme angehalten werden; aus erzieherischen Gründen kann er hierzu verpflichtet werden.	

	59. Zeitungen und Zeitschriften	**§ 68 Zeitungen und Zeitschriften**
(2) Für den Bezug von Zeitungen und Zeitschriften, die Teilnahme am Hörfunkprogramm und am gemeinschaftlichen Fernsehempfang der Anstalt, die Zulassung eigener Hörfunk- und Fernsehgeräte und den Besitz von Gegenständen für die Freizeitbeschäftigung gelten die §§ 68 bis 70 des Strafvollzugsgesetzes entsprechend.	(1) Der Gefangene darf Zeitungen und Zeitschriften in angemessenem Umfang durch Vermittlung der Anstalt beziehen.	(1) Der Gefangene darf Zeitungen und Zeitschriften in angemessenem Umfang durch Vermittlung der Anstalt beziehen.
	(2) Ausgeschlossen sind Zeitungen und Zeitschriften, deren Verbreitung mit Strafe oder Geldbuße bedroht ist oder die dem Erziehungsziel zuwiderlaufen.	(2) Ausgeschlossen sind Zeitungen und Zeitschriften, deren Verbreitung mit Strafe oder Geldbuße bedroht ist.
	Einzelne Ausgaben oder Teile von Zeitungen können dem Gefangenen vorenthalten werden, wenn sie das Erziehungsziel oder die Sicherheit oder Ordnung der Anstalt erheblich gefährden würden.	Einzelne Ausgaben oder Teile von Zeitungen oder Zeitschriften können dem Gefangenen vorenthalten werden, wenn sie das Ziel des Vollzuges oder die Sicherheit oder Ordnung der Anstalt erheblich gefährden würden
	...	
	60. Hörfunk und Fernsehen	**§ 69 Hörfunk und Fernsehen**
	(1) Der Gefangene kann am Hörfunkprogramm der Anstalt sowie am gemeinschaftlichen Fernsehempfang teilnehmen. Die Sendungen sind so auszuwählen, daß Wünsche und Bedürfnisse nach staatsbürgerlicher Information, Bildung und Unterhaltung angemessen berücksichtigt werden. Der Hörfunk- und Fernsehempfang kann vorübergehend ausgesetzt oder einzelnen Gefangenen untersagt werden, wenn dies zur Erreichung des Erziehungszieles sowie zur Aufrechterhaltung der Sicherheit oder Ordnung der Anstalt unerläßlich ist.	(1) Der Gefangene kann am Hörfunkprogramm der Anstalt sowie am gemeinschaftlichen Fernsehempfang teilnehmen. Die Sendungen sind so auszuwählen, daß Wünsche und Bedürfnisse nach staatsbürgerlicher Information, Bildung und Unterhaltung angemessen berücksichtigt werden. Der Hörfunk- und Fernsehempfang kann vorübergehend ausgesetzt oder einzelnen Gefangenen untersagt werden, wenn dies zur Aufrechterhaltung der Sicherheit oder Ordnung der Anstalt unerläßlich ist.
	(2) Eigene Hörfunkgeräte werden unter den Voraussetzungen der Nr. 61, eigene Fernsehgeräte nur in begründeten Ausnahmefällen und nur mit Zustimmung der Aufsichtsbehörde zugelassen.	(2) Eigene Hörfunk- und Fernsehgeräte werden unter den Voraussetzungen des § 70 zugelassen.
	...	
	61. Besitz von Gegenständen für die Freizeitbeschäftigung	**§ 70 Besitz von Gegenständen für die Freizeitbeschäftigung**
	(1) Der Gefangene darf in angemessenem Umfange Bücher und andere Gegenstände zur Fortbildung oder zur Freizeitbeschäftigung besitzen.	(1) Der Gefangene darf in angemessenem Umfang Bücher und andere Gegenstände zur Fortbildung oder zur Freizeitbeschäftigung besitzen.

	(2) Dies gilt nicht, wenn der Besitz, die Überlassung oder die Benutzung des Gegenstands	(2) Dies gilt nicht, wenn der Besitz, die Überlassung oder die Benutzung des Gegenstands
	1. mit Strafe oder Geldbuße bedroht wäre oder	1. mit Strafe oder Geldbuße bedroht wäre oder
	2. das Erziehungsziel oder die Sicherheit oder Ordnung der Anstalt gefährden würde.	2. das Ziel des Vollzuges oder die Sicherheit oder Ordnung der Anstalt gefährden würde.
	(3) Die Erlaubnis kann unter den Voraussetzungen des Absatzes 2 widerrufen werden.	(3) Die Erlaubnis kann unter den Voraussetzungen des Absatzes 2 widerrufen werden.
§ 28 Mitverantwortung der Gefangenen	**107. Gefangenenmitverantwortung**	**§ 160 Gefangenenmitverantwortung**
(1) Die Gefangenen sollen angeregt und unterstützt werden, Angelegenheiten, die von gemeinsamem Interesse sind und die sich nach ihrer Art für eine Mitwirkung eignen, in differenzierten und gestuften Formen der Mitwirkung und Selbstverwaltung zu betreuen.	Dem Gefangenen soll ermöglicht werden, an der Verantwortung für Angelegenheiten von gemeinsamem Interesse teilzunehmen, die sich ihrer Eigenart und der Aufgabe der Anstalt nach für ihre Mitwirkung eignen.	Den Gefangenen und Untergebrachten soll ermöglicht werden, an der Verantwortung für Angelegenheiten von gemeinsamem Interesse teilzunehmen, die sich ihrer Eigenart und der Aufgabe der Anstalt nach für ihre Mitwirkung eignen.
Eine weitgehende Übernahme der Mitverantwortung für die alltäglichen Abläufe wird angestrebt.		
(2) Die Einrichtung von Gremien der Selbstverwaltung und aktiven Mitwirkung wird von den Jugendstrafanstalten gefördert und begleitet. Die Gefangenen werden zur Mitarbeit ermutigt.		
§ 29 Gesundheitsfürsorge	**47. Allgemeine Regeln für die Gesundheitsfürsorge**	**§ 56 Allgemeine Regeln**
(1) Für das körperliche, seelische, geistige und soziale Wohlergehen der Gefangenen ist zu sorgen.	(1) Für die körperliche und geistige Gesundheit des Gefangenen ist zu sorgen.	(1) Für die körperliche und geistige Gesundheit des Gefangenen ist zu sorgen.
§ 32 in Verbindung mit § 101 des Strafvollzugsgesetzes bleibt unberührt.	Nr. 85 Abs. 10 bis 12 bleibt unberührt.	§ 101 bleibt unberührt.
Die Gefangenen haben die notwendigen Maßnahmen zum Gesundheitsschutz und zur Hygiene zu unterstützen.	(2) Der Gefangene hat die notwendigen Maßnahmen zum Gesundheitsschutz und zur Hygiene zu unterstützen.	(2) Der Gefangene hat die notwendigen Maßnahmen zum Gesundheitsschutz und zur Hygiene zu unterstützen.
	55. Aufenthalt im Freien	**§ 64 Aufenthalt im Freien**
(2) Den Gefangenen wird an Werktagen ein Aufenthalt im Freien von einer Stunde, an arbeitsfreien Tagen von mindestens	Ist ein Gefangener nicht im Freien tätig, so hat er sich täglich mindestens eine Stunde im Freien aufzuhalten, wenn die Witterung	Arbeitet ein Gefangener nicht im Freien, so wird ihm täglich mindestens eine Stunde Aufenthalt im Freien ermöglicht, wenn die Wit-

zwei Stunden ermöglicht, wenn die Witterung dies zu der festgesetzten Zeit zulässt.	dies zu der festgesetzten Zeit zuläßt.	terung dies zu der festgesetzten Zeit zuläßt.
	Dabei ist ihm Gelegenheit zu geben, am Sport teilzunehmen.	
	57. Benachrichtigung bei Erkrankung oder Todesfall	
(3) § 57 Abs. 2 bis 6, die §§ 58 bis 63, § 65 und die §§ 76 bis 79 des Strafvollzugsgesetzes gelten entsprechend. § 66 des Strafvollzugsgesetzes gilt entsprechend mit der Maßgabe, dass abweichend von Absatz 1 stets die Personensorgeberechtigten von einer schweren Erkrankung oder dem Tod benachrichtigt werden.	(1) Wird ein Gefangener schwer krank, so ist ein Angehöriger, eine Person seines Vertrauens oder der gesetzliche Vertreter unverzüglich zu benachrichtigen. Dasselbe gilt, wenn ein Gefangener stirbt. (2) Dem Wunsche des Gefangenen, auch andere Personen zu benachrichtigen, soll nach Möglichkeit entsprochen werden.	
(4) Die Rechte der Personensorgeberechtigten werden beachtet.		
§ 30 Soziale Hilfe	**62. Soziale Hilfe**	**§ 71 Grundsatz**
Den Gefangenen wird geholfen, ihre persönlichen Schwierigkeiten zu lösen.	(1) Die Anstalt hilft dem Gefangenen, seine persönlichen Schwierigkeiten zu lösen.	Der Gefangene kann die soziale Hilfe der Anstalt in Anspruch nehmen, um seine persönlichen Schwierigkeiten zu lösen.
Hierdurch sollen sie in die Lage versetzt werden, ihre Angelegenheiten selbst zu ordnen und zu regeln, insbesondere den durch die Straftat verursachten materiellen und immateriellen Schaden wieder gutzumachen und eine Schuldenregulierung herbeizuführen.	(2) Die Hilfe soll darauf gerichtet sein, den Gefangenen in die Lage zu versetzen, seine Angelegenheiten selbst zu ordnen und zu regeln	Die Hilfe soll darauf gerichtet sein, den Gefangenen in die Lage zu versetzen, seine Angelegenheiten selbst zu ordnen und zu regeln.
	[64. Hilfe während des Vollzuges	**[§ 73 Hilfe während des Vollzuges**
	Der Gefangene wird in dem Bemühen unterstützt, seine Rechte und Pflichten wahrzunehmen, namentlich sein Wahlrecht auszuüben sowie für Unterhaltsberechtigte zu sorgen und einen durch seine Straftat verursachten Schaden zu regeln.]	Der Gefangene wird in dem Bemühen unterstützt, seine Rechte und Pflichten wahrzunehmen, namentlich sein Wahlrecht auszuüben sowie für Unterhaltsberechtigte zu sorgen und einen durch seine Straftat verursachten Schaden zu regeln.]
	63. Hilfe bei der Aufnahme	**§ 72 Hilfe bei der Aufnahme**
§ 72 des Strafvollzugsgesetzes gilt entsprechend.	(1) Bei der Aufnahme wird dem Gefangenen geholfen, die notwendigen Maßnahmen für hilfsbedürftige Angehörige zu veranlassen und seine Habe außerhalb der Anstalt sicherzustellen.	(1) Bei der Aufnahme wird dem Gefangenen geholfen, die notwendigen Maßnahmen für hilfsbedürftige Angehörige zu veranlassen und seine Habe außerhalb der Anstalt sicherzustellen.

	(2) Der Gefangene ist über die Aufrechterhaltung einer Sozialversicherung zu beraten.	(2) Der Gefangene ist über die Aufrechterhaltung einer Sozialversicherung zu beraten.
§ 31 Sicherheit und Ordnung		
(1) Sicherheit und Ordnung der Jugendstrafanstalt gewährleisten das Funktionieren des auf die Förderung aller Gefangenen ausgerichteten Anstaltslebens.		
	72. Sicherheit und Ordnung	**§ 81 Grundsatz**
(2) Die Grundsätze der §§ 81 bis 83 des Strafvollzugsgesetzes über die Regeln des Zusammenlebens in der Anstalt und die Pflichten der Gefangenen gelten entsprechend.	(1) Das Verantwortungsbewußtsein des Gefangenen für ein geordnetes Zusammenleben in der Anstalt ist zu wecken und zu fördern.	(1) Das Verantwortungsbewußtsein des Gefangenen für ein geordnetes Zusammenleben in der Anstalt ist zu wecken und zu fördern.
	(2) Die Pflichten und Beschränkungen, die dem Gefangenen zur Aufrechterhaltung der Sicherheit oder Ordnung der Anstalt auferlegt werden, sind so zu wählen, daß sie in einem angemessenen Verhältnis zu ihrem Zweck stehen und den Gefangenen nicht mehr und nicht länger als notwendig beeinträchtigen.	(2) Die Pflichten und Beschränkungen, die dem Gefangenen zur Aufrechterhaltung der Sicherheit oder Ordnung der Anstalt auferlegt werden, sind so zu wählen, daß sie in einem angemessenen Verhältnis zu ihrem Zweck stehen und den Gefangenen nicht mehr und nicht länger als notwendig beeinträchtigen.
	73. Verhaltensvorschriften	**§ 82 Verhaltensvorschriften**
	(1) Der Gefangene hat sich nach der Tageseinteilung der Anstalt (Arbeitszeit, Freizeit, Ruhezeit) zu richten. Er darf durch sein Verhalten gegenüber Vollzugsbediensteten, Mitgefangenen und anderen Personen das geordnete Zusammenleben nicht stören.	(1) Der Gefangene hat sich nach der Tageseinteilung der Anstalt (Arbeitszeit, Freizeit, Ruhezeit) zu richten. Er darf durch sein Verhalten gegenüber Vollzugsbediensteten, Mitgefangenen und anderen Personen das geordnete Zusammenleben nicht stören.
	(2) Der Gefangene hat die Anordnungen der Vollzugsbediensteten zu befolgen, auch wenn er sich durch sie beschwert fühlt. Einen ihm zugewiesenen Bereich darf er nicht ohne Erlaubnis verlassen.	(2) Der Gefangene hat die Anordnungen der Vollzugsbediensteten zu befolgen, auch wenn er sich durch sie beschwert fühlt. Einen ihm zugewiesenen Bereich darf er nicht ohne Erlaubnis verlassen.
	(3) Seinen Haftraum und die ihm von der Anstalt überlassenen Sachen hat er in Ordnung zu halten und schonend zu behandeln.	(3) Seinen Haftraum und die ihm von der Anstalt überlassenen Sachen hat er in Ordnung zu halten und schonend zu behandeln.
	(4) Der Gefangene hat Umstände, die eine Gefahr für das Leben oder eine erhebliche Gefahr für die Gesundheit einer Person bedeuten, unverzüglich zu melden.	(4) Der Gefangene hat Umstände, die eine Gefahr für das Leben oder eine erhebliche Gefahr für die Gesundheit einer Person bedeuten, unverzüglich zu melden.

	74. Persönlicher Gewahrsam. Eigengeld	**§ 83 Persönlicher Gewahrsam. Eigengeld**
	(1) Der Gefangene darf nur Sachen in Gewahrsam haben oder annehmen, die ihm von der Vollzugsbehörde oder mit ihrer Zustimmung überlassen werden. Ohne Zustimmung darf er Sachen von geringem Wert von einem anderen Gefangenen annehmen; die Vollzugsbehörde kann Annahme und Gewahrsam auch dieser Sachen von ihrer Zustimmung abhängig machen.	(1) Der Gefangene darf nur Sachen in Gewahrsam haben oder annehmen, die ihm von der Vollzugsbehörde oder mit ihrer Zustimmung überlassen werden. Ohne Zustimmung darf er Sachen von geringem Wert von einem anderen Gefangenen annehmen; die Vollzugsbehörde kann Annahme und Gewahrsam auch dieser Sachen von ihrer Zustimmung abhängig machen.
	(2) Eingebrachte Sachen, die der Gefangene nicht in Gewahrsam haben darf, sind für ihn aufzubewahren, sofern dies nach Art und Umfang möglich ist. Geld wird ihm als Eigengeld gutgeschrieben. Dem Gefangenen wird Gelegenheit gegeben, seine Sachen, die er während des Vollzuges und für seine Entlassung nicht benötigt, abzusenden oder über sein Eigengeld zu verfügen, soweit dieses nicht als Überbrückungsgeld notwendig ist oder erzieherische Gründe nicht entgegenstehen.	(2) Eingebrachte Sachen, die der Gefangene nicht in Gewahrsam haben darf, sind für ihn aufzubewahren, sofern dies nach Art und Umfang möglich ist. Geld wird ihm als Eigengeld gutgeschrieben. Dem Gefangenen wird Gelegenheit gegeben, seine Sachen, die er während des Vollzuges und für seine Entlassung nicht benötigt, abzusenden oder über sein Eigengeld zu verfügen, soweit dieses nicht als Überbrückungsgeld notwendig ist.
	(3) Weigert sich ein Gefangener, eingebrachtes Gut, dessen Aufbewahrung nach Art und Umfang nicht möglich ist, aus der Anstalt zu verbringen, so ist die Vollzugsbehörde berechtigt, diese Gegenstände auf Kosten des Gefangenen aus der Anstalt entfernen zu lassen. ...	(3) Weigert sich ein Gefangener, eingebrachtes Gut, dessen Aufbewahrung nach Art und Umfang nicht möglich ist, aus der Anstalt zu verbringen, so ist die Vollzugsbehörde berechtigt, diese Gegenstände auf Kosten des Gefangenen aus der Anstalt entfernen zu lassen.
	(6) Aufzeichnungen und andere Gegenstände, die Kenntnisse über Sicherungsvorkehrungen der Anstalt vermitteln, werden von der Vollzugsbehörde in Verwahrung genommen.	(4) Aufzeichnungen und andere Gegenstände, die Kenntnisse über Sicherungsvorkehrungen der Anstalt vermitteln, dürfen von der Vollzugsbehörde vernichtet oder unbrauchbar gemacht werden.
	75. Durchsuchung	**§ 84 Durchsuchung**
(3) Die Vorschriften der §§ 84 bis 88 und 90 bis 93 des Strafvollzugsgesetzes über die Durchsuchung, die sichere Unterbringung, erkennungsdienstliche Maßnahmen, das Festnahmerecht, die besonderen Sicherungsmaßnahmen und der Fesselung gelten entsprechend.	(1) Der Gefangene, seine Sachen und die Hafträume dürfen durchsucht werden. Bei der Durchsuchung männlicher Gefangener dürfen nur Männer, bei der Durchsuchung weiblicher Gefangener nur Frauen anwesend sein. Das Schamgefühl ist zu schonen.	(1) Gefangene, ihre Sachen und die Hafträume dürfen durchsucht werden. Die Durchsuchung männlicher Gefangener darf nur von Männern, die Durchsuchung weiblicher Gefangener darf nur von Frauen vorgenommen werden. Das Schamgefühl ist zu schonen.

(2) Nur bei Gefahr im Verzuge oder auf Anordnung des Anstaltsleiters im Einzelfall ist es zulässig, eine mit einer Entkleidung verbundene körperliche Durchsuchung vorzunehmen.	(2) Nur bei Gefahr im Verzug oder auf Anordnung des Anstaltsleiters im Einzelfall ist es zulässig, eine mit einer Entkleidung verbundene körperliche Durchsuchung vorzunehmen.
	Sie darf bei männlichen Gefangenen nur in Gegenwart von Männern, bei weiblichen Gefangenen nur in Gegenwart von Frauen erfolgen.
Sie muß in einem geschlossenen Raum durchgeführt werden. Andere Gefangene dürfen nicht anwesend sein.	Sie ist in einem geschlossenen Raum durchzuführen. Andere Gefangene dürfen nicht anwesend sein.
(3) Der Anstaltsleiter kann allgemein anordnen, daß Gefangene bei der Aufnahme nach Absatz 2 und nach jeder Abwesenheit von der Anstalt zu durchsuchen sind.	(3) Der Anstaltsleiter kann allgemein anordnen, daß Gefangene bei der Aufnahme, nach Kontakten mit Besuchern und nach jeder Abwesenheit von der Anstalt nach Absatz 2 zu durchsuchen sind.
76. Sichere Unterbringung	**§ 85 Sichere Unterbringung**
(1) Ein Gefangener kann in eine andere Jugendstrafanstalt verlegt werden, die zu seiner sicheren Unterbringung besser geeignet ist, wenn in erhöhtem Maße Fluchtgefahr gegeben ist oder sonst sein Verhalten oder sein Zustand eine Gefahr für die Sicherheit oder Ordnung der Anstalt darstellt.	Ein Gefangener kann in eine Anstalt verlegt werden, die zu seiner sicheren Unterbringung besser geeignet ist, wenn in erhöhtem Maß Fluchtgefahr gegeben ist oder sonst sein Verhalten oder sein Zustand eine Gefahr für die Sicherheit oder Ordnung der Anstalt darstellt.
77. Erkennungsdienstliche Maßnahmen	**§ 86 Erkennungsdienstliche Maßnahmen**
(1) Zur Sicherung des Vollzuges sind als erkennungsdienstliche Maßnahmen zulässig	(1) Zur Sicherung des Vollzuges sind als erkennungsdienstliche Maßnahmen zulässig
1. die Abnahme von Finger- und Handflächenabdrücken,	1. die Abnahme von Finger- und Handflächenabdrücken,
2. die Aufnahme von Lichtbildern mit Kenntnis des Gefangenen,	2. die Aufnahme von Lichtbildern mit Kenntnis des Gefangenen,
3. die Feststellung äußerlicher körperlicher Merkmale,	3. die Feststellung äußerlicher körperlicher Merkmale,
4. Messungen	4. Messungen
(2) Die gewonnenen erkennungsdienstlichen Unterlagen werden zu den Gefangenenpersonalakten genommen. Sie können auch in kriminalpolizeilichen Sammlungen	(2) Die gewonnenen erkennungsdienstlichen Unterlagen werden zu den Gefangenenpersonalakten genommen. Sie können auch in kriminalpolizeilichen Sammlungen

verwahrt werden. Die nach Absatz 1 erhobenen Daten dürfen nur für die in Absatz 1, § 87 Abs. 2 und § 180 Abs. 2 Nr. 4 StVollzG genannten Zwecke verarbeitet und genutzt werden.	verwahrt werden. Die nach Absatz 1 erhobenen Daten dürfen nur für die in Absatz 1, § 87 Abs. 2 und § 180 Abs. 2 Nr. 4 genannten Zwecke verarbeitet und genutzt werden.
(3) Personen, die auf Grund des Absatzes 1 erkennungsdienstlich behandelt worden sind, können nach der Entlassung aus dem Vollzug verlangen, dass die gewonnenen erkennungsdienstlichen Unterlagen mit Ausnahme von Lichtbildern und der Beschreibung von körperlichen Merkmalen vernichtet werden, sobald die Vollstreckung der richterlichen Entscheidung, die dem Vollzug zugrunde gelegen hat, abgeschlossen ist. Sie sind über dieses Recht bei der erkennungsdienstlichen Behandlung und bei der Entlassung aufzuklären.	(3) Personen, die aufgrund des Absatzes 1 erkennungsdienstlich behandelt worden sind, können nach der Entlassung aus dem Vollzug verlangen, daß die gewonnenen erkennungsdienstlichen Unterlagen mit Ausnahme von Lichtbildern und der Beschreibung von körperlichen Merkmalen vernichtet werden, sobald die Vollstreckung der richterlichen Entscheidung, die dem Vollzug zugrunde gelegen hat, abgeschlossen ist. Sie sind über dieses Recht bei der erkennungsdienstlichen Behandlung und bei der Entlassung aufzuklären.
77 a. Lichtbilder	**§ 86a Lichtbilder**
(1) Unbeschadet der Nummer 77 dürfen zur Aufrechterhaltung der Sicherheit und Ordnung der Anstalt Lichtbilder der Gefangenen aufgenommen und mit den Namen der Gefangenen sowie deren Geburtsdatum und -ort gespeichtert werden. Die Lichtbilder dürfen nur mit Kenntnis der Gefangenen aufgenommen werden.	(1) Unbeschadet des § 86 dürfen zur Aufrechterhaltung der Sicherheit und Ordnung der Anstalt Lichtbilder der Gefangenen aufgenommen und mit den Namen der Gefangenen sowie deren Geburtsdatum und -ort gespeichert werden. Die Lichtbilder dürfen nur mit Kenntnis der Gefangenen aufgenommen werden.
(2) Die Lichtbilder dürfen nur	(2) Die Lichtbilder dürfen nur
1. genutzt werden von Justizvollzugsbediensteten, wenn eine Überprüfung der Identität der Gefangenen im Rahmen ihrer Aufgabenwahrnehmung erforderlich ist,	1. genutzt werden von Justizvollzugsbediensteten, wenn eine Überprüfung der Identität der Gefangenen im Rahmen ihrer Aufgabenwahrnehmung erforderlich ist,
2. übermittelt werden	2. übermittelt werden
a) an die Polizeivollzugsbehörden des Bundes und der Länder, soweit dies zur Abwehr einer gegenwärtigen Gefahr für erhebliche Rechtsgüter innerhalb der Anstalt erforderlich ist,	a) an die Polizeivollzugsbehörden des Bundes und der Länder, soweit dies zur Abwehr einer gegenwärtigen Gefahr für erhebliche Rechtsgüter innerhalb der Anstalt erforderlich ist,
b) nach Maßgabe des § 87 Abs. 2 StVollzG.	b) nach Maßgabe des § 87 Abs. 2.
(3) Die Lichtbilder sind nach der Entlassung der Gefangenen aus dem Vollzug oder nach ihrer Ver-	(3) Die Lichtbilder sind nach der Entlassung der Gefangenen aus dem Vollzug oder nach ihrer Ver-

legung in eine andere Anstalt zu vernichten oder zu löschen.	legung in eine andere Anstalt zu vernichten oder zu löschen.
78. Nacheile	**§ 87 Festnahmerecht**
(1) Entweicht ein Gefangener, ist er unverzüglich und nachdrücklich zu verfolgen. Reichen die Mittel, die der Anstalt zur Verfügung stehen, nicht aus, so ist die Hilfe der Polizei und gegebenenfalls anderer Stellen in Anspruch zu nehmen. Führt die unmittelbare Verfolgung oder die von der Anstalt veranlaßte Fahndung nicht alsbald zur Wiederergreifung, so sind weitere Maßnahmen der Vollstreckungsbehörde zu überlassen.	(1) Ein Gefangener, der entwichen ist oder sich sonst ohne Erlaubnis außerhalb der Anstalt aufhält, kann durch die Vollzugsbehörde oder auf ihre Veranlassung hin festgenommen und in die Anstalt zurückgebracht werden.
	(2) Nach § 86 Abs. 1 erhobene und nach §§ 86a, 179 erhobene und zur Identifizierung oder Festnahme erforderliche Daten dürfen den Vollstreckungs- und Strafverfolgungsbehörden übermittelt werden, soweit dies für Zwecke der Fahndung und Festnahme des entwichenen oder sich sonst ohne Erlaubnis außerhalb der Anstalt aufhaltenden Gefangenen erforderlich ist.
(2) Die Entweichung und die Maßnahmen, die zur Wiederergreifung des Entwichenen getroffen worden sind, zeigt der Anstaltsleiter unverzüglich - in der Regel fernmündlich voraus - der Aufsichtsbehörde an. Der Anstaltsleiter unterrichtet die Aufsichtsbehörde auch über die Wiederergreifung oder die freiwillige Rückkehr eines entwichenen Gefangenen.	
(3) Der Hergang der Entweichung ist festzustellen. Die Ermittlungen müssen sich darauf erstrecken, ob der Entwichene Helfer hatte und ob die Flucht auf pflichtwidriges Verhalten von Bediensteten oder auf Mängel von Anstaltseinrichtungen zurückzuführen ist. Der Anstaltsleiter berichtet der Aufsichtsbehörde schriftlich über das Ergebnis der Ermittlungen und die getroffenen Maßnahmen.	

79. Besondere Sicherungsmaßnahmen

(1) Gegen einen Gefangenen können besondere Sicherungsmaßnahmen angeordnet werden, wenn nach seinem Verhalten oder auf Grund seines seelischen Zustandes in erhöhtem Maße Fluchtgefahr oder die Gefahr von Gewalttätigkeiten gegen Personen oder Sachen oder die Gefahr des Selbstmordes oder der Selbstverletzung besteht.

(2) Als besondere Sicherungsmaßnahmen sind zulässig:

1. der Entzug oder die Vorenthaltung von Gegenständen,

2. die Beobachtung bei Nacht,

3. die Absonderung von anderen Gefangenen,

4. der Entzug oder die Beschränkung des Aufenthalts im Freien,

5. die Unterbringung in einem besonders gesicherten Haftraum ohne gefährdende Gegenstände und

6. die Fesselung.

(3) Maßnahmen nach Absatz 2 Nr. 1, 3 bis 5 sind auch zulässig, wenn die Gefahr einer Befreiung oder eine erhebliche Störung der Anstaltsordnung anders nicht vermieden oder behoben werden kann.

(4) Bei einer Ausführung, Vorführung oder beim Transport ist die Fesselung auch dann zulässig, wenn aus anderen Gründen als denen des Absatzes 1 in erhöhtem Maße Fluchtgefahr besteht.

(5) Besondere Sicherungsmaßnahmen dürfen nur soweit aufrecht erhalten werden, als es ihr Zweck erfordert.

(6) Mehrere besondere Sicherungsmaßnahmen können nebeneinander angeordnet werden, wenn die Gefahr anders nicht abgewendet werden kann.

§ 88 Besondere Sicherungsmaßnahmen

(1) Gegen einen Gefangenen können besondere Sicherungsmaßnahmen angeordnet werden, wenn nach seinem Verhalten oder auf Grund seines seelischen Zustandes in erhöhtem Maß Fluchtgefahr oder die Gefahr von Gewalttätigkeiten gegen Personen oder Sachen oder die Gefahr des Selbstmordes oder der Selbstverletzung besteht.

(2) Als besondere Sicherungsmaßnahmen sind zulässig:

1. der Entzug oder die Vorenthaltung von Gegenständen,

2. die Beobachtung bei Nacht,

3. die Absonderung von anderen Gefangenen,

4. der Entzug oder die Beschränkung des Aufenthalts im Freien,

5. die Unterbringung in einem besonders gesicherten Haftraum ohne gefährdende Gegenstände und

6. die Fesselung.

(3) Maßnahmen nach Absatz 2 Nr. 1, 3 bis 5 sind auch zulässig, wenn die Gefahr einer Befreiung oder eine erhebliche Störung der Anstaltsordnung anders nicht vermieden oder behoben werden kann.

(4) Bei einer Ausführung, Vorführung oder beim Transport ist die Fesselung auch dann zulässig, wenn aus anderen Gründen als denen des Absatzes 1 in erhöhtem Maß Fluchtgefahr besteht.

(5) Besondere Sicherungsmaßnahmen dürfen nur soweit aufrechterhalten werden, als es ihr Zweck erfordert.

(7) Es ist in angemessenen Abständen zu überprüfen, ob und in welchem Umfang die besonderen Sicherungsmaßnahmen aufrechterhalten werden müssen.

(8) Die Unterbringung in einem besonders gesicherten Haftraum und die Fesselung sind der Aufsichtsbehörde unverzüglich mitzuteilen, wenn sie länger als drei Tage aufrechterhalten werden.

81. Fesselung

(1) In der Regel dürfen Fesseln nur an den Händen oder an den Füßen angelegt werden.

Im Interesse des Gefangenen kann der Anstaltsleiter eine andere Art der Fesselung anordnen. Die Fesselung wird zeitweise gelockert, soweit dies notwendig ist.

(2) Der gefesselte Gefangene wird während des Aufenthalts im Freien von nicht gefesselten Gefangenen getrennt gehalten.

(3) Zur Einnahme der Mahlzeiten und zur Verrichtung der Notdurft werden Handfesseln, nötigenfalls nach Anlegen von Fußfesseln, abgenommen oder so gelockert, daß der Gefangene nicht behindert ist.

§ 90 Fesselung

In der Regel dürfen Fesseln nur an den Händen oder an den Füßen angelegt werden.

Im Interesse des Gefangenen kann der Anstaltsleiter eine andere Art der Fesselung anordnen. Die Fesselung wird zeitweise gelockert, soweit dies notwendig ist.

82. Anordnung besonderer Sicherungsmaßnahmen

(1) Besondere Sicherungsmaßnahmen ordnet der Anstaltsleiter an. Bei Gefahr im Verzuge können auch andere Bedienstete der Anstalt diese Maßnahmen vorläufig anordnen. Die Entscheidung des Anstaltsleiters ist unverzüglich einzuholen.

(2) Wird ein Gefangener ärztlich behandelt oder beobachtet oder bildet sein seelischer Zustand den Anlaß der Maßnahme, ist vorher der Arzt zu hören. Ist dies wegen Gefahr im Verzuge nicht möglich, wird seine Stellungnahme unverzüglich eingeholt.

§ 91 Anordnung besonderer Sicherungsmaßnahmen

(1) Besondere Sicherungsmaßnahmen ordnet der Anstaltsleiter an. Bei Gefahr im Verzug können auch andere Bedienstete der Anstalt diese Maßnahmen vorläufig anordnen. Die Entscheidung des Anstaltsleiters ist unverzüglich einzuholen.

(2) Wird ein Gefangener ärztlich behandelt oder beobachtet oder bildet sein seelischer Zustand den Anlaß der Maßnahme, ist vorher der Arzt zu hören. Ist dies wegen Gefahr im Verzug nicht möglich, wird seine Stellungnahme unverzüglich eingeholt.

83. Ärztliche Überwachung

(1) Ist ein Gefangener in einem

§ 92 Ärztliche Überwachung

(1) Ist ein Gefangener in einem

besonders gesicherten Haftraum untergebracht oder gefesselt (Nr. 79 Abs. 2 Ziff. 5 und 6), so sucht ihn der Anstaltsarzt alsbald und in der Folge möglichst täglich auf. Dies gilt nicht bei einer Fesselung während einer Ausführung, Vorführung oder eines Transportes (Nr. 79 Abs. 4).

(2) Der Arzt ist regelmäßig zu hören, solange einem Gefangenen der tägliche Aufenthalt im Freien entzogen wird. Das gleiche gilt in den Fällen von Nr. 80 Abs. 2 Satz 1.

(3) Der Anstaltsarzt ist von der Fesselung eines Gefangenen innerhalb der Anstalt oder von der Unterbringung in einem besonders gesicherten Haftraum unverzüglich zu unterrichten.

(4) Ist der Arzt nicht anwesend, sucht ein im Sanitätsdienst erfahrener Bediensteter den Gefangenen auf.

(5) Jeder Besuch und der erhobene Befund sind zu vermerken.

84. Ersatz von Aufwendungen

(1) Soweit der Gefangene verpflichtet ist, der Vollzugsbehörde Aufwendungen zu ersetzen, die er durch eine vorsätzliche oder grob fahrlässige Selbstverletzung oder Verletzung eines anderen Gefangenen verursacht hat, ist von der Geltendmachung dieser Forderung abzusehen, wenn hierdurch die Erziehung des Gefangenen oder seine Eingliederung behindert würde.

besonders gesicherten Haftraum untergebracht oder gefesselt (§ 88 Abs. 2 Nr. 5 und 6), so sucht ihn der Anstaltsarzt alsbald und in der Folge möglichst täglich auf. Dies gilt nicht bei einer Fesselung während einer Ausführung, Vorführung oder eines Transportes (§ 88 Abs. 4).

(2) Der Arzt ist regelmäßig zu hören, solange einem Gefangenen der tägliche Aufenthalt im Freien entzogen wird.

§ 93 Ersatz von Aufwendungen

(1) Der Gefangene ist verpflichtet, der Vollzugsbehörde Aufwendungen zu ersetzen, die er durch eine vorsätzliche oder grob fahrlässige Selbstverletzung oder Verletzung eines anderen Gefangenen verursacht hat. Ansprüche aus sonstigen Rechtsvorschriften bleiben unberührt.

(2) Bei der Geltendmachung dieser Forderungen kann auch ein den dreifachen Tagessatz der Eckvergütung nach § 43 Abs. 2 übersteigender Teil des Hausgeldes (§ 47) in Anspruch genommen werden.

(3) Für die in Absatz 1 genannten Forderungen ist der ordentliche Rechtsweg gegeben.

(4) Von der Aufrechnung oder Vollstreckung wegen der in Ab-

satz 1 genannten Forderungen ist abzusehen, wenn hierdurch die Behandlung des Gefangenen oder seine Eingliederung behindert würde.

(2) Bestehen Zweifel an der Verantwortlichkeit des Gefangenen, ist hierzu eine Stellungnahme des Anstaltsarztes einzuholen. Dies gilt insbesondere bei Gefangenen, die sich eine Selbstverletzung zugefügt haben.

(3) Wird der Gefangene in eine andere Anstalt verlegt, ist dieser die Forderung zur weiteren Einziehung mitzuteilen. Wird der Gefangene in eine Anstalt eines anderen Landes verlegt, ist die aufnehmende Anstalt um die weitere Einziehung der Forderung im Wege der Amtshilfe zu ersuchen.

(4) Erfolgt der Vollzug der Jugendstrafe an weiblichen Gefangenen in Abteilungen des dem Männervollzug angeschlossenen Vollzuges für erwachsene Frauen, dürfen nur diejenigen der für den Männervollzug geltenden inneren und äußeren Sicherheitsmaßnahmen für den Frauenvollzug übernommen werden, die aufgrund des festgestellten Gefährlichkeitsgrades oder Sicherungsbedarfs zwingend erforderlich sind.

(5) Die unausgesetzte Absonderung von Gefangenen (Einzelhaft) ist nur zulässig, wenn dies aus Gründen, die in ihrer Person liegen, unerlässlich ist.

Die Einzelhaft darf ununterbrochen nicht mehr als eine Woche und insgesamt nicht mehr als vier Wochen im Vollstreckungsjahr betragen. Einzelhaft von mehr als einer Woche im Jahr bedarf der Zustimmung der Aufsichtsbehörde.

80. Einzelhaft

(1) Die unausgesetzte Absonderung eines Gefangenen (Einzelhaft) ist nur zulässig, wenn dies aus Gründen, die in der Person des Gefangenen liegen, unerläßlich ist.

(2) Einzelhaft von mehr als drei Monaten Gesamtdauer in einem Jahr bedarf der Zustimmung der Aufsichtsbehörde. Diese Frist wird nicht dadurch unterbrochen, daß der Gefangene am Gottesdienst oder an der Freistunde teilnimmt.

(3) In den Fällen des Absatz 2 ist der Aufsichtsbehörde so rechtzeitig zu berichten, daß eine Entscheidung vor Ablauf der Frist möglich ist.

§ 89 Einzelhaft

(1) Die unausgesetzte Absonderung eines Gefangenen (Einzelhaft) ist nur zulässig, wenn dies aus Gründen, die in der Person des Gefangenen liegen, unerläßlich ist.

(2) Einzelhaft von mehr als drei Monaten Gesamtdauer in einem Jahr bedarf der Zustimmung der Aufsichtsbehörde. Diese Frist wird nicht dadurch unterbrochen, daß der Gefangene am Gottesdienst oder an der Freistunde teilnimmt.

Während des Vollzuges der Einzelhaft sind die Gefangenen in besonderem Maße zu betreuen.

§ 32 Unmittelbarer Zwang

[Vgl. § 178 StVollzG:

[Vgl. §§ 94 – 101 StVollzG]

Die Vorschriften der §§ 94 bis 101 des Strafvollzugsgesetzes über den unmittelbaren Zwang gelten entsprechend mit der Maßgabe, dass abweichend von § 100 Abs. 1 Satz 1 des Strafvollzugsgesetzes Schusswaffen gegen Gefangene nur zur Abwehr einer gegenwärtigen Gefahr für Leben oder Gesundheit

(1) Die §§ 94 bis 101 über den unmittelbaren Zwang gelten nach Maßgabe der folgenden Absätze auch für Justizvollzugsbedienstete außerhalb des Anwendungsbereichs des Strafvollzugsgesetzes (§ 1).

...

[***GJVollz Stand 28.4.2004: oder zur Verhinderung einer besonders schweren Straftat***]

gebraucht werden dürfen, wenn die Gefangenen eine Waffe oder ein anderes zur Herbeiführung von erheblichen Verletzungen geeignetes Werkzeug trotz wiederholter Aufforderung nicht ablegen.

(4) Das Landesrecht kann, namentlich beim Vollzug der Jugendstrafe, weitere Einschränkungen des Rechtes zum Schußwaffengebrauch vorsehen.]

§ 33 Pflichtverstöße, Konfliktregelung

86. Pflichtverstöße

Verstöße der Gefangenen gegen Pflichten, die ihnen durch oder aufgrund dieses Gesetzes auferlegt sind, sollen zeitnah im erzieherischen Gespräch aufgearbeitet werden.

Verbleibende, schwerwiegende oder wiederholte Konflikte sollen im Wege der ausgleichenden Konfliktregelung geschlichtet werden.

(1) Verstößt ein Gefangener gegen Pflichten, die ihm im Vollzug auferlegt sind, kann unmittelbar auf die Pflichtverletzung eine Maßnahme angeordnet werden, die geeignet ist, ihm sein Fehlverhalten bewußt zu machen.

Dabei können Maßnahmen zur Konfliktregelung, insbesondere eine Entschuldigung, Schadensbeseitigung oder -wiedergutmachung vereinbart oder angeordnet werden.

Als Maßnahmen kommen namentlich in Betracht die Erteilung von Weisungen und Auflagen sowie beschränkende Anordnungen in bezug auf die Freizeitbeschäftigung (Nr. 58) bis zur Dauer von einer Woche.

§ 34 Disziplinarmaßnahmen

§ 102 Voraussetzungen

(1) Eine Disziplinarmaßnahme kann angeordnet werden, wenn Gefangene rechtswidrig und schuldhaft

(1) Verstößt ein Gefangener schuldhaft gegen Pflichten, die ihm durch dieses Gesetz oder auf Grund dieses Gesetzes auferlegt sind, kann der Anstaltsleiter gegen

		ihn Disziplinarmaßnahmen anordnen.
1. andere Personen mündlich oder tätlich angreifen,		
2. Lebensmittel, Einrichtungen der Jugendstrafanstalt und Gegenstände oder Eigentum anderer Personen mutwillig zerstören oder beschädigen,		
3. die aufgrund des Förderplans zugewiesenen bezahlten Aufgaben nicht ausüben,		
4. verbotene Gegenstände in die Jugendstrafanstalt bringen,		
5. sich am Einschmuggeln verbotener Gegenstände beteiligen oder sie besitzen,		
6. entweichen oder zu entweichen versuchen,		
7. gegen Strafgesetze verstoßen oder eine Ordnungswidrigkeit begehen oder		
8. in sonstiger Weise die Anstaltsordnung oder das Zusammenleben in der Jugendstrafanstalt wiederholt oder nachhaltig stören.		
	87. Arten der Disziplinarmaßnahmen	**§ 103 Arten der Disziplinarmaßnahmen**
(2) Zulässige Disziplinarmaßnahmen sind	(1) Die zulässigen Disziplinarmaßnahmen sind:	(1) Die zulässigen Disziplinarmaßnahmen sind:
1. der Verweis,	1. Verweis	1. Verweis,
2. die Beschränkung oder der Entzug des Hörfunk- oder Fernsehempfangs bis zu vier Wochen,		
[4. die Beschränkung oder der Entzug der Verfügung über das Hausgeld bis zu 50 Prozent des monatlich zur Verfügung stehenden Betrags bis zu drei Monaten.]	2. die Beschränkung oder der Entzug der Verfügung über das Hausgeld und des Einkaufs bis zu drei Monaten,	2. die Beschränkung oder der Entzug der Verfügung über das Hausgeld und des Einkaufs bis zu drei Monaten,
[2. die Beschränkung oder der Entzug des Hörfunk- oder Fernsehempfangs bis zu vier Wochen,]	3. die Beschränkung oder der Entzug des Lesestoffs bis zu zwei Wochen sowie des Hörfunk- und Fernsehempfangs bis zu drei Monaten; der gleichzeitige Entzug	3. die Beschränkung oder der Entzug des Lesestoffs bis zu zwei Wochen sowie des Hörfunk- und Fernsehempfangs bis zu drei Monaten; der gleichzeitige Entzug

	jedoch nur bis zu zwei Wochen,	jedoch nur bis zu zwei Wochen,
3.die Beschränkung oder der Entzug der Gegenstände für eine Beschäftigung in der Freizeit oder der Ausschluss von gemeinsamer Freizeit oder von einzelnen Freizeitveranstaltungen bis zu vier Wochen,	4. die Beschränkung oder der Entzug der Gegenstände für eine Beschäftigung in der Freizeit oder der Teilnahme an gemeinschaftlichen Veranstaltungen bis zu drei Monaten,	4. die Beschränkung oder der Entzug der Gegenstände für eine Beschäftigung in der Freizeit oder der Teilnahme an gemeinschaftlichen Veranstaltungen bis zu drei Monaten,
4. die Beschränkung oder der Entzug der Verfügung über das Hausgeld bis zu 50 Prozent des monatlich zur Verfügung stehenden Betrags bis zu drei Monaten.	[2. die Beschränkung oder der Entzug der Verfügung über das Hausgeld und des Einkaufs bis zu drei Monaten,]	[2. die Beschränkung oder der Entzug der Verfügung über das Hausgeld und des Einkaufs bis zu drei Monaten,]
	5. die getrennte Unterbringung während der Freizeit bis zu vier Wochen,	5. die getrennte Unterbringung während der Freizeit bis zu vier Wochen,
		6. (weggefallen)
	6. der Entzug der zugewiesenen Arbeit oder Beschäftigung bis zu vier Wochen unter Wegfall der im Strafvollzugsgesetz geregelten Bezüge,	7. der Entzug der zugewiesenen Arbeit oder Beschäftigung bis zu vier Wochen unter Wegfall der in diesem Gesetz geregelten Bezüge,
	7. die Beschränkung des Verkehrs mit Personen außerhalb der Anstalt auf dringende Fälle bis zu drei Monaten,	8. die Beschränkung des Verkehrs mit Personen außerhalb der Anstalt auf dringende Fälle bis zu drei Monaten,
	8. Arrest bis zu zwei Wochen.	9. Arrest bis zu vier Wochen.
	(2) Arrest darf nur wegen schwerer oder mehrfach wiederholter Verfehlungen verhängt werden.	(2) Arrest darf nur wegen schwerer oder mehrfach wiederholter Verfehlungen verhängt werden.
	(3) Mehrere Disziplinarmaßnahmen können miteinander verbunden werden.	(3) Mehrere Disziplinarmaßnahmen können miteinander verbunden werden.
	(4) Die Maßnahmen nach Absatz 1 Nr. 3 bis 7 sollen möglichst nur angeordnet werden, wenn die Verfehlung mit den zu beschränkenden oder zu entziehenden Befugnissen im Zusammenhang steht. Dies gilt nicht bei einer Verbindung mit Arrest.	(4) Die Maßnahmen nach Absatz 1 Nr. 3 bis 8 sollen möglichst nur angeordnet werden, wenn die Verfehlung mit den zu beschränkenden oder zu entziehenden Befugnissen im Zusammenhang steht. Dies gilt nicht bei einer Verbindung mit Arrest.
	88. Vollzug der Disziplinarmaßnahmen. Aussetzung zur Bewährung	**§ 104 Vollzug der Disziplinarmaßnahmen. Aussetzung zur Bewährung**
	(1) Disziplinarmaßnahmen werden in der Regel sofort vollstreckt.	(1) Disziplinarmaßnahmen werden in der Regel sofort vollstreckt.
	(2) Eine Disziplinarmaßnahme kann ganz oder teilweise bis zu	(2) Eine Disziplinarmaßnahme kann ganz oder teilweise bis zu

drei Monaten zur Bewährung ausgesetzt werden.	sechs Monaten zur Bewährung ausgesetzt werden.
(3) Wird die Verfügung über das Hausgeld beschränkt oder entzogen, ist das in dieser Zeit anfallende Hausgeld dem Überbrückungsgeld hinzuzurechnen.	(3) Wird die Verfügung über das Hausgeld beschränkt oder entzogen, ist das in dieser Zeit anfallende Hausgeld dem Überbrückungsgeld hinzuzurechnen.
(4) Wird der Verkehr des Gefangenen mit Personen außerhalb der Anstalt eingeschränkt, ist ihm Gelegenheit zu geben, dies einer Person, mit der er im Schriftwechsel steht oder die ihn zu besuchen pflegt, mitzuteilen. Der Schriftwechsel mit den in Nr. 24 Abs. 1 und 9 genannten Empfängern, mit Gerichten und Justizbehörden in der Bundesrepublik sowie mit Rechtsanwälten und Notaren in einer den Gefangenen betreffenden Rechtssache bleibt unbeschränkt.	(4) Wird der Verkehr des Gefangenen mit Personen außerhalb der Anstalt eingeschränkt, ist ihm Gelegenheit zu geben, dies einer Person, mit der er im Schriftwechsel steht oder die ihn zu besuchen pflegt, mitzuteilen. Der Schriftwechsel mit den in § 29 Abs.1 und 2 genannten Empfängern, mit Gerichten und Justizbehörden in der Bundesrepublik sowie mit Rechtsanwälten und Notaren in einer den Gefangenen betreffenden Rechtssache bleibt unbeschränkt
(5) Arrest wird in Einzelhaft vollzogen. Der Gefangene kann in einem besonderen Arrestraum untergebracht werden, der den Anforderungen entsprechen muß, die an einen zum Aufenthalt bei Tag und Nacht bestimmten Haftraum gestellt werden. Soweit nichts anderes angeordnet wird, ruhen die Befugnisse des Gefangenen aus den Nrn. 14, 15, 17, 32, 33, 59 bis 61.	(5) Arrest wird in Einzelhaft vollzogen. Der Gefangene kann in einem besonderen Arrestraum untergebracht werden, der den Anforderungen entsprechen muß, die an einen zum Aufenthalt bei Tag und Nacht bestimmten Haftraum gestellt werden. Soweit nichts anderes angeordnet wird, ruhen die Befugnisse des Gefangenen aus den §§ 19, 20, 22, 37, 38, 68 bis 70.
(6) Die Bewährungszeit (Absatz 2) kann vor ihrem Ablauf verkürzt oder bis zur zulässigen Höchstfrist verlängert werden.	
(7) Die Aussetzung zur Bewährung kann ganz oder teilweise widerrufen werden, wenn der Gefangene die ihr zugrundeliegenden Erwartungen nicht erfüllt.	
(8) Wird die Aussetzung zur Bewährung nicht widerrufen, darf die Disziplinarmaßnahme nach Ablauf der Bewährungsfrist nicht mehr vollstreckt werden.	
89. Disziplinarbefugnis	**§ 105 Disziplinarbefugnis**
(1) Disziplinarmaßnahmen ordnet der Anstaltsleiter an. Bei einer Verfehlung auf dem Wege in eine andere Anstalt zum Zwecke der	(1) Disziplinarmaßnahmen ordnet der Anstaltsleiter an. Bei einer Verfehlung auf dem Weg in eine andere Anstalt zum Zwecke der

Verlegung ist der Leiter der Bestimmungsanstalt zuständig.	Verlegung ist der Leiter der Bestimmungsanstalt zuständig.
(2) Die Aufsichtsbehörde entscheidet, wenn sich die Verfehlung des Gefangenen gegen den Anstaltsleiter richtet.	(2) Die Aufsichtsbehörde entscheidet, wenn sich die Verfehlung des Gefangenen gegen den Anstaltsleiter richtet.
(3) Disziplinarmaßnahmen, die gegen einen Gefangenen in einer anderen Vollzugsanstalt oder während einer Untersuchungshaft angeordnet worden sind, werden auf Ersuchen vollstreckt. Nr. 88 Abs. 2 bleibt unberührt.	(3) Disziplinarmaßnahmen, die gegen einen Gefangenen in einer anderen Vollzugsanstalt oder während einer Untersuchungshaft angeordnet worden sind, werden auf Ersuchen vollstreckt. § 104 Abs. 2 bleibt unberührt.
(4) Zur Verhängung einer Disziplinarmaßnahme ist der Leiter der Anstalt zuständig, der der Gefangene zur Zeit der Verfehlung angehört. Für die nachfolgenden Entscheidungen ist der Leiter der Anstalt zuständig, in der sich der Gefangene zu diesem Zeitpunkt aufhält.	
90. Verfahren	**§ 106 Verfahren**
(1) Der Sachverhalt ist zu klären. Der Gefangene wird gehört. Die Erhebungen werden in einer Niederschrift festgelegt; die Einlassung des Gefangenen wird vermerkt.	(1) Der Sachverhalt ist zu klären. Der Gefangene wird gehört. Die Erhebungen werden in einer Niederschrift festgelegt; die Einlassung des Gefangenen wird vermerkt.
(2) Bei schweren Verstößen soll der Anstaltsleiter sich vor der Entscheidung in einer Konferenz mit Personen besprechen, die bei der Erziehung des Gefangenen mitwirken. Vor der Anordnung einer Disziplinarmaßnahme gegen einen Gefangenen, der sich in ärztlicher Behandlung befindet, oder gegen eine Schwangere oder eine stillende Mutter ist der Anstaltsarzt zu hören.	(2) Bei schweren Verstößen soll der Anstaltsleiter sich vor der Entscheidung in einer Konferenz mit Personen besprechen, die bei der Behandlung des Gefangenen mitwirken. Vor der Anordnung einer Disziplinarmaßnahme gegen einen Gefangenen, der sich in ärztlicher Behandlung befindet, oder gegen eine Schwangere oder eine stillende Mutter ist der Anstaltsarzt zu hören.

(3) Die Entscheidung wird dem Gefangenen vom Anstaltsleiter mündlich eröffnet und mit einer kurzen Begründung schriftlich abgefaßt.

(3) Die Entscheidung wird dem Gefangenen vom Anstaltsleiter mündlich eröffnet und mit einer kurzen Begründung schriftlich abgefaßt.

(4) Der Gefangene wird darüber unterrichtet, welche Verfehlung ihm zur Last gelegt wird.

(5) Es sind sowohl die belastenden als auch die entlastenden Umstände zu ermitteln. Die Ermittlungen erstrecken sich erforderlichenfalls auch auf die Frage der Verantwortlichkeit des Gefangenen; insoweit ist der Anstaltsarzt zu hören.

(6) Vor der Entscheidung über eine Disziplinarmaßnahme erhält der Gefangene Gelegenheit, sich zu dem Ergebnis der Ermittlungen zu äußern.

(7) Mehrere Verfehlungen eines Gefangenen, die gleichzeitig zu beurteilen sind, werden durch eine Entscheidung geahndet.

(8) Der Anstaltsleiter kann mit der Durchführung der Ermittlungen und der Anhörung des Gefangenen einen anderen Bediensteten beauftragen, jedoch nicht den, gegen den sich die Verfehlung richtet.

91. Mitwirkung des Arztes

(1) Bevor der Arrest vollzogen wird, ist der Arzt zu hören. Während des Arrestes steht der Gefangene unter ärztlicher Aufsicht.

(2) Der Vollzug des Arrestes unterbleibt oder wird unterbrochen, wenn die Gesundheit des Gefangenen gefährdet würde.

(3) Das Ergebnis der ärztlichen Beurteilung ist aktenkundig zu machen.

§ 107 Mitwirkung des Arztes

(1) Bevor der Arrest vollzogen wird, ist der Arzt zu hören. Während des Arrestes steht der Gefangene unter ärztlicher Aufsicht.

(2) Der Vollzug des Arrestes unterbleibt oder wird unterbrochen, wenn die Gesundheit des Gefangenen gefährdet würde.

(3) Disziplinarmaßnahmen dürfen nur angeordnet werden, wenn eine Konfliktregelung nach § 33 nicht ausreicht, um den Gefangenen das Unrecht ihrer Handlung zu ver-

[Vgl. 86. Pflichtverstöße:

(2) Reichen bei schuldhaften Pflichtverstößen Maßnahmen nach Absatz 1 nicht aus, kann der Anstaltsleiter gegen den Gefangenen Disziplinarmaßnahmen anordnen.]

deutlichen. Zu berücksichtigen ist ferner eine aus demselben Anlass angeordnete besondere Sicherheitsmaßnahme.

[Vgl. § 102 StVollzG:

(4) Von Disziplinarmaßnahmen wird abgesehen, wenn es genügt, die Gefangenen zu verwarnen.

(2) Von einer Disziplinarmaßnahme wird abgesehen, wenn es genügt, den Gefangenen zu verwarnen.]

(5) § 102 Abs. 3, § 103 Abs. 3, § 104 Abs. 1 bis 3 sowie die §§ 105 und 106 des Strafvollzugsgesetzes gelten entsprechend.

§ 35 Rechtsbehelfe

(1) Für das Beschwerderecht gilt § 108 des Strafvollzugsgesetzes entsprechend.

92. Beschwerderecht

(1) Der Gefangene erhält Gelegenheit, sich mit Wünschen, Anregungen und Beschwerden in Angelegenheiten, die ihn selbst betreffen, an den Anstaltsleiter zu wenden. Regelmäßige Sprechstunden sind einzurichten.

(2) Besichtigt ein Vertreter der Aufsichtsbehörde die Anstalt, so ist zu gewährleisten, daß ein Gefangener sich in Angelegenheiten, die ihn selbst betreffen, an ihn wenden kann.

(3) Die Möglichkeit der Dienstaufsichtsbeschwerde bleibt unberührt.

§ 108 Beschwerderecht

(1) Der Gefangene erhält Gelegenheit, sich mit Wünschen, Anregungen und Beschwerden in Angelegenheiten, die ihn selbst betreffen, an den Anstaltsleiter zu wenden. Regelmäßige Sprechstunden sind einzurichten.

(2) Besichtigt ein Vertreter der Aufsichtsbehörde die Anstalt, so ist zu gewährleisten, daß ein Gefangener sich in Angelegenheiten, die ihn selbst betreffen, an ihn wenden kann.

(3) Die Möglichkeit der Dienstaufsichtsbeschwerde bleibt unberührt.

(2) Für den Antrag auf gerichtliche Entscheidung gelten die §§ 109 und 111 bis 120 des Strafvollzugsgesetzes sowie § 67 Abs. 3 und Abs. 5 Satz 1 des Jugendgerichtsgesetzes entsprechend.

(3) Über den Antrag auf gerichtliche Entscheidung entscheidet die Jugendkammer, in deren Bezirk die beteiligte Vollzugsbehörde ihren Sitz hat. § 110 Satz 2 des Strafvollzugsgesetzes gilt entsprechend. Unterhält ein Land eine Jugendstrafanstalt auf dem Gebiet eines anderen Landes, können die beteiligten Länder vereinbaren, dass die Jugendkammer bei dem Landgericht zuständig ist, in dessen Bezirk die für die Anstalt zuständige Aufsichtsbehörde ihren Sitz hat.

(4) Die Jugendkammer entscheidet durch eines ihrer Mitglieder als Einzelrichterin oder Einzelrichter. Eine Richterin oder ein Richter auf Probe darf nur Einzelrichter oder Einzelrichterin sein, wenn ihr oder ihm bereits über einen Zeitraum von einem Jahr Rechtsprechungsaufgaben in Strafverfahren übertragen worden sind. Weist die Sache besondere Schwierigkeiten rechtlicher Art auf oder kommt ihr grundsätzliche Bedeutung zu, legt die Einzelrichterin oder der Einzelrichter die Sache der Jugendkammer zur Entscheidung über eine Übernahme vor. Liegt eine der Voraussetzungen für eine Übernahme vor, übernimmt die Jugendkammer den Antrag. Sie entscheidet hierüber durch Beschluss. Eine Rückübertragung auf die Einzelrichterin oder den Einzelrichter ist ausgeschlossen.

(5) Für die Kosten des Verfahrens gilt § 121 des Strafvollzugsgesetzes mit der Maßgabe, dass entsprechend § 74 des Jugendgerichtsgesetzes davon abgesehen werden kann, den Gefangenen Kosten und Auslagen aufzuerlegen.

§ 121 Kosten des Verfahrens

(1) In der das Verfahren abschließenden Entscheidung ist zu bestimmen, von wem die Kosten des Verfahrens und die notwendigen Auslagen zu tragen sind.

(2) Soweit der Antragsteller unterliegt oder seinen Antrag zurücknimmt, trägt er die Kosten des Verfahrens und die notwendigen Auslagen. Hat sich die Maßnahme vor einer Entscheidung nach Absatz 1 in anderer Weise als durch Zurücknahme des Antrags erledigt, so entscheidet das Gericht über die Kosten des Verfahrens und die notwendigen Auslagen nach billigem Ermessen.

(3) Absatz 2 Satz 2 gilt nicht im Falle des § 115 Abs. 3.

(4) Im übrigen gelten die §§ 464 bis 473 der Strafprozeßordnung entsprechend.

(5) Für die Kosten des Verfahrens nach den §§ 109ff. kann auch ein den dreifachen Tagessatz der Eckvergütung nach § 43 Abs. 2 übersteigender Teil des Hausgeldes

		(§ 47) in Anspruch genommen werden.
§ 36 Unterbringung von Gefangenen mit Kindern	**71. Mütter mit Kindern**	**§ 80 Mütter mit Kindern**
§ 80 des Strafvollzugsgesetzes über die Unterbringung von Müttern mit Kindern findet im Jugendstrafvollzug entsprechende Anwendung.	(1) Ist das Kind einer Gefangenen noch nicht schulpflichtig, so kann es mit Zustimmung des Inhabers des Aufenthaltsbestimmungsrechts in der Vollzugsanstalt untergebracht werden, in der sich seine Mutter befindet, wenn dies seinem Wohle entspricht. Ist das Jugendamt nicht Inhaber des Aufenthaltsbestimmungsrechts, so ist es vor der Unterbringung zu hören.	(1) Ist das Kind einer Gefangenen noch nicht schulpflichtig, so kann es mit Zustimmung des Inhabers des Aufenthaltsbestimmungsrechts in der Vollzugsanstalt untergebracht werden, in der sich seine Mutter befindet, wenn dies seinem Wohl entspricht. Vor der Unterbringung ist das Jugendamt zu hören.
	(2) Die Unterbringung erfolgt auf Kosten des für das Kind Unterhaltspflichtigen. Von der Geltendmachung des Kostenersatzanspruchs kann abgesehen werden, wenn hierdurch die gemeinsame Unterbringung von Mutter und Kind gefährdet würde.	(2) Die Unterbringung erfolgt auf Kosten des für das Kind Unterhaltspflichtigen. Von der Geltendmachung des Kostenersatzanspruchs kann abgesehen werden, wenn hierdurch die gemeinsame Unterbringung von Mutter und Kind gefährdet würde.
§ 37 Erhebung und Verwendung personenbezogener Daten		**§ 179 Datenerhebung**
(1) Die Vollzugsbehörde darf personenbezogene Daten erheben und verwenden, soweit dies für den Vollzug der Jugendstrafe erforderlich ist. Die Erhebung und Verwendung personenbezogener Daten unterbleibt, soweit für die Vollzugsbehörde erkennbar ist, dass unter Berücksichtigung der Art der Daten das schutzwürdige Interesse der Betroffenen am Ausschluss der Erhebung oder Verwendung ihrer Daten gegenüber dem vorgesehenen Verwendungszweck überwiegt.		(1) Die Vollzugsbehörde darf personenbezogene Daten erheben, soweit deren Kenntnis für den ihr nach diesem Gesetz aufgegebenen Vollzug der Freiheitsstrafe erforderlich ist.
(2) Personenbezogene Daten sind bei den Betroffenen zu erheben. Ohne ihre Mitwirkung dürfen sie nur erhoben werden, wenn die Anstaltsleitung aufgrund der Beratung in der Vollzugskonferenz (§ 159 des Strafvollzugsgesetzes in Verbindung mit § 42 dieses Gesetzes) die Erforderlichkeit dieser Maßnahme festgestellt hat		(2) Personenbezogene Daten sind bei dem Betroffenen zu erheben. Für die Erhebung ohne Mitwirkung des Betroffenen, die Erhebung bei anderen Personen oder Stellen und für die Hinweis- und Aufklärungspflichten gilt § 4 Abs. 2 und 3 und § 13 Abs. 1a des Bundesdatenschutzgesetzes.
§ 179 Abs. 3 und 4 des Strafvollzugsgesetzes sowie § 4 Abs. 3 und § 13 Abs. 1a des Bundesdaten-		(3) Daten über Personen, die nicht Gefangene sind, dürfen ohne ihre Mitwirkung bei Personen oder

schutzgesetzes gelten entsprechend.

Stellen außerhalb der Vollzugsbehörde nur erhoben werden, wenn sie für die Behandlung eines Gefangenen, die Sicherheit der Anstalt oder die Sicherung des Vollzuges einer Freiheitsstrafe unerläßlich sind und die Art der Erhebung schutzwürdige Interessen der Betroffenen nicht beeinträchtigt.

(4) Über eine ohne seine Kenntnis vorgenommene Erhebung personenbezogener Daten wird der Betroffene unter Angabe dieser Daten unterrichtet, soweit der in Absatz 1 genannte Zweck dadurch nicht gefährdet wird. Sind die Daten bei anderen Personen oder Stellen erhoben worden, kann die Unterrichtung unterbleiben, wenn

1. die Daten nach einer Rechtsvorschrift oder ihrem Wesen nach, namentlich wegen des überwiegenden berechtigten Interesses eines Dritten, geheimgehalten werden müssen oder

2. der Aufwand der Unterrichtung außer Verhältnis zum Schutzzweck steht und keine Anhaltspunkte dafür bestehen, daß überwiegende schutzwürdige Interessen des Betroffenen beeinträchtigt werden.

§ 180 Verarbeitung und Nutzung

(3) § 180 Abs. 1 Satz 2 und Abs. 2 bis 11 des Strafvollzugsgesetzes gilt entsprechend. Soweit dort auf § 180 Abs. 1 Satz 1 des Strafvollzugsgesetzes verwiesen wird, tritt Absatz 1 an dessen Stelle.

(1) Die Vollzugsbehörde darf personenbezogene Daten verarbeiten und nutzen, soweit dies für den ihr nach diesem Gesetz aufgegebenen Vollzug der Freiheitsstrafe erforderlich ist. Die Vollzugsbehörde kann einen Gefangenen verpflichten, einen Lichtbildausweis mit sich zu führen, wenn dies aus Gründen der Sicherheit oder Ordnung der Anstalt erforderlich ist.

(2) Die Verarbeitung und Nutzung personenbezogener Daten für andere Zwecke ist zulässig, soweit dies

1. zur Abwehr von sicherheitsgefährdenden oder geheimdienstlichen Tätigkeiten für eine fremde Macht oder von Bestrebungen im Geltungsbereich dieses Gesetzes,

die durch Anwendung von Gewalt oder darauf gerichtete Vorbereitungshandlungen

a) gegen die freiheitliche demokratische Grundordnung, den Bestand oder die Sicherheit des Bundes oder eines Landes gerich-tet sind,

b) eine ungesetzliche Beeinträchtigung der Amtsführung der Verfassungsorgane des Bundes oder eines Landes oder ihrer Mitglieder zum Ziele haben oder

c) auswärtige Belange der Bundesrepublik Deutschland gefährden,

2. zur Abwehr erheblicher Nachteile für das Gemeinwohl oder einer Gefahr für die öffentliche Sicherheit,

3. zur Abwehr einer schwerwiegenden Beeinträchtigung der Rechte einer anderen Person,

4. zur Verhinderung oder Verfolgung von Straftaten sowie zur Verhinderung oder Verfolgung von Ordnungswidrigkeiten, durch welche die Sicherheit oder Ordnung der Anstalt gefährdet werden, oder

5. für Maßnahmen der Strafvollstreckung oder strafvollstreckungsrechtliche Entscheidungen erforderlich ist.

(3) Eine Verarbeitung oder Nutzung für andere Zwecke liegt nicht vor, soweit sie dem gerichtlichen Rechtsschutz nach den §§ 109 bis 121 oder den in § 14 Abs. 3 des Bundesdatenschutzgesetzes genannten Zwecken dient.

(4) Über die in den Absätzen 1 und 2 geregelten Zwecke hinaus dürfen zuständigen öffentlichen Stellen personenbezogene Daten übermittelt werden, soweit dies für

1. Maßnahmen der Gerichtshilfe, Jugendgerichtshilfe, Bewährungshilfe oder Führungsaufsicht,

2. Entscheidungen in Gnadensachen,

3. gesetzlich angeordnete Statistiken der Rechtspflege,

4. Entscheidungen über Leistungen, die mit der Aufnahme in einer Justizvollzugsanstalt entfallen oder sich mindern,

5. die Einleitung von Hilfsmaßnahmen für Angehörige (§ 11 Abs. 1 Nr. 1 des Strafgesetzbuchs) des Gefangenen,

6. dienstliche Maßnahmen der Bundeswehr im Zusammenhang mit der Aufnahme und Entlassung von Soldaten,

7. ausländerrechtliche Maßnahmen oder

8. die Durchführung der Besteuerung erforderlich ist. Eine Übermittlung für andere Zwecke ist auch zulässig, soweit eine andere gesetzliche Vorschrift dies vorsieht und sich dabei ausdrücklich auf personenbezogene Daten über Gefangene bezieht.

(5) Öffentlichen und nicht-öffentlichen Stellen darf die Vollzugsbehörde auf schriftlichen Antrag mitteilen, ob sich eine Person in Haft befindet sowie ob und wann ihre Entlassung voraussichtlich innerhalb eines Jahres bevorsteht, soweit

1. die Mitteilung zur Erfüllung der in der Zuständigkeit der öffentlichen Stelle liegenden Aufgaben erforderlich ist oder

2. von nicht-öffentlichen Stellen ein berechtigtes Interesse an dieser Mitteilung glaubhaft dargelegt wird und der Gefangene kein schutzwürdiges Interesse an dem Ausschluß der Übermittlung hat. Dem Verletzten einer Straftat können darüber hinaus auf schriftlichen Antrag Auskünfte über die Entlassungsadresse oder die Vermögensverhältnisse des Gefangenen erteilt werden, wenn die Erteilung zur Feststellung oder Durchsetzung von Rechtsansprüchen im

Zusammenhang mit der Straftat erforderlich ist. Der Gefangene wird vor der Mitteilung gehört, es sei denn, es ist zu besorgen, daß dadurch die Verfolgung des Interesses des Antragstellers vereitelt oder wesentlich erschwert werden würde, und eine Abwägung ergibt, daß dieses Interesse des Antragstellers das Interesse des Gefangenen an seiner vorherigen Anhörung überwiegt. Ist die Anhörung unterblieben, wird der betroffene Gefangene über die Mitteilung der Vollzugsbehörde nachträglich unterrichtet.

(6) Akten mit personenbezogenen Daten dürfen nur anderen Vollzugsbehörden, den zur Dienst- oder Fachaufsicht oder zu dienstlichen Weisungen befugten Stellen, den für strafvollzugs-, strafvollstreckungs- und strafrechtliche Entscheidungen zuständigen Gerichten sowie den Strafvollstreckungs- und Strafverfolgungsbehörden überlassen werden; die Überlassung an andere öffentliche Stellen ist zulässig, soweit die Erteilung einer Auskunft einen unvertretbaren Aufwand erfordert oder nach Darlegung der Akteneinsicht begehrenden Stellen für die Erfüllung der Aufgabe nicht ausreicht. Entsprechendes gilt für die Überlassung von Akten an die von der Vollzugsbehörde mit Gutachten beauftragten Stellen.

(7) Sind mit personenbezogenen Daten, die nach den Absätzen 1, 2 oder 4 übermittelt werden dürfen, weitere personenbezogene Daten des Betroffenen oder eines Dritten in Akten so verbunden, daß eine Trennung nicht oder nur mit unvertretbarem Aufwand möglich ist, so ist die Übermittlung auch dieser Daten zulässig, soweit nicht berechtigte Interessen des Betroffenen oder eines Dritten an deren Geheimhaltung offensichtlich überwiegen; eine Verarbeitung oder Nutzung dieser Daten durch den Empfänger ist unzulässig.

(8) Bei der Überwachung der Besuche oder des Schriftwechsels sowie bei der Überwachung des Inhaltes von Paketen bekanntge-

wordene personenbezogene Daten dürfen nur für die in Absatz 2 aufgeführten Zwecke, für das gerichtliche Verfahren nach den §§ 109 bis 121, zur Wahrung der Sicherheit oder Ordnung der Anstalt oder nach Anhörung des Gefangenen für Zwecke der Behandlung verarbeitet und genutzt werden.

(9) Personenbezogene Daten, die gemäß § 179 Abs. 3 über Personen, die nicht Gefangene sind, erhoben worden sind, dürfen nur zur Erfüllung des Erhebungszweckes, für die in Absatz 2 Nr. 1 bis 3 geregelten Zwecke oder zur Verhinderung oder Verfolgung von Straftaten von erheblicher Bedeutung verarbeitet oder genutzt werden.

(10) Die Übermittlung von personenbezogenen Daten unterbleibt, soweit die in § 182 Abs. 2, § 184 Abs. 2 und 4 geregelten Einschränkungen oder besondere gesetzliche Verwendungsregelungen entgegenstehen.

(11) Die Verantwortung für die Zulässigkeit der Übermittlung trägt die Vollzugsbehörde. Erfolgt die Übermittlung auf Ersuchen einer öffentlichen Stelle, trägt diese die Verantwortung. In diesem Fall prüft die Vollzugsbehörde nur, ob das Übermittlungsersuchen im Rahmen der Aufgaben des Empfängers liegt und die Absätze 8 bis 10 der Übermittlung nicht entgegenstehen, es sei denn, daß besonderer Anlaß zur Prüfung der Zulässigkeit der Übermittlung besteht

(4) Im Rahmen der Einbeziehung Dritter nach § 7 darf die Vollzugsbehörde personenbezogene Daten der Gefangenen nur mit deren Einwilligung übermitteln. Ohne ihre Einwilligung dürfen personenbezogene Daten der Gefangenen nur übermittelt werden, wenn die Anstaltsleitung aufgrund der Beratung in der Vollzugskonferenz die Erforderlichkeit dieser Maßnahme festgestellt hat und die Gefangenen sowie die Personensorgeberechtigten angehört worden sind.

(5) Die §§ 181 bis 185 und 187 des Strafvollzugsgesetzes gelten entsprechend.

§ 181 Zweckbindung

Von der Vollzugsbehörde übermittelte personenbezogene Daten dürfen nur zu dem Zweck verarbeitet oder genutzt werden, zu dessen Erfüllung sie übermittelt worden sind. Der Empfänger darf die Daten für andere Zwecke nur verarbeiten oder nutzen, soweit sie ihm auch für diese Zwecke hätten übermittelt werden dürfen, und wenn im Falle einer Übermittlung an nicht-öffentliche Stellen die übermittelnde Vollzugsbehörde zugestimmt hat. Die Vollzugsbehörde hat den nicht-öffentlichen Empfänger auf die Zweckbindung nach Satz 1 hinzuweisen.

§ 182 Schutz besonderer Daten

(1) Das religiöse oder weltanschauliche Bekenntnis eines Gefangenen und personenbezogene Daten, die anläßlich ärztlicher Untersuchungen erhoben worden sind, dürfen in der Anstalt nicht allgemein kenntlich gemacht werden. Andere personenbezogene Daten über den Gefangenen dürfen innerhalb der Anstalt allgemein kenntlich gemacht werden, soweit dies für ein geordnetes Zusammenleben in der Anstalt erforderlich ist; § 180 Abs. 8 bis 10 bleibt unberührt.

(2) Personenbezogene Daten, die den in § 203 Abs. 1 Nr. 1, 2 und 5 des Strafgesetzbuchs genannten Personen von einem Gefangenen als Geheimnis anvertraut oder über einen Gefangenen sonst bekanntgeworden sind, unterliegen auch gegenüber der Vollzugsbehörde der Schweigepflicht. Die in § 203 Abs. 1 Nr. 1, 2 und 5 des Strafgesetzbuchs genannten Personen haben sich gegenüber dem Anstaltsleiter zu offenbaren, soweit dies für die Aufgabenerfüllung der Vollzugsbehörde oder zur Abwehr von erheblichen Gefahren für Leib oder Leben des Gefangenen oder Dritter erforderlich ist. Der Arzt ist zur Offenbarung ihm im Rahmen der allgemeinen Gesundheitsfürsorge bekanntgewordener Geheimnisse befugt, soweit dies für die Aufgabenerfül-

lung der Vollzugsbehörde unerläßlich oder zur Abwehr von erheblichen Gefahren für Leib oder Leben des Gefangenen oder Dritter erforderlich ist. Sonstige Offenbarungsbefugnisse bleiben unberührt. Der Gefangene ist vor der Erhebung über die nach den Sätzen 2 und 3 bestehenden Offenbarungsbefugnisse zu unterrichten.

(3) Die nach Absatz 2 offenbarten Daten dürfen nur für den Zweck, für den sie offenbart wurden oder für den eine Offenbarung zulässig gewesen wäre, und nur unter denselben Voraussetzungen verarbeitet oder genutzt werden, unter denen eine in § 203 Abs. 1 Nr. 1, 2 und 5 des Strafgesetzbuchs genannte Person selbst hierzu befugt wäre. Der Anstaltsleiter kann unter diesen Voraussetzungen die unmittelbare Offenbarung gegenüber bestimmten Anstaltsbediensteten allgemein zulassen.

(4) Sofern Ärzte oder Psychologen außerhalb des Vollzuges mit der Untersuchung oder Behandlung eines Gefangenen beauftragt werden, gilt Absatz 2 mit der Maßgabe entsprechend, daß der beauftragte Arzt oder Psychologe auch zur Unterrichtung des Anstaltsarztes oder des in der Anstalt mit der Behandlung des Gefangenen betrauten Psychologen befugt sind.

§ 183 Schutz der Daten in Akten und Dateien

(1) Der einzelne Vollzugsbedienstete darf sich von personenbezogenen Daten nur Kenntnis verschaffen, soweit dies zur Erfüllung der ihm obliegenden Aufgabe oder für die Zusammenarbeit nach § 154 Abs. 1 erforderlich ist.

(2) Akten und Dateien mit personenbezogenen Daten sind durch die erforderlichen technischen und organisatorischen Maßnahmen gegen unbefugten Zugang und unbefugten Gebrauch zu schützen. Gesundheitsakten und Krankenblätter sind getrennt von anderen Unterlagen zu führen und beson-

ders zu sichern. Im übrigen gilt für die Art und den Umfang der Schutzvorkehrungen § 9 des Bundesdatenschutzgesetzes.

§ 184 Berichtigung, Löschung und Sperrung

(1) Die in Dateien gespeicherten personenbezogenen Daten sind spätestens zwei Jahre nach der Entlassung des Gefangenen oder der Verlegung des Gefangenen in eine andere Anstalt zu löschen. Hiervon können bis zum Ablauf der Aufbewahrungsfrist für die Gefangenenpersonalakte die Angaben über Familienname, Vorname, Geburtsname, Geburtstag, Geburtsort, Eintritts- und Austrittsdatum des Gefangenen ausgenommen werden, soweit dies für das Auffinden der Gefangenenpersonalakte erforderlich ist.

(2) Personenbezogene Daten in Akten dürfen nach Ablauf von zwei Jahren seit der Entlassung des Gefangenen nur übermittelt oder genutzt werden, soweit dies

1. zur Verfolgung von Straftaten,

2. für die Durchführung wissenschaftlicher Forschungsvorhaben gemäß § 186,

3. zur Behebung einer bestehenden Beweisnot,

4. zur Feststellung, Durchsetzung oder Abwehr von Rechtsansprüchen im Zusammenhang mit dem Vollzug einer Freiheitsstrafe unerläßlich ist. Diese Verwendungsbeschränkungen enden, wenn der Gefangene erneut zum Vollzug einer Freiheitsstrafe aufgenommen wird oder der Betroffene eingewilligt hat.

(3) Bei der Aufbewahrung von Akten mit nach Absatz 2 gesperrten Daten dürfen folgende Fristen nicht überschritten werden: Gefangenenpersonalakten, Gesundheitsakten und Krankenblätter 20 Jahre, Gefangenenbücher 30 Jahre. Dies gilt nicht, wenn aufgrund bestimmter Tatsachen anzunehmen ist, daß die Aufbewah-

rung für die in Absatz 2 Satz 1 genannten Zwecke weiterhin erforderlich ist. Die Aufbewahrungsfrist beginnt mit dem auf das Jahr der aktenmäßigen Weglegung folgenden Kalenderjahr. Die archivrechtlichen Vorschriften des Bundes und der Länder bleiben unberührt.

(4) Wird festgestellt, daß unrichtige Daten übermittelt worden sind, ist dies dem Empfänger mitzuteilen, wenn dies zur Wahrung schutzwürdiger Interessen des Betroffenen erforderlich ist.

(5) Im übrigen gilt für die Berichtigung, Löschung und Sperrung personenbezogener Daten § 20 Abs. 1 bis 4 und 6 bis 8 des Bundesdatenschutzgesetzes.

§ 185 Auskunft an den Betroffenen, Akteneinsicht

Der Betroffene erhält nach Maßgabe des § 19 des Bundesdatenschutzgesetzes Auskunft und, soweit eine Auskunft für die Wahrnehmung seiner rechtlichen Interessen nicht ausreicht und er hierfür auf die Einsichtnahme angewiesen ist, Akteneinsicht. An die Stelle des Bundesbeauftragten für den Datenschutz in § 19 Abs. 5 und 6 des Bundesdatenschutzgesetzes tritt der Landesbeauftragte für den Datenschutz, an die Stelle der obersten Bundesbehörde tritt die entsprechende Landesbehörde.

§ 186 Auskunft und Akteneinsicht für wissenschaftliche Zwecke

Für die Auskunft und Akteneinsicht für wissenschaftliche Zwecke gilt § 476 der Strafprozessordnung entsprechend.

§ 187 Anwendung des Bundesdatenschutzgesetzes

Die Regelungen des Bundesdatenschutzgesetzes über öffentliche und nicht-öffentliche Stellen (§ 2), weitere Begriffsbestimmungen (§ 3), Einholung und Form der Einwilligung des Betroffenen (§ 4a Abs. 1 und 2), das Datengeheimnis (§ 5), unabdingbare Rechte des Betroffenen (§ 6 Abs. 1) und die Durchführung des Datenschutzes (§ 18 Abs. 2) gelten entsprechend. Die Landesdatenschutzgesetze bleiben im Hinblick auf die Schadensersatz-, Straf- und Bußgeldvorschriften sowie die Bestimmungen über die Kontrolle durch die Landesbeauftragte für den Datenschutz unberührt.

§ 38 Beiräte der Jugendstrafanstalten

Die §§ 162 bis 165 des Strafvollzugsgesetzes gelten entsprechend.

§ 162 Bildung der Beiräte

(1) Bei den Justizvollzugsanstalten sind Beiräte zu bilden.

(2) Vollzugsbedienstete dürfen nicht Mitglieder der Beiräte sein.

(3) Das Nähere regeln die Länder.

§ 163 Aufgabe der Beiräte

Die Mitglieder des Beirats wirken bei der Gestaltung des Vollzuges und bei der Betreuung der Gefangenen mit. Sie unterstützen den Anstaltsleiter durch Anregungen und Verbesserungsvorschläge und helfen bei der Eingliederung der Gefangenen nach der Entlassung.

§ 164 Befugnisse

(1) Die Mitglieder des Beirats können namentlich Wünsche, Anregungen und Beanstandungen entgegennehmen. Sie können sich über die Unterbringung, Beschäftigung, berufliche Bildung, Verpflegung, ärztliche Versorgung und Behandlung unterrichten sowie die Anstalt und ihre Einrichtungen besichtigen.

(2) Die Mitglieder des Beirats können die Gefangenen und Untergebrachten in ihren Räumen aufsuchen. Aussprache und Schriftwechsel werden nicht überwacht.

§ 165 Pflicht zur Verschwiegenheit

Die Mitglieder des Beirats sind verpflichtet, außerhalb ihres Amtes über alle Angelegenheiten, die ihrer Natur nach vertraulich sind,

		besonders über Namen und Persönlichkeit der Gefangenen und Untergebrachten, Verschwiegenheit zu bewahren. Dies gilt auch nach Beendigung ihres Amtes.
§ 39 Kriminologische Forschung	**109. Kriminologische Forschung**	**§ 166 [Kriminologische Forschung im Strafvollzug]**
Die Vollzugsbehörden sollen den Jugendstrafvollzug, insbesondere seine **Aufgabenerfüllung und** Gestaltung, die Umsetzung seiner Leitlinien und die Fördermaßnahmen für die Gefangenen **sowie deren Wirkungen auf das Vollzugsziel** regelmäßig durch den kriminologischen Dienst, durch eine Hochschule oder durch eine andere Stelle wissenschaftlich begleiten und erforschen lassen.	Dem kriminologischen Dienst obliegt es, in Zusammenarbeit mit den Einrichtungen der Forschung den Vollzug, namentlich die Erziehungsmethoden, wissenschaftlich fortzuentwickeln und seine Ergebnisse für Zwecke der Strafrechtspflege nutzbar zu machen.	(1) Dem kriminologischen Dienst obliegt es, in Zusammenarbeit mit den Einrichtungen der Forschung den Vollzug, namentlich die Behandlungsmethoden, wissenschaftlich fortzuentwickeln und seine Ergebnisse für Zwecke der Strafrechtspflege nutzbar zu machen.
[Hervorhebungen: durch GJVollz Stand 7.6.2006 neu eingefügt]		
§ 476 der Strafprozessordnung gilt entsprechend.		(2) Die Vorschriften des § 186 gelten entsprechend.
§ 40 Jugendstrafanstalten	**[Vgl. § 92 Abs.1 JGG:**	**§ 139 Justizvollzugsanstalten**
(1) Die Jugendstrafe wird in selbständigen Jugendstrafanstalten der Landesjustizverwaltungen vollzogen. Im Fall der gemeinsamen Unterbringung von weiblichen Gefangenen mit Kindern kann sie in Einrichtungen des Strafvollzuges für erwachsene Frauen vollzogen werden.	Die Jugendstrafe wird in Jugendstrafanstalten vollzogen.]	Die Freiheitsstrafe sowie die Unterbringung in der Sicherungsverwahrung werden in Anstalten der Landesjustizverwaltungen (Justizvollzugsanstalten) vollzogen.
	[94. Trennung:	**§ 140 Trennung des Vollzuges**
Weibliche Gefangene können auch im Übrigen in getrennten Abteilungen des Strafvollzuges für erwachsene Frauen untergebracht werden, männliche Gefangene in einer getrennten Abteilung einer Einrichtung des offenen Strafvollzuges für erwachsene Männer dann, wenn dies zur Aufnahme oder Fortführung einer schulischen oder beruflichen Ausbildung oder einer Erwerbstätigkeit außerhalb der Anstalt in Vorbereitung der Entlassung erforderlich ist. In jedem Fall erfolgt der Vollzug nach diesem Gesetz.	Weibliche Gefangene sind getrennt von männlichen Gefangenen unterzubringen.]	(2) Frauen sind getrennt von Männern in besonderen Frauenanstalten unterzubringen. Aus besonderen Gründen können für Frauen getrennte Abteilungen in Anstalten für Männer vorgesehen werden.

(2) Bauliche Gestaltung und äußere Umgebung der Vollzugseinrichtung müssen in Einklang mit dem Ziel der Wiedereingliederung durch anstaltsinterne Förderung stehen.

(3) In Jugendstrafanstalten, mit deren Errichtung nach dem 1. Januar 2010 begonnen wird, werden höchstens 240 Haftplätze vorgesehen. Auch vor diesem Zeitpunkt gebaute Jugendstrafanstalten werden bis dahin in Abteilungen von maximal 60 Gefangene unterteilt. Sie sollen in Wohngruppen von bis zu acht Personen gegliedert sein, zu denen neben den Hafträumen zur Unterbringung während der Nachtzeit die für die gemeinsame Benutzung notwendigen weiteren Räume und Einrichtungen gehören.

(4) Die Vorschriften des § 144 Abs. 1 sowie der §§ 145, 146, 149 und 150 des Strafvollzugsgesetzes über die Größe und Ausgestaltung der Räume, die Festsetzung der Belegungsfähigkeit, das Verbot der Überbelegung, die Arbeitsbetriebe und Einrichtungen zur beruflichen Bildung sowie die Vollzugsgemeinschaften gelten entsprechend.

(5) Im Jugendstrafvollzug werden bis zum 1. Januar 2010 sozialtherapeutische Anstalten oder Abteilungen eingerichtet, die auf die jugendspezifischen sozialen und therapeutischen Angebote und Vorgehensweisen zugeschnittene organisatorische, personelle und bauliche Mindeststandards erfüllen.

(6) Die Jugendstrafanstalten unterhalten eigene Schulabteilungen. Diese sollen in Zusammenarbeit mit Einrichtungen der Jugendhilfe und der Jugendberufshilfe, Schulen, Sonderschulen, Volkshochschulen, Einrichtungen der Jugendkulturarbeit, des Sports und Fachhochschulen sowie Universitäten ein differenziertes Lern- und Betätigungsangebot bereitstellen sowie mit den örtlichen Arbeitgebern und Einrichtungen, die Gefangene beschäftigen, Beschäfti-

gung vermitteln oder berufliche Eingliederung fördern können, eng zusammenarbeiten.		
(7) Bis zum 1. Januar 2008 werden die Bildungs- und Ausbildungsstätten des Jugendstrafvollzuges so ausgebaut, dass für mindestens zwei Drittel der Haftplätze Plätze für allgemeine und berufliche Bildung in Schulen und beruflichen Ausbildungsstätten sowie für arbeitstherapeutische Maßnahmen zur Verfügung stehen.		
§ 41 Vollzugsbedienstete		
(1) Die Jugendstrafanstalten werden mit dem für die Erreichung des Vollzugsziels erforderlichen, nach anerkannten Kriterien bemessenen Personal ausgestattet. Die Zahl der Fachkräfte für die Jugendstrafanstalten wird so bemessen, dass auch eine nachgehende Betreuung der Gefangenen gewährleistet ist.		
	102. Vollzugsbedienstete	**§ 155 Vollzugsbedienstete**
(2) Die Aufgaben der Jugendstrafanstalten werden von Vollzugsbeamtinnen und Vollzugsbeamten wahrgenommen.	Die Aufgaben der Jugendstrafanstalten werden von Vollzugsbeamten wahrgenommen.	(1) Die Aufgaben der Justizvollzugsanstalten werden von Vollzugsbeamten wahrgenommen.
Aus besonderen Gründen können sie auch anderen Bediensteten sowie nebenamtlichen oder vertraglich verpflichteten Personen übertragen werden.	Aus besonderen Gründen können sie auch anderen Bediensteten der Jugendstrafanstalten sowie nebenamtlich oder vertraglich verpflichteten Personen übertragen werden.	Aus besonderen Gründen können sie auch anderen Bediensteten der Justizvollzugsanstalten sowie nebenamtlichen oder vertraglich verpflichteten Personen übertragen werden.
		(2) Für jede Anstalt ist entsprechend ihrer Aufgabe die erforderliche Anzahl von Bediensteten der verschiedenen Berufsgruppen, namentlich des allgemeinen Vollzugsdienstes, des Verwaltungsdienstes und des Werkdienstes, sowie von Seelsorgern, Ärzten, Pädagogen, Psychologen und Sozialarbeitern vorzusehen.
(3) Mit der Förderung der Gefangenen wird nur betraut, wer eine zusätzliche pädagogische Ausbildung von mindestens sechsmonatiger Dauer für die Arbeit mit Kindern und Jugendlichen absolviert hat oder am [einsetzen: Datum des ersten Tages des sechsten		

auf die Verkündung folgenden Kalendermonats] mindestens zwei Jahre im Jugendstrafvollzug beschäftigt war. In Einrichtungen des Jugendstrafvollzuges für weibliche Gefangene wird nur Personal mit besonderer Eignung für die Arbeit mit jungen Frauen eingesetzt. Die besondere Qualifikation ist nachzuweisen.

(4) Die Bediensteten werden den einzelnen Abteilungen und Wohngruppen, der Schulabteilung und den Arbeits- und Ausbildungsstätten als kooperatives Team fest zugeordnet. Sie sollen dort alle dem jeweiligen Aufgabenbereich obliegenden Vollzugsaufgaben eigenverantwortlich wahrnehmen und ihre Diensteinteilung möglichst selbständig regeln.

(5) Fortbildungen sowie Praxisberatung und -begleitung für die Bediensteten werden regelmäßig durchgeführt.

[§ 42 Abs.1 GJVollz:	**103. Anstaltsleiter, Vollzugsleiter**	**§ 156 Anstaltsleitung**
§ 156 Abs. 1 und 3 des Strafvollzugsgesetzes gilt entsprechend.]	(1) Für jede Jugendstrafanstalt ist ein Beamter des höheren Dienstes zum hauptamtlichen Leiter zu bestellen.	(1) Für jede Justizvollzugsanstalt ist ein Beamter des höheren Dienstes zum hauptamtlichen Leiter zu bestellen. Aus besonderen Gründen kann eine Anstalt auch von einem Beamten des gehobenen Dienstes geleitet werden.
§ 42 Innerer Aufbau der Jugendstrafanstalten, Aufsicht über die Jugendstrafanstalten		
(1) Die Anstaltsleitung vertritt die Jugendstrafanstalt nach außen. Sie trägt die Verantwortung für den gesamten Vollzug, soweit nicht bestimmte Aufgabenbereiche der Verantwortung anderer Vollzugsbediensteter oder ihrer gemeinsamen Verantwortung übertragen sind.	(2) Der Anstaltsleiter vertritt die Anstalt nach außen. Er ist Vollzugsleiter und trägt die Verantwortung für den gesamten Vollzug	(2) Der Anstaltsleiter vertritt die Anstalt nach außen. Er trägt die Verantwortung für den gesamten Vollzug, soweit nicht bestimmte Aufgabenbereiche der Verantwortung anderer Vollzugsbediensteter oder ihrer gemeinsamen Verantwortung übertragen sind.
§ 156 Abs. 1 und 3 des Strafvollzugsgesetzes gilt entsprechend.		(3) Die Befugnis, die Durchsuchung nach § 84 Abs. 2, die besonderen Sicherungsmaßnahmen nach § 88 und die Disziplinar-

maßnahmen nach § 103 anzuordnen, darf nur mit Zustimmung der Aufsichtsbehörde übertragen werden.

(3) Die Aufsichtsbehörde bestimmt den Vertreter des Anstaltsleiters.

(4) Der Anstaltsleiter legt schriftlich fest, welche Bediensteten in seinem Auftrag Entscheidungen treffen können.

(2) Die Vollzugsbehörden sichern beständig die Qualität des Vollzuges.

(3) Die §§ 151 bis 154 Abs. 1 sowie die §§ 157 bis 159 und § 161 Abs. 1 und 2 des Strafvollzugsgesetzes über die Aufsicht über die Justizvollzugsanstalten, die Zusammenarbeit der im Vollzug Tätigen, die Seelsorge und die ärztliche Versorgung sowie die Hausordnung gelten entsprechend.

§ 43 Einschränkung von Grundrechten

Durch dieses Gesetz werden die Grundrechte aus Artikel 2 Abs. 2 Satz 1 und 2 (körperliche Unversehrtheit und Freiheit der Person) und Artikel 10 Abs. 1 (Brief-, Post- und Fernmeldegeheimnis) des Grundgesetzes eingeschränkt

§ 196 Einschränkung von Grundrechten

Durch dieses Gesetz werden die Grundrechte aus Artikel 2 Abs. 2 Satz 1 und 2 (körperliche Unversehrtheit und Freiheit der Person) und Artikel 10 Abs. 1 (Brief-, Post- und Fernmeldegeheimnis) des Grundgesetzes eingeschränkt.

Peter Lang · Internationaler Verlag der Wissenschaften

Melanie Ries

Jugendstrafrechtliche Sanktionen in der Bundesrepublik Deutschland, Österreich, Schweiz und den USA

Eine rechtsvergleichende Analyse

Frankfurt am Main, Berlin, Bern, Bruxelles, New York, Oxford, Wien, 2005.
XLIII, 282 S., zahlr. Tab.
Europäische Hochschulschriften: Reihe 2, Rechtswissenschaft. Bd. 4191
ISBN 978-3-631-53356-7 · br. € 56.50*

Die steigende Anzahl von Jugendstraftaten beunruhigt nicht nur in Deutschland, sondern weltweit Eltern, Justiz, Politiker und die breite Öffentlichkeit. Es stellt sich die Frage, wie jugendliche Straftäter sanktioniert werden müssen. Die Untersuchung zeigt das Repertoire jugendstrafrechtlicher Sanktionen in Deutschland, Österreich, der Schweiz und den USA auf und vergleicht sie miteinander. Es wird dabei auch berücksichtigt, welche Bedeutung den einzelnen Sanktionen in der Justizpraxis der jeweiligen Länder zukommt. Ein Schwerpunkt der Arbeit liegt in der Darstellung der jugendstrafrechtlichen Sanktionen des amerikanischen Strafrechts unter besonderer Berücksichtigung der Bundesstaaten Wisconsin und Minnesota. Die Untersuchung zeigt Besonderheiten des deutschen Jugendstrafrechts auf, die in den übrigen verglichenen Rechtsordnungen nicht existieren.

Aus dem Inhalt: Jugendstrafrechtliche Sanktionen · Verteilung der jugendstrafrechtlichen Sanktionen in der Justizpraxis · Sanktionsmöglichkeiten im amerikanischen Jugendstrafrecht · Blended Sentencing · Jugendstrafrechtliche Sanktionen in Wisconsin und Minnesota · Rechtsvergleichung · Empfehlung für den bundesdeutschen Gesetzgeber

Frankfurt am Main · Berlin · Bern · Bruxelles · New York · Oxford · Wien
Auslieferung: Verlag Peter Lang AG
Moosstr. 1, CH-2542 Pieterlen
Telefax 0041 (0) 32/376 17 27

*inklusive der in Deutschland gültigen Mehrwertsteuer
Preisänderungen vorbehalten

Homepage http://www.peterlang.de

FSC
www.fsc.org
MIX
Papier | Fördert
gute Waldnutzung
FSC® C083411

Kolibri 360 GmbH
Ferdinand-Jühlke-Straße 7
99095 Erfurt, Deutschland
produktsicherheit@kolibri360.de

Druck:
CPI Druckdienstleistungen GmbH
im Auftrag der
Kolibri 360 GmbH
Ferdinand-Jühlke-Str. 7
99095 Erfurt